「特徴 仕掛け さばき方」が分かる **672** 頁超図鑑

さかな・釣り検索

つり人社

はじめに

本書は、図鑑＋釣りの実用書的要素が一体化し、さばき方やレシピも収載した内容となっております。また、魚の写真はほとんどが釣り場での撮影によるもので、魚本来の生命感や色彩を感じ取ることができます。

淡水編と海水編の魚種の振り分けについて

サクラマスやシロザケなど海と川を行き来する魚種、またハゼなどのように汽水と海の両方でみられる魚種は、主に釣り場の都合から便宜的に振り分けました。

本書の構成－「知る」「釣る（＋楽しむ）」「食べる」について

知る

各魚種とも1頁目は、大きく2つの要素からなる「知る」パートです。

1 魚類図鑑的情報

「魚種名・分類・学名・別名・分布・大きさ・棲んでいる場所・生活史・特徴」について、それぞれ記載しました。
※魚種名は基本的に標準和名を記載しましたが、釣り人の間でよく呼ばれる名前がある場合はそれを優先し、学名の欄に標準和名を記しました。

※分布図は正確さを心掛けましたが、スペースの都合上厳密な表現ができない場合もあり、目安としてご利用ください。

※時間がない時や、ほんの少しだけ魚のことを知りたい時には、「分類・学名・別名」の隣に設けたひと口メモ的なコーナー「○○○（魚種名）は…」をご利用ください。

2 釣り・その他の情報

「主な釣り場（頁の右左上に記載）・釣期・主な釣り方・美味しい食べ方・フィッシングチャート・魚の漢字表記例・魚アイコン」について、それぞれ記載しました。

釣期の表について

1 2 3 4 5 6 7 8 9 10 11 12　釣期の記載をもとにシーズンを薄い色、最盛期を濃い色で色分けしました。場所によってシーズンが異なる等の場合は、どちらかの場所を優先していることがあります。

主な釣り方について

タックル（道具）や仕掛け、エサなどについて記しています。魚種によっては「釣る」パートと記載が異なる場合がありますが、どちらも有効です。

フィッシングチャートについて

「手軽さ・難易度・体力・食味・期間」の5要素を5段階評価。絶対的なものではなく、1つの目安としてご利用ください。

手軽さ その釣りが行ないやすいかどうかを表わします。数字が上がるほど手軽さが増しますが＝よく釣れるとは限りません。

難易度 技術はもちろん、釣れる可能性、その釣りの奥行の深さも加味しました。したがって、表記が5でもビギナーにも充分チャンスがある釣りものもあります。

体 力 引きの強い魚、大きな魚、源流など釣り場へのアプローチが難しい場合は数字が上がります。

食 味 数字が上がるほど美味しさが増します。

期 間 釣りができる期間が長くなるほど数字が上がります。

魚アイコンについて

小さなお子様でもお楽しみいただける、かわいい絵を添えました。各魚種の見た目の特徴を生かして描いたもので、魚種の写真と比較するなどしても面白いです。

釣る(＋楽しむ)

各魚種とも2頁目以降が「釣る」パートです。

※1頁目で完結する魚種は、基本的にゲストフィッシュ（外道）＝ねらって釣る魚ではない・他の釣りで一緒に釣れてくる魚となるため、「釣る」パートは省略させていただきました。

仕掛け図と写真について

代表的な釣りのスタイルについて、仕掛け図で図解しています。「ワンポイントアドバイス」「エサ・擬似餌」のほかに、釣りものとしての人気度等に応じて頁を拡大し、写真とキャプションで解説を加えました。釣りと魚への理解が深まる＝「楽しむ」の一助になるかと思います。

食べる

魚と釣りの大きな楽しみの1つは、食べることです。本書では55魚種についてさばき方を写真で解説し、そのうちの15魚種は3種類ずつレシピ（計45レシピ）も収載しました。ご家庭の食卓にもぜひ加えてください。

45
レシピ

目次

(カッコ内数字は魚のさばき方・レシピ頁)

淡水 編

アオウオ

分類	コイ目コイ科ソウギョ亜科アオウオ属
学名	*Mylopharyngodon piceus*
別名	クロゴイ、アオ

アオウオは・・・

成魚で最大 1.6m 以上にもなる巨大なコイ科の魚。日本では数が非常に少ないが、独特の姿形と、その圧倒的な存在感に魅せられた大変熱心な釣りのファンもいる。

漢字

青魚

知る

分布

アジア大陸東部原産。ソウギョなどの種苗に混じって移植され、利根川・江戸川水系で繁殖。

大きさ

最大で 1.6 m を超える。

釣期

水温 15 ～ 25℃で釣れる実績が高く、春と秋がベストシーズン。

1	2	3	4	5	6	7	8	9	10	11	12

棲んでいる場所

大河川下流部の緩流域や平野部の浅い湖沼に棲む。

生活史

産卵期は 6、7 月で、利根川では中流域の埼玉県久喜市栗橋付近まで遡上して産卵する。受精卵は流されながら発生が進むが孵化には 36 時間以上かかるうえ耐塩性はないため、流程が長い河川でなければ繁殖できない。動物性に偏った雑食性で、成長は早いと考えられているが、利根川水系では90cm 以下の小型魚がほとんど確認されておらず、成長をはじめとする生態には不明な点が多い。

特徴

コイに似るが体は細長く、頭部は尖る。ヒゲはなく、口は長く伸ばすことができる。全体に青黒い体色で、背面はやや濃く腹部は灰白色を帯びる。

主な釣り方

基本的に大ゴイ用のブッコミ釣りタックルを用いる。丈夫なサオ掛けと取り込み用の超大型玉網は必帯。エサはタニシやカラスガイ（淡水性二枚貝で海産のムラサキイガイではない）を用いるが、冬場はゴカイがベスト。

美味しい食べ方

日本では非常に数が少なく、キャッチ＆リリースが基本である。中国では重要な水産資源で、塩・バター焼き、蒸し物、丸揚げ、味噌煮などで食べられる。

フィッシングチャート

釣り場へのアクセスは容易だが釣るのは大変。タックルもそれなりのものが必要だ。また場合によっては何ヵ月も通い込む粘りと根気が求められる。

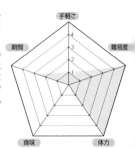

釣る

ブッコミ釣り

都会のビッグゲーム

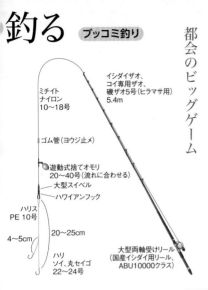

ミチイト
ナイロン
10〜18号

イシダイザオ、
コイ専用ザオ、
磯ザオ5号(ヒラマサ用)
5.4m

ゴム管(ヨウジ止メ)

遊動式捨てオモリ
20〜40号(流れに合わせる)

大型スイベル

ハワイアンフック

ハリス
PE 10号

4〜5cm

20〜25cm

ハリ
ソイ、丸セイゴ
22〜24号

大型両軸受けリール
(国産イシダイ用リール、
ABU10000クラス)

ワンポイント

主な釣り方の項のとおり。写真のように1mを軽く超えてくるサイズが掛かることもあるため、またファンはそれをねらっており、やり取りから取り込みにいたるまで、すべてにおいて大もの仕様の道具だてが必要となる。

エサ・擬似餌

タニシ、カラスガイ、ザリガニ、ゴカイ(冬期)。

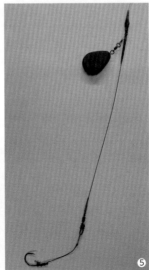

❶アオウオの自然繁殖が確認されているのは利根川、江戸川、渡良瀬川、霞ヶ浦、北浦、外浪逆浦、常陸利根川など
❷付けエサに使うオオタニシ
❸ザリガニもよく使われるエサだ
❹寄せエサに使うタニシ
❺ヨーロッパスタイルのコイ釣り・カープフィッシングで使われるヘアリグをアオウオ用にアレンジ。ハリスはブレイドライン10号以上(100lb以上)、ハリはカープフックなら1番以上の太軸がおすすめ

アカヒレタビラ

分類	コイ目コイ科タナゴ亜科タナゴ属
学名	*Acheilognathus tabira erythropterus*
別名	マタナゴ、タナゴ

アカヒレタビラは・・・

平野部の小河川や水田脇のホソと呼ばれる用水路で見られるタナゴ類。やや流れのある場所を好む。各地で生息域で個体数が著しく減少しており、大切にしたい魚種。

漢字

赤鰭田平

知る

分布
岩手県、宮城県、関東地方に分布。

大きさ
最大 8cm に達する。

釣期
一年中釣ることができるが、最盛期は春から初夏。

1	2	3	4	5	6	7	8	9	10	11	12

棲んでいる場所
平野部の河川・湖・池沼に棲む。

生活史
産卵期は 4〜6 月で、マツカサガイなどの二枚貝の中に、1 回に数粒から 10 数粒の長楕円形か鶏卵形の卵を産みつける。仔魚はふ化後 1 ヵ月近く母貝の中にとどまってから出てくる。稚魚はヤリタナゴなどの他種と混生することがある。1 歳で成熟し、寿命は 2、3 歳。

特徴
タビラ 5 亜種は、側線は完全で 1 対の短い口ヒゲをもち、肩部に明瞭な暗青色の斑点（タビラ斑）をもち、体側縦帯は腹ビレ起部より後ろから始まるなどの特徴をもつ。本亜種は、稚魚や若魚の背ビレに黒斑がなく、雄の臀ビレ外縁が赤いことでキタノアカヒレタビラを除く 3 亜種と、東北地方の太平洋側と関東平野に分布することでキタノアカヒレタビラと区別することができる。
近年減少が著しく、環境省レッドリストでは絶滅危惧 I B 類に指定されている。

主な釣り方
タナゴ専門のタックルを用いたウキ釣り、ミャク釣りでねらう。

美味しい食べ方
1980 年代前半までは霞ヶ浦周辺の水郷地帯で普通に釣られていたが、近年の減少は著しい。キャッチ＆リリースが基本。

フィッシングチャート
仕掛けからアタリまで繊細さを楽しむタナゴ釣り。手軽ではあるが生息数が減少しており出会うのは難しい。

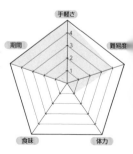

釣る

ウキ釣り

繊細なアタリもとらえる

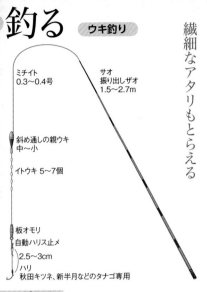

ミチイト
0.3〜0.4号

サオ
振り出しザオ
1.5〜2.7m

斜め通しの親ウキ
中〜小

イトウキ 5〜7個

板オモリ
自動ハリス止メ
2.5〜3cm
ハリ
秋田キツネ、新半月などのタナゴ専用

ワンポイント

図の仕掛けは「連動シモリ仕掛け」と呼ばれる。親ウキの下に小さなイトウキを数珠状にセットして、いずれのウキも沈めて（シモらせて）使うのが基本だ。親ウキとイトウキが連動してシモる。それが名の由来である。アタリの出方に応じ、浮力バランスを調整する。トップが浮きすぎず、沈みすぎない微妙な調整ができるとアタリが出やすい。なお水温が高い時期は浮力が強いセッティングでもアタリが出やすい。

エサ・擬似餌

グルテン、黄身練り、アカムシなど。

ゴツンコ式ミャク釣り

婚姻色が美しい春から初夏がおすすめ

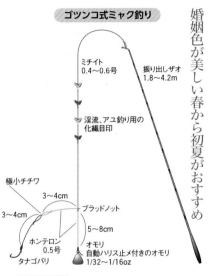

ミチイト
0.4〜0.6号

振り出しザオ
1.8〜4.2m

渓流、アユ釣り用の化繊目印

極小チチワ
3〜4cm
3〜4cm
ブラッドノット
5〜8cm
ホンテロン
0.5号
タナゴバリ
オモリ
自動ハリス止メ付きのオモリ
1/32〜1/16oz

ワンポイント

春から秋までねらえるが、春から初夏にかけて産卵を迎えるので、その頃に釣れる魚は婚姻色が出ていて美しい。止水よりもどちらかというと流れっ川で釣れるタナゴの代表格。流れのある場所では、グルテンエサは落ちやすいため虫エサや黄身練りがおすすめ。流れのゆるいポイントでは親ウキとシモリウキを組み合わせた連動シモリウキ仕掛けも有効だ。

エサ・擬似餌

黄身練り、アカムシなど。

❶下流で平野部の河川に注いでいる小規模な小川。こうした流れにもアカヒレタビラの姿は見られる（関東地方）
❷上が雄、下が雌。他のタナゴ類同様、オスは婚姻色が出ると色が鮮やかになる
❸黄身練りを携行するためのポンプ。タナゴ用品を扱っているお店で売っている
❹川のタナゴ釣りでは、卵黄と小麦粉で作る黄身練りがよく用いられる。エサ持ちがよく流れの中でも使いやすい

アブラハヤ

分類	コイ目コイ科ウグイ亜科アブラハヤ属
学名	*Rhynchocypris lagowskii steindachneri*
別名	アブラッペ

アラブラハヤは・・・

淡い黄褐色や灰褐色の体に、はっきりとした黒い線が入っている。ウロコが小さく、表面がぬるぬるしているのも特徴。渓流釣りでは人気のない外道だが、清流の小もの釣りでは手軽な遊び相手だ。

漢字

油鮠

知る

分布

日本海側では青森から福井にかけて、太平洋・瀬戸内側では青森から岡山までの河川。

大きさ

最大で約 15cm。

釣期

春から秋にかけての、比較的温かい時期。

1	2	3	4	5	6	7	8	9	10	11	12

棲んでいる場所

河川の上流部から中流にかけて。場所によっては池や沼の岸付近でも見られる。

生活史

産卵期は 4 〜 7 月で、淵や平瀬にある砂や泥底に沈性卵を産む。数 10 尾の大集団で産卵することもある。1 週間ほどでふ化した仔魚は流れの弱い場所に群れ、成長するにつれて流れのあるところに出て行く。
雑食性で、底生生物や流下物などを食べるほか藻類も食べる。

特徴

淡い黄褐色や灰褐色の体に、はっきりとした黒い線が入っている。ウロコが小さく、表面がぬるぬるしているのも特徴で、その名の由来となっている。一般的には雄よりも雌のほうが大きく育つ。

主な釣り方

ミャク釣り、ウキ釣りなど。ヤマメ釣りの外道として嫌われることも。

美味しい食べ方

普通は食用にしないが、内臓を取って天ぷらや空揚げにするとほろ苦い風味がある。

フィッシングチャート

渓流や清流釣りの手始めとして、流れの緩いところでまずはアブラハヤからねらってみるのもよいかもしれない。仕掛けやタックルも簡単なもので充分。

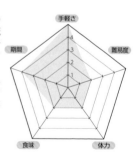

基本的に渓流釣りの仕掛けを流用

釣る　ミャク釣り

渓流、清流の定番ゲスト

万能ザオ、渓流ザオ
4〜5.3m

ミチイト 0.6〜0.8号
サオ尻マイナス30〜50cm

化学繊維目印 3〜4個

自動ハリス止メ 小or小小
ガン玉 3号〜3B

ハリス 0.4〜0.6号 20〜25cm

ハリ 秋田袖or袖 3〜5号

ワンポイント

清流にみられ、ヤマベ（オイカワ）ほどの人気はないもののポピュラーな魚。渓流釣りの外道としてもおなじみの魚だ。どちらかというと流れの緩い場所に多いので、ウキ釣りでもねらうことができる。

エサ・擬似餌

川虫、ミミズ、サシ、毛バリなど。

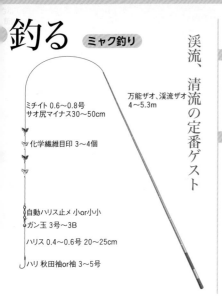

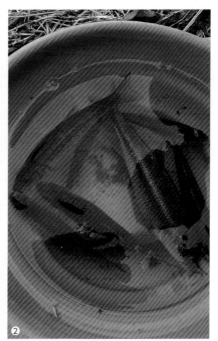

❶郊外の里川はアブラハヤがよく見られる場所
❷左上がアブラハヤ。他の川魚と混生していることもよくある
❸どんなエサもよく食ってくる身近な遊び相手だ

アブラボテ

分類	コイ目コイ科タナゴ亜科 アブラボテ属
学名	*Tanakia limbata*
別名	ボテ、クソベンチョコ、シュブタ

アブラボテは・・・

タナゴ類の中では雌雄ともに独特の黒ずんだ体色をしているので、他のタナゴ類と容易に見分けがつく。和名の由来は産卵期の雄は体側が暗黄緑褐色になり重油の色を連想させることから。

漢字

油帆手

知る

分布

濃尾平野以西の本州、淡路島、四国の瀬戸内側、九州北部、長崎県壱岐・五島列島福江島に分布。

大きさ

最大で7cmに達する。

釣期

一年中釣れるが、最盛期は冬から春。

1	2	3	4	5	6	7	8	9	10	11	12

棲んでいる場所

丘陵地帯や平野部を流れる細流や湧水、用水路に棲む。

生活史

産卵期は3〜7月で、雄は産卵母貝を中心に強いナワバリを持ち、侵入する他個体を激しく追い払う。雌は二枚貝の中にだ円形の卵を1回に数粒ずつ産みつける。孵化後25日前後で全長10mmの稚魚となり、貝から泳ぎ出る。1年で成熟し、寿命は通常2歳まで。

特徴

体高は比較的高く、側扁する。側線は完全で1対の口ヒゲをもつ。肩部の斑点と体側縦帯はない。体は雌雄ともに幼魚のときから黒ずんでいるので他のタナゴと容易に見分けることができる。産卵期の雄は体側が暗黄緑褐色になり、これが重油の色を連想させることからその名がついた。環境省レッドリストでは準絶滅危惧種に指定されている。

主な釣り方

タナゴ専門のタックルを用いたウキ釣り、ミャク釣りでねらう。

美味しい食べ方

キャッチ&リリースが基本。

フィッシングチャート

繊細なタナゴ釣りの中では比較的釣りやすい印象がある。障害物周りの底付近を主にねらうので根掛かりなどには気をつけたい。

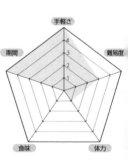

釣る

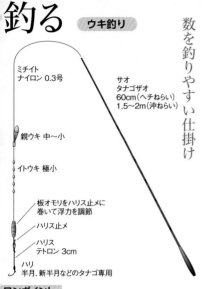

ウキ釣り

数を釣りやすい仕掛け

ミチイト
ナイロン 0.3号

サオ
タナゴザオ
60cm(ヘチねらい)
1.5〜2m(沖ねらい)

親ウキ 中〜小

イトウキ 極小

板オモリをハリス止メに
巻いて浮力を調節

ハリス止メ

ハリス
テトロン 3cm

ハリ
半月、新半月などのタナゴ専用

ゴツンコ式ミャク釣り

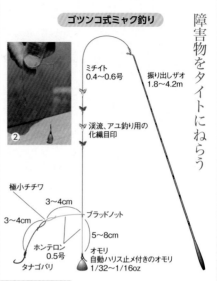

障害物をタイトにねらう

②

ミチイト
0.4〜0.6号

振り出しザオ
1.8〜4.2m

渓流、アユ釣り用の
化繊目印

極小チチワ

3〜4cm

3〜4cm

ブラッドノット

5〜8cm

ホンテロン
0.5号
タナゴバリ

オモリ
自動ハリス止メ付きのオモリ
1/32〜1/16oz

ワンポイント

タナゴ類の中でもアブラボテは水草や物陰に居着きやすい性質があるが、ウキ釣りでも当然ねらえる。アブラボテは表層付近まで浮いてくることは少ない。ねらいは主に底付近だ。グルテンなどの練りエサを使うとエサがバラけて魚が寄りやすく、群れがいれば1ヵ所で数を釣りやすい。イトウキを斜めに引き込む目の覚めるようなアタリが面白い。

エサ・擬似餌

グルテン、黄身練り、アカムシなど。

ワンポイント

水草や物陰に居着きやすいアブラボテをねらうには、障害物をタイトに探れるゴツンコ式ミャク釣りが有利な場面が多い。

エサ・擬似餌

練りエサ。

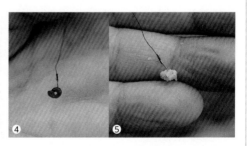

❶アブラボテはタナゴ類の中でも、障害物周りに居着く。水草や大きな石の周りをタイトにねらうとよい。またヒット後は根に潜り込む習性があるので迅速に浮かせて取り込む
❷下オモリ(バス釣り用のダウンショットシンカーなど)をセットして、水底にエサを留めるゴツンコ仕掛け。流れのある小川でも障害物周りにエサを留めておきやすい
❸琵琶湖に注ぐ小川でゴツンコ仕掛けにヒットしたアブラボテ
❹❺エサはアカムシやグルテンを使用
❻タナゴ用連動シモリ仕掛けにヒットしたアブラボテ。婚姻色が薄い個体

アマゴ <small>(アマゴ / サツキマス)</small>

分類	サケ目サケ科サケ属
学名	*Oncorhynchus masou ishikawae*
別名	アメゴ、ホンマスなど

アマゴは・・・

姿形がヤマメに似るが、側面に鮮かな朱点がある。サツキマスは全が銀白色に輝くが、朱色の斑点がるものも。岐阜県郡上市では職漁ともに両魚種の釣り文化が発達した

漢字

雨子

知る

分布

神奈川県酒匂川から四国までの太平洋側、九州を含む瀬戸内海沿海地方に分布。ただし放流によって日本海側など各地に広がっている。

大きさ

アマゴは 20 〜 30cm、サツキマスは 25 〜 50cm。

釣期

河川ごとの禁漁期によって異なる。一般的には 3 月から 9 月までのところが多い。

1	2	3	4	5	6	7	8	9	10	11	12

棲んでいる場所

年間を通して水温の低い河川の上流域を好む。イワナのいない四国や九州の川では源流部にまで生息していることもある。

生活史

本種には、川で成長して産卵する河川残留型と、海に降りて成長し川を遡上して産卵する降海型がいる。前者をアマゴ、後者をサツキマスと呼ぶ。産卵期は 10 〜 11 月で、仔魚は砂礫の川底に作られた産卵床でふ化し、そのまま 4 ヵ月ほど過ごす。春になると産卵床を離れ、流れの緩い場所でミジンコやユスリカの幼虫などを食べて育ち、数 cm になると流れのある場所に出て行く。多くは川に留まって成長するが、岐阜県の長良川や広島

県の太田川などの大河川では、秋〜冬に主に成長が早い雌の中から体が銀色に変わるスモルトが現れ、海に下り沿岸域で生活する。3 〜 6 ヵ月の海中生活で 25 〜 45cm になり、4 〜 5 月に再び河川を遡上して中〜上流域の淵などで夏を過ごす。一部成長の早い雄は 1 歳で成熟するが、雌雄とも主に 2 歳で成熟する。

特徴

アマゴの姿形はヤマメとよく似ているが、側面に散りばめられた鮮やかな朱点で判別できる。30cm を超えるものは立派な大ものである。一方のサツキマスは、サクラマスのように全身が銀白色に輝くが、朱色の斑点が残るものもある。産卵期には体側に婚姻色が表われる。環境省のレッドリストでは準絶滅危惧種に指定されている。

主な釣り方

小魚や昆虫などを食べる魚なので、ミャク釣り、ルアー釣り、フライフィッシングでねらう。

美味しい食べ方

アマゴ、そして遡上直後のサツキマスは美味で知られる。塩焼き、天ぷら、甘露煮、ムニエルなど。

フィッシングチャート

釣法を問わず非常に人気が高い渓流のターゲット。警戒心が強く、釣りあげるには技術を要する。

釣る

ルアーフィッシング

シンキングミノーをアップストリームで

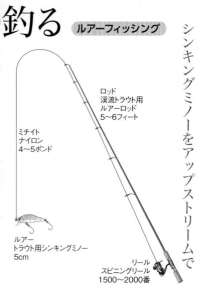

ロッド
渓流トラウト用
ルアーロッド
5〜6フィート

ミチイト
ナイロン
4〜5ポンド

ルアー
トラウト用シンキングミノー
5cm

リール
スピニングリール
1500〜2000番

フライフィッシング

捕食の瞬間が見えるドライフライが面白い

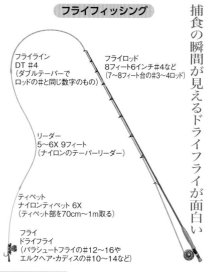

フライライン
DT ♯4
(ダブルテーパーで
ロッドの♯と同じ数字のもの)

フライロッド
8フィート6インチ♯4など
(7〜8フィート台の♯3〜4ロッド)

リーダー
5〜6X 9フィート
(ナイロンのテーパーリーダー)

ティペット
ナイロンティペット 6X
(ティペット部を70cm〜1m取る)

フライ
ドライフライ
(パラシュートフライの♯12〜16や
エルクヘア・カディスの♯10〜14など)

ワンポイント

主に西日本に生息する魚で鮮やかな朱点が特徴。初めの1本には5フィート6インチ前後がおすすめ。リールはナイロンライン4〜5ポンドが100m巻けるキャパシティーがあればOK。ルアーは4〜5cmのシンキングミノーが主流。上流に向かってルアーを投げる"アップストリーム"で釣り上がって行くのが基本。

エサ・擬似餌

ルアー（シンキングミノー）。

ワンポイント

まず1尾を釣るならドライフライがおすすめ。毛バリに反応する魚の姿が目で見えるから面白い。基本的な釣り方は魚が定位している流れのレーンに、ティペットに若干のたるみが入った状態でフライを着水させて、なるべく長く自然に流すというものだ。キャスティングにも慣れる必要があるため、まずは自然渓流型の管理釣り場へ行って練習することをおすすめする。

エサ・擬似餌

フライ（ドライフライ）。

❶ルアーは小魚を模したミノータイプの人気が高い
❷スピニングタックルで釣れたアマゴ（静岡県狩野川）

❸フライは季節に応じてさまざまなパターンを使い分ける
❹フライフィッシングは水生昆虫や陸生昆虫を模したフライ（毛バリ）でねらう釣り

釣る

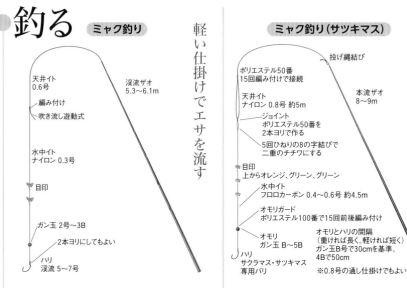

ミャク釣り

軽い仕掛けでエサを流す

天井イト
0.6号

渓流ザオ
5.3～6.1m

編み付け

吹き流し遊動式

水中イト
ナイロン 0.3号

目印

ガン玉 2号～3B

2本ヨリにしてもよい

ハリ
渓流 5～7号

ミャク釣り（サツキマス）

遡上魚対応仕掛け

投げ縄結び

ポリエステル50番
15回編み付けで接続

天井イト
ナイロン 0.8号 約5m

本流ザオ
8～9m

ジョイント
ポリエステル50番を
2本ヨリで作る

5回ひねりの8の字結びで
二重のチチワにする

目印
上からオレンジ、グリーン、グリーン

水中イト
フロロカーボン 0.4～0.6号 約4.5m

オモリガード
ポリエステル100番で15回前後編み付け

オモリ
ガン玉 B～5B

オモリとハリの間隔
（重ければ長く、軽ければ短く）
ガン玉B号で30cmを基準、
4Bで50cm

ハリ
サクラマス・サツキマス
専用バリ

※0.8号の通し仕掛けでもよい

ワンポイント

川の上流部に生息し、春から秋にかけて釣りが可能。ただし夏に水温が上がると釣りにくく、朝夕のマヅメ時がねらいめ。警戒心が強いのでポイントに近寄る際にも注意が必要。エサ釣りのほかに、テンカラでもねらえる。

エサ・擬似餌

川虫、ミミズ、イクラ、ブドウ虫など。

ワンポイント

アマゴの降海型。仕掛けや釣り方などは、サクラマスと同じでよい。サクラマス同様に、陸封型のアマゴよりかなり大型化し、全長50cmを超すものも多い。4～6月に遡上し、秋に産卵する。サツキ（5月）マスの名は、そこから名づけられたもの。代表的な釣り場は長良川だが、数がねらえる魚ではない。ほかに、ルアー釣りも人気。

エサ・擬似餌

ミミズ。

アマゴ釣りのエサ

❶❷渓流魚の常食エサといえる川虫。アマゴにはキンパク（❶）やヒラタ（❷）が代表的な川虫エサで、アマゴ釣りが盛んな地域ではコンビニでも川虫が売られている
❸川虫は下流にタモを構えて浅いザラ瀬の石を足で転がすようにすれば簡単に採れる
❹川虫は乾いた水苔をエサ箱に入れて保存するのが一般的（写真はクロカワ虫）
❺❻ミミズ（シマミミズ）はミミズ通しを使ってハリスまでこき上げて付ける。こうすることでフッキング率が高まる
❼オモリ使いがミャク釣りでは重要。流れに合ったガン玉を選ぶこと

アマゴ・サツキマスの釣り場

岐阜県郡上市は職漁師も活躍した
アマゴ釣りが盛んな地域

吉田川　岐阜

長良川の支流である吉田川は昔からアマゴ釣りが盛んだ

長良川　岐阜

サツキマスは本流域が釣り場になる。大岩や岩盤帯がおりなす変化に富んだ淵は要チェック

サツキマスは太い流れを縦横無尽に疾走する。威厳さえ漂う面構えは渓流魚の王とも呼べる

郡上の名手が語る
サツキマスのポイントと時合

サツキマスがねらえるのは川幅が広い本流域である。警戒心の強い魚が大きな魚体を安心して潜められるのはどんな場所か。1、水深があること。2、岩盤などの物陰、水面に適度な波立ちがあること。3、大きな魚体も定位しやすい「ウケ」があること。

「ウケ」とは郡上の職漁師が生んだ言葉で石の前やカケアガリの前など、流れがぶつかる場所にできる緩流帯を意味する。表層は流れが速そうに見える。が、その下には緩い流れのスポットが必ずある。さらにはそのウケがエサの流れてきやすい場所であれば、より理想的なポイントといえる。サツキマスは名が示すとおり5月のサツキの花が咲く頃にソ上する。増水のたびに徐々に上流を目指し、9月の禁漁間際でも釣れることがある。最も確率の高いタイミングは魚が下流から差してきたばかりの時だ。考え方としては付き場に定位してすぐの魚は口を使いやすいということ。ずばり増水後の一番川に入れるとチャンスは高まる。一日のうちで最も口を使いやすいのは朝マヅメとタマヅメ。日中でも雨や曇天であれば可能性は高く、一番川の条件ならピーカンの晴天時も可能性はある。

❶澄んだ流れに棲むアマゴ。魚体にちりばめられた朱点が目を引く
❷ミャク釣りは目印を注視して仕掛けの馴染み方やアタリを判断する
❸源流域で釣れた凛々しいアマゴ

郡上の名手が語るアマゴの「食い波」

郡上八幡のアマゴ釣り名手はアマゴが釣れる筋を「食い波」と言って表現してきた。流れを表現する独特の用語があり、男波（吹き上がる流れ）、女波（吸い込む流れ）、それらの流れが合わさる揉み合わせ部分を「食い波」と呼ぶ。それがどんな場所かといえば、川虫などのエサが集まりやすいスポットである。

郡上の釣り道具

岐阜県郡上市にはかつてアマゴなどを釣って、生計を立てた職漁師がいた。独自の釣り文化が育まれた背景には、大正年間に伊豆の職漁師たちが長良川でアユ釣りを行なうようになったことが挙げられる。郡上ザオ、郡上ダモ、郡上ビクは当地で生まれた独特の釣り具である。

郡上ザオ

アマゴ用の郡上ザオはアユ用のものを短くし、軽く扱いやすいように改良していったものと思われる。竿師は安田幸太郎、宮田賢司、福手俵治と福手福雄、渡辺安らがいた。アマゴ用の郡上ザオは3間（5.4 m）の長さが標準で、長くても3間半（6.3 m）。硬い穂先と胴に乗る調子はアユザオと

似ているが、アマゴザオにはさらに求められる要素がある。それは、軽い仕掛けを的確にポイントへ振り込むためのしなやかさと、終日サオを振っても疲れない軽さだ。もちろん、掛けたアマゴを間髪いれず抜き上げる調子を損なわないことも重要だった。こうしたサオを作るには「穂持ち」が命といわれる。掛けた魚のパワーをスムーズに手もとへ伝え、ブレることなく抜く（タメる）には、芯の通ったしっかりした穂持ちが必要だった。

郡上ダモ

釣ったアマゴを瞬時に抜いて受けるタモに「郡上ダモ」がある。柄が尺から尺5寸（30〜45cm）と長く、枠の径は7寸（21cm）が標準だった。腰に差しても邪魔にならない大きさだったのだと思われるが、枠形が小さいタモで確実にアマゴを受けるところにある種の美学がある。
網も手抄（す）きで浅いものを付けていた。柄が長いのはタモを腰に差したまま抜いてアマゴを受けるためであり、浅い網は取り込んでからの仕事を効率よくこなすためだった。タモは職漁師自らが冬場の夜なべ仕事で作っていた。

郡上ビク

「郡上ビク（魚籠）」は、底ほど狭く、上ほど広いテーパーになっており、たくさんアマゴを入れても重さで押さえられる力が分散してアマゴが傷まないよう考えられている。また、板で作られた背板はビクを腰に着けたときに安定させ、ビクが直接魚体に触れてアマゴに熱が伝わらないように考えられている。さらに魚の入れ口は狭く、アマゴに直接日が当たらないように工夫されている。アマゴを商品としてとらえる職漁師の知恵が活かされているといえる。

アマゴの味覚と人気

炭火でじっくり焼いたアマゴの塩焼きは絶品（岐阜県和良川）

アメマス

分類	サケ目サケ科イワナ属
学名	*Salvelinus leucomaenis leucomaenis*
別名	河川残留型はエゾイワナと呼ばれる

アメマスは・・・

放流などは行なわれておらず、自然産卵によって世代を受け継いできた魚種。北海道では最もポピュラーな渓流魚で、全道に生息する。全国的に渓流魚の減少が続く昨今、極めて貴重な存在といえる。

漢字

雨鱒

知る

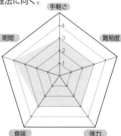

分布

北海道から、日本海側では山形県以北、太平洋側では千葉県以北の本州に分布。

大きさ

30cm 前後から、最大で 70cm 程度。

釣期

本州の河川では漁協が定める禁漁期間に準じる。北海道では春〜秋。また、北海道では海でもねらえ、その場合、西南部で 11 〜 5 月ごろ、北部と東部では 6 〜 8 月ごろ。

（河川/北海道）	1	2	3	4	5	6	7	8	9	10	11	12

（西南部/北海道）	1	2	3	4	5	6	7	8	9	10	11	12

（北部・東部/北海道）	1	2	3	4	5	6	7	8	9	10	11	12

棲んでいる場所

水温が約 15 度以下の冷水域を好む。北海道では平地の河川にも棲む。降海型の生態については、未だ解明されていないことも多い。

生活史

産卵期は 9 〜 11 月で、何度かに分けて卵を産む。降海型はふ化後 1 〜 3 年を河川で過ごし、3 〜 4 月に銀化（スモルト化）して海へ下り、沿岸域で 2 ヵ月〜 1 年間索餌して成長し、5 〜 7 月に河川に遡上する。その年の秋に産卵するが、産卵後は死亡せず越冬し、再び降海する。降海型は 5 〜 6 歳で 60cm、7 〜 8 歳で 80cm、河川残留型は 3 歳で 15 〜 25cm になる。

動物食で、成長するにつれて魚食性が強くなる。

特徴

イワナ属は日本に 2 種が分布し、うち 1 種の "イワナ" は本亜種のほか、ヤマトイワナ、ニッコウイワナ、ゴギの 4 亜種に分類される。本亜種には、海に降りて成長し川を遡上して産卵する降海型と、川で成長して産卵する河川残留型がおり、前者をアメマス、後者をエゾイワナと呼ぶ。

体色は褐色や銀白色で、体側に乳白色の斑点が散在し、有色斑をもたない。ただし、降海型の一部には例外的に橙色斑をもつものがいる。

体形は丸々としており、大型の雄は成熟すると下顎が上に曲がる。

主な釣り方

ルアーやフライフィッシングで主にねらう。北海道の海釣りではウキフカセ釣りも行なわれる。

美味しい食べ方

他のイワナ類に比べて身がやや柔らかく、一夜干しや、ムニエルなど洋風の調理法に向く。

フィッシングチャート

沿岸部で海アメをねらう場合は難易度が上がる。また北海道の海アメ釣りはフライフィッシングの人気が高く、タックルやフライパターンが確立されており、キャッチアンド・リリース推奨。

手軽さ / 難易度 / 期間 / 食味 / 体力

釣る

エサ釣り

70cmオーバーも想定

通し仕掛け

ズームタイプの本流ザオ 8〜9m

天井イト
吹き流し遊動式
ナイロン 0.8号 4m

ミチイト
フロロカーボン
0.8号

目印を編み付けて
ヒゲを出しぶしょう
付けで接続

水中イト
ナイロン 0.6号

ガン玉
B〜3B

ガン玉
B〜3B

手尻
50cm長く

40cm以上

40cm以上

ハリ
ヤマメバリ 7号など

ハリ
ヤマメバリ 7号など

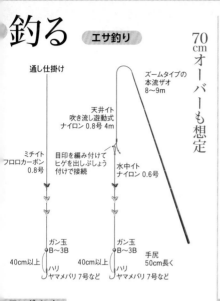

ルアーフィッシング

フィールドに合わせたタックルを

ロッド
渓流
6フィート前後
ライトパワー
本流＆湖
7〜10フィート
ミディアムパワー

ライン
渓流
4〜8ポンド
本流＆湖
6〜10ポンド

ルアー
スプーン、ミノーなど

リール
スピニングリール
2000〜3000番

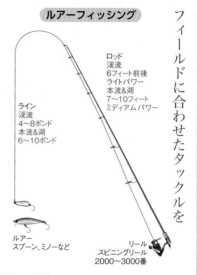

ワンポイント

仕掛けの作りは本流釣りのそれに準じる。70cmを超えるサイズも珍しくないので、ノベザオでのやり取りは相当にスリリングなものとなる。

エサ・擬似餌

川虫、ミミズ、イクラなど。

ワンポイント

河川の最上流域から海まで、ダイナミックな移動を繰り返すアメマス。フィールドに合わせてタックルをチョイスしたい。渓流域では6フィート前後でライトアクションのロッド。本流＆湖は7〜10フィートのミディアムライトアクションのロッド。海は9〜12フィート、ミディアムライト〜ミディアムヘビーアクションのロッドを使う。ルアーはスプーン、ミノー、ジグなど。

エサ・擬似餌

ルアー（スプーン、ミノー、ジグ）。

体表の違い

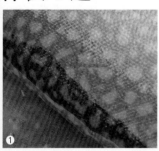

❶冬の海で出会うアメマスの中には、背側がエメラルドグリーンを呈し、「サバ色」と称される独特な色彩をもつ魚もいる
❷濃厚な魚体が目を引く 40cm級の絞様。見る角度によっては黄金色に輝いていた。阿寒湖のアメマスも同じよう色合いだ
❸❹渓流の上流域で釣った降海していない小型魚。腹側が朱色や黄味を呈し、一般的なアメマスとは異なる色合いをもつ

アメマスのいる場所

ここではアメマス釣りが独立した釣りジャンルとして人気の北海道を取り上げる。降海型の魚種だけにフィールドはバリエーションに富む

島牧海岸

海の釣り場として有名なのは、日本の渚百選に選ばれている島牧村の江ノ島海岸。冬場の海水温が比較的高い同エリアでは、アメマスは初冬に降海し、沿岸域で半年ほど過ごし、初夏に河川へ遡上するようだ。海アメマスのシーズンは11～5月

釧路川

このエリアのアメマスは春に降海し、夏に河川へ遡上すると考えられている。道東の根釧地域の河川は、全道で最もアメマスの魚影が多いという人が多いが、その中でも結氷せず、真冬でも釣りが楽しめる釧路川は貴重なフィールドとして有名

十勝川

流域面積でいうと道内2位、全国6位の十勝川は、道内でも屈指の大型アメマスが釣れることで知られる。シーズンは解氷後の早春。下流域が主なポイントになり、海のようにスケールが大きい。ロングロッドで遠投するスタイルで釣果が上がる

渓流

堰堤など遮るものがなければ、アメマスは渓流の上流域まで遡上する。これくらいの河川規模でも驚くほど大型のアメマスに出会うことがある。そのため、道内の釣り人は一般的なタックルよりもヘビーなタイプを使っている人が多い

海アメマスの魅力

北海道発祥、サーフなどのショアから80cmオーバーの超大型をねらうゲームが釣り人を熱くさせる。

道内で「海アメ」と呼ばれる海で釣れるアメマスの魅力は、何といっても海の豊富なエサを飽食した超大型がねらえること。80cm以上も夢ではない。30〜70gのジグや、120〜170mmのミノーなど、大型のルアーをフルキャストするスタイルが定番。なお、貴重な在来種であるアメマスは、海でも丁寧にリリースしたい

厳寒期の河川の釣り

底付近に潜むアメマスをルアーでねらう。

低水温に強いアメマスといえど、冬から早春の河川では活性が低い。アメマスは底に潜んでいるため、バイブレーションやシンキングミノー、ジグなど沈下速度の速いルアーが定番だ。ルアーの操作性が高いベイトタックルを好む人も多い。また、ラインやガイドの凍結を軽減するには、フッ素スプレーを吹き付けるのが有効だ

アユ

分類	サケ目アユ科アユ属
学名	*Plecoglossus altivelis altivelis*
別名	アイ

アユは・・・

1年で生涯を終える「年魚」。スイカのような香気から「香魚」の表記も。釣り人の間では「清流の女王」と称され、釣ってよし、食べてよしの大人気魚種。友釣りは夏の清流の風物詩。

漢字

鮎

知る

分布

北海道南部、本州、四国、九州に分布。

大きさ

約 10 ～ 30cm。

釣期

各地で禁漁期が設定されており、多くの河川で解禁は 6 ～ 9 月。

1	2	3	4	5	6	7	8	9	10	11	12

棲んでいる場所

成魚はおもに中流域に生息するが、仔魚はふ化したあとに川を下り、春まで沿岸部で過ごす。琵琶湖に流入する河川では、海の代わりに湖で冬を越す。近年、このタイプのアユが各地のダム湖などで確認されている。元来、琵琶湖に生息していた陸封型のアユはコアユと呼ばれる。

生活史

産卵期は 8 月下旬～ 12 月上旬で、北ほど早い。日没後に下流域の瀬に集まって膜で石に付着する沈性卵を産む。10 ～ 14 日でふ化し、仔魚は卵黄を吸収しながら流下して海に入る。沿岸域でシラスアユ（2.5 ～ 5cm）として冬を越し、春に稚アユ（5 ～ 6cm）となって群れで川を遡上する。川に入ると石についた藻類をさかんに食べ、7 ～ 8 月には 20 ～ 25cm に成長する。この時期には

良質な藻類を食べるためにナワバリを形成し、他のアユが近づくと体当たりで追い払う。寿命は 1 歳で、秋に産卵すると死亡する。

特徴

アユ科は東アジアに固有で 1 属 1 種のみ。"アユ"は、本亜種を含め 3 亜種に分類され、日本には本亜種のほか奄美大島と沖縄島（絶滅後奄美大島から移植）にリュウキュウアユが分布する。

近年はほとんどの河川で放流が行なわれている一方、河口堰やダムなどによる天然アユの遡上阻害や、温暖化による天然アユの減少が深刻な問題になっている。

主な釣り方

アユ釣りといえば友釣り、というほどこの釣りの人気は高い。このほかに、毛バリを使うドブ釣りやエサ釣り、コロガシ釣りなどがある。

美味しい食べ方

なんといっても塩焼きが美味い。生のまま輪切りにした「せごし」や干物、天ぷら、内臓を塩辛にした「うるか」も有名。

フィッシングチャート

アユ独特の習性を利用したのが、友釣りである。ゆえにエサではなくオトリアユを用い、今は市販の完成仕掛けも充実しているので安心。夏が盛期の釣りである。

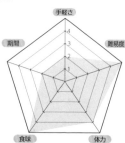

釣る

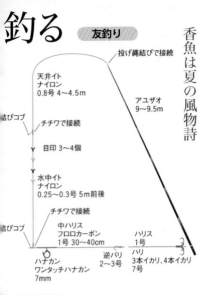

香魚は夏の風物詩

友釣り

投げ縄結びで接続

天井イト
ナイロン
0.8号 4〜4.5m

アユザオ
9〜9.5m

結びコブ

チチワで接続

目印 3〜4個

水中イト
ナイロン
0.25〜0.3号 5m前後

チチワで接続

結びコブ

中ハリス
フロロカーボン
1号 30〜40cm

ハリス
1号

ハナカン
ワンタッチハナカン
7mm

逆バリ
2〜3号

ハリ
3本イカリ、4本イカリ
7号

数千の毛バリから、さあどれを選ぶ？

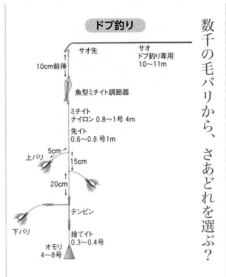

ドブ釣り

サオ先

サオ
ドブ釣り専用
10〜11m

10cm前後

魚型ミチイト調節器

ミチイト
ナイロン 0.8〜1号 4m

先イト
0.6〜0.8 号1m

上バリ 5cm

15cm

20cm

下バリ

テンビン

捨てイト
0.3〜0.4号

オモリ
4〜8号

ワンポイント

ナワバリに入ってきたほかのアユを追い払うという独特の行動から生まれたのが、この友釣りである。ゆえにエサではなくオトリアユを用い、それを操作してアユのいそうな場所へ送り込む。仕掛けはイトを編み付けて接続し、一見複雑に見えるが、今は市販の完成仕掛けも充実しているので安心。夏が盛期の釣りである。

エサ・擬似餌

オトリアユ。

ワンポイント

アユの釣法は友釣りがよく知られるが、エサ釣りや、このドブ釣りも行なわれる。ドブ釣りは独特の毛バリを使い、その種類は数千ともいわれる。どの毛バリを使うかは地域や人によって異なり、議論は尽きることがない。ドブ釣りと呼ばれるだけに、主に深トロがポイントになる。仕掛けが短いので、取り込みはサオを手もとから縮めて行なう。

エサ・擬似餌

毛バリ。

食べる

串打ち塩焼き
踊り串を打つことで途中で引っ繰り返しやすくなり、まんべんなく焼け、形もよい。食卓に出す時は串を抜いて皿に乗せ

塩煮
川魚といえば塩焼きや甘露煮が定番だが、特にアユは塩煮にしても美味しい。ぴりりとした実山椒を加えることでお酒との相性もぴったり

アユ飯
上品なアユの白身と、だしで炊くご飯の組み合わせに「香魚」の香りが加わった一品。食欲が刺激され、ついお代わりしたくなる

⇒魚のさばき方は 536 頁へ

各地のアユ

同じアユでも地域や河川でやや個体差があったり、
また文化的な背景の違いも見られる

追い星と各ヒレの先に黄色が強く出た個体

アユを象徴する、追星と呼ばれる胸ビレ後方の黄斑。追星の黄色が鮮やかな個体は釣り人に喜ばれる

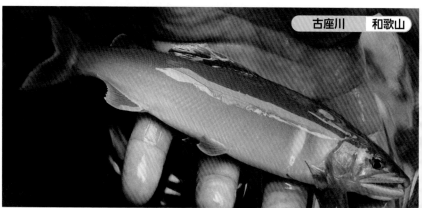

ウロコが小さい「美肌」アユ

30cmを超す「尺アユ」が釣れる川として有名

鵜飼いや皇室に献上するアユを獲る御料場など、長良川流域ではさまざまなかたちでアユの文化を育んできた。また「郡上アユ」の価値も高い

市場でセリを待つアユ

長良川　　岐阜

阿仁川　　秋田

写真のように全身が黄金色を帯びた個体を地域によっては「金アユ」と呼んで珍重する。青森県赤石川が金アユの川として有名だが、同川では近年なかなか良型の金アユが釣れなくなってきた

春の遡上

アユは春に海から遡上し、ダムなどの遮るものがなければ100km 以上も川を遡り渓流域にまで達することも珍しくない

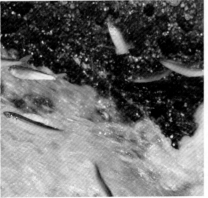

魚道の段差と強い流れをものともせず越えていく稚アユ（矢作川・愛知）

海から遡上してきた直後は 10cm にも満たない大きさなのに、夏には 20cm 前後にまで成長する（長良川・岐阜）

アユのいる川

良質なコケの付く石があることが生息の必須条件。また堰堤など流れを遮るものがなければ、アユは渓流部にも遡上する

狩野川　　静岡

アユ友釣りの発祥地といわれる静岡県狩野川。底石が大きな川相で天然アユの遡上も豊富だ。泳がせ釣りを得意にするエキスパートが多い

長良川郡上地区　　岐阜

６月上旬の解禁日は長いサオが触れ合わんばかりの人出で賑わう

仁淀川　　高知

玉砂利の川床を「仁淀ブルー」と称される澄んだ流れが洗う。奥に見える沈下橋は地域の人々の暮らしの知恵をうかがわせる

球磨川　　熊本

随所に荒瀬や大淵を擁するスケールの大きな流れが大アユを育む

食性とナワバリ

橋の上から川をのぞくと、ナワバリに侵入してきたアユを追い払う姿が見られる！

❶コケを食むようになるとアユはナワバリを持ち、他のアユを威嚇して追い払う。この習性を巧みに利用したのが友釣りだ
❷成長したアユは石に付着したコケを食（は）むようになる。その際、泳ぎながら下アゴでこそげ落とすようにするためタイヤのブレーキ痕のような「食み跡」が付く。食み跡がどんどん増えると最後は石全体がピカピカに磨かれたようになる

友釣り仕掛け

長いサオでオトリアユを自在に泳がせて野アユを掛けるために編み出された独自のスタイル

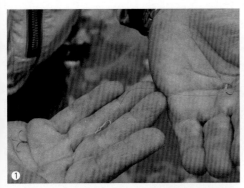

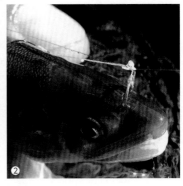

❶ アユのナワバリ意識を利用した友釣りは他に類を見ない独特なもの。仕掛けもユニークで、ハナカンという小さな環をオトリアユの鼻に通し❷、尻ビレ付近に野アユが掛かると外れる逆バリを打つ。釣り人はこの状態で巧みにオトリアユを泳がせる。野アユはオトリを追い払おうとして、逆バリの先に付けたイカリ❸に触れてハリ掛かりしてしまう仕組みだ

オトリ店

アユ釣りの盛んな川のそばには、風物詩のようにオトリアユを扱う店舗がある

友釣りは現地でオトリアユと遊漁券を購入することから始まる。「友アユ」「オトリ」などの看板やのぼりのある建物が目印

友釣りの実際

長いサオ、細いイト、目印とオトリアユの動きを頼りに野アユを掛ける！

❶❷友釣りでは広い範囲を探れるように、サオは9〜10mもの長さのものを使う。一方、イトはオトリアユへの抵抗を軽減するため、髪の毛よりもはるかに細くて強度のある専用イトを用いる。そしてオトリの位置や動き、アタリを知るために複数の小さな目印を付ける
❸野アユが掛かるとサオには2尾分の重さと力が加わる。相手が大ものの場合、長いサオは満月のように弧を描く
❹オトリを追い払おうとして野アユ（下）が掛かった！

ドブ釣り

武士の鍛錬として始まったとされるドブ釣りは絢爛豪華な毛バリでアユを誘う

❶ 釣り場は友釣りとは異なり水深のある淵が中心になる
❷❸ 金熊、百万石、入舟……無数にも思える毛バリにはそれぞれ名前が付けられている。それらの中から「今日の当たりバリ」を捜すのも楽しみ
❹ ドブ釣りは小型の若いアユがターゲットだ

アユの味覚と人気

小ぶりの若アユ塩焼きは頭からワタごとガブリ！

❶ 釣りたての塩焼きを野外の河原で味わえるのは釣り人だけの特権
❷ "おらが川のアユ自慢"日本一を決める「清流めぐり利き鮎会」。
❸ 毎年全国から数千尾のアユが集められ、漁協関係者・一般客らによって姿・香り・わた・身・総合を評価してグランプリ、準グランプリが決定される

アユカケ

分類	スズキ目カジカ亜目カジカ科レオプレスベ属
学名	*Rheopresbe kazika*
別名	アラレガコ、アイキリ、アイカギ、タキタロウ、ゴリ、ドンハチ、マゴリ、ガコ、ガマ

アユカケは・・・

アユ釣りのゲストとして掛かることがあるが、希少な魚種で釣った人も驚くことが多い。環境変化に弱く、水質のよいれに棲むことから、アユカケのいる川はきれいな川というイメージがある。

漢字

鮎掛

知る

分布

青森県から島根県浜田までの日本海に流入する河川、青森県から高知県までの太平洋に流入する河川、佐賀県・宮崎県・熊本県の九州各県の河川（熊本県では絶滅）に分布。

大きさ

20cm 前後になる。

釣期

成魚が河川中流域にいる夏季にアユ釣りなどをしていると掛かることがある。河口や沿岸域に移動する秋冬季は釣りにくいが、工夫次第である。

1	2	3	4	5	6	7	8	9	10	11	12

棲んでいる場所

夏季には河川の中流域、産卵期である秋冬季には河口域や沿岸域へと季節的に移動する。

生活史

産卵期は冬で、沿岸の岩礁域で産卵し、雄が卵塊を保護する。仔稚魚は沿岸域で成長し、春に3cm前後になると河川を遡上する。成熟個体は秋に産卵のため降河する。砂礫底を好み、河川の中流域に生息するが、堰やダムができると未成魚の遡上や成魚の降河が妨げられる。速い流れに抗する遊泳力は弱く、魚道を上れないことが多い。1歳で6～9cm、2歳で9～12cm、3歳で13～17cmになり、雌は産卵後死亡し、雄は卵保護の後に死亡する。稚魚～小型の未成魚は主に水生昆虫を食べるが、成長に伴って主に魚類を食べるようになる。待ち伏せ型の捕食者で、エラブタの動きさえも止めて石と同化する「石化け」が、本種の生態としてよく知られている。

特徴

2019年にカジカ属の分類が見直され、独立した属となった。カジカとは、前鰓蓋骨に4本の棘をもち、うち最も上にあるものが大きくて上方に強く曲がることで区別できる。この棘でアユを引っ掛けて食べるとの伝承が、その名の由来である。本種の標準和名は「アユカケ」と「カマキリ」の二つが使われているが、昆虫のカマキリとの混同を避けるため、ここでは「アユカケ」とした。環境省レッドリストでは絶滅危惧Ⅱ類に指定されている。

主な釣り方

ルアーへの反応はよく大型魚が釣れる。川虫やミミズをエサにするミャク釣りで釣れることもある。ただ希少種ゆえ保護の観点から釣りものとしてはおすすめできない。

美味しい食べ方

旬は夏から秋で、味は透明感があり、火を通しても硬くならない。煮魚がポピュラーで、薄味であっさりと煮ると風味が一段と味わい深い。素焼きにしてからしっかり味つけをして甘露煮風に仕上げても旨い。鍋物などでも美味しくいただける。福井県九頭竜川のアラレガコ料理は有名である。

フィッシングチャート

基本的には他の魚をねらっているとき、希に釣れることがある程度。

イトウ

分類	サケ目サケ科イトウ属
学名	*Parahucho perryi*
別名	チライ、オヘライベ (アイヌ語の呼び名)

イトウは・・・

学名の *Parahucho perryi* は、黒船のペリー提督が函館に寄港した際、本国にイトウを持ち帰り、英国の生物学会でその学名が付けられた。世界でも日本の北海道、ロシアの沿海州、サハリンにしか生息していない。

漢字

鯎

知る

分布

北海道の河川、樺太、南千島、ロシア沿海地方に分布。かつては本州にも生息していたが絶滅。

大きさ

最大で 100 ～ 150cm 前後に成長する。過去には 2m を超える個体も捕獲されている。

釣期

初春～ 12 月ごろ。

1	2	3	4	5	6	7	8	9	10	11	12

棲んでいる場所

湖沼のほか、河川では湿地帯の下流域に棲み、比較的流れの緩い場所を好む。降海性を持つが、海での生態はよくわかっていない。

生活史

日本のサケ科魚類で春産卵は本種のみで、3 月末～ 5 月に淵から瀬への移行部に産卵床をつくりペア産卵する。産卵後も死亡せず、翌年以降も多回産卵する。稚魚は産卵床から 7 ～ 8 月に浮上、水生昆虫などを食べてその後 1 ～ 2 年間を上流域で過ごし、30cm を超える頃から下流域に移動し、魚類、両生類、ネズミなどを食べる。成長と成熟は緩く、雌は 8 ～ 9 歳約 60cm、雄は 6 ～ 7 歳約 50cm で成熟する。寿命は長く、20 歳以上は生きる。

特徴

漢字では魚へんに「鬼」と書き、頑丈なアゴと鋭い歯でさまざまな小動物を捕食する。魚類はもちろん、カエルやヘビ、鳥のヒナを襲うこともある。背中の色は青みがかった褐色で、銀白色の体側には小さな黒い斑点がある。稚魚にはパーマークがあり、これは成長に伴って消える。
日本最大の淡水魚であるが、近年は個体数が減少し保護の必要性が叫ばれている。環境省レッドリストでは絶滅危惧ⅠB類に指定されている。

主な釣り方

魚食性を利用して、小魚を模したルアーやフライでねらう。

美味しい食べ方

絶滅危惧種ゆえリリースが前提である。

フィッシングチャート

ルアーでねらうにしろ、フライでねらうにしろ、難易度は高い。またイトウは国内では北海道だけに棲む希少な魚でもあり、キャッチアンド・リリースを前提にダメージを最小限にできるタックルで臨みたい。ヒグマにも注意。

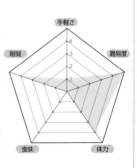

●釣る

ルアーフィッシング

シングル＆バーブレスフックで

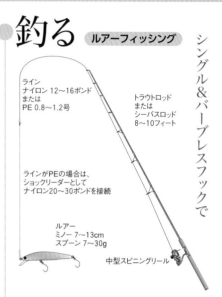

ライン
ナイロン 12〜16ポンド
または
PE 0.8〜1.2号

トラウトロッド
または
シーバスロッド
8〜10フィート

ラインがPEの場合は、
ショックリーダーとして
ナイロン20〜30ポンドを接続

ルアー
ミノー 7〜13cm
スプーン 7〜30g

中型スピニングリール

フライフィッシング

アングラーの研究・実績が近年進む

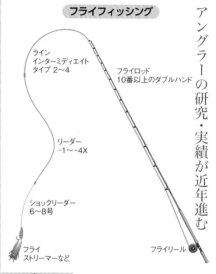

ライン
インターミディエイト
タイプ 2〜4

フライロッド
10番以上のダブルハンド

リーダー
-1〜-4X

ショックリーダー
6〜8号

フライ
ストリーマーなど

フライリール

ワンポイント

日本に棲むサケ科魚類では最大であり、かつては2mを超えるものもいたという。現在もメーターオーバーが釣れる可能性は充分にある。北海道の民話ではシカを飲み込んだと伝えられるなど、伝説に彩られた魚である。それだけに釣り人憧れのターゲットだ。ルアーでは重さのあるスプーンや、ミノーでねらう。

エサ・擬似餌

ルアー（ミノー、スプーン）。

ワンポイント

世界でも日本の北海道、ロシアの沿海州、サハリンにしか生息しておらず貴重な魚。そのことを肝に銘じて細心のキャッチ＆リリースで楽しみたい。ロッドは10番以上のダブルハンド、ラインはインターミディエイトを基準にタイプ2〜4、リーダーは-1〜-4X、ショックリーダーはフロロカーボン6〜8号。フライはストリーマー系を使う。

エサ・擬似餌

フライ（ストリーマーなど）。

北海道でイトウを漁業権魚種に設定しているのは、朱鞠内湖淡水漁協と阿寒湖漁協のみ。道北と道東が主な釣り場になる。写真を撮る際は水から出さず、素早く撮影してリリースしたい

イトウのいる場所（北海道）

朱鞠内湖

❶周囲約40km、湛水面積は国内最大のダム湖。減水時には巨木の切り株が姿を現わし、独特な景観をみせる。その景色はアラスカやフィンランドにたとえられる。また、同湖を抱える幌加内町は − 41.2℃という日本最寒記録を持つ

❷10月に釣った80cmクラス。"幻の魚"と言われるイトウだが、朱鞠内湖でそれは当てはまらない。漁協による管理や増殖事業などが実を結び、資源量は安定している。このサイズに出会うのは夢ではない

❸フックはシングル＆バーブレスが義務付けられている。カエシは衣類に刺してスムーズに取れるまで潰すこと

❹大小13もの島々が浮かび、そのほとんどがポイントになる。漁協による渡船サービスを利用すれば、攻略エリアが大きく広がる

猿払川

❶河口から数km上流の汽水域が主な釣り場になる。潮の干満によって流れが変わるため、潮の動きを読むのが重要。猿払村のシンボルとして村をあげてイトウを大切にしている。産卵期の釣りや夜釣りは慎みたい

❷11月初旬の小春日和にあがった尾叉長103cm、正真正銘のメーターオーバー。鋭い眼光はまさに鬼を思わせる

天塩川

❶北海道の4大河川で唯一、海から200km以上、遡上魚が上れる天塩川。下流へ行くほど素晴らしい環境をみせる。メインとなる本流域はダイナミックで押しの強い流れ。魚のファイトも格段に強くなる
❷魚影は多くないが、小型から大型まで、さまざまなサイズに出会える。エサが豊富なのか天塩川のイトウは太い

道東の湿原河川

❸アメマス釣りで人気の釧路川や別寒辺牛川などでは、稀にイトウが掛かることもある。湿原河川で鬱蒼としていて障害物が多く、掛けるのも大変だが、掛けてからも技術が求められる。足場の高い場所が多い
❹小～中型のイトウもロッドを曲げてくれる。このサイズでも大きなルアーにアタックしてくる。悪食ぶりが分かるだろう

注目ベイト＆擬似餌

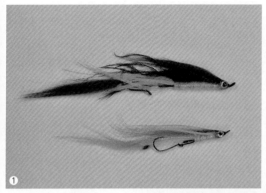

❶猿払川や天塩川では、ストリーマーが定番。15〜20cmのロングタイプを使う人も多い。カラーはオリーブやブラックで実績が高い

❷天塩川で見られるウチダザリガニ。小型はともかく、この大きさは脱皮のときに格好のエサになっているのかもしれない

❸朱鞠内湖で釣ったウグイ。ウグイの産卵期は大型のイトウがねらえるビッグチャンス。15cm以上のビッグルアーも面白い

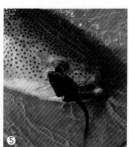

❹❺❻『釣りキチ三平』のイトウ釣り編で、三平くんがネズミを模したルアーで超大ものを釣ったが、近年はネズミパターンのルアー＆フライも注目されている。特にルアーはネズミタイプが豊富で選ぶのも楽しい。朱鞠内湖で実績が上がっている

イワナ（ニッコウイワナ）

分類	サケ目サケ科イワナ属
学名	*Salvelinus leucomaenis pluvius*
別名	亜種を区別せず"イワナ"と呼ぶことが多い

イワナは・・・
背中側は緑褐色や灰色で、体側面に白い斑点が散布するが、地域によって差があり、オレンジ色の斑点が混じるものもいる。神経質で敏感な反面、エサの少ない源流部では貪欲に捕食するため、意外に簡単に釣れる。

漢字

岩魚

知る

分布

主として山梨県〜東北地方南部にかけての太平洋側流入河川、および鳥取県〜東北地方南部にかけての日本海流入河川に不連続に分布するが、放流により乱れが生じている。別亜種であるアメマスは北海道・東北地方等（22頁参照）に、ヤマトイワナは相模川以西の太平洋側河川など（150頁参照）に分布する。

大きさ

およそ 20 〜 60cm。生息する環境によっても異なる。渓流釣りでは 30cm を超えると大ものとされる。

釣期

河川の場合は解禁期間に準じる。3 〜 9 月のところが多い。

1	2	3	4	5	6	7	8	9	10	11	12

棲んでいる場所

冷水域を好み、源流と呼ばれる河川の最上流域や山上湖に多い。

生活史

産卵期は秋。支流や分流などの浅い砂利底に卵を産む。真冬にふ化した仔魚は砂利の下で冬を越し、翌春の雪代（ゆきしろ＝雪解け水）に伴って水中に出る。1 歳で 10 〜 16cm、2 歳で 13 〜 25cm、3 歳で 15 〜 30cm になる。2 歳以降に成熟し、数年に渡って産卵を行ないながら数年間生きる。

特徴

日本のイワナ類は、"イワナ"と"オショロコマ"の 2 種に大別され、"イワナ"は、アメマス、ニッコウイワナ、ヤマトイワナ、ゴギの 4 亜種に、"オショロコマ"は、オショロコマ、ミヤベイワナの 2 亜種に細分される。
背中側は緑褐色や灰色で、体の側面に白い斑点が散在する。この模様は地域によってかなり差があり、オレンジ色の斑点が混じるものもいる。
神経質で人影に敏感な反面、エサの少ない源流部では貪欲に捕食するため、意外に簡単に釣れる魚でもある。

主な釣り方

川虫やミミズなどを使ったエサ釣りのほか、ルアー釣り、フライフィッシング、テンカラ釣りなど。

美味しい食べ方

塩焼き、空揚げなどが一般的だが、釣ったばかりのものは刺し身でも美味しい。

フィッシングチャート

山里の渓流ではそれほど体力を要しないが、山岳渓流では体力のほかに沢登りの技術も求められる。イワナは警戒心が強いので相手に気づかれないように注意したい。

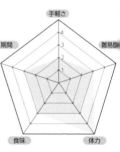

釣る

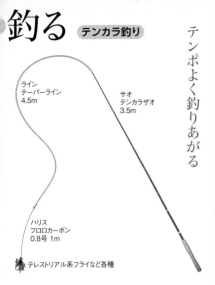

テンカラ釣り

テンポよく釣りあがる

ライン
テーパーライン
4.5m

サオ
テンカラザオ
3.5m

ハリス
フロロカーボン
0.8号 1m

テレストリアル系フライなど各種

チョウチン釣り

障害物をかわしポイント直撃

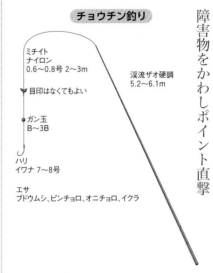

ミチイト
ナイロン
0.6〜0.8号 2〜3m

渓流ザオ硬調
5.2〜6.1m

目印はなくてもよい

ガン玉
B〜3B

ハリ
イワナ 7〜8号

エサ
ブドウムシ、ピンチョロ、オニチョロ、イクラ

ワンポイント

伝統的な毛バリ釣りであるテンカラ。タックルはサオ、ライン、ハリス、毛バリだけであり非常にシンプルだ。キャスティングの習得もフライフィッシングよりずっと簡単であるのも魅力だ。イワナねらいとなるとフィールドは源流部。ボサが茂るような細い流れもあるので、コンパクトなキャストを身に付けよう。

エサ・擬似餌

毛バリ。

テンカラ釣りで使う毛バリ

古くから行なわれていたテンカラ釣りでは、エサの代わりにこのような毛バリを使う。毛バリにはさまざまな種類がある。

ワンポイント

川の最上流部に棲む魚。人がほとんど入らない源流域での釣りは、安全確保や野宿の心得、遡行技術などが必要。ただしその分、これまで釣りバリなど見たこともないといったような魚が、釣り人を楽しませてくれることもある。エサの乏しい環境に棲む魚だけに、ネズミや小鳥、はてはコウモリまで食べていたという記録がある。

エサ・擬似餌

川虫、ミミズ、ブドウムシ、イクラ、バッタ類など。

チョウチン釣りとは？

ひとまたぎできるような細い支流や、川の最上流部でも、イワナの姿を見ることができる。そのような場所では木が被さっていたり、背後にスペースがなかったりするので、サオを振って仕掛けを投げにくい。そのためチョウチン釣りといって、イトの長さは短くして、サオを伸ばしてポイントまで届ける釣法が有効だ。魚が掛かったらサオを縮めて取り込む。

日本のイワナの仲間は2種6亜種

イワナの体色や斑紋は、川によってかなり異なる。そのため日本各地に生息するイワナの仲間が何種類に分類されるのかということについては、昔から学者の間でも論議が絶えなかった。東海大学出版会が2013年に発刊した『日本産魚類検索 全種の同定第三版』によれば、日本在来のイワナ類は以下のように分類されている。

国内のイワナ類は、まずオショロコマとイワナの2種に大別される。そしてオショロコマは、さらにオショロコマとミヤベイワナの2亜種に細分される。一方イワナのほうは、アメマス、ニッコウイワナ、ヤマトイワナ、ゴギの4亜種に細分されるのである。

ここではそれぞれの特徴をまとめてみた。自分が釣ったイワナが何イワナなのか、判断する参考にしてほしい。

【ニッコウイワナ】
(*Salvelinus leucomaenis pluvius*)
主として山梨県〜東北地方南部にかけての太平洋側流入河川、および鳥取県〜東北地方南部にかけての日本海流入河川に不連続に分布する。背中から体側にかけて散在する乳白色斑点は比較的小さい。体長15cmくらいよりも小型の個体では乳白色斑点のみを持つが、これよりも大型の個体では、体側から腹部にかけて黄色〜橙色の斑点が現われるようになる

【ヤマトイワナ】
(*Salvelinus leucomaenis japonicus*)
本書では150頁でも詳しく紹介する。本州中部地方の太平洋側流入河川、琵琶湖流入河川および紀伊半島に分布。背中から体側にかけて散在する乳白色斑点は全くないか、あっても数が少ない。体側から腹部にかけて、黄色〜橙赤色の斑点が散在する。紀伊半島に生息するものは「キリクチ」の地方名で呼ばれており、世界のイワナ類の中で最も南に生息する群である

【ゴギ】(*Salvelinus leucomaenis imbrius*)
岡山県、島根県以西の中国地方にのみ分布する。背中から体側にかけて散在する乳白色斑点は非常に大きく、頭部背面の前端にまで認められる。体側から腹部にかけて、淡橙色の斑点が散在する。

【アメマス（降海型・左）、エゾイワナ（陸封型・右）】(*Salvelinus leucomaenis leucomaenis*)
新潟県および東北地方南部以北の本州と北海道全域に分布する。背中から体側にかけて散在する乳白色斑点は比較的大きい。黄～赤色の有色斑点をもたない。

【ミヤベイワナ】(*Salvelinus malma miyabei*)
北海道然別湖にのみ分布する。体色や斑紋はオショロコマに似るが、胸ビレが長い。エラの鰓耙（さいは）が長く、その本数がオショロコマよりも多い。これは湖の中で微少なプランクトンを食べるために適応したためと考えられている。

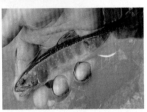

【オショロコマ】(*Salvelinus malma krascheninnikovi*)
南部を除く北海道に分布する。背中から体側にかけて散在する乳白色斑点は小さい。体側から腹部にかけて、朱紅色の小斑点が散在する。降海するものもある。ヤマメやエゾイワナと混生する河川では、主として最上流域に生息する。地方名：カラフトイワナ。

イワナのいる川　黒部川水系黒薙川支流北又谷　富山

川の中・下流部や湖でも、条件が合えばイワナは生息しているが、釣りの舞台はこのような源流域であることが多い。道がない場合は川を歩き、滝を越えて釣り場を目指すこともある、冒険的要素の強い釣りだ。

源流に生きるイワナは何を食べているのか?

イワナは主に昆虫などを食べると考えられている。だが、源流域ではそれほど頻繁に昆虫が流れてくるわけではないだろう。渓流釣りのベテランたちに、これまでに見聞きした「イワナが食べていたもの」を聞いてみると、カエルやヘビ、さらには小鳥まで食べていたという。その貪欲さの片鱗を、実際にイワナの胃から出てきたものを記録した写真で紹介しよう。

手に乗っている物体は何なのか? 専門家によると、コウモリなのだとか。左下に細長く伸びたのが翼。左に小さく出っ張ったのが頭で、右側は足と尾だと思われる

イワナをくわえていたイワナ。同種でも容赦なく食べてしまうようだ

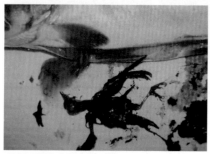

イワナの胃から出てきた小鳥

このイワナは、ネズミをくわえた状態で死んでいたという。ネズミが大きすぎて、詰まってしまったのだろうか?

44

釣り場での料理

道のない源流域では、荷物を背負って川を歩き、数日かけて移動しつつ釣りをすることがある。そのような状況では、イワナは貴重なタンパク源。もちろん確保するのは食べる分だけにすべきだが、源流でしか味わえない料理の数々は絶品といえる。

脂の乗ったイワナの刺身は、源流釣りのエネルギー源

卵を醤油漬けにして作ったイワナの親子丼

源流釣りのベテランが握ったイワナ寿司
註：川魚の生食には寄生虫のリスクがある

水分が抜けて煙にいぶされると長期保存も可能

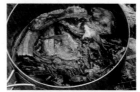

焼き枯らしたイワナからは、いい出汁が出る

現地で採れたキノコを入れたイワナ汁

イワナの骨や皮などは、焚き火で焼き枯らしておく

ウグイ

分類	コイ目コイ科ウグイ亜科ウグイ属
学名	*Pseudaspius hakonensis*
別名	ハヤ、アカハラ、イダ、アイソ

ウグイは・・・

体色は背側が焦茶色で、側面から腹にかけては銀白色。春になると赤黒の明瞭な婚姻色が現われる。水汚染に強い魚であり、都市部の河川にも多い。

鯎

知る

特徴

2020年にウグイ属の分類が見直され、学名（属名）が変更された。
体色は背側が焦茶色で、側面から腹にかけては銀白色。春になると赤と黒の明瞭な婚姻色が現われる。
水質汚染に強い魚であり、都市部の河川にも多い。また、田沢湖や猪苗代湖など、強酸性の水域でも生息することが可能だ。しかし近年では、各地で減少傾向にある。

分布

琉球列島を除く日本各地の河川や湖沼。

大きさ

30cm前後から、最大で約50cm。

釣期

周年だが、禁漁区・禁漁期間に注意。

1	2	3	4	5	6	7	8	9	10	11	12

棲んでいる場所

河川の上流域から下流の汽水域、山上湖など多様な環境に棲む。

主な釣り方

エサ釣りの場合はミミズや川虫のほか、練りエサやご飯粒などでも簡単に釣れる。大型のものはルアーやフライにも反応する。

美味しい食べ方

臭いや小骨の多さなどから、食用にされることは少ないが、塩焼きや甘露煮、天ぷらにする地域もある。特に産卵期のウグイを珍重する地域もある。

生活史

一生を淡水域で過ごす河川集団と、河川で産まれて川を下り沿岸域で成長した後に川を遡上して産卵する降海集団が存在し、北方ほど降海集団の割合が増す。産卵期は2〜7月で、北に行くほど遅い。1歳で10cm、2〜4歳で20cmになり成熟する。群れて生活する。
雑食性で、石についた藻類や水生昆虫のほか、小魚なども食べる。

フィッシングチャート

河川の広範囲に生息し、釣れる期間も長く、難しい技術もいらないのでファミリーフィッシングにも最適のターゲット。

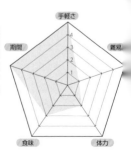

釣る

ピストン釣り

サオを沈めて前後に動かす

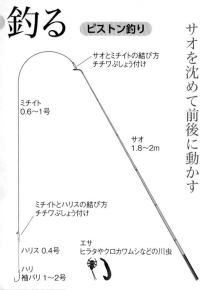

サオとミチイトの結び方
チチワぶしょう付け

ミチイト
0.6〜1号

サオ
1.8〜2m

ミチイトとハリスの結び方
チチワぶしょう付け

ハリス 0.4号

エサ
ヒラタやクロカワムシなどの川虫

ハリ
袖バリ 1〜2号

ワンポイント

玉ウキ仕掛け、ウキなしのミャク釣り、毛バリ釣りなどさまざまな方法でねらえるが、ピストン釣りは川遊びの一環としても楽しむことができる。道具や仕掛けがシンプルで入門しやすい。水深30〜40cmほどの浅い瀬が好ポイント。下流に向かって立ち、エサを付けたサオを水中に突っ込んだら、リズムよくサオを前後に引いては押し戻す操作を繰り返すだけ。

エサ・擬似餌

川虫など。

ミャク釣り

ミャク釣りの入門にも好適

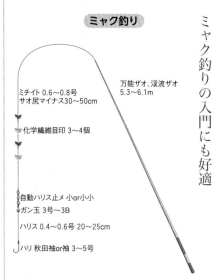

万能ザオ、渓流ザオ
5.3〜6.1m

ミチイト 0.6〜0.8号
サオ尻マイナス30〜50cm

化学繊維目印 3〜4個

自動ハリス止メ 小or小小

ガン玉 3号〜3B

ハリス 0.4〜0.6号 20〜25cm

ハリ 秋田袖or袖 3〜5号

ワンポイント

釣り人の間ではハヤとも呼ばれる清流の魚。渓流釣りの外道として敬遠されることもあるが、北関東などでは食用に専門にねらう人もいる。雑食で、エサは下記に挙げた以外でもソーセージや米粒などさまざまなもので釣れる。近縁種に、春に海から遡上するマルタがいるが、こちらは40〜50cmと大きく、フライやルアーでねらう人が多い。

エサ・擬似餌

川虫、ミミズ、ブドウムシ、サシ、練りエサなど。

子どもが水遊びをするような場所でもウグイは釣れる

ウグイの仲間、マルタの釣りも楽しい

婚姻色に染まったマルタ

産卵のために遡上するマルタは大型で引きも強く、春のターゲットとして人気が高い

春、多摩川の河口付近で釣れるマルタ（写真）もウグイの仲間。ルアーや毛バリでも釣ることができる

ウナギ

分類	ウナギ目ウナギ科ウナギ属
学名	*Anguilla japonica*
	標準和名ニホンウナギ

ウナギは・・・

日中は岩のすき間や泥の中に隠れ夜になると活発に活動して甲殻類やカエルなどの両生類、小魚などを食べる。本来は広い水域に生息する魚だが近年は減少が特に著しい。

漢字

鰻

知る

分布

青森県から屋久島までの太平洋沿岸、琉球列島に分布。北海道南部、青森県から九州西岸までの日本海・東シナ海沿岸に散発的に分布。

大きさ

大きいものでは1mを超える。

釣期

春から秋にかけてで、最盛期は梅雨の前後。

1	2	3	4	5	6	7	8	9	10	11	12

棲んでいる場所

河川の中〜下流域、湖沼、河口域や内湾の沿岸部など様々な環境に棲む。

生活史

淡水域で成長し、海に下って産卵とふ化を行なう「降河回遊魚」である。
太平洋のマリアナ諸島西方海域の水深150m前後で生まれた仔魚は、レプトセファルス幼生となって4〜6ヵ月をかけて北赤道海流から黒潮によって東アジアの成育場に運ばれる。5cmほどのシラスウナギとなって沿岸にたどり着くと、河川を遡ってエビや魚類などのエサをとりながら成長する。そして雄では5年、雌では10年前後で海に下り、再び産卵のためにはるか南方の産卵場を目指すと考えられている。

特徴

体表はヌルヌルとした粘膜に覆われていて、ヘビのように体をくねらせて泳ぐ。夜行性で、日中は岩のすき間や泥の中に隠れている。夜になると活動を開始し、甲殻類やカエルなどの両生類、小魚などを食べる。
近年の減少は著しく、環境省のレッドリストでは絶滅危惧ⅠB類に指定されている。

主な釣り方

夜釣りが中心で、ドバミミズやテナガエビをエサにしたブッコミ釣りでねらうことが多い。河川や湖沼では漁業権が設定されている場所が多く、採捕できる体長の制限がある場合が多いので注意が必要。

美味しい食べ方

蒲焼き、白焼きが代表的。釣ってすぐに食べるのではなく、きれいな水で数日ほど泥を吐かせてから調理するとよい。

フィッシングチャート

遊漁規則や漁業調整規則に注意すること。うまく釣れれば貴重な天然ウナギの味覚を味わえる。

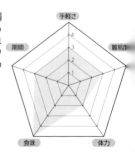

釣る ブッコミ釣り

天然ものを食べたいなら……

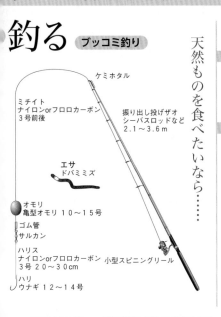

ケミホタル

ミチイト
ナイロンorフロロカーボン
3号前後

振り出し投げザオ
シーバスロッドなど
2.1～3.6m

エサ
ドバミミズ

オモリ
亀型オモリ 10～15号

ゴム管
サルカン

ハリス
ナイロンorフロロカーボン
3号 20～30cm

ハリ
ウナギ 12～14号

小型スピニングリール

ワンポイント

近年価格が高騰しているが、釣りでは美味しい天然ウナギをキャッチすることができる。釣り方は穴釣りなどもあるが、図のブッコミ釣りが手軽といえよう。河口付近で行なう夜釣りが一般的。

エサ・擬似餌

ミミズ、小魚など。

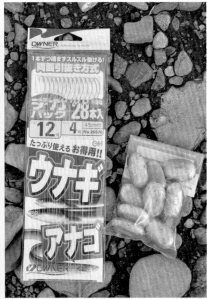

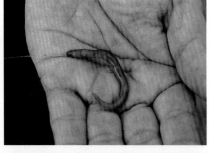

ウナギ専用のハリが売られているので、それを使うのが得策。オモリは使用するサオに合わせてチョイスしよう

エサはドバミミズなど太めのキヂ（ミミズ）が効果的

⇒ウナギのさばき方は 553 頁へ。
ウナギの血液には注意！ウナギに刺し身がない理由は、血液に弱毒が含まれているため。したがって、さばく際にも手の傷口や目などに入らないように注意が必要。

ウナギのいる場所

ウナギの生息域は広い。人間の営みがすぐ近くに感じられるようなフィールドも舞台だ

汽水域にもウナギはよく見られる

アユが釣れるような清流では美味ウナギが釣れる

身近な美味ターゲットがウナギ。海とつながっている川であれば、どこでも可能性はある

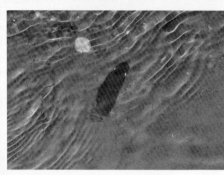

穴から頭をニョキっと。エサを捕食する時はこの穴から出て、素早く穴に戻る

天然ウナギが幻になる日が来る？

　2013年2月、環境省は絶滅の恐れのある野生生物の種のリスト（以下・レッドリスト）を発表し、ニホンウナギを絶滅危惧ⅠB類に指定した。ⅠB類とは近い将来絶滅する危険性が高い種であり、ほかにイトウやアカメ、アマミノクロウサギ、イヌワシなどが名を連ねる。環境省のレッドリスト以外にも、2014年6月にはⅠUCN（国際自然保護連合）のレッドリストにもニホンウナギが絶滅危惧種として指定された。ニホンウナギの減少はもはや国内ばかりでなく、国際的な関心事ということになっている。

希少なウナギだけに、過度なキープは避けたいところ

オイカワ

分類	コイ目コイ科クセノキプリス亜科ハス属
学名	*Opsariichthys platypus*
別名	ヤマベ、ハエなど

オイカワは・・・

成魚の雄は雌よりも体型が大きくなり、特に臀ビレが発達している。体側に現れる青緑とピンクの婚姻色も鮮やか。釣りのバリエーションが多彩で、なかでもピストン釣りは独特。

漢字

追河

知る

特徴

背部は淡褐色、腹部と体側は銀白色で、体側に赤味を帯びた7〜10個の横斑が並ぶ。成魚の雄は雌よりも大きくなり、特に臀ビレが発達する。また、繁殖期には雄の体側に青緑色とピンクの鮮かな婚姻色が現れる。

分布

自然分布は、関東以西の本州、四国の瀬戸内海側、九州の北部。アユの放流などの影響で、東北地方や四国の太平洋側などにも生息域を広げている。

主な釣り方

練りエサなどを使ったエサ釣りや、毛バリでもねらえる。また、川虫をエサにしてサオを動かしながら誘う「ピストン釣り」も有名。

大きさ

成魚で15cm程度。

美味しい食べ方

甘露煮、塩焼き、天ぷらなど。水質の悪い場所で釣ったものはあまり食用にしないほうがよい。

釣期

ほぼ周年釣ることができる。

1	2	3	4	5	6	7	8	9	10	11	12

フィッシングチャート

どの釣り方でも気軽に楽しめる。ウキ釣りは、専用のハエウキと練りエサで本格的にねらうと1時間で束（100尾）釣りも可能。さらに名手は時速200尾以上という異次元の世界だ。

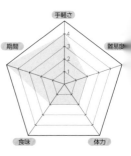

棲んでいる場所

河川の中〜下流域や湖沼に生息。水質汚染や河川改修による環境変化に強いため、都市部にも多い。

生活史

産卵期は5〜8月で、流れの緩い浅場の砂礫底の産卵床に卵を産む。ふ化仔魚は4.4mmで卵黄をもち、ふ化後5日ほどで卵黄を吸収し終え7mm前後で産卵床から泳ぎだす。稚魚期には流下し、河口付近まで下ることもあるが、上流部でも下流形態があればそこで流下が止まる。未成魚期には生息域が広がり、遡上傾向を示す。1歳で10cm、2歳で12cm、3歳で13cmになる。
生息する環境によって様々な食性を示し、底生動物、水生昆虫から藻類まで様々なものを食べる。

釣る

蚊バリ釣り

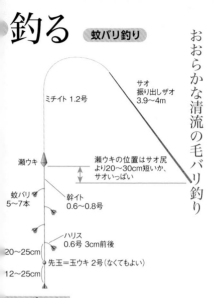

ミチイト 1.2号

サオ
振り出しザオ
3.9～4m

瀬ウキ

瀬ウキの位置はサオ尻より20～30cm短いか、サオいっぱい

蚊バリ
5～7本

幹イト
0.6～0.8号

ハリス
0.6号 3cm前後

20～25cm

先玉＝玉ウキ2号（なくてもよい）

12～25cm

おおらかな清流の毛バリ釣り

ピストン釣り

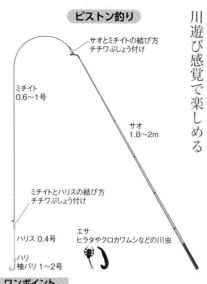

サオとミチイトの結び方
チチワぶしょう付け

ミチイト
0.6～1号

サオ
1.8～2m

ミチイトとハリスの結び方
チチワぶしょう付け

ハリス 0.4号

エサ
ヒラタやクロカワムシなどの川虫

ハリ
袖バリ1～2号

川遊び感覚で楽しめる

ワンポイント

蚊バリとは主にオイカワや小型のハエ（ウグイ）用に作られた小型サイズの毛バリだ。袖バリ系の3号に巻いてあるのが大半である。蚊バリ釣りの基本的なテクニックは流し釣り。斜め下手に振り込んだら、瀬ウキに流れを当てて波立ちを作る。扇状に手前の岸方向に流してくる。同じ筋を何回も流していると蚊バリを見切られてしまう。流す筋やポイントを変えてねらっていこう。

エサ・擬似餌

毛バリ。

ワンポイント

動作が特徴的なピストン釣りは夏場の川遊びの一環としても楽しむことができる。道具や仕掛けがシンプルで入門しやすい。水深30～40cmほどの浅い瀬が好ポイント。下流に向かって立ち、エサを付けたサオを水中に突っ込んだら、リズムよくサオを前後に引いては押し戻す操作を繰り返すだけ。

エサ・擬似餌

川虫、サシ、ミミズなど。

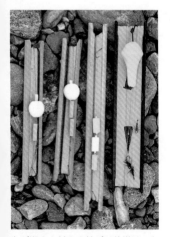

ピストン釣りは水中に入れたサオ先を前後に動かして魚を誘う

エサの川虫は釣り場で石をめくって採る

右が瀬ウキ付きの蚊バリ仕掛け。左はフカシ仕掛けと呼ぶタイプ

釣る ウキ釣り

時速100尾も夢じゃない

ミチイト
ナイロン 0.3号

ヤマベザオ
3.5〜5m

ハエウキ 4号前後

ウレタンチューブ

ジンタン（ガン玉8号）
ウキの号数と同じ数を付ける

自動ハリス止メ

ハリ
ヤマベバリ 3号前後

ワンポイント

練りエサを用いたオイカワ（ヤマベ、ハエ）のウキ釣りは、かつては競技の釣りものとして一世を風靡するほど人気があった。当時は時速200尾以上という超人的な記録も出ている。もちろんファミリーで気軽に楽しむのもいい。

エサ・擬似餌

練りエサ。

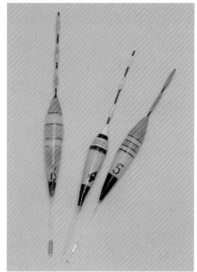

見やすいトップが付いたハエウキ。数字は各ウキに適したジンタン（8号）の数を表わしている

ウキ釣りは真剣にやれば時速100尾以上の世界もあるが、家族で楽しめる憩いの釣りでもある

同じ場所で釣れた雄（上）と雌（下）。産卵期の雄は鮮やかに色付き尻ビレが大きく発達する

魯山人も絶賛した
京の味覚「サギシラズ」

琵琶湖が近く、さらに桂川、鴨川（賀茂川）、宇治川、木津川、巨椋池などに囲まれた京都には、かつてコイ、フナ、モロコ、ハス、ウナギ、ドジョウ、オイカワ、アユ、ナマズ、ゴリ、カワエビなどの淡水魚介類を日常的に食べる文化があった。なかでも鴨川で獲れる体長 4cm以下程度の小魚（主にオイカワの幼魚）は「サギシラズ」と呼ばれ、その佃煮は京の都の名物土産だった時代もあったそう。サギシラズの名前は「サギ（鷺）も見つけられないほど小さな魚」から来ている。現在、地元の京都賀茂川漁協などでは、こうした川魚文化を見直してもらう取り組みに力を入れている。

鴨川の風景

オオタナゴ

分類	コイ目コイ科タナゴ亜科タナゴ属
学名	*Acheilognathus macropterus*

オオタナゴとは・・・
名前のとおり大型になる外来種のタナゴ。日本で確認されるようになったのは 2000 年ごろ。現在は特定外来生物のため、許可なく飼育することも生きたまま持ち帰ることもできない。

漢字

大鰭

知る

特徴

タナゴ類では最大で、体は高く、著しく扁平。1 対の口ヒゲをもつが短くて目立たない。体色は銀白色で、肩部に暗青色斑があり、体側後半の中央部に暗色縦帯が走る。婚姻色は不明瞭で、雄の臀ヒレ外縁が白く縁どられるのみ。
本種は大型になるため、在来のタナゴ類と産卵母貝をめぐる争いで優位であり、アカヒレタビラやタナゴなどを駆逐して置き換わったものと考えられる。環境省は要注意外来生物に指定していたが、2016 年に特定外来生物に格上げ指定した。

分布

原産地は、アムール川水系からベトナム北部のユーラシア大陸東部。日本への移入の経緯は不明だが 2000 年前後から霞ヶ浦に定着し、現在は茨城県、千葉県、東京都の利根川流域を中心に分布を拡大している。

大きさ

大きいもので 20cm 近くに達する。

釣期

ほぼ周年釣れ、近年専門にねらう人が増えている。

1	2	3	4	5	6	7	8	9	10	11	12

棲んでいる場所

湖沼や用水路などの止水、河川下流域などに棲む。

生活史

産卵期は霞ヶ浦では 4 〜 8 月で、イシガイなどの二枚貝に卵を産みつける。ふ化した仔魚は 1 歳で成熟し、寿命は 2 歳以上。ただし、飼育した場合は 4 年ほど生きる場合もあるようだ。

主な釣り方

ウキ釣りでねらえるが、特定外来生物なので許可なく飼育することも生きたまま持ち帰ることもできない。

美味しい食べ方

食味については不明だが、釣れたものは食べることで有効活用を図ることを提唱したい。

フィッシングチャート

ウキ釣りで手軽にねらえる楽しいターゲットだが、「主な釣り方」に記したとおり、釣ったあとの取り扱いについては注意が必要。

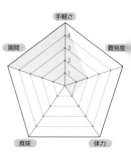

釣る エサ釣り

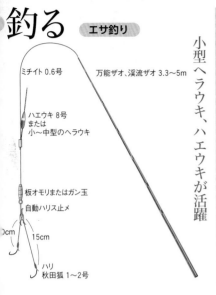

ミチイト 0.6号

万能ザオ、渓流ザオ 3.3〜5m

ハエウキ 8号
または
小〜中型のヘラウキ

板オモリまたはガン玉

自動ハリス止メ

○cm　15cm

ハリ
秋田狐 1〜2号

小型ヘラウキ、ハエウキが活躍

ワンポイント

外来種で、その名のとおり大型のタナゴ。アタリが分かりやすく引きも強いので、子どもと一緒にねらっても楽しいだろう。冬場のオカメタナゴ（タイリクバラタナゴ）の繊細な釣りもいいのだが、おおらかなオオタナゴ釣りも捨てがたい。湖や河川の岸からねらうことが多いが、常陸利根川などではボートでの釣りも人気である。

エサ・擬似餌

アカムシ、グルテン、黄身練りなど。

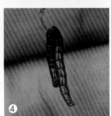

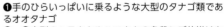

❶手のひらいっぱいに乗るような大型のタナゴ類であるオオタナゴ
❷、❸小型のヘラウキやハエウキの多段シズ仕掛けを用いて釣る。大型のタナゴではあるが、アタリは意外に繊細
❹、❺エサはアカムシ、グルテン。上バリに寄せエサ用のグルテンを付けて、下バリに食わせ用のアカムシを付けるのがおすすめ
❻釣り場は湖岸の水門周りなど。変化のある場所が有望

オショロコマ

分類	サケ目サケ科イワナ属
学名	*Salvelinus malma krascheninnikovi*
別名	カラフトイワナ、アカハラ、ドリーバーデン

オショロコマは・・・

北海道の渓流に生息するイワナの近縁種。体色や白い斑点などもよく似ているが、側面のパーマークと朱点が特徴。然別湖にはオショロコマの亜種であるミヤベイワナが生息している。

漢字

漢字は無い

※オショロコマの語源はアイヌ語由来とされ、漢字はない。

知る

特徴

体側は褐色で、背側は黒褐色を帯び、腹部は白色。体側に10個前後のパーマークをもち、赤点が散在する。稚幼魚期には白点があるが、12cmを超えると赤点に変わる。また、産卵期には腹側が赤ないし赤橙色に染まる。

河川の横断工作物による個体群の分断、外来のニジマスやブラウントラウトとの競合、高い釣獲圧などによって減少が著しく、環境省レッドリストで絶滅危惧II類に指定されている。

分布

日本では北海道だけに分布。

大きさ

日本産は最大で30cmになる。北米の降海型（ドリーバーデン）は50cmに達する。

釣期

春～秋。本種の漁業権が設定されている河川・湖沼はほとんどない。亜種のミヤベイワナが生息する然別湖では、期間と人数を限って毎年解禁している。

1	2	3	4	5	6	7	8	9	10	11	12

棲んでいる場所

山岳渓流の源流域から湿原の冷水域に棲む。また、一部の河川では湿地帯や止水域、河口付近にもみられる。

主な釣り方

エサ釣り、ルアー釣り、フライフィッシングなどでねらうが、絶滅危惧種でありキャッチ・アンド・リリースを励行していただきたい。なお、オショロコマの降海型はドリーバーデンと呼ばれ、海外ではゲームフィッシュとして人気がある。

美味しい食べ方

塩焼き、空揚げ、ムニエルなど。

フィッシングチャート

ルアー、フライフィッシングとも北海道の渓流では手軽にねらえるターゲット。ただしヒグマには注意。

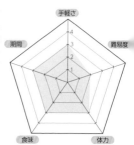

生活史

河川で一生を過ごす河川型と、河川で生まれて海に下り再び河川を遡上する降海型がある。北海道では河川型、サハリンなどでは降海型が多い。産卵期は10～11月で、翌1～2月にふ化する。稚魚は流れが緩い浅場で過ごし、成長に伴って淵へと移っていく。雄は2歳12cm、雌は3歳13cmで成熟する。25cmを超えるものは極めて稀である。アメマスが混在する河川では、それよりも上流に生息して棲み分けていることが多い。

釣る

ルアーフィッシング

手軽な好敵手

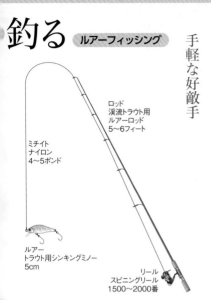

ロッド
渓流トラウト用
ルアーロッド
5〜6フィート

ミチイト
ナイロン
4〜5ポンド

ルアー
トラウト用シンキングミノー
5cm

リール
スピニングリール
1500〜2000番

フライフィッシング

渓流入門にも

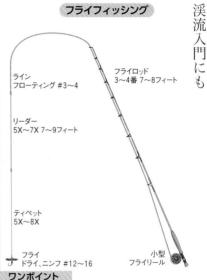

ライン
フローティング #3〜4

フライロッド
3〜4番 7〜8フィート

リーダー
5X〜7X 7〜9フィート

ティペット
5X〜8X

フライ
ドライ、ニンフ #12〜16

小型
フライリール

ワンポイント

大型は少ないが、釣り場によっては個体数が多く、ねらいやすい。小型ミノー、スプーン、スピナーなどを用意。ロッドは5フィート6インチ前後で、リールはナイロンラインが100m巻けるサイズ。

エサ・擬似餌

ルアー（小型ミノー、スプーン、スピナー）。

ワンポイント

場所によってはかなりの数がいるので、初心者にも釣りやすい。渓流ドライフライの入門ターゲットとしてもおすすめ。

エサ・擬似餌

フライ（ドライフライ）。

然別湖（北海道・鹿追町）

知床の渓流

❶『グレートフィッシング然別湖』が管理し、毎年期間限定でミヤベイワナ釣りが楽しめる然別湖。同湖では渓流だと滅多に出会えない40cmオーバーの良型が期待できる。なお、ミヤベイワナは然別湖の固有種。見た目はオショロコマだが、エラの鰓耙（「さいは」＝エラの内側にあるエサと水をこし分けるための櫛状のトゲ）が長く、その本数が多いのが特徴。豊かな森が育む微小なプランクトンを効率よく捕食するために独自の進化を遂げたと考えられている
❷ミヤベイワナのベストシーズンは6月。価値ある1尾に近づくにはボートを使ってアプローチするとよいだろう。然別湖は大雪山国立公園唯一の自然湖で、道内で最も標高の高い位置になる湖

❸世界自然遺産に指定されている知床の渓流は、小規模な単独河川が多いが、オショロコマの楽園として知られる。メインポイントとなるのは東の羅臼側。オショロコマは山奥に棲むイメージがあるかもしれないが、最下流に架かる橋から反応を得られることも多い
❹知床のオショロコマは小型が多いとはいえ、一尾一尾に個性があって見るのも楽しい。ベストシーズンは7〜8月。ヒグマ対策を万全にして楽しみたい

カジカ

分類	スズキ目カジカ亜目 カジカ科カジカ属
学名	*Cottus pollux*
別名	ゴリ、ドンコ

カジカは・・・
頭部が大きく、いかつい顔をした肉食性魚。水質のよい小石底の流れを好み、水生昆虫や甲殻類、小魚などを食べる。魚編に秋と書くカジカは俳句の季語にもよく用いられる。また北陸では鮴（ゴリ）と呼ぶ。

漢字

鰍

知る

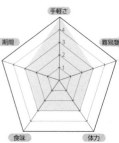

分布
千葉県を除く本州と九州北西部の河川に生息する日本固有種。

大きさ
成魚は 15 〜 17cm 前後。

釣期
6 〜 12 月ごろ。

1	2	3	4	5	6	7	8	9	10	11	12

棲んでいる場所
河川上流の瀬の石や砂利底に身を潜めていることが多い。

生活史
本種の分類には長年にわたって定説がなかったが、ここでは大卵型（河川陸封型）、中卵型（両側回遊型）、小卵型（両側回遊型）を別種とする立場をとり、大卵型のみを本種として扱う。
産卵期は 3 〜 5 月で、2 歳魚以上で成熟する。その大きさは、雄で 9cm 以上、雌で 7cm 以上、雄は平瀬やトロ場に産卵床を構え、複数の雌に石の裏側などに沈性粘着卵を塊として産み付けさせる。雄はそれをふ化するまで保護する。ふ化した仔魚は大きな卵黄嚢をもち、流下することなく産卵床周辺の小礫の間で底生的な生活を送る。寿命は 4 〜 6 歳程度と考えられており、淡水を一生の生活圏とする。

特徴
胸ビレ軟条のすべてが分岐せず、第 2 背ビレは 15 〜 18 軟条（他種は 19 〜 24 軟条）、腹ビレに顕著な斑紋がないことでカジカ属の他種から区別できる。また中卵型や小卵型とは、胸ビレは 12 〜 14 軟条（中・小卵型は 13 〜 17 軟条）、頭部から第 1 背ビレ下に顕著な暗色斑がない（中・小卵型は眼からエラブタに向けて 2 本の暗色帯、眼後部と第 1 背ビレ下に広い暗色斑を有する）ことから区別できる。
環境省のレッドリストでは、準絶滅危惧に指定されている。

主な釣り方
渓流釣りなどの外道で釣れることがあるが、専門にねらう場合は箱メガネを使ったサイトフィッシングが人気。
禁漁期や、捕獲していい体長の制限が定められている河川もあるので注意したい。

美味しい食べ方
冬場の抱卵したメスが珍重される。塩焼き、空揚げ、甘露煮など。なお、石川県の「ゴリ料理」はカジカを使ったもの。

フィッシングチャート
子どもでも楽しめる手軽な釣りだが、「見釣り」という独特なスタイルのため、大人も思わず夢中になる魅力を秘めている。禁漁期間などは事前に漁協に問い合わせたい。

大人も思わず夢中になる川遊び的釣り

釣る

見釣り

スナップ付きヨリモドシ

ハリス
ガン玉　フロロカーボン
B〜3B　1号 10〜15cm

カジカザオ
または
グラスソリッドの
穂先を流用

ハリ
袖5号

箱メガネ

目の前に、そーっとエサを……

ワンポイント

水のきれいな場所に棲む魚。川底にへばり付くようにじっとしているか、石の下に入っていることが多い。箱メガネを使って水中を覗きつつ、魚の前にエサを近づけたり、潜んでいそうな石の下に送り込んで誘うのが、ここで紹介する見釣りである。魚がエサを食う瞬間が見えるのが醍醐味。

エサ・擬似餌

イクラ、川虫、ミミズなど。

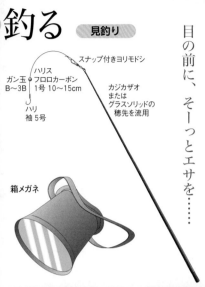

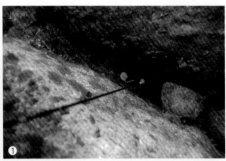

❶カジカが潜みそうな穴を見つけるのがこの釣りの第一歩
❷箱メガネは必需品

イクラが好適のエサである。潰れると匂いが広がり、魚を寄せる効果がある。イクラは塩を振りかけると締まってエサ持ちが向上する。注意点は釣り場で塩をかけることで時間が経ちすぎるとイクラが硬くなり食い渋る

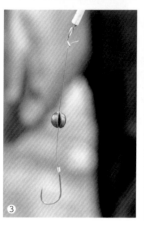

❶❷手返しよく１つのエサで釣れ続くのがクロカワ虫。ヒラタもピンチョロもどんな虫も食ってくるが、一年中入手しやすいのがクロカワ虫だ。頭と尻を取ると食い込みがよく、匂いも出るのかエサを変えずに10、20と釣れ続く

❸仕掛けの長さは10～20cm。カジカはイトが太くても関係なく食ってくる。ハリスがピンと張っていたほうが操作しやすいので太めの１号前後のフロロカーボンがおすすめ。ガン玉は１～２号。ハリはエサがイクラなら細軸がおすすめ。渓流釣り用のイクラ専用バリもよい

❹カジカ釣りが盛んな栃木県などではカジカ専用のサオも売られているが、穂先がしっかりとしているサオであればどんなサオでも穂先を抜けば使える。竹で作る人もいる

カジカがいそうな石の隙間

カジカ釣りで大事なのは穴、すなわち石の隙間を捜すことだ。基本的には穴が見やすい膝くらいの水深までが釣りやすい。カジカが好むのは水通しのよい場所なので、大石にぶつかって分かれた流れが合わさるところに石が点々としていればねらいめ。特に流れが当たる上流側にある穴には潜んでいることが多い。

石にアオノロが生えていたり、石周りが砂で埋まっていたりすると当然望みは薄い。ヘチの淀みでも川底がきれいで大きな石の隙間があればカジカが潜んでいる可能性は高い。淵やトロの水通しのよい場所に沈む大石周りも有望といえる。

水況は高水よりも渇水のほうが、石穴が確認しやすく釣りやすい。秋が深まると台風や夕立も少なくなって水が出にくく、カジカのいる穴を見つけやすい。

イクラに食いついたカジカ。白く煙が上がっているのはイクラのエキス

水通しのよい瀬でひざ下くらいの水深の釣り場を探るとよい。なおカジカ釣りは河川によって異なるルールが定められているので注意しよう

爽やかな清流で究極のサイトフィッシングが楽しめるカジカ釣り

食べる 小さな体に旨味が凝縮

カジカは空揚げや焼き枯らしがおすすめ。滋味深くお酒にもよく合う

カネヒラ

分類	コイ目コイ科タナゴ亜科タナゴ属
学名	*Acheilognathus rhombeus*
別名	ヒラポテ、オクマポテ、サンネンシュブタ

漢字

金平

知る

分布

濃尾平野以西の本州、四国北東部、九州北部に自然分布するが、1980年代以前に霞ヶ浦周辺に移植されて関東平野に定着したのをはじめ、近年は北陸や東北地方にも人為的に分布を拡大している。

大きさ

最大 12cm に達する。

釣期

一年中釣ることができるが、最盛期は春から秋。

1	2	3	4	5	6	7	8	9	10	11	12

棲んでいる場所

河川下流の緩流域とそれに続く用水路、平野部の大きな湖沼に棲む。

生活史

数少ない秋産卵型のタナゴで、産卵期は7〜11月におよび、最盛期は10、11月。二枚貝の中にほぼ1週間おきに数回に分けて産卵し、1回に数10粒の鶏卵形の卵を産み込む。受精後4日で約3mmの仔魚が孵化するが、その後の発育は春産卵型の他の多くのタナゴに比べて極端に遅く、貝から泳ぎ出るのは翌年の5月中旬〜6月上旬となる。1歳で成熟し、寿命は2、3歳。

特徴

タナゴ類の中では大型となり、体は側扁して体高が高い。他のタナゴより背ビレと臀ビレの軟条が多くて基底が長く、大型になると鰭条も伸びるのでヒレが大きく見える。側線は不完全で1対の口ヒゲは短く、肩部の濃青緑色斑は三角形で明瞭、体側後半に青緑色の縦帯が走る。産卵期の雄は背側が青緑色に輝き、頭部側面と体側腹側が淡桃色を呈して美しい。

主な釣り方

タナゴ専門のタックルが望ましいが、大型なので一般的な淡水小もの釣り仕掛けでも釣れる。ウキ釣りやミャク釣りでねらう。

美味しい食べ方

キャッチ＆リリースが基本。

フィッシングチャート

タナゴ類の中では大型であることから比較的釣りやすい。婚姻色の出る季節は釣れたカネヒラをその場で観察するのも楽しい。

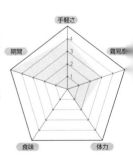

釣る

ウキ釣り

婚姻色が出る秋がおすすめ

ミチイト
0.3〜0.4号

サオ
振り出しザオ
1.5〜2.7m

斜め通しの親ウキ
中〜小

イトウキ 5〜7個

板オモリ
自動ハリス止メ

2.5〜3cm

タナゴバリ

ワンポイント

春から秋までねらえるが、婚姻色が美しい秋がおすすめ。タナゴ釣りに特化した道具を扱う釣具店でオリジナル仕掛けを揃えると間違いない。仕掛けの浮力は親ウキの頭が水面からわずかに顔を出すトップバランス、もしくは仕掛け全体が水面直下で定位するゼロバランスに調整しておくとアタリが分かりやすい。慣れてきたら仕掛けの各パーツを購入し、自分で組むとより面白みが増す。

エサ・擬似餌

グルテン、黄身練り、アカムシなど

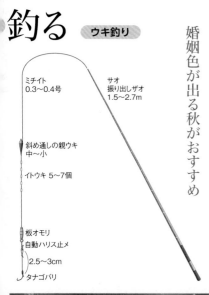

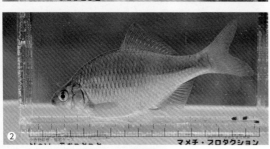

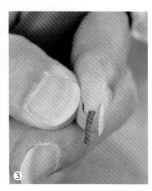

❶雄の婚姻色はとても鮮やか。タナゴ類の中でも体高がある

❷雌は地味な色合い。体側後半の青緑色の縦帯は同様に見られる

❸カネヒラ釣りの定番エサはアカムシだが、ワカサギ釣り用の人工エサ（写真はベニサシを模したもの）を半分にカットしたものでも遜色なく釣れる

❹タナゴバリにはさまざまな形状がある。アカムシをエサに使うカネヒラ釣りでは、エサ付けがしやすい流線が人気

カネヒラの釣り場

カネヒラは平野部の大きな湖沼などでよく見られる。琵琶湖はその代表的な場所だ。

夕暮れ時の琵琶湖湖北エリア。底石に付着しているコケを食みにくるカネヒラをねらって護岸帯でサオをだす

琵琶湖に注ぐ小さな水路。本湖から差してくるカネヒラをねらう

田んぼの中の水路も有望なカネヒラ釣り場だ

水路でヒラを打つカネヒラ

婚姻色の出た雄

重量感のあるカネヒラは釣りあげた時の手応えも
充分

カマツカ

分類	コイ目コイ科カマツカ亜科カマツカ属
学名	*Pseudogobio esocinus* 標準和名カマツカ
	P. agathonectris 標準和名ナガレカマツカ
	P. polystictus 標準和名スナゴカマツカ
別名	スナホリ、スナムグリ、ダンギボ、カワギス

カマツカは・・・

臆病な性格の魚で驚いたりするとよく砂に潜る。

漢字

鎌柄

知る

分布

カマツカ：富山県・静岡県以西の本州・四国・九州の河川。
ナガレカマツカ：静岡県から山口県までの本州の太平洋・瀬戸内海流入河川。
スナゴカマツカ：岩手県から静岡県までの太平洋流入河川、青森県から新潟県までの日本海流入河川。

大きさ

最大で20cmに達する。

釣期

3～12月によく釣れる。

1	2	3	4	5	6	7	8	9	10	11	12

棲んでいる場所

河川の中～下流域とそれに続く用水路などの砂底や砂泥底に棲む。

生活史

産卵期は5～6月で、川の浅くて流れが緩い場所で夜間に産卵し、卵は砂礫底にばらまかれる。径1.0～1.5mmの沈性粘着卵で、約1週間でふ化する。仔稚魚には明瞭な浮遊期がなく、約15mmで口ヒゲと鱗ができる。1歳で6～8cm、2歳で約10cm、3歳で約15cmに成長する。2～3歳で成熟する。砂底で少しずつ前進しながら吻を突出させて砂とともにエサを吸い込み、鰓孔から砂を出す。

特徴

2019年にこれまでカマツカとされていた魚は、カマツカ、ナガレカマツカ、スナゴカマツカの3種に分かれた。主に集団遺伝学的な研究に基づいたもので、これら3種の外部形態からの見分けは極めて難しい。次の特徴は3種に共通したものである。
体は細長く、前部が縦扁し後部が側扁する。吻は長くとがり、眼は高い位置にある。口は吻端の下方に開き、1対の口ヒゲと多数の乳頭状突起に縁どられる。胸ビレと腹ビレは大きく、水平位にある。肛門は腹ビレのやや後方に位置し、日本産コイ科魚類の中では最も前方にある。スナホリやスナムグリの別名のとおり、驚いたりするとよく砂に潜る。

主な釣り方

底生動物を捕食する本種を専門にねらうには、コイのブッコミ釣りや吸い込み釣りを思い切りライトタックル化したものを用いる。エサはミミズ、アカムシや練りエサ。

美味しい食べ方

琵琶湖周辺で流通する食用淡水魚の1つで、かつては日本各地で食べられていた。旬は春から初夏で、白身でクセはない。素焼きにして酢醤油で食べるのが一般的である。

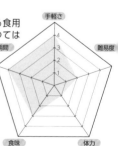

フィッシングチャート

淡水小もの釣りをしていて外道で釣れることが多い。

カラフトマス

分類	サケ目サケ科サケ属
学名	*Oncorhynchus gorbuscha*
別名	セッパリ、セッパリマス、アオマス

カラフトマスは・・・

体側や背ビレ、尾ビレの黒い斑点が特徴。河川に戻ってくるころには、銀白色の体が婚姻色で赤紫になる。英名はピンクサーモン。オスの口は先端が細く伸びて湾曲し、背中が大きく上に張り出す。

漢字

樺太鱒

知る

分布

日本国内でカラフトマスが遡上する河川はほぼ北海道のみ。

大きさ

40～60cmで、サケ属のなかでは小型。

釣期

河川ではシロザケと同様、「サケマス有効利用調査」を目的とした釣りだけが許可されている。区間や釣期は河川ごとに異なるが一般的には8～11月ごろ。また、接岸したカラフトマスを海岸から釣る場合は8～9月が最盛期。

1	2	3	4	5	6	7	8	9	10	11	12

棲んでいる場所

一生のほとんどを海で過ごし、河川は産卵の際に利用するだけである。上流部までは遡上せず、中～下流域で産卵するため、河川の大小も選り好みしない。なお、遡上河川はオホーツク沿岸と根室海峡沿岸が大半を占める。

生活史

産卵期は9～10月。西暦偶数年で早く、奇数年で遅く、1ヵ月のズレを生じている。本種は2年で産卵回帰するために、隣り合う年の産卵集団が混じることはまったくない。シロザケが湧水がある場所で産卵するのに対し、本種は河川水が浸透する砂礫底で産卵する。そのため冬季の水温低下で発生が抑えられ、産卵期はサケよりも早いのに稚魚が産卵床から泳ぎ出る時期は4～5月でシロザケと変わらない。稚魚はすぐに海に下り、活発にエサをとる。オホーツク海を経由して北大西洋で2年目の春までを過ごすが回遊範囲はサケよりもはるかに狭い。6月ごろには母川に向かい始めるが、母川以外への迷い込みが多い。

特徴

背部は青緑色、体側は銀白色で背部と尾ビレに黒いやや大きな斑点がある。産卵期には婚姻色で赤紫色がかった茶色になり、雄の吻端は細く伸びて湾曲し、背ビレ前の背部が大きく張り出す。

主な釣り方

海ではウキ釣りやブッコミ釣り、ルアーやフライでねらう。河川に入ったカラフトマスはエサをほとんど食べないが、食紅で染めたイカの短冊などで刺激して口を使わせる。なお、有効利用調査に参加するには事前申し込みが必要。

美味しい食べ方

シロザケよりも脂肪分が多く、フライ、ムニエル、塩焼きなどが美味しい。寄生虫の恐れがあるので生食は控える。

フィッシングチャート

釣りそのものは比較的容易だが、フッキングすると激しい引きを見せる。婚姻色がまだ出ていないシーズン初期の個体はとても美しい。

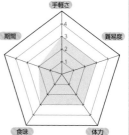

釣る

フライフィッシング

海岸線と河川（釣獲調査）からねらう

ライン
フローティング #8〜9

フライロッド
8番 9フィート

リーダー
0X〜ー1X 7〜9フィート

ティペット
0X〜1X

フライ
ストリーマーや大型のニンフ #6

中型
フライリール

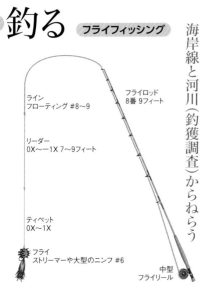

ワンポイント

サケ属のなかでは小型とはいえ、遡上したばかりのフレッシュなカラフトマスがフライでヒットするとその引きは相当なもの。フライリールはギア比が1対1のため、ダイレクトドライブ式にしろ、アンチリバース式にしろ、しっかりとした造りのものを選んで臨みたい。

エサ・擬似餌

フライ（ストリーマー、ゾンカー、大型ニンフ）。

釣獲調査

北海道の内水面でカラフトマスやサケを釣る場合、釣り人は釣獲調査に参加することでそれが可能になる。

カラフトマスは、偶数年と奇数年の回帰群の間で交流がなく、かつて資源量は西暦の奇数年に多く、偶数年に少ないといわれていた。1992年以降、その関係が逆転したとされたが、資源量の減少が続いている近年、シーズンによってバラツキがある。

❶忠類川。釣獲調査というかたちで国内初のサーモンフィッシングが可能になった道北・標津町を流れる川
❷フライは、はっきりしたカラーのストリーマーやゾンカーなどが活躍する
❸こちらは海でヒットした1尾。ビーズヘッドを使用したフライパターンで

海の釣りはルアーが大人気

海岸線にずらりと釣り人が並ぶ北海道ならではの風物詩

❶オホーツク海側の海岸が舞台。ハイシーズンは8～9月。お盆休みに入ると全道から釣り人が訪れ、実績の高いフィールドはとても混雑する。特に遡上河川近くの河口付近は人気

❷カラフトマスの一大フィールドは知床。遡上河川が近くにあれば、砂浜だけではなくゴロタ場も好ポイント。釣り場では海を広く見渡し、カラフトマスの気配を探しつつロッドを振る

❸「幅広のオスはよく引く」と言うアングラーが多い。60cmアップに出会えれば最高の一日だ。ロッドは湖や本流向けのトラウト用が流用できる

❹近年は3～7gの小型スプーンで実績が高いが、群れが遠い場面に備えて10～14gもあると重宝する。また、スピナーも面白いルアー

❶❷カラフトマス釣り場は混雑必至ゆえ、自分のルアーの居場所を周りに知らせるのに小型の目印をラインに通す人もいる。フライフィッシング用のインジケーターなどが使える

❸この釣りは超が付くほどの低速でリールを巻くとヒット率が高い。インジケーターを装着すれば、より低速でルアーを引ける利点もある

❹昔も今もルアーのカラーはピンクとレッドが大定番。スレ掛かりを抑えるためにもフックはシングルを使う人がほとんど

カワムツ

分類	コイ目コイ科クセノキプリス亜科カワムツ属
学名	*Candidia temminckii*

カワムツは・・・

河川の上〜中流域に見られ、淵など流れの緩やかな場所を好む。動物食性の強い雑食性で、水生昆虫や昆虫、甲殻類などを捕食するが、藻類や水草を食べることもある。渓流魚ねらいで外道としてよく掛かってくる。

漢字

川鯥

知る

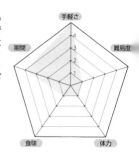

特徴

長らく同種とされていたヌマムツとは、次の点で見分けられる。生時、胸ビレと腹ビレの前縁は薄黄色（ヌマムツは桃色）、側線鱗数は 51 以下（ヌマムツは 53 以上）、臀ビレ不分岐軟条は 10 本（ヌマムツは 9 本）。

動物食性の強い雑食性で、水生昆虫や昆虫、甲殻類などを食べるが、藻類や水草を食べることもある。エサをとる場所をめぐって、カワムツ同士で争うことがある。

分布

富山県および静岡県天竜川水系以西の本州、四国、九州に分布する。アユの放流に混じって、そのほかの地域にも広がっている。

大きさ

10 〜 15cm 程度。雄のほうが雌よりも大きい。

釣期

3 〜 9 月ごろ。

1	2	3	4	5	6	7	8	9	10	11	12

棲んでいる場所

河川の上〜中流域にみられ、淵など流れの緩やかな場所を好む。また、物陰に隠れる性質がある。そのほか湖沼にも棲む。

生活史

産卵期は 5 〜 8 月ごろで、雄は腹の赤い部分が広くなり、顔が赤黒くなって追星が出現する。昼の暑い時間帯に浅場に群がって、川底の砂礫に卵を産む。稚幼魚は流れの緩い所に群れており、オイカワに似ているが、同所的に採れることはほとんどない。2 歳以上で成熟する。

主な釣り方

ウキ釣り、ミャク釣り、蚊バリ釣りなど。

美味しい食べ方

ほとんど食用にはされないが、空揚げや甘露煮などに利用できる。

フィッシングチャート

手軽にねらえるターゲットなので川遊びを兼ねたファミリーフィッシングにもぴったり。ウキ釣りが最もやさしい。

釣る

蚊バリ釣り

毛バリにも反応するやんちゃもの

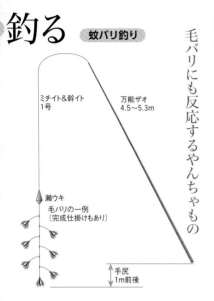

ミチイト&幹イト
1号

万能ザオ
4.5〜5.3m

瀬ウキ

毛バリの一例
（完成仕掛けもあり）

手尻
1m前後

ワンポイント

ここではオイカワ（ヤマベ）釣りなどでよく行なわれる毛バリ（蚊バリ）釣り仕掛けを紹介したが、ミャク釣りやウキ釣りでも釣れる。ミャク釣りならウグイの仕掛け、ウキ釣りならオイカワの仕掛けを参考にしてほしい。

エサ・擬似餌

毛バリ（市販の蚊バリ仕掛け、毛バリ）、エサ釣りは川虫、ミミズ、ブドウ虫など。

夏になると子どもたちが川遊びをするような場所でも、カワムツはよく見られる

毛バリで釣ることも可能

カワムツは都市部の川にも多く見られ、上記の蚊バリ釣り仕掛けのほかに、エサ釣りはもちろん、1本バリの毛バリ釣りでもよく釣れる（写真❶〜❹）。水面に浮いた毛バリにもよくアタックするので、テンカラ釣りやフライフィッシングの練習相手としても楽しめる。

❶❷❹シンプルな毛バリでも、カワムツはよく食いつく
❸夕暮れ時、カワムツが流れてくるエサを捕食するため、川面に波紋ができるような時はテンカラ釣りのチャンスだ

ギギ

分類	ナマズ目ギギ科ギバチ属
学名	*Tachysurus nudiceps*
別名	ギンタ、ハゲギギ、クロギギ、カバチ、ギギウ、ギンギョ、ググ、ゲバチ

ギギは・・・

胸ビレと背ビレに毒棘があり、刺さると危険があるので、珍しい魚体に見とれてうっかり手を出さないように注意したい。胸ビレの関節をこすり合わせて「ギギ」と音を出すところも珍しい。

漢字

義義

知る

分布

琵琶湖・淀川水系以西の本州、四国の吉野川、九州東北部に自然分布するが、アユなどの放流種苗に混じって新潟県阿賀野川、三重県宮川、岐阜県などに移入・定着している。

大きさ

最大で30cmになる。

釣期

春〜秋季によく釣れる。マヅメねらいや夜釣りをするならば暖かい夏季がよい。

1	2	3	4	5	6	7	8	9	10	11	12

棲んでいる場所

河川の中下流の緩流域、湖岸の岩礁や護岸の石垣の間に棲む。

生活史

産卵期は5〜7月で、ペアをつくって石の隙間やその下を巣として径1.5〜2.0mmの分離沈性粘着卵を産みつける。産卵後、雄は巣にとどまって受精卵と仔稚魚を保護する。受精卵は2日でふ化し、ふ化後1週間で卵黄を吸収してエサを食べ始める。稚魚は黄褐色の斑紋が顕著に現れ、晩秋までに30mm前後に成長する。若魚は昼間は礫間や抽水植物帯に隠れ、夜に遊泳して主に小動物を食べる。1歳で5〜8cmになり、3歳で15〜20cmとなって成熟するが寿命は不明。近年は琵琶湖産アユ種苗への混入に由来すると考えられる個体が関東・中部地方で増えており、大型魚は魚食性が強いことからその影響が懸念される。

特徴

種指定の天然記念物で伊勢湾に注ぐ河川にのみ分布するネコギギと自然分布域が重なり形態も似るが、尾柄が低く尾柄高は体長の7.7〜9.7%（ネコギギでは9.0〜13.1%）であること、臀ビレは18〜20軟条（ネコギギは14〜18軟条）であることで区別できる。胸ビレと背ビレには両側に鋸歯をもつ強大な毒棘があり、刺さると容易には抜けないのでハリを外す際などには注意が必要。胸ビレの関節をこすり合わせて「ギギ」と発音し、これが名の由来となっている。

主な釣り方

硬調ノベザオを用いたミャク釣り仕掛けで、コンクリートブロックの隙間や石垣の穴に仕掛けを落とし込む穴釣りが面白い。アタリ即アワセで強引に抜き上げるため、ミチイト1.2号以上、ハリス1号以上を用いる。ハリは袖5号以上でエサはミミズ。サオがオモリ負けしないギリギリのウエイトに仕立て、5cm前後の短ハリスで根がかりを回避する。朝夕のマヅメ時や水が濁った曇天時に食いが立つが、夜釣りに分がある。胸ビレと背ビレに強大な毒棘があるので、釣れた際には充分に注意すること。

美味しい食べ方

旬は春から夏で、クセのない白身は日本の淡水魚の中でもトップクラスの旨さである。熱を通しても硬く締まらず、焼き物、煮物に向く。蒲焼きは関西圏で古くから親しまれてきた食べ方で、白焼き、焼き干しも美味。味噌汁では頭や中骨から上質な出汁が出て旨味が深い。

フィッシングチャート

淡水小もの釣りをしていて外道で釣れる魚。

クチボソ

分類	コイ目コイ科カマツカ亜科モツゴ属
学名	*Pseudorasbora parva*
	標準和名モツゴ
別名	ヤナギモロコ、イシモロコ、関西ではムギツクを「クチボソ」と呼ぶこともある

クチボソは・・・
名前を表わすような上向きの小さなオチョボ口が特徴的。また、側線に沿って黒い縦帯が走っている。雑食性で、アカムシやプランクトン、藻類などを食べて育つ。

漢字

口細

（※モツゴ＝持子）

知る

分布
かつては関東地方以西の本州、四国、九州が自然分布地とされていたが、コイやフナの放流に混じって全国に広がり、北海道から琉球列島までいたるところに分布している。

大きさ
8〜11cm程度。飼育下ではさらに大型化する。

釣期
ほぼ周年。

1	2	3	4	5	6	7	8	9	10	11	12

棲んでいる場所
河川の下流域や湖沼、池や水路などに生息。コンクリート護岸や下水の流入する場所でもよく見られる。

生活史
産卵期は春〜夏と比較的長い。産卵期の雄は婚姻色で体が黒ずみ口の先に追星ができ、こぶし大以上の石の表面を丹念に掃除して産卵床を作り、ほかの雄を寄せ付けない。また、雌が卵を産んだあと雄はふ化するまで保護する。雑食性で、アカムシやプランクトン、藻類などを食べて育つ。1歳で成熟し、雄は雌よりも大型になる。

特徴
上向きの小さなオチョボ口が特徴的で、クチボソの名はこれに由来する。側線は完全で、体側中央を縦走し、それに沿うように、吻端から尾ビレ基部にいたるまで黒い縦帯が走っている。この縦帯は生息環境や個体によって濃淡があり、まったく見られないものまである。また、婚姻色を現した雄では縦帯は消失する。
国内には同属のシナイモツゴとウシモツゴが分布し、両種とも側線が不完全なことで本種と区別できる。両種はともに環境省レッドリストで絶滅危惧ＩA類に指定されており、本種雄による雌の独占と交雑がその減少要因である。

主な釣り方
アカムシや練りエサを使ったウキ釣り、ミャク釣りなど。エサ取りがうまいのでゲーム性が高い釣りが楽しめる。いかにアタリをとるかがコツ。

美味しい食べ方
甘露煮などにする。

フィッシングチャート
タナゴ釣りの外道などで釣れることが多いクチボソだが、専門にねらうとエサ取りが上手なので、いつの間にか熱中してしまう。

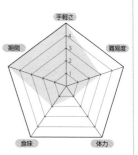

釣る

ウキ釣り仕掛け

ねらうと意外に奥深い！？

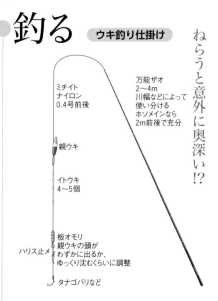

ミチイト
ナイロン
0.4号前後

万能ザオ
2～4m
川幅などによって
使い分ける
ホソメインなら
2m前後で充分

親ウキ

イトウキ
4～5個

板オモリ
親ウキの頭が
わずかに出るか、
ゆっくり沈むくらいに調整

ハリス止メ

タナゴバリなど

ワンポイント

クチボソは通称で、標準和名はモツゴ。また釣り人の間では、モロコの仲間などもクチボソと呼ばれることがある。タナゴ釣りなどでよく掛かり、外道扱いされがちだが、アタリは大きく楽しい相手。子ども連れで遊ぶには格好の相手である。ただし時期によっては、ねらって釣ると意外と手こずることもある。仕掛けは、基本的にタナゴ釣りと同様。

エサ・擬似餌

アカムシ、グルテン、黄身練り、ミミズなど。

クチボソは流れの穏やかな水路や小川などに広く棲息している。水郷のタナゴ釣りやマブナ釣りでは定番のゲスト（千葉県牛久沼）

釣りができる公園の池も多くのクチボソに出会える場所。タナゴ用の小もの仕掛けでねらおう

グルテンは使いやすいエサ。ハリで引っ掛けるようにしてエサ付けする

プラスチック容器をビク代わりにして観察しても楽しい

クルメサヨリ

分類	ダツ目トビウオ亜目サヨリ科サヨリ属
学名	*Hyporhamphus intermedius*
別名	セイレンボウ、ヨド

クルメサヨリは・・・
体は細長く、海に棲むサヨリとよく似ている。生息数が減っており、保護の必要性が叫ばれている。環境省レッドリストでは準絶滅危惧に指定されている。

漢字

久留米細魚

知る

分布

青森県小川原湖・十三湖、山陰地方の湖山池、宮城県名取川、霞ヶ浦・利根川水系、伊勢湾、山口県日本海沿岸、福岡県筑後川、橘湾、有明海湾口部に分布。

大きさ

成魚でおよそ 20cm 前後。

釣期

専門にねらう人は少ない。霞ヶ浦では秋によく釣れる。

1	2	3	4	5	6	7	8	9	10	11	12

棲んでいる場所

河川の河口周辺や汽水湖など、おもに汽水域に生息する。有明海では例外的に海に出ることもある。

生活史

産卵期は春〜夏にかけてで、水草の小枝やアマモ・ガラモなどに卵膜の糸で卵を絡みつける。ふ化仔魚は 4.5 〜 4.8mm。20.0mm を超えた仔魚は各鰭条が完成し稚魚期へと移行する。仔稚魚は産卵場付近、川の下流や池の表層を群れで遊泳する。春から初夏にかけては川を遡上し、冬には汽水域にいることが多い。おもなエサは動物プランクトン。

特徴

体は細長く、海に棲むサヨリとよく似ているが、次の点で区別することができる。下顎長が頭長よりも長い（サヨリは短い）、胸ビレは通常 11 軟条（通常 13 軟条）、背ビレ前方鱗数は 48 〜 63（サヨリは 66 〜 81）。また、下顎の腹面が黒くなっている。現在、生息数が減っており保護の必要性が叫ばれている。環境省レッドリストでは準絶滅危惧に指定されている。

主な釣り方

ウキ釣りが向く。ねらって釣ることは少ないが、専門にねらって釣ると面白い。水面を泳ぐ魚群は目視で確認でき、岸に寄らない魚もねらえるよう飛ばしウキ仕掛けにする。ハリスに小さなウキをつけたり、ハンペンのような浮くエサを使い、エサが水面近くに位置するよう工夫する。

美味しい食べ方

淡泊な白身で、サヨリと同様の食べ方ができる。ただし大きなものは少ないので、刺し身は歩留まりが悪く不向き。丸のまま塩焼きにするか開いてフライにするとよい。古くから地域的には丸干し、煮つけや甘露煮で食べられている。

フィッシングチャート

釣りそのものが難しいかといえば全くそんなことはないが、ねらって釣る魚ではないことと、群れが回ってきたときに釣れるチャンスがある程度なので、簡単には出会えない。

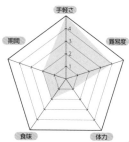

釣る

ウキ釣り

オイカワ仕掛けを流用

ミチイト
ナイロン 0.3号

ヤマベザオ 5m

ハエウキ 4号前後

ウレタンチューブ

板オモリ

自動ハリス止メ

ハリ
ヤマベバリ 3号前後

ワンポイント

専門にねらう人は少ないが、霞ヶ浦などで釣れる。サヨリほど大きくならず、せいぜい 20cm ほど。プランクトンなどを食べて表層を泳ぐので、釣る場合はタナを浅めにする。仕掛けはオイカワ釣りと同様でよいが、サオは長めのほうが有利である。

エサ・擬似餌

アカムシ。

ノベザオで掛けると小気味よい引きが味わえる。表層付近を泳ぐのも特徴

霞ヶ浦湖岸の五目釣りでクルメサヨリがヒットすることがある

エサはアカムシがよい

オオタナゴやヒガイに混じって釣れた

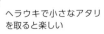

ヘラウキで小さなアタリを取ると楽しい

コイ

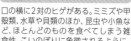
分類	コイ目コイ科コイ亜科コイ属
学名	*Cyprinus carpio*
別名	マゴイ、ノゴイ

コイは・・・

□の横に2対のヒゲがある。ミミズや甲殻類、水草や貝類のほか、昆虫や小魚など、ほとんどのものを食べてしまう雑食性。こいのぼりに象徴されるように、日本人にとって大変なじみ深い魚だ

漢字

鯉

知る

分布

日本在来のコイはかつて関東地方から九州までの大河川や湖沼に分布していたと考えられる。
しかし、大陸から導入された養殖系統の飼育型が全国に広がり交雑が進んだ結果、在来の野生型は現在、琵琶湖の水深20m以深に残存するのみ。

大きさ

60cm前後から、生息環境によっては1mを超えることもある。

釣期

ほぼ周年。

1	2	3	4	5	6	7	8	9	10	11	12

棲んでいる場所

規模の大きい河川の中・下流域、汽水域、湖沼などに棲む。比較的流れの緩い淵などを好む。

生活史

産卵期は4〜7月で南方ほど早い。産卵群は浅瀬に集まり、時折水しぶきを上げて水草などに沈性粘着卵を産みつける様子がみられる。1度に20〜60万粒の卵を産み、3〜6日でふ化する。ふ化仔魚は5〜7mmでふ化後3日で卵黄を吸収する。1歳で12〜16cm、2歳で18〜25cm、3歳で25〜35cm、4歳で35cm以上になる。寿命は20歳以上で、70歳に達するものがある。

特徴

□は吻端の下方にありとがる。2対の□ヒゲをもつ。背ビレ分枝軟条数は18〜21で、フナ類より2〜9本多く、背ビレ基底が長い。ミミズや甲殻類、水草や貝類のほか、昆虫や小魚など、ほとんどのものを食べてしまう雑食性の魚。
大陸由来のコイは200年以上前に導入されたと推定され、食用として明治期以降盛んに養殖・放流されて全国に広まった。在来コイの純系である琵琶湖の野生型は、環境省レッドリストで「絶滅のおそれがある地域個体群」に指定されている。コイヘルペスウイルス病（KHV病）の蔓延防止のため、釣ったコイを他の河川や池に放すことは厳禁である。

主な釣り方

ブッコミ釣りやウキ釣りなどが主流だったが、近年はボイリーというエサを使う釣法や、フライフィッシングでも人気の対象魚である。

美味しい食べ方

味噌汁に仕立てた鯉こく、刺し身を冷水で締めた洗い、煮付けや空揚げなど。

フィッシングチャート

近年はヨーロッパスタイルの釣りが人気。コイが水面を意識する季節や場所ではフライフィッシングでもねらえる。大型ねらいになるほど難易度が増す。

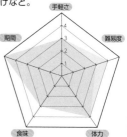

釣る

ダンゴ釣り＆ヘアリグ

ヨーロッパスタイル

ミチイト
ナイロン
4～5号 150m

リグチューブ 50cm

オモリ
カメ型 25号
インターロック付き
パワースイベル 6号

投げザオ 3.9m
カープロッド 3.6m

ダンゴ＋クワセ用
袋包み式仕掛け

ボイリーorタニシ用
ヘアリグ仕掛け

ヨウジ止め
ゴム管
3本のイトで
ダンゴを包み
ゴム管で
固定する
20cm

20cm

PEライン
25ポンド

PEライン
25ポンド

ハリ
伊勢尼 12号

ヘアリグ

大型
スピニングリール

ハリ
伊勢尼 12号

エサ
ボイリー または タニシ

ワンポイント

近年はボイリーと呼ばれる硬くて丸いエサを使った釣りが人気。都市部の河川にもメーターオーバーが生息するので、身近な大魚として子どもたちがチャレンジするにもうってつけ。ボイリーのほか、練りエサやタニシ、ザリガニ、コーンなどさまざまなエサが使える。一年中ねらえるが季節や日並によってポイントが変わり、それを見極める目が必要。

エサ・擬似餌

ミミズ、ゴカイ、タニシ、ボイリー、練りエサなど。

カープ・フィッシングのスタイル

エサからタックルまで専用のシステマチックなものが用意されている

❶袋包み式の仕掛けにダンゴをセットしたところ。ダンゴを3本のイトで挟んだら、イトを束ねるゴム管を締めてヨウジで固定。ダンゴが割れにくく遠投できる

❷ダンゴに使う配合エサ。コイは雑食性でありコーン、麦などを好む

❸カープフィッシングで用いられるヘアリグ。ボイリーは硬いため、ハリに直接刺すとフッキングが著しく低下する。そこで、ハリから垂らしたヘアと呼ばれる部分にボイリーをセット

❹ボイリーはボイリーニードルと呼ばれる専用の道具を使ってセットする

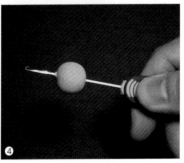

ボイリーは大きく分けて動物質性、植物質性に分けられる。味や色など種類はさまざま

❶袋状のものは PVA メッシュと呼ばれる。水溶性のメッシュであり、付けエサと一緒に投入すると付けエサの周りで寄せエサがばらける
❷ポップアップと呼ばれる浮くタイプのボイリーもよく使われる

❶ボイリーと一緒に吸い込まれたハリは吐き出される時に下唇をとらえる。フッキング力は強く、バレることは少ない
❷❸ヨーロッパスタイルのコイ釣り・カープフィッシングで使われるオモリ周りの仕掛け。セーフティーリグと呼ばれる捨てオモリ式の仕掛けだ。少々分かりにくいシステムのため、ビギナーには完成仕掛けがおすすめ

❶カープロッドは細身のブランクスを採用しており、ルアーロッドのような見た目だ
❷サオが置かれているのがバイトアラーム。ラインが引き出されると音と光でアタリを知らせてくれる

コイの釣り場

河川の下流部から山上湖まで、さまざまな水域にコイは生息する

❶平野部に位置する中小規模の湖沼は、アベレージサイズは小さいが、入門にはうってつけだ
❷住宅地の近くを流れる都市河川は魚影が多く、数釣りが楽しめることもある

フィールドも広く、水深もあることからポイントを絞るのが難しい山上湖。だが、景色は素晴らしく釣れるコイは美しい

メーターオーバーがコイ釣りファンの1つのステータス。写真は108cm、23kgの超ド級カープだ

欧州のカープと釣り

見た目は違うが「淡水魚の王様」的な存在感は同じものがある

もともと食用で改良されたミラーカープはヨーロッパのカープアングラーの好敵手

こちらは日本でも馴染み深いマゴイ。海外ではコモンカープと呼ばれる。日本で見られるコモンカープより全体的にファットな個体が多い

❶❷ヨーロッパではコイ釣りの世界大会が開催されている。湖畔にテントを張って、数日間にわたって競技が行なわれる

サクラマス

分類	サケ目サケ科サケ属
学名	*Oncorhynchus masou masou*
別名	ホンマス、マス、イタマス、クチグロ、ギンマス、ママス

サクラマスは・・・
同じ種で降海型をサクラマス、河川残留型をヤマメと呼ぶ。英名はチェリーサーモン。大きく美しい銀白色の魚体はルアーアングラーフライフィッシャーの憧れである。富山の「すのすし」など、食文化とのかかわりも深い

漢字

桜鱒

知る

特徴
同じ種ではあるが、降海型をサクラマス、河川残留型をヤマメと呼ぶ。降海型でもスモルト化する前はヤマメとよぶ。南北に広い分布域の中で、北へ行くほどサクラマスの割合が高くなる。サクラマスはヤマメよりも明らかに体型が大きく、全身が銀白色に輝く。背側に小さな黒点が散らばり、産卵期には薄いピンク色の婚姻色が浮かび上がる。また雄は上アゴの先端が下に曲がる。幼魚はプランクトンや水生昆虫、落下昆虫などを食べる。降海後はおもに小魚を食べるが、遡上後はほとんどエサを食べない。

分布
サハリンから北九州沿岸の日本海側、オホーツク海沿岸、北海道から神奈川県酒匂川までの太平洋側に分布。

大きさ
最大で約60cm。

釣期
各河川の解禁に準じる。3〜9月ごろ。
※北海道については86〜87頁を参照。

1	2	3	4	5	6	7	8	9	10	11	12

棲んでいる場所
河川の上〜下流域。川で生まれ、海に降って成長し、再び遡上する。

生活史
種としてはヤマメと同一で、降海する個体をサクラマスと呼ぶ。産卵期は秋で河川上流の砂礫底に産卵床を掘ってペア産卵する。卵の状態で冬を越し、翌春ふ化した仔魚は河川内で少なくとも1年はヤマメと同じ生活を送る。11cmをこえるころから体が銀白色になり(スモルト化)、2〜7月ごろに海へと下り、パーマークは完全に消失する。10cm未満の小型個体の中には、河川に残留して2〜3年目の春にスモルト化して降海するものがいる。降海型は雌が多く、1年の海洋生活の後に3〜10月に生まれた川に遡上する。溯上のピークの1つは春で、サクラが咲くころに川をのぼることからその名がついた。一方、河川残留型は2年目の秋に多くが成熟し、一部は産卵後も生き残って翌年も産卵に参加する。

主な釣り方
ルアー、フライのほか、8m前後のサオを用いたミャク釣り（本流釣り）でもねらえる。北海道では海岸のルアーや、船釣りでも釣られている。

美味しい食べ方
刺し身は寄生虫の恐れがあり避けたほうがいい。塩焼き、ムニエル、フライなどに合う。酢で締めた富山の「ますのすし」も有名。

フィッシングチャート
魚体の美しさ、ゲーム性の高さ、なかなか出会えない希少性などに魅せられて。シーズンになると釣り場に通い詰めるファンも多い。高い集中力と経験値が求められる。

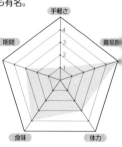

釣る

ルアーフィッシング

海が育んだパワフルボディー

ライン
PE 16ポンド

サクラマス用ルアーロッド
7フィート前後

リーダー
ナイロン 16ポンド

小型スナップ

中型スピニングリール

ルアー
シンキングミノー

ワンポイント

河川に遡上したサクラマスは産卵を控えており、遡上魚全般にいえることだが、ルアーやフライでねらう場合は食性よりもリアクションに訴えるほうが効果的とされる。アタリは多くなく、何日もねらってようやく1尾、あるいはシーズンノーバイトに終わることも珍しくはない。ほかに、本流ザオのエサ釣りでねらう人も。また北海道では海のルアーフィッシングが盛んだ。

エサ・擬似餌

ルアー（シンキングミノー）。

サクラマスの釣り場(河川)

憧れのソ上魚との出会いを求めて

子吉川　　秋田

❶鳥海山系から急勾配で平野部に達し日本海に注ぐ子吉川はサクラマスの魚影が多く、熱心なアングラーが通い詰める
❷解禁初期の瀬から出た1尾

九頭竜川　　福井

❶サクラマス釣り場として古くから名高い河川。今もロマンを求めて足を運ぶファンが絶えない
❷サクラマスのフライフィッシングはこの川で磨かれたといっても過言ではない

閉伊川　　岩手

❶サクラマスのほか、ヤマメ、イワナ、アユなども豊富に生息する。サクラマスねらいではカーブなどの変化は見逃せないポイント
❷背中のラインがほれぼれするほどに美しい

中禅寺湖のホンマス

栃木県の中禅寺湖に「ホンマス」と呼ばれる魚がいる。ホンマスというのはこの魚の正式な名前ではないが、かつて中禅寺湖にヤマメやアマゴなどが移植される中で、現地での自家生産（人工授精）により、ビワマス（アマゴ）とサクラマス（ヤマメ）の中間的な性質を持つ魚が生まれた。サクラマスにも劣らない美しい魚体を持つホンマスは、現在、釣り人に非常に人気の高い対象魚となっている。

北海道のサクラマス釣り

ヤマメの親魚だが、道内では河川内の釣りは禁止されていて、海で釣りを楽しむことになる。岸釣りと船釣りに分けられるが、前者は河口規制のチェックは必須。後者は『さくらますライセンス制』が実施されている、胆振、後志、檜山海域が主な釣り場

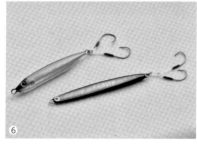

【岸釣り】

❶❷ほぼ全道の海岸で釣ることができるが、特に盛り上がっているのは大型の個体がねらえる道南日本海。写真の八雲町熊石の海岸は、2000年中盤、"海サクラフィーバー"に沸いた。釣り場は砂浜と磯がメインになる。シーズンは12〜5月

❸道内でサクラマス釣りを楽しむ際に注意したいのは河口規制。左右海岸の規制区域は標柱などで示されている

❹サクラマスは沖目を回遊していることも多く、釣り方はルアーフィッシングが主流。サオ先をほぼ一直線にして構え、リールを巻き続ける「タダ巻き」が基本的なテクニック

❺道南日本海で釣れる体高のある大型は、"板マス"と呼ばれて釣り人の憧れの存在。4kgを超えると迫力が違う

❻ルアーは飛距離が出るジグやジグミノーが好まれる。掛かりをよくすべく、フックは2本掛けにする人が多い

【船釣り】

❶◎バケ釣り
サクラマスの型が小さいシーズン初期や、水深のある胆振海域で主流となる釣り方。電動タックルを使い、サクラマスが泳ぐ層でシャクリを入れて誘う

❷頭部が鉛で後部がプラスチックもしくは天然素材で作れている大型のオモリ。重さは海域によって異なるが、500 ～ 800 g が使われる

❸三角バケの上には毛バリを使ったドウヅキ仕掛けが付く。バケの尻部にもハリスを介して毛バリを付けるのが一般的

❹◎シャクリ釣り
サクラマスの型が大きくなるシーズン中盤以降、日本海側の海域ではマスシャクリが多用される。バケと同様、タナを探してシャクリを入れて誘う

❺形状は主に丸型と平型に大別できる。下部は鉛や真鍮、上部は天然素材やプラスチックを採用しているのが一般的

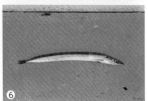

❻日本海でサクラマスの主なエサとして知られる大型のイカナゴ（通称オオナゴ）。マスシャクリの形状と似ている

❼◎ジギング
ここ数年はジグを使う人が増えている。しなやかなスロージギング専用ロッドを使い、ゆっくりとジャークを繰り返して誘う

❽オオナゴが捕食されている海域では、細長い形状のジグに分があるようだ。フックは前後に付けるのが一般的

❾ライセンス制が実施されている海域では、ライセンス証（承認）を受けた船舶に乗船しなければならない

【湖の釣り】

道内の湖では、漁協が管理している洞爺湖（洞爺湖町）、朱鞠内湖（幌加内町）、阿寒湖（釧路市）などで、湖沼型のサクラマスを釣ることができる

❶❷❸◎洞爺湖　特に注目したいのが洞爺湖。海サクラマスに負けない大型が釣れることで人気がある。ハイシーズンは 12 ～ 3 月と 6 月。釣り方はルアーが主流で、飛距離が出るジグミノーやスプーンを使う人が多い

シロザケ

分類	サケ目サケ科サケ属
学名	*Oncorhynchus keta*

標準和名サケ 一般的に「サケ」と呼ばれているのが本種。アキアジ、トキシラズ、ブナなど

| 別名 | |

シロザケは・・・

海にいる間は銀白色で、産卵が近づくと皮が厚くなり全体的に黒ずみ、ブナと呼ばれる赤や緑色などのまだら模様が生じる。特にオスの変化が顕著で、上アゴが伸びて「鼻曲がり」となり、背中が張り出す

漢字

白鮭

知る

特徴

尾ビレの鰭条に沿って銀白色線があることで近縁の他種と区別することができる。海で生活している間は体が銀白色に輝く。産卵が近づくと皮が厚くなって全体的に黒ずみ、やがて赤や緑色などのまだら模様が生じる。特に雄の変化が顕著で、上アゴが伸びて「鼻曲がり」となり、背中が張り出す。日本のサケ資源の多くは人工ふ化放流事業に依存しているが、東日本大震災でダメージを受けた。復興とともに放流量は回復したが、温暖化傾向の影響かサケの回帰数は伸び悩んでいる。

分布

北海道、東北、北陸地方に多く、日本海側では九州北部、太平洋側では利根川が南限。ただし人工ふ化放流の普及により、東京都などでも確認されている。

大きさ

最大で約80cm。

釣期

「サケ有効利用調査」の一環として、区域と期間を限定してサケ釣りが許可されている河川がある。北海道では8月ごろ、本州ではおもに10月以降に開始される。

1	2	3	4	5	6	7	8	9	10	11	12

棲んでいる場所

河川の中～下流域、および海。

生活史

産卵期は、北海道では9～10月、本州では主に10～11月。川の中～下流の浅瀬で川底から湧き水のある場所に産卵する習性を持つ。発眼卵で越冬し、翌春ふ化した稚魚は4～5月ごろに川を下って汽水域に達し5～8cmで銀化（スモルト化）する。夏の初めに沿岸に出て冬が来る前に沖合に向かう。その後、北太平洋とベーリング海において春夏に北上、秋冬に南下して成長を続け、海で1～5冬を過ごすが、3冬を過ごす4歳魚が多い。雌で73～76cm、雄で75～76cmで成熟し、嗅覚を頼りに生まれた川に戻ってくる。

主な釣り方

川に入るとエサをとらないため、赤く染めたイカやサンマの切り身などで刺激して反応させる。ルアーやフライフィッシングも有効。北海道では海岸からウキルアーを使った釣りも人気。ただし、河口付近など禁漁区、禁漁期間を厳守すること。

美味しい食べ方

寄生虫の恐れがあるため生食は避けたい。凍らせてから刺し身にするルイベや塩焼き、ちゃんちゃん焼き、ムニエルなど。

フィッシングチャート

サケを釣る場合、内水面は「サケ有効利用調査」等に参加しなければならない。海は河口規制に注意が必要。ハリ掛かりしたサケは強烈なファイトを見せる。

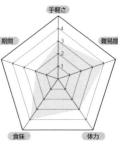

釣る

ルアーフィッシング

早アワセは禁物！

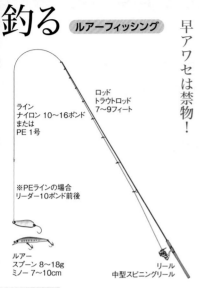

ライン
ナイロン 10〜16ポンド
または
PE 1号

ロッド
トラウトロッド
7〜9フィート

※PEラインの場合
リーダー10ポンド前後

ルアー
スプーン 8〜18g
ミノー 7〜10cm

リール
中型スピニングリール

ワンポイント

サケは流心の底付近に定位することが多いが、状況によってタナは異なる。ルアーを引く水深は状況に応じて変える。早アワセは禁物で、サオ先に重みが乗ってから大きく合わせて確実にフッキングさせる。

エサ・擬似餌

擬似餌
ルアー（スプーン、ミノー）。

フライフィッシング

底にしっかりとフライを届ける

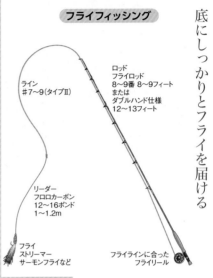

ライン
#7〜9（タイプⅡ）

ロッド
フライロッド
8〜9番 8〜9フィート
または
ダブルハンド仕様
12〜13フィート

リーダー
フロロカーボン
12〜16ポンド
1〜1.2m

フライ
ストリーマー
サーモンフライなど

フライラインに合った
フライリール

ワンポイント

ロッドはダブルハンドのほうが疲れにくい。リールはドラグ性能がよいものを選びたい。表層や中層で釣れることはほとんどなく、ラインはシンキングタイプを使用する。サケはソ上魚であるため、タイミングが重要。

エサ・擬似餌

フライ（ストリーマー）。

ミャク釣り

ノベザオで挑む究極の大もの釣り

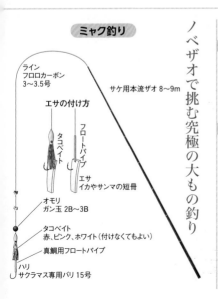

ライン
フロロカーボン
3〜3.5号

サケ用本流ザオ 8〜9m

エサの付け方

タコベイト

フロートパイプ

エサ
イカやサンマの短冊

オモリ
ガン玉 2B〜3B

タコベイト
赤、ピンク、ホワイト（付けなくてもよい）

真鯛用フロートパイプ

ハリ
サクラマス専用バリ 15号

ワンポイント

大変マニアックな釣りだが、本州ではノベザオでチャレンジする熱心な本流ファンがいる。エサはサンマなどの切り身や赤く染めたイカを短冊切りにしたものを使う。パワーでサオが一気にのされることもあるので注意。

エサ・擬似餌

タコベイト＋サンマの切り身、イカの短冊など。

サケの釣り場と釣り

本州にも釣獲調査に参加してサケ釣りができる河川はあるが、
ここではサケの本場、北海道から各地の釣り場と釣り方を紹介する

忠類川・標津町

1995年、リバーサーモンフィッシング発祥の地として有名な忠類川。水産資源保護法などにより内水面の採捕が禁止されているが、"調査員"になることで川の釣りを楽しむことができる。原初の森に蛇行を繰り返す流れが目を引く。チュウルイとはアイヌ語で激しい流れの意味

婚姻色に身を染めたオス。むき出しの歯などから、その魚体を「川のライオン」と呼ぶ人もいる

ヒグマに注意を促す看板が立つ。最低限、鈴は付けたい

フライフィッシングでキャッチされたグッドサイズ。フライもルアーも、なぜか有効カラーは紫色

海のルアーフィッシング

❶岸釣り
北海道の海岸にサケねらいの釣り人が並ぶのは秋の風物詩。最も期待できるのは朝マヅメのゴールデンタイム。釣り方は「ウキルアー」と呼ばれるシステムが人気だ

❷ウキ
サーモンフロートなどと呼ばれる専用のウキを使う。ウキを付けるのは表層を低速で引くため

❸ルアー
専用スプーンの30〜60gが使われる。カラーはピンクやレッドのほか、ブルー系も人気。フックはタコベイトが付いた専用タイプが市販されている

噴火湾 道南・太平洋側

10～12月、噴火湾では「跳ね撃ち」と呼ばれる釣り方が人気。水深30m以上のエリアで船長がサケの跳ねを探して走り、ルアーをキャストしてねらう。ただ、水深が深いのでウキは付けない

枝幸 道北・オホーツク

❶近年、最も安定して釣れている枝幸の船釣り。こちらも跳ねを探してキャストしてねらうが、水深5m前後の浅場を探り、ウキを付ける点で異なる。当地で釣れるのは銀ピカが多いといわれる
❷跳ねを見ると心が躍る。ベテランになると瞬時に魚の進行方向を読んでキャストしてヒットにつなげる

知床 道東・オホーツク海側

斜里町ウトロ沖は『秋さけ船釣りライセンス制』が実施されている。期間中は道外からも多くの釣り人が集まる。ヘビーな電動タックルを使い、底をねらうのが基本的な釣り方

オモリは200～250号、仕掛けはドウヅキタイプの3本バリが主流

エサ
ウキの有無や釣り方に関係なく、エサを付けるのが一般的。定番エサは、ソウダガツオやサンマ、フクラギ、赤イカなど

通常は1種類のエサを付けるが、エサ持ちがよくなるようにエビ粉などをまぶしたカツオとイカをダブル掛けにする人もいる

必須アイテム
釣ったサケは、バットなどで頭をゴツンとやって締める。専用のサーモンバットもある（❶）。大型のサケを入れるのに専用袋も釣具店に並ぶ（❷）

シロヒレタビラ

分類	コイ目コイ科
学名	タナゴ亜科タナゴ属 *Acheilognathus tabira tabira*
別名	ボテ、ボテジャコ

シロヒレタビラは・・・

雄の臀ビレ外縁が白いことで他の4亜種と区別できる。腹ビレにも白色部がありいずれも白色部の内側は黒色。タナゴ類としては深所にもみられ、琵琶湖では水深30～40mからも採集される。

漢字

白鰭田平

知る

特徴

タビラは、側線は完全で1対の短い口ヒゲをもち、肩部に明瞭な暗青色の斑点（タビラ斑）をもち、体側縦帯は腹ビレ起部より後ろから始まるなどの特徴をもつ。タビラは分布、婚姻色や卵型から5亜種に細分されており、本亜種は、稚魚や若魚の背ビレに黒斑がなく、雄の臀ビレ外縁が白いことで他の4亜種と区別することができる。腹ビレにも白色部があり、いずれも白色部の内側は黒色。環境省レッドリストで絶滅危惧ＩＢ類に指定されている。

分布

濃尾平野、琵琶湖・淀川水系、山陽地方、四国北部に分布

大きさ

最大で8cmに達する。

釣期

一年中釣ることができるが、最盛期は冬から春。

1	2	3	4	5	6	7	8	9	10	11	12

棲んでいる場所

河川下流の緩流域とそれに続く用水、河川敷内のワンド、平野部の湖沼や溜池に棲む。砂底または砂泥底、護岸の石垣の間、湖岸の岩礁地帯を好む。タナゴ類としては深所にもみられ、琵琶湖では水深30～40mからも採集される。

生活史

琵琶湖における産卵期は4～8月で盛期は5月。ドブガイなどの二枚貝の中に、長径3mm、短径1mmの長だ円形の卵を1回に1～4粒産みつける。受精後2日でふ化し、その後1ヵ月で8mmに育って母貝から出てくる。主に付着藻類を食べるが、底生の小動物も食べる。1年で成熟し、寿命は2、3歳。

主な釣り方

タナゴ専門のタックルを用いて、ウキ釣り・ミャク釣りでねらう。

美味しい食べ方

キャッチ＆リリースが基本。

フィッシングチャート

小さな水路から本流の緩やかな場所、湖にも生息するなど、さまざまな場所で釣りを楽しむことができる。

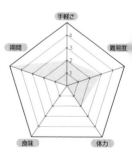

釣る

ウキ釣り

水路をおおらかに探釣

ミチイト
0.3～0.4号

サオ
振り出しザオ
1.5～2.7m

斜め通しの親ウキ
中～小

イトウキ 5～7個

板オモリ
自動ハリス止メ

2.5～3cm

タナゴバリ

ワンポイント

小もの用振り出しザオに親ウキとイトウキ（シモリウキ）をセットしたタナゴ専用仕掛けでねらう。同じタナゴ釣りでも、オカメタナゴの名で知られるタイリクバラタナゴのごく小さなサイズをねらう釣りは研ぎバリなどの極小バリが必要になるが、こちらの場合はおおらかに楽しめる。

エサ・擬似餌

グルテン、黄身練りなど。

❶

琵琶湖ではタテボシと呼ばれるイシガイの一種。シロヒレタビラやカネヒラが好んで卵を産み付ける

❶上が雄、下が雌。
❷❸❹水路から大場所まで釣り場は多彩

❷

❸

❹

ソウギョ

分類	コイ目コイ科クセノキプリス亜科ソウギョ属
学名	*Ctenopharyngodon idella*
別名	ソーヒー

ソウギョは・・・

コイに似るが体は細長く、頭部前端はまるみを帯びる。ヒゲはない。魚はヨシ・マコモや沿岸の陸生植物を好み、1日の摂取量は体重の35%にも達するという大食漢。

漢字

草魚

知る

分布

アジア大陸東部原産。日本へは1877年に持ち込まれたが定着せず、1943～45年に中国の長江から利根川水系に持ち込まれたものから定着が始まった。国内各地へは利根川・江戸川水系で繁殖したものが池や沼に放流され、東北地方から九州までの主な河川と湖沼で生息が確認されている。

大きさ

最大で1.3mを超える。

釣期

4～12月に釣れるが、摂食量は水温に比例して増加し高水温や酸欠に強いため、7～9月によく釣れる。

1	2	3	4	5	6	7	8	9	10	11	12

棲んでいる場所

大河川下流部の緩流域や平野部の浅い湖沼に棲むが、放流によってため池や人造湖、公園の池などにも棲んでいる。

生活史

利根川・江戸川水系での産卵期は6月上旬～7月中旬で、熊谷市妻沼から羽生市川俣までの利根川と江戸川の一部で産卵する。降雨の増水と水の濁りをきっかけとして1尾の雌と数尾の雄が水面近くで産卵する。卵は半沈性卵で、利根川を100km以上も流下しながらふ化する。仔稚魚は動物プランクトンを食べるが成長とともに植物食に偏り、藻類や水草を経て成魚はヨシ・マコモや沿岸の陸生植物を最も好む。大食漢で、1日の

摂取量は体重の35%にも達するため、除草を目的とした放流が行なわれる。成長は速やかで、半年で8～15cm、1歳で15～25cmとなり、80cmに達する5歳魚以上で繁殖する。

特徴

コイに似るが体は細長く、頭部前端はまるみを帯びる。ヒゲはなく、薄くて櫛状の歯をもつ。体は全体に黄褐色で、背面はやや青灰色、腹部は灰白色を帯びる。鱗の縁辺が暗色にふちどられており、全体として網目状に見える。

主な釣り方

エサに草の葉を用いた独特の草バリ仕掛けでねらう。

美味しい食べ方

中国では食用淡水魚として重要で、養殖が盛ん。蒸し魚、煮魚、から揚げ、スープなど多様な料理で賞味される。淡水魚独特の泥臭さやクセは少ないので、釣れた際は是非とも食べてみることをお勧めする。

フィッシングチャート

数ある釣りの中でも、ソウギョの食性を巧みに利用した草バリ仕掛けは独特だ。そしてひとたびアワセが決まれば、大型魚ならではの強烈なファイトが待っている。

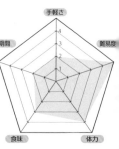

草の葉のエサを水面に浮かべて静かにアタリを待つ

釣る

草バリ仕掛け

岸際のエキサイティングゲーム

仕掛け図ラベル

- ミチイト ナイロン 5号
- サオ 振出磯ザオ 5号 5.4m
- オモリ ナツメ型 6号
- ゴム管
- スナップ付スイベル 4号
- チチワ
- 23cm
- 20cm
- ハリス ナイロン 5号
- ハリ チヌ 9号
- リール 両軸受けリール

ワンポイント

ソウギョ釣りの最もユニークな点は、エサにヨシなどイネ科植物の葉を用いることである。ミディアムクラス以上のルアータックルにハリ1本だけをつけたシンプルな仕掛けにエサの葉を掛けて水面に浮かべて流す。追い風ならばこれだけでよく、風向きによっては飛ばしウキなどをつける。また、岸辺の草を食べに接岸した個体をサオ下でねらう釣法は極めてエキサイティング。まず、岸辺の草をなぎ倒して葉先を水中に漬かるようにしてポイントを造成し、3号以上の磯ザオに両軸リールをつけたハリとイトのみのタックルで、エサの葉がポイントの水面に浮かぶように置きザオにする。いずれも向こうアワセで、ミチイトが走り出してからやり取りする。

エサ・擬似餌

草の葉。

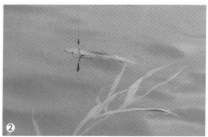

❶アシのセット方法の一例。3枚束ねて、3本のハリをアシに刺したら完成
❷アシの先にハリの付いた葉を置く。アシを食べにきたソウギョがハリの付いた葉を口にするという作戦だ

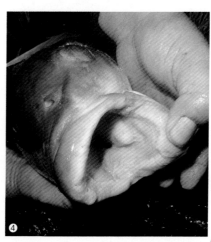

❸アシが密生している河川などがポイント
❹ソウギョの口はヤスリのようになっている。この唇でアシをむしり取る

タイリクバラタナゴ

分類	コイ目コイ科タナゴ亜科バラタナゴ属
学名	*Rhodeus ocellatus ocellatus*
別名	オカメタナゴ

タイリクバラタナゴは・・・

外来種だが、現在ではタナゴというと本亜種を差すことが多い。体は側扁して体高が高く、特に大型の雄では背が盛りあがって見える。口ヒゲはない。釣り人には「オカメ」の愛称で親しまれている。

漢字

大陸薔薇鱮

知る

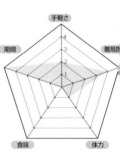

分布

名前のとおり中国原産。1940年代に日本に移入。現在は全国各地に広がっている。

大きさ

およそ5～8cm前後。

釣期

ほぼ一年中だが、ハイシーズンは冬季。

1	2	3	4	5	6	7	8	9	10	11	12

棲んでいる場所

湖沼、河川の中～下流域、水路など。水流が穏やかで、水草が生える所を好む。

生活史

産卵期は3～9月ごろで、ドブガイやイシガイなどの大型二枚貝に卵を産みつける。稚魚はふ化して約1ヵ月で貝から出てくる。
雑食性で、藻類や水生昆虫、小型の甲殻類などを食べている。

特徴

外来種だが、現在ではタナゴというと本亜種を差すことが多い。
体は側扁して体高が高く、特に大型の雄では背が盛りあがって見える。口ヒゲはない。体側中央には背ビレ基底直下から始まる青緑の縦線が入っている。産卵期の雄は、体側背方は青緑色に輝き、頭部側面から腹胸部にかけてバラ色に彩られ、その名の由来となっている。雌の産卵管は長く、伸長時には体長を超える。
本亜種と亜種関係にあり絶滅が危惧されている在来種ニッポンバラタナゴの分布域では、本亜種の侵入により両者の交雑が進み大きな問題となっている。

主な釣り方

極小ハリと繊細なサオを使うミャク釣り、ウキ釣り。エサはアカムシのほか、玉虫（イラガという蛾の蛹）の腸をハリに巻きつけて使う。

美味しい食べ方

リリースが基本。

フィッシングチャート

本来であれば子どもでも楽しめる釣りものだが、長らく数が減少していることと、また小ささを愛で数を競う釣りの伝統があり、それを追求するほどに難易度は上がる。和の釣り道具の世界も果てがない。

（レーダーチャート：手軽さ、難易度、体力、食味、期間）

釣る

ウキ釣り

縦書き: 浮力バランスが重要

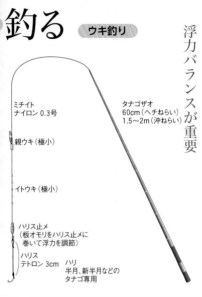

ミチイト
ナイロン 0.3号

親ウキ（極小）

イトウキ（極小）

ハリス止メ
（板オモリをハリス止メに
巻いて浮力を調節）

ハリス
テトロン 3cm

タナゴザオ
60cm（ヘチねらい）
1.5〜2m（沖ねらい）

ハリ
半月、新半月などの
タナゴ専用

ワンポイント

タナゴ類にはいくつも種類があるが、関東で人気を集めるのが「オカメ」の愛称で呼ばれるこのタイリクバラタナゴ。婚姻色が美しく、飼育するファンも多い。釣りやすいのは水温が上がる季節だが、冬になると群れるので数釣りが可能。そのころはアタリも繊細で、ゲーム性が高い釣りになる。仕掛けはウキとオモリのバランスが重要だ。

エサ・擬似餌

グルテン、黄身練り、アカムシなど。

近年はハリメーカーからもオカメタナゴ用の極小バリが発売されている

小さなハリの状態を確認するにはルーペが必須アイテム。8倍くらいのものが見やすい

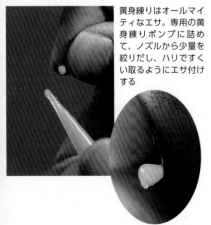

黄身練りはオールマイティなエサ。専用の黄身練りポンプに詰めて、ノズルから少量を絞りだし、ハリですくい取るようにエサ付けする

グルテンは止水エリアの釣りで人気のエサ。食わせ用はハリ先に小さくまとめる

97

ザ・タナゴ釣りワールド

世界でも類を見ない極小の世界、タナゴ釣り。なかでもオカメの愛称で釣り人に親しまれるタイリクバラタナゴは、小ささを愛で、尊ぶ粋な釣りだ。

ねらう魚がミニなら仕掛けもミニサイズ

道具類もコンパクト。そして好みでお洒落なものを選ぶ人が多い

極小バリを使って新仔と呼ばれる1円玉サイズをねらうタナゴファン

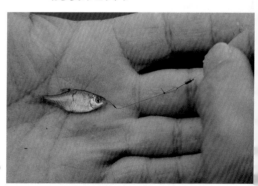

新仔ねらいではこれでもまだ大きいサイズ

極小の世界に遊ぶ

金属的な光沢を連想させる婚姻色が出たオス

背ビレに稚魚斑が残る当歳魚

猫の額のようなポイントで独り静かにタナゴと対話する

タナゴのいる水辺

オカメ（タイリクバラタナゴ）の釣りといえばすぐにイメージされるのが水郷・ドックの釣り。近年は釣り場が激減している。一方で、釣りができる首都圏の公園の池でタナゴに出会えることもある。

寒タナゴを象徴する霞ヶ浦のドックの釣り風景。暖を取るように釣り人がコーナーに集い、仕掛けを垂れている

埼玉県の薬師沼親水公園の池では、ヘラブナやクチボソ、モロコなどに混じってタイリクバラタナゴが釣れることもある。出会えたらラッキーだ

東京都大田区の平和の森公園にあるひょうたん池でも釣りが楽しめる。ヘラブナやクチボソ、モロコに混じってタイリクバラタナゴが顔を出すことも

和の釣り道具の世界

小さきことを尊ぶ江戸前タナゴ釣り。その粋ともいえるのが江戸和ザオと和の釣り具。時の旦那衆が金と暇と情熱を惜しみなく注ぎ込んだ道楽の世界は、今もなお一部のマニアックなファンに受け継がれ楽しまれている。

タナゴザオ。切り寸法は8寸を定寸とし、3本仕舞いに仕上げられている。近年はより短い切り寸法のものも見られる

ドックで釣り人が腰かけているのは「合切箱」。その名のとおりサオから仕掛け一式まですべてを収納することができ、釣り場では椅子にもなる

仕掛け巻き・仕掛け入れも贅と工夫が凝らされている

釣ったタナゴを鑑賞するためのミニチュア木桶など、すべてが愛おしく、そして手間暇がかけられた手作り品である

ツチフキ

分類	コイ目コイ科カマツカ亜科ツチフキ属
学名	*Abbottina rivularis*
別名	スナモロコ、ドロモロコ

ツチフキは・・・
泥底が好きで、底質とともにエサを吸い込み、鰓孔から砂泥を出す捕食行動が魚名（ツチフキ＝土吹）の由来ではないかと思われる。見た目はカマツカと似ている。

漢字

土吹

知る

分布
濃尾平野以西の本州と九州北部に自然分布。宮城県や関東平野に移植。

大きさ
最大で 10cm に達する。

釣期
3 ～ 12 月によく釣れる。

1	2	3	4	5	6	7	8	9	10	11	12

棲んでいる場所
平野部の浅い池沼、流れのない用水、河川敷内のワンドなどの泥底または砂泥地に棲む。

生活史
産卵期は 4 ～ 6 月で、雄は浅くて流れが緩い砂泥底にすりばち状の巣を掘り、雌に沈性粘着卵を産みつけさせる。卵は多量の寒天質様物質を含んで径 2.5 ～ 3.0mm と非常に大きく、表面に砂や泥の粒子を付着させてカモフラージュされる。卵は受精後 5 ～ 6 日で孵化し、その間は雄によって保護される。仔稚魚には明瞭な浮遊期がなく、ふ化後すぐに底層を遊泳して索餌をはじめる。1 歳で 5 ～ 8cm に成長し、雌より雄の方が大きくなる。雑食性で、ユスリカ幼虫、イトミミズ、デトリタス、浮遊動物、付着藻類などを食べる。砂泥底で底質とともにエサを吸い込み、鰓孔から砂泥を出す捕食行動からその名がついた。

特徴
日本産のコイ科魚類の中では、カマツカとともにもっとも底生魚としての体制が強化された種である。体はやや縦扁し、吻はややとがり、眼は高い位置にある。口は吻端の下方に開き、1 対の口ヒゲをもち。胸ビレと腹ビレは大きく、水平位にある。肛門は腹ビレのやや後方に位置する。下顎端から胸ビレ基底までの腹面には鱗がない。カマツカとは、唇に乳頭状突起がない（カマツカにはある）こと、体形が太短いこと、吻が短いことで見分けられる。ドロモロコの別名のとおり、カマツカよりいっそう泥っぽい底質を好む。自然分布地では近年激減しており、特に淀川では 20 年以上記録が絶えている。環境省レッドリストで絶滅危惧ⅠB類に指定されている。

主な釣り方
ウキ釣り仕掛けで、エサが底から離れないようこまめにウキ下を調節することが必須。ポイントは流れが緩いかほとんどない場所で、小型立ちウキにミチイト 0.6 ～ 0.8 号、ハリス 0.4 ～ 0.6 号、タナゴバリを用いる。エサはアカムシや練りエサで、釣り始めにはグルテン等で魚を寄せるとよい。

美味しい食べ方
通常は食用にされないが、白身でクセはない。素焼きや丸揚げで食べるのが一般的で、小型魚は佃煮の原魚にされることがある。旬については不明。

フィッシングチャート
淡水小もの釣りをしていて外道で釣れることがある魚。

テナガエビ

分類	十脚目テナガエビ科テナガエビ属
学名	*Macrobrachium nipponense*
別名	カワエビ

テナガエビは・・・

時には体長よりも長く発達する、前から2番目の1対の脚が特徴。この脚でエサをつかんだり、ほかのエビと争ったりする。釣りの対象となっているものには、おもにテナガエビ、ヒラテテナガエビ、ミナミテナガエビの3種類。

漢字

手長蝦

知る

分布

青森県から九州沿岸までに分布。

大きさ

体長（腕の長さを除く）約9cmに達する。

釣期

4〜8月ごろ。梅雨時が最盛期である。

1	2	3	4	5	6	7	8	9	10	11	12

棲んでいる場所

川の河口から上流域の淡水から汽水域、湖沼にも棲む。

生活史

基本的には河川で成長・産卵し、ふ化した幼生は流下して海や汽水域へ運ばれ、親と同じ体形となるまで育ち、川を遡って生活する両側回遊性である。しかし、湖沼などに陸封されて一生を淡水で過ごすものもいる。抱卵期は5〜9月。棲む場所によって卵の大きさや数が異なり、両側回遊型では長径約0.5mmの卵を4000〜1万3000粒、陸封型では径0.7mmの卵を1000〜4000個産む。また、汽水湖に棲むものは、両型の中間的な大きさと数の卵を産む傾向がある。こうした多様な生活史によって、淡水域から汽水域の幅広い環境に適応し繁栄している。
雑食性で、水生昆虫、小魚のほか、動物の死骸や植物も食べる。

特徴

最大の特徴は、時に体長よりも長く発達する1対の脚。エサをつかんだり、ほかのエビと争う時に使う。ザリガニやカニとは異なり、前から2番目の脚が伸びている。釣りの対象となるものは、本種のほか同属のミナミテナガエビと、ヒラテテナガエビを加えた3種類である。ミナミテナガエビは千葉県・福井県から琉球列島に分布するが、温暖化傾向を背景に関東でも増えており、頭胸甲側面に茶褐色の太い斜帯を3本もつこと、雄では長いハサミの剛毛が少ないことで見分けられる。ヒラテテナガエビも前種と同様の分布域を持ち、長いハサミ脚が太くがっしりしており、雄では左右の大きさが異なることで見分けられる。

主な釣り方

ノベザオを使ったウキ釣り、ミャク釣り。エサにはアカムシや小さく切ったミミズなどを使う。

美味しい食べ方

旬は夏〜秋。素揚げや空揚げにすると、頭から丸ごと食べられる。頭部のツノ状の部分をカットして空揚げにすると食べやすい。

フィッシングチャート

アワセのタイミングが魚を相手にした釣りとは異なるので、そのコツさえつかめば老若男女を問わず楽しめる。梅雨時期になると熱心に通うファンも多い。

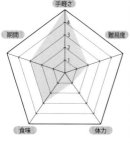

釣る

ウキ釣り＆十字テンビン

ザリガニと違い口に掛けて釣る妙味

基本の玉ウキ仕掛け

ミチイト
1〜1.5号

足付き玉ウキ
3〜4号

浅ダナのウキ釣りの場合は、板オモリのほうが浮力を調整しやすい

ガン玉 B〜5B
自動ハリス止メ

ハリス 5cm程度

十字テンビン仕掛け

小ものザオ
1.8〜2.7m
場所によっては
2.7〜3.6mの
ズームタイプも
使用

ミチイト
1〜1.5号

足付き玉ウキ
7号前後
※十字テンビンが底で垂直に立つサイズ

ハリ
エビバリ 2〜3号
タナゴ 半月、新半月

十字テンビン

ハリスは十字テンビンの先端までと同じ長さか、やや短くする

ワンポイント

アタリで合わせて掛けるというより、ハリまでくわえさせてから釣る。サオを上げるタイミングは遅めでよい。サオを数本だす並べ釣りが有効。ポイントは消波ブロック周りなど障害物が多い場所。テナガエビはエサをつかむと安全な場所に運んでから食べようとするので、根掛かりも多い。十字テンビンは根掛かりを防ぐ工夫である。

エサ・擬似餌

ミミズ、アカムシなど。

❶シンプルな玉ウキ仕掛け
❷十字テンビン仕掛けは捨て石の多い場所で効果を発揮する
❸ハリはテナガエビ専用のものがエサ付けしやすく掛かりもよい
❹雄（左）と雌（右）。ハサミの大きさが異なるのでひとめで分かる

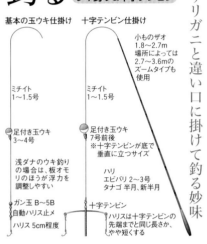

❺釣ったテナガエビはエアポンプ（通称ブク）を取り付け、きれいな水道水を張ったクーラーで生かし、釣りが終わるまで弱らせないようにする。そのまま自宅まで持ち帰るか、夏の暑い時期なら、氷を入れたクーラーに移し傷まないように持ち帰る

食べる

素揚げが一番！
持ち帰ったテナガエビは塩水で洗い、水気を切って素揚げにする。軽く塩を振って口に運べば、大人も子どもも笑顔になる味わいだ

⇒魚のさばき方は 611 頁へ

テナガエビの釣り場 消波ブロックや護岸帯が目印

典型的なテナガエビ釣り風景。手前にゴロタ石が入っている都市河川の護岸帯は足場もよくファミリーフィッシングにもぴったり

波消ブロックもテナガエビが好む。隙間をあちこちねらってみよう

本州の仲間は３種類 テナガエビをよくよく見ると……

テナガエビ

ヒラテテナガエビ

ミナミテナガエビ

テナガエビは「テナガエビ」と一言でくくられてしまうことが多いが、実際は３種類がいる。たとえば四万十川では、下流域にテナガエビ、中流部にテナガエビとヒラテテナガエビ、そして上流部にヒラテテナガエビとミナミテナガエビが棲息。ヒラテテナガエビはほかの２種と混生しているが、テナガエビとミナミテナガエビが混生することは少ない。とはいえ、ほとんどの地域でテナガエビ釣りをして釣れてくるのは、「テナガエビ」だ。３種の見分け方はそれほど難しくなく、最も特徴的なのは胸頭部の「m」の模様。

ヒラテテナガエビは胸頭部に m の模様がないのですぐに分かる。また、名前のとおりハサミが太く扁平に見える。テナガエビとミナミテナガエビはとてもよく似ているが、関東以南に生息するミナミテナガエビは胸頭部の m の模様がテナガエビよりくっきりしている。また、テナガエビが湖や沼など海と隔離された環境でも繁殖している個体群がいるのに対して、ヒラテテナガエビとミナミテナガエビは孵化したゾエア幼生が汽水域から海に下らなければ成長できない。

ナマズ

分類	ナマズ目ナマズ科ナマズ属
学名	*Silurus asotus*
別名	マナマズ

ナマズは・・・

夜行性の魚。昼間は流れの緩やかな場所にいて、水底の岩や水草の陰に身を潜めている。夜になると発達した口ヒゲでエサを探し貪欲に食べる。エサはおもにドジョウやタナゴなどの小魚、甲殻類、カエルなどの小動物

漢字

鯰

知る

特徴

日本のナマズ属魚類は長らく3種とされていたが、2018年にタニガワナマズが新種記載されて4種となった。本属魚類は、頭は大きく縦扁し体は側扁、背ビレは小さい、尾ビレに切れ込みは浅い、などの共通質をもつ。しかし、互いに非常によく似ており、特に本種とタニガワナマズとの外部形態からの識別は極めて困難。タニガワナマズは鈴鹿山脈以東の東海・上信越地方に分布しており、分布地と併せて判断する必要がある。

分布

本来は東海地方以西の本州、四国と九州に分布していたが、江戸時代頃に関東地方に人為的に導入され、大正末期には北海道まで分布が拡大した。現在はほぼ日本全国の淡水域に分布。

大きさ

最大で70cmほど。

釣期

5〜10月ごろ。

1	2	3	4	5	6	7	8	9	10	11	12

棲んでいる場所

河川の中〜下流域や湖沼、用水路など。水草の茂る泥底を好む。

生活史

産卵期は5〜6月。群れで浅場や湖岸、水田などに集まる。雄が雌の体に巻きつくという行動をとった後、卵を水底にばら撒く。仔魚には3対のヒゲがあるが、成長とともに消失して2対となる。成長は早く、1歳で10cm以上になる。雄は2歳、雌は約3歳で成熟する。夜行性で、昼間は流れの緩やかな場所にいて、水底の岩や水草の陰などに身を潜めている。夜になると発達した口ヒゲでエサを探し貪欲に食べる。エサになるのはおもにドジョウやタナゴなどの小魚、甲殻類、カエルなどの小動物である。

主な釣り方

イトとハリの簡単な仕掛けにカエルをつけ、水面を叩いて誘う「ポカン釣り」という伝統的な釣法がある。最近はルアー釣りも人気。トップウオータールアーでねらうと、水面を割って飛び出す姿がヤミツキになる。

美味しい食べ方

ウナギに似た味わいで、さらに脂が乗っている。蒲焼や天ぷらなどに合うが、釣った環境などによっては泥臭さが気になることも。

フィッシングチャート

ルアー釣りでねらう場合は、エサを入手する手間が省けるぶんより手軽になる。水面で操作するトップウオータールアーはヒットの瞬間が見え、虜になる人も多い。

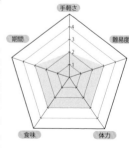

釣る

ポカン釣り

昔からのスタイル

ライン
ナイロン 2号前後

スピニングロッド 2.3m前後
または
ノベザオ 4m前後

エサ
カエル

中型スピニングリール

ハリ
丸セイゴ 12号前後

ワンポイント

ナマズは肉食魚で主に夜活動する。昼間ねらうなら、水がニゴリ気味の時や曇天がよい。ルアーでもよく釣れるが、日本で昔から行なわれていたのはポカン釣り。カエルを付けたノベザオ仕掛けで釣るが、50cmを超すものも多いのでリールタックルが安心。そのほかミミズを付けたブッコミ釣りでもよく釣れる。

エサ・擬似餌

カエル（ブッコミ釣りの場合はミミズなども）。

ポカン釣り
❶カエルをハリに付け、水面を叩いたり、あるいは泳がせたりしてナマズを誘うポカン釣り。ニゴリ水に突然黒い影が浮かび、カエルを襲う釣りはスリリングだ
❷雨などで濁っている日は、日中でも釣りやすい。水が澄んでいる時は朝、夕の薄暗いタイミングがねらいめだ

ルアー釣り
❸ナマズは音や振動に敏感なようだ。水面で激しく動いたり、飛沫を上げるようなルアーによく反応する
❹ルアーで釣れたナマズ。目はあまりよくないのか、ルアーを食べ損ねることも多い

ニゴイ

分類	コイ目コイ科カマツカ亜科ニゴイ属
学名	*Hemibarbus barbus*
別名	セータ、サイ

ニゴイは・・・

細長い体型で吻が前方に伸び、1対のヒゲがある。そのほかに口が下向きについていると、尾ビレの切れ込みが深いといった特徴がある。水質の悪化に強いため、都市部の河川にも多い。雑食性で小魚を食べることもある

漢字

似鯉

知る

分布

琵琶湖以東の本州と九州北部に不連続に分布。

大きさ

最大で60cmほどになる。

釣期

ほぼ周年。

1	2	3	4	5	6	7	8	9	10	11	12

棲んでいる場所

規模の大きな河川の中〜下流域から汽水域、および湖。砂底を好む傾向がある。

生活史

産卵期は4〜7月で、雄は体色が黒ずみ、吻や胸ビレ、腹ビレに細かい追星が現れる。径約3mmの沈性粘着卵を産み、受精後3〜4日でふ化する。ふ化仔魚は約8mmで、ふ化後約5日で卵黄を吸収する。1歳で8〜12cm、2歳で16〜22cm、3歳で20〜30cm、4歳で35cm以上になり、3〜4歳で成熟する。
流れの緩い場所の底層付近で生活する。雑食性で、水生昆虫や藻類のほか、時には小魚も食べる。

特徴

日本固有種。体型は細長く、吻が前方に伸びていて、1対のヒゲがある。そのほかに口が下向きについていること、尾ビレの切れ込みが深いといった特徴がある。また、水質の悪化に強いため、都市部の河川にも多い。
従来は1種と考えられていたが、淀川水系以西の本州にいるものは近縁種のコウライニゴイである。本種とは、下唇の皮弁がよく発達すること、鰓耙数が多く19〜25（本種では12〜18）であることで区別できる。

主な釣り方

専門にねらうことは少ないが、コイやフナ釣りの外道としてよく釣れる。ミミズや練りエサなど、どんなエサにも反応する。ルアーやフライで釣ることも可能。

美味しい食べ方

小骨が多く、あまり食用にはされないが、大型のものは意外と美味しい。洗いや空揚げ、天ぷらで食べる。

フィッシングチャート

ニゴイはバス釣りの外道としてもよく掛かってくる。大型になると引きはなかなか強烈で、河川でフライフィッシングで楽しんでいる人もいる。

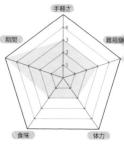

釣る ルアーフィッシング

顔に似合わず小魚も食べる

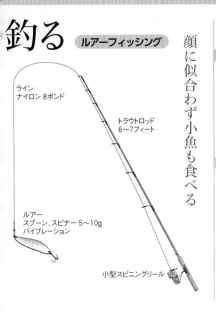

ライン
ナイロン 8ポンド

トラウトロッド
6〜7フィート

ルアー
スプーン、スピナー 5〜10g
バイブレーション

小型スピニングリール

ワンポイント

コイに比べるとスラリとした魚体で、顔もとがっている。雑食性で、川底で川虫などを食べているようなイメージがあるが、意外にもルアーやフライでよく釣れる。専門でねらう人は少ないが、都市部の川にも棲むので手軽なターゲットといえる。大型の引きは強く、ノベザオで掛けると苦労する相手だ。最大で60cmほどになる。

エサ・擬似餌

ルアー（スプーン、スピナー、バイブレーション、シンキングミノー）。

淀川。写真のようにニゴイは大きな川の中下流域などでよく見られる（淀川水系以西の本州にいるものは近縁種のコウライニゴイになる）

シンキングミノータイプのルアーにヒット。小魚も捕食するだけあってルアーへの反応はよい

湖のバスフィッシングでは、ニゴイは定番のゲストだ

ニジマス

分類	サケ目サケ科サケ属
学名	*Oncorhynchus mykiss mykiss*
別名	レインボートラウト(英名)、マス

ニジマスは・・・
日本に初めて持ち込まれたのは 1877 年。本的には冷水性の魚だが、25℃前後の高水温にも適応できるため養殖も盛ん。体側のエラブタから尾柄にかけて名前の由来でもある朱色あるいは赤紫色の縦帯が通っている。

漢字

虹鱒

知る

分布

外来魚で、原産地はアラスカ～カリフォルニアとカムチャッカ半島。日本では北海道の一部に定着しているが、そのほかは放流魚が大半である。

大きさ

一般的には 40cm 前後で、湖に棲むものなどは 80cm ～ 1m に達する個体もいる。

釣期

河川では解禁期間に準じ、おおむね 3 ～ 9 月ごろ。管理釣り場でも渓流の入門魚として親しまれている。

1	2	3	4	5	6	7	8	9	10	11	12

棲んでいる場所

河川の渓流域や冷水の湖沼。

生活史

繁殖を秋～冬に行なうものと、春～初夏に行なうタイプがおり、養殖されたものでは前者が多く、自然繁殖するところでは後者が多い。産卵しても 1 回では死なず、数年にわたって卵を産む。ペア産卵し、産卵後 1 ～ 1.5 ヵ月で仔魚がふ化し、水生昆虫や小型甲殻類を食べて成長する。養殖されたものでは、1 歳で 20cm（100g）になり、2 歳で 35cm（400g）になり、3 歳で 45cm（1kg）に達する。肉食性で、甲殻類や小魚、昆虫などを食べるが、湖で大型化したものは強い魚食性を示す。

特徴

日本に初めて導入されたのは 1877 年。基本的には冷水性の魚だが、25℃前後の高水温にも適応できるため、養殖が盛ん。体側には、エラブタから尾柄にかけて朱色あるいは赤紫色の縦帯が通っており、腹面を除くほぼ全身に小さな黒点が散りばめられている。幼魚はパーマークがあって同属のヤマメに似ているが、背ビレや尾ビレの黒点が著しく多いこと、口が小さいこと、臀ビレの軟条数が 8 ～ 12 本と少ないこと（ヤマメでは 13 ～ 15 本）で区別できる。

主な釣り方

ミミズ、水生昆虫やイクラなどを使ったミャク釣り、ウキ釣り。ルアーやフライにもよく反応する。北海道の湖などではトローリングでねらうこともある。

美味しい食べ方

塩焼きやムニエル、フライが定番。寄生虫がいないとされており、刺し身でも食べられる。本種をベースに作出されたご当地サーモンは、生食が売りとなっている。

フィッシングチャート

管理釣り場や自然の河川を利用した冬季釣り場、野生化した北海道の個体など、シチュエーションによって手軽さや難易度等は大きく変動する。キャッチアンドリリース・エリアではもちろんリリースが大前提だ。

釣る

フライフィッシング

状況に応じたフライ選択を

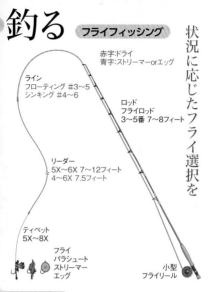

赤字：ドライ
青字：ストリーマーorエッグ

ライン
フローティング #3〜5
シンキング #4〜6

ロッド
フライロッド
3〜5番 7〜8フィート

リーダー
5X〜6X 7〜12フィート
4〜6X 7.5フィート

ティペット
5X〜8X

フライ
パラシュート
ストリーマー
エッグ

小型
フライリール

ルアー

本流や湖の大ものをねらう

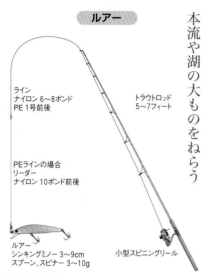

ライン
ナイロン 6〜8ポンド
PE 1号前後

トラウトロッド
5〜7フィート

PEラインの場合
リーダー
ナイロン 10ポンド前後

ルアー
シンキングミノー 3〜9cm
スプーン、スピナー 3〜10g

小型スピニングリール

ワンポイント

フライフィッシングの醍醐味を存分に味わえるのは水面に浮くドライフライの釣り。フライを魚がくわえる瞬間はエキサイティング。ただし条件によっては水面に出ない魚も多い。入門に好適なニジマスの管理釣り場のポンド（池）でビギナーがまず1尾のヒットを楽しむのなら、小魚を模したストリーマーやエッグフライと呼ばれるイクラのような毛バリを用い、沈めてリトリーブして使うと釣果を得られやすい。

エサ・擬似餌

フライ（ドライフライ、ストリーマー、エッグフライ）。

ワンポイント

管理釣り場などでもおなじみの魚で、はじめて釣ったのがニジマスだという人も多いかもしれない。養殖魚のイメージが強いが、北海道などで育った大型は非常にパワフルだ。ベテランでも苦戦する第一級の相手である。

エサ・擬似餌

ルアー（シンキングミノー、スプーン、スピナー）。

エサ釣り

本流は強度のあるミャク釣り仕掛けで

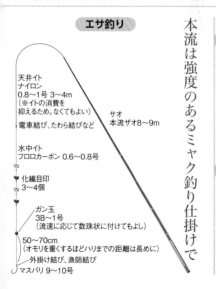

天井イト
ナイロン
0.8〜1号 3〜4m
（※イトの消費を
抑えるため。なくてもよい）

電車結び、たわら結びなど

水中イト
フロロカーボン 0.6〜0.8号

化繊目印
3〜4個

サオ
本流ザオ8〜9m

ガン玉
3B〜1号
（流速に応じて数珠状に付けてもよし）

50〜70cm
（オモリを重くするほどハリまでの距離は長めに）

外掛け結び、漁師結び

マスバリ 9〜10号

ワンポイント

管理釣り場の管理池ならウキ釣り仕掛けでも攻略できるが、自然渓流を利用した釣り場では、ミャク釣り仕掛けのほうがベター。イトに付けた目印を頼りに流れの筋に合わせてエサをトレースする。エサ釣りファンが好んで通うのが、大型ニジマスをメインに放流する本流釣り場だ。流れの太い本流域で大型渓魚とのパワフルな引きが楽しめるフィールドで、ここでは大型魚にマッチする仕掛けを紹介している。

エサ・擬似餌

ミミズ、イクラなど。

北海道のニジマス釣り場

ニジマスは在来種ではないが、北海道では自然産卵を繰り返して野生化した美しい個体に出会えるのが魅力。全道の河川や湖で釣ることができるが、釣り場によってはゼロかイチということもある。確実なのは漁協などが管理している釣り場だ。

渚滑川は日本で初めてキャッチアンド・リリース区間が設定された、道北・滝上町を流れる河川。2020年時点で20kmがキャッチアンド・リリース区間に設定されている

渚滑川のニジマスは滝上町の放流によるもの。美しく野生化した個体は釣り人を魅了してやまない

❶上流域は阿寒湖漁協が管理し、2003年に北海道で初めてキャッチ＆リリースを遊漁規則化した。昔と変わらない原始の自然が残り、よほどの大雨でない限り水量が安定している。バイカモがゆらめく清澄な流れは蛇行を繰り返し、ロケーションは素晴らしい
❷釣り人のための駐車場と専用道路が整備されているのもうれしい。キャッチ＆リリースエリアはルアー・フライオンリーでエサ釣りは禁止。フックはシングルのバーブレス1本と決められている
❸釣り人は多く、魚の警戒心は高い。魚影は多いとはいえ、見事なコンディションの良型を射止めるのはそう簡単ではない。それも阿寒川の面白さ

阿寒湖もキャッチ＆リリースと、シングルフック使用が義務付けられている。シーズンは5～11月だが、美しいニジマスに出会える可能性が高いのは秋。漁協による渡船サービスもあり、島に上陸して釣ることも可能

阿寒湖に限ったことではないが、産卵後の疲れを回復し、エサを飽食した秋のニジマスはじつに美しい

阿寒湖ではボートからニジマスをねらうこともできる。岸釣りとは違ったアプローチも楽しい

ニジマスは漁業権対象魚種になっていないが、札幌や新千歳空港から近い支笏湖も見逃せない。強く美しい魚に出会えることで知られ、春から冬まで大勢の釣り人が訪れる。最深部は363m。田沢湖に次いで全国2位の深さ

支笏湖のニジマスはシルバーメタリックな個体が目立つ。写真の魚は秋、セミフライでキャッチされた70cmのスーパークラス

漁協が管理していて、シーズンは 12 〜 3 月と 6 〜 8 月。支笏湖と同様、不凍湖。洞爺湖はサクラマスだけではなく、ニジマスも怪物クラスがねらえる。特に 12 月と 6 月の解禁当初は大型の実績が高い

6 月にキャッチされた見事な体高を誇るニジマス。サクラマスもそうだが、洞爺湖で釣れるトラウトはとにかく太い

注目したいエサ

【セミ】

6 月、道内の河原や湖岸ではエゾハルゼミの大合唱が響く。セミを模したルアーやフライは大型ニジマスを釣るためのマストアイテムとして知られる。使い方は、河川では自然に流す、湖では浮かべるだけで OK

【ワカサギ】

支笏湖には生息していないが、それ以外の湖ではワカサギが見逃せない。特に阿寒湖はワカサギが重要なエサで、それを模したフライがいくつも編み出されている。その中でも実績が高いのは写真のパターン

ヌマチチブ

分類	スズキ目ハゼ亜目 ハゼ科チチブ属
学名	*Tridentiger brevispinis*
別名	ダボ、ダボハゼ、ゴリ、ドンコ、カジカ、チチブ、スイツキビシ、ドブロク、パワ

ヌマチチブとは・・・

マハゼをはじめ、淡水域でも小もの釣りで一緒によく釣れてくる。釣り人には「ダボハゼ」「ゴリ」などの別名で呼ばれることが多い。

漢字

沼知々武

知る

分布

北海道・本州・四国・九州、壱岐、対馬の海に流入する河川に分布する。また、ワカサギなどの移植放流に混じって、奥多摩湖、芦ノ湖、富士五湖、愛知県風来湖、琵琶湖などに移入。

大きさ

最大で 15cm に達する。

釣期

ねらって釣ることはないが、周年釣れる。

1	2	3	4	5	6	7	8	9	10	11	12

棲んでいる場所

河川の中〜下流域、湖沼、ため池、汽水域など、多様な水域に棲む。同属のチチブよりも海水の影響を受けない場所に現れる傾向があり、海水の影響を受ける場所に現れる頻度は北方で多い。

生活史

産卵期は春〜夏で、転石の下や石垣の隙間、ビン・缶などを雄が占拠して産卵室とする。雌が訪れると雄は真っ黒になって求愛行動し、首を振って「グルグル」と鳴く。雌は白っぽくなって産卵室に入り産卵する。雄はふ化まで卵を保護する。ふ化時の仔魚は 2.5 〜 2.7mm で、1ヵ月ほど浮遊生活を送り、17mm 前後で着底する。淡水域で生まれ、仔稚魚は沿岸域で成長して淡水域に戻る両側回遊魚だが、容易に陸封される。1 歳で成熟し、多くは 1 年で死亡する。雑食性で、付着藻類もよく食べる。

特徴

チチブに酷似しておりしばしば混同される。チチブと見分けるポイントは次のとおり。①第 1 背ビレが幼魚時には雌雄とも伸びず、成魚は雄のみ糸状に伸びるが、糸状部は短い（チチブでは幼魚の時から雌雄ともに伸びる）。②生時、頭側に比較的大きな白点が散在する（白点が密在する）。③生時の若魚では、第 1 背ビレの基底から離れた上方の位置に暗赤色縦帯がみられる（暗赤色縦帯は下方にしかない）。④生時、胸ビレ基部に薄茶色の横帯があり、その中に枝分かれしたり途切れたりする橙色線がある（胸ビレ基部には黄色・橙色の帯があるが、その中に橙色線はない）。なお、屋久島・種子島〜琉球列島には同属のナガノゴリが分布するが、本種とチチブはそのエリアに分布しない。高知県四万十川では、がらびき漁で漁獲され、佃煮にされる。

主な釣り方

マハゼ釣りの定番ゲストで、貪欲にエサに飛びつくので蔑まれるきらいがあるが、専門にねらうとなかなか奥深い。ノベザオに小さなオモリとハリ 1 本のシンプルなタックルでねらう。ハリは袖 4 号前後、エサはイソメ類など。泥底よりも岩や倒木、杭などの硬い基質がある場所や礫底、流れがある河川では平瀬など、特異的に多く集まる場所がある。

美味しい食べ方

大きなものは生きているうちにふり塩をして塩焼きにするとよく、中小型は片栗粉をまぶしてから揚げにすると骨ごと美味しくいただける。特に小さなものは卵とじや天ぷら、吸い物の種にすると美味。

フィッシングチャート

淡水小もの釣りをしていて外道で釣れることがある魚。どちらかといえば釣り人には敬遠されがち。

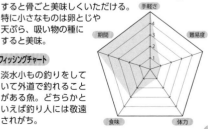

ハクレン

分類	コイ目コイ科クセノキ
	プリス亜科ハクレン属
学名	*Hypophthalmichthys molitrix*
別名	レンギョ、シタメ、
	レンコ、レンヒー

ハクレンは・・・
眼の上縁は吻端よりも下にあり、鱗は細かい。産卵の際にはしきりにジャンプする習性があり、1m もの巨大魚の集団ジャンプとして埼玉県栗橋市では観光名物にもなっている。

漢字

白
鰱

知る

分布

アジア大陸東部原産。明治期以降、タンパク質確保のために国内各地への移植が何度も試みられ、1943 年の移植により利根川・江戸川水系に定着。その後、同水系から日本各地に移植されて東北地方〜九州の河川・湖沼でみられるようになり、淀川水系では繁殖している。

大きさ

最大で 1.3m、60kg を超える。

釣期

厳寒期を除いて周年釣れる。

1	2	3	4	5	6	7	8	9	10	11	12

棲んでいる場所

大河川の下流部の緩流域や平野部の浅い湖沼や池に棲む。河川では主流部の流速がある流心の表・中層を群れて遊泳する。

生活史

産卵期は 5 月下旬〜7 月中旬で、利根川・江戸川水系では、下流域や霞ヶ浦・北浦から中流域の埼玉県栗橋市付近まで成魚が大挙遡上して産卵群を形成する。大雨が降った後に、10 数尾の群れで産卵行動を起こす。産卵の際にはしきりにジャンプする習性があり、1m もの巨大魚の集団ジャンプとして栗橋市の観光名物にもなっている。100 万粒もの分離浮性卵を産み、受精卵は流されながら発生が進むが耐塩性はなく、流程が長い河川でなければ繁殖できない。植物プランクトンをよく食べることから、アオコ駆除のために放流される。1 歳までの成長は速い。

特徴

眼の上縁は吻端よりも下にあり、鱗は細かい。臀ビレの起部は背ビレ基底後端よりも後ろにある。喉部から臀ビレ後端までの腹縁はキール状に突出した隆起線を形成する。本属魚類では同じ原産地のコクレンも国内に移植されて利根川・江戸川水系に定着しているが、数は非常に少なく近年では幻の魚といえる。コクレンとは、体は一様に銀白色であること（コクレンでは体に小黒褐色斑点が散在する）、腹縁のキール状になっている範囲が広い（コクレンでは腹ビレ起部から臀ビレ後端までと狭い）ことから区別できる。

主な釣り方

ウキ釣り。主に植物プランクトンを食べる食性はヘラブナと同じで、タックルや釣り方はヘラブナ釣りの延長上にある。ただし、相手はアベレージ 80cm、10kg の大ものであり、相応の強度が要求される。

美味しい食べ方

白身でクセはないが、皮目にやや臭いがあるので皮をはいでから料理するとよい。中国では重要な食用魚で、揚げて中華あんかけで食べるのが一般的。日本人の味覚に最も合うのは腹身の洗いで、腹身は小骨がなく脂があって旨い。オイル焼きや揚げ煮もなかなかの味である。

フィッシングチャート

道具立ては特殊なものではなく、釣り場へのエントリーも手軽だが、魚を掛けてからは強烈な引きのファイトが待っている。そのことを充分に覚悟して臨もう。

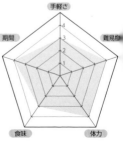

釣る

磯ザオ＋ウキ釣り

ヘラブナタックルの強化版

図のラベル：
- ミチイト ナイロン 2号前後
- サオ 磯ザオ 5m前後 2～2.5号
- ウキ止メストッパー
- ヘラウキ オモリ負荷 0.5号前後
- ヘラ用ゴム管
- ヨリモドシ
- コイバリ 13号
- ハリス 1.7～2号 20cm
- コイバリ 18号
- リール 中小型スピニングリール

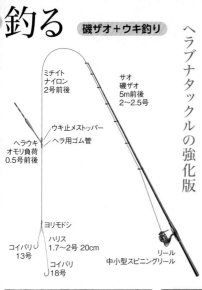

ワンポイント

磯ザオ3号に軽量な中小型両軸リールの組み合わせをベースとした遊動ウキタックル。リールと遊動ウキを除けばヘラブナタックルを頑強にしたものと考えればよい。釣り方は、マッシュポテト等を寄せエサにして、寄せに徹した打ち返しで魚を集め、ポイントを自らつくる。補助具としてヘラ用の釣り台やサオ掛けがあると快適。

エサ・擬似餌

練りエサ。

ラセン仕掛け（❶）はベテラン向きのため、ビギナーは2本バリ仕掛けがおすすめ。上バリが18号前後、下バリが13号前後（❷）。バーブレスフックはリリースが楽

❶

❷

❸

❹

❺

❻

❸ウキはヘラウキを使用。オモリ負荷0.5号前後を選びたい
❹上バリが右で、下バリが左。最初は大きめに付けて投入する。ハクレンが寄っていると分かったら下バリの食わせだけでねらうとアタリが出るのが早い
❺ベースになるエサがマッシュポテトで、これに釣り人の創意工夫によってさまざまなエサが加わる
❻現在では、利根川、霞ヶ浦、北浦、荒川、江戸川などが釣りの主なフィールド。ヒット後は強烈な引きを見せ、"淡水のスプリンター"といわれるのがうなずける

ハス

分類	コイ目コイ科クセノキプリス亜科ハス属
学名	*Opsariichthys uncirostris uncirostris*
別名	ケタバス

ハスは・・・

オイカワを大きくしたような見た目だが、コイ科には珍しく魚食性が強い。への字型の口が特徴的。環境省レッドリストで絶滅危惧Ⅱ類に指定されている。

漢字

鰣

知る

分布

琵琶湖・淀川水系と福井県の三方五湖（絶滅した可能性が高い）に自然分布していたが、人為的な移植により現在は関東から中国地方、九州にも分布する。

大きさ

30cm 前後に達する。

釣期

通年。

1	2	3	4	5	6	7	8	9	10	11	12

棲んでいる場所

流れの緩やかな河川下流部や湖沼などに棲む。

生活史

産卵期は 5 ～ 8 月で、雄は頭部・腹部・各ヒレが赤紫色の婚姻色に染まり、頭部、尾柄部、臀ビレに追星が出る。流入河川を遡上し、砂礫の中に沈性卵を産む。卵は径 1.3 ～ 1.6mm で、受精後 2 ～ 3 日でふ化する。琵琶湖では 1 歳で 5 ～ 6cm、2 歳で 10 ～ 11cm、3 歳で 13 ～ 16cm になり、多くは 3 歳で成熟する。成長すると口がへの字型になって魚食性が強くなる。

特徴

日本の固有亜種で、朝鮮半島、アムール川～長江水系には別亜種の *O. u. amurensis* が分布する。オイカワを大きくしたような見た目だが、コイ科には珍しく魚食性が強く、への字型の口が特徴的。自然分布地である琵琶湖と三方五湖のグループの間には、遺伝的・形態的な差異がみられる。環境省レッドリストで絶滅危惧Ⅱ類に指定されている。

主な釣り方

ルアーやフライフィッシングで釣ることが多い。またテンカラで釣っても面白い魚である。

美味しい食べ方

あまり食用とはされないが、白身でほどよく脂が乗っており美味。

フィッシングチャート

ルアーやフライフィッシングの身近なターゲットとして手軽に楽しめる。テンカラにもよく反応するので、渓流釣りを始める前にハスで練習するのもよいだろう。

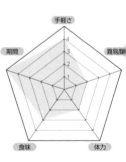

釣る

ルアーフィッシング

トップウォーターも楽しい

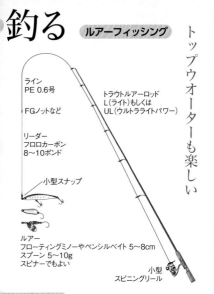

ライン
PE 0.6号

FGノットなど

リーダー
フロロカーボン
8〜10ポンド

トラウトルアーロッド
L（ライト）もしくは
UL（ウルトラライトパワー）

小型スナップ

ルアー
フローティングミノーやペンシルベイト 5〜8cm
スプーン 5〜10g
スピナーでもよい

小型
スピニングリール

テンカラ釣り

意外なマッチングのよさ

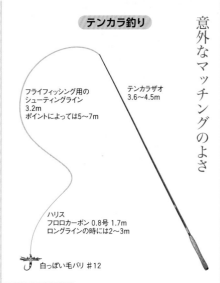

フライフィッシング用の
シューティングライン
3.2m
ポイントによっては5〜7m

テンカラザオ
3.6〜4.5m

ハリス
フロロカーボン 0.8号 1.7m
ロングラインの時には2〜3m

白っぽい毛バリ ♯12

ワンポイント

オイカワに似ている魚だが立派なフィッシュイーターである。シンキングペンシルやスプーン、スピナーなどでも釣れるが、水面を割って飛びかかってくるようすが目で楽しめるトップウオーターゲームが楽しい。5〜8cmのミノーやペンシルベイトがおすすめで、トラウトルアーのタックルを流用できる。特に琵琶湖周辺で人気の高い釣り方だ。

エサ・擬似餌

ルアー（5〜8cmのミノー、ペンシル、スプーン、スピナーなど）。

ワンポイント

小魚などを食べる肉食魚なのでルアーやフライに反応がよい。またあまり一般的ではないが、サイズと習性からテンカラで釣るのに格好の相手である。毛バリはなんでもよいが、水面に浮かせるタイプと、少し沈めて誘うタイプの2パターンを用意するとよい。誘う場合は、細長いシルエットのものがおすすめだ。

エサ・擬似餌

テンカラ毛バリ（フライでも可）。

ハスはミノーやスプーンなどさまざまなルアーで釣れる

テンカラで釣れたハス。「へ」の字になった口は愛嬌がある

ルアーで釣れたハス

毛バリにもよく反応する

河川では流れの緩やかな場所がポイント

ヒガイ

分類	コイ目コイ科ヒガイ亜科ヒガイ属
学名	*Sarcocheilichthys variegatus variegatus*
別名	標準和名カワヒガイ サクラバエ、ヤナギバエ、ホヤル

ヒガイは・・・

かつて明治天皇がヒガイを食したところその味を好まれたことから、魚へんに「皇」の字を付けてヒガイと読ませるようにたという。日本にはカワヒガイ、アブヒガイ、ビワヒガイの3種が生息する。

漢字

鰉

知る

特徴

頭は小さく眼は大きい。吻は丸く口は小さくて、きわめて短い口ヒゲを備えるかこれを欠く。各ヒレの後端は丸みを帯び、尾ビレの切れ込みは緩やかで、同属のビワヒガイとのよい識別点になる。体は光沢のある灰色や黄褐色で、側面の中央に黒い帯が走る。背ビレには1本の黒色帯がある。移植されて各地に広がっているビワヒガイとの交雑が懸念され、環境省レッドリストでは準絶滅危惧種に指定されている。

分布

愛知県豊川水系以西の本州太平洋岸と山陽地方、九州北西部、壱岐（絶滅）、京都府由良川、兵庫県丸山川、島根県江の川に分布。

大きさ

13cm前後。日本のヒガイ属魚類のなかで最も小さい。

釣期

3〜10月ごろ。

1	2	3	4	5	6	7	8	9	10	11	12

棲んでいる場所

河川の中〜下流域、およびこれらに繋がる用水路などに棲む。

生活史

産卵期は4〜7月。雄の婚姻色は体とヒレが黒ずみ、眼は赤く、頬とエラブタが桜色に染まる。雌は1〜2cmの産卵管を伸ばす。卵はイシガイ、タガイ、ササノハガイなどの二枚貝に産みつけられる。受精後10日前後でふ化し、ふ化仔魚は9mmと大きくすでに口は開き眼も完成しすぐに貝から泳ぎ出す。1歳で5〜7cm、2歳で7〜10cmになり、2歳で成熟する。雑食性で、水生昆虫や小さな巻貝、石に付着する藻類などを食べる。

主な釣り方

アカムシやミミズ、練りエサなどを使ったウキ釣り。

美味しい食べ方

焼き魚にすると美味しい。

フィッシングチャート

シンプルなウキ釣り仕掛けで手軽に楽しむことができる。数が釣れたら明治天皇が好んだという味わいに触れてみるのもいい。

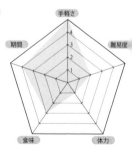

釣る

ウキ釣り

感度のよいウキを使用

ミチイト
ナイロン 0.6～0.8号

万能ザオ
または
渓流ザオ
4.2～5.3m

ヘラウキ (小)
または
ヒガイウキ

ウキゴム

板オモリ
自動ハリス止メ

ハリス
0.4号 20cm

ハリ
袖 3～5号

ワンポイント
タナゴ釣りをしていると同所で釣れることも多く、ポイントは共通点がある。釣り方はミャク釣りやタナゴのゴツンコ釣りのような釣法もあるが、やはり小型のハエウキやヘラウキ、もしくは玉ウキを使ったウキ釣りのほうがアタリを取りやすい。

エサ・擬似餌
アカムシ、ミミズ、練りエサなど。

ピンと立った背ビレが凛々しいビワヒガイの雌

こちらはビワヒガイの雄

ハエウキを使った仕掛けが好適

主に河川の中・下流や灌漑用水路など比較的流れがあり、底質が礫や砂礫を好む

アカムシをエサに手にしたヒガイ

食べる

滋味深いヒガイの"焼きジュー"。ヒガイの漢字に「鰉」をあてているのは明治天皇が好んで食したからとされる

小型のヘラウキなども使える

ヒメマス

分類	サケ目サケ科サケ属
学名	*Oncorhynchus nerka*
別名	カパチェポ（アイヌ語）

ヒメマスは・・・

自然分布は北海道の阿寒湖およびチミケップ湖。移植放流によって道内のほかの湖や、中禅寺湖、西湖、本栖湖、芦ノ湖などにも分布するようになった。

漢字

姫鱒

知る

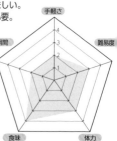

分布

自然分布は北海道の阿寒湖およびチミケップ湖。移植放流によって道内のほかの湖や、中禅寺湖、西湖、本栖湖、芦ノ湖にも分布。

大きさ

おもに 20 ～ 30cm 前後、最大で約 50cm になる。

釣期

生息地の解禁期間に準じる。

※釣り場により解禁期間が異なる。

棲んでいる場所

冷水域を好む。温暖な本州の湖でも水深が深かったり、冷たい湧き水があれば生息できる。

生活史

産卵期は 9 ～ 10 月頃。流入河川に遡上して産卵する降湖型と湖岸の浅場で産卵する湖沼型がいる。ふ化してから成熟するまでに要する期間は 2 ～ 4 年。
動物プランクトンが主食で、暖かい時期は水に落ちた陸生昆虫も食べる。

特徴

体は銀白色で頭から背面にかけては青緑色、背中、背ビレと尾ビレに黒点が入るものもいる。産卵期の体は赤くなり、頭部と尾ビレは濃緑色、下顎は白色、雄は背ビレ前の背面がせり出す。
カムチャッカ半島から北アメリカ北部に生息するベニザケと同種で、その陸封型（コカニー）である。ベニザケはまれに日本の河川にも遡上するほか、ヒメマスの稚魚を放流してベニザケを回帰させる試みなどが行なわれている。

主な釣り方

エサ釣り、ルアー釣り、フライフィッシングなどでねらう。集魚板などがついたヒメマス専用の仕掛けをボートで引っぱりながら探る「ヒメトロ」なるトロウリングも盛んに行なわれている。
遊漁期間や捕獲の上限が定められていることが多いので、あらかじめ確認しておこう。

美味しい食べ方

鮮度が落ちやすい魚なので、できるだけ早く食べるのがいい。塩焼きやフライ、ムニエルなどのほか、新鮮なら刺し身がとても美味しい。
ただし寄生虫に注意が必要。

フィッシングチャート

ヒメマスは多彩な釣法でねらうことができるのも特徴の１つ。食味もよく、アフターフィッシングも楽しみな魚だ。

手軽さ / 難易度 / 期間 / 体力 / 食味

釣る

トロウリング

一定のスピードでゆっくり引く

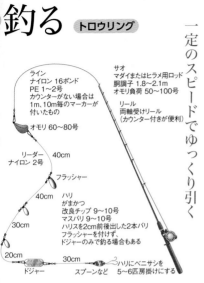

ライン
ナイロン 16ポンド
PE 1～2号
カウンターがない場合は
1m、10m毎のマーカーが
付いたもの

オモリ 60～80号

リーダー 40cm
ナイロン 2号

フラッシャー

40cm

ハリ
がまかつ
改良チップ 9～10号
マスバリ 9～10号
ハリスを2cm前後出した2本バリ
フラッシャーを付けず、
ドジャーのみで釣る場合もある

30cm

サオ
マダイまたはヒラメ用ロッド
胴調子 1.8～2.1m
オモリ負荷 50～100号

リール
両軸受けリール
(カウンター付きが便利)

20cm

ドジャー

30cm

スプーンなど

ハリにベニサシを
5～6匹房掛けにする

魚のいるタナをつかめ

サビキ釣り

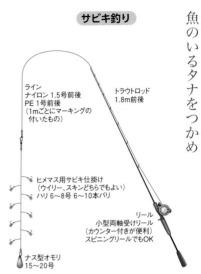

ライン
ナイロン 1.5号前後
PE 1号前後
(1mごとにマーキングの
付いたもの)

トラウトロッド
1.8m前後

ヒメマス用サビキ仕掛け
(ウイリー、スキンどちらでもよい)
ハリ 6～8号 6～10本バリ

リール
小型両軸受けリール
(カウンター付きが便利)
スピニングリールでもOK

ナス型オモリ
15～20号

ワンポイント

回遊ダナを船で引くトロウリング。「ヒメマスはタナを釣れ」と言われるが、船を動かしているぶん、ラインが斜めになり、ラインの長さ＝タナとはならないので注意。ボートを引く早さは手漕ぎボートよりゆっくり気味。ラインが大きく斜めになることはなく、ねらう水深＋1～2mラインをだせばねらいのタナに入っている。

エサ・擬似餌

ベニサシ。

トロウリング

❶ゆっくりと船を走らせて仕掛けを引き、ヒメマスのアタリを待つ。写真は芦ノ湖
❷秋になると婚姻色が出て、サケ科魚類らしい風貌になる

ワンポイント

トロウリングと同様、タナ取りが大変重要。魚探があると非常に便利。アタリは多くの場合、食い上げで表われる。寄せエサは釣り場によって禁止の場所があるので注意。

エサ・擬似餌

ベニサシ、アミエビ。

サビキ釣り

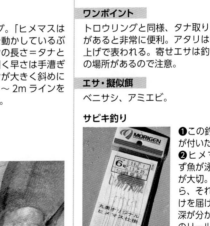

❶この釣りでは何本もハリが付いた仕掛けを使う
❷ヒメマス釣りでは、まず魚が泳ぐ水深を探ることが大切。魚の反応があったら、それと同じ水深に仕掛けを届ける。そのため、水深が分かるカウンター付きのリールを使う人が多い

食べる

淡水魚のなかでも屈指の美味といわれるヒメマスの寿司。鮮度が落ちやすい魚なので持ち帰りには気を遣おう

フナ

分類	コイ目コイ科フナ属
学名	*Carassius sp.1*（標準和名ギンブナ）*Carassius buergeri subsp.2*（標準和名キンブナ）
別名	マブナ、キンタロウブナ、ヒラブナなど

フナは・・・

一般に「マブナ」とも呼ばれるが、これはゲンゴロウブナと区別するための総称。フナの仲間は分類には未解決な問題が多い。キンブナは、環境省レッドリストの絶滅危惧Ⅱ類に指定されている。

知る

分布

ギンブナ：北海道、本州、四国、九州に分布するが、人為的な移植が盛んに行われたため正確な自然分布は不明。

キンブナ：東北地方の太平洋岸、関東地方に分布。

大きさ

ギンブナ：最大で約 40cm。
キンブナ：15cm 前後。

釣期

ほぼ周年。

1	2	3	4	5	6	7	8	9	10	11	12

棲んでいる場所

両種ともに、河川の下流域、湿地帯、湖沼などに棲む。

生活史

産卵期は 4 ～ 6 月ごろで、大雨の後に浅場に集まり、水草などに径 1.4mm 前後の粘着卵を産みつける。仔魚は流れが弱い場所に集まってプランクトンを食べて成長する。ギンブナの成長は早く、5 歳で 30cm に達するものがあるが、キンブナの成長は遅いうえに最大体長もギンブナの半分ぐらいにとどまる。

おもに底付近で生活し、底生動物などのほかに藻類や動物プランクトンも好む雑食性であるが、キンブナは動物食性が強い傾向がある。

特徴

一般に「マブナ」と呼ばれることもあるが、これはゲンゴロウブナ（別名ヘラブナ）と区別するための総称。ギンブナは体高が高くゲンゴロウブナに似るが、体高が背ビレ起部の後方で急にすぼまるように低くなる（ゲンゴロウブナでは緩やかにすぼまる）。体色はオリーブ色を基調として背側は褐色、腹側は銀白色を帯びる。キンブナの体色はその名のとおり黄褐色で、腹ビレと臀ビレは濃黄色を帯び、各ウロコの外縁が明るく縁どられる。体高は低い。キンブナは雌雄比がほぼ 1 対 1 だが、ギンブナは雄が少なく、特に関東では雄がまったくいない。ギンブナの卵はドジョウやウグイなど他の魚の精子との受精をきっかけに発生を始めるが、精子は排除されて雌の配偶子だけで次世代をつくる「雌性発生」の生殖様式をもつ。

なお、フナ類の分類には未解決な問題が多く、いまだに定説がない。キンブナは、環境省レッドリストの絶滅危惧Ⅱ類に指定されている。

主な釣り方

ノベザオのウキ釣り、ミャク釣りでねらう。エサはアカムシやミミズ、練りエサなど。

美味しい食べ方

甘露煮が一般的で、冬に釣ったものは刺し身や洗いでも食べる。ほかにも地方ごとに特色のある料理が存在する。

フィッシングチャート

「釣りはフナに始まりフナに終わる」の格言は、あまりにも有名。手軽で、難しくはないが奥は深く、老若男女が楽しめる。

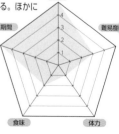

釣る `ウキ釣り`

春は良型、秋は数釣り

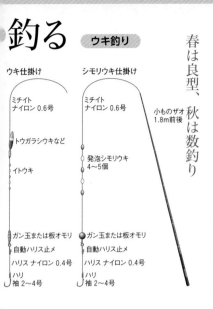

ウキ仕掛け

- ミチイト
ナイロン 0.6号
- トウガラシウキなど
- イトウキ
- ガン玉または板オモリ
- 自動ハリス止メ
- ハリス ナイロン 0.4号
- ハリ
袖 2〜4号

シモリウキ仕掛け

- ミチイト
ナイロン 0.6号
- 発泡シモリウキ
4〜5個
- ガン玉または板オモリ
- 自動ハリス止メ
- ハリス ナイロン 0.4号
- ハリ
袖 2〜4号

小ものザオ
1.8m前後

ワンポイント

ギンブナやキンブナを総称して、釣り人はマブナと呼ぶ。練りエサでも釣れるが、ヘラブナとは異なりミミズやアカムシも食べる。春の産卵期は乗っ込みで良型がねらえ、秋になると「柿の種」と呼ばれる小型の数釣りが楽しめる。季節ごとに異なる味わいがある釣りものだ。「釣りはフナに始まりフナに終わる」といわれるほど、ポピュラーである。

エサ・擬似餌

アカムシ、ミミズ、練りエサなど。

左が中通し玉ウキを数珠のように複数使うシモリ仕掛け、右はバットウキと呼ばれる小型棒ウキに羽根ウキを組み合わせた連動シモリ仕掛け

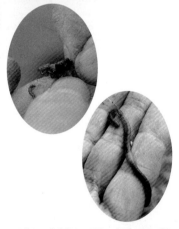

シモリ仕掛けでコンクリートブロックの凹部分をねらう。アタリは水面もしくは水中に沈んだウキの変化で合わせる

フナ釣りの代表的なエサといえば、ミミズとアカムシ。写真のエサ箱はそれぞれのエサを振り分けて保管できる優れもの。ミミズはハチマキ部分を避けてハリに刺し、アカムシは数匹を房掛けにする

春の乗っ込みブナ釣りグラフィティ

通年釣れるフナだが最も人気があるのは春と秋。春は、産卵行動のためフナが大場所からホソと呼ばれる田んぼの用水路や、産卵に適した浅場へ乗っ込んでくる。釣り人はこの移動開始を「乗っ込みが始まった」と呼ぶ。この時期は尺ブナを含む中〜大型のフナ釣りを味わえる。

枯れアシなどの密集する浅場は格好のポイント

河川の本流や湖沼と、ハス田や水田をつなぐ水路にフナたちが入ってくると、乗っ込みシーズンの始まり

水の動く場所もよいポイントの1つ

桜の季節に重なる乗っ込みは、まさに里の春を満喫できる釣りだ

春のフナ釣りは大型の期待大！　障害物周りでは仕掛けが絡まないように注意が必要

幅１ｍもない小さな流れでサオが満月になることも珍しくない

この時期、タモは必須アイテムだ

６～７寸の中ブナは春の数釣りの主役

秋の小ブナ釣りグラフィティ

生命感あふれる春の乗っ込みブナ釣りと対照的なのが、秋の釣りだ。この季節の主役は、春に生まれた当歳魚を含む小ブナたち。柿の種と釣り人が称する可愛いフナたちと遊ぶひとときには、静寂の釣趣がある。

秋晴れの下、黄金色の水田風景に溶け込み小ブナ釣りを楽しむ

春は桜、秋は頭を垂れた稲穂が釣り人に季節を教えてくれる

ときには夏に生い茂った草をかき分けるようにしてポイントへ……

まさに「柿の種」。秋は小さなフナとの対話を楽しむ季節

トップが水面ギリギリ出るバランスに調整された連動シモリ仕掛け

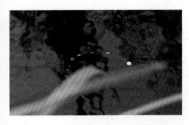

羽根ウキのシモリ仕掛け。
微かな水面変化でも動いて
しまうほど敏感だ

フナ釣りを飾る和の道具たち

老若男女、誰もが安価な道具で手軽に楽しめるのがフナ釣りのよいところ。一方で、フナ釣りには今もなお江戸和ザオに象徴される和の道具と、その愛好者がいる。サオ、ウキ、水箱、エサ入れ、仕掛け巻き……それぞれの職人が丹精込めて作り上げた道具を使うことで得られるその喜びは、また格別なものがある。

江戸和ザオ。マニアックなファンともなれば、季節や釣り場に応じたさまざまなサオを和竿師に注文し、自分の釣りを楽しんでいる

眺めているだけでも何だかウキウキしてくる親ウキたち

竹製の仕掛け巻は、唐桟の生地で仕立てた伊達巻き式の仕掛け入れに収納

首から水箱を吊るした伝統のフナ釣りスタイル

和ザオで小ブナとたわむれる

ブラウントラウト

分類 サケ目サケ科タイセイヨウサケ属
学名 *Salmo trutta*
別名 ブラウンマス、ブラウン、シートラウト (降海型)

ブラウントラウトは・・・
体型はニジマスに似ているが、虹色の帯はもたず、体側には大型の黒い斑紋と白や青色で縁どられた朱紅斑が散在する。この斑紋の大きさや模様は個体によってかなり差がある。

漢字

茶鱒

知る

特徴

昭和初期にアメリカから持ち込まれたとされるが、詳細は不明。
体型はニジマスに似ているが、虹色の帯はもたず、体側には大型の黒い斑紋と白や青色で縁どられた朱紅斑が散在する。この斑紋の大きさや模様は個体によってかなり差がある。
肉食性で、甲殻類や昆虫、貝なども貪欲に食べる。大型になると魚食性が強まる。
シューベルトの歌曲「鱒」のモデルは本種である。

分布

イギリス諸島を含む北部ヨーロッパ原産の外来種。国内に移植されたものが北海道、秋田県、栃木県、神奈川県、山梨県、長野県の湖沼や河川に分布。

大きさ

20〜50cmが中心で、最大で1m以上になる。

釣期

生息地の遊漁規則に準じる。おもに3〜9月。

1	2	3	4	5	6	7	8	9	10	11	12

棲んでいる場所

水温が低く、溶存酸素が豊富な河川や湖沼。20℃以下が適温とされる。

生活史

産卵期は生息地によって異なり、栃木県中禅寺湖では9月下旬〜11月上旬に流入河川に遡上して産卵する。産卵数は、4〜5歳魚で2000〜3000粒。幼魚は水生・陸生昆虫、甲殻類、貝類などを幅広く食べて成長する。成長は生息地によって大きく異なるが、3歳前後で成熟し、以降は毎年繰り返し産卵する。
降海型はシートラウトと呼ばれ日本でも一部の河川で確認されている。普段は海を回遊しており、産卵の時だけ淡水に帰ってくる。

主な釣り方

エサ釣りでもねらえるが、ルアーやフライで釣ることが多い。北海道の湖などではトロウリングでもねらう。

美味しい食べ方

寄生虫の恐れがあるので生食はおすすめできない。フライやムニエル、塩焼きなど。

フィッシングチャート

本州では中禅寺湖、北海道では支笏湖などが釣り場として有名。かつては本栖湖でも巨大なブラウントラウトが釣れたこともある。

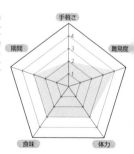

釣る

ストリーマーを中心に

メーターオーバーの夢

フライフィッシング

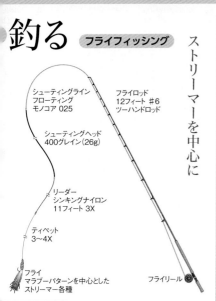

シューティングライン
フローティング
モノコア 025

フライロッド
12フィート ♯6
ツーハンドロッド

シューティングヘッド
400グレイン（26g）

リーダー
シンキングナイロン
11フィート 3X

ティペット
3〜4X

フライ
マラブーパターンを中心とした
ストリーマー各種

フライリール

ルアーフィッシング

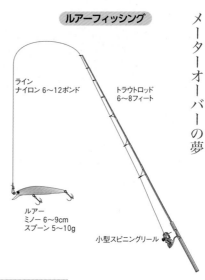

ライン
ナイロン 6〜12ポンド

トラウトロッド
6〜8フィート

ルアー
ミノー 6〜9cm
スプーン 5〜10g

小型スピニングリール

ワンポイント

フライフィッシングでは河川より湖のターゲットとしてねらわれることが多く、本州では芦ノ湖や中禅寺湖がメジャーフィールド。北海道では支笏湖に超大型が棲む。ツーハンドロッドを用いて、ストリーマー各種を沖のカケアガリめがけてキャストし、リトリーブして探る釣りが主流である。

エサ・擬似餌

フライ（マラブーパターンを中心としたストリーマー各種）。

ワンポイント

大型の個体は魚食性が強いといわれ、ルアーへの反応がよい。1mを超える魚も釣られており、タックルもそれなりの強さが必要である。

エサ・擬似餌

ルアー（ミノー、スプーンなど）。

❶フライで釣れた黄金色のブラウントラウト（神奈川県芦ノ湖）
❷小魚を捕食するようになった大型のブラウントラウトはルアーへの反応もよい。50㎝を超える魚も珍しくないので、釣り人は釣れた魚をすくうランディングネットも大型を用意する（長野県犀川）
❸大振りなフライをキャストして岸近くに回遊してきた魚をねらう（神奈川県芦ノ湖）

ブラックバス

分類	スズキ目スズキ亜目サンフィッシュ科オオクチバス属
学名	*Micropterus nigricans*
別名	標準和名オオクチバス、バス、ラージマウスバス

ブラックバスは・・・

スズキに似た体型で、頭部と口が大きい緑褐色の体に黒い縦帯が入るが、模様は個体によって差がある。特定外来生物に指定されており、生きたままでの釣り場からの持ち出しが禁止されている。

漢字

黒鱒

知る

分布

北アメリカ南東部原産の外来種。日本ではすべての都道府県における分布が確認されている。

大きさ

成魚は 30 〜 50cm、生息環境によっては 60cm を超える。

釣期

ほぼ周年ねらえるが、春から秋にかけてが最盛期。

1	2	3	4	5	6	7	8	9	10	11	12

棲んでいる場所

湖沼などの止水域を中心に、河川の中〜下流域に棲む。また汽水にも順応できる。

生活史

水温が 16 〜 22℃前後で産卵するとされ、産卵期は生息地によって 4 〜 7 月と幅がある。雄が砂礫底をきれいに掃除して径約 50cm、深さ 15cm のすりばち状の産卵床を作り、そこへ複数の雌を誘い入れて産卵させる。雄は侵入者を追い払って産卵床の卵を守り、ふ化後 1 週間程度を産卵床で過ごす仔魚も保護する。産卵床を離れた仔魚は群れをつくって動物プランクトンを食べて成長し、3cm 前後になると単独生活をし、5cm を超えると完全に魚食性となる。

特徴

本種が日本に導入されたのは 1925 年。実業家の赤星鉄馬氏によって芦ノ湖に持ち込まれ、その後、放流などによって日本全国に生息域を広げた。スズキに似た体型で、頭部と口が大きい。緑褐色の体に黒い縦帯が入るが、模様は個体によって差がある。特定外来生物に指定されており、生きたままでの釣り場からの持ち出しが禁止されているほか、リリースが禁止の県もあるので注意。

主な釣り方

ミミズや生きた魚をエサにしても釣れるが、ルアー釣りでねらうことがほとんど。多種多様なバス用ルアーが発売されている。フライフィッシングも有効。

美味しい食べ方

皮に臭みがあるとされるが、水のきれいな場所で釣ったものはかなり美味しい。フライやムニエル、天ぷらに最適。生食は寄生虫の危険があるため避けたい。

フィッシングチャート

国内の淡水ルアーフィッシングで最も人気の高いターゲット。タックルの進歩によりビギナーでも入門しやすい一方で、専門誌の存在や「バスプロ」の世界に象徴されるように、大変複雑でゲーム性の高い釣りでもある。

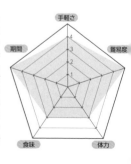

釣る

ベイトタックル・スピニングタックル

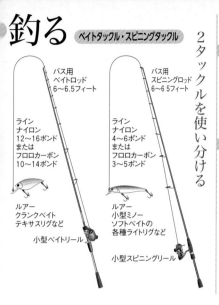

バス用
ベイトロッド
6〜6.5フィート

バス用
スピニングロッド
6〜6.5フィート

ライン
ナイロン
12〜16ポンド
または
フロロカーボン
10〜14ポンド

ライン
ナイロン
4〜6ポンド
または
フロロカーボン
3〜5ポンド

ルアー
クランクベイト
テキサスリグなど

ルアー
小型ミノー
ソフトベイトの
各種ライトリグなど

小型ベイトリール

小型スピニングリール

2タックルを使い分ける

ワンポイント

バスフィッシングに特化されたベイトタックル、スピニングタックルをさまざまなシチュエーションによって使い分ける。使用するルアーは無数といっていいほどに多く、何を選びどう使いこなすかも魅力の1つ。またフライフィッシングでねらっても楽しい。

エサ・擬似餌

ルアー（136〜138参照）。

多様性に富んだタックル

使用するイトはフロロ2LbからPE80Lbまで！

ルアーフィッシングでねらうバスのサイズは一般的に30〜50cm、重さにして500 g〜2kgが中心だ。36kg（≒80Lb）もの大型魚が相手ではないのに使用するイトの強度の上限がこれほど高い理由は134頁で

使用するイトの強度の幅が全釣魚No.1のバス。さらに、すべてのルアーフィッシングのなかで最も多種多様なルアーを駆使するのもバスフィッシングの特徴だ。おもなルアーやリグ（仕掛け）は136〜139頁で

日本にいるバスの種類と生息環境

ラージマウスバス（オオクチバス）とスモールマウスバス（コクチバス）の2種が生息し、いずれも「バス」と呼ばれるが、釣魚としてのキャラクターはだいぶ異なる

ラージマウスバス（オオクチバス）

132頁に記載のとおり北米原産の淡水魚。1925年に実業家の赤星鉄馬氏によって芦ノ湖に移入された。2025年には移入から1世紀を数えることになる。日本では河川湖沼に広く分布し、とくに低地の止水ではスモールマウスバスに対して優勢種となっているケースが多い

低地の湖沼。植物相が豊かな水域ほど釣れるバスのサイズもコンディションもいい傾向がある

人造湖（ダム湖）の特徴は水深があること。低地の浅い湖沼に比べれば水温の変動がゆるやかであり、水温が安定している深場は高水温期や低水温期にバスの避難場所になる

河川にもラージマウスバスは生息するが、長大でゆるやかに流れる北米大陸のそれとは異なり、日本の急流は決してバスの生息に適しているとはいえない

消波ブロック帯や水生植物はバスの恰好の隠れ家。こうしたスポットをねらう際に、ライギョ釣りにも用いられる中空フロッグなどが使われるため、PE60〜80Lbといった高強度のラインが必要になる

オカッパリ（岸釣り）では、アングラー自らバスが潜んでいる障害物の中に分け入ってねらうこともある

スモールマウスバス（コクチバス）

ラージマウスバスと同様に北米原産の淡水魚。名前が示すように、ラージマウスバスとは異なり口が小さい（スモールマウス）。体色でも見分けがつきやすく、緑色のラージマウスに対してスモールマウスは茶色や金色がかった個体が多い

スモールマウスバスは桧原湖（写真）や野尻湖で釣ることができる。いずれの山上湖も夏の釣り場として非常に人気がある

バスフィッシングに用いられる多種多様なルアー

食性だけでなく「反応」を利用してルアーにヒットさせるのがバスフィッシングの醍醐味の1つ。ハエトリグサの感覚毛に虫が触れたときのように、バスが思わず口を使ってしまうようにルアーを使って仕向けるのだ。

トップウオータープラグ

水面（トップウオーター）で操作するルアー。バスのヒットシーンを目にすることができるエキサイティングなジャンルでファンが多い。音を出したり、飛沫を上げたりと、それぞれに特徴的なギミックを備える。右のバズベイトはプラグではないが水面で操作するトップウオータールアー

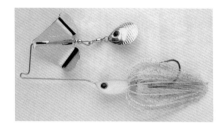

ミノー（ジャークベイト）

バスフィッシング入門者も安心して使える小魚（ミノー）に似た細身のシルエットが特徴。ロッドワークでさまざまな演出が可能であり上級者にとっても欠かせないジャンルだ

シャッドプラグ

シャッド（ニシンダマシ）という魚は日本の淡水には生息しないうえに、バスフィッシングの本場・アメリカにはシャッドプラグというカテゴリーも存在しない。日本で独自に進化・多様化したルアーだ

クランクベイト

バスフィッシングを代表するルアージャンルの1つ。キャストしてリーリングする（リールを巻く）とボディーを震わせながら潜っていく。アクションの質や潜行深度の違いなどで非常に多くの種類が存在する

ビッグベイト

写真のもので全長 160 〜 250mm、重さ 100 〜 170 g 、名前が示すように大型のルアーだ。食性以外にバスのテリトリー意識を刺激することでもアタックを誘発する

スピナーベイト

他のルアーフィッシングには見られない、バスフィッシング独自のルアージャンル。極めて根掛かりしにくい点は、障害物に潜むバスという魚をねらうのに打ってつけだ。引いたときにブレードが回転してその振動ときらめきでバスを誘う

ラバージグ

サイズも重量もさまざまなものが存在し、トレーラー（ソフトベイト）と組み合わせて使うのが一般的。ラバースカートが水流になびくことでシルエットが定まらず、バスに見切られにくいとされる

ブレーデッドスイムジグ

通称「チャター（ベイト系）」。ジグにセットされたブレードが水の抵抗を受けて左右に振れ、ヘッドと接触して打撃音を奏でる。ジャンルとしてはかなり新しい部類に入る

スイムベイト

ここからはソフトベイト（軟質プラスチック製ルアー）。スイムベイトは、引くとテールを左右に振りながらまるで魚のように泳ぐ。水の透明度が高い釣り場で、魚を捕食しているバスにとくに効果的だ

ソフトジャークベイト

ロッド操作で逃げ惑う小魚を演出してバスを誘う。写真のような本物の小魚と見紛うようなものもある

ホグ系
エビやザリガニなどの甲殻類を模して使用するのが一般的。大小さまざまなパーツに水流を受けて複雑なアクションをするものが多い

グラブ
グラブとはイモムシのことだが、写真のものは" し "の字に曲がったテールがピラピラと小魚のようにアクションする。昔からある、ド定番のジャンルだ

バックスライド系
ノーシンカーでの使用がメイン。フックセッティングによって、着水点からさらに奥へ水中をスライドフォールさせることもできる

ストレートワーム
細身のストレートな形状が特徴の、いわゆる「ワーム」。近年では写真のように＋αの要素を備えたものも登場している

リグ（仕掛け）のいろいろ

テキサスリグ
根掛かりしにくい特徴を生かして障害物や植物帯の中を探るのに適しているリグ。万能に使えるため、バスフィッシングにおいて基本のリグとされている

サウスキャロライナリグ
通称「キャロ」。シンカーの先にリーダーを組むためソフトベイトの動きが自然になり、違和感なくバスに合わせることができる。重いシンカーを使えばスピーディーな釣りにも対応する

ダウンショットリグ
日本発のリグ。もともとの名前は常吉リグ。現在ではアメリカを始め海外にも広まった。アメリカではドロップショットリグと呼ばれている

リーダーレスダウンショットリグ
ダウンショットリグからリーダー（捨てイト）をなくしてシンカーとフックをスプリットリングなどで接続したリグ。琵琶湖発で全国に広まった

ネコリグ
語源は「根こそぎ釣れるリグ」。これも日本発で世界に広まったリグ。さまざまな使い方ができるうえに、ハイプレッシャーにも強いため、愛用するアングラーが多い

ジグヘッドワッキーリグ

韓国発のリグ。ロッド操作によって、ジグヘッドを支点にワームに複雑なアクションをさせることができる

アンブレラリグ

カサの骨のようなワイヤーの先端に小型スイムベイトを数多くセットしたリグで、全体で小魚の群れを模している。通称は「アラバマリグ（系）」

華やかで過酷なプロツアーの世界

バスフィッシングの母国・アメリカでは、日本円にして優勝賞金 1000 万円クラスの試合が年に約 20 試合、さらに優勝賞金 3000 ～ 5000 万円のタイトルマッチも開催されている。賞金額はアメリカの 10 分の 1 程度ではあるものの日本にもプロツアーは存在しているが、その賞金だけで生計を立てている者はひとりもいないのが現状。そして世界中から強豪選手が集まるアメリカのプロツアーで生計を立てている日本人選手はわずか 2、3 名に過ぎない。華やかに見えて非常に過酷な世界だ

❶ B.A.S.S. バスマスタークラシック

バストーナメントの世界で「ザ・クラシック」と呼ばれる、半世紀の歴史と世界最高の権威をもつタイトルマッチ。ショーアップされたウエイイン(検量)には多くのギャラリーが詰めかける。2004 年大会を日本人の大森貴洋選手が勝っている

❷ケビン・バンダム

通称「KVD」。スポンサーとの契約金などを除いて賞金だけで 7 億円以上を稼ぎ出している生涯獲得賞金王

❸ Basser オールスタークラシック

プロツアーではないが、33 年の歴史をもつ（2020 年現在）日本最大のタイトルマッチ。会場には 2 日間で約 1 万 5000 人が訪れる。現地への来場者数は、2020 年時点でバスマスタークラシックに次いで世界 2 位

バスマスタークラシックを手本に運営されている Basser オールスタークラシックのウエイインもショーアップされている。写真は 2018 年大会の伊藤巧選手のウエイイン。伊藤選手は 2019 年に B.A.S.S. の AAA シリーズを勝ち上がり、2020 年から同団体のトップエンドツアーである「エリートシリーズ」に出場している

ブルーギル

分類	スズキ目スズキ亜目サンフィッシュ科ブルーギル属
学名	*Lepomis macrochirus macrochirus*
別名	ギル、ブルーギルサンフィッシュ

ブルーギルは・・・

体高が高く側扁し、丸みを帯びた体型。体色は全体に青っぽい黄緑色。エラブタ（英語でギル）後端のやや突出した部分に濃紺色の斑紋をもち、ブルーギルの名の由来になっている。特定外来生物に指定されている。

漢字

漢字は無い

エラブタ後端の濃紺色の斑紋が名前の由来

知る

分布

北アメリカ中東部原産の外来魚。現在は日本各地の湖沼や河川に分布。

大きさ

通常 10 ～ 20cm、最大で 25cm を超える。

釣期

ほぼ周年にわたって釣れるが、春から秋にかけてが釣りやすい。

1	2	3	4	5	6	7	8	9	10	11	12

棲んでいる場所

湖沼の岸沿い、あるいは河川のゆるやかな箇所にある水草のエリアを好んで棲む。

生活史

産卵期は 6 ～ 7 月で、雄が砂泥底にすりばち状の産卵床をつくって雌を招き入れる。雄は産卵床を中心にナワバリをもち、侵入者を追い払い、卵やふ化仔魚を保護する。幼魚は群れをつくってほとんど動かずに表層に浮かんでいることが多い。成長は生息地によって異なるが、おおむね 1 歳で 6cm、2 歳で 10cm、3 歳で 15cm、4 歳で 20cm になる。

特徴

体高が高く側扁し、丸みを帯びた体型。体色は全体に青っぽい黄緑色で、1 歳までの幼魚の体型はやや細長く、7 ～ 10 本の暗色横縞をもつが、これは成長に伴って不明瞭になる。エラブタ（英語でギル）後端のやや突出した部分に濃紺色の斑紋をもち、これがブルーギルの名の由来となっている。

食性は雑食で、甲殻類や水生昆虫、水草などのほかに、小魚や魚の卵を食べる。その貪欲な食害によって、日本在来の生態系に大きなダメージを与えており、特定外来生物に指定されている。

主な釣り方

ミミズや練りエサを使ったウキ釣りなど。小型のルアーやフライでも釣ることができる。しかし、特定外来生物なので、生きたままの移動や飼育は厳禁。リリースは県条例により異なる。

美味しい食べ方

骨が多いこともあってあまり食用にされないが、タイのような上品な白身と評される。フライやムニエルに適している。

フィッシングチャート

魚影の多いところでエサ釣りでねらうと簡単に釣れる。フライやテンカラの場合、毛バリを介して水面付近での駆け引きが楽しい。

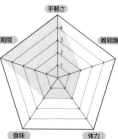

釣る

テンカラ釣り

水面で誘うのもOK

テンカラザオ
3.8〜4.2m

ライン
テンカラライン 4.5m

ハリス
フロロカーボン
1号or1.2号

毛バリ
ウーリーバガー
剣羽根毛バリほか

ワンポイント

ブラックバスがいるような場所では、多くの場合この魚も見られる。どちらかというとブラックバスの外道扱いされ、専門にねらう人は少ない。だが、テンカラで遊ぶには格好の相手。水面に浮く毛バリでも釣れるし、ウーリーバガーでチョンチョン誘ってもよい。

エサ・擬似餌

テンカラ毛バリ、フライ（ウーリーバガーなど）。

ブルーギルのテンカラ釣り

浮かせるタイプから沈めるものまで、さまざまな毛バリが使える。ルアーやフライフィッシング、エサ釣りでもねらうことができるターゲットだ

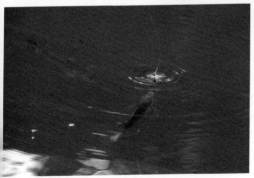

水面で動かすと、興味を持ったブルーギルが寄ってくる。左はブラックバス

近所の池や湖でねらうことができる、身近なターゲットの１つだ

水生植物が生い茂るピンポイントをテンカラでねらう

141

ブルックトラウト

分類	サケ目サケ科イワナ属
学名	*Salvelinus fontinalis*
標準和名カワマス	

ブルックトラウトは・・・

日本へは 1902 年にアメリカ合衆国から日光の湯ノ湖に持ち込まれた。現在は湯ノ湖のほかに湯川、明神池・梓川、摩周湖の周辺河川などで天然繁殖していることがわかっている。

漢字

川鱒

知る

分布

北米原産の外来種。日本では本州中部地方以北で局所的に見られる。

大きさ

最大で約 50cm。

釣期

生息地の遊漁規則に準じる。3 ～ 9 月ごろ。

1	2	3	4	5	6	7	8	9	10	11	12

棲んでいる場所

冷たくきれいで溶存酸素濃度が高い河川や湖を好む。湧き水の豊富な場所に多い。

生活史

多回産卵型で、産卵しても 1 回では死なず、数年にわたって卵を産む。産卵期は 11 ～ 12 月で、雌雄ともに 1 歳から成熟が始まる。国外には降海型もいるが、日本にいるものは陸封型のみ。
肉食性で、多様な動物を食べる。甲殻類や両生類、魚類だけでなく、小型のネズミまで食べることがある。

特徴

日本へは 1902 年にアメリカ合衆国から日光の湯ノ湖に持ち込まれた。現在は湯ノ湖のほかに湯川、上高地の明神池・梓川、北海道の摩周湖周辺河川・石狩川水系空知川、新潟県津南町の龍ヶ窪などで繁殖している。そのほかにも放流された場所はあるが、水質汚濁や高温に弱いことから定着していないようだ。
また他の種と交雑しやすく、天然および人工的な雑種が存在する。

主な釣り方

エサ釣りでねらえるほか、ルアーやフライフィッシングの対象魚としても人気がある。

美味しい食べ方

フライやムニエル、塩焼きなど。

フィッシングチャート

フライフィッシングでは比較的やさしいターゲットだが、特定の水生昆虫の流下を偏食しだすと、とたんに難しいゲームになることも。日差しの下で眺める魚体は独特の美しさで釣り人を魅了する。

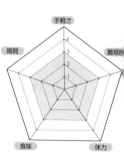

釣る

フライフィッシング

渓流のタックルがマッチ

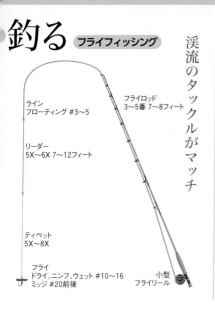

ライン
フローティング #3〜5

フライロッド
3〜5番 7〜8フィート

リーダー
5X〜6X 7〜12フィート

ティペット
5X〜8X

フライ
ドライ、ニンフ、ウェット #10〜16
ミッジ #20前後

小型
フライリール

ワンポイント

ブルックトラウトの釣り場として名高い戦場ヶ原の脇を流れる日光湯川は、川相が上流と下流でそれぞれ山岳渓流風、チョークストリーム風と大きく異なる。どちらも同じタックルでねらうことができるが、どちらかといえば上流部はショートロッドのほうが釣りやすい。季節に合わせた水生昆虫や陸生昆虫のフライを試すとよい。

エサ・擬似餌

フライ（ドライフライ、ウエット、ニンフ）。

日光湯川の釣り

観光名所としても名高い湯滝。
この滝の下から湯川が始まる

鬱蒼とした雰囲気の上流部

下流部は一転して開けた緩やかな流れ

季節によってさまざまな水生昆虫がハッチ（羽化）する

湯川のブルックトラウト。思わず見とれる美しさ

ヘラブナ

分類	コイ目コイ科コイ亜科フナ属
学名	*Carassius cuvieri*
	標準和名ゲンゴロウブナ
別名	カワチブナ、ヒラブナ、ヘラ

ヘラブナは・・・

ゲンゴロウブナを品種改良して生まれたのがヘラブナである。日本産のフナ属魚類の中で最も体高が高く、背中が盛り上がった体型をしている。主なエサは植物性プランクトンで、その微細なエサを濾しとって食べる

漢字

平鮒

知る

分布

琵琶湖・淀川水系が原産。現在は放流によって各地の湖沼に生息している。

大きさ

20〜30cmから、大きいものは50〜60cmに育つ。

釣期

一年中釣ることができる。

1	2	3	4	5	6	7	8	9	10	11	12

棲んでいる場所

湖や池沼などの中層。河川でも下流域の淀みに生息することがある。

生活史

産卵期は4〜6月で、増水した時に浅場に生える水草や、アシの根などに径1.4mmの粘着卵を産みつける。このころ、水面に体を激しく叩きつけて大きな水音を立てる習性があり、釣り人は「乗っ込み」「ハタキ」と呼ぶ。ほかのフナ類と比較して成長が早く、3歳で30cmほどになる。寿命も長く、10数年生きて60cm以上に達する個体もいる。

特徴

ゲンゴロウブナを品種改良して生まれたのがヘラブナである。日本産のフナ属魚類の中で最も体高が高く、背中が盛り上がった体型をしている。主なエサは植物性プランクトンで、その微細なエサを濾しとって食べるために鰓耙の数が著しく多い（100本以上）ことで、フナ属の他種から容易に区別できる。

主な釣り方

専用のヘラザオ、ヘラウキを使用するウキ釣り。エサは市販の練りエサを中心に、マッシュポテトやうどんなども使われる。

美味しい食べ方

ほとんど食用にはされないが、洗いやみそ汁、空揚げに向く。鮒ずしの原料の一部にもなっている（主原料はニゴロブナ）。

フィッシングチャート

管理釣り場などの施設が発達しており、ビギナーでも手軽に釣れる一方で、非常に専門性が高い。エサの調整などは大変デリケートであり、生涯にわたって探求できる奥行の深い釣りだ。

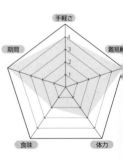

釣る

ウキ釣り

ヘラウキに出るわずかなアタリをキャッチ

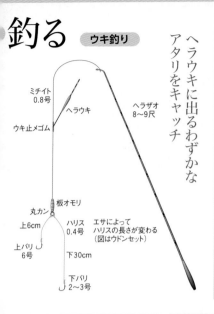

ミチイト
0.8号

ヘラウキ

ヘラザオ
8〜9尺

ウキ止メゴム

板オモリ

丸カン

上6cm

ハリス
0.4号

エサによって
ハリスの長さが変わる
（図はウドンセット）

上バリ
6号

下30cm

下バリ
2〜3号

ワンポイント

スリムで感度のよい専用のヘラウキを使い、すべての情報をヘラウキの変化から得る。釣り方は「セットの釣り」と「ダンゴの釣り」に大別され、それぞれさらに細分化され非常に奥が深い。釣り場も山上湖から管理池までバリエーション豊富だ。

エサ・擬似餌

ヘラブナ専用の練りエサ各種。

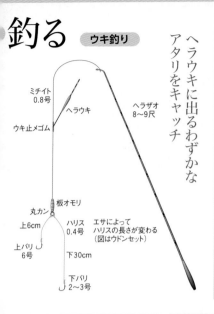

❶❷練りエサは柔らかさやバラケ具合にバラつきが生じないように元エサ（❶）から少しずつ使う分（❷）を作る。使用分は右が軟らかめ、左が硬めに仕上げた状態

❸オカユエサは専用のポンプへ。ワンプッシュでエサ付けする分が出てくる

❹ヘラブナ釣りの象徴ともいえるのがヘラウキ。水中で起きるすべての変化をこのウキの動きから読み取っていく

❺ハリはカエシのないスレバリを使う

❻釣り座。練りエサ各種、練りエサを練るボウル、フラシにタモ、サオ掛け、クッション、ヘラウキケース etc.。すべての道具が整然とセットされたそのさまは、まるでコックピットのようだ

釣り場のタイプ

ヘラブナが豊富にストックされた管理池から天然湖まで、
さまざまなロケーションで楽しむことができる。

管理池　桟橋、岸に整然と釣り人が並ぶ

野釣りの岸桟橋
野池等に設けられた桟橋からサオをだす

野釣りのボート
ロープ等でボートを固定して
釣りを楽しむスタイル

山上湖のボート
野釣りのボートと同じスタイル。ロケーションによっては素晴らしい眺望も楽しめる

和のスポーツフィッシング

スポーツフィッシングは欧米から輸入された文化と思われがちだが、ヘラブナ釣りはその限りではない。管理釣り場という専用施設の普及、ヘラブナの養殖と安定供給、一列横並びに座って釣るスタイル、またヘラブナが食用として利用されなかったことなどから、カエシのないハリを用いてキャッチアンド・リリースを前提とした数を競う釣りスタイルが、早くから確立されてきた。

さらに、釣り座を固定化したことによって尺刻みで何種類もの異なる長さのサオが用意され、尾数を競うためにエサの研究が進み多様化していった。

単魚種の釣り雑誌が存在することも、ヘラブナ釣りの性格を表わしている。他の釣りでそれが成立しているのはバス、アユ、カープフィッシング（コイ）などと限られており、いずれも極めてゲーム性が高い釣りであるという共通点がある。

ヘラブナは和のスポーツフィッシュ

そんな和のスポーツフィッシング＝ヘラブナ釣りは、各地で競技会が開催されている。釣りクラブ単位の例会から、総合釣り具メーカーの全国大会までさまざまな規模やレベルがあり、最近では専門釣り雑誌が主催して行なうものも注目されるようになってきている。

気候変動による大規模な水害の発生など、自然環境は近年不安定さを増しているようにも思われる。また、天然の水産資源は今後より貴重になっていくことが確実だ。そのような状況にも左右されることが比較的少ないヘラブナ釣りは、誰もが気軽に楽しめて、技術を磨き合い、一生探求できる奥の深さをもつ釣りとしてこれからも多くのファンに受け継がれていくことと思う。

「bobber ヘラブナオールスタークラシック」。
ヘラブナ釣り専門誌『bobber』主催の釣り大会

ホンモロコ

分類	コイ目コイ科カマツカ亜科タモロコ属
学名	*Gnathopogon caerulescens*
別名	ヤナギバイ、シラバイ、ムギハエ、モロコ（他のモロコ類と混称）

ホンモロコは・・・

近縁のタモロコに似る。琵琶湖の固有種だが、東京都奥多摩湖、山梨県山中湖・河口湖、岡山県湯原湖にも移植されて定着している。

本諸子

知る

分布

琵琶湖の固有種だが、東京都奥多摩湖、神奈川県津久井湖、山梨県山中湖・河口湖、岡山県湯原湖にも移植されて定着している。

大きさ

最大で14cmになる。

釣期

琵琶湖では、産卵のために接岸し、さらに流入河川や水路へ入り込む3月中旬から4月下旬が最盛期。

1	2	3	4	5	6	7	8	9	10	11	12

棲んでいる場所

中層遊泳性で、水深5m以深の湖の沖合の表・中層を小群で遊泳する。

生活史

産卵期は3～7月で、琵琶湖での盛期は4、5月。沖合から湖岸のマコモ帯やかんがい用水路へ移動して1尾の雌を数尾の雄が追尾して産卵する。径1.3～1.6mmの粘着性卵を、1回に500～3000粒ずつ数回に分けて水草や抽水植物に産みつける。ふ化仔魚はすみやかに沿岸部を離れ、ふ化後20日で17mmの稚魚となり、成魚とほぼ同じ場所で生活する。生まれ年の越冬前には4.5～10cm、1歳で7～10cm、2歳で10～12cm、3歳で13cmに達する。雄の多くは1歳、雌は2歳で成熟する。動物プランクトンを専食し、産卵で接岸したときには水生昆虫も食べる。

特徴

同属のタモロコに似るが、身体は細長く、吻は尖り、口が上方を向き、1対の口ヒゲは短いなどといった遊泳魚としての特徴を備えている。さらに、側線より下方の縞模様が目立たないことも有力な識別点となる。成熟した雄には微細な追星が現われるが、婚姻色はあまり目立たない。形態は棲んでいる場所によって変化し、浅い池で養殖されたものは、底生魚としての体制が強化されてタモロコに近くなる。

主な釣り方

ポイントが近く遊泳層が絞られている場合は、ノベザオを使ったウキ釣りでねらう。ポイントが遠い場合は、アジングやメバリング用のウルトラライトタックルでサビキ仕掛けを投げるのが近年の流行。ウキをつけてもミャク釣りでもねらえ、専用のサビキ仕掛けが市販されているほかワカサギ用を流用するのも可。エサはアカムシ、サシ、ミミズなどの動物系。

美味しい食べ方

コイ科魚類の中でもっとも美味とされ、食文化が根づく関西圏のみならず関東でも養殖が行なわれている。旬は冬から春で、釣りの盛期である春には真子の甘さと旨みも味わうことができる。シンプルにその味を堪能するには塩焼きが一番で、骨が柔らかく揚げても硬くならないので天ぷらや丸揚げにも向く。薄味に仕上げる伝統的な煮付けも味わい深く、どの料理でもこの魚本来の美味しさを楽しめる。

フィッシングチャート

引きや釣りそのものの魅力以前に、「食い気」につられてサオをだしたくなる魚だ。

釣る ウキ釣り

仕掛けを流れになじませる

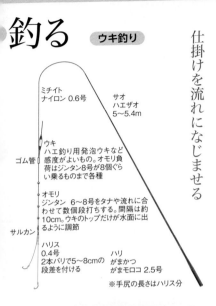

ミチイト
ナイロン 0.6号

サオ
ハエザオ
5～5.4m

ウキ
ハエ釣り用発泡ウキなど
感度がよいもの。オモリ負
荷はジンタン8号が8個ぐら
い乗るものまで各種

ゴム管

オモリ
ジンタン 6～8号をタナや流れに合
わせて数個段打ちする。間隔は約
10cm。ウキのトップだけが水面に出
るように調節

サルカン

ハリス
0.4号
2本バリで5～8cmの
段差を付ける

ハリ
がまかつ
がまモロコ 2.5号

※手尻の長さはハリス分

ワンポイント
魚のサイズは小さいが、釣り場の規模とポイントの遠近に合わせたタックルを使うため、時には長めのサオに繊細な仕掛けを組み合わせることもある。

エサ・擬似餌
アカムシ、サシ、ミミズ。

琵琶湖の流入河川はホンモロコ釣りが盛ん。産卵前の春に釣りができる時期になると、多くの人がサオを並べ、湖産の淡水魚の中でも特に味がよいとされるこの小さな魚をねらう

春色に染まった里川に魚影を探すのも楽しい

食べる

ホンモロコは素焼きにして酢醤油か酢ミソでいただくのがポピュラー。持ち帰ったら濃いめの塩水で汚れを落とし、真水ですすいでから頭も内臓もウロコも落とさずに焼くだけでよい。炭火で焼くのが一番だが、ガスコンロ、グリルでも問題なく、キツネ色になるまでこんがり焼けば頭も骨もそのまま食べられる

ホンモロコは美味しいことから養殖も行なわれており、近年は「釣って食べれる」を謳う室内釣堀も登場。釣った魚をその場でスタッフが調理して食べさせてくれる

ヤマトイワナ

分類	サケ目サケ科イワナ属
学名	*Salvelinus leucomaenis japonicus*
別名	イモナ、イモウオ

ヤマトイワナは・・・

イワナの日本固有亜種で、イワナは本亜種のほかアメマス、ニッコウイワナ、ゴギの4亜種とするのが一般的。本亜種はニッコウイワナの人為放流により交雑が進み、絶滅の危機に瀕している。

漢字

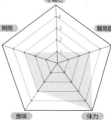

大和岩魚

知る

あってもごくわずかなこと、体側により小型で紅色の小斑が散らばることでそれら2亜種と区別できる。放流されたニッコウイワナとの交雑が進み、絶滅の危機に瀕している。木曽川水系110支流のうち、純系の本亜種が生息していたのは4支流のみ（2011年時点）という悲しむべき調査結果がある。現在はさらに厳しい状況にあり、最も深刻な国内外来種問題のひとつとされる。紀伊半島のものは、環境省レッドリストで絶滅のおそれがある地域個体群に指定されている。

分布

神奈川県相模川以西の本州太平洋側、琵琶湖流入河川、紀伊半島北部に分布。

大きさ

40cm以上に達する。

釣期

各河川を管理する漁協が定める解禁期間に準じる。

解禁期間は3〜9月が多いが、釣行の際には事前確認をすること。

1	2	3	4	5	6	7	8	9	10	11	12

棲んでいる場所

夏の最高水温が13〜15℃の河川最上流部の冷水域に棲む。

生活史

産卵期は10月中旬〜11月中旬。雌は径30〜50cmの産卵床を掘り、ペア産卵する。径5〜6mmの沈性卵を、1つの産卵床に数10〜100粒ほどを産む。仔魚は真冬にふ化して砂礫の下にとどまり、雪解けの終わり頃に泳ぎだす。稚魚ははじめ岸よりにおり、7〜10cmになる夏以降に開けた場所に泳ぎだす。1歳で10〜15cm、2歳で13〜20cm、3歳で15〜30cmに成長し、多くが3歳直前の2歳魚で成熟する。同じ場所に棲むヤマメより成長が遅く、同サイズになるのに1年余分にかかる。日中は岩下などにひそむが、タマヅメには淵内を回遊したり定位して盛んに流下動物や落下動物を食べる。

特徴

"イワナ"の日本固有亜種で、本亜種のほかアメマス、ニッコウイワナ、ゴギの4亜種を"イワナ"とするのが一般的。体に瞳孔径の50%以上に達する大きな有色斑をもつことで、ニッコウイワナとゴギを除く他のイワナ属魚類と区別できる。さらに、体側に白斑が全くないか

主な釣り方

エサ釣りとテンカラまたはルアー釣りに大別される。いずれもこの魚に出会うためには、車止から何時間も歩いたり山中泊をするなど、困難なアプローチを覚悟しなければならない。そして釣りの技術とともに、魚止の滝や堰堤を高巻きして源頭部まで上り詰める高度な遡行技術が必要。ロッドは遡行の邪魔にならないコンパクトタイプを携行する。エサ釣りは川虫やミミズを使うミャク釣りで、ルアー釣りは小型スピニングリールにミチイト6ポンドを巻き、シンキングミノーを中心にフローティングミノーやスプーンを使い分ける。和式毛バリを使うテンカラ釣りは道具立てがシンプルで趣があって面白い。魚はスレていないのでタックルに凝る必要はなく、魚に出会えれば釣れる可能性は高い。

美味しい食べ方

ニッコウイワナとの交雑が進んだ現在では希少な魚であり、キャッチ＆リリースが基本。しかし、古くから山間部において貴重な蛋白源として様々に利用されてきており、その独特な野趣を経験として味わうのはいいだろう。

フィッシングチャート

釣りの技術以前に、釣り場（源流）にたどり着く遡行技術と体力が求められることが多い。渓泊り釣行の際、蛋白源として頂く貴重な森の恵みは最小限に抑えたい。

釣る

チョウチン仕掛け

気配を消す

ミチイト
ナイロン
0.6～0.8号 2～3m

渓流ザオ硬調
5.2～6.1m

目印はなくてもよい

ガン玉
B～3B

ハリ
イワナ 7～8号

エサ
ブドウシ、ピンチョロ、オニチョロ、イクラ

ワンポイント

源流といっても小さな沢以外の渓では比較的周囲が開けていることも多く、その場合は普通のエサ釣り仕掛けはもちろん、毛バリ釣り（テンカラ、フライ）、ルアーでも楽しめる。源流のイワナは人にあまりスレていないぶん、不自然な動きや影、音などには敏感に反応する。気配を消して静かに釣ろう。

エサ・擬似餌

ミミズ、川虫。

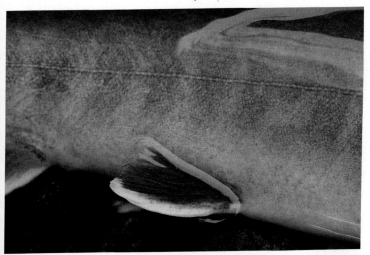

イワナの仲間の正確な同定は困難だが、152頁にまとめてあるように背中から体側にかけて散在する乳白色斑点は全くないか、あっても数が少ないのがヤマトイワナの特徴。また体側から腹部にかけては黄色～橙赤色の斑点が散在する

エサ釣りのほか、テンカラ釣り、ルアー、フライフィッシングでもねらうことができる。写真はテンカラ釣りで用いる逆さ毛バリ

各河川のヤマトイワナ

赤石沢　南アルプス

白斑が見られない、明るい体色のイワナ

赤石沢源流部は遡行難易度が高く、ベテランでないとたどり着くことはできない。ヤマトイワナは現在数が減っているので、生息域の川では乱獲は控えたい

野呂川　南アルプス

白斑がわずかに見られることから、ニッコウイワナとの交雑である可能性もある

三峰川　南アルプス

ヤマトイワナの特徴が見られる魚だ

もともとヤマトイワナの生息域だった川でも、ニッコウイワナの放流によって交雑が進んでいる。そのため最源流部に行かないと、ヤマトイワナの特徴を残した魚が見られないことがある

美しいヤマトイワナが、今後も生き残ってくれることを願いたい

渓流釣りの楽しみ

山菜、キノコ採り

ギョウジャニンニク

コシアブラ

ウド

マツタケ

マイタケ

イワナ釣りで山に入ると、そこにはさまざまな植物やキノコがある。なかには食べられるものもあって、食卓に彩を添えてくれる。ただしもちろん、毒を持つものもあるので注意が必要だ

ヤマメ

分類	サケ目サケ科サケ属
学名	*Oncorhynchus masou masou*
別名	ヤマベ、ヒラメ、エノハ、ヒラベ、マダラ、スギノコ

ヤマメは・・・

本種には、川で成長して産卵する河川残留型と、海に降りて成長し川を遡上して産卵する降海型がいる。前者をヤマメ、後者をサクラマスと呼ぶ。南北に広い分布域の中で、南ほどヤマメが主となる。

漢字

山女魚

知る

分布

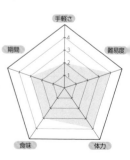

北海道全域、青森県から北九州までの日本海側、青森県から神奈川県酒匂川までの太平洋側に分布。1970年代以降は、移植や放流のために分布が乱れている。

大きさ

最大で40cm前後。

釣期

生息地の遊漁規則に準じる。一般的には3〜9月。

1	2	3	4	5	6	7	8	9	10	11	12

棲んでいる場所

おもに河川の上流の冷水域。ダム湖や中〜下流域まで下る「戻りヤマメ」と呼ばれるものもいる。

生活史

川で成長して産卵する河川残留型と、海に降りて成長し川を遡上して産卵する降海型がいる。前者をヤマメ、後者をサクラマスと呼ぶ。南北に広い分布域の中で、南ほどヤマメが主となる。
産卵期は8月下旬〜11月上旬で、南ほど早い。淵尻の砂礫などに産卵床を掘り、径4〜6mmの沈性卵を30〜800粒産む。産卵後も死なずに生き残る個体が多い。40日ほどでふ化した仔魚は卵黄を消費して冬を越し、翌2〜4月に泳ぎ出す。多くは2年目の秋に成熟し。寿命は4〜5歳。

特徴

背中は緑がかった黄褐色で、腹側は白い。側線の周囲は淡い紅に染まる。そのうえに楕円形のパーマークが並ぶが、これは大型になると薄れることが多い。渓流域では30cmを超えると大ものとされる。
また、下流のダム湖などにいったん下って遡上する個体は「戻りヤマメ」と呼ばれ、大型化するため人気がある。

主な釣り方

ミャク釣りを中心に、テンカラ、ルアー釣り、フライフィッシングでねらう。

美味しい食べ方

旬は春〜夏で、身は淡い赤味を呈す。刺し身にすることもあるが、やはり定番の塩焼きがおすすめ。焼けた皮目は香ばしく、サケ科に特有の風味がある。甘露煮にもされる。

フィッシングチャート

アマゴと並ぶ渓流の人気ナンバー1ターゲット。特にファン憧れの「尺ヤマメ」を攻略するには、難易度がもう1段上がる。エサ、ルアー、テンカラ、フライのいずれにおいても釣りの奥は深い。

釣る

フライフィッシング

水面を自然に流す

フライライン
DT #4
(ダブルテーパーで
ロッドの#と同じ数字のもの)

フライロッド
8フィート6インチ#4など
(7〜8フィート台の#3〜
4ロッド)

リーダー
5〜6X 9フィート
(ナイロンのテーパーリーダー)

ティペット
ナイロンティペット 6X
(ティペット部を70cm〜1m取る)

フライ
ドライフライ
(パラシュートフライの#12〜16や
エルクヘア・カディスの#10〜14など)

テンカラ釣り

時には誘いもOK

テンカラザオ　3.6m前後
テンカラザオはレベルライン
用、テーパーライン用、両方
に対応したものがあるので、
レベルライン用もしくは両方
使えるタイプを選ぶ

ライン
レベル ライン
3.5〜4.5号

サオと同じ長さが基本

1m前後

ハリス
フロロカーボン
0.8〜1号

毛バリ
サイズ12番

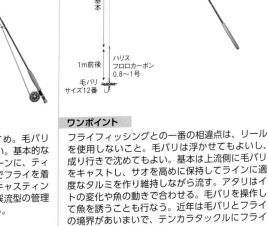

ワンポイント

最初の1尾はドライフライがおすすめ。毛バリに反応する魚の姿が見えるので面白い。基本的な釣り方は魚が定位している流れのレーンに、ティペットに若干のたるみが入った状態でフライを着水させ、なるべく長く自然に流す。キャスティングにも慣れる必要があるため、自然渓流型の管理釣り場で練習することをおすすめする。

エサ・擬似餌

フライ（ドライフライ）。

ワンポイント

フライフィッシングとの一番の相違点は、リールを使用しないこと。毛バリは浮かせてもよいし、成り行きで沈めてもよい。基本は上流側に毛バリをキャストし、サオを高めに保持してラインに適度なタルミを作り維持しながら流す。アタリはイトの変化や魚の動きで合わせる。毛バリを操作して魚を誘うことも行なう。近年は毛バリとフライの境界があいまいで、テンカラタックルにフライで釣る人もいる。

エサ・擬似餌

毛バリ。

テンカラ、フライフィッシング

タックルがシンプルなテンカラはビギナーも始めやすい釣りの1つ。コツを掴めばきれいな渓流の宝石に会える（秋田県米代川水系）

テンカラ毛バリ。さまざまなスタイルがあるが、フライに比べると総じてシンプルな造りであり、多機能的であることが特徴といえる

フライボックスに整然と並んだフライたち。これらはすべてドライフライと呼ばれる水面で使用するタイプのもの。フライはさまざまな水生昆虫、陸生昆虫を模したパターンがあり、さらに水生昆虫は各虫のステージ（幼虫、蛹、羽化途中、羽化失敗、亜成虫、成虫）ごとに膨大なパターンが存在する

釣る

ルアーフィッシング

基本は釣り上がり

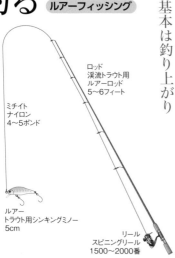

ロッド
渓流トラウト用
ルアーロッド
5～6フィート

ミチイト
ナイロン
4～5ポンド

ルアー
トラウト用シンキングミノー
5cm

リール
スピニングリール
1500～2000番

エサ釣り

水中を自然に流す

天井イト
0.4号 2～3m

サオ
渓流ザオ
6m前後

水中イト
0.2～0.3号 3～4m

ハリス
水中イトと同じかワンサイズ下の号数
1m

ハリ
ヤマメバリ
4～7号

ワンポイント

近縁種のアマゴとねらい方は基本的に一緒。ロッドは5フィート6インチ前後で、リールはナイロンライン4～5ポンドが100m巻けるサイズ。ルアーは4～5cmのシンキングミノーが主流。上流に向かってルアーを投げる"アップストリーム"で釣り上がって行くのが基本。ラインはPE0.3～0.4号にフロロカーボン1.5号前後のリーダーをセットする人も増えている。

エサ・擬似餌

ルアー（シンキングミノー、スプーンなど）。

ワンポイント

警戒心が強い魚であり、アプローチは慎重に。エサ釣りの道具はシンプル。全長5.3～7.1mのノベザオに、サオの長さと同程度の長さのイトを張り、目印、オモリ（ガン玉）、ハリを取り付けたら、川虫などのエサを付けて流せばよい。ポイントは流れ込みの下、流れのヨレ、反転流など。

エサ・擬似餌

川虫、ミミズ、イクラ、ブドウ虫。

ルアーフィッシング

ルアーフィッシングでは小魚をかたどったシンキングミノーがよく使われる。水中でリズミカルに動くことでヤマメの攻撃本能を刺激し食いつかせる

ルアーでヤマメをねらう。ヤマメはイワナに比べると開けた里川でも釣れることが多い（山形県最上川水系）

5cmほどのシンキングミノーに食いついたヤマメ

エサ釣り〜主要なエサ

渓流のエサ釣りのエサである川虫は、基本的に現地調達する。川底の石をはがしたり、乾燥させたヘチマなどで石の表面をなでて採取する。それ以外ではキヂ（ミミズ）が万能的なエサだ

川虫（ヒラタ／オコシムシ）

川虫（ヒラタ／ナデムシ）

川虫（キンパク）

クロカワ虫

キヂ（シマミミズ）

渓流のエサ釣りでは感度のよいサオとシンプルな仕掛けの組み合わせでポイントを探っていく。エサが集まる流れの筋に仕掛けをなじませ、ヤマメのいる層にエサを自然に流して目印の変化で合わせる

157

ヤマメ・グラフィックス

南北に長い日本列島各地の渓流からそれぞれのヤマメをピックアップ！

秋田県の渓から。老成した鼻曲がりのオス。もはやヤマメというよりもサケのような風格を感じる

新潟県の渓から。魚野川のヤマメ。雪代がガンガン流れるころにキヂを丸呑みしてきた。パーマーク以外にも班点が多いのが特徴的な魚である

長野県の渓から。梓川のヤマメ。猛々しい印象の尺上サイズ。パーマークがほとんど目立たなくなっている

熊本県の渓から。川辺川の春ヤマメ。豊富な水生昆虫を擁する流れに磨かれた素晴らしいプロポーション

岩手県の渓から。小本川のヤマメ。ガラスコーティングされたような肌艶が美しい

栃木県の渓から。鬼怒川の尺上ヤマメ。エサが多い本流域は大型魚が多い。こうした銀化した大型魚を当地では「戻りヤマメ」と呼ぶ人も多い。河口域まで下って遡上してきた魚といわれる

埼玉県の渓から。秩父荒川水系の大洞川で釣れたヤマメ。沢育ちの原種と思しき野性味あふれる個体。東京近郊の荒川にもこうしたヤマメが泳ぐ

宮崎県の渓から。椎葉村を流れる耳川で釣れたヤマメ。平家の落人が住み着いたという当地でヤマメは「エノハ」と呼ばれる。赤みの濃い魚体が特徴である

ヤマメと渓流によって育まれた
日本のフライフィッシング

新緑の森を縫う
渓を釣る

戦前から、日本でもごく一部の人たちの間で欧米のゲームフィッシングが嗜まれてきた。それが一般化していくのは、昭和50年代に入ってからである。

渓流においてはルアーが先行したが、フライフィッシング人口も少しずつ増えていく。そして平成に入ると、映画『ア・リバー・ランズ・スルー・イット』のヒットとともに、フライフィッシングのブームが起きた。

当初は欧米のタックルやシステムがそのまま輸入されていたが、それは短時間のうちに釣り人の手で、高低差のある日本の渓流によりマッチしたものに洗練されていった。その結果、より軽量なタックルで、

樹木が覆いかぶさるプールで渓魚がドライ
フライに出た！

流速のある場所でのやり取りはラン
ディングの瞬間まで気が抜けない

長いティペット（ハリス）を駆使するロングティペット・リーダーというシステムが生み出され一般化していった。

現在では淡水、汽水、海水とフィールドを問わずさまざまなターゲットを相手にフライフィッシングが楽しまれているが、その大元をたどっていくと、渓流のヤマメ釣りに行き着く。その意味で、日本のフライフィッシングを育んだのはヤマメと、ヤマメが棲む渓流といっていいだろう。

日本の渓流には季節がダイナミックに変化していく美しさがある。また南北に長い日本列島の地理的な特徴から、同じ渓流といってもその表情は変化に富む。そんないくつかの要素がフライフィッシングの魅力と相乗して、私たちの間に浸透していった。ヤマメのフライフィッシングを楽しむことは、すなわち日本の自然美を味わうことに通じているのかもしれない。

開けた早瀬。画面の左側に流れが合わさる鏡のようなポイントがある

フライフィッシャー憧れの尺ヤマメ。そして、ヤマメが日本のフライフィッシングを進化させてくれた

大小の石が点在する流れは複雑な筋を作りだす。日本の渓流フライフィッシングはこのような流れと渓魚によって磨かれてきた

ヤリタナゴ

分類	コイ目コイ科タナゴ亜科アブラボテ属
学名	*Tanakia lanceolata*
別名	マタナゴ、ボテ、ベンチョコ、ニゴラ、シュブタ

ヤリタナゴは・・・

タナゴ類の中では体高が低い。1対の口ヒゲをもつ。体色は銀白色で、産卵期の雄の体側前半部は赤紅色に染まり、特にエラブタや胸ビレ上方が濃い。環境省レッドリストでは、準絶滅危惧種に指定されている。

漢字

槍鰍

知る

分布
本州、四国、九州北部に分布し、日本産タナゴ類の中では最も分布域が広い。

大きさ
10〜12cm になる。

釣期
一年中釣ることができる。最盛期は春〜秋。

1	2	3	4	5	6	7	8	9	10	11	12

棲んでいる場所
水草がよく生い茂り、流れの穏やかな河川や湖沼の岸辺、用水路などに棲む。

生活史
産卵期は 3〜8月。雄はマツカサガイ、ヨコハマシジラガイ、タカハガイなどの二枚貝に雌を誘導し、雌は貝の出水管に産卵管を挿入して数10粒の卵を産みつける。仔魚はふ化後 25 日間前後を母貝の中で過ごし、10㎜前後に育ってから貝から泳ぎ出る。1 歳で成熟し、寿命は 2 歳。雑食性で、小型の底生生物や藻類などを食べる

特徴
タナゴ類の中では体高が低い。1対の口ヒゲをもつ。体色は銀白色で、産卵期の雄の体側前半部は赤紅色に染まり、特にエラブタや胸ビレ上方が濃い。背ビレ前上縁と臀ビレ外縁の朱色が濃さを増す。雌の産卵管はタナゴ類の中では短く、伸長でも臀ビレを超さない。分布域が広いため、地域ごとにヒレの条数、婚姻色や体形などに変異がみられ、各地を釣り歩くことで豊かな地方色を楽しむことができる。環境省レッドリストでは、準絶滅危惧種に指定されている。

主な釣り方
ウキ釣り、ミャク釣りでねらう。

美味しい食べ方
キャッチ＆リリースが基本。

フィッシングチャート
タナゴ類の中では大きめで比較的釣りやすく、流れのある川での釣趣が楽しい。乱獲は厳に慎みたい。

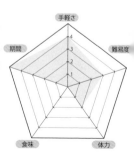

釣る

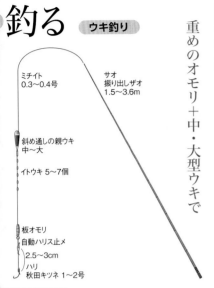

ウキ釣り

ミチイト
0.3〜0.4号

サオ
振り出しザオ
1.5〜3.6m

斜め通しの親ウキ
中〜大

イトウキ 5〜7個

板オモリ

自動ハリス止メ
2.5〜3cm

ハリ
秋田キツネ 1〜2号

重めのオモリ＋中・大型ウキで

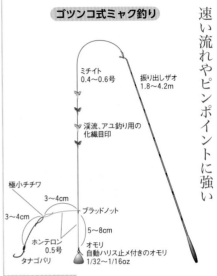

ゴツンコ式ミャク釣り

ミチイト
0.4〜0.6号

振り出しザオ
1.8〜4.2m

渓流、アユ釣り用の
化繊目印

極小チチワ

3〜4cm

3〜4cm

ブラッドノット

5〜8cm

ホンテロン
0.5号

オモリ
自動ハリス止メ付きのオモリ
1/32〜1/16oz

タナゴバリ

速い流れやピンポイントに強い

ワンポイント

流れのある小河川や水路に多いヤリタナゴ。速い流れはウキ釣りでは探りにくいが、反転流が生じる緩流帯に魚は群れやすく、こんな場所はウキ釣りが効率的。基本仕掛けの1つ「連動シモリ仕掛け」で探ってみよう。重めのオモリが背負える大型の親ウキを使うと流れの中でも安定しやすい。

エサ・擬似餌

グルテン、黄身練り、アカムシなど。

ワンポイント

流れのある場所ゆえ、グルテンエサは落ちやすくあまりおすすめできない。ほかにカネヒラやアカヒレタビラ、シロヒレタビラなども、流れのある場所で釣れる。

エサ・擬似餌

アカムシ、黄身練りなど。

ゴツンコ仕掛けはオモリでしっかり底を取る。エサが流されにくく、小川や狭い水路など、比較的速い流れを釣る時に使いやすい

水田脇の水路にウキ釣り仕掛けを垂らし、ヤリタナゴをねらう釣り人

ウキ釣りはオモリとのバランスが重要

ヤリタナゴの棲む場所

タナゴ類の中では止水域よりも河川によく見られる印象がある

田んぼと本流を結ぶ名もないような
支流筋。岸が護岸されているが人気
は薄い

上越

水田の脇を流れる水路や小川は
ヤリタナゴがよく見られる場所だ

上越

住宅街を流れる護岸された川でも、二枚貝が
棲息し水草が揺れているような環境があれば
ヤリタナゴに出会えるチャンスはある

北九州

何の変哲もないような住宅街裏の
流れ。しかし流速があり底にはオオ
カナダモが繁茂している

初夏の田園地帯で同じ流れに泳いでいたヤリタナゴの雄（上３尾）と雌（下２尾）

レイクトラウト

分類	サケ目サケ科イワナ属
学名	*Salvelinus namaycush*
別名	レイクチャー

レイクトラウトは・・・

イワナ属の中でも最も大型となり、背ビレに虫食い状の斑紋があることで、カワマスを除く同属他種と区別できる。日本の天然水域における分布は中禅寺湖のみである。

漢字

漢字は無い

知る

特徴

イワナ属中で最も大型となり、背ビレに虫食い状の斑紋があることで、カワマスを除く同属他種と区別できる。カワマスとは、生時に臀ビレ前縁に白色帯のみがあること、尾ビレの切れ込みが深いこと、体背部の虫食い状斑が特に成魚（50cm 以上）では不明瞭であることで区別できる。体色は、緑色がかった灰色の個体が多いが、緑色が強いもの、褐色・銀色や黒色を帯びるものなど変化に富む。腹、のど、各ヒレを除く体全体は地色より淡い多数の小斑点で覆われる。小斑点は、淡白色、銀色、灰色、黄色、金色を呈する。

分布

北米大陸北部原産の外来種。日本へは1966 ～ 1969 年にカナダのオペロンゴ湖とオンタリオ湖から当時の水産庁淡水区水産研究所日光支所に移入され、その一部が栃木県中禅寺湖に放流されて定着した。したがって、日本の天然水域における分布は中禅寺湖のみである。

中禅寺湖

大きさ

最大で 1m を超える。

釣期

中禅寺湖の解禁は 4 ～ 9月中旬まで（年ごとに要確認）。

1	2	3	4	5	6	7	8	9	10	11	12

棲んでいる場所

水温 20℃以下の湖沼に棲むが、適水温は 4 ～ 10℃と低水温を好む。

生活史

原産地での産卵期は 9 ～ 11月だが、中禅寺湖における産卵生態は不明。3 ～ 4 歳に成熟するとされており、イワナ属としては抱卵数が多く体重 1kg あたり 1000 ～ 1700 粒。中禅寺湖では、5 月中旬～ 11月下旬の成層期とそれ以外の循環期とでは、生活エリアが明瞭に異なる。すなわち、成層期では水深 15 ～ 25m の水温躍層より深い冷水帯に活動エリアが限定され、循環期には全水深帯で活動する。中小型は主に水生・陸生昆虫や甲殻類を食べるが、大型になると魚類を食べる。寿命は長く、原産地では 60 歳との説があるが真偽は不明。日本の飼育下では 25 歳を超える個体がいる。

主な釣り方

中禅寺湖のみで釣れ、その希少性とモンスター級とのファイトに魅せられて全国から通うファンが少なくない。大型トラウト用のルアータックルを用いる。岸からキャスティングでねらえるのは解禁直後と禁漁直前のみで、それ以外はボートからのディープトロウリングでねらう。なお中禅寺湖では、福島第一原発の事故による放射性物質汚染のため、ワカサギ、ヒメマス、ニジマス及びホンマスを除く魚類の持ち出しが禁止されている。必ずキャッチ＆リリースすること。

美味しい食べ方

身はオレンジ色で美しく、大型は食べ応えがある。ムニエル、フライなどの洋風料理で大変に美味しい。流通しないので、食べられるのは釣り人の特権である。しかし、現在 (2020) は中禅寺湖からの持ち出しができず、原発事故のために貴重な食の機会が奪われている。一日も早い持ち出し禁止の解除が待たれる。

フィッシングチャート

生息水域が限定されるが、ゲームフィッシングの対象魚としては釣り人の好敵手でマニアックなファンがいる。大型は威厳を備えた独特の美しさがある。

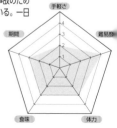

釣る

ルアーフィッシング

底付近をトレース

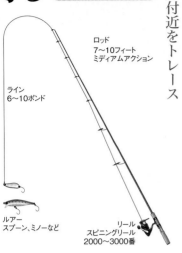

ロッド
7～10フィート
ミディアムアクション

ライン
6～10ポンド

ルアー
スプーン、ミノーなど

リール
スピニングリール
2000～3000番

ワンポイント

大型トラウト用のミディアムクラス以上のルアータックルを用いる。スプーンを中心に底付近をしっかり探りたい。

エサ・擬似餌

ルアー（スプーン、ミノーなど）。

フライフィッシング

カケアガリを意識

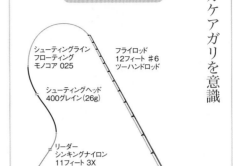

シューティングライン
フローティング
モノコア 025

フライロッド
12フィート ♯6
ツーハンドロッド

シューティングヘッド
400グレイン（26g）

リーダー
シンキングナイロン
11フィート 3X

ティペット
3～4X

フライ
マラブーパターンを中心とした
ストリーマー各種

フライリール

ワンポイント

シングル、ダブルハンド・ロッドの両方でねらえる。産卵を意識してショアに移動してくるレイクトラウトを待ち構え、カケアガリを意識してフライをリトリーブする。ストリーマー系のパターンを試してみよう。

エサ・擬似餌

フライ（ストリーマーなど）。

❶

❷

❶日本でレイクトラウトが釣れる湖は中禅寺湖だけ。それだけに人気も高い
❷戦前から政財界のトップや海外の外交官が夏に集まり、釣りも楽しんだ中禅寺湖。時代を経た今も男体山を望む雄大な景色とグッドコンディションの魚を求めて釣り人が集まる
❸湖岸からウエーディングしてレイクトラウトをねらうフライフィッシャー。このほかにボートでのトロウリングもできる

ワカサギ

分類 サケ目キュウリウオ科ワカサギ属

学名 *Hypomesus nipponensis*

別名 アマサギ、オオワカ、サイカチ、シラサギ、チカ

ワカサギは・・・
本来は汽水魚。産卵期は 1 ～ 5 月。寿命は多くは 1 歳だ北海道では 2 歳魚が少なくない。きな群れで回遊し、動物プランクンを食べる。

漢字

公魚

知る

分布
北海道全域、青森県から宍道湖・中海以北までの日本海沿岸、青森県から利根川までの太平洋岸に自然分布。現在は移植・放流によってほぼ全国に広がっている。

大きさ
成魚で 15cm 前後。

釣期
晩夏～初春に釣れるが、地域によって異なる。

1	2	3	4	5	6	7	8	9	10	11	12

棲んでいる場所
汽水・淡水の湖沼やダム湖、これらに注ぐ河川の下流域、または海の内湾とそれに続く河川に棲む。

生活史
本来は汽水魚。産卵期は 1 ～ 5 月で、南ほど早い。湖岸や湖沼への流入河川に親魚の群れが集まり、径 1㎜の付着膜をもつ沈性卵を産む。ふ化した仔魚は湖や海の内湾に下って、朝夕に動物プランクトンを食べ、夜間は分散・休止する。降海するタイプは海で越冬し、春になると産卵のために河川や汽水湖に遡上する。オホーツク海沿岸では生まれた年の秋に遡上して湖内で越冬し、翌春に産卵する。寿命は多くは 1 歳だが、北海道では 2 歳魚が少なくない。大きな群れで回遊し、動物プランクトンを食べる。

特徴
本種が属するキュウリウオ科魚類は、日本に 4 属 6 種が産する。臀ビレの外縁がわずかに湾入すること、上顎の後端は眼の瞳孔の中心に達しないこと、縦列鱗数が 60 以下であること、アブラビレは小さくその基底は眼径より短いこと、吻長は両眼間隔より長いことで、本科の他種から区別できる。
きれいな水に棲むイメージがあるが、水温、栄養塩、塩分などに広い適応性を示し、放流によって各地に定着している。

主な釣り方
岸やボートから、サビキ仕掛けでねらう。エサはアカムシやベニサシだが、時期と場所によってはカラバリでもよく釣れる。ボート釣りでは、魚群探知機を使って群れを探せば、1 個所で群れの回遊を待つよりも釣果を伸ばせる。また、風雨をしのげてトイレも完備されているドーム船での釣りも人気で、ドーム船専用のサオや電動リールも市販されている。結氷した湖での「穴釣り」は、あまりにも有名。

美味しい食べ方
空揚げや天ぷら、フライなどの揚げ物が美味しい。素焼きや佃煮などにもよく合う。

フィッシングチャート
老若男女が楽しめる釣りもの。一方で人よりも数を釣ろうと思った場合には、難易度（釣りの奥行）はグンと跳ね上がる。つまりファミリーから超上級者まで、それぞれのレベルで楽しめる稀有な釣りといえる。

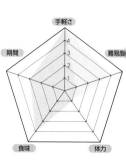

釣る

エサ釣り

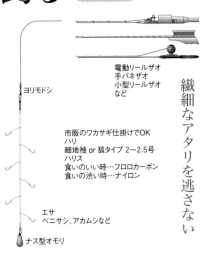

ヨリモドシ

電動リールザオ
手バネザオ
小型リールザオ
など

市販のワカサギ仕掛けでOK
ハリ
細地袖 or 狐タイプ 2〜2.5号
ハリス
食いのいい時…フロロカーボン
食いの渋い時…ナイロン

エサ
ベニサシ、アカムシなど

ナス型オモリ

繊細なアタリを逃さない

ワンポイント

冬の氷上釣りが有名だが、ボート、桟橋、ドーム船、陸っぱりとさまざまな釣り方がある。湖によって仕掛けは若干異なり、各湖の専用仕掛けも売られている。エサはサシやベニサシが一般的だが、その場合は半分にカットしてエキスが出るように装餌すると集魚効果が望める。アタリは繊細で、サオの穂先は非常に軟らかく作られている。

エサ・擬似餌

サシ、ベニサシ、ラビット、アカムシなど。

現在主流になっている電動タックル。巻き上げ速度を変更できたり、タナ停止機能が備わっていたりと高機能だ

手バネタックルはイトを巻き付けた持ち手と穂先からなるシンプルな道具。魚が掛かったらイトを手繰って取り込む

入門におすすめなのが手巻きリールタックル。カウンター付きだと魚がいる層をねらいやすい

メインで使用するエサはシロサシ、ベニサシ。湖によって効果的な色が異なる場合もあるので、両方用意しておくと安心

ワカサギ釣りのスタイル

ボート釣り

ボートは自分でポイントを見つけて釣っていくため、釣れた時の達成感が大きい。ベテランは魚探を駆使して魚の群れや地形を把握して釣果を上げていく。こういった釣り方はビギナーには難しいと思うが、安心していただきたい。ボート釣りが盛んな湖になると、有望ポイントにはブイやロープが設置されているので、そこに船を着ければワカサギ釣りが楽しめる。

電動タックルを使用する場合、穂先は船の揺れに強い先調子のものを使うとよい。手巻きリールは穂先が柔らかめの磯ザオやトラウトルアーロッドがマッチする。穂先が柔らかいと食い込みがよく、連掛けがねらえる。

関東近郊の芦ノ湖や木崎湖では、晩夏から空バリによるワカサギ釣りが楽しめる。エサを使わないため、虫エサが苦手な人におすすめ。なによりエサ付けが不要のため、手返しよくねらえる。ライフジャケットは必ず着用すること。

晩夏から秋がボート釣りのベストシーズン

魚探を見ながら群れを捜すベテラン

よい場所を見つければ連掛けが続く

有望ポイントにはロープが張られていることが多い。ロープに係留して釣る

ドーム船

ドーム船には大きく分けて自走式と固定式がある。自走式はその名のとおり、船に動力があり、航行可能。釣れない時はポイント移動もしてくれることが多い。固定式は桟橋や沖に係留されており、ポイント移動はできない。固定式のドーム船の場合、釣りをする際は、沖に係留されたドームまで船で送ってもらうことになる。厳寒期の送迎は凍えるような寒さなので、防寒対策はしっかりしておこう。

オールレンタルで楽しむ場合でも、タオル（ワカサギは手にウロコがつきやすい）、ハサミ、釣った魚を入れるクーラー（保冷箱）とフリーザーバッグは用意しよう。

シーズンになると1ヵ月後の予定までびっしりということも。事前に電話で予約を入れておこう。ホームページに受付時刻、出船時刻が書いてあるので、その時刻になったら受付をすませて、乗船の準備。もし遅刻する場合は、電話をすること。出船時刻に間に合わなくても後から乗れる船宿が多い。

自走式のドーム船。桟橋から乗り込む

沖に係留されたドーム船。船で送迎してもらう

ドーム船では丸い穴や枡形のスペースから仕掛けを投入する

暖房完備で、真冬でもポカポカ

レンタルタックルも充実している

171

氷上

氷上釣りが楽しめるフィールドは標高の高い釣り場が多い。自然豊かな景色が広がるなかで釣りが楽しめる。友達やファミリーでも釣りがしやすく、レジャーとして楽しむのにもよい。氷上で釣れたワカサギは食べてもすごく美味しい。

いい穴を見つけ、テント内でこっそり入れ食いを楽しんだり、1人だけの世界を作り出せたりするのも楽しみの1つだ。

氷上釣りで人気があるのはテントを使ったスタイル。ドーム型のテントに2〜4人入って釣りをする姿がよく見られる。冬のレジャーとしてワカサギ釣りが大人気の桧原湖では沖に屋形や小屋が多数設置されている。スノーモービルでポイントまで送迎してもらう。

関東から信州エリアではカタツムリが人気だ。カタツムリとはダンゴ虫のような形をしている開閉式のビニールハウスのようなテント。カタツムリの大半は手づくりの物が多く、高床式のタイプが最近は増えている。天気がよい時は露天で釣りをすると、とても気持ちがよい。

氷上で釣れるワカサギは
美しく、美味

大人数収容可能な屋形から少人数用の小屋までさまざま

カタツムリは開閉式の1人用テント。
ソリが付いているので、移動が楽ちん

テントやカタツムリで
賑わう氷上

海水 編

アイゴ

分類	スズキ目ニザダイ亜目アイゴ科アイゴ属
学名	*Siganus fuscescens*
別名	バリなど

アイゴは・・・
体高があり、扁平な楕円形をしている。体色は基本的に茶褐色に白い斑点が入る。背ビレ、臀ビレ、腹ビレのトゲに毒を持ち、刺されると数時間、長ければ数週間も激しく痛むことがある。

漢字

藍子

知る

分布
青森県から九州南岸までの日本海・東シナ海・太平洋沿岸、瀬戸内海、伊豆－小笠原諸島、琉球列島に分布。

大きさ
最大で約40cm。

釣期
ほぼ周年で、7～9月ごろが最盛期。

1	2	3	4	5	6	7	8	9	10	11	12

棲んでいる場所
沿岸部にある岩礁帯、サンゴ礁、藻場などに棲む。

生活史
産卵期は本州南岸では7月中旬～8月、1～2日でふ化した稚魚は動物プランクトンを食べて成長する。小型の稚魚は透明だが2cmほどになると体の側面に斑状の模様が現われ、さらに成長すると群れをなして沿岸の浅場にやってくる。成魚になると藻類以外も食べる雑食性となる。

特徴
海釣りの対象魚のなかでも毒魚として有名。背ビレ、臀ビレ、腹ビレのトゲに毒を持ち、刺されると数時間、長ければ数週間も激しく痛むことがある。体高があり、扁平な楕円形をしている。体色は基本的に茶褐色に白い斑点が入るが、生息場所などによっても変化する。近年の温暖化傾向を背景として、東方・北方へと分布域が拡大しており、海藻藻場を食い荒らす「磯焼け」の原因生物として問題視されている。

主な釣り方
磯や堤防からのウキフカセ釣りで外道として釣れることが多いが、引きの強さはメジナをも凌ぐ。エサはおもにオキアミ。海藻を好んで食べる傾向があり、専門にねらう場合は海藻を使う場合もある。伝統的な紀州の団子釣りでは、クロダイに準ずるターゲットである。

美味しい食べ方
白身で歯ごたえがあり、刺し身や塩焼き、煮付けなどに向く。ただし、釣れた場所などによっては磯臭さが強いことがある。おいしく食べるためには、まず生きているうちに血抜きをしたうえで、おろす際には内臓が身につかないように注意。

フィッシングチャート
良型の引きはクロダイやメジナに劣らず力強い。関西では人気のターゲット。クロダイやメジナ釣りの外道として釣れても、その場でヒレをカットして大事に持ち帰り食べる人も多い。

手軽さ
難易
期間
食味
体力

関西の人気ターゲット、「バリ」をウキ釣りで

釣る

ウキ釣り仕掛け

毒あり、ヒレのトゲに注意！

- ミチイト　ナイロン　2〜3号
- ウキ止メ
- ウキ止メ用　シモリ玉
- 棒ウキ　B〜3B
- 遊動サルカン
- ウキ止メゴム管
- ガン玉　B〜3B
- サルカン
- ハリス　フロロカーボン　1.5号　2m
- ハリ　チヌ 1〜3号
- 磯ザオ　1〜1.5号　4.2〜5.3m
- リール　2500〜3000番台の　スピニングリール

エサの付け方
オキアミ　Lサイズ　尻掛け

ワンポイント

磯や堤防でクロダイ、メジナをねらっていて掛かることが多い。関西ではバリなどと呼ばれ人気のターゲット。背ビレ、臀ビレ、腹ビレに毒があり、刺されると激痛が走る。しかし身には毒がなく食べられる。刺し身、塩焼きなどに向く。調理時もヒレに気をつけたい。エサはオキアミでOKだが、海藻を好むのでノリを使ってねらうとよいだろう。

エサ・擬似餌

オキアミ、ノリ。

堤防や磯でアイゴが釣れた場合、安全なのはハリスを切ってタモの柄などを使いそのまま海に戻すこと（足で蹴るのも危ない）。毒は死んでも残るので、釣り場に放置しておくのは他の人がうっかり刺されてしまう可能性もある。絶対に避けよう

アイゴの仲間である「カーエー（ゴマアイゴ）」は沖縄で人気の釣り対象魚。アイゴの仲間では大型（40〜50㎝）になり、引きが強く、食べても美味しい

食べる

カーエーのマース煮（塩煮）は沖縄名物の１つ

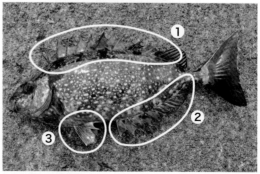

ヒレの毒トゲに注意
背ビレ、臀ビレ、腹ビレのトゲには絶対に触れないように！
❶背ビレのトゲ　❷臀ビレのトゲ　❸腹ビレのトゲ

アイナメ

分類	スズキ目カジカ亜目アイナメ科アイナメ属
学名	*Hexagrammos otakii*
別名	アブラメ、アブラコ、ネウなど多数

アイナメは・・・

普段は岩礁やゴロタの隙間に隠れていて、甲殻類や多毛類を好む。そのため、上から落ちてくるエサに強い興味を示す。近年の温暖化傾向により分布域南部では減少が著しい。

漢字

鮎並

知る

特徴

近縁のホッケに似るが、側線が５本あることで区別できる。体色は周囲の環境によって異なり、赤褐色、紫褐色などさまざま。上から落ちてくるエサに強い興味を示す。この習性を利用し、ユラユラとエサを落として誘う「ブラクリ釣り」が考案された。近年の温暖化傾向により分布域の南部では減少が著しい。かつて東京湾では冬場の乗合船の看板釣りものであったが、現在はほとんど出船していない。環境省レッドリストでは、瀬戸内海のものが「絶滅のおそれがある地域個体群」に指定されている。

分布

北海道全沿岸から九州南岸までの日本海・東シナ海・太平洋沿岸、瀬戸内海に分布。

大きさ

釣りの対象魚としては30〜40cmが中心。最大で60cmクラスになる。

釣期

関東の陸っぱりでは10〜翌１月がおもなシーズンで、最盛期は11〜12月。ただし、地域や釣法によって差が見られる。

1	2	3	4	5	6	7	8	9	10	11	12

棲んでいる場所

岩礁帯の底付近を好み、岩やテトラポッドなどの隙間に身を潜めている。堤防や護岸の基礎部についていることも多い。

生活史

産卵期は晩秋〜冬で南ほど遅く、浅く潮通しがよい岩礁に沈性粘着卵を産みつける。この間、雄には橙黄色の婚姻色が現れ、卵塊を守る。仔稚魚は１ヵ月以上にわたる浮遊生活を送る。5cm前後の稚魚の体色は、背が青く側面〜腹は銀白色で、表層を群れで泳ぐ。春にアマモ場や砂底に着底した幼魚は、成長に伴って岩礁域や深場に移動する。１歳で17cm、２歳で23cm、３歳で31cm、４歳で37cmになり、雄は１歳、雌は２歳から成熟する。岩礁やゴロタの隙間に隠れて甲殻類や多毛類を食べる。

主な釣り方

ブラクリ釣りのほか、最近はルアーでねらう人も多い。ほかに投げ釣り、ブッコミ釣りなど。エサ釣りではおもにアオイソメやイワイソメを使う。

美味しい食べ方

関東では秋から冬が旬。白身で脂肪分が多く、薄造りが非常に美味。そのほかにも塩焼き、煮付けや潮汁、空揚げなど、いろいろな料理に合う。

フィッシングチャート

東北地方では特に人気のロックフィッシュ。テリトリー意識が強く、上から落ちてくるエサに強い興味を示すのでルアーへの反応がよい。大型は「ビール瓶」とも呼ばれファイトも強烈。

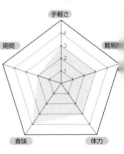

釣る

縦書き：岩礁帯周りをていねいにリサーチ

沖釣り

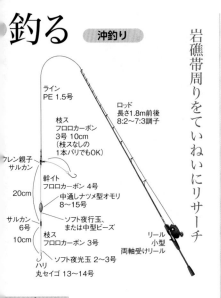

ライン
PE 1.5号

枝ス
フロロカーボン
3号 10cm
（枝スなしの
1本バリでもOK）

クレン親子
サルカン

幹イト
フロロカーボン 4号

20cm

サルカン
6号

枝ス
10cm フロロカーボン 3号

ソフト夜光玉 2～3号

ハリ
丸セイゴ 13～14号

中通しナツメ型オモリ
8～15号

ソフト夜行玉、
または中型ビーズ

ロッド
長さ1.8m前後
8:2～7:3調子

リール
小型
両軸受けリール

ワンポイント

仕掛け図のほかブラクリ仕掛けでもOK。船はポイントを細かく流すため、基本的に仕掛け投入は真下でOK。ブラクリ仕掛けの場合は前方へキャストして広く探ると効果的だ。仕掛けが着底したらラインを張りすぎない程度に底ダチを取り、リサーチを開始。アイナメが潜む岩陰、穴状の岩礁深くエサを入れることをイメージしながら軽いシャクリを入れて探る。

エサ・擬似餌

イワイソメ、アオイソメ。

縦書き：リフト&フォールが操作の基本

ルアーフィッシング

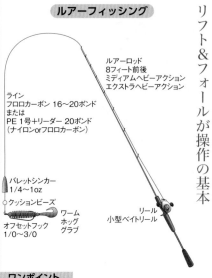

ライン
フロロカーボン 16～20ポンド
または
PE 1号＋リーダー 20ポンド
（ナイロンorフロロカーボン）

ルアーロッド
8フィート前後
ミディアムヘビーアクション
エクストラヘビーアクション

バレットシンカー
1/4～1oz

クッションビーズ

オフセットフック
1/0～3/0

ワーム
ホッグ
グラブ

リール
小型ベイトリール

ワンポイント

岩礁帯を探るので根掛かりを防ぐオフセットフック（ワームでハリ先を隠すフックセット法）が基本。食い込みを妨げないテキサスリグといわれる遊動式オモリの仕掛けを用いる。着底したルアーを持ち上げては落とすリフト＆フォールが操作の基本だ。

エサ・擬似餌

グラブなどのワーム。

縦書き：上からエサをユラユラ落とす

ブラクリ釣り

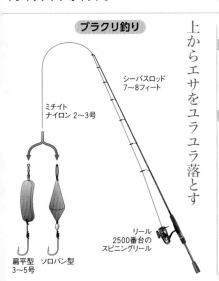

ミチイト
ナイロン 2～3号

シーバスロッド
7～8フィート

リール
2500番台の
スピニングリール

扁平型　ソロバン型
3～5号

ワンポイント

ブラクリオモリに付いているハリにエサを付け、波消ブロックの隙間やゴロタ石の陰、堤防や護岸の基礎部分などに落とし込む。ワームなどのルアーを付けてもねらえる。

エサ・擬似餌

アオイソメ、モエビ、ワームなど。

 ⇒魚のさばき方は 520 頁へ

アイナメ攻略アイテム

ブラクリ
穴釣りや岸壁や磯際を探るのに最もお手軽な釣法がブラクリである。紡錘型のオモリの下にハリがついており、エサはアオイソメやイワイソメを使うのが一般的。各社から多彩なブラクリが出ている

ブラー
ブラクリと似たアイテム、ブラー。ブラクリが紡錘型なのに対してブラーは平たい形状である。スプーンのようにヒラヒラとしたフォールでアピール度を高める

ルアーとリグ

アイナメやソイなどの根魚をルアーでねらう釣り方は「ロックフィッシュゲーム」とも呼ぶ。
根の中をタイトにねらうため根掛かりは必須。パワー重視のタックルが求められ、キャストから取り込みまでイトフケが出にくいベイトタックルを愛用するファンが多い

テキサスリグで使うバレットシンカー。水深や潮流に合わせて1/4～1ozまでを使うことが多い

ボリューミーなクロー系ワーム。見た目のとおり甲殻類を模している。ハサミや足などのパーツが多いことから水を大きく動かしアピールする

カーリーテールが特徴的なグラブ。カールしたテールがアクションすると波動を生み出しアピールする。カラーはナチュラル系とアピール系の2種類があるとよい

根掛かりを防ぐためにワームのひだでハリ先を隠すオフセットがロックフィッシュゲームでは基本

アイナメの生態

婚姻色の出たアイナメ。産卵期は地域によっても異なるが主に冬。乗っ込みで浅場の穏やかな入り江に接岸する

抱卵したアイナメ。腹がパンパンになっているのが分かる。資源保護のためにもリリースを心掛けたい

北のロックフィッシュゲーム。高い磯場からルアーを操作することも多い

がっちりとフッキングさせるのでフックプライヤーは必需品

ブラクリでテトラの穴を探るのも釣果が出やすい

ヒットすればごぼう抜きにする。なおアイナメは漢字で鮎並とも書く。アユといえばナワバリ本能が強い魚として知られるが、アイナメもまたナワバリを主張してエサ場に入る侵入者を追い払う修正がある。そして見つけたエサを追う時は深くチェイスすることも多い

179

アオダイ

分類	スズキ目スズキ亜目フエダイ科アオダイ属
学名	*Paracaesio caerulea*
別名	アオゼ、アオウメイロ、ホタ、シチューマチ、ウンギャル

アオダイは・・・

体に斑紋等はなく、生時の体色は濃い青紫色で腹部は淡色であるが、死後は暗い青灰色になる。美味な白身魚で東京の市場に伊豆諸島方面から入荷するものは高値で安定している。

漢字

青鯛

知る

分布

伊豆・小笠原諸島、土佐湾、琉球列島に分布。

大きさ

最大で 60cm になる。

釣期

周年釣れるが、春と秋によく釣れる。

1	2	3	4	5	6	7	8	9	10	11	12

棲んでいる場所

主に水深 100m ～ 250m の深場に棲み、釣りでは水深 50 ～ 150m をねらう。

生活史

産卵期は 6 ～ 9 月で、直径 0.8mm 前後の分離浮性卵を産む。仔稚魚は一時的に表層で生活するが、幼魚期以降の若齢魚の観察・採集例はほとんどなく、幼魚は深い岩礁域に着底し、成長に伴ってさらに深場へと移動するものと推定されている。3歳で成熟する。
肉食性で、魚類や甲殻類を食べる。

特徴

体に斑紋等はなく、生時の体色は濃い青紫色で腹部は淡色であるが、死後は暗い青灰色になる。背ビレ軟条数は通常 10 本で、背ビレと臀ビレの後縁は糸状に伸びない。主上顎骨に鱗がない。

主な釣り方

南方域の離島における沖釣りのメインターゲットの 1 つ。オキアミをエサにテンビン仕掛けでねらうことが多い。

美味しい食べ方

美味な白身魚で、東京の市場に伊豆諸島方面から入荷するものは高値で安定している。刺し身をはじめ、焼き物、煮物、椀種にも向く。八丈島名物の島寿司の最高級ネタ。

フィッシングチャート

南方の離島からの出船でねらうことが多く交通費がかさむのが難点。

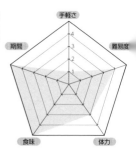

釣る

沖釣り

コマセ釣りでねらう

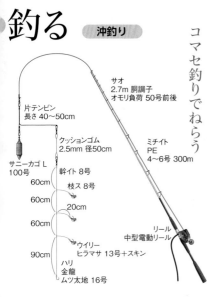

サオ
2.7m 胴調子
オモリ負荷 50号前後

片テンビン
長さ 40〜50cm

クッションゴム
2.5mm 径50cm

ミチイト
PE
4〜6号 300m

サニーカゴ L
100号

幹イト 8号
60cm
枝ス 8号
60cm
20cm
60cm

リール
中型電動リール

90cm
ウイリー
ヒラマサ 13号＋スキン

ハリ
金龍
ムツ太地 16号

ワンポイント

コマセワークで寄せエサを撒き、付けエサを同調させてアタリを待つ。

エサ・擬似餌

オキアミ。

電動リールタックルは外洋の沖釣りの必需品

アミなどを寄せエサにウイリーバリなどの擬似餌仕掛けで手軽にアタリを楽しめる

アオハタ

分類	スズキ科スズキ亜目 ハタ科アカハタ属
学名	*Epinephelus awoara*
別名	キアコウ、キガナ、タカバ、アオナ

アオハタは・・・
名前と違って体は灰～茶褐色で、全身に黄色の小斑が散在し、体側に4本、尾柄部に1本の暗色の横帯が入る。最大60cmに成長する。

青羽太

知る

分布

山形県から山口県までの日本海沿岸に多く、相模湾から愛媛県内海までの太平洋沿岸、瀬戸内海に分布。

大きさ

最大60cmに成長する。

釣期

5～11月に釣れるが、専門にねらう人は少ない。

1	2	3	4	5	6	7	8	9	10	11	12

棲んでいる場所

沿岸付近の浅い岩礁帯や砂泥底域に棲む。

生活史

産卵期は夏で、分離浮性卵を産む。仔稚魚は浮遊生活を送ると考えられるが、幼期の形態は不明で、その生態は知られていない。5cm前後に成長した着底後の幼魚は、水深10m以浅の転石帯や藻場に出現する。年齢と成長の関係などはよく分かっていないが、大型魚はほとんど雄であることから、ハタ科魚類に一般的にみられる雌性先熟型の性転換を行うと推定される。

特徴

「アオハタ」という名前だが体は灰～茶褐色で、全身に黄色の小斑が散在し、体側に4本、尾柄部に1本の暗色の横帯が入る。
従来の分布域は相模湾以西とされていたが、近年の温暖化を背景として東京湾の湾口部や房総半島南部でもポピュラーな釣りものとなりつつある。

主な釣り方

磯釣り、沖釣り。専門にねらうことは稀で、根魚用の仕掛けに掛かったり、マダイ釣りの外道として釣れることが多い。ルアー（タイラバ）でも釣れる。

美味しい食べ方

肉はしっかりとした白身で、刺し身やちり鍋に最適。煮付けや塩焼き、中華風の蒸し物でもいける。

フィッシングチャート

基本的にゲストフィッシュなので専門の釣り技術等はない。またそうそうお目にかかれる魚でもないので、釣れればラッキーだ。

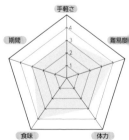

釣る

ルアーフィッシング

根魚タックルを流用

ライン
PE 0.8号

ルアーロッド
6〜8フィート
ミディアムヘビーアクション

リーダー
フロロカーボン 12〜16ポンド

ジグヘッド
1/8〜1/2オンス
（メインは3/16〜3/8オンス）

ワーム
ホッグ
グラブ

リール
2500〜3000番台の
スピニングリール

ワンポイント

ハタの仲間ではアカハタ、アオハタ、オオモンハタなどが釣りのターゲットになる。種によってサイズは異なり、見合った強度のタックルを使う。専門でねらうことは少なく、沖釣りやロックフィッシュねらいで掛かることが多い。タックルはアイナメやソイねらいのもので OK だ。

エサ・擬似餌

ワームなどのソフトルアー。

アオハタ釣りというジャンルは存在しない。大半はタイラバ（右上、中写真）やジギングでの嬉しいゲストである

根魚なので根で釣れるかというとそうではなく、根が点在する砂地で釣れることが多いのもアオハタの特徴

磯	# アオブダイ	分類	スズキ目ベラ亜目ブ ダイ科アオブダイ属
		学名	*Scarus ovifrons*
		別名	アオイガミ、バン ド、ハチ

アオブダイは・・・
成魚になると前頭部に大きなコブが
できる。歯は鳥のクチバシのような
形で、噛まれると大ケガをすること
もあるので釣れた際には注意したい

漢字

青舞鯛

知る

分布
東京湾から屋久島までの太平洋
沿岸、九州北岸から九州西岸の
日本海・東シナ海沿岸、
伊豆諸島、トカラ列島
に分布。

大きさ
最大で80cm前後。

釣期
専門にねらう人は少ない。

メジナ、イシダイを参照（220、496頁）

棲んでいる場所
岩礁帯やサンゴ礁に棲む。

生活史
産卵期は初夏で、雌雄が海底から中層に泳ぎ上
がって放卵・放精するペア産卵が観察されている。
分離浮性卵を産み、ふ化した仔魚は浮遊生活を送
る。着底した稚魚は夏〜秋に浅い岩礁やサンゴ礁
に現れ、主に付着藻類を食べて成長する。まず雌
として成熟し、その中で大型になった個体が雄と
して成熟する。
昼行性で、夜には鰓蓋腺から分泌した透明な粘液
の寝袋の中で眠る。この寝袋は、従来ウツボなど
の外敵から身を守るためのものと考えられていた
が、最近の研究で寄生虫を防ぐ効果があることが
明らかになった。

特徴
熱帯域に分布の中心をもつアオブダイ属魚類の中
で、最も温帯域に適応したのが本種である。その
名のとおり体色は青味が強く、成魚になると、前
頭部に大きなコブができる。歯は鳥のクチバシの
ようになっていて、噛まれると大ケガをすること
もあるので注意したい。この強力な歯で死サンゴ
の骨格に生える藻類を、サンゴ骨格ごとかじって
食べる。雑食性で、藻類のほか甲殻類や貝類も捕
食する。

主な釣り方
ウキフカセ釣り、ブッコミ釣りなど。ただし専門
にねらうことは少なく、メジナやイシダイの外道
として釣れることが多い。

美味しい食べ方
食中毒のリスクが高く、複数の死亡例があること
から、食べることはおすすめできない。

フィッシングチャート
基本的に他の魚を
ねらっているとき
に釣れることがあ
る魚。

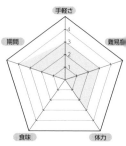

アオリイカ

分類	ツツイカ目ヤリイカ亜目 ヤリイカ科アオリイカ属
学名	*Sepioteuthis lessoniana*
別名	モイカ、バショウ イカ、ミズイカ

アオリイカは・・・

日本の沿岸に棲むイカのなかでは大型で、幅の広い胴と半円形のヒレを持つ。生きている間の体色は半透明で、釣りあげて死ぬと白濁する。餌木（エギ）と呼ばれる、日本の伝統的なルアーを使った釣りが人気。

漢字

障泥烏賊

知る

分布

北海道南部から伊豆－小笠原諸島を含む琉球列島まで。

大きさ

胴の長さが最大で40～50cmほど。2kgを超えると大ものの部類に入る。

釣期

大型がねらえる4～6月と、夏に生まれたばかりの小型が釣れる9～12月がおもなシーズン。

1	2	3	4	5	6	7	8	9	10	11	12

棲んでいる場所

水深100m以浅の岩礁域や海藻の生えている場所に棲む。

生活史

産卵期は春～夏で、南ほど早い。この時期には浅場に接岸し、雌雄がペアになって藻場やアマモ場に長さ10cm前後の卵鞘に入った卵を房状に産みつける。産卵から1ヵ月ほどでふ化した稚イカはそのまま浅場で甲殻類などを食べながら育ち、水温が低下するにつれて再び深い場所に落ちる。寿命は1歳で、雄は雌より大型になる。エサは弱った小魚などで、足で捕まえて頭からかじるように食べる。

特徴

"アオリイカ"とされるイカにはシロイカ型、アカイカ型、クワイカ型の3種が含まれることが20年も前から明らかになっている。にもかかわらず、分類学的再検討が進んでいないことは問題である。日本の沿岸に棲むイカ類のなかでは大型で、幅の広い胴と胴のほぼ全周につく半円形のヒレをもつ。このヒレを波打たせて泳ぐ。生きている間の体色は半透明で、釣りあげて死ぬと白濁する。非常に目がよく、真後ろ以外のほぼ全方向を見ることができるとされている。そのため好奇心が強い反面、警戒されると釣りづらい。

主な釣り方

餌木（エギ）と呼ぶ、日本の伝統的なルアーの釣りが人気。アジなどの活きエサを使うウキ釣りや、ヤエン（アオリイカ釣り用の仕掛け）などでもねらう。

美味しい食べ方

イカのなかでも最高級の食材といわれ、市場価値も高い。刺し身は絶品。一夜干しも美味しい。

フィッシングチャート

近年はオカッパリ、沖釣りともに餌木を使ったエギング、ティップランエギングが人気。モンスター級を求めて離島に遠征するファンも後を絶たない。

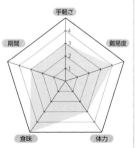

釣る

エギング

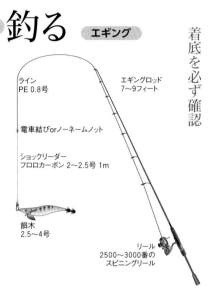

着底を必ず確認

- ライン PE 0.8号
- エギングロッド 7〜9フィート
- 電車結びorノーネームノット
- ショックリーダー フロロカーボン 2〜2.5号 1m
- 餌木 2.5〜4号
- リール 2500〜3000番のスピニングリール

ワンポイント

釣期は、春の大型、秋の新子ねらいに大きく分かれる。春は 3.5 〜 4 号の餌木を使うことが多い。秋は 2.5 〜 3 号の小さめの餌木を選ぶとよいだろう。餌木をキャストしたら確実に着底させてからアクションを開始させる。フォールをしっかり混ぜて、イカが餌木に抱き付くタイミングを与えるのが大事だ。

エサ・擬似餌

餌木。

ティップラン

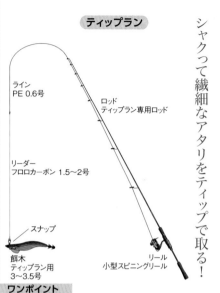

シャクって繊細なアタリをティップで取る！

- ライン PE 0.6号
- ロッド ティップラン専用ロッド
- リーダー フロロカーボン 1.5〜2号
- スナップ
- 餌木 ティップラン用 3〜3.5号
- リール 小型スピニングリール

ワンポイント

30 〜 40g の重い餌木で底を取る。シャクって誘い、ステイで抱かせる基本操作で、ティップ（穂先）が"クン"ともたれたり、テンションが"フッ"と抜けるアタリを合わせる。底を取りやすい重さの餌木をまずは選ぼう。アオリイカのタナは基本的に底だ。浮かせすぎないように注意。

エサ・擬似餌

ティップラン用餌木。

食べる　釣りたてならではの鮮度！

刺し身の盛り合わせ
上品な甘みとねっとりした食感

キモゲソのアヒージョ
アオリイカのゲソやエンペラにもぴったりの調理法

焼き味噌なめろう
ねっとりしたアオリイカの身質を生かした一品

⇒魚のさばき方は 522 頁へ

釣る

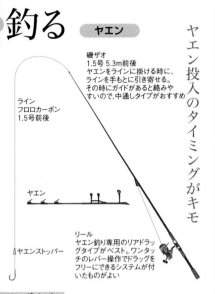

ヤエン

ヤエン投入のタイミングがキモ

磯ザオ
1.5号 5.3m前後
ヤエンをラインに掛ける時に、ラインを手もとに引き寄せる。その時にガイドがあると絡みやすいので、中通しタイプがおすすめ

ライン
フロロカーボン
1.5号前後

ヤエン

ヤエンストッパー

リール
ヤエン釣り専用のリアドラッグタイプがベスト。ワンタッチのレバー操作でドラッグをフリーにできるシステムが付いたものがよい

ワンポイント

ミチイトの先端にセットしたアジを自由に泳がせてねらう。抱き付いたアオリイカをヤエンと呼ばれる専用の掛けバリをミチイトに通して投入してフッキングさせる。抱き付いた時、リールからラインが軽く出ていくようにドラッグを調整しておく。ヤエン投入はイカがエサを充分に食べ安心させてから行なう。

エサ・擬似餌

活きアジ。

ウキ釣り

ビギナーにおすすめ

ウキ止メイト

シモリ玉

シモリ玉

ウキ
浮力 3〜6号

ウキストッパー

クッションゴム
2mm 10cm
4号オモリ付

ハリス
3号 1.5m

ハリ
グレ 11〜12号

カットウバリ

サオ
磯ザオ
2〜3号 5.3m

ミチイト
サスペンドタイプ
4号 150m

リール
小〜中型
スピニングリール

ワンポイント

餌木、ヤエンとならびアオリイカねらいの代表的な釣法。取り込み率が高いのでビギナーにもおすすめ。アジを泳がせて、アタリがあったらアワセを入れ、カットウバリで掛ける。アタリはウキが斜めにスーッと入っていくので一目瞭然だ。ドラグを利かせ切れを防ぎながら寄せてくるとよい。

エサ・擬似餌

活きアジ。

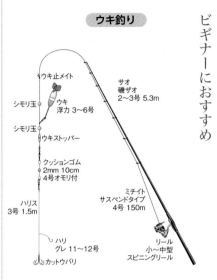

アオリイカの生態

❶❷雄と雌の判別は胴部に注目。雄の胴部は横シマ模様（❶）、雌の胴部は水玉模様（❷）だ
❸アオリイカは他のイカ類と同様にスミを吐く。これは威嚇行動というよりも分身の術である。スミを残してイカは逃げる

４つの釣りスタイル

エギング

❶和製ルアーである餌木。基本カラーはオレンジもしくはピンク。釣り場によって「当たり餌木」と言われるカラーがある。背中の配色だけでなく、腹部のカラーにも注目。金テープ、銀テープ、マーブルなどのバリエーションがある

❷サオを跳ね上げて餌木を動かすシャクリ

❸アオリイカの産卵場は藻場である。海藻帯のある場所が春のアオリイカポイント

❹足場のよい堤防はナイトエギングを楽しむ人も多い

ティップラン

ティップラン用の餌木。15 〜 40 ｇまでと重量がある。中オモリを使わずに海底付近まで落とし込める餌木である

ティップランで手にした 2kgクラス。千葉県勝山の船宿で

ティップランは船やボートをドテラ流し（船の真横に潮流を受けるかたちで船を流す）にして行なう。アタリは穂先（ティップ）で見る。イカが乗るとティップがもたれたり、クンと入ったり、テンションが不自然に抜ける。専用の穂先は普通のエギングロッドに比べ、ティップが非常に軟らかい

ヤエン釣り

❶これがヤエン。ラインにあとからセットする
❷エサの活きアジは生かしバッカンで運搬する
❸サオ置き三脚にサオを掛けてアタリを待つ。ヤエンでもウキ釣りでも絶対にあったほうがよいアイテム

ウキ釣り

仕掛けはこのようにセット。上にはウキ止メイトを結んでタナを調整する

簡単に釣りがスタートできる完成仕掛けを活用しよう

目と鼻の間の骨にしっかり刺すと、簡単には外れない

アカイサキ

分類	スズキ目スズキ亜目 ハタ科アカイサキ属
学名	*Caprodon schlegelii*
別名	アカイゼキ、アカイセキ、アカタルミ

アカイサキは・・・

和名の一部が「イサキ」だが、イサキがイサキ科であるのに対し、こちらはハタ科の魚。尾ビレの形状が全く異なり、見た目も派手だ。

漢字

赤斑魚

知る

特徴

体色は雌雄で異なる。雌の体色は赤味が強く、背から背ビレにかけて数個の暗色斑が並ぶ。雄の体色は黄色味が強く、体側が黄色い虫食い状の斑紋に覆われ背ビレ中央基部に黒色斑がある（写真は雄）。

主な釣り方

外洋域のやや深い岩礁域において、コマセを使ったマダイ・青もの釣りや、ドウヅキ仕掛けの根魚釣りで釣れる。エサはオキアミのほかサバやイカなどの身エサがよい。

美味しい食べ方

身がしっかりと締まっており、刺し身は薄造りにすると美味。味はやや薄いためフライや蒸し物に向く。焼き物では味噌漬けがよい。

分布

兵庫県から九州南岸までの日本海・東シナ海沿岸、相模湾から九州南岸までの太平洋沿岸、伊豆ー小笠原諸島、宮古・八重山諸島に分布。瀬戸内海から記録がある。

大きさ

雄は45cm、雌は30cmに達する。

釣期

専門にねらう人は少ないが、4〜12月によく釣れる。

1	2	3	4	5	6	7	8	9	10	11	12

棲んでいる場所

水深40〜300mの沿岸や大陸棚縁辺の岩礁に棲む。

生活史

産卵期は冬で、仔稚魚は1〜2月に足摺岬沖から鹿島灘沖の表層から採集される。30cmまでは雌で、その後雄に性転換する。潮通しのよい外洋に面した岩礁に小規模な群がりをつくって生活しており、産卵期には雄を中心としたハーレムを形成していると考えられている。

フィッシングチャート

基本的に他の魚をねらっているときに釣れることがある魚。

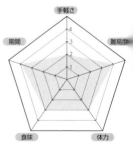

アカエイ

分類	トビエイ目アカエイ科アカエイ属
学名	*Hemitrygon akajei*
別名	エイ、クロエイ、クロカスベ

アカエイは・・・

砂に潜っているときは見つけるのが困難。汽水域にも現われ、河口部の橋の上からから水深の浅い場所をのぞき込むと、のんびりと泳ぐアカエイの姿を目にすることがある。

砂浜・沖

漢字

赤鱝

知る

分布

北海道から九州南岸までの日本海・東シナ海・太平洋沿岸、瀬戸内海、東シナ海、小笠原諸島に分布。

大きさ

体盤長（尾部を除いた長さ）90cmに達する。

釣期

専門にねらうことはないが、周年釣れる。

1	2	3	4	5	6	7	8	9	10	11	12

棲んでいる場所

水深700mまでの砂泥底に棲む。

生活史

交尾は周年にわたるが、雌の排卵時期は決まっており、妊娠期間は2.5ヵ月で5〜9月に内湾の浅所や汽水域に集まって産仔する。1回の産仔数は10以上。海底の貝類や甲殻類などを手当たり次第に食べ、弱った魚類も食べる。雌の方が大型になり、10年ほど生きると考えられている。

特徴

眼の後ろに開いている噴水孔の後縁付近が黄色く、体盤腹面の縁辺も黄色いことで類似のエイと見分けられる。尾はムチ状で強大な毒棘をもち、これに刺されると大変に危険である。砂に潜って動かないことが多いので、ウェーディングの際に気づかずに踏んで刺される事故が頻発している。

主な釣り方

岸からの投げ釣りや、底魚をねらったボート釣り・沖釣りで釣れるが、巨大な個体では仕掛けがもたずに取り込めないことが多い。虫エサから泳がせ釣りの活きた魚まで、あらゆるエサに食いつく。

美味しい食べ方

エイ類の中では食の評価はとても高い。鮮度が落ちるとアンモニア臭が生じるが、アンモニアは水溶性なので水さらしで臭いを除くことができる。東北地方でよく食されており、煮付け・煮こごりが一般的。ヒレは生食のほか乾物等の加工品に用いられる。

フィッシングチャート

基本的に他の魚をねらっているときに釣れることがある魚。大型になると引きは強烈。

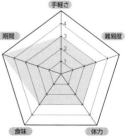

アカエソ

分類	ヒメ目エソ科アカエソ属
学名	*Synodus ulae*
別名	エソ（他のエソ類との混称）、イソエソ、イモエソ、オコリエソ

アカエソは・・・

同じエソでもマエソ属が砂泥地に棲む傾向が強いのに対し、アカエソ属は岩場混じりの場所で見られる。獲物を丸呑みするだけあって口が大きく、いかにも獰猛そうな顔つきをしている。

漢字

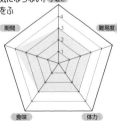

赤鱛

知る

分布

千葉県外房域から屋久島までの太平洋沿岸、伊豆−小笠原諸島、トカラ列島、奄美大島に分布。島根県から九州北西岸までの日本海・東シナ海沿岸に散発的に分布。

大きさ

最大で 40cm になる。

釣期

ねらって釣ることはないが、4 〜 12 月によく釣れる。

1	2	3	4	5	6	7	8	9	10	11	12

棲んでいる場所

浅所の岩礁やサンゴ礁の砂地に棲む。

生活史

本州太平洋沿岸における産卵期は夏〜秋で、その時期にペアが頻繁に観察されるとともに生殖腺が発達する。産卵は日没後に行われ、雌雄で海底から急上昇し、反転する瞬間に放卵・放精する。普通種でありながら幼期は知られておらず、成長・成熟や寿命についてもよく分かっていない。エサは主に小魚で、海底に定位してまちぶせ型の捕食をする貪欲な肉食魚。日中は砂をかぶって頭だけを出していることが多く、基本的に夜行性であると考えられる。

特徴

エソ科魚類は、細長い円筒形の体と大きな口をもち、海底に定位して獲物を丸呑みする獰猛なハンターである。本種を代表種とするアカエソ属は、マエソ属とともにエソ科の 2 大勢力を成す。両属は腹ビレの形で見分けられ、ヒレの外側の軟条が内側の軟条よりかなり短ければアカエソ属、内側と外側がほぼ同長であればマエソ属。生態面では、アカエソ属はガレ場や岩場の砂地に、マエソ属は砂泥地に棲む傾向がある。同属の他種とは、吻端が丸いこと、側線鱗数が 60 〜 66 枚で側線上方の横列鱗数が 5 枚半〜 6 枚半であること。尾柄部に 1 大黒色斑がないこと、体側中央に 1 褐色縦帯がないこと、背ビレは通常 14 軟条であること、前鼻孔の皮弁は幅広くへら状であることから区別できる。体色は褐色系から赤味が強いものまでさまざま。

主な釣り方

エソ類は砂地にいるイメージだが、本種のポイントは基本的に岩場である。魚食性が強くかなり大きなエサにも食いつくのでルアー釣りが面白い。バス用またはロックフィッシュ用ロッドに小型ベイトリールを組み合わせ、ミチイト PE0.6 号前後とそれに見合うラインシステムを組む。ルアーの選択は、タイラバにヒットするほどなのでシビアではないが、40g 前後までの小型メタルジグの実績が高い。ジグヘッドとワームの組み合わせは安価でロスト時のダメージが少なく他の魚もよく混じる。

美味しい食べ方

一般的には食用魚とみなされていないが味は良い。軟らかな白身は水っぽくて小骨が多いが、ひと手間をかけて食べる価値がある。生食では酢締めにするとよく、大型魚では小骨を抜くが小型魚ならば小骨は気にならない。塩焼きやつけ焼きでは、塩をふって 1 日寝かせると旨い。揚げ物は、じっくりと二度揚げすると香ばしく小骨もさわらない。

手軽さ

フィッシングチャート

基本的に他の魚をねらっているときに釣れることがある魚。

（レーダーチャート：手軽さ、期間、難易度、食味、体力）

アカタチ

分類 スズキ目スズキ亜目アカタチ科アカタチ属
学名 *Acanthocepola krusensternii*

"アカタチ"は、近縁のスミツキアカタチ（*Cepola, schlegelii*）、イッテンアカタチ（*Acanthocepola limbata*）などとの混称としても用いられる。

アカタチは・・・
アジやアマダイ釣りのゲストで掛かってくることが多い。見た目が非常に特徴的。

沖

漢字

赤太刀

知る

分布

新潟県から九州南岸までの日本海・東シナ海沿岸、相模湾から九州南岸までの太平洋沿岸、東シナ海大陸棚域に分布。

大きさ

最大50cmに達する。

釣期

専門にねらうことはないが、高水温期に釣れることが多い。

1	2	3	4	5	6	7	8	9	10	11	12

棲んでいる場所

大陸棚の砂泥域に棲む。

生活史

生活史には不明な部分が多い。潜水観察では、泥っぽい海底の孔から上半身を出して流れてくる小動物等を食べ、危険を察知するとバックで孔に潜り込む。底潮が流れると活性が上がり、孔から離れて泳ぎまわる。

特徴

体側に橙黄色の小円斑が数多くあることが特徴で、背ビレに黒斑がないことでイッテンアカタチと、口を開けたときに見える上顎の膜に細長い黒斑がないことでスミツキアカタチと区別することができる。

主な釣り方

深場のアジ釣りやアマダイ釣りで、潮の加減によってはうるさいほど釣れることがある。マダイ釣りの活きエサとして威力を発揮した例があり、専門にねらうならば片テンビン仕掛けにアオイソメやオキアミをエサとする。

美味しい食べ方

身が水っぽいので、軽く干してから焼くと旨く、大型は食べ応えがある。小型のものは丸ごとから揚げにするとよい。

フィッシングチャート

アジやアマダイなどをねらっているときに釣れることがある魚。

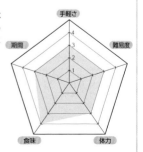

アカハタ

分類	スズキ目スズキ亜目ハタ科アカハタ属
学名	*Epinephelus fasciatus*
別名	アカバ、アカンボ、アカウオ、アカミーバイ、ハンタトメバル

アカハタは・・・

ほかのハタ類と同様に口が大きく、下あごが前に突き出している。また、大きさに対して頭が大きい。体側には濃い赤色の横帯が5本あり、背ビレの上端が黒い。沿岸の浅場やサンゴ礁から深場まで広く生息。

漢字

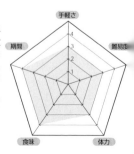

赤羽太

知る

分布

相模湾から屋久島までの太平洋沿岸、伊豆－小笠原諸島、琉球列島に分布。

大きさ

成魚で約30〜40cm。

釣期

3月から11月ごろ。

1	2	3	4	5	6	7	8	9	10	11	12

棲んでいる場所

浅い岩礁やサンゴ礁に棲むが、水深160mから獲られた記録がある。

生活史

産卵期は温帯域で5〜11月、亜熱帯域では周年にわたり、径0.8mm前後の分離浮性卵を産む。仔稚魚は2ヵ月近くの浮遊生活を送り、背ビレと腹ビレの棘が著しく伸長する。2cmを超えると親と同じ形になり、底生生活に移行する。1歳で15〜17cm、2歳で20〜23cmになり、2〜3歳で雌として成熟する。その中で大きな個体は雄として成熟する。これは、ハタ科魚類で普通にみられる雌性先熟の性転換である。
食性は肉食で、小魚や甲殻類などを好む。

特徴

ハタ科魚類としては小型で、体側には濃い赤色の横帯が5本あり、背ビレの上端が黒い。近年の遺伝学的な研究の進展から、本種内には遺伝的に大きく分化したミトコンドリアDNAの3系統（A、B、C）が存在することが明らかになった。系統Aは黒潮の北側、すなわち日本列島の太平洋側に多く、系統Bは西部太平洋に広く分布し、系統Cは小笠原諸島周辺に局所的に分布する。
近年の温暖化傾向に伴って、関東沿岸でよく釣られるようになっており、一部では専門の乗合船が出るようになった。

主な釣り方

従来はねらって釣ることは少なく、沿岸部の船釣りで掛かったり、磯のイシダイ、イシガキダイ釣りの外道としても釣れる。しかし、近年は関東沿岸で明確に増えていることから新たな釣りものとして注目され、ルアー釣りで釣法の開発が模索されている。

美味しい食べ方

ハタ類には高級魚が多いが、本種はやや評価が低い。中華風の蒸し物や洋風の料理にする。

フィッシングチャート

近年、海水温上昇の影響で関東の太平洋沿岸の海では南方系の魚が増えている。特にアカハタは急増中で、乗合船も増えてきた。

手軽さ / 期間 / 難易度 / 食味 / 体力

釣る

ジギング

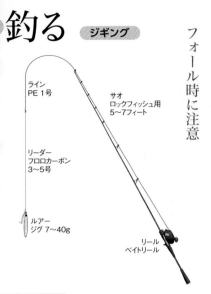

フォール時に注意

ライン
PE 1号

サオ
ロックフィッシュ用
5～7フィート

リーダー
フロロカーボン
3～5号

ルアー
ジグ 7～40g

リール
ベイトリール

ルアーフィッシング

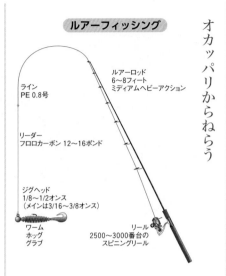

オカッパリからねらう

ライン
PE 0.8号

ルアーロッド
6～8フィート
ミディアムヘビーアクション

リーダー
フロロカーボン 12～16ポンド

ジグヘッド
1/8～1/2オンス
（メインは3/16～3/8オンス）

ワーム
ホッグ
グラブ

リール
2500～3000番台の
スピニングリール

ワンポイント

ハタ類のなかでも、アカハタは岩礁帯の底層を好む。いち早く底の状況と起伏を把握することが釣果アップの秘訣。また、どのハタ類もフォール中のアタリが多いので、フォール時は常にラインテンションを保ちながら、イトに出るアタリに注視したい。

エサ・擬似餌

ルアー（ジグ）。

ジギング用のメタルジグ

根魚用のワーム各種。近年はハタを想定したワームも多い

ワンポイント

ハタの仲間ではアカハタ、アオハタ、オオモンハタなどが釣りのターゲットになる。種によってサイズは異なるが、アカハタをメインにねらうならタックルはアイナメやソイねらいのもので OK だ。根掛かりに注意したい。

エサ・擬似餌

ワームなどのソフトルアー。

海面に浮上した真紅のアカハタ

ロッドを大きく絞り込むアカハタ。根に張り付くだけでなく、首を振りスピードもなかなのもの

195

アカムツ

分類	スズキ目スズキ亜目ホタルジャコ科アカムツ属
学名	*Doederleinia berycoides*
別名	ノドグロ、ダンジュウロ、メブト

アカムツは・・・

鮮やかな赤い体色と大きな眼が特徴的。体形はムツと似ているが、分類上は別の仲間。日本海方面では「ノドグロ」と呼ばれ、口の内側が黒い。

漢字

赤鯥

知る

分布

青森県から九州南岸までの日本海・東シナ海沿岸、北海道から九州南岸までの太平洋沿岸、東シナ海大陸棚から斜面域に分布。

大きさ

平均は 30 ～ 40cm、最大で約 50cm。

釣期

シーズンは夏から冬で、7 月から 9 月ごろが最盛期。

1	2	3	4	5	6	7	8	9	10	11	12

棲んでいる場所

水深 60 ～ 600 mの大陸棚から大陸棚斜面域に棲む。

生活史

産卵期は初夏で、水深 60m 前後の岩礁のカケアガリに集まって分離浮性卵を産む。1 歳で 10cm、2 歳で 15cm、3 歳で 20cm になり、3 ～ 4 歳で成熟する。雌の方がやや成長が早く、8 歳の雌は 35cm に達する。
小魚やエビ類、オキアミ類を食べる。

特徴

体形はムツに似るが分類上は遠い。背ビレは 1 基で、棘条部と軟条部は深く欠刻する。体色は、銀色の腹部以外はヒレを含めて朱紅色。また、"ノドグロ" との別名があるとおり、口の中は黒い。研究レベルではすでに人工種苗生産に成功しており、量産化を経て事業レベルの種苗放流が実現する日は近いだろう。

主な釣り方

沖釣りで、ドウヅキ仕掛けや片テンビン仕掛けでねらう。エサにはホタルイカやサバの切り身を使い、集魚効果のあるフラッシャーやビニールベイトをセットすることも多い。数釣りは望めない高級魚で「1 日に 1 尾釣れれば上等」と考えて臨もう。

美味しい食べ方

「白身のトロ」と評されるように、非常に脂がのっていて美味。鮮度のよいものは刺し身や焼霜造りが絶品だ。焼き物や煮付け、干物も美味しい。

フィッシングチャート

水深のある場所を釣ることと、平均釣果の少なさから、難易度の高い釣りものといえる。口切れやハリス切れも起こりやすい。それでも絶品と称される食味から釣り人が絶えない。

スタンダードな沖釣り（エサ）とジギングの二択

釣る

スロージギングで深海のルビーをゲット

ジギング

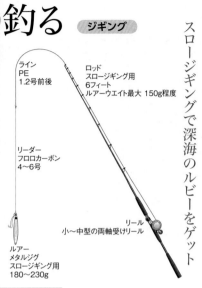

ライン
PE
1.2号前後

ロッド
スロージギング用
6フィート
ルアーウエイト最大 150g程度

リーダー
フロロカーボン
4〜6号

リール
小〜中型の両軸受けリール

ルアー
メタルジグ
スロージギング用
180〜230g

ワンポイント

人気を集めているのがスロージギング。シャクリがスローなのではなく、あくまでもフォールがスローなことを指す。基本的にこのフォールで魚に口を使わせるのだが、この時のラインテンションをどうするかによって釣果に差が出る。ジグの重みを完全にロッドに乗せるのか、張らず緩めずに保つのか、完全に弛ませるのか、などだ。ジグの特性を把握したうえで、深場のジグの動きをイメージすることがカギ。

エサ・擬似餌

ルアー（メタルジグ）。

ドウヅキ仕掛けで掛けたら慎重に

沖釣り

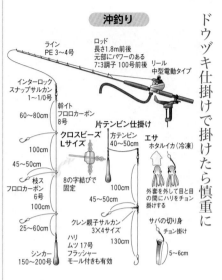

ライン
PE 3〜4号

ロッド
長さ1.8m前後
元部にパワーのある
7:3調子 100号前後

リール
中型電動タイプ

インターロック
スナップサルカン
1〜1/0号

幹イト
フロロカーボン
8号

60〜80cm

片テンビン仕掛け

クロスビーズ
Lサイズ

方テンビン
40〜50cm

エサ
ホタルイカ（冷凍）

100cm

8の字結びで
固定

外套を外して目と目
の間にハリをチョン
掛けする

45〜50cm

枝ス
フロロカーボン
6号

100cm

100cm

45〜50cm

クレン親子サルカン
3×4サイズ

サバの切り身

チョン掛け

130cm

25〜60cm

ハリ
ムツ17号
フラッシャー
モール付きも有効

シンカー
150〜200号

5〜6cm

ワンポイント

1日1尾釣れればよいとされる貴重な魚。関東と新潟以南の沿岸部に生息し、特に日本海側での密度は高い。北陸では口のなかが黒ずんでいることから"ノドグロ"とも呼ばれる。食味は大変よく高級魚として扱われる。あまり活発に行動する魚ではなくエサを一気に飲み込むことは少ない。ハリ掛かりが甘いことが多いので、慎重な取り込みが求められる。

エサ・擬似餌

ホタルイカ、サバの切り身など。

ノドグロの名前ですっかり有名になったアカムツは食べて美味しい深海釣りの花形ターゲット

大きなオモリにたくさんのハリが付いた仕掛けでねらう（伊豆富戸沖）

水深100mを優に超える深場を専用タックルでねらう

⇒魚のさばき方は 530 頁へ

アカメフグ

分類	フグ目フグ科トラフグ属
学名	標準和名ヒガンフグ
	Takifugu pardalis
別名	アカメ、メアカフグ、ナゴヤフグ、モフグ
	(標準和名のアカメフグは別種である)

アカメフグは・・・

体側に不定形の暗色斑が散在し、体表にこぶ状の小さな突起が密生していて触るとざらつくことが特徴。標準和名のアカメフグにはこの突起がない。また、トラフグやクサフグの背面や腹にみられる小棘もない。

赤目河豚

知る

分布

北海道から九州南岸までの日本海・東シナ海、北海道南西部から九州南岸までの太平洋沿岸、瀬戸内海、東シナ海に分布。

大きさ

最大で 40cm を超える。

釣期

従来は専門にねらう魚ではなかったが、近年東京湾では、秋から冬に専門の乗合船が出ている。

1	2	3	4	5	6	7	8	9	10	11	12

棲んでいる場所

浅海の岩礁域や藻場に棲む。

生活史

春の彼岸の頃の大潮に大群をなして波打ち際で集団産卵することからその名がついた。1～3cmの幼魚は夏にアマモ場や砂浜域に現われ、秋が深まるにつれてやや深い岩礁や藻場に移動する。海底にすむ底生動物や藻場の葉上動物を食べて成長し、雄は2歳、雌は3歳から産卵に参加し、雌は雄よりも大きく成長する。

特徴

体側に不定形の暗色斑が散在し、体表にこぶ状の小さな突起が密生していて触るとざらつくことが特徴。標準和名のアカメフグにはこの突起がない。また、トラフグやクサフグの背面や腹にみられる小棘もない。

主な釣り方

東京湾や千葉県の内房などにある専門の遊漁船に乗船した場合に限って釣りが楽しめる沖釣りの対象である。エビやアオヤギなどのエサの下につけたカットウで引っ掛ける掛け釣りと、エビエサをつけたドウヅキ仕掛けの食わせ釣りがある。

美味しい食べ方

釣りの対象となっているフグの仲間すべてにいえるが、釣ったフグを食べることができるのは、上記の専門の遊漁船に乗り、フグの処理に関する都道府県知事の免許を受けた人が処理した場合に限られる。それ以外は決して食べてはいけない。

フィッシングチャート

フグをさばく資格を持った人がいる船宿からフグ釣り専門の船が出ているのでこれを利用する。

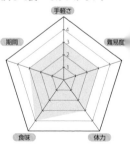

釣る

カットウ釣り

サオ先の変化を感じ取る

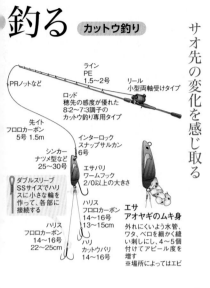

PRノットなど

ライン
PE
1.5～2号

リール
小型両軸受けタイプ

ロッド
穂先の感度が優れた
8:2～7:3調子の
カットウ釣り専用タイプ

先イト
フロロカーボン
5号 1.5m

インターロック
スナップサルカン
6号

シンカー
ナツメ型など
25～30号

エサバリ
ワームフック
2/0以上の大きさ

ダブルスリーブ
SSサイズでハリ
スに小さな輪を
作って、各部に
接続する

ハリス
フロロカーボン
14～16号
13～15cm

エサ
アオヤギのムキ身
外れにくいよう水管、
ワタ、ベロを細かく縫
い刺しにし、4～5個
付けてアピール度を
増す
※場所によってはエビ

ハリス
フロロカーボン
14～16号
22～25cm

ハリ
カットウバリ
14～16号

ワンポイント

釣り方や道具立てはショウサイフグと同じでOK。
ここで紹介するエビやアオヤギなどのエサの下に
つけたカットウで誘って引っ掛ける掛け釣りのほ
かに、エビエサをつけたドウヅキ仕掛の食わせ釣
りもある。カットウ釣りではサオ先に変化を感じ
たら即合わせるようにしたい。

エサ・擬似餌

冷凍エビ、アオヤギ。

東京湾のフグ釣り

ずんぐりとした可愛らしいアカメフグ。食べごたえのある身が魅力だ

ロッドは各メーカーから販売され
ている湾フグ専用タイプを使うと
よい。それに小型の両軸受けリー
ルを合わせる

誘い上げや誘い下げなど多彩
な誘いを駆使してアカメフグ
にアプローチ

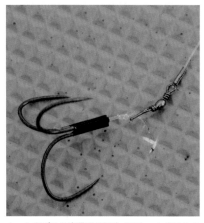

カットウバリは自動ハリス止メでセットするとよい。根掛かってもカットウバリのハリス部分から切れてくれる

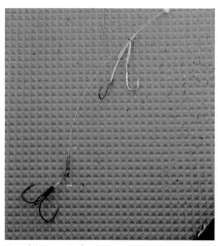

湾フグ仕掛けは親バリ仕掛けとチラシバリ仕掛けがある。写真はチラシバリ仕掛け。食わせバリを2〜3本配置し、小さく切ったエビの身を1個ずつセットする。上のエサを食べに来たフグを下のカットウバリで引っ掛けるというもの

オモリは各種サイズやカラーを用意

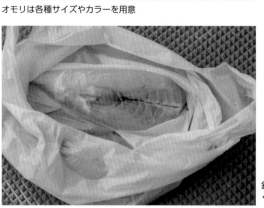

エサはアオヤギやエビを使用する。写真はアルゼンチンアカエビ。船上で配られるので、釣り場に到着するまでに剥いて、切って準備しておくと時間のロスがない

釣ったフグは船上でさばいて身欠きにしてくれるので楽ちん

アカヤガラ

分類	トゲウオ目ヤガラ科ヤガラ属
学名	*Fistularia petimba*
別名	ヤガラ、ヤカラ、フエフキ、フエイオ、タイボウ、ヒーフチャー

アカヤガラは・・・
体の 1/3 を頭部が占めており、ひと目でそれと分かる独特の姿をしている。非常に美味であることから、食味を知る釣り人には大変喜ばれる外道。

漢字

赤矢柄

知る

分布

北海道から九州南岸までの日本海・東シナ海・太平洋沿岸、瀬戸内海、伊豆 - 小笠原諸島、琉球列島に分布。

大きさ

標準体長（尾ビレは含まない）で 2m に達する。

釣期

年間を通じて釣れるが、盛期は 6、7 月と 10 ～ 12 月の 2 回。

1	2	3	4	5	6	7	8	9	10	11	12

棲んでいる場所

沿岸から沖合の水深 200m 以浅に棲む。

生活史

産卵期は 12 ～翌 3 月で、径 1 ～ 2mm の分離浮性卵を産み、受精卵は 4、5 日でふ化する。ふ化直後の仔魚は 6 ～ 7mm と大きく、すぐに動物プランクトンを食べ始める。稚幼魚は岸近くの浅い岩礁やサンゴ礁に隠れすむが、成長に伴って沖合のやや深い岩礁域へと移動する。スポイトのように突出した吻を岩やサンゴの隙間に差し入れて甲殻類や魚類を食べる。吻の内容積は口を開く際に 4 ～ 5 倍となり、水とともにエサを吸い込む。大型個体はほぼ魚類を専食するようになる。

特徴

日本に分布するヤガラ科魚類は、近縁のアオヤガラとの 2 種のみ。アオヤガラとの区別は、尾柄部の側線鱗に鋭い後ろ向きの棘があること、背中の正中線上に鱗があること、生時の体色が赤色であることから容易である。

主な釣り方

南日本の沖釣りでは底魚釣りや青ものねらいの泳がせ釣りのゲストでしばしば登場する。見かけによらず魚食性が強く、泳がせ釣りやジギングが有効。泳がせ釣りでは、小～中型のアジ類を活きエサに、ハリスはフロロカーボン 10 号前後、ヒラマサバリ 13 ～ 15 号を用いる。タナを海底付近に絞ってゆっくり誘う。ジギングは、ミチイト PE1 ～ 2 号、メタルジグ 100 ～ 200 号を水深に応じて使い分ける。

美味しい食べ方

古くから高級な椀だねとして知られており、体の 1/3 を頭部が占めているうえ、内臓がある胴の前半部からはあまり身が取れないため、歩留まりを考えると " 超 " がつく高級魚といえる。身質はやや赤みを帯びた白身で、旬は秋～冬だが年間を通じて味が落ちない。汁物は最上級で、溶けるように身がほぐれて上品な甘味がひろがる。刺し身は皮目が美しく醤油やポン酢に負けない強い甘味と旨味がある。焼き物では適度に身が締まるが、煮物では締まることがなく美味しくいただける。皮付きの空揚げも申し分なく、様々な料理で味わいたい。

フィッシングチャート

魚食性の強いターゲットねらいのときに、外道で釣れることを期待したい。

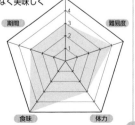

アコウダイ

分類	スズキ目カサゴ亜目メバル科メバル属
学名	*Sebastes matsubarae*
別名	アカウオ、アコウ、メヌケ、メヌキ

アコウダイは・・・
体色は朱一色で腹側はやや銀色がかり、類似した他種との見分けは非常に困難。市場でも厳密な区別がなされないことが多い。深海釣りを代表するターゲットだ。

漢字

赤魚鯛

知る

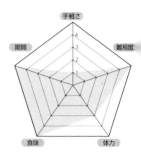

分布
青森県から土佐湾までの太平洋沿岸に分布。北海道日本海沿岸、新潟県、富山湾、島根県隠岐に散発的に分布。

大きさ
最大で65cmを超える。

釣期
通年釣れるが、旬の冬場に釣りが盛んになる。

1	2	3	4	5	6	7	8	9	10	11	12

棲んでいる場所
水深200〜700mの岩礁域に棲む。

生活史
12〜翌4月の産仔期に親魚は水深200〜400mまで浮上して3〜4mmの仔魚を10〜30万尾産む。通常は単独で海底に定位しているが、生息条件に恵まれた場所では群がりをつくっており、通りかかった魚類やイカ類などを食べる。

特徴
背ビレ棘数は13本で、尾ビレ後縁は浅く切れ込み、眼の下に小棘が2本あるなどが特徴。体色は朱一色で腹側はやや銀色がかり、類似した他種との見分けは非常に困難。市場でも厳密な区別がなされないことが多い。

主な釣り方
深海釣りを代表するターゲット。船長の指示に従って、多数のハリがついたドウヅキ仕掛けを順番に落とす。アタリがあってもすぐに上げず、追い食いさせることがコツ。釣りあげる過程の水圧変化で体が膨らみ眼も飛び出すが、多数が掛かった仕掛けではその浮力で800号のオモリをも持ち上げて海面に次々と浮上する。この「提灯行列」はアコウダイ釣り最大の醍醐味である。

美味しい食べ方
旬は冬で、締まった白身は大型のものほど脂が乗り、刺し身、鍋、煮付けなどで美味。焼き物では粕漬けや味噌漬けが旨い。

フィッシングチャート
深海釣りといえばアコウ、アコウといえば海面に複数のアコウが浮かび上がる"提灯行列"が代名詞。慣れを要する釣りものだけに、最初は経験者に同船してもらうのがよいだろう。

釣る

沖釣り

船長の指示を遵守

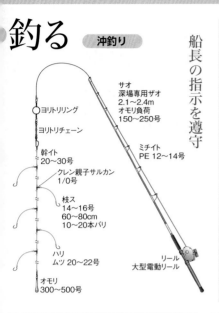

ヨリトリリング

ヨリトリチェーン

サオ
深場専用ザオ
2.1〜2.4m
オモリ負荷
150〜250号

ミチイト
PE 12〜14号

幹イト
20〜30号

クレン親子サルカン
1/0号

枝ス
14〜16号
60〜80cm
10〜20本バリ

ハリ
ムツ 20〜22号

リール
大型電動リール

オモリ
300〜500号

ワンポイント

主な釣り方の項のとおりで、船長の指示をよく守り、他の同船客に迷惑をかけないように気をつけたい。深海釣りなので、1日に数流しで終わることも多い。

エサ・擬似餌

イカ、サバ、カツオなどの短冊。

深場から引き上げられる過程で目が飛び出ることがよくあるため、「メヌケ」の別名もある

深場から連掛けで釣りあげられたアコウダイが海面に並ぶさまは「提灯行列」とも称され壮観（伊豆諸島新島沖）

アナゴ

分類	ウナギ目アナゴ科クロアナゴ属
学名	*Conger myriaster*
標準和名	マアナゴ
別名	ハカリメ、ハカリノメ、スジアナゴ、メソ（小型）

アナゴは・・・

体はヘビのように細長く、褐色で腹側は白い。体の側線に沿って白点が並んでいる。口を閉じると、上アゴが下アゴに被さる形になる。多様な小動物を食べる肉食性であり夜行性。

漢字

穴子

知る

分布

北海道から九州南岸までの日本海・東シナ海・太平洋沿岸域、東シナ海に分布。

大きさ

雄は 50cm、
雌は約 90cm
になる。

釣期

5 ～ 12 月。夏の夜釣りが有名。

1	2	3	4	5	6	7	8	9	10	11	12

棲んでいる場所

沿岸部の浅海にある砂泥底を好む。

生活史

"ノレソレ"と呼ばれ食用にもされるレプトセファルス幼生が春に接岸し、産卵場が九州－パラオ海嶺で発見された。しかし、成熟卵をもった親魚は未だ発見されておらず、産卵生態の詳細は解明されていない。着底した稚アナゴの成長は早く、接岸した年の晩秋には 25㎝に達するものが現れる。1 歳で 30㎝前後、2 歳で 40㎝前後になる。雌の成長が早く、雌は 4 歳で 60㎝を超えるが、雄では 50㎝どまり。
夜行性で日中は砂や泥に潜り、甲殻類や魚類を食べる。

特徴

体はヘビのように細長く、褐色で腹側は白い。体の側線上と背中側に白点列がある。口を閉じると、上アゴが下アゴに被さる形になる。

主な釣り方

もっぱら夜釣りのターゲット。陸っぱりでは堤防や砂浜からの投げ釣りでねらう。沖釣りでは、専用のテンビン仕掛けの2本バリや、ツリガネオモリに1本バリでねらう。ハリ掛かりすると仕掛けにグルグルと体を巻きつけるので、ハリスを短くしたうえにビニールパイプを被せたり隙間なくビーズ玉を通すなどして、仕掛けトラブルを回避する。化学発光体、夜光玉や夜光パイプを使うと集魚効果がある。

美味しい食べ方

煮アナゴは寿司ネタで有名。関西では焼いたものが好まれる。大型よりも、やや小ぶりのほうが美味しいとされる。天ぷらや干物、洗いにして刺し身でもいける。

フィッシングチャート

東京湾における夜アナゴの沖釣りは夏の風物詩ともいえるもの。ただし、近年は釣れる期間がかなり短い傾向にあることが懸念されている。

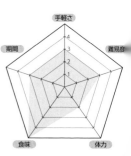

釣る

沖釣り

突かずに”聞く“

ライン
PE 0.8〜1.5号
100m

先イト
フロロカーボン 4〜5号
80〜100cm

ビーズかビニールなどのパイプでハリス部分をカバーしておくと、アナゴが暴れても絡みにくい

アナゴ専用の船ザオ
1.5m前後
オモリ負荷 20〜25号

化学発光体

スナップスイベル
ツリガネ型オモリ 20〜25号

ハリス
フロロカーボン
3〜5号

ハリ
ウナギバリか丸セイゴ 11〜13号

リール
小型両軸受けリール
スピニングリールでもOK

ワンポイント

「小突いてねらえ」とよくいわれるアナゴ釣り。「オモリで海底を突く」と考えがちだが、大切なことはオモリを聞き上げる時に前アタリを感じるように心がけること。つまり「聞き上げの連続」と考えることが肝要だ。オモリを小突くのではなく、そっと海底に置き、小さい聞き上げを繰り返す。

エサ・擬似餌

アオイソメ。

アナゴは完全に日が沈んでからスタート

江戸前のアナゴ釣りは対の2本ザオで釣るのが基本のスタイル。古くは極短い手バネザオが用いられていた。「2本ザオを両手ではちょっと……」という方にはシロギスザオや船宿の貸しザオを利用し、1本ザオで釣るのがよいだろう

ハリは絡み防止としてパイプを被せたり、ビーズを連ねて通している。その上に吊鐘型のオモリ15〜25号を付けた1本バリ仕掛けが一般的

アナゴ釣りは東京湾の初夏の風物詩。そのアタリは小さく、食い込みが遅く、なかなかハリ掛かりに至らない。それを掛け取った時の重量感がたまらず、ゲーム性も高い。また、子どもでも充分に楽しめる

夜アナゴ釣りでは頃合いを見て、船長がさばいてくれ、身と骨と頭に分けて袋詰めにしてくれる

 ⇒魚のさばき方は 532 頁へ

アマダイ

分類	スズキ目スズキ亜目アマダイ科アマダイ属
学名	*Branchiostegus japonicus*
別名	標準和名アカアマダイ グジ、オキツダイ、グズナ、コビル

アマダイは・・・

ひと目でそれと分かる角張った頭と大きな目が特徴的。体色はピンクから赤褐色で尾ビレに黄色い筋が走る。海底のエサを砂ごと吸い込むように食べる。味覚、価格面ともに関西では最高級クラスの魚と位置づけられる。

漢字

甘鯛

知る

分布

青森県から九州西岸の日本海・東シナ海、千葉県から九州南岸の太平洋、瀬戸内海に分布。

大きさ

25 ～ 40cm前後、最大約 60cm。

釣期

9月～翌5月で、ベストシーズンは晩秋から冬にかけて。

1	2	3	4	5	6	7	8	9	10	11	12

棲んでいる場所

水深 30 ～ 150m の砂泥底を好む。

生活史

日本に分布するアマダイ科魚類はアマダイ属の5種であるが、釣りの対象魚となるものの大半は本種である。

産卵期は5～11月で、径 0.86 ～ 1.00mm の分離浮性卵を産む。ふ化仔魚は 2.3mm で、1ヵ月あまりの浮遊生活を送るが、表層からはほとんど採集されない。22mm になると体型は成魚とほぼ同じになり、底生生活に移行する。東シナ海では、1歳で 15cm になり、2歳（21cm）で雌雄とも成熟する。以後は雄の成長が雌を上回り、5歳では雄 35cm、雌 30cm、7歳では雄 39cm、雌 33cm、最大で雄 64cm、雌 57cm になる。

泥っぽい海底に巣穴を掘って暮らし、甲殻類や多毛類などを食べる。

特徴

眼の後方に銀白色の三角形の模様があり、体色はピンクから赤褐色で、体側に黄色い不定形の模様があり、尾ビレに多数の黄色い縦線が走る。

主な釣り方

沖釣りで、電動リールを使った片テンビン仕掛けが主流。エサにはオキアミを使う。ホウボウなど多彩な魚種が混じることも多い。

美味しい食べ方

味の評価も、価格面でも、関西では最高級クラスの魚と位置づけられている。身が柔らかいため、刺し身にするならコブ締めで。ひとしおで焼いたり、粕漬けや干物などにすると、甘みのある独特の香ばしさを放つ。京料理では最高級の食材とされる。

フィッシングチャート

アマダイ専門の乗合船が出ているほか、マイボートでもねらうファンが多い。釣り方そのものは特別に難しくはないので、ビギナーでもチャレンジ可能。ごくまれにシロアマダイが釣れた場合は、高級の上に超が付くという美味が味わえる。

手軽さ
難易度
期間
食味
体力

ライトタックルでねらえる高級魚

釣る 沖釣り

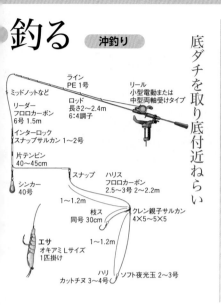

底ダチを取り底付近ねらい

ライン
PE 1号

リール
小型電動または
中型両軸受けタイプ

ミッドノットなど

リーダー
フロロカーボン 1.5m

ロッド
長さ2～2.4m
6:4調子

インターロック
スナップサルカン 1～2号

片テンビン
40～45cm

スナップ

ハリス
フロロカーボン
2.5～3号 2～2.2m

シンカー
40号

1～1.2m

枝ス
同号 30cm

クレン親子サルカン
4×5～5×5

エサ
オキアミ Lサイズ
1匹掛け

1～1.2m

ハリ
カットチヌ 3～4号

ソフト夜光玉 2～3号

ワンポイント

水深 30 ～ 150m の砂泥底で、体を斜め下にした状態で海底のゴカイなどや甲殻類を吸い込むように捕食するという点を考慮したい。仕掛けはシンプルで、タックルもライト化が進んでいる。ビギナーでも楽しめる。

エサ・擬似餌

オキアミ。

エサのオキアミは水流抵抗を受けて回転するとハリスがよれてしまうので、尾の先端を切ったものをハリの軸と水平に刺す

青い海面を割って浮き上がるアマダイは宝石のような美しさ

釣って楽しく食べて美味しいアマダイは冬の釣りものの中でも高い人気

 ⇒魚のさばき方は 534 頁へ

沖	# アラ	分類	スズキ目スズキ亜目アラ科アラ属
		学名	*Niphon spinosus*
		別名	オキスズキ、ホタ、イカケ、キヨセ

アラは・・・
かつてはスズキ科に分類されていたように体型はスズキに似る。現在はハタ科に分類されている。水深70〜360mの沿岸や大陸棚縁辺部などの貝殻まじりの砂底や岩礁に棲む。鍋の高級食材としても有名。

知る

分布
青森県から九州南岸までの日本海・東シナ海沿岸、北海道から九州南岸までの太平洋沿岸、東シナ海大陸棚の縁辺域から斜面域に分布。

大きさ
最大で1mを超える。

釣期
通年釣れるが、盛期は冬。

1	2	3	4	5	6	7	8	9	10	11	12

棲んでいる場所
水深70〜360mの沿岸や大陸棚縁辺部などの貝殻まじりの砂底や岩礁に棲む。

生活史
産卵期は夏〜秋で、やや浅い水深帯に集まる傾向がある。稚魚は表層や亜表層で採集され、小型魚の生息水深帯は浅く成長に伴って深場に移動する。海底から10数m上層までを遊泳し、魚類やイカ類を食べる。

特徴
かつてはスズキ科に分類されていたように体型はスズキに似る。しかし、主鰓蓋骨（エラブタの骨）に3棘があるなどの骨格系の特徴により、現在はハタ科に分類されている。小型魚は体側の背面近くに白色縦線が走り、体側全体の明暗のコントラストが明瞭だが、成長するにつれて一様な暗色になる。前鰓蓋骨にある強大な1棘と背ビレ棘には毒があり、刺されると猛烈に痛みひどく腫れあがるので注意を要する。

主な釣り方
引きが強く食味が良いことから、かつては深海大もの釣りのターゲットとしてゴツい仕掛けで盛んにねらわれたが、近年大型はめっきりと少なくなった。現在の仕掛けは繊細になり、ドウヅキの3〜4本バリや片テンビンの吹き流しで、海底近くの狭いタナをねらう。

美味しい食べ方
超がつく高級魚で、大型ほど高価。刺し身と鍋が特に有名だが、どんな食べ方でも旨い。身がしっかりしているので2日間は寝かせた方が旨みは増す。

フィッシングチャート
従来のドウヅキ仕掛けの釣り、近年流行のスロージギング、いずれも釣りあげるのは非常に難しい沖釣りターゲット。市場価値も大変に高く、釣りあげることができれば値千金の魚といえる。

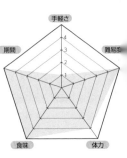

釣る

スローフォールで誘う

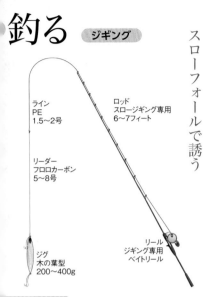

ジギング

ライン
PE
1.5～2号

ロッド
スロージギング専用
6～7フィート

リーダー
フロロカーボン
5～8号

ジグ
木の葉型
200～400g

リール
ジギング専用
ベイトリール

海底2～3m上にエサをキープ

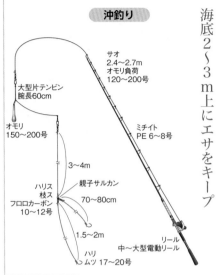

沖釣り

サオ
2.4～2.7m
オモリ負荷
120～200号

大型片テンビン
腕長60cm

オモリ
150～200号

ミチイト
PE 6～8号

3～4m

親子サルカン
70～80cm

ハリス
枝ス
フロロカーボン
10～12号

1.5～2m

ハリ
ムツ 17～20号

リール
中～大型電動リール

ワンポイント

深場から激しい引きを見せるアラは沖釣りの好敵手。近年はジギングでねらう人が増えている。なかでも木の葉型の抵抗の大きいジグを使い、ゆっくりとしたフォールを演出させるスロージギングが人気だ。

ワンポイント

アラのタナは海底から2～3m上。ここにエサをキープするため、マメに底ダチを取り直してアタリを待つ。仕掛けが着底した瞬間に食うケースが非常に多く、複数の個体が存在する場合は大型から順に食ってくる。

エサ・擬似餌

ルアー（ジグ）。

エサ・擬似餌

イカ、サンマ、サバなどの切り身。

ドウヅキ仕掛けの沖釣り

釣ったアラのエラ蓋にある剣状棘はニッパーなどで切り落す

パワーと粘り、強度が欠かせないため深海専用ザオ、または青もの用ワンピースロッドをセレクトする。リールはPE6～8号が500m以上巻ける中型電動リールが必要

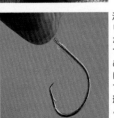

深海釣りではアタリがあってもレスポンスよくは反応できない。このためオートマチックにフッキングしやすく、外れにくい形状のムツバリなどを使う

身エサは動き・匂い・輝きの3要素を重視することがポイントだ。写真は釣りたてのサバをエサ用にさばいたものだが、輝きに優れ、持ちがよい。だが、薄くカットしないと身に弾力があり過ぎて動きが悪い

沖	# イイダコ	分類	八腕形目マダコ科 マダコ属
		学名	*Octopus ocellatus*
		別名	ヨツメダコ、コモチ ダコ、イシダコなど

イイダコは・・・

足の付け根に楕円形の金の斑紋があり、ほかの小型タコと見分けられる。好物の貝類に似た白い色に反応する習性があり、ラッキョウなどの白いものをテンヤに付けて釣る。

漢字

飯蛸

知る

分布
北海道南部から九州南岸までの日本海・東シナ海・太平洋の沿岸、瀬戸内海に分布。

大きさ
10cm 前後がメインで、最大で約 30cm。

釣期
秋から冬にかけて。

1	2	3	4	5	6	7	8	9	10	11	12

棲んでいる場所
穏やかな内湾の浅場、特に水深 20m 以浅の砂底や砂泥底に棲む。ただし、低塩分や泥底を嫌うので、一般的に湾奥や大河川が流入するエリアにはいない。

生活史
産卵期は 2～5 月と考えられていたが、最近の研究から東京湾では 12、1 月を除くほぼ周年産卵することが判明した。産卵からふ化までに 49 日を要するが（マダコでは 28 日）、ふ化直後の稚ダコは 15mm もあって直ちに底生生活を始める。マダコは 30～40 日の浮遊生活期を経て着底するので、ふ化から着底までに要する期間は本種の方が短く、稚ダコの生き残りはよい。ただし親ダコが産める卵は 200～600 粒と極端に少ない。母ダコは卵を保護する習性が強く、通常は貝殻、空き瓶や空き缶に産卵して守るが、卵をダンゴ状に丸め腕に抱えて持ち歩く様子がしばしば観察される。寿命は 1 歳。

特徴
産卵期の雌の胴部には、形も色も大きさも米粒にそっくりな卵が詰まっていることから「イイダコ」の名がついた。腕の間にある金色の環状斑があること、両眼の間にある長方形の淡色の斑紋があることで、他の小型タコ類と見分けることができる。

主な釣り方
好物の貝類に見えるからか、白い色のものに反応する習性があるのでラッキョウや白い瀬戸物を使って釣る。リールザオ、手バネザオを使った沖釣りが主流。オモリと掛けバリが一体となった「テンヤ」にラッキョウなどを付け、海底を小突いて誘う。

美味しい食べ方
特に美味しいのは産卵前の抱卵したメス、そして肉質は夏場がよいとされている。煮付けやおでん、天ぷらなど。

フィッシングチャート
小型のタコだが独特の釣趣から根強い人気がある。また沖釣りの入門ターゲットとしても好適で、食味も楽しめる。

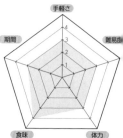

釣る

テンヤ・スッテ

小突いて、聞いて…

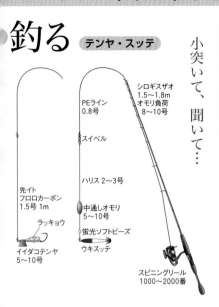

シロギスザオ
1.5〜1.8m
オモリ負荷
8〜10号

PEライン
0.8号

スイベル

ハリス 2〜3号

中通しオモリ
5〜10号

蛍光ソフトビーズ

ウキスッテ

スピニングリール
1000〜2000番

先イト
フロロカーボン
1.5号 1m

ラッキョウ

イイダコテンヤ
5〜10号

ワンポイント

小型のタコでアベレージサイズは 10cm ほど。テンヤにはラッキョウの他、白い瀬戸物、ネギの白い部分、豚の脂身などで代用可能だ。ゴム製のラッキョウもある。主食が小型の二枚貝のため、白っぽいものは好物の貝類に見えるようだ。

仕掛けが着底したら、底ダチを取り、テンヤを浮かせず小さく小突いたあとで 30 〜 50cm ほど浮かせてアタリを聞く。

エサ・擬似餌

ラッキョウまたはそれに見せかけたもの、スッテ。

イイダコテンヤ。古くはこのテンヤにラッキョウを巻き付けて探っていた

現在は生ラッキョウを使わずゴム製のラッキョウが主流になっている。貝のようにも見える白い物体に好反応を示す

中通しオモリにセットされたウキスッテ。小型の乗りもよく、キャスティングで探るのに好適

スッテに乗ったイイダコ。張り付いたタコを引っぺがす感触がたまらない

 ⇒魚のさばき方は 540 頁へ

イサキ

分類	スズキ目スズキ亜目イサキ科イサキ属
学名	*Parapristipoma trilineatum*
別名	イサギ、ウリンボ・ウリボウ（幼魚）

イサキは・・・

幼魚は体に黒っぽい縦縞が走り、イノシシの子供の模様に似ているためウリンボなどと呼ばれる。成魚になると昼と夜で群泳する層が変わり、日中は海底、夜は海面付近にきてエサをとる。

漢字

伊佐木

知る

分布

新潟県から九州南岸までの日本海・東シナ海沿岸、宮城県から九州南岸までの太平洋沿岸、瀬戸内海、東シナ海大陸棚域に分布。

大きさ

最大で50cmほど。

釣期

3～12月と長いが、最盛期は初夏（5～7月）。

1	2	3	4	5	6	7	8	9	10	11	12

棲んでいる場所

潮通しのよい岩礁域に棲む。水深数m～100mの高根の周囲に群れる。

生活史

産卵期は5～8月で、径0.78～0.85mmの分離浮性卵を産む。稚魚はやや内湾的な浅い藻場や転石帯などに現れ、成長に伴って外洋域へと移動する。海域によって成長差があり、相模湾周辺では1歳で11～13cm、2歳で18～19cm、3歳で23～25cm、4歳で25～28cmになる。雌は3歳、雄は2歳で多くが成熟し、高齢魚ほど雌の割合が高くなる。寿命は15歳以上と考えられ、豊後水道で耳石の解析から確認された23歳が最高齢記録。

成魚は昼夜で群泳する層が変わり、日中は海底付近、夜は海面付近で小型の甲殻類や動物性プランクトンを食べる。そのため夜釣りの対象にもなる。

特徴

イサキ属魚類は日本に本種のみが分布する。幼魚は体に3本の暗褐色の縦縞をもつ。この模様がイノシシの子供に似ていることからウリンボなどと呼ばれるが、この縦縞は成長に伴い不明瞭になる。

主な釣り方

磯や堤防からのウキフカセ釣り、カゴ釣り。沖釣りでは寄せエサカゴを付けた片テンビン仕掛けやサビキでねらう。いずれもエサはオキアミが主流。近年は沖釣りのスーパーライトジギング（ルアー）も人気だ。

美味しい食べ方

晩春から夏にかけてが旬。脂の乗った白身で、小型のものでも美味い。刺し身や塩焼き、なめろうなど。

フィッシングチャート

多彩な釣り方で楽しめる好ターゲット。釣り場も堤防、磯、沖とバリエーションに富む。ほどよい引き、数が釣れること、食味のよさから人気が高い。

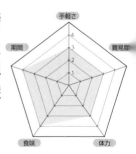

釣る

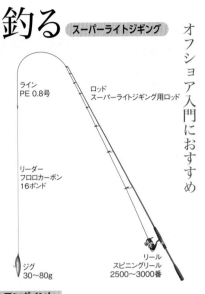

スーパーライトジギング

オフショア入門におすすめ

ライン
PE 0.8号

ロッド
スーパーライトジギング用ロッド

リーダー
フロロカーボン
16ポンド

ジグ
30〜80g

リール
スピニングリール
2500〜3000番

ワンポイント

浅い海で軽いジグを使ってねらうスーパーライトジギング。イサキはもともとエサ釣りのターゲットだが、小型のジグでも口を使わせることができる。イサキ以外の中小型の回遊魚もヒットするので面白い。産卵期にあたる5〜7月は魚食性が強くなることから、ルアーに反応しやすくなる。

エサ・擬似餌

ルアー（ジグ）。

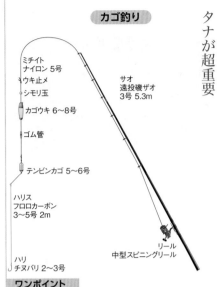

カゴ釣り

タナが超重要

ミチイト
ナイロン 5号

ウキ止メ

シモリ玉

カゴウキ 6〜8号

ゴム管

テンビンカゴ 5〜6号

サオ
遠投磯ザオ
3号 5.3m

ハリス
フロロカーボン
3〜5号 2m

ハリ
チヌバリ 2〜3号

リール
中型スピニングリール

ワンポイント

魚が上層を意識している夜釣りに分があるが、魚のいる場所をしっかり見極めれば日中でも充分釣果を上げられる。深ダナから始めてタナを浅くしていき、魚の釣れるタナを見つけよう。

エサ・擬似餌

オキアミ（付けエサ）、アミコマセ（寄せエサ）。

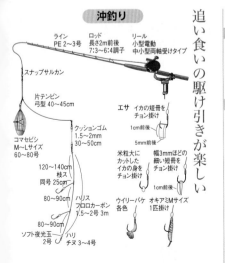

沖釣り

追い食いの駆け引きが楽しい

ライン
PE 2〜3号

ロッド
長さ2m前後
7:3〜6:4調子

リール
小型電動
中小型両軸受けタイプ

スナップサルカン

片テンビン
弓型 40〜45cm

クッションゴム
1.5〜2mm
30〜50cm

コマセビシ
M〜Lサイズ
60〜80号

120〜140cm
枝ス
同号 25cm

エサ イカの短冊を
チョン掛け
1cm前後

5mm前後

米粒大に
カットした
イカの身を
チョン掛け

幅3mmほどの
細い短冊を
チョン掛け
1cm前後

80〜90cm
ハリス
フロロカーボン
1.5〜2号 3m

ウイリーバケ
各色

オキアミMサイズ
1匹掛け

80〜90cm
ソフト夜光玉
2号

ハリ
チヌ 3〜4号

ワンポイント

船長の指示ダナに従い、数回に分けて寄せエサを撒きイサキの食いを待つ。寄せエサと付けエサを同調させるのがコツで、活性が高い時は追い食いも期待できる。

エサ・擬似餌

オキアミなど。

イサキ釣り３スタイル

スーパーライトジギング

従来はエサ釣りの対象魚とされたイサキだが、近年は写真のようなルアータックルと小型ルアーでねらう釣り＝スーパーライトジギングも人気が出てきた

カゴ釣り

イサキの旬は梅雨である。沖の潮目に向かってカゴ釣り仕掛けをフルキャスト

独特な形状の発泡ウキとカゴのセット

❶カゴの中に寄せエサを入れた状態。寄せエサはオキアミかアミエビ、付けエサ（❷）はオキアミを使う

イサキの小型は縞模様が入る。イノシシにも似ていることからウリボウと呼ばれる

沖釣り

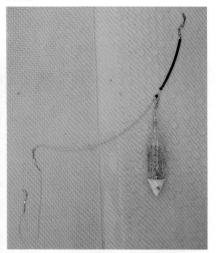

沖釣りではテンビン仕掛けでねらう。カゴの中に寄せエサのアミを詰め、海中で振ってイサキを寄せる

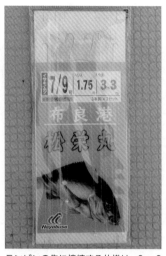

テンビンの先に接続する仕掛け。2〜3本バリが一般的だ

初夏によく釣れることから「梅雨イサキ」という言葉もある（千葉県布良）

船からの釣りはアジなどと同じライトタックルで楽しめる

食べる

刺し身の盛り合わせ
身も皮も美味しいイサキの味を引き出す

脱水シートの冷蔵庫干し
簡単なひと手間で、脂が乗った旬のイサキが美味しく頂ける

韓国風・香味野菜和え姿造り
クセのない身は、サラダ風に調味しても、おつまみやおかずにぴったり

 ⇒魚のさばき方は 542 頁へ

イシガキダイ

分類	スズキ目スズキ亜目イシダイ科イシダイ属
学名	*Oplegnathus punctatus*
別名	ワサ、モンバス、クチジロ（老成魚）

イシガキダイは・・・

体高があり、体の表面には石垣のような模様がある。老成すると模様は消え、口の周辺が白くなることからクチジロの異名を持つ。肉食性で、クチバシ状の強靭な歯を持ち、甲殻類や貝、ウニなどを噛み砕いて捕食する。

漢字

石垣鯛

知る

分布

主に房総半島から屋久島までの太平洋沿岸、九州西岸の東シナ海沿岸、伊豆－小笠原諸島、琉球列島に分布し、北海道全沿岸、日本海沿岸、東北地方太平洋沿岸、瀬戸内海には散発的に分布。

大きさ

成魚は 50cm 前後、最大で 80cm クラスも確認されている。

釣期

地域差があるが、一般的には 4 ～ 11 月。

1	2	3	4	5	6	7	8	9	10	11	12

棲んでいる場所

沿岸部の岩礁域やサンゴ礁など、イシダイの住処と似たような場所を好む。

生活史

産卵期は春～夏で、0.8 ～ 0.9㎜の分離浮性卵を産む。ふ化仔魚は 2.1 ～ 2.3㎜で、浮遊生活を送る。稚魚は夏に浅海の藻場や転石帯に現れ、一部は流れ藻について外洋を漂流する。4㎝を超えると沿岸の岩礁域に定着し、イシダイを上回る成長を示す。1 歳で 18㎝、2 歳で 26㎝、3 歳で 30㎝、4 歳で 36㎝、5 歳で 48㎝になる。

肉食性で、クチバシ状の強靭な歯を持ち、甲殻類や貝、ウニなどを噛み砕いて食べる。

特徴

体高があり、体に石垣状ないし網目状の多くの黒斑がある。この黒斑は成長に伴って細かくなり、雄ではこの模様が消えるとともに吻から口元は白くなり、「クチジロ」と呼ばれる。雌は大きく成長しても斑紋は残る。

主な釣り方

ドウヅキ仕掛けを使い、磯や岩礁域の堤防からブッコミ釣りでねらう。

美味しい食べ方

高級魚だが、関東などではあまり市場に出回っていない。刺し身が美味しい。ただし、南西日本の一部地域からはシガテラ毒をもつものが報告されている。さらに近年では関東沿岸からもシガテラ毒個体が発見されたので注意を要する。

フィッシングチャート

イシダイとともに、磯の底もの釣りを代表するターゲット。1 日に 1 尾の釣果すらないことも珍しくなく、釣るのは難しいが根強いファンがいる。一たび掛かればその引きは強烈だ。

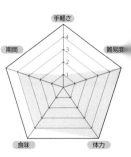

釣る

ブッコミ釣り

ワイヤハリスで強靭な歯対策

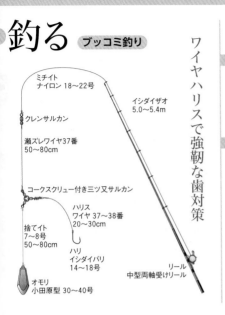

- ミチイト
ナイロン 18〜22号
- イシダイザオ
5.0〜5.4m
- クレンサルカン
- 瀬ズレワイヤ37番
50〜80cm
- コークスクリュー付き三ツ又サルカン
- ハリス
ワイヤ 37〜38番
20〜30cm
- 捨てイト
7〜8号
50〜80cm
- ハリ
イシダイバリ
14〜18号
- リール
中型両軸受けリール
- オモリ
小田原型 30〜40号

ワンポイント

岩礁帯を住処にしており、中層ではなく底をねらうため、根掛かり対策を重視した仕掛けになる。また甲殻類や貝、ウニなどを噛み砕いて捕食する強靭な歯に対抗するため、ワイヤハリスを用いる。イシダイ同様、早アワセは厳禁とされる。

エサ・擬似餌

サザエ、ウニ、ヤドカリなど。

大型に育ち老成したイシガキダイは「クチジロ」と呼ばれる迫力のある風貌になる

クチジロはイシダイの大もの（クチグロ）と並ぶ磯釣りファンの憧れのターゲット

イシガレイ

分類	カレイ目カレイ科 イシガレイ属
学名	*Platichthys bicoloratus*
別名	イシモチ、イシモチガレイ、ゴゾゴゾガレイ

イシガレイは・・・

体表にはウロコがなく、白い斑点が見られる。背と腹、体の中央に石のような突起物があるのが最大の特徴。岩礁周りの砂底、砂泥地、ガラ場などを好む。

漢字

石鰈

知る

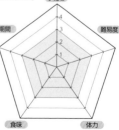

分布

北海道全沿岸、青森県から九州西岸までの日本海・東シナ海沿岸、青森県から豊後水道までの太平洋沿岸、瀬戸内海に分布。

大きさ

最大で 60cm を超えるものもいる。

釣期

11 〜翌 4 月の低水温期。

1	2	3	4	5	6	7	8	9	10	11	12

棲んでいる場所

水深 100m 以浅の砂底、砂泥地に棲み、汽水域に入ることもある。

生活史

産卵期は 12 〜翌 7 月で、南ほど早い。水深 10 〜 30 mの海底に集まり径 1.03 〜 1.15mm の分離浮性卵を産む。ふ化直後の仔魚は 3mm で、60 日を超える浮遊生活期中に変態が進み、15mm でほぼ親と同じ形になって着底する。着底後の稚幼魚は、水深数 10cm のごく浅い砂底に集まる。成長は海域により異なり、また雌の方が雄よりも成長が早い。周防灘では、1 歳では雌雄とも 16cm、2 歳で雌 26cm、雄 23cm、3 歳で雌 34cm、雄 27cm、4 歳で雌 39cm になる。雌は 3 歳、雄は 2 歳で多くが成熟し、寿命は 10 年以上と考えられている。

甲殻類や多毛類などのほか、小魚を食べることもある。好物は二枚貝で、特に二枚貝の水管ばかりを食べる個体がいる。

特徴

有眼側・無眼側ともに鱗がない。成魚の有眼側の背側部、腹側部および側線付近に石状の骨質板が並ぶ。側線はほぼ直走する。

東京湾では、かつてカレイといえば本種を指すほどポピュラーな魚だったが、稚幼魚が育つごく浅い砂底が埋め立てられたために資源が激減してしまった。また、仙台湾で漁獲される本種の 9 割は、蒲生干潟で育ったものと考えられている。内湾部の埋立ての影響を最も強く受ける魚の 1 つである。

主な釣り方

投げ釣りや、沖釣りでねらう。おもなエサはアオイソメ。好奇心を刺激するために派手なオモリを使ったり、小突いて誘うのも有効。

美味しい食べ方

皮に臭みがあるため、体表の石と皮を早めに取り除くのが美味しく食べるコツ。刺し身や煮付けのほか、塩焼きも意外にいける。

フィッシングチャート

投げ釣りではマガレイ、マコガレイと並んでポピュラーなターゲットの 1 つ。ファミリーでも比較的手軽にねらえる。

手軽さ / 期間 / 難易度 / 食味 / 体力

釣る

投げ釣り

置きザオで待つ

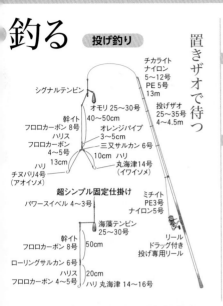

チカライト
ナイロン
5〜12号
PE 5号
13m

シグナルテンビン

幹イト
フロロカーボン 8号
ハリス
フロロカーボン
4〜5号

オモリ 25〜30号
40〜50cm

オレンジパイプ
3〜5cm

投げザオ
25〜35号
4〜4.5m

三又サルカン 6号

10cm ハリ

ハリ
13cm

チヌバリ4号
（アオイソメ）

丸海津14号
（イワイソメ）

超シンプル固定仕掛け

パワーイベル 4〜3号

海藻テンビン
25〜30号

ミチイト
PE3号
ナイロン5号

幹イト
フロロカーボン 8号

50cm

ローリングサルカン 6号

リール
ドラッグ付き
投げ専用リール

ハリス
フロロカーボン 4〜5号

20cm

ハリ 丸海津 14〜16号

ワンポイント

投げた後は置きザオで待てるので、のんびりとファミリーフィッシングにも向く。初冬の乗っ込み、春先の花見ガレイがシーズン最盛期になる。沖釣りでは片テンビンを使った 2 〜 3 本バリ仕掛けで小突いてねらう。

エサ・擬似餌

アオイソメ。

投げ釣りではアオイソメをたっぷりと房掛けにするのが効果的

岩礁周りの砂底をねらう

イワイソメとアオイソメのミックス掛けは匂いと動きでアピール度を高める

オモリは浮き上がりの早いフロートシンカーを使うと根掛かりしにくい

ドラッグをフリーにしてアタリを待つ

⇒魚のさばき方は 548 頁へ

イシダイ

分類	スズキ目スズキ亜目イシダイ科イシダイ属
学名	*Oplegnathus fasciatus*
別名	シマダイ（幼魚）、サンバソウ（若魚）、クチグロ（老成魚）など多数。

イシダイは・・・

幼魚のうちはシマウマのような白黒模様が目立つ。雌は成長してもこの縞が残るようだが雄は模様が消えて口の周囲が黒くなる。イシガキダイと同様、クチバシのような強い歯を持ち、サザエなどの硬い殻も割って食べる

漢字

石鯛

知る

分布

北海道全沿岸から九州南岸までの日本海・東シナ海・太平洋沿岸、瀬戸内海、伊豆諸島に分布。琉球列島では稀。

大きさ

成長すると 60cm ほどになるが、老成して 80cm を超す大ものもいる。

釣期

4〜11月ごろ。地域差はあるが、温かい季節が中心である。

1	2	3	4	5	6	7	8	9	10	11	12

棲んでいる場所

水深 70 m 以浅の沿岸部の岩礁域に棲む。

生活史

産卵期は 4〜7月。外洋に面した磯で日没時に雄につつかれて海面に横倒しになった雌が放卵する様子が観察されている。稚魚は 10mm を超えると縞模様が現れ、流れ藻について動物プランクトンなどを食べながら育つ。やがて海底に生活の場を移し、甲殻類や貝類、ウニなどを食べる。1歳で 15cm、2歳で 22cm、3歳で 25cm、4歳で 30cm、6歳で 40cm を超える。多くは 3 歳で成熟する。産卵のために南下回遊し、伊豆半島東岸から熊野灘に移動した群れの例が知られている。イシガキダイと同様、クチバシのような強い歯を持ち、サザエなどの硬い殻も割って食べることができる。

特徴

体に 7 本の横縞をもつ。雄は成長に伴って体が銀白色になり、横縞は尾柄部を残して消え、吻から口元が黒くなり「クチグロ」と呼ばれる。雌は老成しても縞は薄くなる程度で消えることはない。好奇心が旺盛なことでも知られ、幼魚は泳ぐ人に近寄ってきてつついたりすることもある。

主な釣り方

強靭なタックルに太いイトとワイヤのハリスを使い、捨てオモリ仕掛け・南方宙吊り仕掛けなどでねらう。

美味しい食べ方

高級魚であり、大ものよりも中型（30 〜 40cm）が美味しい。刺し身がおすすめで、火を通すと磯臭さがやや鼻につく。

フィッシングチャート

磯の王者と呼ばれ、熱狂的なファンが多い。1日で1尾も釣果を得られないことは普通で、釣りあげるには技術とともに相当な忍耐力が求められる。大型ともなれば、生涯記憶に残るほどのインパクトを与えてくれる魚だ。

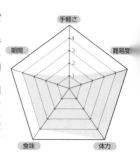

釣る ブッコミ釣り

早アワセは厳禁

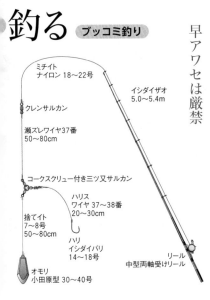

ミチイト
ナイロン 18～22号

イシダイザオ
5.0～5.4m

クレンサルカン

瀬ズレワイヤ37番
50～80cm

コークスクリュー付き三ツ又サルカン

ハリス
ワイヤ 37～38番
20～30cm

捨てイト
7～8号
50～80cm

ハリ
イシダイバリ
14～18号

リール
中型両軸受けリール

オモリ
小田原型 30～40号

ワンポイント

岩礁帯の底ねらいのため、根掛かり対策を優先した仕掛けとなる。硬いクチバシのような口と歯で甲殻類や貝を噛み砕くため、ワイヤハリスは必須。「３段アワセ」といわれるように、早アワセは厳禁。しっかりと食い込ませてから合わせる。

エサ・擬似餌

サザエ、ウニ、ヤドカリなど。

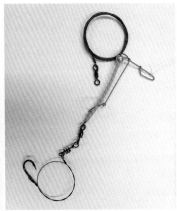

イシダイ釣りでは強靭なアゴでも噛み切られないように、ハリス部分にワイヤが使われる

荒々しい磯で力強い魚と対峙するイシダイ釣りに魅入られる人は多い

成長とともに縞模様が消え、口先が真っ黒になった大ものは「クチグロ」と呼ばれる

イシモチ

分類	スズキ目スズキ亜目ニベ科シログチ属
学名	*Pennahia argentata*
別名	標準和名シログチ グチ、近縁のニベやコイチを含めて「イシモチ」と呼ぶことが多い。

イシモチは・・・

釣りあげるとグーグーと音を出す。頭蓋骨の中の「耳石」が非常に大きいことから、「イシモチ」の名がついたとされる。浅海の砂泥底に群れを作り多毛類や甲殻類などを食べている。

漢字

石持

知る

分布

青森県から九州南岸までの日本海・東シナ海沿岸、青森県から九州南岸までの太平洋沿岸、瀬戸内海、東シナ海大陸棚域に分布。

大きさ

一般的に釣れるのは20〜40cmクラス。50〜60cmに成長するものもいる。

釣期

ほぼ周年釣れる。投げ釣りでは6〜11月、沖釣りでは12月から翌年の3月ごろまでがハイシーズン。

1	2	3	4	5	6	7	8	9	10	11	12

棲んでいる場所

水深20〜100m前後の、沿岸部の砂泥地に生息する。

生活史

産卵期は東シナ海で6〜7月、径0.73〜0.80mmの分離浮性卵を産む。ふ化直後の仔魚は1.46〜1.50mmで、2.4mmで卵黄を吸収し動物プランクトンを食べて成長する。2cmで着底し、底生生物を食べるようになる。成長は海域により異なり、東シナ海では1歳で15cm、2歳で23cm、3歳で27cm、4歳で29cm、5歳で31cmになる。雌雄とも2歳で成熟し寿命は10歳前後と考えられる。

砂泥底に群れをつくり、多毛類、甲殻類や小魚などを捕食する。

特徴

体色は白く、エラブタに大きな黒斑がある。尾ビレ後端は尖る。釣りあげるとウキブクロを振動させて「グーグー」と音を出し、これが別名「グチ」の由来となっている。頭蓋骨の中にあって平衡感覚をつかさどる「耳石」が非常に大きいため、「イシモチ」の名がついたとされる。

主な釣り方

投げ釣りの場合は、テンビンを使ったドウヅキ仕掛けでねらう。エサはアオイソメがメインで、サンマの切り身を使う地方もある。

美味しい食べ方

味の評価は低いことも多いが、釣ってからきちんと血抜きをしておけば刺し身でも美味しい。一般的な調理法は塩焼き、干物など。

フィッシングチャート

特に難しいターゲットではなく、早アワセさえしないように気をつければビギナーでも充分楽しめる。沖釣りでは30cmクラスが普通に釣れるので引きもなかなか。血抜きさえしっかりすれば美味しく頂ける点もうれしい。

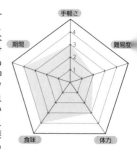

釣る

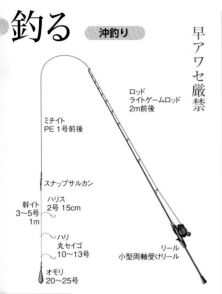

早アワセ厳禁

沖釣り

ロッド
ライトゲームロッド
2m前後

ミチイト
PE 1号前後

スナップサルカン

幹イト
3～5号
1m

ハリス
2号 15cm

ハリ
丸セイゴ
10～13号

リール
小型両軸受けリール

オモリ
20～25号

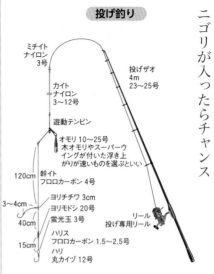

ニゴリが入ったらチャンス

投げ釣り

ミチイト
ナイロン
3号

投げザオ
4m
23～25号

カイト
ナイロン
3～12号

遊動テンビン

オモリ 10～25号
木オモリやスーパーウ
イングが付いた浮き上
がりが速いものを選ぶといい

120cm 幹イト
フロロカーボン 4号

3～4cm ヨリチチワ 3cm

ヨリモドシ 20号

40cm 蛍光玉 3号

リール
投げ専用リール

15cm ハリス
フロロカーボン 1.5～2.5号

ハリ
丸カイズ 12号

ワンポイント

道具立てがシンプル、アタリも多くビギナーにも
おすすめの沖釣りターゲット。釣り方はオモリが
底をトントンと叩くだけでOK。アタリが出ても
待って、向こうアワセで掛けても充分釣れる。と
いうよりも、エサをついばむように食べるため早
アワセは厳禁だ。多点掛けをねらいたい場合は聞
き下げで誘っていくとよいだろう。

エサ・擬似餌

アオイソメ。

ワンポイント

ねらいはズバリ、ニゴリが入った時。イシモチは
エサを歯で噛みつつ捕食するため、食い込みを待
つ必要がある。周年ねらえるが、投げ釣りでは6
～11月が盛期である。

エサ・擬似餌

アオイソメ、サンマの切り身など。

イシモチは爽快な投げ釣りの好敵手

沖釣り。アワセのタイミングが上手ければ多点も連発、
女性でも釣りやすい

エサはアオイソ
メの1匹付け。
タラシを長めに
取ってアピール
度を高める

美味しく食べた
ければ血抜きを
しよう!

 ⇒魚のさばき方は550頁へ

イスズミ

分類	スズキ目スズキ亜目イスズミ科イスズミ属
学名	*Kyphosus vaigiensis*
別名	イズスミ、ババタレ

イスズミは・・・
体型はメジナに似ているが、側面に薄い黄色の縦縞が走っている。雑食性だが夏場は小型の甲殻類などを好み、冬になると海藻を食べる傾向がある。温帯から熱帯にある浅海の岩礁域に棲む。

漢字

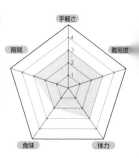

伊寿墨

知る

分布
主に房総半島から九州南岸までの太平洋岸、伊豆－小笠原諸島、琉球列島に分布し、津軽海峡から九州西岸までの日本海・東シナ海沿岸、東北地方太平洋沿岸に散発的に分布し、北海道沿岸では稀。

大きさ
最大で約70cm。

釣期
晩春から秋口にかけて。

1	2	3	4	5	6	7	8	9	10	11	12

棲んでいる場所
沿岸や沖合の岩礁域に見られ、底付近に生息する。

生活史
産卵期は春で、径1mm前後の分離浮性卵を産む。仔魚は浮遊生活を送り、7mmで各ヒレの条数は定数に達して稚魚期へと移行する。稚幼魚は流れ藻につくことが多く、広域に漂流・分散する。着底後は、潮通しがよい外洋に面した岩礁域に群れる。年齢と成長の関係についてはよく分かっていない。
雑食性で、夏場は小型の甲殻類などを好み、冬になると海藻を食べる傾向がある。

特徴
イスズミ属魚類は日本に4種が分布し、いずれも体型はメジナに似ている。本種は、背ビレの棘条部基底長が軟条部基底長よりも短いことで、同属の他3種から区別できる。生時の体側面には、青緑色、黄色または橙色の縦縞が多数走る。

主な釣り方
磯釣りで、メジナの外道としてよく掛かる。ねらって釣ることは少ないが、より大きく育つため大ものの引き味には定評がある。メジナのウキフカセ仕掛けを一回り強くしたタックルで臨めば強烈な引きを堪能することができる。

美味しい食べ方
食用としては一般的に不人気。小動物を食べる。夏は磯臭くなるためだが、藻類を食べる冬は臭みもなくなり、美味しい。刺し身、フライなどに向く。

フィッシングチャート
メジナ釣りでは定番のゲストだが、釣りあげると糞をまき散らすため（ババタレの別名はここから）、釣り人には嫌われている。ただしかなり大きく成長するので大型が掛かるとよく引く。

手軽さ
難易度
体力
食味
期間

釣る ウキフカセ釣り

本命の練習相手に好適

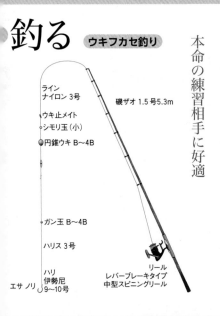

ライン
ナイロン 3号

ウキ止メイト

シモリ玉（小）

円錐ウキ B〜4B

磯ザオ 1.5号5.3m

ガン玉 B〜4B

ハリス 3号

ハリ
伊勢尼
9〜10号

エサ ノリ

リール
レバーブレーキタイプ
中型スピニングリール

ワンポイント

メジナのウキフカセ釣り仕掛けとタックルがそのまま適合する。ただし、最大で全長 70cm にも達するので大型の引きには注意したい。

エサ・擬似餌

オキアミなど。

メジナをねらう磯のウキフカセ釣りでは定番ゲストのイスズミ。ヒットすれば時にメジナ以上の走りでイトを引き出す

こちらは同属のテンジクイサキ。背ビレと臀ビレの前方部軟条が長く伸びることで見分けがつく

イトヒキハゼ

分類	スズキ目ハゼ亜目ハゼ科イトヒキハゼ属
学名	*Cryptocentrus filifer*
別名	テカミ、テテカミ、パックンチョ、テックイ

イトヒキハゼは・・・

釣りあげると指に噛みつく習性があり、それに由来した様々な別名がつけられている。シロギスの沖釣りでは定番の外道。マゴチ釣りの活き餌として重宝される。

漢字

糸引鯊

知る

分布

新潟県から熊本県までの日本海・東シナ海沿岸、千葉県館山湾から土佐湾までの太平洋沿岸、瀬戸内海に分布。

大きさ

最大で13cmまで。

釣期

ねらって釣ることはないが、周年釣れる。

1	2	3	4	5	6	7	8	9	10	11	12

棲んでいる場所

内湾の砂泥底でテッポウエビ類と共生する。

生活史

砂泥底にテッポウエビ類が掘った巣穴に共生し、その穴の中で産卵すると考えられている。穴の出入り口に定位して周囲を警戒しており、外敵が近づくと尾ビレを震わせてエビに危険を知らせ、さらに危険度が高まると自分も巣穴に隠れる。巣穴から離れて活動することはほとんどなく、流れて来る動物プランクトン等を食べる。

特徴

第1背ビレの先端が糸状に伸びており、名の由来となっている。体側に4本の暗色縦帯があり、頬とエラブタに多数の青白色斑があり、第1背ビレの前方に黒色斑があることで類似のハゼ類から区別することができる。釣りあげると指に噛みつく習性があり、それに由来した様々な別名がつけられているが、噛まれても痛くはない。

主な釣り方

シロギス釣りの定番外道で、特に泥っぽい場所ではよく釣れる。マゴチ釣りの活きエサとして抜群の威力を発揮することから、エサ用に専門にねらう釣り人は少なくない。使用する道具や仕掛けはシロギス用をそのまま流用すればよい。

美味しい食べ方

一般的に食用にされることはないが、天ぷらやフライで食べることができる。

フィッシングチャート

主にシロギスの沖釣りでよく掛かる。エサ用以外にねらって釣ることはない。

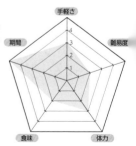

イトヨリダイ

分類	スズキ目スズキ亜目イトヨリダイ科イトヨリダイ属
学名	*Nemipterus virgatus*
別名	イトヨリ、イトヒキ

イトヨリダイは・・・

体色はピンクのような淡い赤で、側面に6本の黄色いラインが入っている。イトを撚っているような動きで泳ぐため、この名がついた。英名にも Golden thread（金の糸）という単語が入っている。

沖

漢字

糸縒鯛

知る

分布

新潟県から九州南岸までの日本海・東シナ海沿岸、鹿島灘から九州南岸までの太平洋沿岸、瀬戸内海、東シナ海大陸棚に分布。

大きさ

最大で40cmほど。

釣期

秋〜初春に釣れ、1〜3月が最盛期。

1	2	3	4	5	6	7	8	9	10	11	12

棲んでいる場所

水深250mまでの砂泥底に棲む。

生活史

産卵期は、駿河湾で1〜6月（盛期は4〜6月）。仔稚魚は南日本の沿岸で5〜8月に出現する。1歳で13cm、2歳で24cm、3歳で32cm、4歳で39cm、5歳で45cmになる。多くは3歳で成熟する。雄は機能していない卵巣をもつ痕跡的雌雄同体である。夏は陸よりの浅場に多く、冬は沖の深場に移動する。

特徴

体は側扁しやや細長く、尾ビレの上葉は糸状に伸びる。体色は淡赤色で、体側面に6本の黄色縦線があり、エラブタの上方に赤い斑紋をもつ。イトを撚っているような動きで泳ぐため、この名がついた。ちなみに、英名にも Golden thread（金の糸）という単語が入っている。

同属のソコイトヨリと区別されずに "イトヨリ" として扱われることが多い。ソコイトヨリは黄色縦線が3本であることから見分けられる。

主な釣り方

水深40〜100m前後を沖釣りでねらう。釣り場によっては、岸からでもマダイの外道などで釣れることがある。

美味しい食べ方

柔らかい白身で、秋から冬にかけてが旬。蒸し物や潮汁など。皮目に旨みがあるので、刺し身ならウロコを引いてから湯引きにするのがいい。

フィッシングチャート

イトヨリダイ専門の乗合船というのはなく、アマダイ釣りや、コマセダイの釣りで混じって釣れてくることが多い。高級魚であることから釣り人には好まれている。

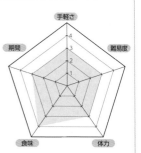

釣る 沖釣り

アマダイタックルを流用

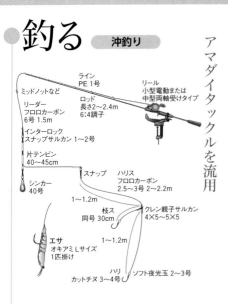

ライン
PE 1号

リール
小型電動または
中型両軸受けタイプ

ミッドノットなど

リーダー
フロロカーボン
6号 1.5m

ロッド
長さ2〜2.4m
6:4調子

インターロック
スナップサルカン 1〜2号

片テンビン
40〜45cm

シンカー
40号

スナップ

ハリス
フロロカーボン
2.5〜3号 2〜2.2m

1〜1.2m

枝ス
同号 30cm

クレン親子サルカン
4×5〜5×5

1〜1.2m

エサ
オキアミ Lサイズ
1匹掛け

ハリ
カットチヌ 3〜4号

ソフト夜光玉 2〜3号

ワンポイント

アマダイ釣りのタックルと仕掛けがそのままマッチする。水深 40 〜 100 mの砂泥底を好み、多毛類や甲殻類を捕食する点も抑えておきたい。

エサ・擬似餌

オキアミ、アミエビ、サビキなど。

 ⇒魚のさばき方は 551 頁へ

イトヨリダイはアマダイ釣りのゲストでヒットすることが多い。食べても美味しいので、型のよいものはお土産にうれしい（神奈川県茅ヶ崎沖）

こちらもアマダイねらいのマイボート釣りでヒットした1尾（伊豆伊東沖）

ウサギアイナメ

分類	スズキ目カジカ亜目アイナメ科アイナメ属
学名	*Hexagrammos lagocephalus*
別名	アブラッコ、アブラコ、ハゴトコ、シジュウ、シンジョ、ホッカイアブラコ、アカアイナメ

ウサギアイナメは・・・
「ウサギ」と名のつく由来は、正面から見た顔がウサギに似ていることからともいわれる。色鮮やかな体色も特徴。

兎
鮎
並

知る

分布
北海道の全沿岸域に分布。

大きさ
最大で 80cm になる。

釣期
周年釣れるが、産卵期にあたる 8 月前後と厳寒期には釣れにくくなる。

1	2	3	4	5	6	7	8	9	10	11	12

棲んでいる場所
沿岸岩礁域で、同属のアイナメやスジアイナメよりも深い場所に棲む。

生活史
産卵期は 7 ～ 9 月で、雄は岩盤や大岩の上部などの潮流がよく当たる海底にナワバリを構え、複数の雌を迎え入れて沈性の粘着卵を産みつけさせる。卵は互いにくっつき合って卵塊となり、雄は仔魚がふ化するまで卵塊を守る。10 ～ 11 月に 7 ～ 9mm でふ化した仔魚は浮遊生活を送り、稚魚になると小群で表層を泳ぎ動物プランクトンを食べる。20mm を超える稚魚は表層で採集されなくなるため、底生生活への移行サイズは他のアイナメ科魚類よりも小さいと考えられる。稚魚は浅い藻場や転石帯などに着底し、成長に伴って成魚と同じやや深い岩礁帯に移動して甲殻類をはじめとする底生動物を食べる。成長に関しては不明な点が多いが、寿命は 10 年前後と考えられている。

特徴
日本に分布するアイナメ属魚類のうち、体の側線が 5 本あるものは、本種のほかアイナメ、スジアイナメ、エゾアイナメの 4 種である。うち、アイナメ・エゾアイナメとは尾ビレ後縁が丸いことで、スジアイナメとは上から 4 番目の側線が長くて臀ビレ基部をはるかに越えることで見分けることができる。また、鱗が小さくて側線有孔鱗数が 97 ～ 112（スジアイナメでは 86 ～ 94）であることもスジアイナメとの見分けでは有効。体色は褐色系のものが多いが、緑色がかったものや鮮やかな紅色のものなど変化に富む。

主な釣り方
エサ釣りは、イソメエサのミャク釣りやブッコミ釣り、ブラクリ釣りなど。ルアーフィッシングはシーバスタックルやロックフィッシュ専用タックルでねらう。

美味しい食べ方
旬は夏～秋。やや水分が多い白身で、鮮度落ちが早くすぐに柔らかくなる。刺し身では旨味が薄くて堅い皮をひくのはやや難儀。しかし、厚い皮はゼラチン質に富んで旨味があるので、皮ごと煮付けや汁物にすると旨い。焼き物では、ふり塩をして 1 時間以上おいてから遠火でじっくりと焼き上げると旨い。

フィッシングチャート
最大で全長 80cm に達する大型種。大型になるほど沖合を好むとされるが、いずれにしてもしっかりとしたタックルで臨みたい。

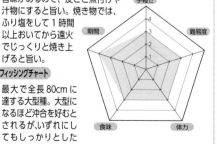

釣る　ブラクリ釣り

根周りに強いブラクリ仕掛け

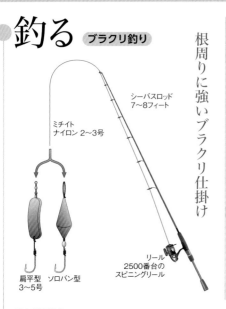

シーバスロッド
7〜8フィート

ミチイト
ナイロン 2〜3号

扁平型
3〜5号

ソロバン型

リール
2500番台の
スピニングリール

ワンポイント

エサ釣りは、イソメエサのミャク釣りやブッコミ釣り、オモリとハリが一体となったブラーやブラクリ釣りなど多彩な釣り方でねらえる。ルアーフィッシングは、ライトクラスのシーバスタックルやロックフィッシュ専用タックルでねらう。ワームを使用して根掛かりが多い場所をねらうことから、ジグヘッドよりも、フックとシンカーが分離したテキサスリグやキャロライナリグが有効。ワームはアピール力が強い大型が効果を発揮する傾向があり、10インチのワームが実績を挙げたこともある。

エサ・擬似餌

アオイソメ、ルアー（ワーム）。

雄と雌の体色

燃えるような真っ赤な体色に染まる雄。道東・釧路の港で釣れた中型サイズ。近年はルアーでねらうのが人気

雌の魚体は黄褐色で雄とひと目で見分けられる。また、アイナメよりも体高のある魚体が目立つのも特徴

釧路方面ではウサギアイナメを船から釣ることもできる。この地域特有の濁った水面から赤い魚体が現われるのは圧巻だ

港では底に沈む消波ブロックなどの障害物周りに潜む。ルアーは根掛かりしにくいテキサスリグを使用するのが一般的

船からの釣りでは、消波ブロック群の周りが好ポイント。根掛かりに注意しながら正確にキャストしてねらう必要がある

ウスバハギ

分類	フグ目カワハギ科ウスバハギ属
学名	*Aluterus monoceros*
別名	ウスバ、ツノコ、ハゴイタ、サンスナー

ウスバハギは・・・
メジナ釣りでは定番のゲストで掛かるとよく引く。カワハギ（沖釣り）などでも混じって釣れることがある。

漢字

薄葉剥

知る

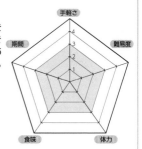

分布
全世界の温帯～熱帯に分布する。日本では北海道以南の各地の沿岸に分布し、南方に多い。

大きさ
最大で75cm前後。

釣期
専門にねらう人は少ないが、初夏から初冬にかけてよく釣れる。

1	2	3	4	5	6	7	8	9	10	11	12

棲んでいる場所
浅海の表層から中層を群れで遊泳する。

生活史
室内の飼育では、5月中旬～7月下旬に水温19～26℃で産卵する。ふ化仔魚は2.5mmで卵黄をもつ。3cmで各ヒレの条数は定数に達し稚魚期に移行する。幼魚は流れ藻や流木などについて泳ぎ、未成魚期以降は群れをつくって生活する。そのため定置網などでまとまって捕獲されやすい。
小型の甲殻類やクラゲなどを食べる。

特徴
体は著しく側扁して薄く、目の上に細長いトゲがある。尾ビレ後縁は成魚で直線的、幼魚では丸い。体色は灰色または銀色で、淡褐色斑が散在。幼魚では全体に不規則な褐色斑に被われる。

主な釣り方
沖釣りや堤防釣り、磯釣りでねらえるが、専門に釣ることは少ない。

美味しい食べ方
淡白な白身と、脂肪分の多い肝を食べる。薄造りや煮物、空揚げ、干物など。

フィッシングチャート
基本的に他の魚をねらっているときに釣れることがある魚。引きは強い。

（フィッシングチャート：手軽さ、難易度、体力、食味、期間）

沖

ウスメバル

分類	スズキ目カサゴ亜目 メバル科メバル属
学名	*Sebastes thompsoni*
別名	オキメバル、アカメバル、 アカハチメ、オオヤナギ

ウスメバルは・・・
薄い赤褐色の体の背側に、はっきり
とした褐色の模様が入る。近縁種の
トゴットメバルに似るが、この模様
が丸みを帯びないことと、より大型
になることで区別できる。

漢字

薄眼張

知る

分布
北海道から対馬までの
日本海沿岸、北海道か
ら相模湾までの太平洋
沿岸に分布。

大きさ
最大で約 40cm を
超える。

釣期
晩秋から翌 6 月までの低水温期に釣れる。

1	2	3	4	5	6	7	8	9	10	11	12

棲んでいる場所
沿岸性のメバル類よりも深い海域に生息。水深
40 ～ 150m の岩礁域に棲む。

生活史
11 月頃に交尾し、翌 3 ～ 5 月に 5mm前後の仔魚
を産む。稚魚の多くは大群で流れ藻につくが、流
れ藻につかない群れもいる。ふ化後 90 日で 4cm
前後に成長した幼魚は、表層から海底へと生活の
場を移し、動物プランクトンや小魚を食べて成長
する。1 歳で 11cm、2 歳で 18cm、3 歳で 22cm、
4 歳で 25cm、6 歳で 28cm、9 歳で 30cmに達する。
雌雄とも 3 歳で成熟する。

特徴
薄い赤褐色の体の背側に、はっきりとした褐色の
模様が入る。近縁種のトゴットメバルに似ている
が、この模様が丸みを帯びないこと、体の赤味が
強いこと、より大型になることで区別できる。

主な釣り方
水深 100m 以深を沖釣りでねらうことが多い。
電動リールを使ったドウヅキ仕掛けやサビキ仕掛
けで釣る。

美味しい食べ方
2 ～ 5 月が旬。メバルよりもやや身が柔らかく、
煮付けや塩焼きなどで食べる。

フィッシングチャート
「テリ」という地
方名で北海道から
東北の鮮魚店にも
よく並ぶ魚。水深
のある場所での釣
りになるのでリー
ルは電動式をおす
すめしたい。

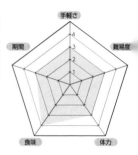

ウイリー仕掛けが面白い

釣る

ウイリー釣り

多点掛けをねらえ

ミチイト
PE 4号

8の字チチワ

インターロック付
スナップスイベル 1号

片テンビン
腕長40〜50cm

コマセシャクリザオ
1.8〜2.4m（7:3調子）

クッションゴム
φ1.5〜2mm
50cm

コマセカゴ 60号

80cm

枝スはすべて11cm

中型両軸受けリール

80cm

ウイリーのハリは金チヌ 1号
枝スは外掛け結びで接続
※ビギナーは3本バリが扱いやすい

80cm

ワンポイント

釣り人の間ではオキメバルと呼ばれ、メバルより深い水深に生息する。専用の仕掛けはないが、ドウヅキ仕掛けやサビキ仕掛けで釣れることが多い。ここではウイリー仕掛けを紹介。ウイリー（擬似バリ）の配色パターンを考えるのが面白い。

エサ・擬似餌

オキアミ、ウイリー。

国内分布の北限・道南（写真は函館沖）のウスメバル釣り

津軽海峡に面した北海道の函館沖は、ウスメバルがねらって釣れる道内で希少少ないエリア。100万ドルと称される函館山を望むロケーション

北海道では赤イカのエサが定番。2cmほどに小さくカットして使うと食い付きがよくなるようだ

コンコンとサオ先が突っ込むと巻き上げたくなるが、多点掛けをねらうなら再びアタリがくるまで待つ

ドウヅキタイプのメバル仕掛け、12〜14号が主流。ウスメバルは地方名で「テリ」とも言う

食べる

津軽海峡のシーズンは11から3月。食べ方は煮付けが定番だが、冬は刺し身も旨い。皮が付いたまま炙りにしても美味

⇒魚のさばき方は 552 頁へ

ウツボ

分類	ウナギ目ウツボ科ウツボ属
学名	*Gymnothorax kidako*
別名	ナダ、ナマダ、キダコ、ジャウナギ

ウツボは・・・

高知県などではウツボ料理が名物だが、釣りで調理できる人を除けばあまり歓迎されないゲスト。ハリ掛かりすると仕掛けにグルグルと巻き付いて外すのが大変。

漢字

鱓

知る

分布

島根県から九州南岸までの日本海・東シナ海沿岸、千葉県館山から屋久島までの太平洋沿岸、瀬戸内海、伊豆一小笠原諸島、琉球列島に分布。

大きさ

最大で90cmになる。

釣期

ねらって釣ることはないが5〜11月によく釣れる。

1	2	3	4	5	6	7	8	9	10	11	12

棲んでいる場所

沿岸の岩礁域に棲む。

生活史

産卵期は8月を中心とした夏で、夜間に雌雄がペアになって複数回産卵し、1産卵期に合計数万個の卵を産む。孵化後は透明で扁平なレプトセファルス幼生となり、沿岸で変態して稚ウツボとなる。しかし、20cm未満の小型個体を見かけることはほとんどなく、人目につかない岩棚の奥などでひっそりと暮らしていると考えられている。獰猛な夜行性で、大型の甲殻類、タコ類や魚類を襲って食べる。

特徴

吻は長く、口は大きく裂けて鋭い歯が並ぶ。体側の地色は黄褐色で、その上に不規則な濃褐色の斑紋がある。臀ビレの縁辺部は白い。

主な釣り方

イシダイやモロコをねらった磯の大もの釣りの定番外道。仕掛けに絡まるうえに噛みつく嫌われ者だが、その味を知る釣り人は大切に持ち帰る。専門にねらうのならば、頑丈なブッコミ仕掛けがよい。

美味しい食べ方

ウツボ類の中では最も美味で、南房総、伊豆・紀伊半島、高知、五島列島や天草などの各地に名物料理がある。小骨が多くて捌くのは難しいが、脂がたっぷり乗った白身は大変に美味しく、薄切りにした刺し身、煮付け、煮こごり、フライのほか干物にもされる。

フィッシングチャート

基本的にイシダイやイシガキダイ（磯）、根魚（沖）をねらっているときに釣れることがある魚。

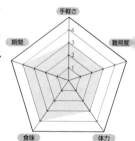

ウマヅラハギ

分類	フグ目カワハギ科ウマヅラハギ属
学名	*Thamnaconus modestus*
別名	ウマヅラ、ウマ、ナガハゲ、オキハゲ、コウモリ

ウマヅラハギは・・・

釣り人の間では単に「ウマヅラ」と呼ばれることが多い。カワハギより も格下に扱われがちで、専門に釣る ことはないが、食味はカワハギに劣 らずよい。

漢字

馬面剥

知る

分布

北海道全沿岸、津軽海峡から 九州南岸までの日本海・東シ ナ海沿岸、津軽海峡から屋久 島までの太平洋沿岸、瀬戸 内海、東シナ海 大陸棚域に分布。

大きさ

最大で 40cm を超える。

釣期

秋から春にかけて。肝の大きくなる 冬場が人気。

1	2	3	4	5	6	7	8	9	10	11	12

棲んでいる場所

水深 200m までの砂泥底や岩礁域。

生活史

産卵期は 4～7 月。沿岸のガラモ場などでペア 産卵し、径 0.6mm前後の沈性粘着卵を産みつける。 ふ化仔魚は 1.8mm、10mm前後で各ヒレの条数が定 数に達し稚魚期に移行する。稚魚は 5cmまで流れ 藻について成長し、1 歳で一旦水深 60m 以深の 海底に生活の場を移し、2 歳 20cmで水深 40m 前 後に生活圏を広げると成熟する。3 歳 30cmにな るとより浅い岩礁域に定着する。 甲殻類や多毛類、貝類などを食べるほか、クラゲ 類も好む。

特徴

体は長楕円形で側扁する。眼の中心は背ビレ第 1 棘の直下より前方。体色は灰褐色で体側には大小 の暗褐色の雲状斑があり背ビレ軟条部、臀ビレ、 尾ビレは青緑色。雄は雌より体高が低くなる。 1970 年代に関東沿岸で大発生したことがあった が、当時関東ではなじみがなかったため漁の邪魔 になる害魚として扱われた。

主な釣り方

沖釣りでカワハギやマダイの外道として釣れる こ とが多い。地域によっては堤防など岸からもねら うことができる。

美味しい食べ方

カワハギ同様、薄造りや肝あえが美味い。煮付け、 ちり鍋、干物などにも合う。

フィッシングチャート

カワハギやマダイ の沖釣りで一緒に 釣れる。

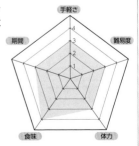

ウミタナゴ

分類 スズキ目スズキ亜目ウミタナゴ科ウミタナゴ属
学名 写真の個体で標準和名マタナゴ
Ditorema temminckii pacificum
D. temminckii temminkii 標準和名ウミタナゴ
D. viride 標準和名アオタナゴ
D. jordani 標準和名アカタナゴ
本属魚類4種（2亜種を含む）を「ウミタナゴ」と混称している。

ウミタナゴは・・・
淡水魚のタナゴに体型が似ていることからこの名がついた。

漢字

海鱮

知る

分布
マタナゴ：房総半島から紀伊水道までの太平洋沿岸。
ウミタナゴ：北海道西部から九州北西岸までの日本海・東シナ海沿岸、津軽海峡から福島県までの太平洋沿岸。
アオタナゴ：青森県から九州北西岸までの日本海・東シナ海沿岸、宮城県から神奈川県までの太平洋沿岸、瀬戸内海。
アカタナゴ：房総半島から紀伊水道までの太平洋沿岸。

大きさ
4種とも通常は 20 ～ 25cm、最大で 30cm。

釣期
4種とも周年釣れるが、最盛期は冬。

1	2	3	4	5	6	7	8	9	10	11	12

棲んでいる場所
堤防や磯の周辺など、海藻草類が生えた浅場の砂地や岩礁域に多いが、種によって好む場所が若干異なっている。すなわち、アオタナゴは最も内湾性が強くアマモ場に多く砂泥地にもみられる。アカタナゴは最も外洋性が強くて岩礁を好み、うっそうと茂った海藻の茂みに強く依存する。マタナゴとウミタナゴは両種の中間である。

生活史
魚類としては珍しい胎生で、胎仔は大きなヒレの毛細血管を通じて親魚の体液から栄養を得て5cm 前後まで胎内で成長する。4～7月に数尾～30尾の稚魚を産む。

通常は甲殻類や多毛類などを食べる。

特徴
淡水魚のタナゴに体型が似ていることからこの名がついた。各種の特徴は次のとおり。
マタナゴ：体は暗青色か赤褐色。多くの細かい銀色の縦線がある。頬に1つの黒斑をもつ。腹ビレ棘に沿って黒色線がある。
ウミタナゴ：体は暗青色か赤っぽく、頬に2つの黒斑をもつ。腹ビレの基部には黒点がある。
アオタナゴ：体はオリーブ色で、頬に1つの黒斑と細長い暗色域をもつ。臀ビレ基底に黒色線がある。
アカタナゴ：体は赤銅色で、多くの細かい銀色の縦線がある。眼下に黒色斑をもつが丸いことが多い。背ビレ棘条部は下半分が黒いことが多い。

主な釣り方
堤防で寄せエサを撒きながらのウキ釣りが主流。サビキなどに掛かることもある。地域によっては船からねらうケースもある。

美味しい食べ方
市場にはあまり出まわらないが、釣ったものは塩焼き、煮付けなどで食べられる。

フィッシングチャート
かつては冬の海の風物詩の1つに数えられるほど人気のあった釣りもの。その魅力は今も変わっていない。釣れた魚が4種のどれか観察するのも楽しい。

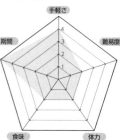

釣る

ウキ釣り

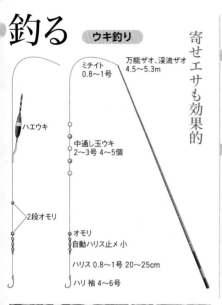

ミチイト
0.8〜1号

万能ザオ、渓流ザオ
4.5〜5.3m

ハエウキ

中通し玉ウキ
2〜3号 4〜5個

2段オモリ

オモリ
自動ハリス止メ 小

ハリス 0.8〜1号 20〜25cm

ハリ 袖 4〜6号

寄せエサも効果的

ワンポイント

淡水小もの釣りの人気ターゲットがタナゴなら、こちらは海の小もの釣りにおける人気もの。ノベザオでねらうと、引き味はなかなか。小さなアタリに一喜一憂する楽しみもある。活性を上げるために寄せエサを使うのも一手だ。サビキ釣りで掛かることも少なくない。

エサ・擬似餌

オキアミ、アミエビ、アオイソメ、ジャリメ。

オキアミは頭を取って
小粒に付ける

ジャリメはエサ持ちが
よくておすすめ

小型の玉ウキを数珠状に付けた仕掛けで釣れる

穏やかな小磯もよい釣り場だ

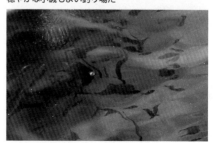

寄せエサを撒けばワラワラと群がる

ノベザオタックルで楽しめるターゲット

 ⇒魚のさばき方は 556 頁へ

磯・沖

ウメイロ

分類	スズキ目スズキ亜目フエダイ科アオダイ属
学名	*Paracaesio xanthura*
別名	オキタカベ、ヒワダイ、ホウタ、ウグイス

ウメイロは・・・
体は卵形で側偏し、尾ビレは大きくて深く二又する。生時の体側はブルーに輝き、背ビレ起点前方から尾柄部にかけた幅広い背面と尾ビレは「梅の身色」に染め分けられる。

漢字

梅色

知る

分布
神奈川県三崎から屋久島までの太平洋沿岸、山口県萩、五島列島、伊豆－小笠原諸島、琉球列島に分布。

大きさ
最大で40cmになる。

釣期
5～11月が釣期で、6～9月の夏場が最盛期。

1	2	3	4	5	6	7	8	9	10	11	12

棲んでいる場所
水深10～150mまでの岩礁に棲む。

生活史
外洋に面した岩礁域の底層をときに大規模な群れで遊泳する。動物プランクトンが主食で、小魚や甲殻類も食べる。

特徴
体は卵形で側偏し、尾ビレは大きくて深く二又する。生時の体側はブルーに輝き、背ビレ起点前方から尾柄部にかけた幅広い背面と尾ビレは「梅の身色」に染め分けられる。ウメイロモドキに似るが、胸ビレの基部は無斑（ウメイロモドキには黒斑がある）なので区別できる。

主な釣り方
伊豆諸島の沖釣りで人気の釣り魚。片テンビン2本バリの吹き流し仕掛けやスキン・ウイリーなどのサビキ仕掛けで釣る。いずれもアミエビの寄せエサを撒き、エサはオキアミ。

美味しい食べ方
春から夏が旬で、くせのない白身。東京には伊豆諸島で水揚げされたものが入荷するが高値で安定している。刺し身、焼き物をはじめ、和洋の様々な料理に合う。

フィッシングチャート
伊豆諸島のほかにも関西、沖縄などでは人気の沖釣りターゲット。数釣りを楽しむことができ、食味もよい。

釣る

沖釣り

口切れに注意

ミチイト
PE 3〜5号

サオ
胴ザオ
オモリ負荷30号程度
2.4m前後

中型アミ用
コマセカゴ

幹イト 6号前後
枝ス 3号 10〜15cm
枝間 20〜30cm
5〜7本バリ

擬餌バリ
スキン、ウイリー、魚皮
など

リール
中型両軸受けリール
または
小型電動リール

オモリ
50〜80号

ワンポイント

磯からも釣れるが、沖釣りでねらうのが一般的。釣り方はスキンやウイリーなどの擬餌バリが付いたサビキ仕掛けとアミコマセを組み合わせる。もしくはテンビン仕掛けが一般的。仕掛けを底まで落としたらゆっくりと誘いをかける。ウメイロは唇が強くないので、強引なやり取りは禁物だ。

エサ・擬似餌

アミコマセ (寄せエサ)、スキン、ウイリー (擬似餌)

ウメイロのそっくりさんたち

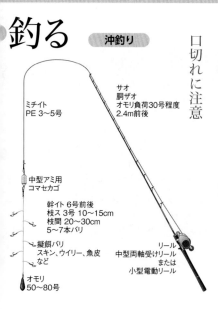

奄美大島で釣れたウメイロモドキ。よく似るが胸ビレの付け根に黒斑がある。名前にはウメイロと付くが、こちらはタカサゴ科なので紛らわしい

沖縄の県魚で食用魚としても人気が高いグルクン (タカサゴ) は一見すると似ているが、こちらもタカサゴ科で種類も異なる

ウルメイワシ

分類	ニシン目ニシン科ウルメイワシ属
学名	*Etrumeus micropus*
別名	ダルマイワシ、ドンボなど多数

ウルメイワシは・・・

群れをなし、口を開けて泳ぎながらプランクトンを捕食する。目が大きく、背は藍色、腹側は銀白色。マイワシやカタクチイワシよりもウロコが細かい。通常は外洋を回遊しており、春になると産卵のために接岸する。

漢字

潤目鰯

知る

分布

新潟県から九州南岸までの日本海・東シナ海沿岸、福島県から九州南岸までの太平洋沿岸、東シナ海中央部に分布。瀬戸内海に散発的に分布。

大きさ

最大で30cmに達する。

釣期

初春から11月ごろまで。回遊魚のため、年や地域によっても異なる。

1	2	3	4	5	6	7	8	9	10	11	12

棲んでいる場所

沿岸から沖合の水深10m以浅の層を群泳する。

生活史

産卵期は、東シナ海では周年、紀伊半島から九州南岸では8、9月を除くほぼ周年、山陰では5～6月。径1.23～1.44mmの分離浮性卵を産む。仔魚はシラス型で、駿河湾・相模湾では春シラス漁の主要な対象となる。九州、四国沿岸では、1歳で20cm、2歳で24cm、3歳で26cm、4歳で28cmという報告と、1歳で24cm、2歳で29cm、寿命2歳という報告がある。春夏季に北上、秋冬季に南下という季節回遊をするが、回遊規模は他のイワシ類に比べて小さい。

特徴

眼に厚い顕著な脂瞼（しけん）があるため潤んで見えることがその名の由来。他のイワシ類に比べてやや外洋性で、鱗が細かい。腹ビレが背ビレ後端よりも後方に位置することで、腹ビレが背ビレ後端の直下にあるマイワシと区別できる。

主な釣り方

専門に釣る人は少ないが、回遊時は堤防からのサビキ釣りで地元ファンを中心にフィーバーする。

美味しい食べ方

脂が乗る冬場が旬で、刺し身はイワシ類のなかでいちばんうまいとされる。ほかには塩焼きや干物などで賞味される。

フィッシングチャート

堤防や海釣り公園などで手軽にねらうことができる。ただし、肝心の群れが入ってこないと全く釣れない。また、群れがいる場合でも寄せエサの調節や誘いなどで釣果に差が出る。

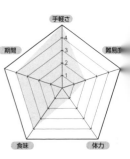

釣る

サビキ釣り

寄せエサを効果的に使う

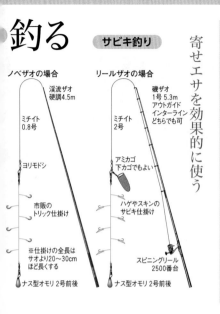

ノベザオの場合

渓流ザオ
硬調4.5m

ミチイト
0.8号

ヨリモドシ

市販の
トリック仕掛け

※仕掛けの全長は
サオより20〜30cm
ほど長くする

ナス型オモリ 2号前後

リールザオの場合

磯ザオ
1号 5.3m
アウトガイド
インターライン
どちらでも可

ミチイト
2号

アミカゴ
下カゴでもよい

ハゲやスキンの
サビキ仕掛け

スピニングリール
2500番台

ナス型オモリ 2号前後

ワンポイント

とりあえずなんでもいいから魚を釣りたいという人におすすめ。ただし群れで回遊する魚なので、回遊がなければ釣れない。足もとを回遊することも多く、ノベザオでも釣れる。カゴに解凍したアミコマセを入れ、それが寄せエサになる。時々サオをあおって、アミコマセを振り出して誘うとよい。マイワシも同じ仕掛けでねらえる。

エサ・擬似餌

オキアミ、アミエビ、サビキ。

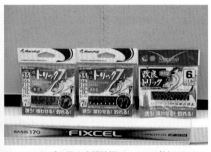

トリックサビキ用の市販仕掛け。アミが付きやすい特殊な形状になっている

釣りをする時は専用の容器にアミを入れ、その中に仕掛けを通してハリにエサ付けする

トリックサビキのハリにアミが付いた状態。ここにアジなどの小魚が食いつく

ウロハゼ

分類	スズキ目ハゼ亜目ハゼ科ウロハゼ属
学名	*Glossogobius olivaceus*
別名	グズ、ナツハゼ、ゴウソなど多数

ウロハゼは・・・

マハゼ釣りで大ものが釣れてきて喜んだが、よく見るとそれはウロハゼで、釣り人をがっかりさせることが多い。

漢字

虚鯊

知る

特徴

ハゼ類としてはマハゼと並ぶ大型種。マハゼより体型は太く、鱗は大きく、下顎は上顎より前に出る。後頭部背面に小さな黒点が散在し、眼から下顎に1本の黒色帯がある。本来は西日本に分布の中心をもっているが、近年の温暖化傾向に伴い、関東地方でも普通に釣れるようになった。

分布

新潟県から九州南岸までの日本海・東シナ海沿岸、茨城県から種子島までの太平洋沿岸、瀬戸内海に分布。

主な釣り方

専門にねらうことは少ないが、ハゼ釣りの外道として釣れることが多い。

大きさ

成魚で20cm前後。

美味しい食べ方

空揚げ、天ぷら、煮付けなどで美味。瀬戸内海地方では普通に食されている。

釣期

専門にねらう人は少ないが、夏期が一般的。

1	2	3	4	5	6	7	8	9	10	11	12

フィッシングチャート

ハゼ釣りなどで、マハゼに混じって釣れてくる。

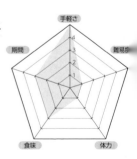

棲んでいる場所

河口部や内湾の汽水域の砂泥底に棲み、淡水域にはほとんどみられない。

生活史

産卵期は夏で、岩穴や浮き石の天井などに卵を産みつけ、雄がふ化するまで保護する。ふ化仔魚は約2mm、着底期の稚魚は約7mmで、一般的なハゼ類に比べて小型である。雄は雌よりも成長が早く、最大体長も1cmほど大きい。岩の穴（＝ウロ）などに隠れる習性があり、その名の由来となっている。肉食性で、甲殻類や多毛類、時には小魚も食べる。

エゾメバル

分類	スズキ目カサゴ亜目 メバル科メバル属
学名	*Sebastes taczanowskii*
別名	ガヤ、ゴイチ、クロメ バル、アワゾイ

エゾメバルは・・・

北海道ではガヤガヤと数多く獲れることから「ガヤ」と呼ばれる。他のメバル類と同様に卵胎生魚。通常は水深100m以浅の岩礁域や人工魚礁の周辺に群れている。

堤防・磯

漢字

蝦夷眼張

知る

分布

北海道オホーツク海沿岸、北海道から石川県までの日本海沿岸、北海道から宮城県までの太平洋沿岸に分布。

大きさ

最大で30cmになる。

釣期

周年釣れるが、6〜10月が最盛期。

1	2	3	4	5	6	7	8	9	10	11	12

棲んでいる場所

通常は水深100m以浅の岩礁域や人工魚礁の周辺に群れている。まれに汽水域にも現れるが、水深355mから獲られた記録がある。

生活史

11月頃に交尾し、卵が成熟する3〜4月に雌の体内で受精し、5〜6月に産仔する。稚魚は藻場で成長し、成長に伴って岩礁域や深場へと移動し、汽水域にも侵入する。肉食性で甲殻類や小魚を食べる。1歳で10cm、2歳で13〜14cmとなり、通常2歳で成熟する。

特徴

背ビレは通常13棘13〜15軟条で、鱗の1枚ごとに淡色斑があることが最大の特徴。体形がやや細長く、尾ビレの後縁がわずかに白いことも近似種との識別点になる。体色は赤っぽいものから褐色のものまでさまざま。

主な釣り方

エサ釣りは、ブラーやブラクリ釣りなど多彩な釣り方でねらえる。ルアー釣りは、ジグヘッドとワームの組み合わせが一般的だ。

美味しい食べ方

他のメバル類と同様にクセのない白身で、さまざまな料理に合う。高級魚ぞろいのメバル類の中では食味の評価はあまり高くないが、定番の煮付けのほか、刺し身、アクアパッツァ、バター焼き、から揚げ、蒸し物、汁物などで美味しい。

フィッシングチャート

ルアーに好反応すること、波の穏やかな日のほうがよい条件になるので、防波堤から手軽に釣れるビギナー向けのよきターゲットといえる。

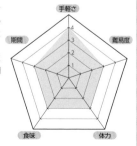

243

釣る

ルアーフィッシング

ルアーがお手軽

ロッド
ルアーロッド
6〜7フィート
ライト〜ウルトラライトパワー

ミチイト
ナイロン
6ポンド前後

各種ワーム（ソフトルアー）
ジグヘッド
1/8〜1/4オンス

リール
小型スピニングリール

ワンポイント

釣り方はエサ釣りとルアー釣りに大別される。エサ釣りは、イソメエサのウキ釣りやミャク釣り、オモリとハリが一体となったブラーやブラクリ釣りなど多彩な釣り方でねらえる。ルアー釣りは、ジグヘッドとワームの組み合わせが一般的。小型のメタルジグやミノーにも食ってくる。海が穏やかな条件下で活性が上がるので、ナギの日の釣行が鉄則。

エサ・擬似餌

ルアー（ワーム、メタルジグ、ミノー）。

北海道のエゾメバル釣り

30㎝は大きな壁。9寸（約27㎝）クラスが出たら大満足の一日だ。写真の27㎝は小型のジグでヒット

エゾメバルねらいは夜の港が主な舞台になる。太平洋側の森町〜函館市の港は良型が期待できるエリアとして知られる

対岸に北方領土を望む世界遺産・知床の港は数も型も出る人気エリア。当地では日中も釣果が上がる。写真は羅臼漁港

日中は岸壁の際ねらいが常套手段。底までルアーを沈めた後、リフト＆フォールを繰り返して小気味よいアタリを待つ

真冬でも釣れるが、雪庇（せっぴ。雪の塊がせり出している箇所）に充分注意してアプローチしたい

オオニベ

分類	スズキ目スズキ亜目ニベ科オオニベ属
学名	*Argyrosomus japonicus*
別名	ニベ、ヌベ、ミナミスズキ

オオニベは・・・

仔稚魚の形態や出現場所は近縁のニベやシログチによく似るが、近縁種の出現期は春夏季に集中し、それらとは大きく異なる。稚魚期以降の天然海域における生態や生活史は不明な点が多い。最大で1.5mになる。

漢字

大鮸

知る

分布

千葉県外房から駿河湾、土佐湾から九州南岸までの太平洋岸、瀬戸内海（少ない）、東シナ海に分布。

大きさ

最大で1.5mになる。

釣期

大型魚が接岸してサーフから釣れる12～3月が最盛期とされる。活動が活発になる春～夏はオフショアの釣りとなる。

1	2	3	4	5	6	7	8	9	10	11	12

棲んでいる場所

河口、岩礁域、砂浜、水深150mまでの大陸棚に棲む。

生活史

産卵期は9～12月で、高知県土佐湾では10～12月に仔稚魚が出現する。仔稚魚の形態や出現場所は近縁のニベやシログチとよく似ているが、近縁種の出現期は春夏季に集中しており、それらとは大きく異なる。稚魚期以降の天然海域における生態や生活史は不明な点が多いが、1980年代半ばから宮崎県栽培漁業センターが地域特産魚として人工種苗生産に取り組んでおり、飼育下での知見が増えている。飼育魚は3～4月の水温18℃以上で産卵し、天然海域とずれている。このように、飼育下の知見が天然魚にあてはまる訳ではないが、飼育魚は1歳で30cm、2歳で60cm、3歳で80cmになる。寿命については不明だが、ヨーロッパに分布する同属の近縁種コルビナでは50歳という記録がある。

特徴

背・臀ビレの被鱗域は高さの1/3以下で、胸ビレ後端は背ビレ棘条部後端に達しないこと、尾ビレ後縁は二重湾入形地（W字形に中央部が突出する形）であることから、未成魚・成魚は近縁種と区別することができる。仔稚魚については形態による判別は難しいが、出現期が10～12月と固有性が高いことから近縁種との区別が可能である。

主な釣り方

宮崎県を中心とした広大なサーフでのルアー釣りが近年とみに人気を博しており、盛期には全国からマニアが集まる。大型シーバスやヒラスズキ用のタックルを流用するが、遠浅な砂浜域のためパワーとともに遠投性能を重視したい。また、波打ち際に立ち込むスタイルが前提となり、ウェーダーとライフジャケットの着用は必須である。ルアーは、バイブレーション、メタルジグ、シンキングミノーなど飛距離が出るものから選ぶ。オフショアからは、ジギングや落とし込み釣り（のませ釣り）でねらう。落とし込み釣りとは、丈夫なサビキ仕掛けに表中層でアジ類やイワシ類を食わせ、そのまま仕掛けを大もののタナに落として食わせる西日本で盛んな活きエサ釣りである。

美味しい食べ方

ゲームフィッシュとして人気急上昇中だが、食味もよいので味わっていただきたい。旬は春から夏、透明感のある白身だが時間が経つと白濁する。シログチほど水っぽくなくて焼き魚に向き、塩焼きはもちろん西京焼き、幽庵焼きにするとよい。ソテー、揚げ物、煮つけや汁物にしても旨い。

フィッシングチャート

人気上昇中の新しいゲームフィッシュ。砂浜から釣るのでエントリーは容易だが、1mを超えるサイズに成長するため、大型とのやりとりはかなりのファイトになる。

手軽さ
難易度
期間
体力
食味

●釣る ルアーフィッシング

パワーと遠投力のあるタックルを

ミチイト
PE 1.5号

ロッド
ミディアムヘビー〜ヘビー
パワーのシーバスロッド
10フィート以上

リーダー
フロロカーボン
30〜40ポンド

ルアー
バイブレーション、ミノー
などシーバス用

リール
スピニングリール
3000〜4000番

ワンポイント

主な釣り方の項を参考に、広大なサーフを地形変化のあるポイントや、水面付近で視認できるベイトのようすなどに注目して探っていく。

エサ・擬似餌

ルアー（メタルジグ、バイブレーション、ミノー）。

国内のオカッパリはほぼ宮崎県のサーフからの釣りに限定される怪魚、それがオオニベだ

相手が相手だけに釣り人とランディングする人は分担作業になることが多く、近くにいる人が釣る手を休めて手伝うことが多い

シーバス用、ヒラメ用などのサーフタックルの中でもハイパワーのものを使う

ヒラメ用のメタルジグやメタルバイブを流用することが多いが、必ずフックは太軸に交換しておく。そうしないと高確率でフックが伸ばされるか折れてしまう

オオモンハタ

分類	スズキ目スズキ亜目 ハタ科アカハタ属
学名	*Epinephelus areolatus*
別名	モンハタ、キジハタ、 ハエアカバ、モウオ

オオモンハタは・・・

体やウロコなど一面に褐色の網目模様がある。ホウセキハタとよく似るが、オオモンハタは尾ビレの縁が白くなっている。ハタ類の中では行動はもっともアクティブで、日中は海底に定位することがほとんどない。

漢字

大紋羽太

近年、オオモンハタは写真のアカハタなどとともに関東沿岸で急速に数が増えている

知る

分布

房総半島から九州南岸までの太平洋沿岸、鹿児島県東シナ海沿岸、伊豆－小笠原諸島、琉球列島に分布。

大きさ

大きいもので50cmに達する。

釣期

琉球列島では周年釣ることができ、本土では5～12月に釣れる。

1	2	3	4	5	6	7	8	9	10	11	12

棲んでいる場所

沿岸の岩礁やサンゴ礁の浅い水深帯に棲んでいるが、水深200mから獲られた記録がある。

生活史

生活史はほとんど解明されていないが、本土では初夏に熟卵をもったものが現れる。本属魚類に一般的にみられるように、雌性先熟型の繁殖形態をもつと考えられる。すなわち、小型個体はすべて雌で、大型に成長したものが雄として機能し繁殖に参加する。

ハタ類の中では行動はもっともアクティブで、日中は海底に定位することがほとんどない。中層にホバリングしたり活発に泳ぎ回ってエサを探し、甲殻類や小魚などを捕食する。近年の温暖化を背景として関東沿岸で急速に数を増やしており、新たな釣りものとして注目を集めつつある。

特徴

体の一面に多くのやや大きな暗色点をもち、褐色の網目模様があるように見える。近縁のホウセキハタとよく似ており混同されることが多いが、本種は尾ビレの後縁が白くふちどられることで区別できる。

主な釣り方

これまでは専門にねらうことはほとんどなく、磯の底もの釣りや沖釣りの外道扱いであった。しかし、関東沿岸で増えていることと行動がアクティブでゲーム性が高い釣りが楽しめることから、専門にねらう乗合船までもが見られるようになった。専門船では、ミディアムパワーのタックルのルアー釣りでねらい、アピール力が強い大型のソフトルアーが実績を挙げている。ルアーの追いが良い高活性の個体はホバリングしているので中層をトレースすればよく、根掛かりのリスクは少ない。陸っぱりでも十分にねらえるので、エサ釣りを含む様々な釣り方を試してみることをお勧めする。

美味しい食べ方

味のよいハタ類のなかでも美味な部類に入る。身が締まっていて歯ごたえがよく、刺し身や煮付け、蒸し物などにする。

フィッシングチャート

ルアーフィッシングで人気上昇中のロックフィッシュの1つ。その日の状況で反応のよいワームの種類やカラーを捜し当てたい。

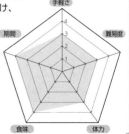

手軽さ / 難易度 / 期間 / 体力 / 食味

釣る ルアーフィッシング

根周りで誘う

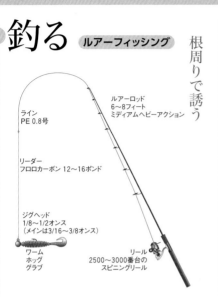

ライン
PE 0.8号

ルアーロッド
6〜8フィート
ミディアムヘビーアクション

リーダー
フロロカーボン 12〜16ポンド

ジグヘッド
1/8〜1/2オンス
（メインは3/16〜3/8オンス）

ワーム
ホッグ
グラブ

リール
2500〜3000番台の
スピニングリール

ワンポイント

ほかにアカハタ、アオハタなども同じ釣りのターゲットになる。タックルはアイナメやソイねらいのもので OK だ。ロックフィッシュだが活性のよい個体のタナは中層中心になることも留意しておきたい。

エサ・擬似餌

ルアー（ワーム、ジグ）、タイラバ。

防波堤からスピンテールジグで釣れたオオモンハタ

カヤックからのタイラバにヒットしたオオモンハタ

⇒魚のさばき方は 557 頁へ

オキトラギス

分類	スズキ目スズキ亜目トラギス科トラギス属
学名	*Parapercis multifasciata*
別名	トラギス、トラハゼ（他のトラギス類との混称）、アカトラ

オキトラギスは・・・

沖釣りのアマダイやコマセマダイねらいでよく混じる外道。円筒形状の魚体で可愛い見た目をしている。

沖

漢字

沖虎鱚

知る

分布

新潟県から九州南岸までの日本海・東シナ海沿岸、茨城県から九州南岸までの太平洋沿岸、瀬戸内海、東シナ海大陸棚縁辺部に分布。

大きさ

最大で 17cm になる。

釣期

ねらって釣ることはないが、4 ～ 12 月によく釣れる。

1	2	3	4	5	6	7	8	9	10	11	12

棲んでいる場所

水深 100m 前後の大陸棚の砂泥底に棲む。

生活史

産卵期は春で、中層域に仔稚魚が出現する。貪欲な肉食魚で、海底を泳ぎまわりながら甲殻類やゴカイ類などを食べる。

特徴

体側に約 8 本の横帯（上半分は褐色、下半分は黄色）をもつことが最大の特徴。背ビレの棘条部と軟条部との間に欠刻がなく、棘条部は淡色。唇は赤く、尾ビレ基底の上部に暗色斑をもつことなどで他のトラギス類と区別することができる。

主な釣り方

沖釣りのアマダイやコマセマダイの外道として知られる。片テンビンの吹き流し仕掛けで、底スレスレを流すと釣れる。エサはオキアミ、アオイソメなど。

美味しい食べ方

見た目はケバケバしいが、上品な美しい白身で、特にてんぷら種として高い評価を得ている。軽く干した焼き物も美味で、煮付け、揚げ物などで賞味される。

フィッシングチャート

底付近をねらう沖釣りターゲットの外道で釣れてくる。

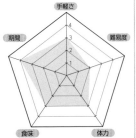

		分類	スズキ目カサゴ亜目フサカサゴ科 フサカサゴ属	オニカサゴは・・・
沖	**オニカサゴ**	学名 別名	*Scorpaena neglecta* 標準和名イズカサゴ オニ、オキオコゼ、オキガシラ、アカオコゼ (いずれもよく似たフサカサゴやコクチフサカ サゴとの混称)	体色は鮮やかなオレン ジ色や朱色で、体表に は突起が多い。ヒレの トゲに毒があり、死ん でも毒性が消えない。

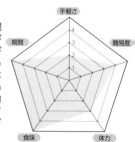

 漢字

鬼笠子

知る

分布

主に茨城県から九州南岸まで
の太平洋沿岸に分布し、青森
県から九州南岸までの
日本海・東シナ海沿岸
に散発的に分布。

大きさ

釣れるものは 20 〜
40cm が中心で、最大
で約 50cm になる。

釣期

ほぼ周年だが、秋から春にかけてが最盛期。

1	2	3	4	5	6	7	8	9	10	11	12

棲んでいる場所

水深 40 〜 600m の砂泥地や砂礫帯に棲む。

生活史

本種の繁殖に関する知見はほとんどないが、ゼラチン質の嚢に包まれた凝集浮性卵を産むと推定される。仔稚魚に関する知見も乏しく、5cmを超える幼魚が水深 100m 前後から採集されている。成長は極めて遅く、10 歳でようやく 30cmに達すると考えられている。現在確認されている最高齢魚は 42 歳。
海底に定位し、近くを通りかかる甲殻類や小魚などを待ち伏せして食べる。

特徴

体色は鮮やかなオレンジ色や朱色で、体表には突

起が多い。背ビレの切れ込みが深く、胸ビレは大きく 19 〜 20 軟条。注意したいのは、毒を持つヒレのトゲ。魚が死んでからも刺されるとかなり痛むので、取り込む際は要注意。釣りあげたら背ビレ、腹ビレ、臀ビレを切り取ってしまう釣り人もいる。水圧の変化に対応できるため、深場で釣っても取り込む直前までかなりのファイトを見せる。
標準和名のオニカサゴが別に存在するのでややこしいが、こちらは浅海の岩礁域に生息するので混じって釣れることはない。

主な釣り方

沖釣りで、電動リールを使い、片テンビンの吹き流し仕掛けでねらう。サバやイカの切り身をエサにして、タコベイトや夜光玉などの装飾をセットする。成長するまでにかなりの年数を要するため、20cm 前後の小型はリリースするのが基本である。

美味しい食べ方

高値で取り引きされる高級魚で、刺し身は抜群に美味しい。蒸し物、空揚げ、潮汁などもおすすめだ。

フィッシングチャート

根掛かりや高切れ（根にこすれてミチイトが切れる）にも注意が必要。大型は数が出る魚ではないので、少ないチャンスを確実にものにしたい。無事に釣りあげれば美味しいアフターフィッシングが待っている。

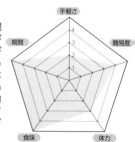

釣る

沖釣り

根ズレの高切れに注意

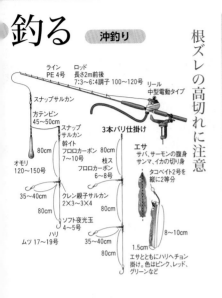

ライン
PE 4号
ロッド
長さ2m前後
7:3〜6:4調子 100〜120号
リール
中型電動タイプ

スナップサルカン

方テンビン
45〜50cm

スナップ
サルカン

3本バリ仕掛け

幹糸
フロロカーボン
7〜10号

枝糸
80cm
フロロカーボン
6〜8号

オモリ
120〜150号

80cm

エサ
サバ、サーモンの腹身
サンマ、イカの切り身

タコベイト2号を
縦に2等分

35〜40cm

クレン親子サルカン
2×3〜3×4

80cm

ソフト夜光玉
4〜5号

80cm

ハリ
ムツ 17〜19号

80cm

35〜40cm

1.5cm

8〜10cm

エサとともにハリヘチョン
掛け。色はピンク、レッド、
グリーンなど

ワンポイント

ヒレのトゲは鋭く、毒がある。調理時も注意したい。誘い方はシンカーが着底したらすぐにイトフケを取り、50〜70cm 浮かせた位置をキープしてアタリを待つ。水圧の変化に対応できるので、最後まで強い引きをみせてくれる。

エサ・擬似餌

サバ、サーモン、サンマ、イカの切り身。

オニカサゴの仕掛け例。アームの長い片テンビン、オモリは深場でのアピールを期待して夜光カラーのものなど

エサはサバやイカなど。目立つようにタコベイトをセットすることもある

ハリ掛かりすると水圧に負けず最後まで強い抵抗をみせる

深場をさぐるのでリールは電動を使用する

 ⇒魚のさばき方は 561 頁へ

オハグロベラ

分類	スズキ目スズキ亜目ベラ科オハグロベラ属
学名	*Pteragogus aurigarius*
別名	イソベラ、クロベラ、ヒョウタンギザミ

オハグロベラは・・・

釣りではあまり注目されない魚種。磯のほか堤防、沖釣りでもさまざまな釣りものの外道として登場する。

漢字

鉄漿倍良

知る

分布

津軽海峡から九州南岸までの日本海・東シナ海沿岸、房総半島から九州南岸までの太平洋岸、伊豆諸島、瀬戸内海に分布。

大きさ

最大で23cmになる。

釣期

ねらって釣ることはないが、4～12月によく釣れる。

1	2	3	4	5	6	7	8	9	10	11	12

棲んでいる場所

水深30m以浅の藻場や岩礁域に棲む。

生活史

夏を中心とした産卵期に、ナワバリを持った雄がその中に雌を招き入れてペア産卵する。しかし、近年の研究で集団産卵もすることが確認された。卵は分離浮性卵で、孵化仔魚は1ヵ月ほどの浮遊期を経て浅い岩礁域に着底する。小さな個体は全て雌で、大型個体が性転換して雄になる。貪欲な肉食性で、小型の甲殻類、貝類、多毛類などの底生動物のほか小魚も食べる。

特徴

ベラ類の中では口が大きく、体高が高くて側扁する。側線は体の後半部で急降下し、有孔側線鱗数は22～23。雄の背ビレの第1～3棘間の鰭膜は糸状に伸びる。雌雄で次のように体色が異なる。雄は全体に体色が黒ずみ、鱗の縁が黄色くなって網目模様となり、頬には迷路のように複雑な黄色い模様が浮き出る。雌は褐色がかった赤、オレンジ、ピンクなどの赤色系の体色で、腹には青や黒の斑点が10数個散る。

主な釣り方

防波堤や磯からの小もの釣りの定番外道で、ちょい投げやウキ釣りで釣れる。沖釣りやボート釣りでもカワハギやシロギスの外道として登場する。いずれの釣り方でも海底近くにタナを絞ることがコツ。エサはオキアミ、アオイソメ、アサリなど。

美味しい食べ方

見た目が悪いので持ち帰る人はほとんどいないが、クセのない白身で歩留まりも良いので、一度食べてみていただきたい。刺し身、煮付け、から揚げなどがおすすめ。

フィッシングチャート

海底付近をねらうターゲットの釣りで、外道として釣れる。

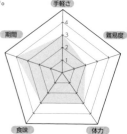

カゴカキダイ

分類	スズキ目スズキ亜目カゴカキダイ科カゴカキダイ属
学名	*Microcanthus strigatus*
別名	シマダイ、タテグシ、シマイオ、キョウゲンバカマ、オトノサマ、オテラサマ

カゴカキダイは・・・
名前の由来は、後頭部から背ビレ起部にかけての急激な盛り上がりが、肩が異常に盛り上がった江戸時代の駕籠かきを思わせることから。

漢字

駕篭担鯛

知る

分布
青森県から九州南岸までの日本海・東シナ海・太平洋沿岸（大阪湾は幼魚のみ、瀬戸内海は伊予灘のみ）、伊豆諸島、琉球列島に分布。

大きさ
最大で 20cm になる。

釣期
陸からは 5～12 月に釣れるが、船釣りでは周年にわたって釣れる。

1	2	3	4	5	6	7	8	9	10	11	12

棲んでいる場所
本州・四国太平洋岸では、成魚はやや深所に棲み、幼魚は浅い岩礁域で普通にみられる。沖縄諸島では主に水深 100m 以深に多く生息するが、幼魚は養殖イケスの周りで多くみられる。

生活史
産卵期は 4～5 月とされるが、千葉県外房沿岸域では、稚魚は 4～7 月と 10～翌 1 月に出現しており、年 2 回の産卵が示唆されている。稚魚は表層で生活し、10mm 以下では無色透明だが、12mm を超えると特徴的な斑紋が現れて他種と区別できる。幼魚はタイドプールなどに現れて動物プランクトン・小型甲殻類や海藻を食べて成長し、冬は深場に移動する。翌春には再び浅場に現れ、小群で潮通しがよい岩礁域につく。1 歳で成熟すると思われるが、寿命は不明。

特徴
日本産は 1 科 1 属 1 種。体高は高く強く側扁し、プロポーションはチョウチョウウオ類に似ている。かつてはチョウチョウウオ科とされていたが、稚魚期にトリクチス期幼生を経ないことから独立した科とされた。体にはやや後方に傾いた 5 本の黒色縦帯がある。後頭部から背ビレ起部にかけて急激に盛り上がる姿を、肩が異常に盛り上がった江戸時代の駕籠（かご）かきになぞらえて名づけられた。

主な釣り方
小メジナやウミタナゴのウキ釣りタックルを流用し、ハリを袖 4 号前後に落とす。引きは意外に強く根ズレのおそれもあるので、ハリスは落としても 0.6 号どまりとする。寄せエサで集め、エサのイソメ類やオキアミは小さくつける。大型をねらう場合は、船やボートから水深 20～30m をねらう。カワハギ仕掛けのハリとハリスを落としたものを使うとよい。

美味しい食べ方
美味なのでぜひとも食べて欲しい。旬は秋～冬で、しっかりした白身はクセがなく、皮目に甘味のある脂を蓄える。刺し身が旨いので、大型は三枚おろしに挑戦したい。中小型は、内臓だけ取って鱗ごと丸焼きにすると、手間が掛からず旨味を余すことなく味わえる。煮つけは身離れがよく身も締まらず旨い。小田原や伊豆の幻の逸品とされる丸干しは、鱗も内臓も取らずに振り塩をしただけのもの。自作では、エサや寄せエサを食べている可能性があるので内臓は取る。

フィッシングチャート
磯釣りの外道であることから対象魚としての人気は低いが、食味は別。熱帯魚のような見た目で判断せず、大切に持って帰ってぜひ味わっていただきたい。

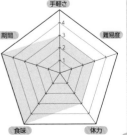

カサゴ

分類	スズキ目カサゴ亜目メバル科カサゴ属
学名	*Sebastiscus marmoratus*
別名	ガシラ,アラカブ,ホゴ,ボッコウ,ハチメ,ハチカサゴ

カサゴは・・・
体色は暗褐色や赤褐色などの入り混じったまだら模様で、生息環境によって個体差がある。近縁のウッカリカサゴとよく似ており混同されることが多い。

漢字

笠子

知る

分布
北海道から九州南岸までの日本海・東シナ海沿岸、北海道から九州までの太平洋沿岸、瀬戸内海に分布。

大きさ
最大で30cm前後。

釣期
周年釣ることができるが、冬場に人気の釣りもの。

1	2	3	4	5	6	7	8	9	10	11	12

棲んでいる場所
水深数10cmの浅場から、50m前後までの岩礁域に広く生息している。海底の岩の隙間やテトラの間などに潜んでいることが多い。

生活史
卵ではなく仔魚を産む。交尾は10〜11月初旬で、卵の成熟を待ち11月ごろに体内で受精、受精後20〜25日でふ化、仔魚は11〜翌年5月に産み出される。3歳、16cm前後で成熟し、その後の成長は遅くなって6歳で20cmになる。
日中はおもに物陰に隠れている。夜間になると活発に泳ぎ回って、大きな口で甲殻類や小魚などを丸呑みにする。

特徴
体色は暗褐色や赤褐色などの入り混じったまだら模様で、生息環境によって個体差がある。近縁のウッカリカサゴとよく似ており混同されることが多いが、次の点で見分けられる。本種の体には不定形の白斑をもつがウッカリカサゴの白斑は暗色に縁どられ大きさも小さくそろっている。また、本種の胸ビレ軟条数は17〜19本であるが、ウッカリカサゴは18から20本と多い傾向がある。両者はオーバーラップするが白斑と併せて見比べれば見間違えることはない。また、ウッカリカサゴは主に水深30m以深に生息しているので、釣れた水深も判断材料となる。

主な釣り方
堤防や磯では、ドウヅキ仕掛けのブッコミ釣り、また探り釣りやルアーで足もとの障害物をねらう。沖釣りでも2〜3本バリのドウヅキ仕掛けが主流。

美味しい食べ方
新鮮なものは刺し身でも非常に美味しいが、さばくとサイズの割りに食べるところが少ない。煮付けやちり鍋、ブイヤベース、小型なら丸ごと空揚げにする。

フィッシングチャート
波消ブロック周りやゴロタ浜、小磯、また沖釣りでも楽しめる手軽なターゲット。釣り方もエサからルアーまで多彩なスタイルでねらうことができる。

釣る

沖釣り

マメな底ダチで好釣果

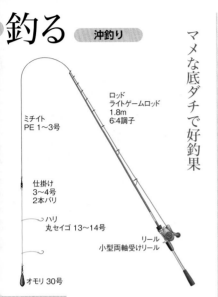

ミチイト
PE 1〜3号

ロッド
ライトゲームロッド
1.8m
6:4調子

仕掛け
3〜4号
2本バリ

ハリ
丸セイゴ 13〜14号

リール
小型両軸受けリール

オモリ 30号

ワンポイント

沖釣りの魅力は良型の数釣りが楽しめること。25〜30cmのカサゴでクーラー満杯も夢ではない。オモリが着底したらミチイトを張らず緩めずで静かにアタリを待つ。“コツコツ”とエサに噛みつくだけの小さなアタリは、食い込むまで待つことが大切。

エサ・擬似餌

イワシ、サバの切り身。

ルアーフィッシング

根掛かりを恐れない

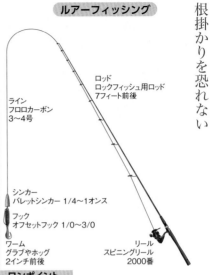

ライン
フロロカーボン
3〜4号

ロッド
ロックフィッシュ用ロッド
7フィート前後

シンカー
バレットシンカー 1/4〜1オンス

フック
オフセットフック 1/0〜3/0

ワーム
グラブやホッグ
2インチ前後

リール
スピニングリール
2000番

ワンポイント

根掛かりしにくいルアーやリグ（仕掛け）をチョイスすることが大事。おすすめがテキサスリグ。ワームは甲殻類を模したホッグ系と小魚をイメージしたシャッド系の2種類を用意したい。岩の隙間や堤防の際などをねらい、ヒットしたら根に潜られないように強引に寄せる。

エサ・擬似餌

ルアー（ワーム）。

落とし込み釣り

隙間や際に落とし込む

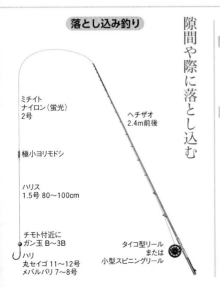

ミチイト
ナイロン（蛍光）
2号

ヘチザオ
2.4m前後

極小ヨリモドシ

ハリス
1.5号 80〜100cm

チモト付近に
ガン玉 B〜3B

ハリ
丸セイゴ 11〜12号
メバルバリ 7〜8号

タイコ型リール
または
小型スピニングリール

ワンポイント

日中は堤防のヘチ、消波ブロックやゴロタの隙間に隠れているところをねらう。魚を掛けた時は根に潜られないように少々強引にでも抜き上げたほうがよい。

エサ・擬似餌

アオイソメ、イワイソメ、モエビなど。

 ⇒魚のさばき方は 564 頁へ

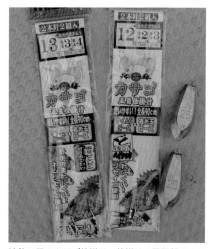

沖釣り用のカサゴ仕掛け。仕掛けの最下部にオモリを付けるドウヅキタイプが標準だ

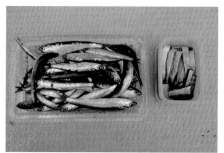

沖釣りで使うエサはカタクチイワシやサバの切り身などさまざま

いろいろなエサに反応するので、エサに加えてタコベイトなどの目立つ擬似餌を合わせて使うのも効果的だ

沿岸に広く棲息するカサゴはボートフィッシングでも好対象魚

ガザミ

分類	十脚目短尾下目ワタリガニ科ガザミ属
学名	*Portunus trituberculatus*
別名	ワタリガニ、ガンツ、ガネ、ヒシガニ、ガンチン、ガゼガニ、オドリガニ

ガザミは・・・

一番後ろの脚先が平たいオール状の遊泳脚であることが本科の大きな特徴で、これを使って活発に泳ぐ。東京湾では本種がカニの代名詞だったが減少が続き、代わって同属のタイワンガザミが増えている。

漢字

蝤蛑

知る

分布

北海道南部から九州までの日本海・東シナ海・太平洋沿岸、瀬戸内海に分布。

大きさ

最大で全甲幅 25cm になる。

釣期

4～12 月に釣れ、6～10 月が最盛期。

1	2	3	4	5	6	7	8	9	10	11	12

棲んでいる場所

内湾の水深 30m までの砂泥底に棲む。夏場は水深数 m の浅所で盛んに活動し、冬場は深場に落ちて越冬する。

生活史

夏から秋に交尾し、雌は雄から受け取った精子を貯えて深場で越冬する。雌は越冬明けの4～9月に複数回産卵する。卵は半年以上も貯えられた精子によって受精し、受精卵は腹節（フンドシ）に抱えられてふ化まで2～3週間保護される。ふ化したゾエア幼生は3週間前後の浮遊生活中にメガロパ幼生から稚ガニへと変態し、全甲幅11mmになって干潟のクリークやアマモ場に着底する。稚ガニは、砂に潜ったりアマモの茂みに隠れ、主に底生動物を食べて急速に成長する。稚ガニの出現盛期は7月で、11月頃までに大きいもので18cmに達し、成熟・交尾して越冬する。越冬明けの5月から再び成長し、2度目の秋には25cm近くに育つ。寿命は2歳で、遅生まれの一部は3歳。

特徴

北洋や深海の大型カニ類が登場するまで日本を代表する食用ガニだった。一番後ろの脚先が平たいオール状で、これ

を使って活発に泳ぐ。ハサミ脚は強大で、挟まれると怪我をする。甲は横長で左右に大きな棘が張り出す。甲や脚の背面は黄緑褐色で、輪郭が不明瞭な不定形の白い斑紋が散る。雄は雌より大型になる。近年は各地で環境悪化や乱獲により減少し、中国、韓国などからの輸入が増えている。九州などではブランド化に力を注いでおり、水揚げサイズや漁期の厳しい規制と種苗放流によって資源保護を図っている。東京湾ではかつて本種がカニの代名詞だったが、高度経済成長期に激減したうえ2000年代に入るとさらに減少が進み、代わってタイワンガザミが増えている。

主な釣り方

市販のカニアミ仕掛けにエサを仕込んで海底に沈め、網目に絡んだカニを釣りあげる。足元～沖合に仕掛けを投入しての待ち釣りとなる。アタリはほとんど出ないので定期的に仕掛けを回収してエサの食われ具合をチェックする。夜釣りに分がある。エサはイワシなどを用いるのが一般的だが、各種集魚剤の使用など工夫の余地が大きい。

美味しい食べ方

旬は脱皮をしなくなる晩秋～春で、俗に「カニ味噌」と呼ばれる肝膵臓が充実し身入りもよい。特に濃厚な内子を持った雌は珍重される。一方、夏場は脱皮にエネルギーを費やし身入りがよくない。上品な身は淡泊で甘味があり、カニらしい風味も強い。味噌汁では味噌との相性が最高で、小型のものは殻が薄く食べる際の邪魔にならない。殻から外した身を炊き込んだカニ飯は、かけた手間に余りあるぜいたくな一品。

フィッシングチャート

仕掛けの構造から、釣りというよりも漁的な要素が強い気がするが、それだけに独特のワクワク感が味わえる。カニだけにアフターフィッシングも期待大。

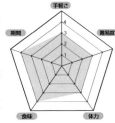

手軽さ／難易度／体力／食味／期間

釣る

投げ釣り

インターバルを設けて手返しよく

```
サオ
投げザオ
30号前後 4m前後

ミチイト
ナイロン 5号
または
PE 3号

オモリ
市販カニ網

エサ袋
（エサ：イワシ、サンマやイカの臓物）

リール
大型スピニングリール
```

ワンポイント

カニ網は欲張って大きなものを選ぶよりも中～小型でトラブル回避を優先するほうが効率的。砂浜で専門にねらうなら数本のタックルを用意し、一定時間ごとに仕掛けを巻き取るとよい。ポイントはミオ筋などの深みや港内の淀みなど。

エサ・擬似餌

イワシなどの小魚。

❶エサをセットするとカニ網の重量はなかなか。タックルはその重さに負けないものを選ぶ。オモリ負荷 30 号前後の投げザオや磯ザオ 3 号クラスがよい

❷これがカニ網。オモリとエサ入れ用のネットが付いている。ネットに魚（エサ）を入れて口を締める。キャスト前に網を広げて、エサが中心に来るようにする

❸港内の淀みはエサが溜まりやすいので要チェック

❹インターバルを置いてカニ網を引き上げる。カニが引っ掛かっているかどうか……。興奮する瞬間だ

カスザメ

分類	カスザメ目カスザメ科カスザメ属
学名	*Squatina japonica*
別名	エイ、クロエイ、クロカスベ、エンネン、オオセ、マント

カスザメは・・・
エイとマゴチとサメを足して3で割ったような独特の姿形をしている。分類上はサメの仲間。なかなかレアなターゲットで専門的にねらうことはないが、ハリ掛かりすると猛烈なダッシュを見せる。

沖

漢字

糟鮫

知る

分布
北海道から九州南岸までの日本海・東シナ海沿岸、岩手県から九州南岸までの太平洋沿岸、瀬戸内海、長崎県五島近海からその西南部、沖縄諸島に分布。

大きさ
全長2mに達する。

釣期
専門にねらうことはない。頻度は少ないが周年にわたって釣れ、夏〜秋に釣れる頻度がやや高くなる。

1	2	3	4	5	6	7	8	9	10	11	12

棲んでいる場所
水深20〜200m前後までの砂泥や砂底域に棲む。

生活史
胎盤をもたない胎生で、雌は長期間にわたって胎仔を保持し、春〜夏に20cm以上に育った稚魚を2〜10個体産む。砂中に潜り、待ち伏せて目の前を通りかかった魚類、イカ類、甲殻類などを丸呑みにする。日中は浅い砂に潜ってほとんど動くことがなく、夜間にはしばしば海底スレスレを泳ぎ回る姿がみられる。成長や寿命については詳しく分かっていない。雌は80cmで成熟するが、雄の成熟体長は不明であり、雌雄とも寿命は分かっていない。

特徴
ハリ掛かり直後のトルクフルなファーストランは、一度味わったら忘れられない。新たな大ものターゲットとしてのポテンシャルを秘める。体はエイ類のように著しく縦扁しているが、鰓孔が体の側面に開く特徴からサメの仲間と分かる。

胸ビレと腹ビレは著しく広く、2基の背ビレはともに体の後方にあり、臀ビレをもたない。同属のコロザメに似るが、胸ビレの先端の角度が90〜100°とコロザメ（120°前後）よりも狭いこと、両眼の後方に開口する両噴水孔の間隔が両眼の間隔より長い（コロザメはわずかに短い）こと、体の背面の正中線上にそって棘の列があること（コロザメにはない）で見分けられる。体表は微小棘に覆われ、表皮はワサビおろしや木工仕上げ用のサメ皮やすりに利用される。環境省のレッドリストでは、準絶滅危惧に指定されている。

主な釣り方
底魚ねらいのボート釣り・沖釣りのゲストとして時おり釣れる。ハリ掛かりした時の瞬発力は凄まじい。ハリスはフロロカーボン16号以上を用いたい。活きエサやボリュームがあるエサにつく傾向があるので、泳がせ釣り、またはドウヅキ仕掛けの1本バリにアジやイカを1尾掛けする。繁殖周期が長いうえに産仔数が少ないので、キャッチ・アンド・リリースを心がけて資源保護に配慮したい。

美味しい食べ方
くせのない白身で、鮮度がよいものではサメ類特有のアンモニア臭がほとんど感じられない。大きなヒレはコリコリとした食感がよく、良質なゼラチンに富んでおり捨ててはもったいない。煮つけは身にもヒレにも向いた調理法で、それぞれの魅力ある味わいが楽しめる。身の食べ方では生食の洗いがよく、湯引きも旨い。

フィッシングチャート
1mを超える魚であり、ハリ掛かり直後のファイトは強烈。無事に取り込めればレアなターゲットを間近で観察できる。

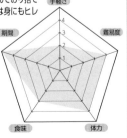

カタクチイワシ

分類	ニシン目カタクチイワシ科カタクチイワシ属
学名	*Engraulis japonica*
別名	シコイワシ、シコ、セグロイワシ、ゴボウセグロ

カタクチイワシは・・・

下顎が小さくて口（顎）が片方しかないように見えることからその名がついた。別名セグロイワシと称せられるとおり、体側の背面は暗青色で腹面は銀白色。全身が薄くて剝がれやすい大きな鱗で覆われている。

漢字

片口鰯

知る

分布

北海道から九州南岸までの日本海・東シナ海・太平洋沿岸、瀬戸内海に分布する。

大きさ

最大で18cmになる。

釣期

周年釣れるが、群れが沿岸に回遊する5～11月が最盛期。

1	2	3	4	5	6	7	8	9	10	11	12

棲んでいる場所

沿岸から沖合の表・中層で大きな群れを形成し群泳する。

生活史

産卵期は春から秋までの長期間に及び、長径1.1～1.7mm、短径0.5～0.7mmの俵型の卵を5～15日おきに繰りかえし産む。孵化した仔魚は透明なシラスで、エサの動物プランクトンが豊富な内湾や沿岸域で成長する。泳ぎながら大きく口を開けて動物プランクトンなどを捕食する。1歳で12cm前後になって成熟する。寿命は2歳。さまざまなフィッシュイーターに食べられるが、旺盛な繁殖力で個体数を維持している。

特徴

最も大きな特徴は口の形で、下顎が小さくて口（顎）が片方しかないように見えることからその名がついた。また、別名セグロイワシと称せられるとおり、体側の背面は暗青色で腹面は銀白色。全身が薄くて剝がれやすい大きな鱗で覆われている。

主な釣り方

岸壁や海釣り施設などでも、群れの回遊があれば初心者でもサビキで数釣りが楽しめる。アミなどの寄せエサを撒いて寄せるのが一般的だが、アミをハリにこすりつけるトリックサビキでは寄せエサを撒かなくても釣れる。ベテランには釣りの対象としてよりも、ヒラメ、カツオ、メバルなどの活きエサとしてなじみ深いだろう。

美味しい食べ方

新鮮なものは刺し身が抜群に旨い。身はスプーンや荷造り用のプラスチックバンドなどで簡単に削れる。身を薬味とともに団子にしたつみれは定番で、つみれ汁のほか揚げても旨い。多く釣れたときは丸ごと干して目刺しに加工するのも一手。

フィッシングチャート

足場のよい堤防や海釣り施設からサビキ釣りで手軽にねらえることからファミリーに大人気の釣りもの。かつ、非常に美味。釣果アップには「トリックサビキ」も効果的だ。

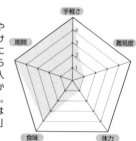

釣る

サビキ釣り

トリックサビキも有効

ノベザオの場合

- サオ 渓流ザオ 硬調 4.5m
- ミチイト 0.8号
- ヨリモドシ
- 市販のトリック仕掛け
- ※仕掛けの全長はサオ仕掛けより20〜30cmほど長くする
- オモリ ナス型 2号前後

リールザオの場合

- サオ 磯ザオ 1.5号 5.3m ※アウトガイド、インターラインどちらでも可
- ミチイト 2号
- コマセ袋
- リール スピニングリール 2000番台

ワンポイント

釣り場は急深な地形でかつ潮通しのよい場所がおすすめだが、港湾や漁港の岸壁でも充分にねらえる。根やストラクチャーに付く性質はないので、群れが来れば広範囲で釣れる。基本の仕掛けはバケやスキンなどが付いた小型のサビキ仕掛け。寄せエサはアミエビを使う。釣果があがらない時はアミエビを多点バリに付けるトリックサビキも有効。

エサ・擬似餌

アミエビ（エサ）、バケ、スキン（擬似餌）。

サビキ釣りで鈴なりになったカタクチイワシ

アミエビを寄せエサに使う。海水を張るバケツやバッカンは必需品

サビキ仕掛け各種

サビキ仕掛けとアミエビを付けるトリック仕掛け

多彩なフィッシュイーターの好物にもなるカタクチイワシ

⇒魚のさばき方は565頁へ

沖	カツオ	分類	スズキ目サバ亜目 サバ科カツオ属
		学名	*Katsuwonus pelamis*
		別名	ホンガツオ

カツオは・・・

体は紡錘形で、遊泳速度は瞬間的に時速50kmに達する。生きている間は腹側に横縞が、死ぬと縦縞が現れる。エラブタが動かないため、酸素を取り入れるために常に泳ぎ続ける必要がある。

漢字

鰹

知る

分布

世界中の熱帯～温帯海域に分布。日本の周辺では太平洋側に多く見られる。

大きさ

50cm前後のものが多く、最大で1m近くになる。

釣期

8～11月ごろ。

1	2	3	4	5	6	7	8	9	10	11	12

棲んでいる場所

19～23℃前後の暖かい海に生息。表層で大群をなして遊泳する。

生活史

特定の産卵場はなく、表面水温24℃以上の主に熱帯域で周年にわたり産卵する。雄は尾叉長35.5cm、雌は尾叉長40cmから成熟を開始する。1歳で尾叉長44cm、2歳で尾叉長62cmになる。主に1歳魚が日本近海へ索餌回遊し、2歳魚以上の高齢魚は熱帯海域にとどまる傾向がある。熱帯海域から日本近海への北上回遊は2～5月に始まり、9月前後にエサが豊富な三陸沖に到達後、南下回遊に転じる。北上の経路は、東シナ海からの黒潮沿い、九州－パラオ海嶺沿い、伊豆－小笠原列島沿いの3ルートが想定されている。主に釣りの対象となるのは、南下回遊期の「戻りガツオ」である。

特徴

体は紡錘形で、背ビレ・臀ビレの後方に小離鰭があり、尾柄に隆起が発達し、第1背ビレはたたむと溝に収納される。これらは高速遊泳への適応である。遊泳速度は瞬間的に50kmに達する。生きている間は腹側に横縞が、死ぬと縦縞が現れる。エラブタが動かないため、酸素を取り入れるために常に泳ぎ続ける必要がある。魚類、オキアミなどの甲殻類、頭足類を食べる。

主な釣り方

手釣りでねらう「カッタクリ釣り」という伝統釣法と、リールザオとテンビンを使った吹流し仕掛けでねらう方法がある。いずれも沖釣りで、前者はハリに魚皮を巻いたカッタクリバケという擬餌、後者はオキアミのエサを使う。

美味しい食べ方

秋の戻りガツオは脂が乗っていて美味い。刺身、たたき、カルパッチョなど。

フィッシングチャート

俳句の季語にもなるほど暮らしになじみの深いカツオは、沖釣りでは比較的手軽に強烈な引きを味わえる好ターゲットだ。ハリ掛かりしたら同船者に迷惑をかけないやり取りを心掛けたい。

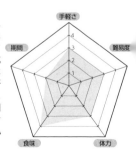

釣る　**沖釣り**

寄せエサを効果的に

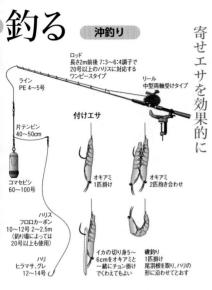

ロッド
長さ2m前後 7:3～6:4調子で
20号以上のハリスに対応する
ワンピースタイプ

ライン
PE 4～5号

リール
中型両軸受けタイプ

片テンビン
40～50cm

コマセビシ
60～100号

ハリス
フロロカーボン
10～12号 2～2.5m
（釣り場によっては
20号以上も使用）

ハリ
ヒラマサ、グレ
12～14号

付けエサ

オキアミ
1匹掛け

オキアミ
2匹抱き合わせ

イカの切り身5～
6cmをオキアミと
一緒にチョン掛け
でくわえてもよい

磯釣り
1匹掛け
尾羽根を取り、ハリの
形に沿わせてとおす

ワンポイント

代表的な回遊魚。弾丸ライナーで突っ走るその引きは強烈だ。カツオ釣りでは魚皮だけを付けたハリを使い、手釣りでねらう伝統的なカッタクリ釣りと、ロッドとリールを用いてオキアミを使うアミコマセ釣りがある。前者は手返しがよいため、群れの移動が早い時に有効で、後者は群れが寄せエサに付いた時に強い。

エサ・擬似餌

オキアミ、バケ。

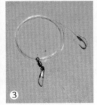

❶カツオの群れがいる場所に集まる船団。群れを追って大海原を走る
❷青く輝くカツオの背
❸海のスプリンターである青ものを釣るには、それなりに太いハリスが必要

❹装餌法の例。オキアミの抱き合わせ。沖釣りではエサが回転しないように、真っ直ぐ付けることが多い
❺オキアミとイカの組み合わせ
❻外れにくい擬似餌と組み合わせて装餌する方法もある
❼ハリスが長いので投入時には絡まないように注意する。

 ⇒魚のさばき方は 567 頁へ

カナガシラ

分類	スズキ目カサゴ亜目ホウボウ科カナガシラ属
学名	*Lepidotrigla micropter*
別名	カナンド、ガラなど。市場では「イ」（＝仮名の頭）と呼ばれることも

カナガシラは・・・

硬い骨で頭部が覆われているため「カナガシラ」の名がついた。ホウボウに似ているが、胸ビレはより小さく内面は赤橙～赤色で顕著な模様はない。水深20～100mの砂泥底に棲む。

金頭

知る

分布

北海道から九州南岸までの日本海・東シナ海・太平洋沿岸、瀬戸内海に分布。

大きさ

成魚で30cm前後。

釣期

最盛期は11～翌1月。

1	2	3	4	5	6	7	8	9	10	11	12

棲んでいる場所

水深20～100mの砂泥底に棲む。

生活史

産卵期は陸奥湾で5～8月、瀬戸内海で2～6月、東シナ海で5～6月。雌の最小成熟体長は13～14cm。抱卵数は22cmで10万粒前後、30cmで20万粒前後。卵は径1.26～1.31mmの分離浮性卵で、受精卵は17℃90時間でふ化。ふ化仔魚は3.6mmで、動物プランクトンを食べて成長する。成長は、1歳で約10cm、2歳で約15cm、3歳で約19cm、4歳で20～21cm、5歳で約23cmになる。海底付近で魚類、エビやカニなどの甲殻類を食べる。胸ビレのいちばん下の軟条が左右3本ずつの足のようになっており、この部分を動かして海底のエサを探す。

特徴

硬い骨で頭部が覆われているため「カナガシラ」の名がついた。ホウボウに似ているが、胸ビレはより小さく内面は赤橙～赤色で顕著な模様はない。体の背から体側にかけては一様に赤く、腹側は白っぽい。第1背ビレには不明瞭な赤色斑がある。

主な釣り方

ホウボウと同じく、磯や堤防からの投げ釣り、沖釣りなどで釣れる。

美味しい食べ方

秋から初春が旬で、非常に美味。煮付けや塩焼きのほか、刺し身でもいける。

フィッシングチャート

基本的に沖釣りなどで砂泥底の底ねらいをしている時にゲストで釣れる魚なので、特化した釣法等はない。食味は非常によいので釣り人には喜ばれる。

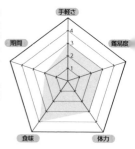

釣る

沖釣り

タナはアマダイより下

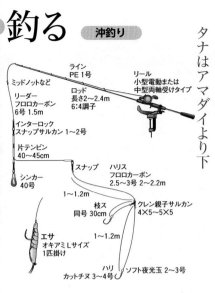

- ミッドノットなど
- ライン PE 1号
- リール 小型電動または中型両軸受けタイプ
- リーダー フロロカーボン 6号 1.5m
- ロッド 長さ2～2.4m 6:4調子
- インターロック スナップサルカン 1～2号
- 片テンビン 40～45cm
- スナップ
- シンカー 40号
- ハリス フロロカーボン 2.5～3号 2～2.2m
- 1～1.2m
- 枝ス 同号30cm
- クレン親子サルカン 4×5～5×5
- エサ オキアミLサイズ 1匹掛け
- 1～1.2m
- ハリ カットチヌ 3～4号
- ソフト夜光玉 2～3号

ワンポイント

生息環境が似ているアマダイなどをねらっていると時折りカナガシラが混じる。特筆すべきは釣り味よりも食味なので、釣れたら大事に持ち帰って賞味したい

エサ・擬似餌

オキアミなど。

こちらはトゲカナガシラ。胸ビレにホウボウと似た鮮やかな模様があるが、下側半分に大きな黒斑があることでホウボウやカナガシラと区別できる

沖釣りの本命ターゲットになることはないが、アマダイ釣りなどではよく釣れる

カマス

分類	スズキ目サバ亜目 カマス科カマス属
学名	*Sphyraena pinguis*
別名	標準和名アカカマス カマス、ホンカマス、アブラガマス

カマスは・・・

体は細長くやや側扁し、体色は全体に黄褐色を帯びる。生時には体側中央部に暗黄褐色の縦帯がみられる。魚食性が強くルアーや擬似餌への反応が非常によい。

漢字

鰤

知る

分布

北海道から九州南岸までの日本海・東シナ海沿岸、北海道から屋久島までの太平洋沿岸、瀬戸内海、奄美大島、沖縄島に分布。

大きさ

最大で約50cm。

釣期

夏から秋にかけてが盛期。

1	2	3	4	5	6	7	8	9	10	11	12

棲んでいる場所

サンゴ礁を除く沿岸浅所に棲み、港や堤防周辺などに多い。

生活史

産卵期は5～8月で、産卵期間中に繰り返し産卵する。卵は径0.8mm前後の分離浮性卵で、多いものでは1回に20万粒、産卵期を通じては100万粒を産む。受精卵は25～30時間でふ化し、ふ化仔魚は1.75mm前後。秋には5cm前後の稚魚となり、藻場や沿岸浅所の表中層を群れで遊泳する。シラスや小型甲殻類を食べて成長し、1歳までの成長は早く25cmに達する。1歳魚以上になると、沖合の岩礁域などに移動し季節的な浅深移動を行う。すなわち、春から秋には主に水深30m以浅で生活し、冬には水深100m以深に落ちる。2歳で30cm、3歳で34cmになり、寿命は7歳前後と考えられている。

特徴

体は細長くやや側扁し、体色は全体に黄褐色を帯びる。生時には体側中央部に暗黄褐色の縦帯がみられる。日本の沿岸でよくみられるカマス類は、本種とヤマトカマスの2種である。本種の腹ビレ起部は第1背ビレ起部のはるか前方にあることで(ヤマトカマスでは第1背ビレ起部下)、両種は容易に見分けることができる。

主な釣り方

魚食性が強いことからルアーや擬餌餌への反応がすこぶるよく、近年はルアー釣りの人気が高い。高水温期には小型のメタルジグやバイブレーションを用いたキャスティングやバーチカルな釣りが面白い。低水温期には深場ねらいの釣りとなり、相模湾では伝統的なサビキ仕掛けを用いた乗合船が出る。

美味しい食べ方

旬は秋～初夏。最も向く調理法は塩焼きだ。塩をして1時間以上寝かせ、じっくりと焼き上げたものは最高に旨い。刺し身は、やや水っぽく皮目に旨味があるので、皮つきで皮目をあぶるとよい。干物はこの魚に最も向いた加工品で、身が締まって美味。

フィッシングチャート

タナを捜し当てる妙味がカマス釣り(ルアー)の面白さの1つにもなっている。釣ったカマスで干物を自作するのもよいだろう。

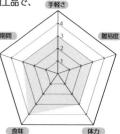

釣る

ルアーフィッシング

アタリダナを捜せ

ライン
ナイロン or フロロカーボン
3～4ポンド

ルアーロッド
6～7フィート

ユニノット
（4回巻き）

ジグヘッド 2g前後

ピンテールなどのソフトルアー
2インチ前後

メタルジグ、
小型のシンキングペンシルなど

リール
スピニングリール
1000～2500番

ワンポイント

小型だがアグレッシブなフィッシュイーターでライトソルトルアーの好ターゲット。潮通しがよく、エサが回遊してくる堤防の先端がねらいめ。タックルはメバルやアジなどのライトソルト用、もしくはバスやトラウトタックルでも充分だ。基本的に表層から中層ねらいになるが、ボトムで当たることも。アタリダナをいち早く見つけたい。

エサ・擬似餌

ルアー（メタルジグ、小型シンキングペンシル、ワーム）。

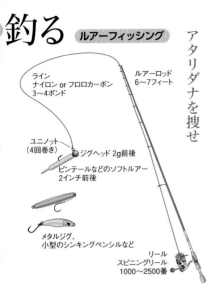

❶カマスは小魚を主食にする完全なフィッシュイーター
❷ワインド型のジグヘッドにヒットしたカマス
❸ジグヘッドやワーム各種。ワームはメバリングやアジングで使うタイプでよく、シャッドテールはアピール度が高い
❹メタルバイブもスピンテールジグも蛍光グリーンが圧倒的に釣れる。重さは16gがベター

アカカマスとヤマトカマスの違い
❺最も分かりやすい違いは背中。ヤマトカマス（右）はサバのような紋様がある

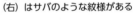

⇒魚のさばき方は 569 頁へ

カミナリイカ

分類	コウイカ目コウイカ科コウイカ属
学名	*Sepia lycidas*
別名	モンゴウイカ、マルイチ、コウタイカ

カミナリイカは・・・

コウイカに似ているがより大型になり、胴の背面には多数の横縞のほか、唇型の斑紋が散ることが特徴。近縁のコウイカと比較すると内湾性が弱く、湾口部を中心に生活する。

漢字

雷烏賊

ボートエギングでも頻繁にヒットする

知る

分布

石川県から九州南岸までの日本海・東シナ海沿岸、茨城県から九州南岸までの太平洋沿岸、瀬戸内海、東シナ海大陸棚域に分布。

大きさ

最大で胴長 40cm になる。

釣期

周年釣れるが、4 〜 12 月が釣期で春と秋に最盛期がある。

1	2	3	4	5	6	7	8	9	10	11	12

棲んでいる場所

通常は水深 50 〜 100 m以浅の砂泥底の底層に棲み、産卵期には水深 30 m以浅に移動する。

生活史

産卵期は 3 〜 6 月で、浅場に移動してきた雌雄が交接・産卵する。卵は長径 26mm、短径 14mm の先が尖った長卵形でコウイカよりもかなり大きい。親は海藻や沈木などに 1 粒ずつ卵を産み付け、砂をまぶしてカムフラージュする。孵化後の成長は速やかで、甲殻類、軟体類や小型の魚類を食べ、冬には体重が 1kg に達する。寿命は 1 歳で翌春に産卵すると死亡する。近縁のコウイカより内湾性が弱く、湾口部を中心に生活する。

特徴

コウイカに似るがより大型になり、胴の背面には多数の横縞のほか、唇型の斑紋が散ることが特徴。ただし、唇型の斑紋は小型個体では薄い個体もいるので注意を要する。また生時には、胴の全周にわたる鰭の基部に蛍光グリーンの線が走り、これは斑紋が不明瞭な小型個体の区別点として有効。

主な釣り方

コウイカと同じエギングタックルでねらえるが、ポイントはより水深があって泥っぽくない場所を選ぶとよい。餌木の色はアオリイカほどシビアでなく、ピンクとオレンジがあれば充分。潮通しがよくて水深がある堤防などでは足元まで回遊してくるので、コウイカ用のスッテをセットしたドウヅキ仕掛けが有効。

美味しい食べ方

旬は冬とされ、肉厚の身は歯切れがよく、深い旨みがある。その旨みは火を通すと増し、天ぷらは絶品。もちろん刺し身もいけるが、フライや焼き物がお薦め。

フィッシングチャート

アオリイカ同様、堤防から手軽にねらうことができ、大変美味しいイカ。釣行の際にはコウイカ用のスッテをセットしたドウヅキ仕掛けも忘れずに持参したい。

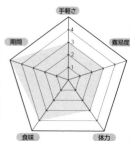

釣る

エギング

潮通しのよい場所をねらえ

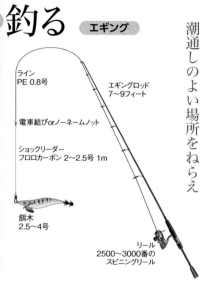

ライン
PE 0.8号

エギングロッド
7〜9フィート

電車結びorノーネームノット

ショックリーダー
フロロカーボン 2〜2.5号 1m

餌木
2.5〜4号

リール
2500〜3000番の
スピニングリール

ワンポイント

他のイカ類と同様にエギングタックルでOK。主な釣り方の項どおりにねらう。そのため堤防ではより外海に近い先端側から潮通しのよい水深のある場所を探りたい。

エサ・擬似餌

餌木、スッテ。

潮通しのよい堤防の先端などが好ポイント

餌木は 2.5 〜 4 号を用意。ピンクやオレンジといった視認性に優れたカラーがあるとよい

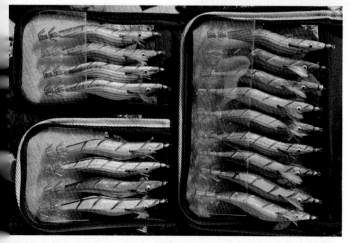

カワハギ

分類	フグ目カワハギ科
	カワハギ属
学名	*Stephanolepis cirrhifer*
別名	ハゲなど

カワハギは・・・

名前のとおりザラザラとした丈夫な皮に覆われている。小さなオチョボ口の頑丈な歯で貝などの硬いエサも砕くことができる。ヒレを器用に動かし水中で静止しながら捕食できるため、エサ取り名人の異名を持つ

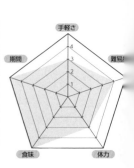 は削除

漢字

皮剥

知る

分布

青森県から九州南岸までの日本海・東シナ海・太平洋沿岸、瀬戸内海に分布。

大きさ

最大で 30cm ほどに成長する。

釣期

沖釣りではほぼ周年。堤防や磯では、産卵のために浅場にやってきて、産卵後もしばらくとどまる夏から秋がメインとなる。

1	2	3	4	5	6	7	8	9	10	11	12

棲んでいる場所

水深 100m 以浅の砂泥底、岩礁域。

生活史

産卵期は 5 〜 8 月で、雄は沿岸の砂底にナワバリを形成し、侵入する他の雄と激しく争う。ナワバリには複数の雌を招き入れて産卵させる。卵は径 0.6 〜 0.7mm の粘着卵で、1 回に 3 万粒前後が砂地に産みつけられる。稚幼魚は浅海の藻場や流れ藻などにみられ、成長に伴って深場へと移動する。1 歳で 10cm を超えて成熟する。
エサを捕食する際は、水を口から砂地に吹きつけ、海底の甲殻類や多毛類などを巻き上げて食べる。

特徴

名前のとおりザラザラとした丈夫な皮に覆われて

いる。小さなオチョボ口には頑丈な歯が付いていて、貝などの硬いエサも砕くことができる。雄は背ビレ第 2 軟条が糸状に伸長し、尾柄部に多数の剛毛をもつ。体色や斑紋には個体変異が多く、心理状態によっても変化する。また、ヒレを器用に動かして水中で静止しながら捕食できるため、釣り人が気づかないうちにエサをとられてしまうことがよくある。そのため、エサ取り名人の異名を持つ。

主な釣り方

岸からは投げ釣り、ドウヅキ仕掛けのブッコミ釣りでねらう。
沖釣りでも 3 本バリ前後のドウヅキ仕掛けにアサリのエサでねらうことが多い。

美味しい食べ方

肝が大きくなる冬場が旬。刺し身や肝和え、ちり鍋が美味しい。夏は肝が小さいものの、肉質は冬に優るとされる。

フィッシングチャート

沖釣りでは手軽な小もので、ビギナーでも数尾の釣果を得ることは難しくない。一方で人より数を釣ろうと思ったら、エサ取り名人との果てしない戦いという、飛び切り奥の深い世界が待ちかまえている。

（レーダーチャート：手軽さ、難易度、体力、食味、期間）

釣る

投げ釣り

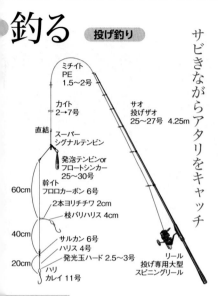

サビきながらアタリをキャッチ

- ミチイト PE 1.5～2号
- カイト ≒2→7号
- 直結
- スーパーシグナルテンビン
- 発泡テンビンorフロートシンカー 25～30号
- サオ 投げザオ 25～27号 4.25m
- 60cm
- 幹イト フロロカーボン 6号
- 2本ヨリチチワ 2cm
- 枝バリハリス 4cm
- 40cm
- サルカン 6号
- ハリス 4号
- 発光玉ハード 2.5～3号
- 20cm
- ハリ カレイ 11号
- リール 投げ専用大型スピニングリール

沖釣り

エサ取り名人との攻防

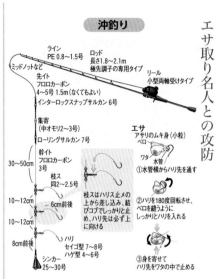

- ライン PE 0.8～1.5号
- ミッドノットなど
- 先イト フロロカーボン 4～5号 1.5m(なくてもよい)
- インターロックスナップサルカン 6号
- ロッド 長さ1.8～2.1m 極先調子の専用タイプ
- リール 小型両軸受けタイプ
- 集寄 (中オモリ2～3号)
- ローリングサルカン 7号
- 30～50cm
- 幹イト フロロカーボン 3号
- 枝ス 同2～2.5号
- 10～12cm
- 6cm前後
- 10～12cm
- 枝スはハリス止メの上から差し込み、結びコブでしっかり止め、ハリ先は必ず上に向ける
- 8cm前後
- ハリ セイゴ型 7～8号 ハゲ型 4～6号
- シンカー 25～30号

エサ アサリのムキ身(小粒)
- ベロ
- ワタ
- 水管
- ①水管横からハリ先を通す
- ②ハリを180度回転させ、ベロを縫うようにしっかりとハリを入れる
- ③身を寄せてハリ先をワタの中で止める

ワンポイント

陸から投げ釣りでねらう磯カワハギの魅力はなんといっても良型が釣れること。釣り場が潮通しのよい磯であることから、内湾や堤防周りに多いワッペンサイズが少なく20cm以上の良型が揃う。根掛かりを回避するために浮き上がりの早い発泡シンカーを使用するのがキモ。置きっぱなしにしていると、イトフケが大きくなり、イトフケに引っ張られて根掛かるリスクが増える。イトフケを取りながら、根掛かりを避けてアタリをキャッチし、カワハギを掛けていく。

エサ・擬似餌

イワイソメ。

ワンポイント

小さなオチョボ口でエサをついばみ、釣り人が気付かないうちにエサを食べてしまうエサ取り名人には、以下の方法で対抗する。シンカーを上下に動かす"誘い釣り"、シンカーは底に付けたまま中オモリを動かす"タタキ釣り"、中オモリの重さで仕掛けをたるませる"タルマセ釣り"、仕掛けを海底に這わせる"ハワセ釣り"。これらのテクニックを駆使してハリ掛かりを目差す。

エサ・擬似餌

アサリの剥き身。

食べる

キモ醤油の刺し身
濃厚なキモ醤油で食べる刺し身は、まさに釣り人ならではの特権

カブト干し
捨ててしまいがちな頭の部分も一工夫で味わい深い酒肴に！

菊花揚げ
料亭の料理のような見た目と食感のよさで箸がつい進む

⇒魚のさばき方は 571 頁へ

沖釣り エサ取り名人と勝負！

❶軽くて好感度な専用タックルを使って、カワハギの繊細なアタリを捉えていく
❷仕掛け上部には派手な中オモリや集寄をセットする
❸トラギスなどのゲストがよく掛かる。メゴチバサミを持っておくと手返しよくさばける
❹エサ交換の頻度が高い釣りだけに、サオ置きは必須
❺エサのアサリは添加剤で締めて使うとエサ付けしやすい

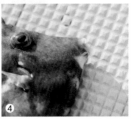

❶カワハギ釣りは腕の差が出やすい釣りだ。トーナメントも盛んに行なわれている
❷東京湾では久比里の船宿が人気だ
❸オスは成熟すると第2背ビレ前部が糸状に伸びてくる
❹このおちょぼ口を使ってエサをかすめ取る

投げ釣り

磯からねらうカワハギは良型揃いが魅力！

投げのカワハギ釣りは
地磯が主戦場だ

リールは投げ専用を使う。置きザオで待っ
たり、サビいたりを繰り返すため、クイッ
クドラグタイプだと釣りが楽

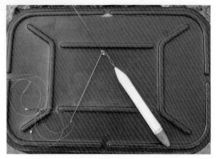

発泡シンカーを使用すると浮き上がりが早く、磯
場でも根掛かりしにくくなる

磯の投げ釣りでは虫エサが主力

吸い込みに優れた流線型のハリがカワハギには適
する

猛毒注意！

ソウシハギ

カワハギの仲間であるソウシハギは注意を要
する毒魚。元々は沖縄県など南方で見られる
魚だったが、近年は海水温の上昇とともに本
州でも見られるようになっている。食用のウ
マヅラハギに似るが、内臓に猛毒がある。写
真は伊豆大島の磯釣りで釣れた成魚

ガンゾウビラメ

分類	カレイ目ヒラメ科ガンゾウビラメ属
学名	*Pseudorhombus cinnamoneus*
別名	テビラ、コノハガレイ

ガンゾウビラメは・・・

ヒラメと同様に両眼が体の左側にある。ヒラメほどは大きくならない。近縁種のテンジクガレイによく似ている。

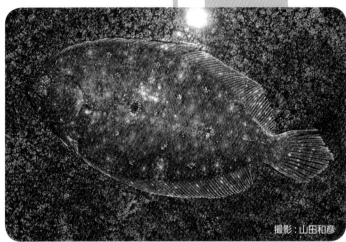

撮影：山田和彦

漢字

雁雑平目

知る

分布

青森県から長崎県までの日本海・東シナ海沿岸、千葉県銚子から日向灘までの太平洋沿岸、東シナ海大陸棚に分布。

大きさ

最大で50cm程度。

釣期

専門にねらう人は少ない。

アマダイやホウボウに準じる（206、448頁）

棲んでいる場所

水深30〜120mの砂泥底に棲む。

生活史

産卵期は10〜12月。福岡県筑前海では、1歳で18.5cm、2歳で23.8cm、3歳で27.7cm、4歳で30.6cm、5歳で32.7cmになる。肉食性で、甲殻類や多毛類、小魚を食べる。

特徴

ヒラメと同様に両眼が体の左側にある。口が大きく、体高があって丸みを帯びた体形をしている。有眼側の胸ビレ後端付近に白い斑点に囲まれた眼状斑を1個もつ。この眼状斑が前後に2個並んでいれば近縁のテンジクガレイである。

主な釣り方

専門に釣ることはないが、沖釣りでアマダイやホウボウなどを釣っていると外道で掛かることがある。

美味しい食べ方

刺し身は非常に美味で、旬は真冬。価格もそれなりに高い。ほかに塩焼きなど。

フィッシングチャート

専門の釣り方は特にないので、沖釣りでゲストに掛かればラッキーといえる。ヒラメ科の魚なので底をねらうとよい。

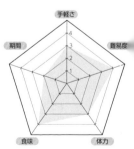

カンダイ

分類	スズキ目スズキ亜目ベラ科コブダイ属
学名	*Semicossyphus reticulatus*
別名	標準和名コブダイ カンノダイ、モロズ、センタイ

カンダイは・・・
前頭部がコブ状に張り出すことが最大の特徴で、特に大型の雄でその特徴は顕著となり、下顎も著しく厚みを増して大きくなる。寒い時期に旬を迎えることからその名が付いた。

漢字

寒鯛

知る

分布
北海道から九州南岸までの日本海・東シナ海沿岸、北海道から九州南岸までの太平洋沿岸、瀬戸内海に分布。

大きさ
最大で 1.2m 以上になる。

釣期
4 ～翌 1 月に釣れるが、秋がベストシーズン。

1	2	3	4	5	6	7	8	9	10	11	12

棲んでいる場所
水深 50m 以浅の岩礁域に棲む。

生活史
産卵期は春で、雄は起伏のある岩礁域に広いナワバリを持ち、雌雄は円を描きながら海面へと泳ぎ上がって放卵・放精する。卵は分離浮性卵で、孵化仔魚は 1 ヵ月ほどの浮遊期を経て浅い岩礁域に着底する。若い個体は全て雌で、大型になると性転換して雄になる。甲殻類や貝類などの硬いエサを好み、成魚は大きなサザエも難なく噛み砕く。寿命は 10 歳前後と考えられているが、新潟県佐渡では 20 年以上にわたって継続観察された個体がいる。

特徴
前頭部がコブ状に張り出すことが最大の特徴で、特に大型の雄でその特徴は顕著となり、下顎も著しく厚みを増して大きくなる。背ビレは 12 棘 9 ～ 11 軟条。体色は成長に伴って著しく変化する。幼魚の体色は鮮紅色で、体側中央に白色縦帯をもち、背ビレ・腹ビレ・臀ビレの各軟条部に白く縁どられた大黒斑をもつ。成魚になると体色は一様な暗いピンク色となり特徴的な斑紋等はなくなる。

主な釣り方
イシダイ・イシガキダイと並ぶ磯の大もの釣りのターゲット。一気にサオを締め込む「カンダイのひとのし」は古くから大もの釣りファンを魅了してきた。しかし、近年の減少は著しく、1m を超す大ものは滅多に上がらなくなった。タックル、ポイントともにイシダイ釣りと同様で、エサは硬くてもちがよいサザエ、カニ、ウニなどがよい。

美味しい食べ方
「寒鯛」とは、寒い時期に旬を迎えることからついた名である。美味として知られており、刺し身や洗い、ムニエル、酒蒸し、煮付け、塩焼き、鍋物などで旨い。食べ切れない大ものは味噌漬けなどにするとよい。

フィッシングチャート
磯釣りの伝統的な大もののターゲットだが、意外にも堤防周りにも姿を見せる。情報があれば積極的にねらってみたい。また冬のカンダイは特に美味とされる。

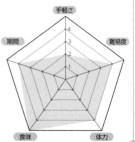

275

釣る
ブッコミ釣り

力負けしないタックルで臨む

サオ
イシダイ専用ザオ
5〜5.4m

ミチイト
ナイロン 18〜22号
または
PE 12〜15号

イシダイ用
遊動サルカン

パール玉

チューブ

オモリ
30〜40号

コークスクリューサルカン

ハリス
ワイヤー
37〜38番

ハリ
イシダイ
14〜18号

リール
大型両軸受けリール

岩礁帯に生息し、イシダイ釣りと同じ道具立て、エサでねらえる。岩礁帯の潮が当たる場所でエサを捕食しており、潮流を読みながらそういったポイントに仕掛けを投入したい。ヒット後は強烈な引き込みを見せるが、それに負けないように一気に根から引き離そう。

エサ・擬似餌
サザエ、トコブシ、アオイソメ。

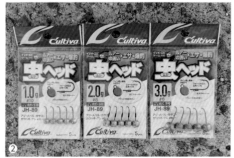

堤防は意外な穴場
❶❷『虫ヘッド』を使ったルアーとエサのハイブリッド釣法でねらう "タンコブゲーム" も人気
❸コブダイといわれるとおり、発達したコブがトレードマーク
❹カンダイは強烈な引きを見せる巨大魚だが、身近な堤防からもねらえる

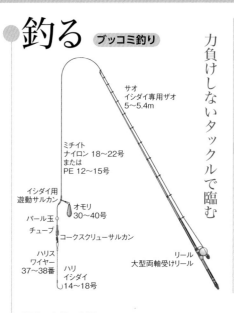

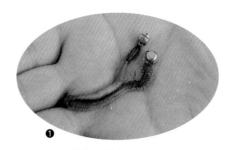

カンパチ

分類	スズキ目スズキ亜目アジ科ブリ属
学名	*Seriola dumerili*
別名	ショゴ、シオ（いずれも若魚）、アカハナ、アカイオ

カンパチは・・・
目の上を斜めに走る褐色の帯がある。これを正面から見ると、「八」の字に見えることからカンパチの名が付いたという。背中は黄褐色で、体側の中央に黄色い縦帯が目立つ。

漢字

勘八

知る

分布
青森県から九州南岸までの日本海・東シナ海・太平洋沿岸、瀬戸内海、伊豆ー小笠原諸島、琉球列島に分布。

大きさ
40〜100㎝が一般的にねらわれるサイズだが、2m近い個体も確認されている。アジ科ではヒラマサなどについで大型の魚。

釣期
地域や釣法により異なるが7〜11月が最盛期といえる。

1	2	3	4	5	6	7	8	9	10	11	12

棲んでいる場所
通常は水深20〜70mに生息し、単独または群れを作っている。琉球列島などの南方海域では水深100m以深にも棲む。また、日本沿岸にいるカンパチは季節的な回遊を行なっており、春から夏にかけて北上、初冬から春に南下する。

生活史
産卵期は3〜8月で、分離浮性卵を産む。稚魚は流れ藻などについて生活し、動物プランクトンを食べて大きくなる。水温20〜30℃の海域が成長に適しているとされる。成熟すると魚食性が強くなり、イワシ類やアジ類などを好んで襲う。頭足類や甲殻類も食べる。

特徴
目の上を斜めに走る褐色の帯がある。これを正面から見ると、「八」の字に見えることからカンパチの名が付いたという。背中は黄褐色で、体側の中央に黄色い縦帯が目立つ。ブリやヒラマサに比べると体型は扁平で、体高がある。近縁のヒレナガカンパチとは、第2背ビレ前部が鎌状に伸びない（ヒレナガカンパチは鎌状に伸びる）、尾ビレ下葉先端が白い（ヒレナガカンパチは白くない）ことで区別することができる。九州を中心に養殖が盛んに行なわれている。

主な釣り方
離島の磯や堤防などから、生きたアジなどをエサにしてねらう泳がせ釣りが有名。沖釣りではカッタクリ釣りなども行なう。魚食性のため、ルアーでもねらうことができる。

美味しい食べ方
夏が旬とされているが、1年を通して美味い。また、小型でも味が落ちないのも嬉しい。刺し身が最高で、ほかに照り焼きやフライ、煮付けなど。

フィッシングチャート
岸、沖の両方からアプローチ可能。釣り方もさまざまなスタイルがある。岸から小型をねらうぶんには手軽なターゲットだが、究極のターゲットといえるメーターオーバーサイズは難易度が飛躍的に高まる。

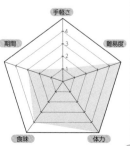

釣る

人気のメタルジギング

ジギング仕掛け

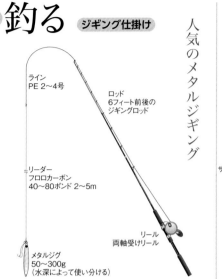

ライン
PE 2～4号

ロッド
6フィート前後の
ジギングロッド

リーダー
フロロカーボン
40～80ポンド 2～5m

リール
両軸受けリール

メタルジグ
50～300g
（水深によって使い分ける）

ワンポイント
メタルジグを底か船長の指示ダナまで沈めてシャクリ上げることを繰り返す。細長いメタルジグは長くシャクリ、ジグを大きくスライドさせるイメージ。逆に短いものはジャカジャカ巻きのようにピッチの細かいシャクリに向く。ヒットしたらロッドをしっかり支えてラインをなるべく出さないように心掛ける。

エサ・擬似餌
ルアー（メタルジグ）。

エサが暴れる層を捜す

泳がせ釣り（沖から）

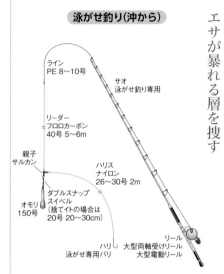

ライン
PE 8～10号

サオ
泳がせ釣り専用

リーダー
フロロカーボン
40号 5～6m

親子
サルカン

ハリス
ナイロン
26～30号 2m

オモリ
150号

ダブルスナップ
スイベル
（捨てイトの場合は
20号 20～30cm）

ハリ
泳がせ専用バリ

リール
大型両軸受けリール
大型電動リール

ワンポイント
小型ムロアジを使う泳がせ釣りは数をねらいやすく、泳がせ釣りの入門におすすめ。エサを確保したら釣りスタート。仕掛け投入後はサオ先に伝わるムロアジの動きに注意。カンパチなどのフィッシュイーターにねらわれるとムロアジは逃げるように動く。シグナルがあったら本アタリを待つ。

エサ・擬似餌
ムロアジ。

超大ものもヒット！

泳がせ釣り（岸から）

ミチイト
ナイロン 13～15号

ウキ止メ
シモリ玉

大型発泡ウキ10～20号

ゴム管付きオモリ 3号

スナップサルカン

クッションゴム
φ3mm 30cm

ハリス
フロロカーボン
10～15号 3m

ハリ
ヒラマサ 10～13号

磯ザオ
4～5号 5.3m

大型両軸受けリール

エサの
付け方

背中にチョン掛けすると
弱りにくい

ワンポイント
エサ（アジなどの小魚）はサビキ仕掛けで釣る。泳がせ釣りでは早アワセは禁物。しっかり食い込ませ、ウキが完全に水中に消えたら合わせる。

エサ・擬似餌
小魚（アジなど）。

⇒魚のさばき方は 576 頁へ

オカッパリのショゴ釣り

ショゴはこんな身近な港周りで釣れる

成魚は大もの釣りのターゲットだが、ショゴと呼ばれる幼魚もライトタックルのルアーフィッシングでは楽しい対象魚

沖釣りは超大ものねらい

ヒット後は海底や根に向かう強烈な突っ込みを見せる。それをいかにかわし、最後のキャッチまで繋げるかもカンパチ釣りの魅力だ

良型のカンパチは泳がせ釣りでも夢ある対象魚だ。ハリに掛け泳がせたムロアジを丸呑みにした（伊豆諸島三宅島沖）

青もの御三家（ヒラマサ、ブリ、カンパチ）の中でも最も大きく育つ剛力モンスターがカンパチ

沖縄本島北部でジグを食ってきた40kg

キジハタ

分類	スズキ目スズキ亜目ハタ科アカハタ属
学名	*Epinephelus akaara*

キジハタは・・・
暗褐色の上にオレンジ色の斑紋が広がり、ヒレも黄みを帯びている。まず雌として成熟して産卵し、さらに大きく成長すると雄に性転換する「雌性先熟」という繁殖生態をもつ。ナワバリ意識が強い。

漢字

雉羽太

知る

分布
主に津軽海峡から九州南岸までの日本海・東シナ海、瀬戸内海に分布し、相模湾から九州南岸までの太平洋沿岸に散発的に分布。

大きさ
30cm ほどのものが多く、最大で 60cm を超える。

釣期
7 ～ 8 月ごろが最盛期。

1	2	3	4	5	6	7	8	9	10	11	12

棲んでいる場所
日本海側に多く見られ、水深の浅い沿岸の岩礁域、特に砂底の混じった場所に棲む。人工魚礁や護岸の周辺にもつく。

生活史
産卵期は 7 ～ 9 月で、径 0.70 ～ 0.77㎜の分離浮性卵を産む。受精卵は 24 時間でふ化し、仔稚魚は長く伸長した背ビレ・腹ビレ棘をもち、浮遊生活を送りつつ成長する。17㎜を超えると伸長棘は短くなり、底生生活へと移行する。成長は遅く、3 歳で 25㎝、4 歳で 40㎝となり、40cm 前後になるには 10 年近くかかるとされる。まず雌として成熟し、30㎝を超えると雄に性転換して成熟する。
夜行性のため、日中は岩陰や洞窟に身を隠している

る。夜になるとエサを探すためにねぐらから泳ぎ出す。小型のうちはおもに甲殻類を食べ、成長に伴って魚食性が強まる。

特徴
体は褐色～黄橙色で、全身に赤橙色の斑紋が散在し、背ビレ基底中央部に 1 つの大きな黒斑がある。ナワバリ意識が強く、ダイバーの気配などで驚いても同じ位置に戻ってくることがある。
水産上の重要種で、瀬戸内海や日本海沿岸では人工種苗の放流事業が盛んに行われている。

主な釣り方
夜釣りが基本で、堤防などの足元やゴロタ石の隙間にエビやイソメ類を落とし込む探り釣りが一般的。マダイの投げ釣りで外道として釣れることも。タイラバなどのルアーにも反応する。

美味しい食べ方
ハタ科のなかでも 1、2 を争う高級魚で、普通は料亭などにしか出回らない。ほんのりと赤みがかった白身で、刺し身や潮汁、煮付けにムニエルなど、なんでも OK。

フィッシングチャート
船と磯など陸っぱりの両方からねらえる。ハタねらいのルアーゲームのなかでも人気が高い。ルアーはブレードがあるものが特に効くとされる。

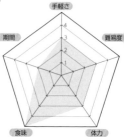

釣る

タイラバ

キモは定速巻き

ライン
PE 0.8〜1号

ロッド
タイラバ専用ロッド
6フィートほど

リーダー
フロロカーボン
3〜4号

タイラバ
60〜80g

リール
小型両軸受けリール

ルアーフィッシング

ボトム中心に中層も

ライン
PE 0.8号

ルアーロッド
6〜8フィート
ミディアムヘビーアクション

リーダー
フロロカーボン 12〜16ポンド

ジグヘッド
1/8〜1/2オンス
（メインは3/16〜3/8オンス）

ワーム
ホッグ
グラブ

リール
2500〜3000番台の
スピニングリール

ワンポイント

タイラバでマダイをねらっているとヒットすることがあるハタ系の高級魚。基本的な釣り方はマダイと同じ。タイラバを投入し、着底したら一定の速度で巻き上げてくる。アタリがあっても巻くのをやめず、ゆっくり巻き上げて、サオに乗ってからアワセを入れる。食いが悪い時は沖めにキャストして広くねらっていくのも一手。

エサ・擬似餌

タイラバ。

ワンポイント

全長60cmになる個体もいる。ハタ類は種類が多いが、種によってサイズは異なり、見合った強度のタックルを使う。専門でねらうことは少なく、沖釣りやロックフィッシュねらいで掛かることが多い。タックルはアイナメやソイねらいのものでOKだ。

エサ・擬似餌

ルアー（ワーム。ほか、スピンテールジグなど）。

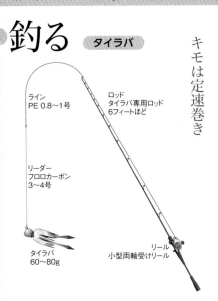

近年のハタブームの火付け役がこのキジハタだ

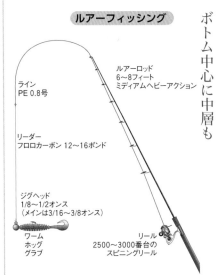

❶ボート釣りも人気だが、堤防、地磯、沖堤防、沖磯などからのオカッパリは釣ったときの満足度が大きい
❷ジグヘッドリグやスピンテールジグなど巻く釣りにはスピニングタックル、テキサスリグなどボトムを探る釣りにはベイトタックルが向いている

❸❹以前はボトムを探る釣りがメインだったが、現在はボトムを切った中層をヨコ方向に探るスイミングの釣りの実績が高まっている。その際、ハードベイトでもソフトベイトでもブレードが非常に効く

キタノホッケ

分類	スズキ目カジカ亜目アイナメ科ホッケ属
学名	*Pleurogrammos monopterygius*
別名	シマホッケ、シマボッケ、チシマホッケ、トラホッケ

キタノホッケは・・・

日本の釣り魚の中で最も冷たい海にすむものの1つ。同属のホッケに似るが、体に5〜6本の明瞭な暗色横帯があるなど、いくつかの点から判別できる。ホッケの開き干しとして流通しているものの多くが本種である。

漢字

北鯑

知る

特徴

日本の釣り魚の中で最も冷たい海にすむものの1つ。ホッケに似るが、体に5〜6本の明瞭な暗色横帯がある（ホッケでは暗色横帯はないか、あっても腹側では細くなる）、第3側線は胸ビレ基底後端と臀ビレ起部の中間から始まり臀ビレ基底後端を越えない（胸ビレ先端より前から始まり臀ビレ基底後端を越える）、第4側線は胸ビレ基底下端より前から始まり腹ビレ後端よりわずかに後方に達する（胸ビレ基底下端付近から始まり臀ビレ起部に達する）などで区別できる。英名の Atka mackerelは、アリューシャン列島のアトカ島にちなむ。

分布

北海道全沿岸、東北地方太平洋沿岸に分布。

大きさ

最大で50cmに達する。

釣期

周年釣れるが、高水温を嫌うためか夏に釣果が落ちる傾向がある。

1	2	3	4	5	6	7	8	9	10	11	12

棲んでいる場所

水深500mまでの大陸棚上に棲む。

生活史

産卵期は初夏〜秋で、カムチャツカ半島南部で6〜9月、アリューシャン列島では7〜9月に産卵する。岩の裂け目や転石の間などに沈性粘着卵を産み付け、雄がふ化までの40〜45日間にわたって卵塊を守る。ふ化時の体長は8mmとやや大きく、仔稚魚は沖合表層に広く分布し、カイアシ類やオキアミなどを食べて成長する。仔稚魚の出現期は長く、千島列島北部からアリューシャン列島では秋〜春の半年以上にも及ぶ。北海道北部および東部では同属のホッケよりも仔稚魚の出現が早い傾向がある。成長はホッケよりも遅く、1歳で18cm前後、2歳で25cm前後、3歳で30cm前後になる。寿命は14歳と考えられている。

主な釣り方

陸釣りではほとんど釣れることはなく、北海道のオホーツク・太平洋沿岸の一部からは乗合船が出ているもののポピュラーな釣りものとはいえない。

美味しい食べ方

ホッケの開き干しとして流通しているものの多くが本種である。鮮魚で流通することはほとんどなく、開き干し以外の食べ方ができるのは釣り人の特権。とはいえ、開き干しに勝る食べ方はないだろう。脂がのった白身は全くクセがないが、刺し身にするには水っぽい。煮物、焼き物やフライなどどんな料理にも無難に合うが、旨味についてはやや物足りなく感じる。

フィッシングチャート

重いオモリを使用して沖釣りでねらう、ややマニアックなターゲット。タイミングが合えば爆釣も可能。

釣る

沖釣り

中大型電動リールを使用

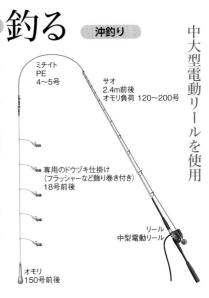

ミチイト
PE
4〜5号

サオ
2.4m前後
オモリ負荷 120〜200号

専用のドウヅキ仕掛け
（フラッシャーなど飾り巻き付き）
18号前後

リール
中型電動リール

オモリ
150号前後

ワンポイント

沖釣りの中深場タックルを用い、オモリ負荷150号前後のサオに中大型電動リールを使用。ドウヅキ5本バリ前後の仕掛けを用いて、オモリは150〜350号を水深に応じて使い分ける。エサはイカタンや各種身エサなど入手しやすいものでよい。ルアーで釣れることがあり、今後メタルジグなどを使ったライトな釣り方が開発される可能性がある。

エサ・擬似餌

イカタンなど。

キタノホッケがねらって釣れる北海道道東・知床沖。好期は春と秋。タイミングが合えば、こんな爆釣も夢ではない

5月の知床沖では水深40m前後でよく釣れた。イカの短冊を付けてもよいが、当地ではエサを使わない人がほとんどだ

知床沖では250号のオモリが使われる。写真のオモリは根掛かりしにくく、道東でよく使われているタイプ

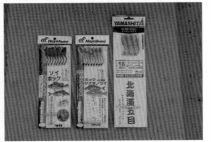

ドウヅキ仕掛けは「ソイ・ホッケ」や「五目」釣り用の18号が主流。ハリ数は5〜8本で、定番カラーはピンクと赤

キタマクラ

分類	フグ目フグ亜目フグ科キタマクラ属
学名	*Canthigaster rivulata*
別名	ギンパフグ、ギンフグ、キンフグ、キンチャクフグ

キタマクラは・・・

皮に強い毒を持ち、内臓にも弱毒がある。キタマクラ＝死者を寝かせる時の「北枕」が由来という恐ろしい名前の魚。硬い歯でイトを噛み切ってしまうため、釣り人からは嫌われている。

漢字

北枕

知る

分布

九州北岸から南岸までの日本海・東シナ海沿岸、福島県から屋久島までの太平洋沿岸、伊豆諸島、琉球列島、東シナ海大陸棚縁から斜面域に分布。

大きさ

15～20cm程度。

釣期

春～晩秋（毒魚につき対象外）。

毒・外道につき対象外

棲んでいる場所

水深100mまでの沿岸にある岩礁域、砂底域や転石帯に棲む。

生活史

産卵期は6月下旬～9月中旬で、婚姻色に彩られた雄の体はコバルトブルーに発色する。卵は分離沈性粘着卵で固い基質に産みつけられる。ふ化直後の仔魚は1.38～1.98mm、ふ化後4日で卵黄を吸収し、動物プランクトンなどのエサを摂りはじめる。成長すると硬い歯が備わっているオチョボ口で、海藻や甲殻類、貝類やヒトデなどを食べる雑食性となる。

特徴

死者を寝かせる時の「北枕」が由来、という恐ろしい名前を持つ魚。皮に強い毒を持ち、内臓にも弱毒がある。遊泳速度は遅く、浅い場所をのんびり泳いでいるのが見られるが、硬い歯でイトを噛み切ってしまうので釣り人からは忌み嫌われている。

主な釣り方

ねらって釣ることは皆無といっていい。堤防釣りや磯釣りなどの外道として掛かることが多い。

美味しい食べ方

有毒であり食べられない。

フィッシングチャート

毒魚であり、他のフグ類のようにふぐ調理師に処理をしてもらい賞味することもない。釣りの対象魚として全くの外道である。

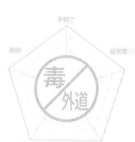

キチヌ

分類	スズキ目スズキ亜目タイ科クロダイ属
学名	*Acanthopagrus latus*
別名	キビレ、シラダイ、キチン、チヌ、チン

キチヌは・・・

クロダイに似るが体色が明るく、腹ビレ・臀ビレ・尾ビレの一部が黄色い（黄色味の強さには個体差がある）。西日本に多い魚だが、温暖化傾向に伴い1990年代以降は関東でも普通に見られるようになった。

漢字

黄茅渟

知る

分布

石川県から九州南岸までの日本海・東シナ海沿岸、千葉県から九州南岸までの太平洋沿岸、瀬戸内海に分布。

大きさ

最大で50cmを超える。

釣期

2～12月に釣れるが、梅雨時を中心とした5～7月が最盛期。

1	2	3	4	5	6	7	8	9	10	11	12

棲んでいる場所

内湾や汽水域に棲む。

生活史

産卵期は秋で、0.76～0.81mmの分離浮性卵を産む。稚魚は波打ち際やアマモ場に現れる。小型個体は全て雄で、15cmを超えると雌雄同体となり、さらに成長すると雌に分化する。もともと西日本に多く関東では珍しかったが、温暖化傾向に伴って1990年代以降になると関東でも普通に釣れるようになった。

特徴

クロダイに似るが、体色が明るく、腹ビレ・臀ビレ・尾ビレの一部が黄色い。ただし、黄色味の強さには個体差がある。側線上方の横列鱗数が4（大鱗3枚、小鱗1枚）～5枚で、クロダイの6～7枚より少ない。

主な釣り方

クロダイの釣り方に準じ、防波堤からの紀州釣りやヘチ釣り、磯からのウキ釣り、河口や砂浜からの投げ釣りなど様々な釣法でねらえ、エサもクロダイと共通。その中で、クロダイ釣りとの違いが最も際だつのがルアー釣りで、好奇心が強いためかハードルアーへの反応がすこぶるよく、マヅメ時にポッパーやペンシルベイトを使うとトップゲームが楽しめる。

美味しい食べ方

旬は春から夏で透明感のある白身。刺し身、煮つけ、塩焼き、汁物、鍋、ムニエルなどクロダイに準じた食べ方がよい。

フィッシングチャート

好奇心が旺盛な魚なので、エサ、ルアー釣りの両方で楽しめる。特にポッパーを使ったルアーフィッシングは水面でアタックする瞬間が見えるのでエキサイティングだ。

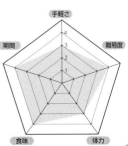

釣る

多彩なルアーを駆使

ルアーフィッシング

ライン
PE
0.6〜0.8号

ロッド
ライトゲームロッド
7〜8フィート

リーダー
12〜16ポンド

ルアー
甲殻類を模したズル引き系ルアーや
トップウオータープラグ

リール
スピニングリール
2500〜3000

ワンポイント

ポッパーやペンシルベイトを使ったトップウオーターゲームはエキサイティング。専用ルアーや、ジグヘッド＆ワームをズル引きでねらう釣り方も人気だ。底に生息するカニなどの甲殻類をイメージしながら動かすとよい。引くスピードを変えてねらっていくとよい。

エサ・擬似餌

ルアー各種。

クロダイ仕掛けを流用

ウキフカセ釣り

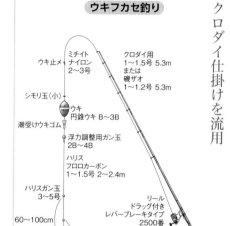

ウキ止メ

ミチイト
ナイロン
2〜3号

クロダイ用
1〜1.5号 5.3m
または
磯ザオ
1〜1.2号 5.3m

シモリ玉（小）

ウキ
円錐ウキ B〜3B

潮受けウキゴム

浮力調整用ガン玉
2B〜4B

ハリス
フロロカーボン
1〜1.5号 2〜2.4m

ハリスガン玉
3〜5号

リール
ドラッグ付き
レバーブレーキタイプ
2500番

60〜100cm

ハリ
チヌバリ
1〜3号

付けエサのブレを抑えるため
チモト上や15cm上に
3〜4号のガン玉を打つこともある

ワンポイント

クロダイねらいと同じ道具立てで OK。ウキフカセ釣り、紀州釣り、ヘチ釣りのほか、河口や砂浜からの投げ釣りなど多彩な釣法でねらえる。エサもクロダイと同じ。

エサ・擬似餌

オキアミ、サナギ、コーン。

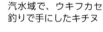

キチヌの釣り場

汽水域で、ウキフカセ釣りで手にしたキチヌ

河川の河口部

港のスロープの切れ目もねらいめ

ルアーフィッシング
ボトム、トップの両方で楽しめる

フナ虫のようなルアーにジグヘッドをセット

Mリグは砂底の釣り場で効果的なアイテム。底を引きずりながら砂煙をたててアピールする

浮力体の入った丸型シンカーを組み合わせたジグのようなルアー。底をズル引きしていれば釣れる

ポッパーは河口や干潟の浅場で効果あり

ウキフカセ釣り

アオイソメを1匹付けして誘うウキフカセ釣り。南房で人気の釣法

立ちウキは小さなアタリが見やすい

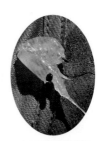

オキアミも効果的

ボケジャコはキチヌの特エサの1つ

キツネメバル

分類	スズキ目カサゴ亜目メバル科メバル属
学名	*Sebastes vulpes*
別名	ソイ、マゾイ、ハツメ、クロボッコ、タケノコメバル

キツネメバルは・・・
卵胎生で、北海道では 11 ～ 12 月に交尾し、雌の体内で受精卵の発生が進み、5 ～ 6 月に仔魚を産む。

漢字

狐眼張

知る

分布
北海道から山口県までの日本海沿岸、北海道から福島県までの太平洋沿岸に分布。

大きさ
最大で 45cm を超える。

釣期
周年釣れるが、産仔期の春～初夏には釣れにくくなる。

1	2	3	4	5	6	7	8	9	10	11	12

棲んでいる場所
水深数 m ～ 60 m の岩礁域に棲む。

生活史
北海道では 11 ～ 12 月に交尾し、5 ～ 6 月に仔魚を産む。交尾期は北ほど早く、産仔期は北ほど遅い傾向がある。1 回に 10 万尾以上の仔魚を産む。産出時の仔魚は 5mm 前後ですぐにエサを食べ、仔稚魚は表層で成長する。25mm 前後で藻場・岩礁や転石帯に着底し、成長に伴って深場へと生活圏を広げる。最近の遺伝子解析を用いた研究から、近縁のタヌキメバルとは水深による棲み分けがなされる一方で、両種の雑種個体が一定の割合で生じていることが明らかになった。能登ではタヌキメバルの生息水深が 100 ～ 150m と深いため両種の主な生息水深は重ならず、交雑の頻度は低い。一方、小樽と宮古ではタヌキメバルの生息水深が 50 ～ 100m と浅くなって生息水深が少し重なり、交雑の頻度が高い。なお、交雑しながらどちらの種も独自性を維持している理由は不明。

特徴
本種とタヌキメバル、コウライキツネメバルの 3 種は、同定が困難なメバル・ソイ類の中でも最も見分けが困難。これら 3 種の分類については過去 80 年近くにわたる議論があったが、最新の研究では本種とコウライキツネメバルは同種とされ、本種とタヌキメバルの 2 種にまとまった。本種とタヌキメバルは、尾ビレ後端の白色帯が非常に狭いかほとんどないこと（タヌキメバルでは白色帯は広い）、体の暗色横帯はやや不明瞭で小暗色点が密に分布すること（体の暗色横帯は明瞭で小暗色点はまばら、稀に体が一様に淡色の個体もいる）、体幅はやや広いこと（体幅はやや狭く、体はよく側偏する）で見分けられる。

主な釣り方
エサ釣りとルアー釣りに大別される。ルアー釣りは陸釣りとボート釣りともにバス用やロックフィッシュ用のタックルを用いる。エサ釣りは、ブラクリやブラーなどで誘うのが効果的。

美味しい食べ方
美味ぞろいのソイ類の中にあって、北海道では最も味の評価が高い。上品な白身で年間を通じて味は落ちない。刺し身は皮を引かずに焼霜造りや皮霜造りにすると美味。煮つけは最も安定した定番の料理で、野菜との相性がよい。

フィッシングチャート
出会いの確率を高めるには、春～初夏（産仔期）を避ける。バスフィッシングタックルが流用できること、岸からもねらえるので比較的チャレンジしやすい。

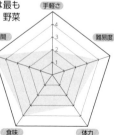

釣る　ルアーフィッシング

ワーム＋ジグヘッドが基本

ライン
PE
0.6〜0.8号

ロッド
ロックフィッシュ用
または
バスフィッシング用
6〜7フィート

リーダー
フロロカーボン
8〜12号

ワーム

ジグヘッド
1/8〜1/2オンス

リール
小型スピニングリール

ワンポイント

ルアーフィッシングでキツネメバルをねらう場合、リグ（仕掛け）はワームとジグヘッドの組み合わせが基本。根掛かりが多い場所ではキャロライナリグなどを用いる。いずれも海底近くの中層を泳がせるアクションをベースとする。
ちなみにエサ釣りでは、ブラクリやブラーなどのオモリとハリが一体になった仕掛けにイソメ類をエサに付け、落とし込みのアクションで誘うのが効果的だ。

エサ・擬似餌

ワーム（エサ釣りの場合はアオイソメなど）。

北海道のキツネメバル釣り

道南日本海の磯であがった最大級のキツネメバル。5月下旬でお腹に仔魚を抱えているのが分かる

メバルの"キツネ"と"タヌキ"
キツネメバルに比べると圧倒的に少ないが、津軽海峡に面した函館沖はタヌキメバルの釣果情報がある

沖よりも釣れる可能性は低くなるとはいえ、港でも顔を拝める。船道や沖に面した水深の深い堤防で釣果が多い

3月、北海道室蘭沖であがった50cmに迫るキツネメバル。道央太平洋は大型が期待できるエリアとして有名

食べる

昆布締め
水温の低い冬に釣れたキツネメバルは特に美味。身の厚さや好みにもよるが、数時間から一晩置くと旨味がさらに引き出される

沖	# キハダ	分類	スズキ目サバ亜目 サバ科マグロ属
		学名	*Thunnus albacares*
		別名	キワダ、キワダマグロ、 キメジ、ハツ、キンシビ

キハダは・・・

熱帯性のマグロで、水温18～31℃の海域に分布する。日本の沿岸では産卵後の個体が夏から秋にかけて北上し、冬に南下する季節回遊がみられる。流木や漂流物につく習性が強く、パヤオ（浮き魚礁）にもよく集まる。

漢字

黄肌

知る

分布
日本近海を広く回遊するが、日本海では稀。

大きさ
最大で2mを超える。

釣期
回遊魚のため地域や年によって異なる。琉球列島や小笠原諸島ではほぼ周年、九州以北では夏から秋が釣期。

1	2	3	4	5	6	7	8	9	10	11	12

棲んでいる場所
外洋の表層を広く回遊する。

生活史
熱帯性のマグロで、水温18～31℃の海域に分布する。熱帯・亜熱帯域で広く産卵し、産卵期は赤道域では周年、西部太平洋では4～7月で南方ほど早い。仔稚魚期から強い魚食性をもち、魚類、イカ類や甲殻類を食べる。1歳で55cm前後、2歳で1m前後となって成熟する。日本の沿岸では産卵後の個体が夏から秋にかけて北上し、冬に南下する季節回遊がみられる。寿命は8歳以上。流木や漂流物につく習性が強く、パヤオ（浮き魚礁）にもよく集まる。

特徴
体型は紡錘形でやや細長く、体側に黄色い部分がある。胸ビレは長く、その先端は第2背ビレの下に達する。第2背ビレと臀ビレは黄色く、成長に伴って鎌状に長く伸びる。小離鰭も明瞭に黄色い。若魚の体側下部には小白斑が列をなして並ぶ。

主な釣り方
5kg級までの幼魚は、カツオとの両ねらいの乗合船で、活イワシエサの泳がせや一本釣り、ルアーで釣れる。成魚の釣り方はオキアミエサのコマセ釣りとルアー釣りに大別され、それぞれに釣技が年々進歩してキャッチ率が上がっている。

美味しい食べ方
マグロ類の中では赤身が薄く、味はあっさりとしているが、脂が乗ったものは大変に美味。生食では刺し身のほかヅケやカルパッチョに、焼き物ではムニエルなどの洋風料理に合い、フライや汁物も旨い。

フィッシングチャート
近年は相模湾でキハダマグロの釣りが盛んになり、かつての遠征大ものの釣りがグッと身近になった。ヒットすれば身体中の血が逆流するようなファイトが待っている。

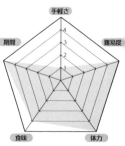

釣る

エビング

近年注目の釣法

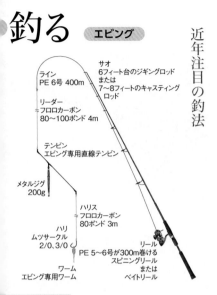

- ライン
  PE 6号 400m
- サオ
  6フィート台のジギングロッド
  または
  7〜8フィートのキャスティング
  ロッド
- リーダー
  ≒フロロカーボン
  80〜100ポンド 4m
- テンビン
  エビング専用直線テンビン
- メタルジグ
  200g
- ハリス
  ≒フロロカーボン
  80ポンド 3m
- ハリ
  ムツサークル
  2/0、3/0
- ワーム
  エビング専用ワーム
- リール
  PE 5〜6号が300m巻ける
  スピニングリール
  または
  ベイトリール

ワンポイント

テンビンにジグをセットし、ハリスの先にエビング専用ワームをつける、近年相模湾を中心に流行の釣法。ボイルが見られない状況や、寄せエサについた時でも効果的。基本はワンピッチジャーク。1回巻き上げる間に、1回ロッドをシャクる。シャクリの間に食わせる間をしっかり入れるのがキモ。

エサ・擬似餌

ルアー（メタルジグ、ワーム）。

ルアーフィッシング

ナブラを直撃

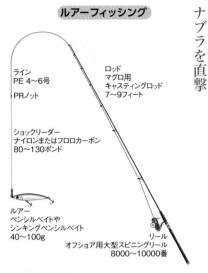

- ライン
  PE 4〜6号
- PRノット
- ショックリーダー
  ナイロンまたはフロロカーボン
  80〜130ポンド
- ルアー
  ペンシルベイトや
  シンキングペンシルベイト
  40〜100g
- ロッド
  マグロ用
  キャスティングロッド
  7〜9フィート
- リール
  オフショア用大型スピニングリール
  8000〜10000番

ワンポイント

ロッドは長いほど飛距離が出るが取り回しが難しくなる。自分の体力や力量に合わせて選ぼう。ルアーはペンシルベイトが主体。フローティングとシンキングタイプを用意しよう。カラーはイワシ、サバなどのナチュラル系をまず揃え、ピンクやケイムラなどのアピール系カラーを足していけばよいだろう。

エサ・擬似餌

ルアー（ペンシルベイト）。

コマセ釣り（沖釣り）

コマセワークにも一工夫

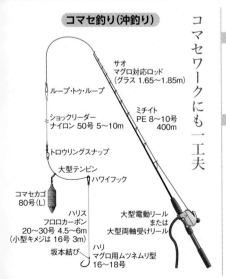

- ライン
- ループ・トゥ・ループ
- ショックリーダー
  ナイロン 50号 5〜10m
- トローリングスナップ
- 大型テンビン
- コマセカゴ
  80号（L）
- ハリス
  フロロカーボン
  20〜30号 4.5〜6m
  （小型キメジは 16号 3m）
- ハリ
  坂本結び
- サオ
  マグロ対応ロッド
  （グラス 1.65〜1.85m）
- ミチイト
  PE 8〜10号
  400m
- ハワイフック
- 大型電動リール
  または
  大型両軸受けリール
- ハリ
  マグロ用ムツネムリ型
  16〜18号

ワンポイント

タックルは基本的にコマセダイなどの延長線上にある。船長の指示ダナに合わせて仕掛けを投入し、ロッドをシャクって寄せエサを出しアタリを待つ。一度のシャクリでどの程度寄せエサを出すかもポイントだ。

エサ・擬似餌

オキアミ。

相模湾のキハダマグロ釣り

沖縄などへの遠征が当たり前だった釣りが首都圏からすぐそばの海で楽しめるようになっている

エビング
テンビンを使いジグとワームを組み合わせてねらうエビングもキハダねらいには非常に効果的だ

ルアーフィッシング
ルアーを使ったキハダのキャスティングゲームも人気が高い

コマセ釣り

コマセ釣りのタックル。柔軟で強靭な大もの釣り用ロッドにパワフルな大型電動リールを組み合わせる

コマセ釣りでは寄せエサと付けエサの両方にオキアミを使う

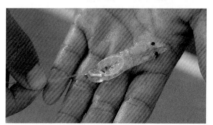

ハリは1本。魚の大きさに比べればずっと小さいハリに夢の大ものが食いつく

こんな1尾が釣れれば最高だ

キュウセン

分類	スズキ目ベラ亜目ベラ科キュウセン属
学名	*Parajulis poecileptera*
別名	アカベラ（雌）、アオベラ（雄）、ギザミなど

キュウセンは・・・

「赤ベラ」と呼ばれる雌と一次雄、「青ベラ」と呼ばれる二次雄でそれぞれ体色が大きく異なる。内湾を好む傾向があり、浅海の岩礁の周囲や石の多い砂底に生息する。

漢字

九線

知る

分布

北海道から九州南岸までの日本海・東シナ海沿岸、青森県から九州南岸までの太平洋沿岸、瀬戸内海に分布。

大きさ

20cm 前後から、雄は最大で 30cm を超えるものもいる。

釣期

5 ～ 12 月ごろ。

1	2	3	4	5	6	7	8	9	10	11	12

棲んでいる場所

内湾を好む傾向があり、浅海の岩礁の周囲や石の多い砂底に生息する。若魚までは大きなタイドプールなどでも観察できる。

生活史

多くのベラの仲間と同様に、多くの個体が雌性先熟型（雌から雄へ）の性転換をする。雌から性転換した雄を「二次雄」と呼び、青っぽい派手な体色になる。ところが、雌と同じ赤っぽくて地味な体色でありながら雄として成熟する「一次雄」も一定数存在する。産卵期は 6 ～ 9 月、一般的にペア産卵を行うことが多いが、一次雄が多い瀬戸内海の一部海域ではグループ産卵のみが観察されている。瀬戸内海では 1 歳で 7.3cm、3 歳で 12.6cm、5 歳で 16.8cm になる。夜や低水温期には砂に潜って眠る。肉食性で、海底付近をゆっくりと泳ぎ回って甲殻類や多毛類などを食べる。

特徴

雌雄で体色が大きく異なる。雌と一次雄は「赤ベラ」と呼ばれ、体色は明るい黄褐色で背ビレ基底部と体側中央に黒い縦帯が入る。二次雄は「青ベラ」と呼ばれ、体色は緑色でオレンジ色の斑紋が並び、頬にオレンジ色の縦線と体側中央に幅広く不明瞭な暗色縦帯をもつ。また、二次雄は雌よりも大きくなる傾向がある。

小さな口と硬い歯でエサをちぎるようにして食べる。

主な釣り方

関東では雑魚扱いされているが、関西では釣り・料理ともに人気が高く、種苗放流が行われているほどだ。投げ釣り、または沖釣りでねらう。

美味しい食べ方

大型が釣れたら刺し身がおすすめ。クセのない白身で美味しい。塩焼き、煮付け、空揚げなど幅広い調理法に合う。

フィッシングチャート

「ベラの仲間」とひとくくりにせず釣れたらよく観察して、キュウセンだったら持ち帰って賞味することをおすすめする。次回釣行からはキュウセンねらいに変わっているかも !?

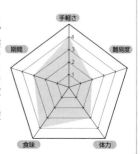

釣る

投げ釣り

アタリは明確

電車結び

2.4〜2.7mの
小継ぎリールロッド
シーバスロッドでも代用可

チカライト
PE 3号 約5m

テンビンオモリ
8〜15号

砂ずりイト
ホンテロン
3号 30〜40cm

幹イト
1.5〜2号
50〜100cm

枝ス
0.8〜1号

ミチイト
PE 0.6〜1号
150〜200m

ハリ
キスバリ 6〜7号

2500〜3000番の
スピニングリール

ワンポイント

多くの釣り人はベラの仲間とひとくくりにしており、関東では外道扱いされることも多い。だが関西や瀬戸内海では人気のターゲット。堤防のヘチや小磯に潜んでいるので、チョイ投げで手軽にねらうのがよい。アタリは明確で、小気味よい引きが味わえる。

エサ・擬似餌

オキアミ、ジャリメ、イワイソメ。

磯からのブッコミ釣り。岩礁帯と砂地が混じる海底によく潜む

チョイ投げや投げ釣り仕掛け各種

匂いの強いイワイソメは好物

❶キュウセンの雌。緑色の雄よりも味が劣るといわれる
❷同じ海域にいるよく似たベラのホシササノハベラ
❸カワハギ釣りのゲストとしてキュウセンはよくヒットする

ギンガメアジ

分類	スズキ目スズキ亜目アジ科ギンガメアジ属
学名	*Caranx sexfasciatus*
別名	ヒラジ、ヒラアジ、エバ、ナガエバ、メッキ（幼魚）

ギンガメアジは・・・

体は側扁して体高が高く、頭部が張り出している。口が大きく、上顎の後端は眼の中央より後ろ。釣り人にメッキと呼ばれる幼魚は湾奥の浅海域や河川下流域でみられる。

河口・湾奥

漢字

銀紙鯵

知る

分布

主に屋久島、琉球列島、伊豆－小笠原諸島に分布し、千葉県から九州南岸までの太平洋沿岸と九州西岸に分布する。若狭湾から山口県までの日本海沿岸・青森県から茨城県までの太平洋沿岸で幼魚のみがみられ、瀬戸内海で稀にみられる。

大きさ

最大で1mに達する。

釣期

成魚を専門にねらって釣ることはほとんどない。幼魚は7～12月。

1	2	3	4	5	6	7	8	9	10	11	12

棲んでいる場所

成魚は内湾やサンゴ礁などの沿岸で、幼魚は湾奥の浅海域や河川潮滅域でみられる。

生活史

産卵期は4～7月で、海域で分離浮遊卵を産む。稚魚は沿岸浅所に現れるほかに流れ藻につくものもあり、仔稚魚や小型甲殻類を食べて成長する。幼魚は河川に侵入するが、純淡水域で生活できるアジ科魚類は本種のみである。九州以北の幼魚は越冬することなく死滅するが、温排水の周辺で越冬するものがいる。成魚は水深150mまでのサンゴ礁や岩礁の中・底層を群れまたは単独で遊泳し、魚類や頭足類などを食べる。

特徴

体は側扁して体高が高く、頭部が張り出している。口が大きく、上顎の後端は眼の中央より後ろ。眼は大きく、脂瞼（しけん）が発達する。エラブタ上部に明瞭な黒斑があるのが最大の特徴。幼魚の体側には5本の暗色横帯が現れることがある。

主な釣り方

幼魚は「メッキ」として人気のルアー釣りのターゲットで、ウルトラライトのトラウトやバス用タックルが面白い。潮通しがよい漁港の出入り口やスロープ、河口のカケアガリなどがポイントで、朝夕がルアーへの反応がよい。

美味しい食べ方

くせのない白身で、沖縄の魚汁の定番食材。刺し身、焼き物、揚げ物などでもよく食べられる。サンゴ礁域の大型のものはシガテラ毒をもつことがあり注意が必要。

フィッシングチャート

メッキは足場のよい堤防や護岸帯などから手軽にねらえる。ルアーへの反応がよく、ビギナーでもよい遊び相手になってくれるはず。

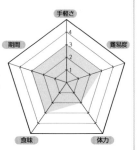

295

釣る　ルアーフィッシング

実績ポイントをねらえ

ロッド
ソルト用ライトゲームロッド
6〜8フィート

ミチイト
ナイロン 3〜6ポンド
または
PE 0.4〜0.8号

ルアー
ミノー
メタルジグなど
5〜7cm

リール
小型スピニングリール

ワンポイント

主な釣り方の項のとおりで、メッキを専門にねらうなら工場などからの温排水周りなど、メッキが集まりやすい要素を捜して探るとよい。

エサ・擬似餌

ルアー（ポッパー、ペンシルベイト、ミノー、メタルジグなど）。

幼魚のメッキは黒潮に乗って春から初夏に主に南日本の太平洋側にやってきて、2月になると低温のためほとんど死んでしまうことから死滅回遊魚とも呼ばれる

メッキは日中によく釣れる。エサを食べるために南の海から回遊してきているので好奇心旺盛で食欲旺盛。いろいろなルアーにチェイスするので楽しい

メッキはエサとなる小魚の多い川の河口や穏やかな浜、港内などの浅い場所に多く、特に寒くなると暖かな河口付近に集まり始める。河口から3km上流でも海に出る船が係留されているような場所なら、掛かる可能性は高い。小魚が多く、穏やかな港や浜でも時間ごとによく釣れる場所がある

❶メインはやはりミノー。5〜7cmの飛距離が出て激しく細かなアクションでしっかり安定して泳ぐものがよい。大きめのミノーで河口や河川内の開けた場所を遠投してねらえば回遊の大型がキャッチでき、物陰や流れの影は小型のミノーでねらえば高確率で反応してくるはず
❷飛距離が出て深く探れるメタル系も面白い。メタルジグは細かな速い動きで動かす

キンチャクダイ

分類	スズキ目スズキ亜目キンチャクダイ科キンチャクダイ属
学名	*Chaetodontoplus septentrionalis*
別名	シマダイ、タテジマ、シマイオ、キョウゲンバカマ、オトノサマ、オテラサマ

キンチャクダイは・・・

観賞魚として高い人気があるキンチャクダイ科の代表種。同科魚類の多くは成長に伴って著しく体色と斑紋が変化することが特徴。和名の由来は、巾着（財布）を思わせる形から。

漢字

巾着鯛

知る

分布

山形県から九州西岸までの日本海・東シナ海（有明海を含む）、宮城県、千葉県から九州南岸までの太平洋沿岸、瀬戸内海、伊豆一小笠原諸島に分布。

大きさ

最大で 25cm になる。

釣期

ねらって釣ることはないが、6 ～ 12 月に釣れることが多い。

1	2	3	4	5	6	7	8	9	10	11	12

棲んでいる場所

浅い岩礁域に棲む。

生活史

雌性先熟型の性転換を行い、雄 1 個体と複数の雌から成るハーレムをつくって繁殖する。産卵期は本州南岸では春～夏で、夏～秋に稚幼魚が浅い岩礁域でみられる。稚幼魚は成魚とはまったく異なる斑紋をもち、単独で岩の隙間や転石の間などに潜み、狭い行動圏で動物プランクトンや付着動物などを食べて成長する。1 歳までに青色縦帯が現れはじめ、行動範囲が広がって岩礁域を広く泳ぎ回るようになり、主に海綿類を食べる。2 歳までに成熟し同じ斑紋となり、すべてが雌としての繁殖能力をもつ。雄は複数の雌が生活するエリアにナワバリを構えてハーレムを形成し、雄がいなくなるとハーレム内で最も優位な雌が性転換して雄になる。寿命は不明。

特徴

観賞魚として高い人気があるキンチャクダイ科の代表種。本科魚類は体高があって強く側扁し、美しく鮮やかな体色をもつことからチョウチョウウオ類に似るが、前鰓蓋骨の下部に強い 1 棘をもち、稚魚はトリクチス期を経ないことで区別される。体色は一様にオレンジ色で尾ビレで特に鮮やか。体側の全体に青色縦帯をもつことで容易に近縁他種から区別できる。稚幼魚の体色は黒く、後頭部から胸部にかけて幅広い黄色横帯をもち、背ビレ先端・臀ビレ後部先端・尾ビレは黄色い。巾着（財布）のような形がその名の由来。

主な釣り方

磯釣りのゲストで時おり釣れる。浅場にはハリ掛かりしない小型魚が多く、専門にねらう場合は遊動ウキ仕掛けで 10m 以深の深ダナをねらうとよい。ハリスはフロロカーボン 1.2 号までとしグレバリ 5 号前後を結ぶ。エサはオキアミや虫エサなどが無難だが、海綿類が主食の大型魚は淡水魚用の炭水化物を主原料とした人工エサで釣れたことも。

美味しい食べ方

本種を食する地域や食味に関する情報は調べた限り見当たらない。探究心あふれる釣り人からの食レポを、ぜひともお寄せいただきたい。

フィッシングチャート

観賞魚としての人気は高いが、釣りの対象魚としては、食味も含めてさまざまな点で未知数である。

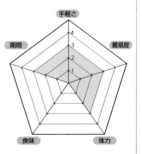

キンメダイ

分類	キンメダイ目キンメダイ科キンメダイ属
学名	*Beryx splendens*
別名	マキン、マキンメ、ギンダイ、アカギ

キンメダイは・・・

体は卵型で側扁する。体色は鮮紅色で生時は腹が銀色を帯びる。名の由来となっている眼は大きく、見る角度によって金色に輝く。よく似た別種にナンヨウキンメとフウセンキンメがいる。

漢字

金目鯛

知る

分布

世界中で温帯や熱帯の深海に棲む。日本では釧路沖から土佐湾の太平洋沿岸、東シナ海大陸棚縁辺域に分布。

大きさ

最大で 60cm 以上になる。

釣期

ほぼ周年ねらうことができるが、最盛期は秋～春。

1	2	3	4	5	6	7	8	9	10	11	12

棲んでいる場所

水深 200 ～ 800m の岩礁域や海山の周囲に棲み、若齢魚は浅く高齢魚では深い場所に多い傾向がある。また、夜間には浅い水深帯に移動する。

生活史

伊豆諸島周辺における産卵期は 6 ～ 9 月で、八丈島以北の水深 200 ～ 400m の海底で産卵する。受精卵は水深 50m 以浅に浮上し、仔稚魚は水深 50m 付近で採集される。しかし、その後漁獲される大きさになるまでの生態は不明である。1 歳で尾叉長 15.3cm、2 歳で 24.5cm、3 歳で 30.5cm、4 歳で 34.4cm、5 歳で 38.5cmになる。成熟するまでに 4 ～ 5 年を要し、26 歳という最高齢魚が確認されている。ハダカイワシ類、エビ類、オキアミ類、イカ類を食べる。

特徴

体は卵型で側扁する。体色は鮮紅色で生時は腹が銀色を帯びる。名の由来となっている眼は大きく、見る角度によって金色に輝く。これは、網膜の下にあるタペータムという構造が光を反射させるためで、タペータムは網膜を通過した光を反射させて暗所でも対象物がよく見えるようにする機能をもつ。よく似た別種にナンヨウキンメとフウセンキンメがおり、ともに混じって釣れることがある。前者は、体高があり強く側扁し背ビレが 18 ～ 20 軟条（本種は 12 ～ 15 軟条）であること、後者とは、後鼻孔が楕円形（本種は縦長）であることで区別できる。

主な釣り方

沖釣り。電動リールに PE ラインを数百 m 巻き、ハリがたくさんついたドウヅキ仕掛けを使う。深海の釣りなので、基本的に船長の指示に従って行動する。

美味しい食べ方

冬場が旬だが、1 年を通して脂が乗っており美味い。新鮮なものなら、トロリとした甘みのある刺し身で味わおう。煮付けやしゃぶしゃぶなどにも合う。

フィッシングチャート

深海釣りを代表するターゲットの 1 つ。タックル、仕掛けともに専門性が高く、釣りには熟練を要する。食味のよさは広く知られるところだ。

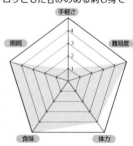

釣る

沖釣り

ライトに深海をねらう

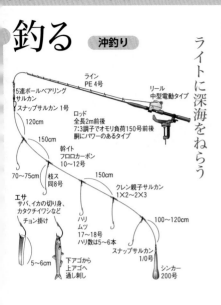

ライン
PE 4号

リール
中型電動タイプ

5連ボールベアリング
サルカン
スナップサルカン 1号
120cm

ロッド
全長2m前後
7:3調子でオモリ負荷150号前後
胴にパワーのあるタイプ

150cm

幹イト
フロロカーボン
10～12号

70～75cm
枝ス
同8号

150cm

クレン親子サルカン
1×2～2×3

エサ
サバ、イカの切り身、
カタクチイワシなど
チョン掛け

ハリ
ムツ
17～18号
ハリ数は5～6本

100～120cm

スナップサルカン
1/0号

5～6cm

下アゴから
上アゴへ
通し刺し

シンカー
200号

ワンポイント

300m付近の深場をねらうため、電動リールを使用。ラインの号数を細めに設定することで、道具立てはライトになっている。小まめにタナを取り直し、底から3～5m付近をキープしてねらっていくとよい。水圧変化に強いため、最後までファイトを楽しめる。取り込みは慎重に行ないたい。

エサ・擬似餌

サバ、イカの切り身。

サオは深海釣り
専用ロッドを使
う。リールも電動
の大型リール

 ⇒魚のさばき方は580頁へ

似ているけれどちょっと違う。キンメの見分け方

同じ伊豆半島沖で釣れたキンメダイ3種。左の4尾はいずれも「フウセンキンメ（キンメダイ属）」で、右上の少し小ぶりなものが「キンメダイ（キンメダイ属：通称ホンキンメ）」、右下のより体高のあるものが「ナンヨウキンメ（キンメダイ属：通称ツノキンメ）」。味はいずれも美味なのでどれが釣れてもOK

キンメダイは他のキンメに比べると体型がスリム。また大きな特徴は後鼻孔と呼ばれる眼に近い部分の鼻の穴がスリット状になっていることで、実際に見るとほぼ閉じている

フウセンキンメはずんぐりとしており、かつキンメダイと比較した時に後鼻孔の穴が楕円形をしていて、見た目にもはっきりと穴が開いているのが確認できる

ナンヨウキンメは釣りあげた直後が最も分かりやすく、シルバーが強く明らかに体が扁平。また、涙骨上の棘が一番ハッキリしている

クエ

分類	スズキ目スズキ亜目ハタ科アカハタ属
学名	*Epinephelus bruneus*
別名	アラ、モロコ、クエマス、マス、オオイヲ

クエは・・・
ハタ類としては体高はやや低く、体に6～7本の暗色横帯があり前方のものほど傾斜すること、暗色斑がないなどの特徴から類似種と区別できる。日中は岩穴や岩棚の奥などにひそみ、朝夕の薄暮時に活発に行動する。

漢字

九絵

知る

特徴
ハタ類としては体高がやや低く、体に6～7本の暗色横帯があり前方のものほど傾斜すること、体のどこにも暗色斑がないなどの特徴から類似種と区別できる。しかし、死後や老成魚では体全体が一様に褐色となる。

分布
主に九州北岸から南岸までの日本海・東シナ海沿岸、千葉県から屋久島までの太平洋沿岸、瀬戸内海水道部、伊豆・小笠原諸島、トカラ列島から沖縄島に分布し、青森県、新潟県佐渡から山口県までの日本海沿岸に散発的に分布する。

主な釣り方
磯釣り最高峰のターゲットであり最高難度の釣りものといえる。イシダイ用をさらに強力にしたタックルを使用し、寄せエサを撒き、活きたムロアジなどをエサにする。近年は、磯釣りに比べるとはるかにキャッチ率が高い船からねらうことが多くなった。船ではドウヅキ1本バリの泳がせ仕掛けで、活きイカなどをエサにする。

大きさ
最大で135cmに達する。

釣期
周年ねらえるが、10～翌2月に釣れることが多い。

1	2	3	4	5	6	7	8	9	10	11	12

美味しい食べ方
旬は冬から初夏で、最高クラスの美味として知られ、鍋の最高級食材とされる。鍋や汁物が最も旨いが、刺し身、湯引き、から揚げ、煮物などで賞味される。

棲んでいる場所
成魚は水深200m以浅の沿岸や大陸棚縁辺の岩礁に、稚幼魚はアマモ場、潮だまりや砂底に棲む。

生活史
産卵期は6月前後で、1シーズンに数10万粒もの卵を産む。仔稚魚は背ビレ・腹ビレの棘と前鰓蓋骨の隅が長く伸長する。5cm前後までの稚幼魚はごく浅い岩礁で成長し、時にタイドプールやアマモ場に現れることもあるが、成長に伴って深みに移動する。1歳で20cm、2歳で40cmになる。雌性先熟型の性転換を行い、60cmを超えると雄が現れる。単独で生活し、日中は岩穴や岩棚の奥などにひそみ、朝夕の薄暮時に活発に行動する。魚や甲殻類、イカ・タコ類などを食べる。

フィッシングチャート
磯釣り、沖釣りとも究極の底ものターゲットであり、食材としても最高級。1尾との出会いが生涯の思い出になること間違いなし。

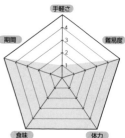

釣る ブッコミ釣り

磯・沖ともに活きエサでねらう

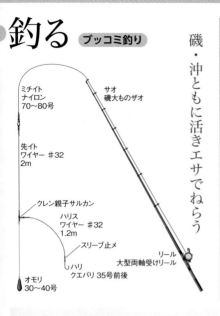

ミチイト
ナイロン
70～80号

サオ
磯大ものザオ

先イト
ワイヤー ♯32
2m

クレン親子サルカン

ハリス
ワイヤー ♯32
1.2m

スリーブ止メ

リール
大型両軸受けリール

ハリ
クエバリ 35号前後

オモリ
30～40号

ワンポイント

難易度は高く、底もの師憧れのターゲット。定期的に仕掛けを上げ、エサの有無や活きを確認しながら根気よくアタリを待ちたい。近年は、船ではドウヅキ1本バリの泳がせ仕掛けで、活きイカなどをエサにする。

エサ・擬似餌

ムロアジ、活きイカ（沖釣り）。

荒々しい磯場がクエの釣り場
（伊豆諸島神津島周辺）

クエ用の大バリにエサのサバを丸ごと刺す

迫力のある大型クエは磯釣りファンの勲章だ（伊豆諸島神津島周辺）

クサフグ

分類	フグ目フグ科トラフグ属
学名	*Takifugu alboplumbeus*
別名	スナフグ、アカメフグ、メアカフグ、ハマフグ

クサフグは・・・
濃い緑褐色の背中に白い点が散り、胸ビレの後ろに大きな縁取りがない黒斑がある。岸釣りや船釣りで外道としてよく釣れるが、内臓と皮に猛毒のテトロドトキシンが含まれるため、食用に適さない。

撮影：工藤孝浩

漢字

草河豚

知る

分布
北海道南西岸から九州南岸までの日本海・東シナ海沿岸、青森県から九州南岸までの太平洋沿岸、瀬戸内海、八丈島に分布し、沖縄諸島で稀。

大きさ
15cm 前後から、最大で 20cm になる。

釣期
ほぼ周年だが、ほとんど釣りの対象にはならない。

> 毒・外道につき対象外

棲んでいる場所
水深 50m 以浅で、内湾の磯の周りや砂礫底、海藻の生い茂る場所、汽水域に棲む。

生活史
産卵は初夏。新月と満月の直後に大群をなして岸辺に押し寄せ、波打ち際に産卵する。受精卵は海底の砂礫の間に沈み、干潮時には干出することもあるが湿度が保たれていれば発生が進む。ふ化仔魚は 1.95 ～ 2.0mm、6.6mm で各鰭条が完成して稚魚期に達する。2 歳で 10cm を超えて成熟する。雌は雄よりも大型になる。

特徴
体色は濃い緑褐色の背中に白い点が散っており、胸ビレの後ろに縁取りがない大きな黒斑がある。内臓と皮に猛毒のテトロドトキシンが含まれるため、食用に適さない。泳ぐスピードは遅く、背ビレと臀ビレを羽ばたくようにして進む。塩分の変化によく適応し、しばしば汽水域に侵入する。また、砂に潜る習性がある。環境省レッドリストでは、沖縄島のものが「絶滅のおそれがある地域個体群」に指定されている。

主な釣り方
ねらって釣る人はいないだろう。投げ釣りなどの外道・エサ取りとして嫌われることが多い。

美味しい食べ方
筋肉の部分は毒性が弱いとされるが、いずれにせよ食べないほうがいいだろう。

フィッシングチャート
釣り人にはなじみ深い魚だが外道であり毒魚。型も小さく他のフグ類のようにふぐ調理師に処理をしてもらい賞味されることもないだろう。

手軽さ・期間・難易度・食味・体力

毒／外道

クジメ

分類	スズキ目カジカ亜目アイナメ科アイナメ属
学名	*Hexagrammos agrammus*
別名	モロコシアイナメ、トッパ、モイオ

クジメは・・・
アイナメに似るが、尾ビレの後縁が丸い（アイナメはまっすぐ）、側線の数（クジメは1本、アイナメは5本）から区別することができる。体色は茶褐色を基調に、場所により赤褐色や暗褐色などバリエーションがある。

漢字

久慈目

知る

分布

北海道西岸から長崎県・五島列島までの日本海沿岸、北海道から土佐湾までの太平洋沿岸、瀬戸内海に分布。

大きさ

最大で30cmに達する。

釣期

通年釣れるが、4〜12月によく釣れる。

1	2	3	4	5	6	7	8	9	10	11	12

棲んでいる場所

浅海の藻場に棲む。

生活史

産卵期は10〜翌1月で、雄は海藻が茂る浅い岩礁に1m四方ほどのナワバリを構える。複数の雌がナワバリを訪れてウズラの卵大の卵塊を海藻の根元に産みつける。雄は約1ヵ月にわたって卵塊を保護し、孵化した仔魚は浮遊生活を送り4cm前後になると底生生活に移る。肉食性で甲殻類や小型の魚類を捕食し、雌は雄より速く成長する。寿命は雄で5歳、雌で7歳。

特徴

アイナメに似るが、尾ビレの後縁は丸く（アイナメはまっすぐ）、側線は1本（アイナメは5本）であることから区別することができる。体色は茶褐色を基調としつつ棲み場所によって赤褐色や暗褐色などのバリエーションがある。胸ビレ基部の上方には白縁のある黒斑があり、体全体に小白斑が散る。

主な釣り方

イソメ類をエサとした防波堤や磯からのミャク釣りやチョイ投げ釣りでねらう。ワームを使った根魚ルアー釣りの定番ゲストでもあるが、口が小さいため大きなフックではなかなかハリ掛かりしない。ポイントは5m以浅の海藻が茂った場所で、水深が深すぎたり海藻が生えていない場所ではほとんど釣れない。

美味しい食べ方

旬は夏から初冬で、透明感がある白身にはまったくクセがない。煮つけが最も基本的な調理法で、刺し身にするなら皮霜造りにすると上品すぎる身の物足りなさを皮が補ってくれる

フィッシングチャート

アイナメと同じ根魚であり姿かたちも似ているのに、2番手（ゲスト）扱いされがちだ。とはいえ、アイナメと同様にブラクリやルアーへの反応はよい。

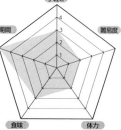

303

釣る ブラクリ釣り

ブラクリで誘う

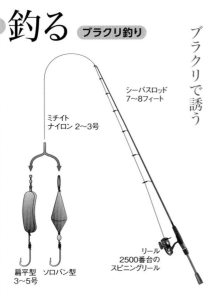

ミチイト
ナイロン 2～3号

シーバスロッド
7～8フィート

リール
2500番台の
スピニングリール

扁平型
3～5号

ソロバン型

ワンポイント

チョイ投げのほか、足元に消波ブロックなどがあればそこが住処になっていることも多いのでねらってみたい。

エサ・擬似餌

アオイソメ。

消波ブロックの際や穴が住処だ

堤防の際もていねいにねらいたい

ブラーは穴だけではなく、キャストして広範囲を探ることが可能

潮通しのよい穴が好ポイント

クラカケトラギス

分類	スズキ目ワニギス亜目 トラギス科トラギス属
学名	*Parapercis sexfasciata*
別名	トラギス、トラハゼ、ゴズ、ゴジ、 コロハチ、イシゴエ、エソ、トオクロ

クラカケトラギスは・・・

本属魚類は国内から 30 種近くが知られ、本種は背ビレの棘条部と軟条部との間に欠刻がないグループの代表種。シロギスやカワハギ釣りなどのゲストでよく釣れる。

漢字

鞍掛虎鱚

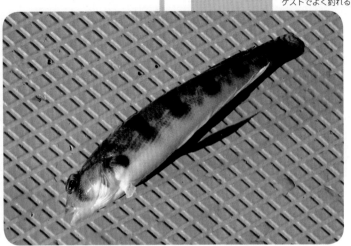

知る

分布

青森県から九州南岸までの日本海・東シナ海沿岸、茨城県から九州南岸までの太平洋沿岸、瀬戸内海、東シナ海大陸棚部に分布。

大きさ

最大で約 20cm 程度。

釣期

5 ～ 10 月ごろ。専門にねらう人は少ない。

1	2	3	4	5	6	7	8	9	10	11	12

棲んでいる場所

比較的浅場にある砂泥底を好む。

生活史

産卵期は 2 ～ 6 月と考えられている。径 0.77 ～ 0.93㎜の分離浮性卵を産む。仔魚は少なくとも 10㎜を超えるまで浮遊生活をし、日本海西部沿岸では 4 ～ 7 月に出現する。着底した稚魚は水深 30m 以深で観察されている。まず雌として成熟し、その中の大きな個体が雄へと性転換する。肉食性で、甲殻類や多毛類などを食べる。

特徴

本属魚類は国内から 30 種近くが知られ、背ビレの棘条部と軟条部との間に欠刻がないグループと、棘条部と軟条部との間に深い欠刻があって背ビレが 2 つに分かれているように見えるグループとに大別される。本種は前者グループの代表種で、体側に特徴的な V 字型の横帯を 4 本もち、眼下部に暗色帯、胸ビレ基部に暗色斑をもつことで区別できる。従来本種には斑紋や体形が異なる 2 型が知られていたが、2011 年にアマノガワクラカケトラギスが本種から分けて新種記載された。本種とは、胸ビレ基底に大きな黒斑がないこと、体側の斑紋が中央部で濃くならないことで区別できる。

主な釣り方

シロギスやカワハギなど、砂泥底での釣りの外道としてよく掛かる。専門にねらうことはほとんどない。

美味しい食べ方

白身でまったくクセがない。天ぷらだねとして近年評価が急上昇しており、高級魚の仲間入りをしつつある。皮目に独特の風味と旨味があり、空揚げや塩焼きも美味しい。かつてはシロギスなどの外道として捨てられていたが、今は大切にキープされる。

フィッシングチャート

船小もの釣りの定番ゲスト。釣れたらその場所の底質が砂泥底であると類推できる。

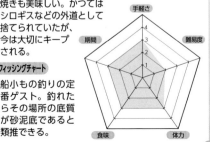

手軽さ / 難易度 / 体力 / 食味 / 期間

クロガシラガレイ

分類	カレイ目カレイ科マガレイ属
学名	*Pseudopleuronectes schrenki*
別名	クロガシラ、アカガシラ、クロガレイ、オキガレイ、ウスゲショウ、クロモト、センホウガレイ、タカノハガレイ

クロガシラガレイは・・・

北海道全沿岸と東北地方太平洋沿岸に分布。近縁他種の中では、クロガレイがよく似ており市場や流通で混同することが多い。産卵後に浅場で活発に捕食する春～初夏が釣りの最盛期。

黒頭鰈

知る

分布
北海道全沿岸、東北地方太平洋沿岸に分布。

大きさ
最大で約55cmになる。

釣期
産卵後に浅場で活発に捕食する春～初夏が最盛期となる（産卵期・最盛期は場所により異なる）。

1	2	3	4	5	6	7	8	9	10	11	12

棲んでいる場所
水深100mまでの砂泥底に棲む。

生活史
産卵期は、北海道日本海沿岸で2～3月、北海道太平洋・オホーツク海沿岸で4～5月で南の海域ほど早い。水深30m以浅の砂泥底に上がってきて産卵する。やや泥質の海底を好み、ゴカイ類や甲殻類などの底性動物を食べる。主に雄は2歳、雌は3歳で成熟する。成長は雄よりも雌が速く、寿命は14歳とされる。

特徴
体は楕円形で眼上に鱗がなく、側線は胸ビレ上方で上方に湾曲する。尾ビレは一様に黒く後縁は白く縁どられる。背ビレと臀ビレの有眼側・無眼側に数本の黒色帯がある。ただし、帯の濃淡や数には個体差がある。

別名のウスゲショウは、似た他種よりもヒレの帯が薄いとされることによる。近縁種の中では、クロガレイがよく似ているが、側線の湾曲が本種の方が高くて台形に近い形になること、尾ビレ後縁に白い縁どりがあること（クロガレイにはない）で見分けられる。背ビレは56～73軟条、臀ビレは42～56軟条、有孔側線鱗数は71～108。主に刺網により漁獲量され水揚量は多く、大型となる水産上重要なカレイ。

主な釣り方
投げ釣りまたは船釣りでねらう。船釣りでは本種を専門にねらうことはなく、一般的な「船カレイ釣り」のタックルを使用する。

美味しい食べ方
旬は子持ちとなる冬～春とされているが、身は夏場に旨くなる。クセのない白身は淡白で、真子や肝の味わいがこれを上回る。肉厚になるので刺し身に向き、特に夏場が旨い。煮つけと焼き物は、身・真子・肝のどれもが美味しくいただける。揚げ物は無難だがさっぱりし過ぎるきらいがある。

フィッシングチャート
投げ釣り、沖釣りともにスタンダードな北海道のタックル・仕掛けでねらうことができる。

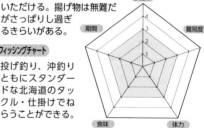

釣る

投げ釣り

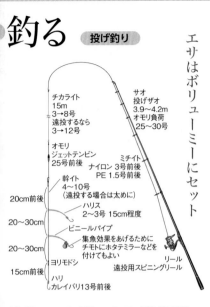

エサはボリューミーにセット

チカライト
15m
3→8号
遠投するなら
3→12号

サオ
投げザオ
3.9〜4.2m
オモリ負荷
25〜30号

オモリ
ジェットテンビン
25号前後

ミチイト
ナイロン 3号前後
PE 1.5号前後

幹イト
4〜10号
（遠投する場合は太めに）

20cm前後

ハリス
2〜3号 15cm程度

ビニールパイプ

20〜30cm

集魚効果をあげるために
チモトにホタテミラーなどを
付けてもよい

20〜30cm

ヨリモドシ

15cm前後

ハリ
カレイバリ13号前後

サオ

リール
遠投用スピニングリール

ワンポイント

投げ釣りは飛距離を稼げると有利。ミチイトはナイロン 2〜3号、フロロカーボン 1.5〜2号、PE0.8〜1号のいずれかを用い、カイトを結ぶ。沖釣りでは、一般的な「船カレイ釣り」のタックルを使用する。オモリ負荷 30号前後・1.8〜2.4mの船ザオに小型ベイトリールの組み合わせで、ミチイトは PE2 号前後、オモリ 30〜50 号を使用。カレイテンビンに、カレイ 14 号の 2〜3 本バリ仕掛け。エサはイソメ類を房掛けや縫い差しにして大きく見せる。

エサ・擬似餌

イソメ類。

沖釣りでも楽しめる（北海道）

船のクロガシラガレイ釣りといえば、道東オホーツク海が盛ん。春と秋が好機で、肉厚な良型がロッドを絞る

10月、道東・知床沖の釣り風景。当地では電動タックルを使うのが基本的なスタイル。オモリは 70号程度

エサはイソメが定番だが、地方によってはホタテのミミ（右上）やホヤ（左上）なども使われる。いずれも塩で締めると遠投しても外れにくく、海藻をすり抜けたときも千切れにくい

一般的にワームのカテゴリーに入る、イソメなどに似た生分解性の擬似餌でも釣れる。生エサが苦手な人は試してみたい

クロサバフグ

分類	フグ目フグ科サバフグ属
学名	*Lagocephalus cheesemanii*
別名	サバフグ（シロサバフグと混称）

クロサバフグは・・・

本種が属するサバフグ属は沖合性が強い。日本産サバフグ属は 7 種で、中でも本種とシロサバフグは個体数が多く専門にねらう漁業が営まれる水産上の重要種。ただし遊漁では外道である。

漢字

黒鯖河豚

知る

分布

能登半島、福岡県津屋崎、北海道から九州南岸までの太平洋沿岸域、東シナ海に分布。

大きさ

最大で 35cm を超える。

釣期

専門にはねらうことはないが、春から晩秋にかけて様々な沖釣りのゲストとして顔を出す。

1	2	3	4	5	6	7	8	9	10	11	12

棲んでいる場所

沿岸から沖合の表層から中層を群れで遊泳する。

生活史

東シナ海における産卵期は 4 〜 5 月で、沈性粘着卵を産むと考えられているが産卵生態については明らかにされていない。ふ化仔魚は 1.9mm 前後で、長楕円形の卵黄をもち、2.4mm 前後になると卵黄が吸収されてエサを食べ始める。西日本沿岸の沖合域表層には夏季に浮遊期の仔稚魚が広く現れる。30mm 以下の稚魚が沖合のプランクトンネット調査のサンプルとして採集されるほか、100mm 未満の未成魚が定置網にまとまって入網することがあり、ほぼ一生を通じて表中層を遊泳しているものと推察される。

特徴

日本産サバフグ属は 7 種で、いずれも沖合性が強く、湾入形または二重湾入形の尾ビレをもち活発に遊泳する。中でも本種とシロサバフグは数が多く、水産上の重要種。同属の他種とは、体色は銀色のメタリック調で目立つ斑紋はなく、胸ビレが黒くないこと、鰓孔が黒くないこと、尾ビレの上下葉端は白いことで区別することができる。また、筋肉に強毒をもち食用禁止のドクサバフグとは、体背面の小棘域が通常胸ビレ先端の前方までしか達しないこと（ドクサバフグでは小棘域が背ビレ基部付近にまで達する）で見分けることができる。日本近海産の筋肉・皮膚・精巣は無毒であるが、南シナ海産のものの筋肉は弱毒、卵巣と肝臓は猛毒との報告があるので注意が必要。

主な釣り方

沖釣りの対象であり、陸釣りではほとんど釣れない。あえてねらうならばフグ専用のタックルと仕掛けを用いる。釣り方は、エビやアオヤギなどのエサの下につけたカットウで引っ掛ける掛け釣りと、エビエサをつけたドウヅキ仕掛けの食わせ釣りの 2 つに大別される。

美味しい食べ方

旬は秋から冬で、可食部分は筋肉、皮と精巣である。しかし、有毒種のドクサバフグとの見分け方は難しく、素人料理で食べるべきではない。

フィッシングチャート

ショウサイフグやアカメフグなどのように専門の乗合船、仕立船はない。素人判断の見分け、調理は厳禁。

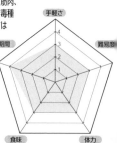

クロシビカマス

分類	スズキ目サバ亜目クロタチカマス科クロシビカマス属
学名	*Promethichthys prometheus*
別名	スミヤキ、ナワキリ、ダツ、ガランチョ、ヨロリ

クロシビカマスは・・・
体は細長くて側扁し、体色は全体に黒褐色。大きな口と大きな眼をもち、両顎には大きく鋭い歯が並ぶ。海底付近に群れをつくって生活しており、魚類やイカ類を大きな口で食べる。

沖

漢字

黒鱰尾魳

知る

分布
福島県南部沖、相模湾から九州南岸までの太平洋沿岸、島根県隠岐、伊豆－小笠原諸島に分布。

大きさ
最大で 60cm に達する。

釣期
冬場によく釣れる傾向がある。

1	2	3	4	5	6	7	8	9	10	11	12

棲んでいる場所
水深 100 ～ 750m の大陸棚外縁から斜面域の底層、海洋島周辺に棲む。

生活史
産卵期は春～夏。詳しい産卵生態は知られておらず、受精卵や仔稚魚は外洋の中深層を浮遊しているものと考えられている。海底付近に群れをつくって生活しており、魚類やイカ類を大きな口で食べる、捕食行動は獲物の下方から勢いよく襲いかかる。夜間は中層に浮上し、時に定置網に大量に入網することがある。

特徴
体は細長くて側扁し、体色は全体に黒褐色。大きな口と大きな眼をもち、両顎には大きく鋭い歯が並ぶ。背ビレの基部は長く、背ビレと臀ビレの後ろに小離鰭をもつ。腹ビレは退化的で1棘1軟条か1棘のみ。側線は1本で胸ビレの上方で強く湾曲する。

主な釣り方
沖の深場釣りで、ドウヅキ仕掛けで釣れる。鋭い歯で仕掛けを切られるリスクが高いため、専門にねらうにはハリのチモト周辺に補強を施す。

美味しい食べ方
脂がある白身は柔らかくて美味。型の大小を問わず脂乗りは変わらない。身の中に小骨が縦横に走っているので柵切りは難しいが、スプーンでこそぎ取ったすき身の刺し身は絶品。骨切りをする調理法もあるが焼き物や煮付けにすれば小骨を避けて食べられる。干物では小骨が気にならない。

フィッシングチャート
基本的には深海釣りの外道だが、見た目によらず食味は非常によいので釣り人には喜ばれる。歯が鋭いので注意したい。

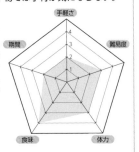

釣る

沖釣り

鋭い歯に注意

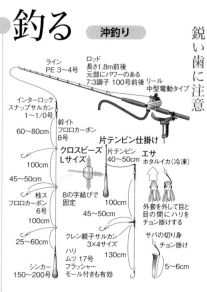

ライン
PE 3〜4号

ロッド
長さ1.8m前後
元部にパワーのある
7:3調子 100号前後

リール
中型電動タイプ

インターロック
スナップサルカン
1〜1/0号

幹イト
フロロカーボン
8号

60〜80cm

片テンビン仕掛け

クロスビーズ
Lサイズ

片テンビン
40〜50cm

エサ
ホタルイカ（冷凍）

100cm

45〜50cm

枝ス
フロロカーボン
6号

8の字結びで
固定

100cm

外套を外して目と
目の間にハリを
チョン掛けする

100cm

45〜50cm

25〜60cm

クレン親子サルカン
3×4サイズ

サバの切り身
チョン掛け

130cm

ハリ
ムツ 17号
フラッシャー
モール付きも有効

シンカー
150〜200号

5〜6cm

ワンポイント

アカムツなど深海釣りの外道とされるが、食味は
抜群によいので迷わず持ち帰ろう。鋭い歯に注意。

エサ・擬似餌

イカ、サンマ、サバなどの切り身。

クロシビカマスの別名は「スミヤキ」で、深海釣りで
は定番のゲスト。タチウオと同じで前歯が非常に鋭利。
ハリを外す時は頭を振られないように、メゴチバサミ
でこのように頭部をがっちり固定する。あまり多く釣
れると厄介だが、深海釣りを長年続けてきたベテラン
でも「塩焼きなら家族が一番喜ぶ魚がこれ」というほ
ど味がよい

⇒魚のさばき方は 582 頁へ

クロソイ

分類	スズキ目カサゴ亜目メバル科メバル属
学名	*Sebastes schlegelii*
別名	ソイ、マゾイ、ナガラゾイ、クロハチメ

クロソイは・・・

眼の下方にある「涙骨」に下向きの3本の鋭い棘があることが最大の特徴で、他のメバル属魚類から区別できる。浅い海域の岩礁帯に多い。北海道や東北地方では種苗生産が行われ、室蘭市では市の魚に指定されている。

漢字

黒曹以

知る

分布

北海道全沿岸、青森県から長崎県までの日本海・東シナ海沿岸、青森県から千葉県銚子までの太平洋沿岸、瀬戸内海に分布。

大きさ

30〜40cmから、最大で約60cmに育つ。

釣期

ほぼ周年。

1	2	3	4	5	6	7	8	9	10	11	12

棲んでいる場所

浅い海域の岩礁帯に多い。春は浅場に、秋は深場に移動する。

生活史

12〜翌1月に交尾して雌の体内で3〜4月に受精する。4〜6月に6mm前後の仔魚を産出する。産仔後10日で10mmになり稚魚期へ移行する。以後の成長は海域により異なる。秋田県沿岸では、1歳で14.7cm、2歳で24.3cm、3歳で31.7cm、4歳で37.5cm、5歳で41.9cmになる。多くは雄2歳、雌3歳で成熟する。
エサは甲殻類や小魚などで、大きな口で丸呑みにする。

特徴

眼の下方にある「涙骨」に下向きの3本の鋭い棘があることが最大の特徴で、他のすべてのメバル属魚類から区別できる。体は全体的に黒っぽく、眼から頬部に3〜4本の暗色帯をもつ。水産上の重要種で、北海道や東北地方では種苗生産が行われている。

主な釣り方

魚の切り身やエビ、イソメ類などをエサに使った探り釣りや投げ釣り。ルアーでも釣れる。

美味しい食べ方

味わい深い白身で、新鮮なものは刺し身がいい。ほかには定番の煮付けや、小型なら丸ごと空揚げにする。

フィッシングチャート

堤防などからシンプルなリグ（仕掛け）でねらえる。時間帯は夜釣りが中心となる。春は思わぬ大型のチャンスも。

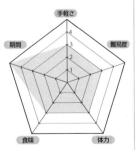

● 釣る

ルアーフィッシング

中小型はルアーで手軽にねらえる

ライン
PE 0.8号

ルアーロッド
6〜8フィート
ミディアムヘビーアクション

リーダー
フロロカーボン 12〜16ポンド

ジグヘッド
1/8〜1/2オンス
（メインは3/16〜3/8オンス）

ワーム
ホッグ
グラブ

リール
2500〜3000番台の
スピニングリール

ワンポイント

クロソイは夜になると、日中に潜んでいた隠れ家から出て、ベイトを捜して中層や表層まで浮上する。ルアーの場合、甲殻類を模したホッグ系などをセットしたテキサスリグやジグヘッドでねらうのが一般的。イソメ類をエサにして探り釣りや投げ釣りでも楽しめる。

エサ・擬似餌

ルアー（ワーム）。エサ釣りの場合はイソメなど。

● 北海道のクロソイ釣り

春は超大型がねらえるチャンス。写真は小樽沖であがった 56cm。春は抱卵した大ものがロッドを絞る

春、沖釣りでの大型ソイねらいでは、5 インチ以上の大型ワームとジグヘッドの組み合わせが必携。シンカーの重さは 14 〜 28 g

港で年中釣れるとはいえ、食いが渋くなる夏と冬は小型のワームに分がある。シンカーも 3.5 g 以下の軽めがベター

夜釣りがメインとなるクロソイ釣りでは、夜光系ワームが欠かせない。蓄光器を当てると緑色にボワッと輝いてアピール度が高くなる

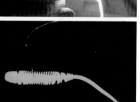

クロダイ

分類	スズキ目スズキ亜目タイ科クロダイ属
学名	*Acanthopagrus schlegelii*
別名	チヌ(関西以西)、カワダイ(北陸)など。出世魚であり、関東ではチンチン→カイズ→クロダイと呼称が変わる

クロダイは・・・

水深50m以浅の沿岸域に生息するため、タイ科の魚では珍しく、陸の磯や堤防からねらう釣り方が多い。汽水域でも生活できる。

河口・堤防・沖
砂浜・磯

漢字

黒鯛

知る

れるが、3割は両性のまま機能的雄性。4歳以上で性が分離する。

分布

北海道から屋久島までの日本海・東シナ海・太平洋沿岸、瀬戸内海に分布。琉球列島に分布せず、代わりにミナミクロダイ、ナンヨウチヌ、ヘダイといった近縁種が分布する。

大きさ

最大で70cmほど。
釣りでは20~50cmがおもなターゲットになる。

釣期

ほぼ周年で、ベストシーズンは3~5月と10~11月。また、堤防の落とし込み釣りでは真夏が最盛期となる。

1	2	3	4	5	6	7	8	9	10	11	12

棲んでいる場所

水深50m以浅の沿岸域に生息するため、タイ科の魚では珍しく、陸の磯や堤防からねらう釣り方が多い。汽水域でも生活できるので、河口付近も釣りのポイントになる。

生活史

関東地方での産卵期は4~5月。分離浮性卵を産み、約2日でふ化した仔魚は1カ月ほどの浮遊生活をして10mm前後の稚魚となる。稚魚は内湾浅所のアマモ場や砕波帯で生活し、7cm前後になると河川汽水域や岩礁帯へと生活の場を広げる。1歳(15cm)では両性の生殖腺を有するが未成熟、2歳(23cm)では多くが機能的に雄として成熟した両性個体となり、3歳(27cm)で雌雄どちらかの生殖腺が消失し性が分離し成熟した雌がみら

特徴

クロダイは性転換する魚として知られるが、正確にいえば雄性先熟の機能的雌雄同体である。すなわち、生活史の項目に記したとおり多くは両性の生殖腺をもちつつ若齢魚では雄として成熟し、高齢魚では雌として成熟する。警戒心が強く、釣り人には人気のターゲット。二枚貝類、甲殻類、多毛類をおもに食べるため、釣りエサにも同じものを使う。ただし海藻や小魚を食べる場合があり、コーンやスイカをエサにしてねらうこともある。

主な釣り方

磯や堤防ではウキフカセ釣り、落とし込み釣り、ダンゴ釣り、投げ釣りなど。湾内に設置されたイカダ、係留された専用の船(カセ)からはイカダ釣り、カセ釣りでねらう。

美味しい食べ方

淡白な白身で美味だが、生息環境によっては磯臭さを感じることもある。刺し身や塩焼き、煮付けなど和風料理のほか、ムニエルやアクアパッツァなどでも美味しい。

フィッシングチャート

磯釣りではメジナと人気を二分するターゲット。そのほか、ボートからねらうカカリ釣りや堤防の落とし込み釣り、サーフからの投げ釣り、さらにルアーフィッシングまで、さまざまな釣りのスタイルで楽しまれている。

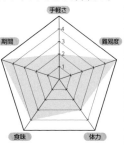

釣る

投げ釣り

アタリを静かに待つ

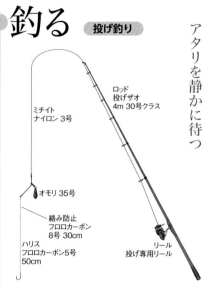

ミチイト
ナイロン 3号

ロッド
投げザオ
4m 30号クラス

オモリ 35号

絡み防止
フロロカーボン
8号 30cm

ハリス
フロロカーボン5号
50cm

リール
投げ専用リール

ワンポイント

投げ釣りでクロダイを釣る場合、春の乗っ込み（3
〜5月）がねらいやすい。他のねらい方と異なり、
投げのクロダイは静かに回遊を待って釣るという
スタイル。したがって、夜釣りがメインになる。
なるべく静かに釣ることが鉄則のため、無駄な投
げ返しは極力控えたい。エサ取りの有無を確認し
ながら、インターバルを調整しよう。

エサ・擬似餌

ユムシ、イワイソメ。

ルアーフィッシング

ボトム＆トップウオーターゲーム

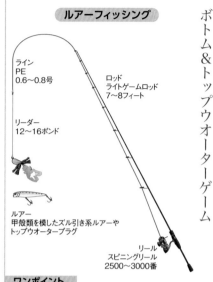

ライン
PE
0.6〜0.8号

ロッド
ライトゲームロッド
7〜8フィート

リーダー
12〜16ポンド

ルアー
甲殻類を模したズル引き系ルアーや
トップウオータープラグ

リール
スピニングリール
2500〜3000番

ワンポイント

キビレ（キチヌ）と容姿が似ているが、キビレ同
様にルアーで楽しめる。ポッパーやペンシルベイ
トを使ったトップウオーターゲームはエキサイ
ティングだ。専用ルアーや、ジグヘッド＆ワーム
をズル引きでねらう釣り方も人気。底に生息する
カニなどの甲殻類をイメージしながら動かすとよ
い。引くスピードを変えてねらっていきたい。

エサ・擬似餌

ルアー各種。

落とし込み釣り

一瞬のアタリを見逃すな！

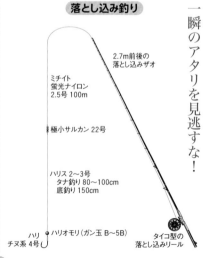

2.7m前後の
落とし込みザオ

ミチイト
蛍光ナイロン
2.5号 100m

極小サルカン 22号

ハリス 2〜3号
タナ釣り 80〜100cm
底釣り 150cm

ハリ
チヌ系 4号

ハリオモリ（ガン玉 B〜5B）

タイコ型の
落とし込みリール

ワンポイント

真夏に盛期を迎えるのが落とし込み釣りだ。ヘチ
に付着したカラスガイを捕食しに、堤防に寄って
きたクロダイをねらう。主に渡船で沖堤に渡って
釣る。仕掛けやタックルはシンプル。リールはギ
ヤ比が1：1で、魚の引きをダイレクトに味わう
ことができる。モエビを使うと、クロダイ以外に
もメバルやフッコなどが掛かり楽しめる。

エサ・擬似餌

カラスガイ、フジツボ、タンクガニ、ボサガニ、
モエビなど。

⇒魚のさばき方は 584 頁へ

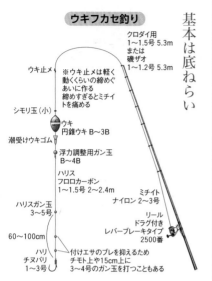

ウキフカセ釣り

クロダイ用
1〜1.5号 5.3m
または
磯ザオ
1〜1.2号 5.3m

ウキ止メ　※ウキ止メは軽く
動くくらいの締めぐ
あいに作る
締めすぎるとミチイト
を痛める

シモリ玉（小）

潮受けウキゴム

ウキ
円錐ウキ B〜3B

浮力調整用ガン玉
B〜4B

ハリス
フロロカーボン
1〜1.5号 2〜2.4m

ミチイト
ナイロン 2〜3号

ハリスガン玉
3〜5号

リール
ドラグ付き
レバーブレーキタイプ
2500番

60〜100cm

ハリ
チヌバリ
1〜3号

付けエサのブレを抑えるため
チモト上や15cm上に
3〜4号のガン玉を打つこともある

ワンポイント

メジナと人気を二分するウキフカセ釣りのターゲット。メジナと比較すると、湾内や港内などといった潮が利きすぎていない場所がよい。寄せエサを1ヵ所に留めてポイントを作るイメージで釣る。警戒心が強い魚だが、一方で大胆な一面も持つ。大型が期待できる春の乗っ込みシーズンになると水深30cmほどのポイントでも釣果が聞かれる。

エサ・擬似餌

オキアミ、サナギ、コーンなど。

ウキフカセ釣り

円錐ウキまたは立ちウキでねらう

ウキフカセ釣りで使用する円錐ウキ。表示浮力に合わせたガン玉を噛ませて浮力を調整。シブシブの浮力にするのがキモの1つ

伝統のサナギエサ。エサ取りに強い

寄せエサに使う配合エサ。クロダイ仕様は総じて比重が高く、まとまりがよい。海底に溜まりやすいのが特徴

ウキフカセ用のエサ各種。オキアミも生と加工されたタイプがある。クロダイではLサイズの大きめを使う人が多い

立ちウキを愛用する釣り人も多い。チクッというトップに出る繊細なアタリが癖になる

クロダイのウキフカセ釣りのメインフィールドである磯。海底地形や潮の流れを読み、寄せエサでポイントを構築して、繊細に仕掛けを流し込んでいく

ウキフカセ釣りの釣果。瀬戸内海ではクロダイウキフカセ釣りの競技も盛んだ

堤防でヒットしたクロダイ。底を這うようにして暴れ、グイグイとサオを曲げ込む

落とし込み釣り

シンプルの極みな仕掛けで静かにねらう

落とし込み釣りはシンプルな仕掛けである。ガン玉とハリは各ケースに小分けに収納しておくと便利

古くから落とし込み釣りファンが愛用しているのがカニ桶である。カニを入れて少量の水とエアーポンプをセットする。モエビにも使える。なおカニ（ボサガニ、タンクガニなど）は足の付け根から甲羅に向かってハリ付けする

岸壁から剥がれ落ちたエサを演出するのが落とし込み釣りである

落とし込み釣りの定番エサがカラスガイ。堤防に付着したカラスガイはクロダイの常食エサでもある

腰のベルトにタモの柄やエサ箱をセットする

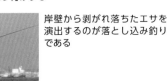

落とし込み釣りで手にした釣果。クロダイは堤防の王様ともいわれる

カカリ釣り

係留されたボートの上から多彩なエサで誘う

今回の仕掛けでは紹介していないが、クロダイはイカダや係留したボートで行なうカカリ釣りも盛んである。寄せエサ団子を海底に溜めて魚を寄せる。サオとリール、ミチイトを直接ハリに結ぶ極めてシンプルな仕掛けで楽しみ、古くから競技も盛ん

カカリ釣りの団子エサ。沈下途中は割れず、海底に届いてからジワジワと割れていく握り加減がミソ

バットを激しく引き込むクロダイ

カカリ釣りで手にしたクロダイ

紀州釣り

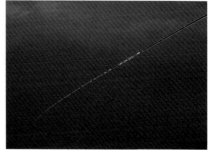

カカリ釣り用ロッドの穂先はまるでワカサギザオのような繊細さ。微かなアタリを表現してくれる

寄せエサ団子に付けエサを包み、立ちウキ仕掛けでアタリを取る紀州釣りは、和歌山から広まった釣法。クロダイは各地で特徴的な釣り方があり、仕掛けやエサも独特

沖	クロマグロ	分類	スズキ目サバ亜目サバ科マグロ属

<table>
<tr><td rowspan="3">沖</td><td rowspan="3"># クロマグロ</td><td>分類</td><td>スズキ目サバ亜目
サバ科マグロ属</td></tr>
<tr><td>学名</td><td>*Thunus orientalis*</td></tr>
<tr><td>別名</td><td>マグロ、ホンマグロ、シビ、メジ、ホンメジ、ヨコワ</td></tr>
</table>

クロマグロは・・・
マグロ類中で最も低温に適応する。胸ビレは短く、その先端は第2背ビレ起部に達しないことで他のマグロ類と区別できる。幼魚はヨコワとも呼ばれるように体側に10数本の白色横帯をもつ。

漢字

黒鮪

知る

分布
日本近海を広く回遊する。

大きさ
最大で4mに達する。

釣期
回遊魚のため地域や年によって異なる。幼魚は九州以北で夏から初冬が、1歳魚以上では琉球列島で冬、九州以北では春と秋が主な釣期。

1	2	3	4	5	6	7	8	9	10	11	12

棲んでいる場所
外洋の表層を広く回遊する。

生活史
産卵場は台湾東方や伊豆諸島以南に点在し、日本海の能登沖にも存在する。産卵期は3～7月で南方ほど早い。受精卵は径1.5mmで水面に浮き、24時間で孵化する。仔稚魚期から強い魚食性をもち、一緒に産まれた兄弟を共食いして育つ。南日本沿岸には夏に幼魚が現れ秋には1～2kg級に育って釣りの対象となる。1歳を超えた若魚の中には太平洋を横断して北米東岸に達した後、再び西太平洋に戻って産卵に参加する群れがある。産卵後の春から夏に北上し、秋から冬に南下して産卵場に戻る季節回遊をする。寿命は10歳以上。

特徴
マグロ類中で最も低温に適応しており、水温5℃の海域で獲られた記録がある。胸ビレは短く、その先端は第2背ビレ起部に達しないことで他のマグロ類と区別できる。幼魚はヨコワとも呼ばれるように体側に10数本の白色横帯をもつ。

主な釣り方
3kg級までの幼魚は、カツオとの両ねらいで乗合船が出ており、コマセ釣り、活イワシエサの泳がせや一本釣り、カッタクリやルアーで釣れる。10kgを超えるとエサ釣り、ルアー釣りとも専門のタックルを用いて仕立船でねらう高度な釣りとなり、トロウリングでは最高レベルのターゲットの1つである。

美味しい食べ方
最高級のマグロで、大型魚ほどよく脂が乗るので高値で取り引きされる。刺身、寿司だねの最高級食材で、特に脂肪分に富んだトロの人気が高い。赤身は醤油に漬け込んだヅケをはじめ、煮付けや焼き物などに調理される。

フィッシングチャート
食材として最高級のマグロ＝クロマグロは、釣りものとしても最高峰のターゲット。釣法は多彩だが、いずれも高い技術、経験、体力が要求される。

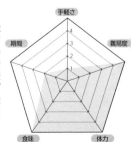

釣る

沖釣り

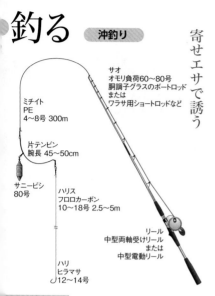

寄せエサで誘う

ミチイト
PE
4〜8号 300m

サオ
オモリ負荷60〜80号
胴調子グラスのボートロッド
または
ワラサ用ショートロッドなど

片テンビン
腕長 45〜50cm

サニービシ
80号

ハリス
フロロカーボン
10〜18号 2.5〜5m

リール
中型両軸受けリール
または
中型電動リール

ハリ
ヒラマサ
12〜14号

ルアーフィッシング

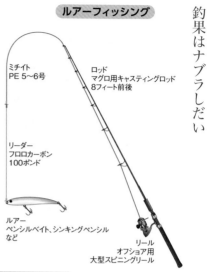

釣果はナブラしだい

ミチイト
PE 5〜6号

ロッド
マグロ用キャスティングロッド
8フィート前後

リーダー
フロロカーボン
100ポンド

ルアー
ペンシルベイト、シンキングペンシル
など

リール
オフショア用
大型スピニングリール

ワンポイント

昔から釣りの対象魚として親しまれてきたクロマグロ。コマセ釣り、カッタクリ釣り、ルアーキャスティング、生きエサの泳がせ釣りなど、ねらい方は多彩。コマセ釣りは付けエサと寄せエサともにオキアミを使う。釣り方は船長の指示したタナを中心に、寄せエサを撒きながら誘う。ヒット後、魚が疾走している間は無理に上げようとすると、ハリス切れや口切れをするため、サオをためて持ちこたえること。頭を釣り人側に向かせてから巻くのが基本。

エサ・擬似餌

オキアミ。

ワンポイント

小魚の群れがマグロなどの魚に追われてさざ波を立てながら逃げ惑うナブラをねらってルアーを投げる。遊漁船ではこのナブラに出会えるかがキー。食べているエサに合わせてルアーの大きさをチョイスしていく。

エサ・擬似餌

ルアー（ペンシルベイト、シンキングペンシル）。

50kgクラスのクロマグロ。当然ながらけた外れの怪力である

古来より伝わる大もの結びの雄、坂本結び。外掛け結びと打掛け結びをミックスしたような結び方

坂本結びは強化チューブをハリスに30㎝ほど通してから行なう。マグロの強烈な引き込みにもイトが潰されにくい。大もの対応の環付きバリ結束の決定版といえる

ナブラが立ち鳥山に突っ込むマグロ船。血沸き肉躍る

クロマグロは各都道府県で採捕数量制限を実施している。漁業者がクロマグロ漁を自粛している間は、遊漁者の理解と協力を求められる。水産庁のWEBサイト等で確認すること

クロムツ

分類	スズキ目スズキ亜目 ムツ科ムツ属
学名	*Scombrops boops* 標準和名ムツ
別名	ギンムツ、モツ、カラス、ロクノウオ、オンシラズ

クロムツは・・・
同属の標準和名クロムツとよく似ており、釣りや漁業の現場では両種を区別していない。体色は本種が銀色がかり、クロムツは黒っぽいなどと言われているが、体色には個体差があり決め手にならない。

知る

分布
北海道から九州南岸までの日本海・東シナ海沿岸、北海道から九州南岸までの太平洋沿岸、東シナ海大陸棚縁辺域に分布。

大きさ
大きなものは1mを超える。

釣期
通年。食べて美味しいとされるのは冬。

1	2	3	4	5	6	7	8	9	10	11	12

棲んでいる場所
小型は港内などにもいるが、30cm以上のものは水深200〜700mの岩礁帯に棲む。

生活史
産卵期は、土佐湾で2〜3月、紀伊半島で11〜12月。冬季に15㎜ほどの稚魚が沿岸から沖合の表層に現れ、幼魚は沿岸の浅場に群れる。1歳で尾叉長17.4㎝、2歳で23.2㎝、3歳で28.5㎝、4歳で33.2㎝、5歳で37.4㎝、6歳で41.2㎝になる。2歳魚以上は水深100m以深の岩礁帯へ移動し高齢魚ほど深場に棲む傾向がある。3歳で成熟し、寿命は12歳以上と考えられている。

特徴
同属の標準和名クロムツとよく似ており、釣りや漁業の現場では両種を区別していない。体色は本種が銀色がかり、クロムツは黒っぽいなどと言われているが、体色には個体差があり決め手にならない。確実に見分けるポイントは側線上の鱗の数で、本種は50〜57枚で、クロムツは59枚以上である。鋭い歯を持つ魚で、幼魚は陸っぱりのルアーフィッシングなどでも釣れる。

主な釣り方
一般的には沖釣りのターゲット。中深場の釣りもので、キンメダイなどと一緒にねらうことも多い。幼魚は港内や堤防でも釣れる。その場合はルアーフィッシングでねらう人が多い。

美味しい食べ方
脂がよく乗った魚で、煮つけなどにすると美味。刺し身、鍋物なども人気。高級魚とされる。

フィッシングチャート
沖の深場釣りターゲットであり、ハリがたくさん付いた仕掛けを使うため専門性が高い。慣れてくれば、相手は高級魚だけに、またゲストも豪華な顔ぶれで期待が高まる。

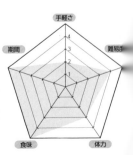

釣る　沖釣り

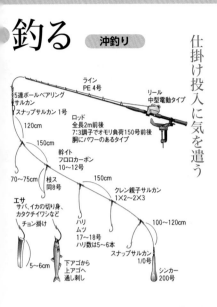

縦書き：仕掛け投入に気を遣う

ワンポイント

沖の深場釣りターゲット。ただし若魚は港内でも見られ、ルアーでねらう人も多い。ハリ数が多い深場の釣りでは、勝手に仕掛けを投入できない。状況に応じて端から順に投入することが多く、失敗すると1回休みになってしまう。また仕掛けが絡みやすいので、扱いにも注意が必要。ただしその分、美味しい魚が釣れるので人気は高い。

エサ・擬似餌

サバやイカの切り身、カタクチイワシなどの小魚。

仕掛けはアカムツ用などの市販仕掛けがそのまま使える

ハリに刺すサバの切り身。ちなみに釣り場で型のよいサバが釣れた時は、その場で切り身にするとより効果的なエサになる

中深場〜深海の沖釣りの中では比較的釣れやすいのがクロムツ。深場釣りの入門ターゲットとしてもおすすめできる

⇒魚のさばき方は 586 頁へ

クロメヌケ

分類 スズキ目カサゴ亜目
メバル科メバル属

Sebastes glaucus

別名 アオゾイ

クロメヌケは・・・
赤い魚体のメヌケ・アコウダイ類の中にあって、北海道限定の鮮やかな黄色い魚体は異色の存在。産卵期には黄色味が薄れて青味がかった黒褐色の部分が現れることからアオゾイとも呼ばれる。

漢字

黒目抜

知る

分布
北海道全沿岸、岩手県釜石、山形県飛島、富山湾に分布。

大きさ
最大で 50cm を超える。

釣期
周年釣れるが、産卵のため浅場に現れる春～初夏が盛期となる。

1	2	3	4	5	6	7	8	9	10	11	12

棲んでいる場所
水深 2 ～ 550m から採集記録があり、通常は水深 200m までに棲む。

生活史
晩秋～冬に交尾し、雌の体内で受精卵の発生が進み、春以降に仔魚を産むと考えられている。しかし、本種幼期の形態や生態は未解明である。未成魚は比較的浅い岩礁域で定位生活し、成魚は起伏が激しい岩礁帯のみならず砂混じりの平根にも定住する。根の上に定位して、通りかかった魚類やエビ類などを食べる待ち伏せ型の捕食をする。成熟年齢や寿命についてはよく分かっていない。

特徴
赤い魚体のメヌケ・アコウダイ類の中にあって、北海道限定の鮮やかな黄色い魚体は異色の存在。産卵期には黄色味が薄れて青味がかった黒褐色の部分が現れることからアオゾイとも呼ばれる。学名のうち種小名はラテン語で「青灰色」を表し、洋の東西で同じ特徴に基づいた名があてられていることは興味深い。メヌケ類の同定は難しいが、この特異な体色とともに 14 棘 14 ～ 17 軟条の背ビレをもつことで区別は容易。その他の特徴としては、眼の下に顕著な小棘はなく、後頭部にも棘がないこと、主上顎骨に鱗がないことでも近縁他種と見分けられる。

主な釣り方
伝統的なドウヅキ仕掛けのほか、近年はライトタックルでメタルジグなどを使ったルアーフィッシングが人気だ。

美味しい食べ方
旬は秋～晩春。透明感のある白身には脂が乗って旨味がある。身はほどよく締まっており、熱を通しても堅くならない。刺身はほどほどの歯ごたえで甘味を感じる。厚い皮目に旨味があるので、焼き物や煮物では皮ごと食べられる調理法を選びたい。ソテー、塩焼き、煮つけ、鍋物、汁物などどんな料理にも向く。

フィッシングチャート
伝統的なドウヅキ仕掛けの釣りも健在だが、近年はゲーム性の高さから特に若い人の間でライトタックルのルアーフィッシングも人気だ。

スリリングなゲームで価値ある 1 尾を

釣る ルアーフィッシング

ライトタックルでメタルジグ

ライン
PE 1号

ロッド
シーバスや
ロックフィッシュ用
7〜8フィート

リーダー
フロロカーボン
12〜16ポンド

ルアー
メタルジグ
60〜80g

リール
スピニングリール
3000番

ワンポイント

ライトなルアーフィッシングがおすすめのねらい方。船からシーバス用やロックフィッシュ用タックルを用いる。スリリングでゲーム性が高い。3000番台のスピニングリールにPE1号前後を巻き、ラインシステムを組んで 60 〜 80g のメタルジグでねらう。近年は魚の数が減少しており、この方法で釣れた魚の価値は高く 1 尾で充分に満足できるはず。

エサ・擬似餌

ルアー（メタルジグ）。

北海道のクロメヌケ釣り

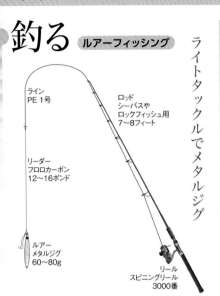

北海道ではオホーツク海と道東太平洋の沖が主なポイントになる。最近はインチクや鯛ラバでねらう釣り人もえている

ゆっくりとしたリズムで誘う、スローピッチジャークで挑戦する釣り人。ジグは 100 〜 200 g がよく使われる。写真は知床沖

道東の網走沖もクロメヌケが期待できる好エリア。夏の一時期を除いて釣果が期待できる

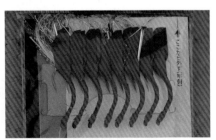

ドウヅキ仕掛けを使う場合、ビニール素材を用いた「バルンバリ」が昔も今も定番。色は赤が好まれる

323

ケムシカジカ

分類	スズキ目カジカ亜目ケムシカジカ科ケムシカジカ属
学名	*Hemitripterus villosus*
別名	トウベツカジカ、スゴエモン、ボッケ、オバケ

ケムシカジカは・・・
大型で食味がよいカジカとして地域的には人気の魚。一見オコゼ類に見えるが毒魚ではない。ただし細かくて鋭い歯が並ぶ口は、噛まれると怪我をする。北海道噴火湾では産卵群が接岸する10～11月に多くの釣り人で岸壁が賑わう。

毛虫鰍

知る

分布
北海道全域、青森県から対馬東部までの日本海沿岸、青森県から千葉県銚子までの太平洋沿岸に分布し、相模湾から記録がある。

大きさ
最大で40cmになる。

釣期
沖釣りでは周年釣れ、陸釣りでは産卵のために深場から接岸する晩秋～冬が盛期となるが釣期は短い。

1	2	3	4	5	6	7	8	9	10	11	12

棲んでいる場所
水深10～540mの海底に棲む。ただし、産卵期の晩秋～冬には浅海域に現れる。

生活史
産卵期は晩秋～冬で、噴火湾では10～11月に産卵群が水深10m以浅の浅場に現れる。産卵前に交尾を済ませており、卵が海中に産み出される瞬間に受精する。大粒の沈性粘着卵を基物に産みつけるが、ゴカイ類の棲管塊が産卵基質によく選ばれる。仔稚魚は中層を浮遊し、動物プランクトンを食べて成長する。20mmの稚魚は頭部が丸く体は側扁し、体側は金属光沢がある淡桃色で腹部は銀色。稚魚は浅海域の藻場や転石帯に着底し、成長に伴って深場に移動する。成魚になると、産卵期には浅場へ非産卵期には深場へと深浅移動するが、成熟年齢や寿命についてはよく分かっていない。

特徴
大型で食味がよいカジカとして地域的には人気の釣りもの。一見オコゼ類に見えるので警戒心を抱かせるが、毒魚はない。注意すべきは細かくて鋭い歯が並ぶ口で、噛まれると怪我をする。生命力が強く死んだように動かなくなっても噛みつく

ことがある。日本産のケムシカジカ科魚類は4種のみの小グループ。本種は頭がやや縦扁し、背面に多くの骨質突起があり、頭部、背ビレ棘先端、胸ビレ基部上端、側線上に皮弁がある。同科の他種とは、背ビレ棘条部の基底が長く、背ビレ棘条数が16～19と最も多いことで区別できる。体はオリーブ色がかった灰褐色だが、赤色、黄色、ピンク色など変異に富む。かつてトウベツカジカと呼ばれていたが、北海道当別村（現北斗市）で多く水揚げされていたことにちなむ。

主な釣り方
陸からの釣期は短いが、北海道噴火湾では産卵群が接岸する10～11月に多くの釣り人で岸壁が賑わう。投げ釣りのほか、近年はロックフィッシュスタイルのルアーフィッシングも人気。

美味しい食べ方
旬は秋～冬とされ、別名カワムキカジカと呼ばれるように、皮製品のように分厚くて堅い皮を剥いでから調理する。きれいな白身だが、産卵期には身がアイスブルーに変色することがある。見た目は悪いが味には影響しない。軟らかい白身はやや旨味が薄く、真子や肝の人気が高い。新鮮なものは刺し身になるほか、各種の煮物や汁物に向き、鍋は申し分なく旨い。北海道や三陸の郷土料理である「カジカの子の醤油漬け」は、子持ちの魚から取った卵をイクラの醤油漬けと同様に加工したもの。濃厚な味とプリプリとした食感は一度食べたら忘れられない。

フィッシングチャート
岸釣りでは堤防から気軽にねらえるが、期間が短いのでチャンスを確実にモノにしたい。

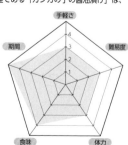

釣る

投げ釣り

ドウヅキか投げテンビン仕掛け

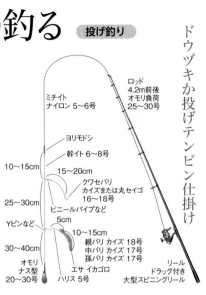

ロッド
4.2m前後
オモリ負荷
25〜30号

ミチイト
ナイロン 5〜6号

ヨリモドシ

幹イト 6〜8号

10〜15cm

15〜20cm

クワセバリ
カイズまたは丸セイゴ
16〜18号

25〜30cm

ビニールパイプなど
5cm

Yピンなど

10〜15cm
親バリ カイズ 18号
中バリ カイズ 17号
孫バリ カイズ 17号

30〜40cm

オモリ
ナス型
20〜30号

エサ イカゴロ

ハリス 5号

リール
ドラッグ付き
大型スピニングリール

ワンポイント

中小もの用の投げ釣りタックルで、ドウヅキ2本バリ仕掛けや投げテンビン仕掛けでねらい、エサはイカゴロ、切り身、虫エサ。向こうアワセのおおらかな釣りで、老若男女が楽しめる。近年はルアー釣りが盛んで、こちらは一般的なロックフィッシュタックルにワームとジグヘッドの組み合わせでねらう。

エサ・擬似餌

イカゴロ、魚の切り身、イソメ類。

北海道のケムシカジカ釣り

室蘭港で釣れた良型。近年はロックフィッシュスタイルが人気。貪欲なケムシカジカには大型ワームが有効だ。シンカーは確実に底が取れる重さを

函館の港でもケムシカジカがねらえる。地方名のトウベツカジカは、函館近郊の旧当別村(現北斗市)でよく獲れたのが由来という説もある

ケムシカジカに限らず、カジカの多くは秋が深まる頃、船揚げ場などの水深の浅いところまで岸寄りする

食べる

から揚げ

皮が堅いため剥いでから調理する。身は肉厚でプリプリ、肝は奇麗なオレンジ色で通常のカジカよりも大ぶり。カジカといえば鍋が有名だが、鶏肉を連想させる揚げも旨いのがケムシカジカならでは

ケンサキイカ

分類	ツツイカ目ヤリイカ亜目ヤリイカ科ヤリイカ属
学名	*Loligo edulis*
別名	マルイカ、アカイカ、シロイカ

ケンサキイカは・・・

胴の先端が尖っていて剣のように見えるため、この名がついた。小型は丸みを帯びた体型から、関東では一般的に「マルイカ」と呼ばれる。大型になると「ベンケイ」と呼ばれることも。

漢字

剣先烏賊

知る

特徴

胴の先端が尖っていて剣のように見えるため、この名がついた。また小型のものは丸みを帯びた体型のため、関東では一般的に「マルイカ」と呼ばれている。大型になると「ベンケイ」と呼ばれることもある。

肉食性で、稚イカの時期を除き、弱った魚などを食べることが多い。甲殻類や小型のイカなどを食べる場合もある。

分布

本州、四国、九州の沿岸、伊豆－小笠原諸島、琉球列島に分布。

大きさ

胴の長さが最大で40cm前後。

釣期

3月から9月ごろまでで、最盛期は6～8月。

1	2	3	4	5	6	7	8	9	10	11	12

棲んでいる場所

春から夏にかけての産卵期には水深20～40mの内湾へ現れ、秋になると60～100mの深場に落ちる。

生活史

産卵期は4～10月と長く、南方ほど早い。200～400粒の卵が入った長さ10～20cmの卵嚢を砂底に数10個つみつける。約1ヵ月でふ化した稚イカは水深60～100mの海底付近でアミ類などの浮遊性甲殻類、小魚や小型のイカ類を食べて急速に成長し、ふ化後8ヵ月で胴の長さは20cmに達する。ただし成長には雌雄差があり、雌は最大でも30cm程度だが、雄は40cmを超える。寿命は1歳。

主な釣り方

初夏には磯や堤防から夜釣りでねらう。沖釣りでは、スッテと呼ばれるイカ用の擬似餌を複数本セットしたドウヅキ仕掛けで釣る。近年はメタルスッテを使う「イカメタル」ゲームも人気。

美味しい食べ方

アオリイカ、ヤリイカとともに高級なイカの部類に入る。刺し身、焼き物、煮付けなど、幅広い料理に合う。干物は最高級の「一番スルメ」として珍重される。

フィッシングチャート

ケンサキイカ（マルイカ）は、季節になると専門の乗合船が出る人気の釣りもの。釣ってよし、食べてよしのナイスなイカだ。

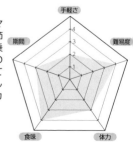

アオリイカ、ヤリイカと並ぶ高級イカをスッテでねらう

釣る

メタルスッテ

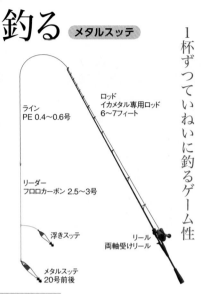

ロッド
イカメタル専用ロッド
6～7フィート

ライン
PE 0.4～0.6号

リーダー
フロロカーボン 2.5～3号

浮きスッテ

リール
両軸受けリール

メタルスッテ
20号前後

1杯ずつていねいに釣るゲーム性

直ブラ・スッテ

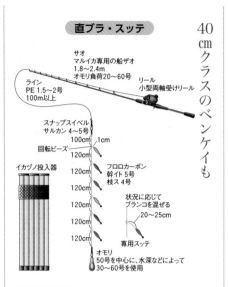

サオ
マルイカ専用の船ザオ
1.8～2.4m
オモリ負荷20～60号

リール
小型両軸受けリール

ライン
PE 1.5～2号
100m以上

スナップスイベル
サルカン 4～5号

回転ビーズ

100cm　1cm
120cm

イカヅノ投入器

フロロカーボン
幹イト5号
枝ス 4号

120cm
120cm

状況に応じて
ブランコを混ぜる
20～25cm

120cm

専用スッテ

120cm

オモリ
50号を中心に、水深などによって
30～60号を使用

40cmクラスのベンケイも

ワンポイント

漁具から進化したメタルスッテを用いて1パイずつ積極的に掛けていくスタイル。スッテを単体で操作する「一つスッテ」とリーダーに枝スを設けて浮きスッテや小さな餌木をセットする「ドロッパー」（小浜リグ）に分かれる。シングルは誘って掛けていく攻撃的な釣りで、ドロッパーはナチュラルに食わせる釣り。

エサ・擬似餌

スッテ。

ワンポイント

マルイカは関東地方の俗称であり、夏に伊豆や外房で掛かるアカイカと同種である。陸っぱりからはエギングやテーラのウキ釣りで釣ることができる。沖釣りではスッテを使ったドウヅキ仕掛けでねらう。食味だけではなく、その日の天候や潮色、活性に応じて、スッテの素材やカラーを変えて釣っていくゲーム性の高さも人気要素である。

エサ・擬似餌

スッテ。

メタルスッテと浮きスッテ。場所によってはメタルスッテの20号クラスが必要だが、浅場に回遊する時期は8～10号クラスでも勝負する。写真の右側はウキスッテ。下にメタル、上に浮きスッテとして2段式（ドロッパーリグ）でねらう

ライトタックルを使って1パイずつ釣りあげていくスタイルは、電動リールを使う大がかりな船イカの概念を大きく変え、幅広い層から支持を得ている

スッテは潮色や天候、イカのサイズを見て、布巻きかハダカかを選び、カラーをローテーションする。仕掛けもブランコのほか直ブラ、直結とあって、初心者でもバラしにくいのがブランコ仕掛けである

日が暮れて集魚灯に明かりが灯ると、タナが徐々に上ずり、最終的に海面から10mほどで釣れるようになる

食味が素晴らしいマルイカは女性にも大人気。テクニカルな釣趣も実に魅力的

 ⇒魚のさばき方は 589 頁へ

327

コショウダイ

分類	スズキ目スズキ亜目イサキ科コショウダイ属
学名	*Plectorhinchus cinctus*
別名	コロダイ（標準和名コロダイとの混称）、ヘダイ、エゴダイ

コショウダイは・・・

銀色の体色に暗灰色の太い斜めの帯が2本走り、体の後半部には名の由来となった小黒斑が散る。西日本に多い魚だったが、温暖化傾向の影響か、2000年代以降は東京湾や相模湾でも普通にみられる。

漢字

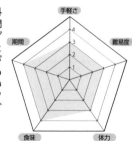

胡椒鯛

知る

分布

主に新潟県から九州南岸までの日本海・東シナ海沿岸（有明海を含む）、相模湾から屋久島までの太平洋沿岸、瀬戸内海に分布し、青森県から福島県までの太平洋沿岸に散発的に分布する。

大きさ

最大で60cmを超える。

釣期

4～12月に釣れ、8～9月の高水温期によく釣れる。

1	2	3	4	5	6	7	8	9	10	11	12

棲んでいる場所

浅海の岩礁域から砂底域に棲む。

生活史

産卵期は5～6月で、夏には全身真っ黒な2～3cmの稚魚が水深1m未満の砂浜域や汽水域に出現する。甲殻類やゴカイ類などの底生生物を食べて成長し、大型に育つと魚類も食べる。従来は西日本に多く関東ではなじみが薄い魚であったが、近年の温暖化傾向の影響か、2000年代以降は東京湾や相模湾でも普通にみられるようになった。

特徴

体型はタイ類に似て体高が高く側扁する。唇が厚く、銀色の体色に暗灰色の太い斜めの帯が2本走り、体の後半部には名の由来となった小黒斑が散る。

主な釣り方

堤防や磯からのウキ釣りでねらうが、ミャク釣りや投げ釣りでも釣れる。大型魚は夜釣りでよく釣れるほか、イシダイ釣りの外道としても顔を出す。エサはオキアミ、アオイソメなどだが、サザエやウチムラサキなどの貝類は大型ねらいの特エサである。

美味しい食べ方

旬は春から夏とされるが、産卵後を除けば周年味が落ちない。上質な白身で、刺し身にすると血合いが美しい。油との相性がよく、ムニエルやソテーは旨い。塩焼き、煮つけや汁物もいける。

フィッシングチャート

非常に特徴的な外見の魚だが、専門にねらうよりはゲストフィッシュとして釣れることが多い。比較的小型もよく、食味もよいので釣れたらアフターフィッシングも楽しもう。

手軽さ / 難易度 / 体力 / 食味 / 期間

釣る ブッコミ釣り

イシダイねらいのタックルでOK

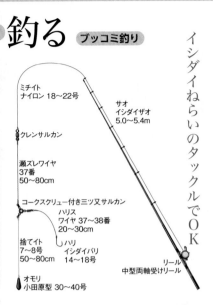

ミチイト
ナイロン 18〜22号

サオ
イシダイザオ
5.0〜5.4m

クレンサルカン

瀬ズレワイヤ
37番
50〜80cm

コークスクリュー付き三ツ又サルカン

ハリス
ワイヤ 37〜38番
20〜30cm

捨てイト
7〜8号
50〜80cm

ハリ
イシダイバリ
14〜18号

リール
中型両軸受けリール

オモリ
小田原型 30〜40号

ワンポイント

イシダイなどの底ものをねらっていて、掛かることがある。また、小さな個体は防波堤などでも釣れる。イシダイねらいのタックルやウキフカセ釣りなどでねらうことになるが、本命というよりは別の魚をねらっていて掛かることが多い。

エサ・擬似餌

オキアミ、アオイソメ、サザエなどの貝類。

イシダイなどの底もの釣りで掛かることがある魚。仕掛けは同じでもよい

エサはサザエなど

コマイ

分類	タラ目タラ科コマイ属
学名	*Eleginus graciris*
別名	カンカイ、カンギ、 ゴダッペ

コマイは・・・

北海道では庶民的な食材としてなじみ深い魚であり、釣りの対象魚としても身近なターゲット。顔はいかにもタラ類のそれである。冬季の氷結した汽水湖では穴釣りも楽しまれている。夜行性である。

漢字

氷下魚

知る

分布

北海道全沿岸、青森県から山口県までの日本海沿岸、青森県から宮城県までの太平洋沿岸に分布。

大きさ

最大で 50cm に達する。

釣期

周年釣れるが、4、5 月と 9 ～ 12 月が最盛期。

1	2	3	4	5	6	7	8	9	10	11	12

棲んでいる場所

水深 300m 以浅（通常は 100 ～ 150m）の沿岸に棲む。

生活史

産卵期は 1 ～ 3 月で、沿岸浅所の水温が氷点下近くにまで低下する場所で産卵する。2 歳までの成長は早く、1 歳で 18 ～ 20cm となり、2 歳 28cm に達して成熟・産卵する。産卵期には汽水湖にも出入りするが、長期間汽水湖に留まる個体群もある。夜行性で群れで行動し、オキアミ類などの浮遊性甲殻類や多毛類などの底生動物を食べる。

特徴

タラ類は互いによく似ているが、上顎が下顎より前に突出することでスケトウダラと区別され、側線有孔鱗が第 2 背ビレ直下まで連続する（マダラでは第 3 背ビレ直下まで連続する）こと、頭が小さく体型はやせ型であること、下顎のヒゲは短く眼径の半分以下（マダラでは眼径と同じか長い）ことでマダラと区別される。

主な釣り方

水深のある堤防ではサビキやチョイ投げ、砂浜からは本格的な投げ釣りでねらう。結氷した汽水湖では穴釣りも楽しめる。夜行性なのでタマヅメから夜釣りがよい。

美味しい食べ方

鮮魚で出回ることは少ないが、新鮮なものを食べればコマイの認識が変わるに違いない。旬は冬で、塩焼き、フライ、煮つけ、鍋物などにすると美味しい。数が釣れた際は干物にするとよい。

フィッシングチャート

市販の仕掛けもあり、陸っぱりから手軽にねらえるターゲット。夜釣りの際はサオ先ライトを忘れずに。

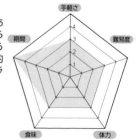

釣る

投げ釣り

より手軽に楽しむなら堤防から

ミチイト
ナイロン
4〜6号

投げザオ
4〜4.3m
25〜30号

チカライト
10〜12m

スナップサルカン

枝ス
ナイロン
4号 10cm

幹イト
ナイロン
8号 80cm

Yピン（絡み防止）

ハリ
丸セイゴ
11〜15号
2〜3本

オモリ
15〜25号

中型スピニングリール

ワンポイント

道南を除く北海道のほぼ全域で、主な釣り方の頁のとおり陸っぱりからねらうことができる。

エサ・擬似餌

アオイソメ、イワムシ。

北海道のコマイ釣り

12月、道央日本海の港で釣れた40cmオーバーの良型。夜は氷点下10℃を下回ったが、防寒対策もテクニックの1つ

投げ釣りの仕掛けは、カレイと共通のドウヅキタイプが主流だ

イソメでもよいが、特効エサとして知られるのはイワムシ。塩で締めると持ちがよくなる

冬の夜釣りでアタリを感知するのにサオ先ライトが欠かせない

氷上でも釣れる

オホーツク海側では、汽水域の氷上で文字どおりのコマイ（氷下魚）が釣れる場所もある。サオは一般的なワカサギ用でよいが、少し強めが安心だ

氷上で釣れた黄色味が強く、見るからに旨そうなコマイ。アベレージサイズは20〜30cmだが、40cm以上のオオマイも期待できる

ゴマサバ

分類	スズキ目サバ亜目サバ科サバ属
学名	*Scomber australasicus*
別名	マルサバ、ドンサバ、ウキサバ、ナンキンサバ

ゴマサバは・・・
マサバに似るが、体高が低く断面は円形に近いこと、腹側にゴマのような黒い斑点が入ることで区別可能とされているが、ゴマ模様は釣りたてでは浮き出ていないことが多い。背ビレの観察で確実な見分けが可能。

漢字

胡麻鯖

知る

分布
北海道南部から九州南岸までの近海、東シナ海に分布。

大きさ
よく釣れるものは 30 ～ 40cm 前後。最大で 50cm 程度になる。

釣期
回遊魚のため、群れがいれば一年中釣ることができる。

1	2	3	4	5	6	7	8	9	10	11	12

棲んでいる場所
沿岸の表層で大群を作って回遊している。

生活史
日本近海において生活圏を異にする太平洋系群と東シナ海系群の存在が知られている。太平洋系群は伊豆諸島から薩南海域で2～6月に産卵し、水温が高い年は三陸・道東まで回遊する。1歳で尾叉長 29.7cm、2歳で 32.4cm、3歳で 35.1cm、4歳で 38.9cm になる。東シナ海系群は東シナ海南部から台湾北部で1～5月に産卵し、九州西部、一部は日本海まで回遊する。成長は太平洋系群よりも遅い。肉食性で、動物プランクトンや小魚などを食べる。

特徴
青緑色の背中にサバ類独特の曲線模様が入っている。マサバに似るが、体高が低く断面は円形に近いこと（マサバの断面はやや平たい）、腹側にゴマのような黒い斑点が入ることで区別可能とされているが、ゴマ模様は釣りたてでは浮き出ていないことが多い。両種の確実な見分け方は第1背ビレ第1棘と第10棘間の距離（A）と、第1背ビレ第10棘と第2背ビレ起点のとの距離（B）を見る。ゴマサバでは A＜B、マサバでは A≧B である。この識別法は尾叉長数 cm の幼魚でも有効である。また、マサバよりも脂肪が少ない一方、年間を通してあまり味が落ちない。

主な釣り方
群れが接岸している時は、サビキ釣りやルアー釣りなどで岸からもねらえる。一般的には沖釣りで、専門にねらうこともあるが、外道やエサ取り扱いされることも多い。

美味しい食べ方
旬は冬。寒い時期にはよく脂が乗っている。釣ってすぐ締めたものは刺し身でも食べられるが、中毒の恐れもあるのでシメサバが安心。ほかに塩焼き、味噌煮、空揚げなど。

フィッシングチャート
沖釣りでは掛かるとよく走り回り周囲の人とオマツリして迷惑がられることも多いが、食味はよい。陸っぱりではルアーの好ターゲットでもある。

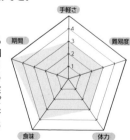

釣る

カゴ釣り

オマツリに注意

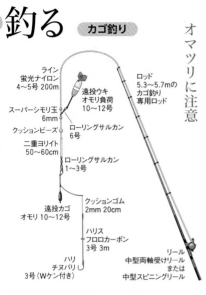

ライン
蛍光ナイロン
4〜5号 200m

スーパーシモリ玉
6mm

クッションビーズ

二重ヨリトレ
50〜60cm

ローリングサルカン
1〜3号

遠投ウキ
オモリ負荷
10〜12号

ローリングサルカン
6号

遠投カゴ
オモリ 10〜12号

クッションゴム
2mm 20cm

ハリス
フロロカーボン
3号 3m

ハリ
チヌバリ
3号（Wケン付き）

ロッド
5.3〜5.7mの
カゴ釣り
専用ロッド

リール
中型両軸受けリール
または
中型スピニングリール

ワンポイント

陸っぱりで良型をねらうなら、カゴ釣りやルアーが有効。小サバなら堤防などのサビキでねらえる。普通、釣れるサバにはゴマサバとマサバの2種があり、どちらかというとマサバのほうが喜ばれる。ただし夏場のゴマサバはほどよく脂が乗り味はよい。リリースするのはもったいない。よく走るので隣とのオマツリの原因にもなるが、それだけ引き味もよい。

エサ・擬似餌

オキアミ、アミエビ。

夏から秋の回遊魚として人気のゴマサバ。マサバは夏になると味が落ちるが、ゴマサバは夏でも美味しい。東京近郊の沿岸部にも回遊し、ゴマサバとマサバが混じる釣り場もある

ヒット後は激しい疾走を見せる。ゴリ巻きしてフィニッシュは抜き上げる。回遊中は手返し勝負。一本釣りにも似たダイナミックな釣趣がある

エサ取りに強いカブラ。またオキアミへの反応が悪い時にもよい

テンビン付きの遠投カゴに発泡の遠投カゴウキ。トップにはウイング、足にはスイベルが付いているのはイトヨレを防ぎ飛距離と海面に漂っている時の安定性を出すため。これがズボッと海中に消し込んだ瞬間がたまらない

こんな釣り公園でも回遊する。写真は横須賀海辺つり公園

釣れたサバはサバ折りにして血をすばやく抜き、潮氷で締めると美味しくいただける

 ⇒魚のさばき方は 591 頁へ

コロダイ

分類	スズキ目スズキ亜目イサキ科コロダイ属
学名	*Diagramma pictus*
別名	カイグレ、マチマワリ、カワコデ、カクレ、コノミ

コロダイは・・・
体型はタイ類に似て体高が高く側扁する。成魚は、銀色の体色で背面はやや黒く、体側面と各ヒレには瞳孔より小さなオレンジ色の斑紋がちりばめられ、斑紋は腹にかけて細かくなる。

漢字

胡盧鯛

知る

分布

主に茨城県から九州南西岸までの太平洋・東シナ海沿岸、瀬戸内海、伊豆ー小笠原諸島、琉球列島に分布し、佐渡から九州北岸までの日本海に散発的に分布。

大きさ

最大で80cmに達する。

釣期

6～12月に釣れ、7～9月の高水温期によく釣れる。

1	2	3	4	5	6	7	8	9	10	11	12

棲んでいる場所

浅い岩礁域から砂底域、サンゴ礁域に棲む。

生活史

沖縄における産卵期は6～8月。本州太平洋岸においてはやや遅れて産卵すると考えられ、8～10月に稚魚が浅い岩礁帯周辺に出現する。甲殻類やゴカイ類などの底生生物を食べて成長し、大型に育つと魚類も食べる。成長に関する知見は乏しいが、稚魚と成魚との中間的な色斑をもつ30cm前後までが未成魚で、2歳までに相当すると考えられる。分布の中心は南西日本だが、近年の温暖化傾向で2000年代以降は関東沿岸でも未成魚まではよくみられる。未成魚までは日中に活動するが、成魚になると日中は岩棚や巨石の間隙などにひそんでいることが多く、老成すると夜行性を強めるものと推察される。

特徴

体型はタイ類に似て体高が高く側扁する。よく似た体型でともに大型となるコショウダイ属（日本産11種）とは、背ビレ棘数が9～10本と少ないことで（コショウダイ属は11本以上）区別できる。体型と色斑は成長に伴って大きく変化する。成魚は、銀色の体色で背面はやや黒く、体側面と各ヒレには瞳孔より小さなオレンジ色の斑紋がちりばめられ、斑紋は腹にかけて細かくなる。稚魚は体型がやや細長くて後頭部が隆起し、尾ビレと背ビレ始部が伸長する。体色は鮮やかな黄色と幅広い黒色縦帯のコントラストが美しく、観賞魚にもなる。

主な釣り方

知る人ぞ知るサーフキャスティングの超大型ターゲットである。根が点在する砂地に仕掛けを投入することから、根掛かりを回避するために浮き上がりが早いテンビン一体型のオモリを使用、根を直撃する場合には捨てオモリ式にするのも手。魚を掛けたらやり取りは考えず、根に走られないようがむしゃらに巻き上げるのみ。大ものをねらうなら夜釣りに分がある。エサはイワイソメやユムシが無難で、イカタンや魚の身エサもよい。

美味しい食べ方

旬は秋から初夏で、大型ほど味がよい。しっかりとした身質で鮮度落ちも遅く、刺し身にすると透明感のある白身と血合いのコントラストが美しい。熱を通すと身はやや締まるが、塩焼きは皮目に味わいがあり、マース煮（沖縄地方の塩味の煮付け）でも皮が旨い。油との相性がよく、ムニエルやソテーにも向く。

フィッシングチャート

堤防などからも手軽にねらえるが、ハリ掛かりすると猛烈なファイトで抗う。

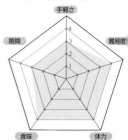

釣る ブッコミ釣り

大ものねらいは夜釣りに分あり

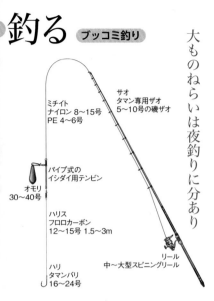

ミチイト
ナイロン 8～15号
PE 4～6号

サオ
タマン専用ザオ
5～10号の磯ザオ

パイプ式の
イシダイ用テンビン

オモリ
30～40号

ハリス
フロロカーボン
12～15号 1.5～3m

リール
中～大型スピニングリール

ハリ
タマンバリ
16～24号

ワンポイント

クロダイやメジナ釣りのゲストで掛かると、突然大きなアタリとともに軽々とハリスを切っていく怪力の持ち主。したがって、主な釣り方の項のとおり強力なタックルで臨み、魚を掛けたら力勝負で巻き取る。

エサ・擬似餌

イワイソメ、ユムシ、イカタン、魚の身エサ、冷凍エビ。

意外と手軽な釣り場でねらえるため人気が高い

エサは冷凍エビや冷凍の小さなイカ。イワイソメと組み合わせてもよい

名前はコロダイとかわいいが、引きは強烈

不意に大型がきてもいいように、尻手ロープは必ずつけておくこと

ゴンズイ

分類	ナマズ目ゴンズイ科ゴンズイ属
学名	*Plotosus japonicus*
別名	ウミナマズ、ギギ、ウグ、ゴンジ、ゴンゼ

ゴンズイは・・・
見た目は愛嬌があるが、胸ビレと背ビレのトゲに毒があるので取り扱いに注意。死んだあとも毒性は消えず、刺されると激痛が走る。持ち帰らない場合も、陸上に捨てたりしてはならない。球状に密集することがあり、「ゴンズイ玉」と呼ぶ。

漢字

権瑞

知る

分布

房総半島南岸から九州南西岸までの太平洋・九州西岸の東シナ海沿岸に分布。日本海沿岸のものについては詳しく調べられていない。

大きさ

大きなものでは 20cm を超える。

釣期

専門にねらう人は少ないが初夏〜秋ごろによく釣れる。

1	2	3	4	5	6	7	8	9	10	11	12

棲んでいる場所

沿岸の浅所の岩礁帯や藻場に棲む。

生活史

産卵期は 6 〜 8月で、雄が円形の浅い産卵床を作り、その中に雌を招き入れて産卵させる。幼魚は秋にアマモ場や転石帯に大群で出現する。若魚は海中ではフェロモンを出して群れをなし、ボール状に密集しているので、これを「ゴンズイ玉」と呼ぶ。成魚は夜行性となり、日中はゴロタ石やテトラなどの隙間に隠れている。堤防で夜釣りをしていると外道で釣れることが多い。

特徴

ゴンズイは従来1種とみなされていたが、2008年に主に本州から九州に分布するものと主に琉球列島に分布するものが区別された。前者は新種で新たな学名が付与されたが、混乱を避けるために標準和名はゴンズイが継承された。後者には新標準和名ミナミゴンズイが付与され従来のゴンズイの学名が継承された。

胸ビレと背ビレのトゲに毒があるため、釣りあげたら扱いに注意。死んだあとも毒性は消えず、刺されると激痛が走る。持ち帰らない場合は、陸上に捨ててはならない。

主な釣り方

堤防や砂浜での投げ釣り（夜釣り）などで釣れる。専門にねらう人はほとんどいない。

美味しい食べ方

毒のトゲにさえ注意すれば、実は美味しい魚。一般的にはあまり食べられていないが、房総半島では味噌汁の具にする。蒲焼や柳川鍋にも合う。

フィッシングチャート

釣りの対象魚としては外道であり、トゲには毒があるので取り扱いに注意を要するが、きちんと処理をすれば食用にもなる。粗末に扱わないようにしたい。

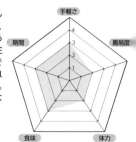

サカタザメ

分類	サカタザメ目サカタザメ科サカタザメ属
学名	*Rhinobatos schlegelii*
別名	ハンブシ、イタホトケ、イハイザメ、ケイメ、ケンサキ、スキ、コチケエメン、コト、トキワサメ、テンガイザメ、トウバザメ、ノソ

サカタザメは・・・

名前にサメとあるが、実は鰓孔が体の腹面にあるエイの仲間。スペードの様な独特の形をした体前半部をもつ。底魚やフグをねらったボート釣り・沖釣りのゲストとして顔を出すことがある。全長は 1m に達する。

沖

漢字

坂田鮫

知る

分布

新潟県から九州南岸までの日本海・東シナ海沿岸、茨城県から九州南岸までの太平洋沿岸、八丈島、瀬戸内海、沖縄諸島、東シナ海中部以南の大陸棚縁辺から斜面域に分布。

大きさ

全長 1m に達する。

釣期

専門にねらうことはない。釣れる頻度は少ないが周年にわたって釣れる。

1	2	3	4	5	6	7	8	9	10	11	12

棲んでいる場所

水深 20 ～ 230m の砂泥域に棲む。

生活史

胎仔は出生まで卵黄だけで成長する非胎盤型で、胎仔は体を折り曲げて頭部を母体の総排泄孔に向けて 2 ～ 7 個体が並ぶ。卵黄は「へその緒」のような卵黄柄で胎仔の頭部後端の腹面とつながる。6 ～ 10 月に 17cm 以上に育った稚魚を産む。普段は海底に定位して浅く砂をかぶっていることが多く、目の前を通りかかった魚類、頭足類、エビ類などを丸呑みにする。夜間の生態知見は少ないが、海底スレスレを遊泳する様子が観察されており、夜行性が強いと考えられている。成長や成熟年齢については詳しく分かっていないが、雌は雄よりも大型になる。

特徴

サメと名がつくが、鰓孔が体の腹面にあるエイの仲間で、スペードのような独特の形をした体前半部をもつ。日本産のサカタザメ科魚類は 1 属 3 種のみ。同属の他種とは、第 1 背ビレと第 2 背ビレがよく離れることでミナミサカタザメ（ミナミサカタザメでは互いのヒレは近接する）と区別され、コモンサカタザメとは背面が一様に褐色で、吻はよく尖りその腹面に褐色域がある（コモンサカタザメは背面に輪状斑紋があり、吻は適度に尖りその腹面に褐色域がない）ことで区別される。

主な釣り方

底魚やフグをねらったボート釣り・沖釣りのゲストとして顔を出すことがある。引きは強くないが 1m 近いヘビー級なので、中深場用ロッドに中大型電動リールの組み合わせで、ドウヅキ 1 本バリ仕掛けでベタ底をねらう。ハリスはフロロカーボン 12 号以上、ハリはムツ・ネムリ型 16 号以上。エサはサバなどの身エサの短冊やイカタンなど。

美味しい食べ方

鮮度のよいものは軟骨魚類に特有のアンモニア臭がほとんどなく、なかなかに旨い。一般的なエイ類の食べ方に準じ、煮つけや煮こごりで美味。特にヒレはフカヒレとして中華料理に用いられる。旬は不明。

フィッシングチャート

釣るのが難しいというよりは釣れることが少ない魚といったほうがよいかもしれない。アンモニア臭がほとんどないことから、釣れたら積極的に調理して食べてみるのもよいだろう。

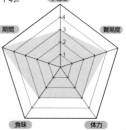

サクラダイ

沖

分類	スズキ目スズキ亜目ハタ科サクラダイ属
学名	*Sacura margaritacea*
別名	オウゴンサクラダイ、キンギョ、ウミキンギョ、オタマウオ、オタマコロシ

サクラダイは・・・

日本固有種にして属名にサクラを名乗る。海外の水族館やアクアリストから「ザ、ニッポン」と賞賛される美しい小魚。釣り人からは見向きもされないが、国外では高い人気を誇る。

漢字

桜鯛

知る

分布

主に茨城県、相模湾から宮崎県までの太平洋沿岸、鹿児島県笠沙、鹿児島湾、伊豆−小笠原諸島に分布し、兵庫県香住から九州北西岸までの日本海・東シナ海沿岸に散発的に分布する。

大きさ

雄は最大で 20cm、雌は最大で 17cm になる。

釣期

ねらって釣ることはないが、4〜12月によく釣れる。

1	2	3	4	5	6	7	8	9	10	11	12

棲んでいる場所

水深 10 〜 110m の沿岸の岩礁域に棲む。

生活史

雌性先熟型の性転換を行い、産卵期は 8 〜 11 月で、雄 1 個体と雌 3 〜 10 個体を 1 単位とする繁殖グループを形成する。雄はジグザグに泳いで雌に求愛し、雌が応じると連れ立って上方にダッシュで泳ぎ上がり、反転と同時に放卵・放精する。起伏が大きくて潮通しがよい岩礁や人工魚礁には多数の繁殖グループが集まって、数 100 個体もの大群を形成する。群れは潮上を向いて流れて来る動物プランクトンや小型甲殻類を食べる。寿命は 5 歳前後と考えられている。

特徴

日本固有種にして属名にサクラを名乗る。海外の水族館やア

クアリストから「ザ・ニッポン」と賞賛される美しい小魚。釣り人からは見向きもされないが、国外では高い人気を誇る。背ビレ第 2 〜 4 軟条のうち 1 〜 3 本が糸状に伸長し、尾ビレは深い湾入型で上下先端は伸長する。雌雄で体色が異なり、かつて雌は別種とされてオウゴンサクラダイと名づけられていた。雄は赤い体に 2 〜 3 列の白斑が散り、雌の体は一様に濃いオレンジ色で背ビレ棘条部後半に大きな黒色斑をもつ。また、雄の背ビレ第 3 棘は糸状に伸びる。大変に美しい学名をもつ魚の 1 つで、前述のとおり属名は桜、真珠を意味する種名は雄の体側にちりばめられた白斑にちなむ。

主な釣り方

船やボートのアジ、カワハギ、コマセダイ釣りのゲストでしばしば釣れる。専門にねらう場合は、ポイント選びが重要。岩礁や人工魚礁の潮上に大群がいるので、ポイントをねらえる位置にアンカリングする。仕掛けは小アジ用のサビキ仕掛けやテンビン仕掛けを流用し、フロロカーボン 1 前後のハリスにチヌバリ 3 号を結ぶ。寄せエサは有効で、群れに当たれば数が釣れる。

美味しい食べ方

食用魚として認知されていないが、白身でクセはなく美味しい。刺し身では歩留まりが悪いが、独特の旨味が感じられる。塩焼きは美味で、開き干しにしてから焼くと旨味が増す。

フィッシングチャート

釣り味というほどのものはないが、出会ったときはその美しさを鑑賞したい。

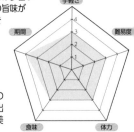

ササノハベラ

分類	スズキ目スズキ亜目ベラ科ササノハベラ属
学名	*Pseudolabrus sieboldi*（標準和名ホシササノハベラ） *Pseudolabrus eoethinus*（標準和名アカササノハベラ）
別名	イソベラ、アカベラ、ヒョウタンギザミ

ササノハベラは・・・
従来ササノハベラとされた種は、1997年にホシササノハベラとアカササノハベラの2種に分かれた。

漢字
笹の葉倍良

知る

分布
ホシササノハベラ：津軽海峡から九州西岸までの日本海・東シナ海沿岸、房総半島から屋久島までの太平洋沿岸、伊豆諸島、瀬戸内海に分布。アカササノハベラ：房総半島から屋久島までの太平洋沿岸、伊豆－小笠原諸島、沖縄島に分布。

大きさ
アカササノハベラの方が大型になり、最大で29cmになる。

釣期
ねらって釣ることはないが、4～12月によく釣れる。

1	2	3	4	5	6	7	8	9	10	11	12

棲んでいる場所
水深50m以浅の岩礁域に棲む。アカササノハベラの方がやや深場を好む。

生活史
産卵期は夏～秋で、ナワバリを持った雄がハーレムを形成する。小さな個体は全て雌で、雄がいなくなるとハーレム内の大型で優位な雌が性転換して雄になる。多くのベラの仲間は雌性先熟型（雌から雄へ）の性転換を行い、アカササノハベラはこのパターンであると考えられている。ところがホシササノハベラでは、状況に応じて雌→雄→雌と性転換を繰り返す興味深い現象が確認されている。
肉食性で、小型の甲殻類、貝類、多毛類などの底生動物を食べる。昼間に活動し夜は眠るほか、低水温期に は砂に潜って冬眠する。また、ホシササノハベラは内湾に、アカササノハベラは外洋に分布する傾向がある。

特徴
従来ササノハベラとされた種は、1997年にホシササノハベラとアカササノハベラの2種に分かれた。両者の区別点は次の2点。眼下縁から始まる暗色縦線が、前者では直走して胸ビレ基部に達しないのに対し、後者では下方にカーブして胸ビレ基部に達すること。成魚の体側は、前者では背部に白色斑があるのに対して後者では明瞭な白斑がないこと。また、両種ともに雌雄で体色が異なり、前者の雌は背ビレと臀ビレが黄色く、後者の雄の体色は前半が黄色系、後半が赤色系に染め分けられる。

主な釣り方
防波堤や磯からの小もの釣りの定番外道。チョイ投げやウキ釣りで釣れる。沖釣りやボート釣りでもカワハギやシロギスの外道として登場する。エサはオキアミ、アオイソメ、アサリなど。

美味しい食べ方
透明感がある白身だがやや水っぽい。皮目に味わいがあるので、刺し身では皮霜造りにするとよく、煮つけでは素焼きしたものを煮るとよい。三枚におろしたフライもお薦め。

フィッシングチャート
防波堤や磯、沖釣りでも底ねらいの対象魚の外道。釣り味としては特筆すべき点はない。

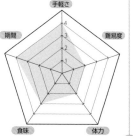

サッパ

分類	ニシン目ニシン科サッパ属
学名	*Sardinella zunasi*
別名	ママカリ、キイワシ、ハラカタ

サッパは・・・

体は著しく側扁して特に腹は薄い。体側は銀白色に輝き、背面は暗青緑色。関東では粗末に扱われることが多いが、瀬戸内海では堤防釣りの人気魚種。岡山県名物のママカリは本種である。

漢字

鯯

知る

分布

北海道から九州南岸までの日本海・東シナ海・太平洋沿岸、瀬戸内海に分布する。

大きさ

最大で 20cm に達する。

釣期

通年釣れるが、群れが沿岸に回遊する 5 ～ 11 月が最盛期。

1	2	3	4	5	6	7	8	9	10	11	12

棲んでいる場所

内湾の浅い砂泥域や港湾域の表・中層を群れで遊泳する。

生活史

産卵期は 4 ～ 9 月で南の海域ほど早い。浅海域で夜間に産卵する。孵化した仔魚は透明なシラスで、マイワシやコノシロのシラスと酷似している。動物プランクトンを食べて成長し、幼魚や未成魚はときに汽水域にも侵入する。1 歳で成熟し、寿命は 4 歳。

特徴

体は著しく側扁して特に腹は薄く、腹縁には稜鱗という中央部が鋭角に曲がった鱗が並ぶ。体側は銀白色に輝き、背面は暗青緑色。腹ビレは 8 軟条で、臀ビレの最後の 2 軟条は伸長する。

主な釣り方

関東では釣れても粗末に扱われることが多いが、瀬戸内海では堤防釣りの人気ターゲット。初心者でもサビキで数釣りが楽しめる。アミなどの寄せエサを撒いて寄せるのが一般的だが、アミをハリにこすりつけるスピード仕掛けでは寄せエサを撒かなくても釣れる。

美味しい食べ方

岡山県名物のママカリは本種である。酢締めが定番だが、塩焼きやから揚げも旨い。ただし、内湾に定住しているので、釣れた場所によっては油臭さが気になることがある。

フィッシングチャート

手軽な海釣りターゲット代表格の 1 つで、食べても美味しいのがうれしい。ただし群れがいなければ何ともならないので、その見極めが何よりも大事になる。

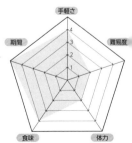

釣る

サビキ釣り

事前に群れの情報収集を

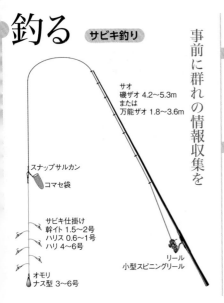

サオ
磯ザオ 4.2〜5.3m
または
万能ザオ 1.8〜3.6m

スナップサルカン

コマセ袋

サビキ仕掛け
幹イト 1.5〜2号
ハリス 0.6〜1号
ハリ 4〜6号

オモリ
ナス型 3〜6号

リール
小型スピニングリール

ワンポイント

防波堤や釣り公園からサビキ仕掛けでお手軽にねらえるターゲット。ファミリーフィッシングにぴったりだ。ただし、群れが寄っているかどうかが最重要であるため、釣行前に近くの釣具店や釣り公園に問い合わせておきたい。群れに当たればクーラー満杯になることも珍しくない。

エサ・擬似餌

アミエビ、バケ（擬似餌）、スキン（擬似餌）。

サビキ釣りは身近な港の堤防や海釣り施設で楽しめる

サビキ仕掛けにセットされる寄せエサ用コマセ袋やオモリ付きのコマセカゴ。コマセ袋（右2つ）の場合は、仕掛けの上部にセットし、下部にはナス型オモリを取り付ける。オモリが一体になったコマセカゴ（左）の場合は、これ1つを仕掛けの下部にセットすればOKだ

MARUKYU

サヨリ

分類	ダツ目トビウオ亜目サヨリ科サヨリ属
学名	*Hyporhamphus sajori*
別名	カンヌキ（大型）、エンピツ（小型）

サヨリは・・・

口の先が尖り、特に下顎が前方に突き出し頭長よりも長く伸びる。下顎の先端は朱色で、鮮度が落ちるとその鮮やかさが失せる。群れで表層を泳ぎながら、動物プランクトンや藻の切れ端などを食べている。

漢字

細魚

知る

域には侵入しない。

分布

北海道全沿岸、津軽海峡から九州南岸までの日本海・東シナ海沿岸、津軽海峡から土佐湾までの太平洋沿岸、瀬戸内海に分布。

大きさ

最大 35 〜 40cm。

釣期

30cm を超えるような大型をねらうなら 11 〜翌 3 月。夏〜秋にも、エンピツサイズと呼ばれる小型の群れがねらえる地域もある。

1	2	3	4	5	6	7	8	9	10	11	12

棲んでいる場所

沿岸の表層を群泳している。場所によって毎年の回遊の有無がはっきり分かれるので、釣りをするなら実績のあるポイントを選ぶといい。

生活史

春から夏にかけて、アマモ・ホンダワラ類などの藻場や流れ藻に集まって産卵し、海藻などに卵膜の糸で絡みつけて卵を産みつける。産卵親魚の雄は 26 〜 29cm、雌は 31 〜 36cm。ふ化した仔魚は 2 〜 3cm になると下顎が伸びはじめ、10cm 前後で成魚とほぼ同じ体型になる。雄は早いもので 1 歳の 25cm で成熟、雌は 2 歳で 32cm に達して成熟する。寿命は 2 年程度と考えられている。群れで水面直下を遊泳し、汽水域にも入るが淡水

特徴

口の先が尖っており、特に下顎が前方に突き出して、頭長よりも長く伸びている。また、下顎の先端が朱色に彩られるが、鮮度が落ちるとその鮮やかさが失せる。腹の内側（腹壁）が黒い。群れで表層を泳ぎながら、動物プランクトンや藻の切れ端、ときには水面に落ちた昆虫などを食べている。

主な釣り方

群れが接岸していれば、磯や堤防からノベザオで簡単な仕掛けのウキ釣りでねらえる。ほかにはリールザオを使ったウキフカセ釣りなど。エサにはオキアミやハンペンを使う。

美味しい食べ方

淡白な白身だが、ほどよく脂が乗っている。刺し身、塩焼き、干物など。すし種としても人気がある。

フィッシングチャート

寿司ネタでもおなじみのサヨリの釣りは冬の風物詩。水コマセという独特の寄せエサを使い、浅いタナで釣ることなど、特徴的な釣趣があり根強いファンも多い。

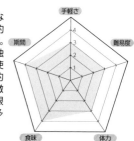

冬に熱いサーフェイスゲーム

釣る ウキ釣り

水コマセで沖から寄せる

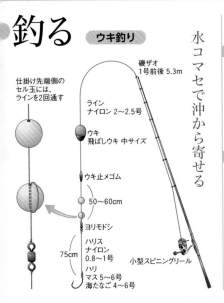

仕掛け先端側の
セル玉には、
ラインを2回通す

磯ザオ
1号前後 5.3m

ライン
ナイロン 2〜2.5号

ウキ
飛ばしウキ 中サイズ

ウキ止メゴム

50〜60cm

ヨリモドシ

ハリス
ナイロン
0.8〜1号

75cm

ハリ
マス 5〜6号
海たなご 4〜6号

小型スピニングリール

ワンポイント

接岸する時期に合わせて堤防からねらう。全長は平均して 20 〜 30cm。釣り方はアミブロックやイワシミンチを海水で薄めた水コマセを足もとから撒いて、仕掛けを投入する。サヨリは表層をねらうので、ウキ下は 20 〜 40cm ほど。20cm ほどの小型のサヨリであれば、ノベザオでも充分に楽しめる。大型は刺し身にすると美味しい。

エサ・擬似餌

オキアミ、アミエビ、ジャリメ。

飛ばしウキとアタリウキの組み合わせ。表層付近を回遊するのでウキ下は 1 〜 2m と浅くてよい

エサはオキアミをコンパクトに付けるのが一般的

水コマセである。イワシミンチの油を海面に利かせて魚を寄せる。四方八方に撒かずに足もとから撒いて寄せる

食べる

昆布締めの糸造り
サヨリといえば定番の刺し身。昆布締めにすることで、さらに旨味を引き出す

変わり味フライ
サヨリは洋風の味付けフライにしても非常に美味しい。特に子どもに喜ばれること間違いなし。

骨せんべい
釣った魚をムダにせず、何より手軽に作れて食べて美味しい

 ⇒魚のさばき方は 593 頁へ

サワラ

分類	スズキ目サバ亜目サバ科サワラ属
学名	*Scomberomorus niphonius*
別名	サゴチ、サゴシ、ヤナギ、ナギ

サワラは・・・
仔稚魚期から強い魚食性をもち、魚類の仔稚魚や小型甲殻類を食べる。以前は西日本に多かったが、近年の温暖化傾向を反映してか、関東・東北でも姿を見るようになった。漢字のとおり春が旬。

漢字

鰆

知る

分布
北海道南部から九州南岸までの日本海・東シナ海・太平洋沿岸、瀬戸内海、東シナ海大陸棚域に分布。

大きさ
最大で1.2mに達する。

釣期
周年釣れる。ただし、高水温期は内湾域、低水温期は内湾から外洋につながる水道域や外洋と、釣り場は季節により異なる。

1	2	3	4	5	6	7	8	9	10	11	12

棲んでいる場所
沿岸の表層を広く遊泳する。

生活史
産卵期は5～7月で、瀬戸内海などの内湾で径1.5～1.9mmの分離浮遊性卵を産む。受精卵は48～55時間で孵化する。仔稚魚期から強い魚食性をもち、魚類の仔稚魚や小型甲殻類を食べる。幼魚・未成魚はエサが豊富な内湾で晩秋まで過ごし、水温の低下に伴って暖かい水道域や外洋に出る。成長は速やかで、1歳で約50cm、2歳で70cm前後、3歳で80cm前後に達する。

特徴
サワラ属魚類は日本近海から5種が知られており、いずれも体はよく側扁して細長く、沿岸性が強く、極めて鋭い歯をもつ。本種は東アジアの固有種で、体高が非常に低いこと、体側に多くの暗色斑があること、第1背ビレが19～21棘であることで他の4種から区別することができる。瀬戸内海では、複数の県が共同した大規模なサワラの人工種苗生産・放流事業が展開され、計画どおりに資源の回復が図られた。

主な釣り方
以前は西日本に多かったが、近年の温暖化傾向を反映してか釣り場が拡大し、関東・東北エリアでも沖のルアー釣りで専門分野が確立されつつある。魚型のプラグ、メタルジグへの反応がよい。鋭い歯でラインを切られぬよう工夫が必要。

美味しい食べ方
漢字で「鰆」と書くように春が旬。身は柔らかくて傷みやすく、新鮮なものは透明感のある白身だがすぐに白濁する。釣りたての透明な刺し身が食べられるのは釣り人の特権である。西京漬けの焼き物が有名だが、これも傷みやすい身質に対応したもの。鮮度がよいものはシンプルな塩焼きが抜群に旨い。

フィッシングチャート
近年流行中のＳＬＪ（スーパーライトジギング）のターゲットとしても楽しまれている。食味のよさも広く知られるところだ。

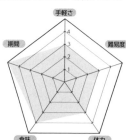

釣る ルアーフィッシング

中層より上ねらい

ロッド
6フィート前後
ルアーウエイト100〜120g
のライトジギング用

ライン
PE 0.8〜2.5号

PRノットなど

リーダー
40ポンド前後

歯で切られないように
80〜100ポンドを
接続するのも手

ルアー
メタルジグ
60〜150g

中型スピニングリール
または
小型の両軸受けリール

ワンポイント

青もの特有の強い引きを見せる、ソルトルアーの好敵手。メタルジグへの反応がよく、ほかにもシンキングペンシル、メタルバイブ、ジグヘッドリグなどが効果的。ねらうタナは中層から上が中心になる。

エサ・擬似餌

ルアー（メタルジグ、シンキングペンシル、メタルバイブ、ジグヘッド＋ワーム）。

沿岸部にもサゴシ（サワラ）は回遊。
マヅメ時がチャンス！

スピーディーなファイトを楽しませてくれる

サワラのオカッパリ用ルアー。シンキングペンシル、メタルバイブ、メタルジグ、ジグヘッドリグでも釣れる

シンキングペンシルに食いついたサゴシ

シイラ

分類	スズキ目スズキ亜目シイラ科シイラ属
学名	*Coryphaena hippurus*
別名	マンリキ、マンビキ、トウヒャク

シイラは・・・

体は細長く体高は頭部で最も高くなり、著しく側扁する。体色は、背部は濃青色で腹部は黄褐色で体側にブルーの小斑点が散在するが、釣りあげると刻々と変化する。

知る

分布

島嶼部や瀬戸内海を含む全国の沿岸域に分布。

大きさ

最大で2mに達する。

釣期

沖合からの暖水とともに沿岸域に来遊し、暖水の波及が顕著となる夏から秋が釣期となる。

1	2	3	4	5	6	7	8	9	10	11	12

棲んでいる場所

沿岸や沖合の表層に棲む。

生活史

産卵期は春～夏で、産卵は水温20℃以上の温帯から熱帯の沖合で行われる。産卵数は8～100万粒で、産卵期に数回産卵する。卵の直径は1.5mm前後で海面に浮き、2、3日で孵化する。成長は早く、1歳で40cm、2歳で約70cm、3歳で90cm、5歳で1m以上に達する。魚食性が強く、トビウオ類、イワシ類やイカ類を食べる。

特徴

体は細長く体高は頭部で最も高くなり、著しく側扁する。背ビレ基底は著しく長く、眼の上方から尾柄部まで連続する。生時の体色は、背部は濃青色で腹部は黄褐色で体側にブルーの小斑点が散在して大変に美しいが、体色は釣りあげると刻々と変化してくすんでしまう。

主な釣り方

ルアー釣りの人気ターゲットで主に沖釣りでねらうが、潮通しがよい沖磯や防波堤、時には地磯からもねらえる。エサ釣りでは活イワシを使った泳がせ釣りや一本釣りが面白い。ハリ掛かりすると、豪快なジャンプをみせて強烈な引きを楽しませてくれる。別名の「マンリキ」は、この引きの強さに由来する。

美味しい食べ方

身は淡いピンク色で、新鮮なものは刺し身で美味しい。淡白な味わいなので、ムニエルやフライなどの洋風料理に向き、小型魚は開いて干物にするとよい。

フィッシングチャート

船からねらうシイラのルアーフィッシングはシステムが確立されており、経験者と同船してアドバイスに従えば、ビギナーでも大興奮のゲームを楽しむことが可能だ。

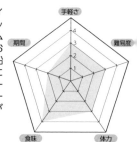

釣る

ルアーフィッシング

魚の活性に注意

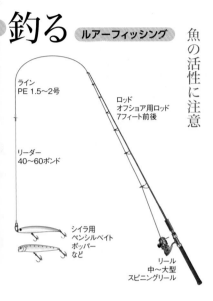

ライン
PE 1.5～2号

ロッド
オフショア用ロッド
7フィート前後

リーダー
40～60ポンド

シイラ用
ペンシルベイト
ポッパー
など

リール
中～大型
スピニングリール

ワンポイント

黒潮に乗って日本近海にやってくるターゲット。磯やオフショアからルアーフィッシングでねらうのが主流。ペンシルベイトやポッパーといった表層系のルアーをメインで使用するが、魚の活性が低い時はジグミノーやシンキングペンシルも有効。オフショアの場合、安全に考慮し、ルアーのカエシはすべて潰しておくこと。

エサ・擬似餌

ルアー（ペンシルベイト、ポッパー、ジグミノー、シンキングペンシル）。

ルアーは13cm前後のペンシルベイトやシンキングペンシル、ポッパーを中心に揃えるとよい

❶ 7ft台のオフショア専用ロッドに4000番クラスのスピニングリールを組み合わせる
❷スナップを使うとルアー交換が楽。90ポンドほどの強度のものを用意したい

ミヨシの人はシイラの群れやトリヤマが立っていないか、常に注意を払おう。チームプレーで釣っていくことが大事だ

ヒット後は派手なジャンプを見せ、ルアーから逃れようとする

シマアジ

分類	スズキ目スズキ亜目アジ科シマアジ属
学名	*Pseudocaranx dentex*
別名	コセアジ、コセ、ヒラアジ、ガツン、オオカミ（関東での老成魚の呼び名）

シマアジは・・・
群れを作って生活し、甲殻類や小魚を食べる肉食性。時には砂を掘ってエサを捕えることもある。

漢字

縞鯵

知る

特徴
体高があってよく側扁し、長い楕円形をしている。背中が青緑で腹は銀白色。若いうちは体の中央に黄色の縦線が走っているが、成長するにつれて消えていく。エラブタの上に黒い斑点がひとつあり、尾の近くにゼンゴと呼ばれる硬いウロコが並んでいる。日本周辺のシマアジとされている魚には、脊椎骨数が異なり遺伝的にも区別できる2種が含まれており、海外産を含めて分類学的な再検討が必要である。高嶺の花の超高級魚だったが、養殖技術が確立されて何とか手が届く存在になった。

主な釣り方
沖釣りでは寄せエサカゴをセットした片テンビン仕掛けで、オキアミのエサやカブラでねらう。離島などでは、磯からオキアミやイワシの身エサでねらうこともある。ルアー釣りも有効。ハリに掛かると強烈な引きを見せるが、唇が薄くて壊れやすいので取り込むのが難しい。

美味しい食べ方
アジのなかでも最高級の評価。刺し身を筆頭に、塩焼き、ムニエルなど。

分布
主に伊豆−小笠原諸島、九州西岸、千葉県から屋久島までの太平洋沿岸、沖縄島以南の琉球列島に分布し、新潟県から九州北岸までの日本海沿岸、青森県から茨城県までの太平洋沿岸に未成魚のみが散発的に分布する。

大きさ
約1m。120cmを超す個体も確認されている。

釣期
ほぼ周年で、7〜9月ごろの夏場がハイシーズン。

1	2	3	4	5	6	7	8	9	10	11	12

棲んでいる場所
沿岸の岩礁域から、水深200m前後までの底層に棲む。

生活史
産卵期は水温が20℃前後に落ちる時期で（小笠原父島では12〜翌2月）、分離浮性卵を産む。1歳で15cm前後170g（体重）、2歳で24㎝前後800g、3〜4歳で33〜37㎝前後2〜3kgに成長して成熟する。群れを作って生活し、甲殻類や小魚を食べる肉食性。時には砂を掘ってエサを捕えることもある。

フィッシングチャート
難易度、体力はオオカミねらいの場合で、堤防からカゴ釣りで小型を釣る場合は手軽さが増す。

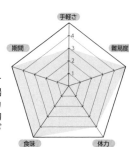

釣る **カゴ釣り**

潮通しのよい場所を選ぶ

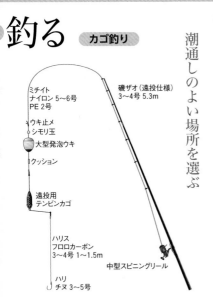

ミチイト
ナイロン 5〜6号
PE 2号

ウキ止メ
シモリ玉
大型発泡ウキ

クッション

遠投用
テンビンカゴ

磯ザオ（遠投仕様）
3〜4号 5.3m

ハリス
フロロカーボン
3〜4号 1〜1.5m

中型スピニングリール

ハリ
チヌ 3〜5号

ワンポイント

釣れるのは平均して 30 〜 60cm だが、10kg 超のオオカミと呼ばれる大型が食ってくることも。堤防からねらう場合、カゴ釣り仕掛けが一般的だ。シマアジが回遊するのは潮通しのよい堤防の先端など。ウキ下は 3 〜 10m を目安に調整し、ハリスは短めにして寄せエサのアミエビと同調しやすくしておく。

エサ・擬似餌

オキアミ。

三宅島の三本嶽でヒットしたシマアジ

❶大型のシマアジはカンパチなどと並んで外洋の沖釣りでねらえる人気のターゲット
❷大型のシマアジを指す「オオカミ」という別名。精悍な顔つきを見ればその名前も納得

❶朝マヅメはあらゆる回遊魚のチャンスタイム❷離島のカゴ釣り風景❸タナに届いたところで開くタイプのカゴ❹カゴを背負える発泡ウキ❺付けエサにボイルオキアミを使うとエサ取りに強い❻寄せエサもボイルオキアミ。沈みすぎずに漂うのでアピール度が高い

⇒魚のさばき方は 596 頁へ

シマガツオ

分類	スズキ目スズキ亜目シマガツオ科シマガツオ属
学名	*Brama japonica*
別名	エチオピア、オッペタンコ、テツビン

シマガツオは・・・

体は卵形で著しく側扁し、深く湾入した尾ビレをもつ。張り出した頭部と大きな眼が特徴。体色は全体に明るい銀色で、死後時間が経過すると黒ずむ。釣り人の間では別名のエチオピアのほうが通りがよい。

漢字

縞鰹

知る

分布

北海道から九州北岸までの日本海沖合、北海道から土佐湾までの太平洋沖合、伊豆一小笠原諸島、東シナ海大陸棚斜面上部域に分布。

大きさ

最大で 55cm になる。

釣期

群れが沿岸近くに回遊すると釣期となるが、その時期は年により様々。回遊がみられない年もある。

> 群れの回遊次第

棲んでいる場所

表層～水深 600m までに棲む。

生活史

仔稚魚は春季に日本近海に現れるが、生活史についてはよく分かっていない。成魚になると、日中は 150 ～ 400m に生息し、夜間は表層に浮上する。魚類、イカ類や遊泳性甲殻類を食べる。

特徴

体は卵形で著しく側扁し、深く湾入した尾ビレをもつ。張り出した頭部と大きな眼が特徴。体色は全体に明るい銀色で、死後時間が経過すると黒ずむ。釣り人の間では別名のエチオピアの通りがよい。このユニークな別名には諸説があるが、1930 年代後半、この魚の大漁に相模湾沿岸が湧いた折にエチオピアの皇族が来日して話題になったという説がある。

主な釣り方

沖釣りの中深場のターゲットで、ドウヅキ仕掛けで釣る。ハリ掛かりした後に海面まで続く激しいファイトが魅力で、近年はファイトをより楽しむためにディープジギングでねらう船が出てきた。

美味しい食べ方

まず、硬く細かい鱗を皮ごと引いてしまうのがコツ。身は淡白なので油を使った料理に向き、揚げ物やムニエルに向くほか、粕漬けも旨い。

フィッシングチャート

基本的には沖釣りの中深場外道だが、夏限定で専門に釣らせる船も少数ある。強烈な引きが続くことと、食味のよさが特徴だ。

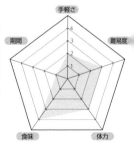

釣る

沖釣り

水中ライトでアピール

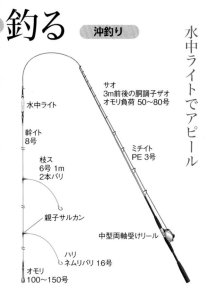

サオ
3m前後の胴調子ザオ
オモリ負荷 50〜80号

水中ライト

幹イト
8号

ミチイト
PE 3号

枝ス
6号 1m
2本バリ

親子サルカン

中型両軸受けリール

ハリ
ネムリバリ 16号

オモリ
100〜150号

ワンポイント

アカムツや、アジ釣りなどでも外道として混じるが、シマガツオを専門にねらう場合は、１００号以上のオモリで水深１５０ｍ以上の深場を釣ることが多くなることから電動リールの出番となる。

エサ・擬似餌

サバの切り身。

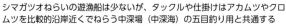

シマガツオねらいの遊漁船は少ないが、タックルや仕掛けはアカムツやクロムツを比較的沿岸近くでねらう中深場（中深海）の五目釣り用と共通する

シマゾイ

分類	スズキ目カサゴ亜目メバル科メバル属
学名	*Sebastes trivittatus*
別名	キゾイ、モンキゾイ、シマハチメ、シマソイ、マゾイ

シマゾイは・・・

最大の特徴は、体の上半部が暗色で背ビレ基底部と側線上にそれぞれクリーム色の縦帯が見られること。この2本の縦帯が名の由来となっている。体色が全体に黄色味を帯びることから、別名キゾイと呼ばれる。

縞曹以

知る

分布

北海道全沿岸、青森県から秋田県までの日本海沿岸、青森県から福島県までの太平洋沿岸に分布。

大きさ

最大で 35cm になる。

釣期

周年釣れるが、旬となる秋〜冬に盛期となる。

1	2	3	4	5	6	7	8	9	10	11	12

棲んでいる場所

水深 100m 以浅の岩礁域に棲む。

生活史

晩秋〜冬に交尾し、雌の体内で受精卵の発生が進み、春に仔魚を産むと考えられている。しかし、本種の幼期はほとんど知られておらず、その生態は未解明である。未成魚と成魚はともに比較的浅い岩礁域で定住生活し、藻場でもよくみられる。岩の隙間や海藻の陰に定位して、通りかかった魚類やエビ類などを待ち伏せして食べる。

特徴

最大の特徴は、体の上半部が暗色で背ビレ基底部と側線上にそれぞれクリーム色の縦帯が走ること

で、この2本の縦帯が名の由来となっている。多くのメバル類やソイ類は体型が似ているうえに色彩変異が大きくて同定が困難だが、本種はこの特徴から容易に見分けることができる。また、眼の下に顕著な小棘はなく、眼隔域がくぼみ、尾ビレ後縁は丸く、背ビレ棘数は 13 〜 14 本などの特徴をもつ。体色が全体に黄色味を帯びることから、別名キゾイと呼ばれる。

主な釣り方

ルアー釣りは、強めのバスタックルやロックフィッシュ専用タックルでねらう。エサ釣りでは、大きなイソメが効果を発揮する。

美味しい食べ方

旬は秋〜冬で、白身で血合いは比較的美しく、皮目に旨味がある。身は締まっており、熱を通すとより締まる。刺し身は焼霜造りや皮霜造りが旨い。頭や骨からよい出汁が出るので、ぶつ切りにして鍋物・味噌汁や潮汁にすると美味。塩焼きでは皮目が旨く、ソテーにすると塩焼きほど堅くならない。

フィッシングチャート

釣りそのものが難しいわけではないが、ソイの仲間の中では、ねらって釣れるほど数は多くない。まずは底をきっちりと取ることが大切。

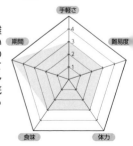

釣る ルアーフィッシング

積極的に動かしてアピール

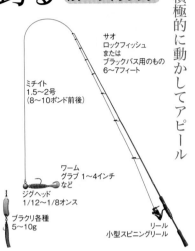

サオ
ロックフィッシュ
または
ブラックバス用のもの
6〜7フィート

ミチイト
1.5〜2号
(8〜10ポンド前後)

ワーム
グラブ 1〜4インチ
など

ジグヘッド
1/12〜1/8オンス

ブラクリ各種
5〜10g

リール
小型スピニングリール

ワンポイント

ルアー釣りは、磯や防波堤からの陸っぱりとボート釣りに分かれるが、ともに強めのバスタックルやロックフィッシュ専用タックルでねらう。ワームとジグヘッドの組み合わせで、ワームが海底直上を泳ぐようにアクションさせる。エサ釣りはオモリとハリが一体となったブラーやブラクリなどでエサを積極的に動かすとよい。

エサ・擬似餌

イソメ類 (エサ)、ルアー (ワーム、メタルジグ)。

北海道のシマゾイ釣り

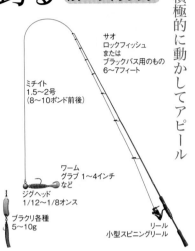

左から、シマゾイ、クロソイ、キツネメバル (地方名マゾイ)。北海道で釣れるメジャーなソイ類だが、一日に岸から3種をゲットするのはそう簡単ではない

良型のシマゾイは水深のある場所でヒット率が高い。岸からドン深の磯の先端部は好ポイント。重めのリグで勝負する

新緑の頃、美しい利尻富士を眺めながら利尻島の港で。この日は小型ながらシマゾイが数多くヒットした

底を取れさえすれば、ヒットさせるのは難しくない。少年でもご覧のとおり

ねらって釣れるほど多くはないとはいえ、船の五目釣りでも顔を見せることがある。インチクなど疑似餌にも好反応を示す

沖	ショウサイフグ	分類	フグ目フグ科トラフグ属

学名 *Takifugu snyderi*

別名 ナゴヤフグ、ゴマフグなど多数

ショウサイフグは・・・

背面は褐色で網目状の白色の模様があり、大型ほど密になる。胸ビレの近くの黒斑は不規則に分割し、個体によっては体の模様と同化して不明瞭となる。皮と内臓に毒があるため、調理をするには免許が必要。

漢字

潮際河豚

知る

分布

津軽海峡から九州北岸までの日本海沿岸、津軽海峡から九州南岸までの太平洋沿岸に分布。

大きさ

20 〜 30cm 前後を中心に、最大で約 40cm。

釣期

沖釣りが中心なので周年釣れるが、秋から春にかけてが最盛期。

1	2	3	4	5	6	7	8	9	10	11	12

棲んでいる場所

水深 100m より浅い沿岸部に生息。50m 前後までの砂底、岩礁周りの海底付近にいる。鹿島灘、外房、東京湾で数多く見られる。

生活史

産卵期は梅雨〜初夏にかけてで、水深 20m 以浅の砂泥底から砂礫底に沈性粘着卵を産む。ふ化仔魚は 2.1 〜 2.2mm、卵黄吸収時で 2.25 〜 2.60mm。稚幼魚は主に動物プランクトンを食べて成長するが、沿岸浅所には現れることはまれで幼期の生態は未解明である。5㎝を超えると海底付近で生活し、ヤドカリなどの甲殻類や小魚を中心に食べる。硬い二枚歯で噛み砕くほか、ハリに付いたエサはカワハギのように吸い込みながら上手に食べてしまう。

特徴

体の背面は褐色で網目状の白色の模様があり、この模様は大型ほど密になる。胸ビレ近くの黒斑は不規則に分割し、個体によっては体の模様と同化して不明瞭となる。近縁のマフグと同じく体表に小棘がないが、臀ビレは白く、尾ビレの下縁は白い。
東京方面では庶民的なフグとして知られ、釣りの対象としても人気。皮と内臓に毒があるため、調理をするには免許が必要。沖釣りでは混ざって掛かるほかのフグと判別する必要もあるため、船宿で下ごしらえをしてもらうのが前提。
近年の関東沿岸では、本種との交雑が疑われる雑種のフグが多く釣れるようになって問題視されている。雑種フグは有毒部位が不明なので一切食べることができない。温暖化傾向を背景として各種の分布域が拡大・オーバーラップしたためと考えられるが、今後の動静に注目したい。

主な釣り方

沖釣りで、エサを付けたドウヅキ仕掛けの下に「カットウバリ」と呼ばれる掛けバリをセットし、ここに引っ掛けるようにして釣る。オキアミやエビをエサにした食わせ釣りもある。

美味しい食べ方

まずは絶対に専門家にさばいてもらうこと。定番のふぐちりのほか、空揚げ、一夜干し、みそ汁などもいい。

フィッシングチャート

東京湾の沖釣りでは人気の釣りもの。釣ったフグは船宿でさばいてくれるので安心して持ち帰ることができる。近年はトラフグが混じることもあり、こちらをひそかに本命視する人もいるようだ。

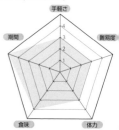

釣る

カットウ釣り

超美味ターゲットのアタリは繊細！

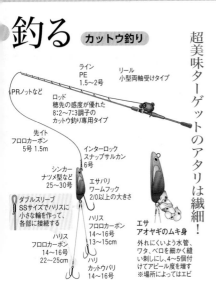

PRノットなど

ライン
PE
1.5〜2号

リール
小型両軸受けタイプ

ロッド
穂先の感度が優れた
8:2〜7:3調子の
カットウ釣り専用タイプ

先イト
フロロカーボン
5号 1.5m

インターロック
スナップサルカン
6号

シンカー
ナツメ型など
25〜30号

エサバリ
ワームフック
2/0以上の大きさ

ダブルスリーブ
SSサイズでハリスに
小さな輪を作って、
各部に接続する

ハリス
フロロカーボン
14〜16号
13〜15cm

エサ
アオヤギのムキ身
外れにくいよう水管、
ワタ、ベロを細かく縫
い刺しにし、4〜5個付
けてアピール度を増す
※場所によってはエビ

ハリス
フロロカーボン
14〜16号
22〜25cm

ハリ
カットウバリ
14〜16号

ワンポイント

冬場の沖釣りが人気で、食わせ釣りや、カットウ釣りでねらう。カットウ釣りのほうが一般的な釣り方として知られる。オモリの下のハリにアオヤギなどのムキ身をセットし、その下のカットウバリと呼ばれる鋭い3本バリで引っ掛けて釣る。微細なアタリを拾えないと釣果は伸びない。少しでも変化を感じたら積極的に合わせていくのが大切だ。

エサ・擬似餌

オキアミ、アオヤギ（カットウ釣り）。

東京湾のショウサイフグ釣り

東京湾のフグ釣りは、通称「湾フグ」といわれ人気の釣りもの。ショウサイフグが最もポピュラーだが、最近はアカメフグ（ヒガンフグ）やトラフグの人気も高い

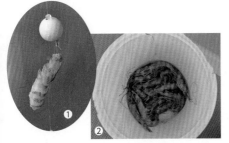

❶東京湾で使用されるエサはアルゼンチンアカエビが主流。カットウ仕掛けは、丸オモリの下にエビを掛ける大きなテンヤバリ、その下にフグを引っ掛けるためのカットウバリを配置した構造で、市販品もあるが自作する人も多い
❷エサのアルゼンチンアカエビは、船上で配られるものをカットして使う
❸アタリが少なくなったらエサを新鮮なものに付け替えるのも有効だ

エビの付け方

❶最初にエビの頭を外す。使うのは尾の身のみ

❷尾羽根と尻尾から3節分を残して殻を外す

❸尾羽根の根元を残して先端をハサミでカット

❹余分な脚もカットするとこの状態になる

❺尾羽根の根元のパイプ状になったところにハリ先を入れる

❻ハリのフトコロまで刺したら背側にハリ先を抜く

❼エビの身をハリの付け根までしっかり押し込んだら

❽ハリの向きを反転させてちょうど2節目と3節目の境に背側からハリ先を入れる

❾エビの身をハリの軸に対してまっすぐにセットすればOK

外房のショウサイフグ釣り

東京湾に比べてフグの数が多く、型もそろうことから人気なのが千葉県外房エリアのショウサイフグ釣り

釣り場はショウサイフグが群れを成す岩礁（根）周りが多い。外房では一般的にアオヤギを寄せエサにする

極先調子のカットウザオ。小型両軸受けリールとの組み合わせでカットウ仕掛けを軽快に操作しフグを掛け取る。専用ザオがない場合はカワハギ釣りのタックルでも釣れる

アオヤギの付け方

❶ショウサイフグはアオヤギのワタを食べに来る。まず黒いワタの中心にハリを刺し通し、そのまま硬いベロに通す
❷同じ作業を「ハリに刺せなくなるまで（ハリ軸がすっかり隠れるまで）」繰り返す。目安は3〜4個。釣っている最中にキモがかじられてなくなったら適宜追加。余ったベロは残してもよいが、ベロだけの状態ではフグが寄らず釣れない

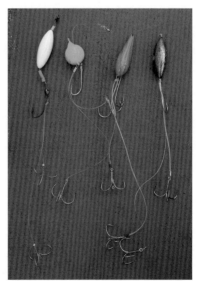

外房で使用されるカットウ仕掛けは、オモリ25〜30号の段差式2本イカリバリが主力だ。なお、釣ったフグは帰港後にフグ処理師免許を取得している船長がさばいてくれるので安心して食べられる

シリヤケイカ

分類	コウイカ目コウイカ科シリヤケイカ属
学名	*Sepiella japonica*
別名	ゴマイカ、マイカ、シリクサリ

コウイカ類は互いによく似るが、コウイカやカミナリイカにみられる甲の先端部の針状の突起がない。生時は黒褐色の胴の背面に多数の小白点が散る特徴的な体色から区別は容易である。

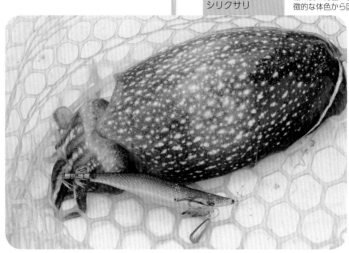

漢字

尻焼烏賊

知る

分布

青森県から九州南岸までの日本海・東シナ海・太平洋沿岸、瀬戸内海、東シナ海大陸棚域に分布。

大きさ

最大で胴長25cmになる。

釣期

周年釣れるが、5〜11月が最盛期。

1	2	3	4	5	6	7	8	9	10	11	12

棲んでいる場所

通常は水深10〜100mの砂泥底の底層に棲み、産卵期には水深20m以浅に移動する。

生活史

産卵期は4〜5月で、内湾の浅場に雌雄が集まって交接した後、雌が単独で産卵する。卵は長径11mm、短径8mmの先が尖った卵形でコウイカよりも小さく、海藻などに1粒ずつ産み付け墨を注入して黒く着色させてカムフラージュする。孵化後の稚イカは浅場で成長し、水温の低下とともに深場に移動する。春になると抱卵して再び浅場に現れ、1歳で産卵を終えると死亡する。甲殻類、軟体類や小型の魚類を捕食する。

特徴

コウイカ類は互いによく似るが、コウイカやカミナリイカにみられる甲の先端部の針状の突起がない。生時は黒褐色の胴の背面に多数の小白点が散る特徴的な体色から区別は容易である。胴の全周にわたるヒレの基部に白い線が走る。胴の腹面後端近くに尾腺が開口しており、そこから茶褐色の粘液を分泌し、胴の先端に焼けたような色がつくことからその名がついた。

主な釣り方

東京湾や大阪湾では数年おきに大発生し、好調な年には岸壁や海釣り公園に多くの釣り人が押し寄せる。陸からはエギングやコウイカ用スッテをセットしたドウヅキ仕掛けでねらう。そのような年には沖釣りで専門にねらう乗合船が出ることがあり、アオリイカと同様の餌木を使った中オモリ式のシャクリ釣りでねらう。

美味しい食べ方

旬は秋で、肉厚の身はコウイカに似るが甘みや旨みはやや少ないとされる。刺し身と天ぷらはとても美味しく、軽く湯引きをすると甘みが増す。

フィッシングチャート

大発生した年には、海釣り公園や堤防の足元でも手軽に楽しめるイカである。

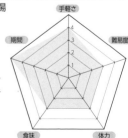

海釣り公園でも楽しめる手軽で人気のイカ

釣る **エギング**

回遊情報に注目

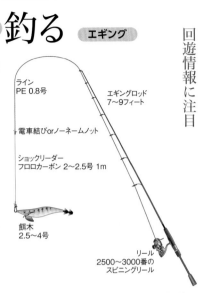

ライン
PE 0.8号

エギングロッド
7～9フィート

電車結びorノーネームノット

ショックリーダー
フロロカーボン 2～2.5号 1m

餌木
2.5～4号

リール
2500～3000番の
スピニングリール

ワンポイント

仕掛け図はキャストしてねらう通常のエギング用のもの。足元でも釣れる時は、コウイカ用スッテをセットしたドウヅキ仕掛けでねらってみたい。シリヤケイカの回遊の有無は海釣り公園のHPなどでチェックするとよい。

エサ・擬似餌

餌木、スッテ。

東京湾の海釣り施設ではゴールデンウイークころ釣れ盛るシリヤケイカ。子どもでも2ケタ釣果が夢ではない

エギングは広く探れる。餌木は3～4号

餌木にヒットしたシリヤケイカ

釣り公園の桟橋。その足もとで釣れる。回遊するとにぎわいは凄まじい

ダブルヒットの一幕

スッテ2～3本をドウヅキ式にセットしたスッテ仕掛けは初心者にもおすすめ

359

シロギス

分類	スズキ目スズキ亜目キス科キス属
学名	*Sillago japonica*
別名	キス、ヒジタタキ（大型）、ピンギス（小型）

シロギスは・・・

海釣りの代表的な人気魚種で、ハリに掛かると小気味よい引き味で楽しませてくれる。普段は海底のすぐ上を泳ぎながら、多毛類や甲殻類を食べる。エサは砂と一緒に吸い込むようにして食べる。

漢字

白鱚

知る

分布

北海道積丹半島から九州南岸までの日本海・東シナ海沿岸、北海道襟裳岬から九州南岸までの太平洋沿岸、瀬戸内海に分布。

大きさ

釣れるものは 20cm 前後が大半。最大で約 35cm。

釣期

3 ～ 12 月ごろ。

1	2	3	4	5	6	7	8	9	10	11	12

棲んでいる場所

内湾や沿岸部の砂底に生息。岩礁の周辺や、海底に変化のある箇所に多い。きれいな水を好む傾向がある。

生活史

産卵期は 6 ～ 9 月で、この前後には産卵のために水深 10m 前後の浅場に集まってくる（乗っ込み）。多回産卵魚であり、分離浮性卵を 3 ～ 7 日おきに何度も産む。5 ～ 45㎜の稚魚は晩秋まで砕波帯やごく浅い砂浜域に現れる。1 歳で 10㎝、2 歳で 13.5㎝、3 歳で 16.0㎝、4 歳で 17.5㎝になり、2 歳以上で成熟する。春～秋は水深 20m 以浅に主に生息し、冬場はやや深い場所に移動する季節的な浅深移動をする。

特徴

日本にはキス科魚類が 4 種分布している。本種は、体側に明瞭な斑紋をもたないことでホシギスと、第 2 背ビレに小黒点列をもたず、生時の腹ビレ・臀ビレ基部が無色透明であることでアオギス、モトギスと区別できる。

海釣りの代表的な人気魚種で、ハリに掛かると小気味よい引き味で楽しませてくれる。普段は海底のすぐ上を泳ぎながら、多毛類や甲殻類を食べる。エサは砂と一緒に吸い込むようにして食べる。群れで活動しているので、1 尾釣れると同じ場所で連続することが多い。ただし警戒心も強く、船影を嫌い、オモリの着水音などにも敏感に反応する。

主な釣り方

砂浜からの投げ釣り、沖釣りで人気が高い。海底が砂地なら、春～秋に堤防からチョイ投げでもねらえる。エサはジャリメやアオイソメ。

美味しい食べ方

新鮮なものなら刺し身でも美味しい。昆布締めや焼霜造りがおすすめ。天ぷらの種としても定番で、一夜干しもいい。

フィッシングチャート

老若男女、ビギナーからベテランまで大人気のターゲット。陸っぱり、船の両方からねらえる。食味もよくシーズンが長いのもうれしい。

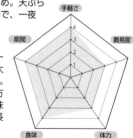

釣る

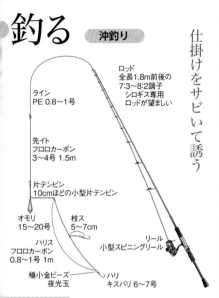

沖釣り

仕掛けをサビいて誘う

ライン
PE 0.8〜1号

ロッド
全長1.8m前後の
7:3〜8:2調子
シロギス専用
ロッドが望ましい

先イト
フロロカーボン
3〜4号 1.5m

片テンビン
10cmほどの小型片テンビン

オモリ
15〜20号

枝ス
5〜7cm

ハリス
フロロカーボン
0.8〜1号 1m

リール
小型スピニングリール

極小金ビーズ
夜光玉

ハリ
キスバリ 6〜7号

ワンポイント

沖釣りでポピュラーなターゲットであり、アタリが多いので、子どもでも退屈しないはず。広範囲を探ったほうが有利。仕掛けは軽く前方にキャスト。船上は狭いのでオーバースローは厳禁だ。アンダースローでねらっていこう。基本的な誘いは仕掛けをズルズルと手前に引く。ロッドをスーッと横または斜め上に3秒ほど動かして、止めてしばらく待つ。誘いはこれの繰り返しだ。

エサ・擬似餌

アオイソメ。

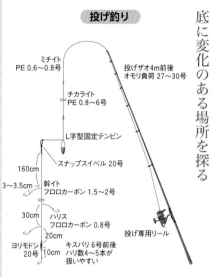

投げ釣り

底に変化のある場所を探る

ミチイト
PE 0.6〜0.8号

投げザオ4m前後
オモリ負荷 27〜30号

チカライト
PE 0.8〜6号

L字型固定テンビン

スナップスイベル 20号

160cm

3〜3.5cm

幹イト
フロロカーボン 1.5〜2号

30cm

ハリス
フロロカーボン 0.8号

投げ専用リール

20cm

ヨリモドシ
20号

10cm

キスバリ 6号前後
ハリ数4〜5本が
扱いやすい

ワンポイント

投げ釣りではキャストした後、ゆっくりと仕掛けを引いて誘いを掛ける。アワセはそれほど重要ではなく、向こうアワセで掛かることが多い。堤防や小さな砂浜から近距離をねらう場合は、エギングタックルなどのルアーロッドでも充分に楽しめる。

エサ・擬似餌

アオイソメ、ジャリメ、チロリなど。

食べる

昆布締め
ひと手間加えた刺し身で上品な白身がさらに美味しく

香味フライ
タルタルソースやチリトマトソースなどで楽しむフライは子供たちにも大人気

**南蛮漬け
（焼きネギ添え）**
味のしみ込んだ南蛮漬けはあとを引く美味しさ。長ネギも合わせると抜群のお酒のおつまみに

 ⇒魚のさばき方は 597 頁へ

投げ釣り

広大な砂浜がフィールド。微妙な波立ちの変化を見て、海底の起伏を予想し、ポイントを絞っていく

大海原に向かってフルキャスト

エサのジャリメは小さく付ける。シロギスの反応を見ながらサイズを変える

滑り止めになる石粉や投げ釣りパウダーを入れておくとエサ付けがスムースになる

仕掛けをゆっくり引いて、シロギスにアピールしていく

渚の女王と呼ばれるシロギスはパールホワイトの魚体が美しい

サーフからの本格的な投げ釣り以外にもルアーロッドのチョイ投げでもシロギス釣りは楽しめる

沖釣り

シロギスは沖釣りでも人気のターゲット。ビギナーからベテランまで幅広く楽しめる

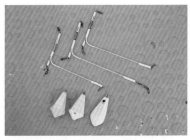

基本的には小型のテンビン仕掛けを使う。ドウヅキ仕掛けを愛用するファンもいる

エサはアオイソメが定番

ブルブルという小気味よいアタリが楽しい。シロギスのあっさりした身は、天ぷらをはじめ、どんな調理法でも美味しい

タラシを少し出してエサを付ける

ジンドウイカ

分類	ツツイカ目ヤリイカ科ジンドウイカ属
学名	*Loliolus japonica*
別名	ヒイカ、コイカ

ジンドウイカは・・・

最大でも胴長 12cm、体重 50g どまりの小型のイカで、ケンサキイカやヤリイカの幼体と似る。日中は水深 50 m以浅の砂泥底の中・底層に棲み、夜間は表層にも浮上する。

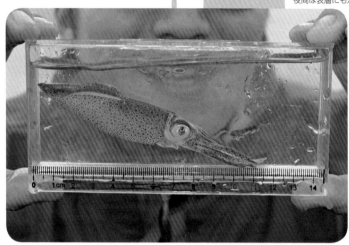

漢字

神頭烏賊

知る

分布

北海道南部から九州南岸までの日本海・東シナ海・太平洋沿岸、瀬戸内海、東シナ海大陸棚域に分布。

大きさ

最大で胴長 12cm になる。

釣期

周年釣れるが、11 ～翌 2 月の低水温期が最盛期となる地域（例えば東京湾・三浦半島）と 7 ～ 8 月の高水温期が最盛期となる地域（例えば九州北部）がある。

1	2	3	4	5	6	7	8	9	10	11	12

棲んでいる場所

日中は水深 50 m以浅の砂泥底の中・底層に棲み、夜間は表層にも浮上する。

生活史

産卵期は春～夏の比較的長期間におよび、水深 10 m以浅の内湾の砂質の海底に数 10 個の卵が入った指状の卵嚢を束にして産みつける。産みつけられた卵嚢塊は有毒なスナイソギンチャク類に似ており、擬態の効果があると考えられている。産卵後 1 ヵ月で 2.5mm ほどの稚イカがふ化し、アミ類などの小型甲殻類やシラス類などを食べて成長する。寿命は 1 歳。穏やかな内湾を好み、大規模な回遊は行わないと考えられている。

特徴

最大でも胴長 12cm、体重 50g どまりの小型のイカで、ケンサキイカやヤリイカの幼体と似る。先が尖らない太短い胴の半分ほどに四角くて角に丸みがあるヒレがつき、腕は太く（特に第 2、3 腕）、胴に比べて大きいなどの特徴から区別することができる。

主な釣り方

東京湾や大阪湾では近年の水質の改善に伴って湾奥まで釣り場が広がってきた。岸壁からの夜釣りが一般的で、活性が高まるタマヅメは外せない。1.5 ～ 2.5 号の餌木を用いたエギングでねらうが、最近は専用の小型餌木が発売されている。

美味しい食べ方

周年味が落ちず旬はない。軟らかくて甘みのある身は刺し身にして非常に美味。煮つけやぽんぽん焼きが一般的でオリーブオイル焼きも旨い。

フィッシングチャート

大変に小さなイカだが、季節のエギングターゲットとして人気がある。繊細なエギングを楽しみたい。

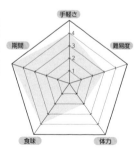

小型の餌木でナイト＆ライトエギング

釣る　**エギング**

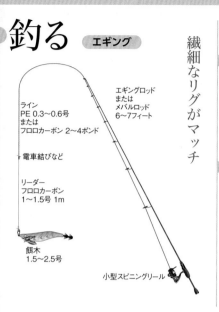

繊細なリグがマッチ

ライン
PE 0.3〜0.6号
または
フロロカーボン 2〜4ポンド

電車結びなど

リーダー
フロロカーボン
1〜1.5号 1m

エギングロッド
または
メバルロッド
6〜7フィート

餌木
1.5〜2.5号

小型スピニングリール

ワンポイント

陸っぱりからの夜釣りが一般的で、活性が高まるタマヅメは外せない。アオリイカと同様にエギングで楽しめる。餌木は2号前後の小型のものを使用。イカのサイズが小さい時は1.5号のさらに小型の餌木があると心強い。エギングタックルのほかメバルロッドなどライトソルト用タックルも使える。

エサ・擬似餌

餌木、スッテ。

ジンドウイカは、釣り人の間では一般的に「ヒイカ」と呼ばれることが多い。荒れにくい内湾の奥まった港内で釣れることから釣りものが減る冬の貴重なターゲットとして人気が高まっている。夜だけではなく日中でも接岸していればヒットする

仕掛け図のほか、2段仕掛けが主流。下に沈みのよい2号前後の餌木（❶）をセットして、上に浮きスッテ（❷）をセットする

❸エギングタックルでは強すぎる。繊細なリグを操作しやすく感度もよいアジング、メバリングタックルを流用するのがベスト。ラインはPE、フロロカーボンのほか近年はエステルが人気

食べる

小さいため調理法は限られるが味のよさは他のイカと同様。釣り場で沖漬けにしておくと帰宅後によいつまみになる

	スケトウダラ	分類	タラ目タラ科マダラ属
沖		学名	*Gadus chalcogrammus*
		別名	スケトウ、スケソウ、スケソ、ナツトオダラ、ヨイダラ、キジダラ、メンタイ、ミンタイ

スケトウダラは・・・

3つの背ビレと2つの臀ビレをもち、下顎には短いヒゲをもつ。近縁のマダラやコマイとは、下顎が上顎よりも突出することで区別できる。卵巣は古くから「タラコ」として広く賞味されてきた食材。

漢字

介党鱈

知る

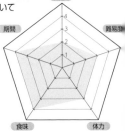

分布
北海道全沿岸、青森県から山口県までの日本海沿岸、青森県から和歌山県までの太平洋沿岸に分布。

大きさ
最大で90cmになる。

釣期
秋から春までの長期間にわたって釣れるが、子持ちとなる12〜翌2月が最盛期とされる。

1	2	3	4	5	6	7	8	9	10	11	12

棲んでいる場所
水深2000mまでの表・中層域に棲む。ただし、産卵親魚は100〜400mの中層域に棲む。

生活史
産卵期は、北海道で12〜翌3月、富山湾で3〜4月と海域により異なる。直径1.24〜1.70mmの分離浮性卵を産む。孵化後、稚魚は表層で動物プランクトンを食べて成長する。稚魚が表層に現れる時期は、スプリングブルーム（植物プランクトンの春季大増殖繁殖）と同調しており、植物プランクトンに引き続いて爆発的に増殖する動物プランクトンを有効に利用している。幼魚期以降は群れをつくって小型甲殻類や仔稚魚を食べ、成長に伴って徐々に深い水深帯に移動する。3歳で成熟し、産卵期には400m以浅に集群して、ときとして海面近くに現れることもある。成魚は、貝類・大型甲殻類・イカ類や魚類など口にできるものは何でも食べる。4歳で36cm（499g）、5歳で41cm（525g）、6歳で44cm（592g）、7歳で47cm（660g）になる

が、寿命について詳しくは分からない。

特徴
3つの背ビレと2つの臀ビレをもち、下顎には短いヒゲをもつ。近縁のマダラやコマイとは、下顎が上顎よりも突出することで区別できる。重要な水産資源で、底びき網・刺網・延縄などにより日本海北部や北海道周辺で大量に漁獲される。しかし、近年は日本周辺の漁獲量が減少しており、乱獲のほか海水温の上昇などの海況変化との関連が指摘されている。

主な釣り方
沖釣り専門のターゲット。ドウヅキ仕掛けで釣る。

美味しい食べ方
旬は冬で、水っぽい白身は軟らかく、クセはない。鮮度落ちが早く生食には向かない。身は熱を通しても堅く締まらないが、煮崩れしやすいので汁物にするのが手っ取り早い。味噌との相性がよく味噌汁は絶品で、煮物も旨い。また、クセがないので揚げ物やソテーは魚嫌いにもおすすめできる。卵巣は古くから「タラコ」として広く賞味されてきた食材で身よりも人気が高く、白子とともに煮物や焼き物にすると大変旨い。大量に釣れた場合は開き干しにするとよく、水分が抜けて旨味が増し、焼いても揚げてもよい。

フィッシングチャート
スケトウダラ専門でねらえる期間は短く、深場ねらいのため専用タックルも必要だが、釣りそのものは非常に難しいというわけではない。

手軽さ
期間
難易度
食味
体力

366

ドウヅキ仕掛けでねらう深場のターゲット

釣る

沖釣り

慣れるまではハリ数少なめで

ミチイト
PE 3〜5号

幹イト 14号

60cm

毛バリ付き専用仕掛け
ハリ
18号前後 6〜8本バリ

ハリス 10号

20cm

オモリ 150〜200号

サオ
オモリ負荷 80〜120号
2.1〜2.7m

リール
中〜大型電動リール

ワンポイント

オモリ 150〜200 号に対応した深場用のサオと中〜大型電動リールの組み合わせで、北海道では専用仕掛けも市販されている。ハリ数は 6〜8 本とするが、慣れないうちは欲張らずにハリ数を抑えた方がよい。エサはイカやサバの短冊などだが、エサの選り好みはないので手に入る身エサならば何でも使える。

エサ・擬似餌

イカ、サバの短冊。

北海道のスケトウダラ釣り

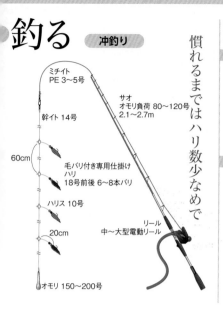

❶スケトウダラを本命にして船が出るのは、冬のタラコねらいの一時期だが、ソウハチなどの外道として釣れることもある

❷エサは赤く染めたイカの短冊が一般的。ソウハチやヤナギノマイなどのエサとしても知られ、いろいろなタイプの市販品がある

❸イカの短冊はチョン掛けで OK。ハリ掛かりしやすくなるよう、カットして使う人が多い

食べる

三枚おろしにし、身一つとタチ（精巣）、豆腐半丁を入れ、さっと熱湯を掛けて作ったスケトウダラの湯豆腐。身は淡泊で柔らかい。ポン酢でどうぞ

タラコは下処理して熟成させた後、アルミホイルで包んで魚焼きグリルで焼いていただく焼きタラコもおすすめ。粒粒の食感と香ばしさに箸が進む

スズキ

分類	スズキ目スズキ亜目スズキ科スズキ属
学名	*Lateolabrax japonicus*
別名	出世魚で、セイゴ（30㎝未満）→フッコ（30〜60㎝）→スズキ（60㎝以上）。ルアー釣りでは「シーバス」が一般的

スズキは・・・

肉食性で、若魚のうちは甲殻類や多毛類などを捕食。スズキクラスになると魚食性が強まる。

漢字

鱸

知る

分布

北海道全沿岸、青森県から九州西岸までの日本海・東シナ海沿岸、青森県から日向灘までの太平洋沿岸、瀬戸内海に分布。

大きさ

最大で1mを超えるものがいる。

釣期

ほぼ周年ねらえる。エサ釣りでは、虫エサへの反応がいい晩秋から5月ごろまで。ルアー釣りでは4〜6月、10〜12月が最盛期。

1	2	3	4	5	6	7	8	9	10	11	12

棲んでいる場所

内湾や河口部、沿岸の浅海などにすみ、若魚は淡水域にも侵入する。季節に応じて浅場と深場を移動する。

生活史

産卵期は冬〜初春で、多くは12〜翌1月。産まれた仔魚はしばらく沖合で生活し、成長するにつれて河口や湾奥のアマモ場などに集まる。春〜秋は内湾や沿岸部の浅所で生活し、水温が下がると湾口部などの深場で冬を越す。また、河口部にも生息し、若魚は河川にも侵入し純淡水のエリアでみられることもある。成長は海域により異なり、房総周辺では1歳で24㎝、2歳で37〜39㎝、3歳で45〜49㎝、5歳で66㎝になる。

特徴

肉食性で、若魚のうちは甲殻類や多毛類などを食べる。スズキクラスになると魚食性が強まる。昼夜を問わず捕食行動をとるが、夜間の方が釣りやすいとされており、曇や雨の日、海が荒れた時などは日中でも釣りやすくなる。

全国的になじみ深い魚であり、湾奥の工業地帯など、水質の悪い水域でも生息できる。有明海のスズキは遺伝的に異なっており、環境省のレッドリストで「絶滅のおそれがある地域個体群」に指定されている。

主な釣り方

堤防や磯からは電気ウキを使った夜釣りが人気。砂浜などから投げ釣りでもねらえる。大ものをねらうなら、小魚に似たルアーの実績が高い。沖釣りでは生きたエビをエサにねらう。

美味しい食べ方

クセのない白身で人気が高い。旬は夏場で、新鮮なものは洗いが絶品。ほかに塩焼き、ムニエル、フライなど。ただし河川や湾奥で釣ったものには強い臭みがある場合も。

フィッシングチャート

東京湾では誰もが手軽にチャレンジできて、大もののチャンスも。簡単に釣れるときもあれば底抜けに難しいこともあり、アングラーのチャレンジ精神を掻き立てる魚だ。

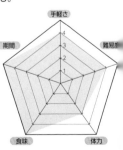

釣る

ルアーフィッシング

障害物周りをねらえ

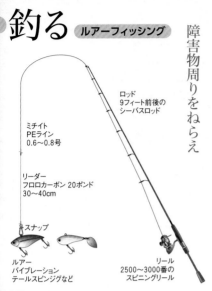

ミチイト
PEライン
0.6〜0.8号

ロッド
9フィート前後の
シーバスロッド

リーダー
フロロカーボン 20ポンド
30〜40cm

スナップ

ルアー
バイブレーション
テールスピンジグなど

リール
2500〜3000番の
スピニングリール

ワンポイント

シーバスが潜むのは流れが変化するポイントや障害物周り。マヅメ時と夜がよく釣れる。まず、ルアーは標準的なサイズのミノーやバイブレーションを用意し、徐々に揃えていけばよいだろう。投げ釣りや小魚をエサにして泳がせ釣りでもねらえる。

エサ・擬似餌

ルアー（バイブレーション、テールスピンジグ）。

フライフィッシング

マッチ・ザ・ベイトで攻略

赤字：陸っぱり
青字：ボート

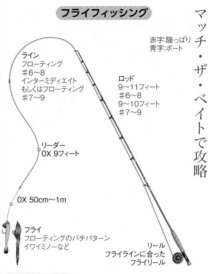

ライン
フローティング
#6〜8
インターミディエイト
もしくはフローティング
#7〜9

ロッド
9〜11フィート
#6〜8
9〜10フィート
#7〜9

リーダー
0X 9フィート

0X 50cm〜1m

フライ
フローティングのバチパターン
イワイミノーなど

リール
フライラインに合った
フライリール

ワンポイント

陸っぱりの場合、長めのロッドのほうが遠投しやすく攻略できる範囲が広がる。ボートの場合、ラインはインターミディエイトタイプも使用する。フライはその時期にシーバスが捕食していると思われるベイトを模したパターンを使うとよい。東京湾湾奥ではチャーターボート利用でねらうのも人気だ。

エサ・擬似餌

フライ（ストリーマー、ミノー）。

エビ撒き釣り

関西の人気釣法

ウキ止メ

ウキ
暗いとき＝電子ウキ
日中＝自立式立ちウキ
4B〜0.8号

フジ
スーパーラインスイベル

からまん棒

水中ウキ
4B〜0.8号
ウキの浮力に合わせる

ヨリモドシ

底撒き器
底撒きする時のみ
ヨリモドシに付ける

ハリス
フロロカーボン
1.5〜2号 80〜100cm

ジンタン 3〜5号

ハリ
グレバリ 5〜6号

磯ザオ
1〜1.5号

ミチイト
ナイロン
2.5号

スピニングリール
2500〜3000番

ワンポイント

エビ撒き釣りは生きたモエビを寄せエサにする。関東ではあまり馴染みのない釣りだが、関西では「ハネ釣り」と呼ばれ人気がある。エビの撒き方は上撒きと底撒きがある。上撒きは専用のヒシャクに入れたら、軽くシェイクしてエビを気絶させてから撒く。底撒きは底撒き器をウキ下部のヨリモドシにセットして、タナに到達したら煽ってカゴを開けて撒く。

エサ・擬似餌

モエビ（関西ではシラサエビ）。

ルアーフィッシング

東京湾（❶）や博多湾（❷）などの大きな湾はスズキが豊富に生息し、ボートフィッシングが人気

メタルバイブにヒット

メタルジグもシーバスに効果的なルアーの1つ

リップレスミノーと呼ばれるタイプのルアー。シーバス用にはさまざまなルアーが用意されており、水面から水中まであらゆるレンジが攻略可能。それらをどうチョイスして、どう使うかがアングラーの腕の見せどころだ

フライフィッシング

❶❷フライタックルで釣った東京湾のシーバス。海のフライフィッシングでは、材料に化学繊維を使い、透明感のある小魚を模したパターンがよく使われる
❸シーバスのチャーターボートからフライでシーバスをねらう。ルアーと比べてもキャスティングするのにスペースが必要なため、多くて2人ほどでの釣りになるが、繊細なシルエットが演出できるフライは時に連続ヒットすることもありスリリングだ（写真は東京湾の横浜エリア）

エビ撒き釣り

寄せエサのモエビは2通りの撒き方がある。1つは「底撒き」と呼ばれる方法で「底撒き器」というカゴにモエビを入れて撒く。また軽いモエビは向かい風だと容易には飛ばせない。底撒きであれば寄せエサと付けエサを同調させやすい

関西では「ハネ釣り」と呼ばれ人気のエビ撒き釣り。ハネとは関西でフッコを指す。つまりスズキを釣るのに絶大な威力がある

モエビ専用のヒシャクを使った「上撒き」。上撒きはタナが浅く、潮が緩く、風も弱い時に効果があるが、タナが深いと表層の流れに乗ってポイントからズレやすいので注意

都心近郊の釣り公園でも爆発的な釣果が出るのがエビ撒き釣りだ

食べる

炙り刺しの土佐作り
あっさりとした白身と皮目の織り成す美味しさ。たっぷりの薬味がそれを引き立てる

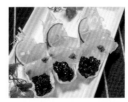

チコリボートのポン酢ジュレ添え
刺し身を洋風アレンジ。お酒と楽しむ前菜に

せいろ蒸しエスニック風
白身魚の旨味を余すところなく引き出した一品

 ⇒魚のさばき方は601頁へ

スズメダイ

分類	スズキ目スズキ亜目スズメダイ科スズメダイ属
学名	*Chromis notatus*
別名	アブッテカモ、オセンコロシ、ネコノヘド、カジキリ

スズメダイは・・・

体は卵型で側扁し、体色はほぼ一様でくすんだ褐色。生時には背ビレ後端基部に明瞭な白斑がある。防波堤や磯からの小もの釣りの定番外道。

漢字

雀鯛

知る

特徴

スズメダイ類の中では最も低温に適応しており、日本海で越冬する唯一の種。体は卵型で側扁し、体色はほぼ一様でくすんだ褐色。生時には背ビレ後端基部に明瞭な白斑がある。
従来は別種とされていたミヤケスズメダイは2013年に本種と同種とされた。

分布

青森県から九州南岸までの日本海・東シナ海・太平洋沿岸、瀬戸内海、伊豆−小笠原諸島、琉球列島に分布。ただし、秋田県・宮城県以北には少ない。

大きさ

最大で15cmになる。

釣期

ねらって釣ることはないが、4〜11月によく釣れる。

1	2	3	4	5	6	7	8	9	10	11	12

棲んでいる場所

水深2〜30mの沿岸の岩礁やサンゴ礁域を群泳する。

生活史

産卵期は夏で、雄は岩場のくぼみなどに産卵場を構え、岩面をきれいに清掃して雌に産卵させる。雄は孵化まで卵を保護し、近づく者にはダイバーに対しても攻撃する。ふ化仔魚は2.5mmで浮遊生活を送り、5mmになると各ヒレが完成して稚魚期に移行し着底する。中・底層を群泳して動物プランクトンを食べる。

主な釣り方

防波堤や磯からの小もの釣りの定番外道だが、ノベザオや軟調磯ザオを使ったウキ釣りでねらうと思いのほか面白い。エサはオキアミ、アオイソメなどで、寄せエサを撒いて群れを寄せると数釣りが楽しめる。

美味しい食べ方

関東以北では食用魚として認識されていないが脂が強くて濃厚な旨みがあり、大阪や福岡では流通もしている。旬は春から初夏で、焼きものや煮つけが美味。福岡では塩干しされたものが「アブッテカモ」として賞味される。

フィッシングチャート

基本的に他魚ねらいのゲストであり魚体も大きくないため、これといって特筆すべき釣り味や技術はない。

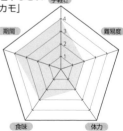

スナガレイ

分類	カレイ目カレイ科 スナガレイ属
学名	*Limanda punctatissimus*
別名	バンガレイ、ミズガレイ、サイベ、カワガレイ

スナガレイは・・・

体は菱形で、有眼側に砂粒状の黒点や白点があることにも黒色由来。眼の上に鱗がなく、頭部背縁は上眼の前縁上で強くくぼむ。無眼側を見比べると他のカレイと見分けがつきやすい。

漢字

砂鰈

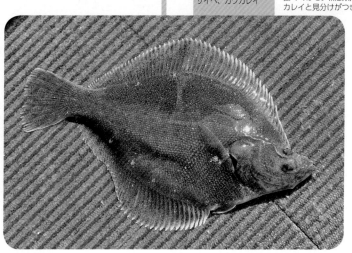

知る

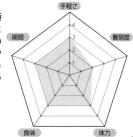

分布

北海道全沿岸、青森県から富山湾までの日本海沿岸、青森県から福島県までの太平洋沿岸に分布。

大きさ

最大で約 30cm になる。

釣期

産卵期から産卵後の荒食いがみられる 5 ～ 9 月が最盛期。

1	2	3	4	5	6	7	8	9	10	11	12

棲んでいる場所

水深 30m までの砂泥底に棲む。

生活史

産卵期は、北海道日本海沿岸で 5～6月、オホーツク海沿岸では 6 ～ 7 月で、径 0.82 ～ 0.90mm の分離浮性卵を産み、2.3mm のふ化仔魚は夏季に表層に出現し、浮遊生活を送り動物プランクトンを食べて成長する。10mm 前後になると左側の眼が頭頂部へ移動し、変態後は浅い砂浜域に着底する。行動は活発で好奇心が強く、ゴカイ類や小型甲殻類を食べて成長する。カレイ類の中では小型で成長は遅く、オホーツク海の雌では、1 歳で6cm、2 歳で 12cm、3 歳で 17cm、4 歳で20cm。雄は 3 歳、雌は 3 ～ 4 歳で成熟し、抱卵数 は 20 ～ 25cm で 16 ～ 36 万粒、25 ～ 30cm で 48 ～ 72 万粒。

特徴

体は菱形で、有眼側に砂粒状の黒点や白点があることが名の由来。眼の上に鱗がなく、頭部背縁は上眼の前縁上で強くくぼむ。背ビレと臀ビレには有眼側・無眼側のどちらにも黒色帯がなく、生時には無眼側の背ビレ・臀ビレ基底付近にくっきりとした黄色帯がある。背ビレは 52 ～ 67 軟条、臀ビレは 42 ～ 50 軟条。側線は胸ビレ上方で上方に湾曲し、有孔側線鱗数は 64 ～ 73。

主な釣り方

浅場にいるカレイ。投げ釣りでねらう。

美味しい食べ方

旬は冬から初夏、淡白でクセのない白身で熱を通しても堅く締まらない。刺し身は上品な味わいだが旨味は乏しい。乏しい旨味をバターや油で補えるムニエルやソテーがおすすめで、塩焼きでは味気なさが否めず煮物はまあまあの味。から揚げはヒレや皮目が香ばしい。干物にすると水分が抜けて味が凝縮するのでおすすめ。

フィッシングチャート

カレイの中では特に人気がある魚というわけではないが、港湾部などから手軽にねらえるためビギナーにもおすすめ。

釣る

投げ釣り

港湾部はチョイ投げでもOK

チカライト
15m
3→8号
遠投するなら
3→12号

サオ
投げザオ
3.9m前後
オモリ負荷
25号前後

オモリ
ジェットテンビン
25号前後

ミチイト
ナイロン3号前後
PE 1.5号前後

20cm前後

幹イト
4〜10号
(遠投する場合は太めに)

ハリス
2〜3号 15cm程度

20〜30cm

ビニールパイプ

20〜30cm

集魚効果をあげるために
チモトにホタテミラーなどを
付けてもよい

ヨリモドシ

15cm前後

ハリ
流線 7〜9号

リール
投げ専用スピニングリール

ワンポイント

浅場にいるカレイで投げ釣りでねらう。遠投の必要はないが、オモリ負荷25号、3.9m前後の投げザオと投げ専用スピニングリールを使えば万全。ミチイトはナイロン3号かPE1.5号にチカライトを結ぶ。仕掛けはオモリ20〜25号に投げ専用テンビン、流線7〜9号の3本バリ。市販品でも充分。

エサ・擬似餌

イソメ類。

北海道のスナガレイ釣り

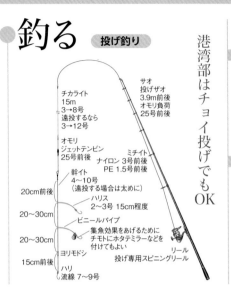

スナガレイの無眼側①。背と腹の両側に鮮やかな黄色の帯が走り、マガレイ②やイシガレイ③などと容易に区別できる。無眼側を見ると種類が分かりやすいことから、カレイ類が多い北海道では無眼側を見せて写真を撮るのが昔から一般的

スナガレイを本命にしてねらう人はほとんどいないが、北海道の噴火湾周辺は魚影が多い。北海道駒ヶ岳を望む素晴らしいロケーション

ブラクリ仕掛けで釣った1尾。港なら堤防際のチョイ投げで釣れることもある。その場合、ライトなルアーロッドでOK

スマ

分類	スズキ目サバ亜目 サバ科スマ属
学名	*Euthynnus affinis*
別名	ヤイト、スマガツオ、キュウテン、ホクロ、ワタナベ、モンスマ

スマは・・・
最大の特徴は胸ビレ下方の腹部に数個ある黒斑点で、これがお灸（ヤイト）の痕のように見えることから「ヤイト」という通称で広く呼ばれている。単独か小さな群れで外洋の表層を広く回遊する。

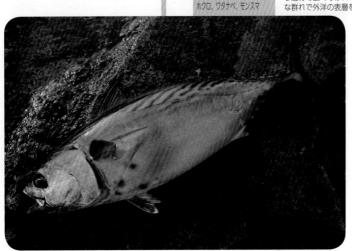

漢字

須萬

知る

分布
兵庫県浜坂から長崎県までの日本海・東シナ海沿岸、相模湾から屋久島までの太平洋沿岸、伊豆－小笠原諸島、琉球列島に分布

大きさ
最大で1mを超える。

釣期
回遊魚のため地域や年によって異なる。沖縄や小笠原では通年釣れるが、本州太平洋岸では8～10月と釣期が限られる。

1	2	3	4	5	6	7	8	9	10	11	12

棲んでいる場所
単独か小さな群れで外洋の表層を広く回遊する。

生活史
日本沿岸における産卵期は夏だが南方ほど長くなり、北赤道海流沿いでは冬期を除く8ヵ月にも及ぶ。特定の産卵場はもたず、受精卵は径1.5mmで水面に浮き、1日あまりでふ化する。仔稚魚期から強い魚食性をもち一緒に生まれた兄弟を共食いする。これはエサが乏しい外洋域における生存戦略である。成長は速やかで、1歳で1kgに育って釣りの対象となり、2歳で成熟する。カツオの仲間としては沿岸性が強く、島しょ部では磯際まで回遊する。寿命は6歳前後と考えられている。

特徴
最大の特徴は胸ビレ下方の腹部に数個ある黒斑点で、これがお灸（ヤイト）の痕のように見えることから「ヤイト」という通称で広く呼ばれている。この黒斑の大きさや数には個体差があり、特に大型個体では小さく目立たない。そこで、第1背ビレ基部から尾柄部にかけての背面にあるサバに似た背模様の存在を併せて確認するとよい。本種の背模様は虫食い状から虫食いが連なった線状で、線状の場合は前方斜め下に流れる傾向がある。

主な釣り方
個体数は多くなく、本種単独では大きな群れもつくらないので専門にねらう釣りはないが、カツオやソウダガツオ類と混泳していたものが混じって釣れる。釣り方はカツオに準じ、活イワシエサの泳がせや一本釣り、ルアーで釣れる。島しょ部では陸っぱりでも釣れ、ヒラマサをねらった磯や防波堤からのカゴ釣りや泳がせ釣りでしばしば顔を出す。外道というにはもったいないゲストであり、ライトタックルで専門にねらってみても面白い。

美味しい食べ方
旬は秋～春で、知る人ぞ知る美味な魚。身はカツオに似た赤身で、刺し身はネットリ感があって味が深い。焼き物でも旨い。マグロ類に比較すると小規模な施設で飼えて扱いやすく、クロマグロの代替として愛媛県や和歌山県では養殖が行なわれており、今後口にできる機会が増えるかもしれない。

フィッシングチャート
スマに特化した攻略法があるわけではないが、絶品とされるその食味を一度味わえば、否が応にもヒットを期待してしまうだろう。

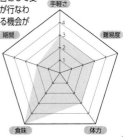

● 釣る ルアーフィッシング

他の青ものに効くルアーを流用

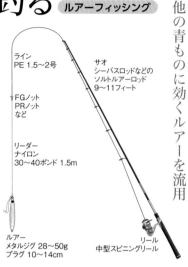

ライン
PE 1.5〜2号

サオ
シーバスロッドなどの
ソルトルアーロッド
9〜11フィート

FGノット
PRノット
など

リーダー
ナイロン
30〜40ポンド 1.5m

ルアー
メタルジグ 28〜50g
プラグ 10〜14cm

リール
中型スピニングリール

ワンポイント

主な釣り方の項のとおり、カツオやソウダガツオに混じって釣れてくるので、コツなども他の青ものの釣り方に準じる。

エサ・擬似餌

ルアー（メタルジグ）。

スマはヤイトガツオともいわれる。引きも強く美味

メタルジグは 28〜50 g をチョイス。ナブラを撃つのが手っ取り早いが、秋は広く探るうちにヒットすることも多い

ロッドを小刻みにシャクリながらリーリングするのがショアジギングの主な操作方法。「ジャカジャカ巻き」とも呼ばれる

● 食べる

品のよい脂が乗った刺し身は絶品。ゲストフィッシュながら喜ばれるゆえん

口の中には多量のベイトフィッシュが入っていた

カゴ釣りでのヒットシーン。鋭く左右に疾走する

スミイカ

分類	コウイカ目コウイカ科コウイカ属
学名	*Sepia esculenta* 標準和名コウイカ
別名	マイカ、ハリイカ、大量にスミを吐くので、関東ではスミイカと呼ばれる

スミイカは・・・

標準和名コウイカの名のとおり硬い石灰質の甲を持ち、甲の後端が鋭い針状になっていることが特徴。スミイカは大量のスミを吐くため。船上で不用意に扱うと、全身スミまみれになることも…。

漢字

墨烏賊

知る

分布

富山湾から九州南岸までの日本海・東シナ海沿岸、千葉県から九州南岸までの太平洋沿岸、瀬戸内海、東シナ海に分布。

大きさ

胴長 20cm 前後。

釣期

秋から冬が盛期だが、通年ねらえる。

1	2	3	4	5	6	7	8	9	10	11	12

棲んでいる場所

水深 10 ～ 15m で、砂地や岩礁周りなどに棲む。

生活史

産卵期は 3 ～ 6 月。内湾の浅所に上がってきてアマモ場などで産卵する。アマモ場がない所では、沈木の枝、漁網などの人工物やゴミにも卵を産みつける。卵は径 1cm 前後の白色で、雌イカは 1 粒ずつ丁寧に表面に砂をまぶしてカムフラージュする。稚イカは 1 ヵ月前後でふ化し、浅場の海底付近でアミ類や底生動物を食べて急速に成長する。秋には胴長 10cm を超え、水温の低下とともに徐々に深場へと移動する。群れは作らないが、エサが多い場所には群がっていることがある。

特徴

標準和名コウイカの名のとおり硬い石灰質の甲を持ち、甲の後端が鋭い針状になっていることが特徴。エンペラとも呼ばれるヒレは胴の全周にわたってついており、生時のヒレの基部には金色の線が走ることで近縁種と見分けることができる。また関東の釣り人はスミイカと呼ぶが、それは大量のスミを吐くため。船上で不用意に扱うと、全身スミまみれになることも……。

主な釣り方

主に沖釣りでねらう。シャコなどをセットしたテンヤ仕掛けが伝統的な釣り方だが、最近はエギングも人気。いずれにしても底付近を探るのがコツ。

美味しい食べ方

肉厚で甘みが強く、熱を通してもあまり硬くならない。刺し身ではねっとりとした食感が味わえ、湯引きにすると甘い呈味成分が引き出され、ともに甲乙つけがたい食味を楽しめる。炒め物、てんぷらやフライなど火を通した料理では硬くならないうえに旨味が引き出されて申し分ない。スミを利用した炒め物やパスタもおすすめ。

フィッシングチャート

紹介しているスタイルは陸っぱりの釣り（エギング）であることから、沖釣りよりも手軽さ感がある。

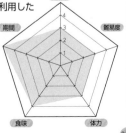

手軽さ
難易度
期間
食味
体力

釣る

エギング

常に底付近を意識

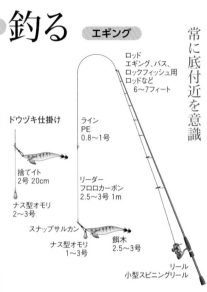

ロッド
エギング、バス、
ロックフィッシュ用
ロッドなど
6〜7フィート

ライン
PE
0.8〜1号

ドウヅキ仕掛け

捨てイト
2号 20cm

リーダー
フロロカーボン
2.5〜3号 1m

ナス型オモリ
2〜3号

スナップサルカン

ナス型オモリ
1〜3号

餌木
2.5〜3号

リール
小型スピニングリール

ワンポイント

東京湾ではテンヤ釣りなど、沖釣りの人気が高い。一方、お手軽なのが陸っぱりからのエギング。タックルはアオリイカ用でOKだ。スミイカは底付近に潜む。餌木の頭にオモリを追加するなど、底を重点的にねらえるように改造するのも手だ。

エサ・擬似餌

餌木。

⇒魚のさばき方は 604 頁へ

スミイカは、スピニングタックルのエギングで堤防からも手軽にねらえる。釣りあげた際にはくれぐれもスミにご注意を

東京湾の伝統釣法「シャコテンヤ」

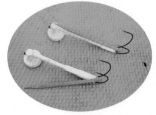

東京湾スミイカの伝統釣法といえばシャコテンヤ。このような特殊なテンヤを使う

エサのシャコ

尾にV字に切れ目を入れて、そこから串を刺す。頭を輪ゴムなどで留めて装餌

途中に枝スを結び、スッテをセットしてもよい

東京湾では伝統的にねらわれていた、まさに江戸前のターゲットだ

スミイカはその名のとおりスミを大量に吐く。そのため釣った後はこのようにネットに入れて海中に入れておくとよい

スルメイカ

分類	ツツイカ目アカイカ科スルメイカ属
学名	*Todarodes pacificus*
別名	マイカ、マツイカ、ガンゼキ、ムギイカ（小型）など多数

スルメイカは・・・

エンペラと呼ばれるヒレは三角形で、胴の背面中央部には太い暗色帯が走る。生時の体色は薄い褐色だが、興奮すると赤褐色に変化する。触腕は太く大きい。

漢字

鯣烏賊

知る

分布

琉球列島を除く日本全域の沿岸から沖合に分布。

大きさ

胴の長さが最大で約35cm。

釣期

夏から秋にかけて。6～8月が最盛期。

1	2	3	4	5	6	7	8	9	10	11	12

棲んでいる場所

外洋の表層から中層を大群で回遊する。

生活史

春から夏に生まれるグループ、秋に生まれるグループ、そして冬生まれという3つのグループに分かれる。そのため、同じ時期に異なった大きさのものが出現することが多い。卵は0.7～1.0mmの楕円形で、数10万粒がゼラチン質の卵嚢に包まれて生み出される。卵嚢やふ化した幼生は海流に流されながら育ち、広く分散する。日本海では秋生まれ、太平洋側では冬生まれのものが多い。雄よりも雌のほうが少し大きくなり、寿命は約1年である。

特徴

エンペラと呼ばれるヒレは三角形で、胴の背面中央部には太い暗色帯が走る。生時の体色は薄い褐色だが、興奮すると赤褐色に変化する。触腕は太く大きい。肉食性で、上方へ逃げる小魚などを追いかけて、抱きつくように食べる。イカの仲間のなかでも特に行動が活発で獰猛な性質を持ち、時には自分と同じくらいの大きさの魚も食べてしまう。

日本人にとって最もなじみ深いイカで、長年にわたってサケ類やマグロ類とともに大量に消費されていたが、2010年代後半から深刻な不漁に見舞われており、消費量も激減している。

主な釣り方

外洋性のイカなので沖釣りでねらう。プラヅノという擬似餌を10本前後セットしたドウヅキ仕掛けで、サオをシャクりながらイカを誘う。

美味しい食べ方

釣りたての新鮮なものは刺し身やいかそうめんにすると美味しい。ただし、寄生虫のアニサキスがいる場合があるので生食の際は要注意。塩焼きや煮物、一夜干し、フライなどにも合う。大きな肝を利用した塩辛も定番だ。

フィッシングチャート

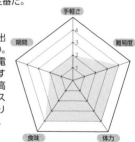

専門の乗合船が出る人気の釣りもの。専用の投入器や電動リールを使用するなど、専門性は高いがそのぶんシステマチックな釣りであるともいえる。

釣る 沖釣り

まずはブランコ仕掛けで

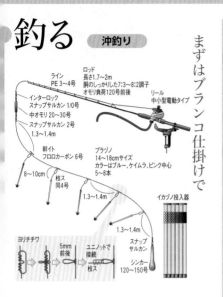

ライン
PE 3～4号

ロッド
長さ1.7～2m
胴のしっかりした7:3～8:2調子
オモリ負荷120号前後

リール
中小型電動タイプ

インターロック
スナップサルカン 1/0号
中オモリ 20～30号
スナップサルカン 2号
1.3～1.4m

幹イト
フロロカーボン 6号

8～10cm

枝ス
同4号

1.3～1.4m

プラヅノ
14～18cmサイズ
カラーはブルー、ケイムラ、ピンク中心
5～8本

1.3～1.4m

イカヅノ投入器

ヨリチチワ

5mm
前後

ユニノットで
接続

スナップ
サルカン

シンカー
120～150号

枝ス

ワンポイント

沖釣りではプラヅノを使った仕掛けが一般的だ。プラヅノを枝スに結んだ「ブランコ仕掛け」が基本。幹イトにプラヅノを直接結んだ「直結仕掛け」はバラシが多くベテラン向き。仕掛けの投入には専用の投入器を使うとトラブルが少ない。場所によっては、陸っぱりからエギングでもねらえる。

エサ・擬似餌

プラヅノ、餌木（エギング）。

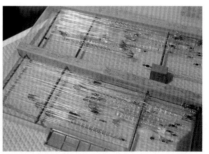

3000番クラスの電動リールとオモリ120～180号が背負えるイカ釣り専用ロッドが必要。強めの胴部を備えた8：2～9：1調子が好適だ。スルメイカの引きは極めてパワフル。多点したイカを手で巻き上げるとすれば「どうすりゃいいんだ」と思うくらい力が必要で、電動リールで巻き上げていても腕がパンパンになるほど

イワシなどの小魚を模したプラヅノのサイズは11cm、14cm、18cmとある。小・中のスルメイカでは14cmが基本。ちなみにヤリイカは11cmが主体。18cmは胴長30cm以上の大型スルメイカ用だが、イカを寄せるためのコマセヅノとして使用する人も多い。

イカの群れが立ち上がるように出た魚探反応。こんな時は中層にも多くのスルメイカが群れている。タナを探り当てるのが爆乗りのキモ

腕より太いスルメイカはパワー満点

 ⇒魚のさばき方は605頁へ

直結仕掛けにするわけ

サバはイカ釣りの税金のような魚

オアカムロもよくツノにヒットする。
脂がのって美味

ビギナーは枝スを付けるブランコ仕掛けが釣りやすいが、熟練者の大半はツノ数10〜15本の直結仕掛けを用い、「直結仕掛けで釣ってこそ楽しい」と言う人も非常に多い。直結仕掛けの利点はサバなどの外道が掛かった時も外れやすく、枝スがないので絡みにくい。手返しがよくなるのと感度も高まる。

スルメイカの小型はムギイカと呼ばれ、主に初夏がシーズンになる。ムギイカサイズは乗りを察知しにくいのでテクニカル。タナが広くアタリを取るのが面白い

これは特大ジャンボサイズ。かなりの重量感である

直結仕掛けの場合テンションを抜いたらバレる。船内に投げ入れるまで気も抜けない

鋭くシャクリを入れて、水深100m超にあるツノを動かす。乗りを察知したら電動リールのパワーレバーを前に倒して合わせて巻き取る

船上干しは多くイカを乗せた船の勲章である。太陽と潮風がよい仕事をして絶品の干物ができあがる

ソウハチ

分類	カレイ目カレイ科ソウハチ属
学名	*Cleisthenes pinetorum*
別名	エテガレイ、キツネ、シロカレイ、メダカ、ガンブツ

ソウハチは…
カレイの仲間としては口が大きく、歯は有眼側・無眼側ともによく発達する。また、カレイ類としては特異的に浮遊性のエサを好み、オキアミ類・エビ類・イカ類や小型魚類を食べる。

沖

漢字

宗八

知る

分布
北海道全沿岸、津軽海峡から対馬海峡までの日本海沿岸、津軽海峡から福島県までの太平洋沿岸に分布。

大きさ
最大で約50cmになる。

釣期
5～7月と9～11月が最盛期。

1	2	3	4	5	6	7	8	9	10	11	12

棲んでいる場所
水深10～250mまでの砂泥底に棲み、分布の中心は季節によって変わる。

生活史
産卵期は、山陰沖で2～3月、佐渡海峡で4～6月、北海道太平洋沿岸で6～9月と地域によって異なり、特に秋季の産卵はカレイ類としては特異的である。産卵場の水深は日本海北部で水深60m付近。直径0.87～0.92mmの分離浮性卵を産み、ふ化直後の仔魚は3.0～3.2mm。14mm前後から変態が進み、石狩湾では8～9月に着底直後の20mm前後の稚魚が水深30～70mで採集される。石狩湾では、3歳で雄13cm・雌15cm、4歳で雄16cm・雌18cm、5歳で雄18cm・雌21cmと、雌は雄よりも成長が速い。初めて成熟する大きさは雄12～21cm、雌17～27cmで個体差が大きい。カレイ類としては特異的に浮遊性のエサを好み、オキアミ類・エビ類・イカ類や小型魚類を食べる。

特徴
カレイの仲間としては口が大きく、歯は有眼側・無眼側ともによく発達する。有眼側には顕著な模様はなく、尾ビレ後端は中央部が突出する。上眼は頭部背縁にあり、眼の上に鱗がない。背ビレ起部は上眼の後半部にある。胸ビレ中央部軟条の先端は分岐する。背ビレは64～79軟条、臀ビレは45～61軟条、有孔側線鱗数は70～86。底引き網や刺網で多く漁獲される重要な水産物で、加工品は全国に流通している。

主な釣り方
沖釣り専門のターゲットで、北海道では人気の釣り物。

美味しい食べ方
旬は晩秋～冬で、白身でやや水っぽく鮮度が落ちやすい。鮮度がよければ刺し身でいける。水っぽいので煮物より焼き物に向く。塩焼きは、振り塩をして時間を置いてから焼くとさらに旨くなる。カレイ類を代表する干物原魚で、干物は魚通をうならせる独特の味わいがある。

フィッシングチャート
北海道では人気のカレイだけあってソウハチ専用の仕掛けが用意されている。一度に数多くを釣る「多点掛け」もねらえる。

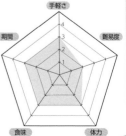

383

釣る

沖釣り

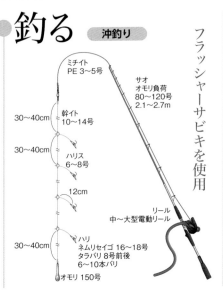

フラッシャーサビキを使用

- ミチイト PE 3〜5号
- サオ オモリ負荷 80〜120号 2.1〜2.7m
- 幹イト 10〜14号 30〜40cm
- ハリス 6〜8号 30〜40cm
- 12cm
- リール 中〜大型電動リール
- ハリ ネムリセイゴ 16〜18号 タラバリ 8号前後 6〜10本バリ 30〜40cm
- オモリ 150号

ワンポイント

カレイ釣りの仕掛けとしてはユニークなフラッシャーサビキを使う。海底を離れて中層で捕食する本種の生態にかなった釣法であり、市販のソウハチ専用仕掛けがある。状況によって小さなイカタンをつけるのも一手。噴火湾では、テンビンを使った一般的なカレイのエサ釣りスタイルで、他のカレイ類とともにねらう。

エサ・擬似餌

フラッシャーサビキ、イソメ類、サンマ・サバや赤染めのイカの短冊など。

北海道のソウハチ釣り

6本バリの仕掛けすべてに付いたソウハチ。北海道の苫小牧や室蘭、日高沖などでは、冬に上層から中層を群れ泳ぐ

ソウハチは干して焼くのが一般的な食べ方。マニアの中にはポリタンクを持ち込み、洗いと漬け用として沖で奇麗な海水を汲んでいく人もいる

食べる

金タワシなどでヌメリやウロコを奇麗に擦り落とすのが美味しくいただくコツ。船上でその処理をする人も珍しくない

干物

大きさや好み、塩の種類にもよるが、約10%の塩水に1時間漬け、乾き具合を見ながら半日から1日干してから焼く。独特な匂いはクセになる

刺し身

新鮮なソウハチは刺し身もイケる。冬は脂乗りがよく絶品だ。ヌメリとウロコをよく取るのが肝心

タイワンガザミ

分類	十脚目短尾下目ワタリガニ科ガザミ属
学名	*Portunus pelagicus*
別名	ワタリガニ、ガザミ（ガザミと混称）、アオデ、オイラン、アオガニ

タイワンガザミは・・・

2000年代以降、西日本から関東沿岸へと急速に勢力を拡大。東京湾で釣れるワタリガニのほとんどが本種。ガザミと同様に一番後ろの脚先は平たいオール状の遊泳脚で、これを使って活発に泳ぐ。

河口・漁港

漢字

台湾蝤蛑

知る

分布
山形県から九州西岸までの日本海・東シナ海沿岸、千葉県外房から九州南部までの太平洋沿岸、琉球列島に分布。

大きさ
最大で全甲幅 20cm になる。

釣期
4 ～ 12 月に釣れることが多い。

1	2	3	4	5	6	7	8	9	10	11	12

棲んでいる場所
内湾の水深 40m までの砂～砂泥底に棲む。夏場は水深数 m の浅所で活動し、冬場は深場で越冬する。

生活史
雄は雌より大型になり、成熟個体は夏～秋に交尾する。交尾は脱皮直後の殻が柔らかい状態で行われ、そのチャンスを逃さぬよう雄は何日間も雌を抱えて生活する「交尾前ガード」を行う。雌は越冬明けに最大 400 万粒の卵を産む。卵は半年以上も貯えられた精子によって受精し、受精卵は腹節（フンドシ）に抱えられてふ化するまで保護される。ふ化したゾエア幼生は浮遊生活を行い、メガロパ幼生から稚ガニへと変態して着底する。着底後は急速に成長する。夜行性で肉食性が強く、死んだ魚も好んで食べる。寿命は通常 2 歳で、3 歳まで生きるものがある。生態・生活史は近縁のガザミに似るが、本種の方がやや外洋的な環境を好み、干潟やアマモ場への依存度がガザミほど強くないと考えられる。この特性によって近年の東京湾への勢力拡大がもたらされた可能性がある。

特徴
2000年代以降、西日本から関東沿岸へと急速に勢力を拡大してきた。東京湾では、釣れるワタリガニのほとんどが本種となっている。ガザミと同様に一番後ろの脚先は平たいオール状の遊泳脚で、これを使って活発に泳ぐ。雌や未成体の雄はガザミに酷似するが、ハサミ脚の長節（ヒトの上腕にあたる胴に近い部位）前縁の棘が 3 本（ガザミでは 4 本）であることから区別できる。成熟した雄は、甲や脚が強い青桑色を帯び、甲に明瞭な白斑をもつことで容易に見分けることができる。ハサミ脚は強大で挟まれると怪我をするので注意。ガザミより派手な色彩からオイラン（花魁）、鮮やかな青い脚からアオデ（青手）などとも呼ばれる。

主な釣り方
市販のカニアミ仕掛けにエサを仕込んで海底に沈め、網目に絡んだ頃合いをみて釣りあげる。

美味しい食べ方
旬は脱皮をしなくなる晩秋～春で、俗に「カニ味噌」と呼ばれる肝膵臓が充実し身入りもよく、濃厚な内子を持った雌は珍重される。一方、脱皮が盛んな夏場はこれにエネルギーを費やすために平均して身入りがよくない。身は上品で甘味があり、カニらしい風味も強い。食べ方のバリエーションは意外に乏しく、蒸すか茹でるかにほぼ限定される。いずれも活きたカニを加熱調理したものがよいが、水氷で締めてからでないと脚を自切するので注意。鍋や味噌汁では味噌との相性が最高で、ぶつ切りの身から極上の出汁が出る。ぶつ切りをご飯と炊きこむカニ飯も逸品。

フィッシングチャート
投げ釣りと網漁が合体したようなユニークな釣りスタイル。アタリが出ないところも通常の釣りとは異なる。食味優先の釣りともいえる。

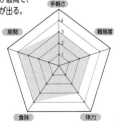

釣る

投げ釣り

定期的に仕掛けを回収

ミチイト
ナイロン 5号
または
PE 3号

サオ
投げザオ
30号前後 4m前後

オモリ

市販カニ網

エサ袋
（エサ：イワシ、サンマやイカの臓物）

リール
大型スピニングリール

ワンポイント

市販のカニアミ仕掛けにエサを仕込んで海底に沈め、網目に絡んだカニを釣りあげる。ねらい方は近縁種のガザミと全く同じ。20 ～ 40 号のオモリを背負える投げザオなどに中大型スピニングリールを組み合わせる。アタリは出ないので 30 分ほどのインターバルを設けて、定期的に仕掛けを回収してカニの有無とエサの食われぐあいをチェックする。

エサ・擬似餌

イワシなどの小魚。

カニアミは釣具店で購入できる。網の中央の赤いネットに寄せエサや魚を入れる

カニ釣り場はシロギス釣り場とかぶることが多い。待っている間はチョイ投げでシロギスねらいもおすすめ

釣り場は漁港など。近くに川が流れているとなおよい

赤いネットに入った寄せエサにつられて、周りのネットに足が絡んで動けなくなったところを引き上げる

タカノハダイ

分類	スズキ目スズキ亜目タカノハダイ科タカノハダイ属
学名	*Goniistius zonatus*
別名	タカッパ、ヒダリマキ、フィトンジマ、ションベンタレ

タカノハダイは・・・
体つきは背中がせり出したようなタイ型で、体表には茶褐色の斜帯が8〜9本入っている。魚類の中でこの様な完全な斜帯をもつものは珍しい。各ヒレは黄褐色で、尾ビレにはいくつもの白い斑点がある。

磯

漢字

鷹羽鯛

知る

分布

津軽海峡から九州南岸までの日本海・東シナ海沿岸、津軽海峡から屋久島までの太平洋沿岸、瀬戸内海、伊豆諸島に分布。

大きさ

最大で約45cm。

釣期

晩秋〜翌3月ごろ。専門にねらう人は少ない。

1	2	3	4	5	6	7	8	9	10	11	12

棲んでいる場所

比較的浅い海で、海藻が生えている岩礁域を好む。

生活史

産卵期は秋〜冬で、径1mm前後の分離浮性卵を産む。受精後36時間前後でふ化し、ふ化後1ヵ月以上にわたって浮遊生活を送りつつ動物プランクトンを食べて成長する。4〜5cmに達した稚魚の体は非常に側扁し、イワシ類のように背側面は青色で腹側面は銀白色に輝き、表層生活のカムフラージュ色となっている。この時点で体側には斜帯が現れている。さらに成長すると着底し、甲殻類や多毛類を食べて成長する。

特徴

体つきは背中がせり出したようなタイ型で、体表には茶褐色の斜帯が8〜9本入っている。魚類の中でこのような完全な斜帯をもつものは珍しい。各ヒレは黄褐色で、尾ビレにはいくつもの白い斑点がある。胸ビレ下方の軟条は太く大きく、海底に定位するときの支えとして役立っていると考えられている。

主な釣り方

専門にねらうことはほとんどない。磯釣りの外道で掛かることが多い。

美味しい食べ方

臭みのある個体が多く、不味い魚というイメージが定着しているが、季節や場所によって臭みは異なるようだ。釣りたてを活〆して血抜きし、内臓を取り除けば臭いはほとんど気にならないレベルになり、寒い時期には刺し身にして食べられる。

フィッシングチャート

磯釣りの外道なので専門の釣り方や技術はない。

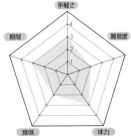

タカベ

分類	スズキ目スズキ亜目タカベ科タカベ属
学名	*Labracoglossa argentiventris*
別名	シャカ、イボジ、アジロ、ベント、シマウオ、ホタ

タカベは・・・

体型はやや細長い楕円形。背中は濃い青色で、腹側は銀白色。また背中から尾ビレにかけて鮮やかな黄色の帯が1本走っているのが最大の特徴。動物プランクトンをおもに食べる。

漢字

鰖

知る

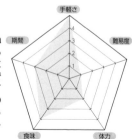

分布

房総半島から九州南岸までの太平洋沿岸、伊豆－小笠原諸島に分布。

大きさ

およそ20～25cm。

釣期

4～10月ごろで、夏がメインシーズン。

1	2	3	4	5	6	7	8	9	10	11	12

棲んでいる場所

水深50m以浅の沿岸岩礁域の中層に群棲する。

生活史

産卵期は8～10月で、径1.0mm前後の分離浮性卵を産む。ふ化仔魚は2.3mmで、仔稚魚は沿岸から沖合の表層に現れる。翌春には、5cm前後の幼魚が大量に接岸し、タイドプールにも入る。成長は比較的遅く、1歳で12cm、2歳で25cmになり、30cmを超えるのは7歳以上。3歳で成熟する。岩礁地帯の中層で群れを作って生活し、主に動物プランクトンを食べる。

特徴

体型はやや細長い楕円形。背中は濃い青色で、腹側は銀白色。また背中から尾ビレにかけて鮮やかな黄色の帯が1本走っているのが最大の特徴。伊豆諸島では重要な漁業対象種で、神津島では、建て切り網という伝統的な潜水追い込み網が営まれている。

タカベ科は1属2種のみの小さなグループで、本種のほかオーストラリア・ニュージーランド沿岸の *L. nitada* が知られるのみ。本種も日本の固有種で、分布域は狭い海域に限られている。

主な釣り方

磯のメジナ釣りのエサ取りとして扱われることが多かったが、近年は味の評価が高まって、ねらって釣る人も増えてきた。ウキフカセ釣りのほか、サビキ釣りで数をねらうこともできる。20～30年前までは、専門にサビキで釣る乗合船が南房総から出ていた。

美味しい食べ方

刺し身にもできなくはないが、塩焼きが一番人気。干物も美味い。

フィッシングチャート

ノベザオでもねらえることからチャートは非常に手軽な釣りものであることを示している。次頁写真のように防波堤なら子供でも充分楽しめる。

手軽さ
期間
難易度
食味
体力

ノベザオでもねらえる手軽なお土産的美味魚

釣る ウキ釣り

水面直下ねらい

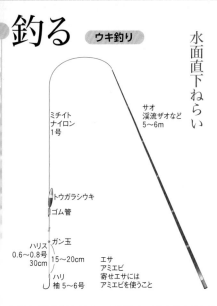

サオ
渓流ザオなど
5〜6m

ミチイト
ナイロン
1号

トウガラシウキ

ゴム管

ガン玉
15〜20cm

ハリス
0.6〜0.8号
30cm

ハリ
袖 5〜6号

エサ
アミエビ
寄せエサには
アミエビを使うこと

ワンポイント

メジナのエサ取りとして見られがちだが美味魚であり、よいお土産になるだろう。ウキフカセタックルでも OK だが、シンプルにノベザオでねらうとより手軽。タナは水面直下であり、ウキを見るよりエサを見たほうがよい。エサはオキアミよりアミエビのほうが釣果は上がる。また、寄せエサもアミコマセを使うとよいだろう。

エサ・擬似餌

アミエビ。

群れが入れば堤防などからノベザオで手軽に釣れる

寄せエサのアミに寄って来た小魚。左側の青い背中がタカベの群れ

ウキ釣りのほかにサビキ釣りなどでねらってもよい

 ⇒魚のさばき方は 607 頁へ

389

タチウオ

分類	スズキ目サバ亜目タチウオ科タチウオ属
学名	*Trichiurus japonicus*
別名	タチ、タチイオ、タチオ、ハクナギ、サワベル

タチウオは・・・
体は薄く細長く銀色に輝く。尾ビレと胸ビレは退化し、背ビレ基底は長く、胸ビレは上を向く。口は大きく、触っただけで切れるほど鋭い歯を持つ。背ビレを波打たせて遊泳し、立ち泳ぎの姿勢で中層に定位する。

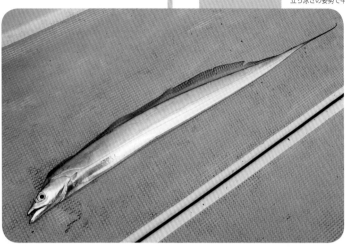

漢字

太刀魚

知る

分布
北海道から九州南岸までの日本海・東シナ海・太平洋沿岸、瀬戸内海、東シナ海大陸棚域に分布。

大きさ
最大で約 1.5m。

釣期
沖釣りでは 7 ～ 12 月ごろだが、東京湾ではオフシーズンがなくなりつつある。岸から釣る場合は地域差があるが、夏の夜釣りの風物詩となっている。

1	2	3	4	5	6	7	8	9	10	11	12

棲んでいる場所
沿岸部の表層～水深 400m 前後の海底に群れて生活している。

生活史
産卵期は春～秋の長期にわたり、海域により異なる。また、成熟年齢も海域により異なる。紀伊水道では、1歳で 54.9㎝、2 歳で 78.4㎝、3 歳で 96.4㎝ 4 歳で 110.6㎝になる。産卵群の 9 割は 1 歳魚で占められており、2 歳魚以上の高齢魚は極めて少ない。小型の若魚では主にオキアミ類などの浮遊性甲殻類を食べるが、58㎝を超えると魚類へと食性が切り替わる。食性の変化に応じて上顎歯の形状が犬歯状から鉤状へと変わる。

特徴
体は薄く細長いリボン状で銀色に輝く。尾ビレと胸ビレは退化して消失し、背ビレ基底は長く、胸ビレは上を向く。口は大きく、触っただけで切れるほど鋭い歯を持つ。背ビレを波打たせて遊泳し、立ち泳ぎの姿勢で中層に定位する。

従来はこの立ち泳ぎの姿勢で下から上へと突き上げるように泳ぎあがって捕食すると考えられていたが、最近東京湾口で撮影された映像の解析から、立ち泳ぎは休息時の姿勢で、水平遊泳時に捕食する可能性が高まった。
なお、釣り人はタチウオの体高を指の本数で測る。「指3本」といえば、魚体の幅が 3 つの指の幅と同じである、ということ。

主な釣り方
沖釣りでは、エサ釣り（テンヤ釣り）とルアー釣りに大別される。東京湾ではシンプルなテンビン仕掛けに 2 本バリが基本で、ライトタックル化も進んでいる。関西ではテンヤ釣りが主流で、近年関東でも見かけるようになった。ルアー釣りではメタルジグが基本だが、ワインド釣法など、多様化が進んでいる。陸釣りでは夜釣りが基本となり、電気ウキ釣りとルアー釣りに大別されるが、ともに沖釣りの仕掛けと大差ないものが用いられる。

美味しい食べ方
なんといっても塩焼きが美味しい。刺し身では皮が少し硬いので引いてもよいし、気にならなければ皮をつけたままおろしてみるといい。皮目をあぶって焼霜づくりにすると、皮目が香ばしく旨味と甘みが増す。バターとの相性がいいのでムニエルにも最適。

フィッシングチャート
沖釣りでは従来から定番魚種だったが、関西発の「ワインドブーム」に端を発し、近年大ブレイク。さまざまなテクニックもあり、人気はとどまることを知らない。

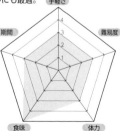

夢はメーターオーバーのドラゴンサイズ！

釣る

ワインド

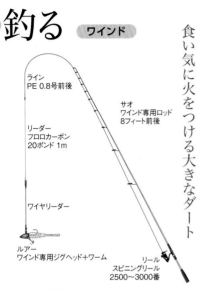

食い気に火をつける大きなダート

ライン
PE 0.8号前後

リーダー
フロロカーボン
20ポンド 1m

ワイヤリーダー

ルアー
ワインド専用ジグヘッド＋ワーム

サオ
ワインド専用ロッド
8フィート前後

リール
スピニングリール
2500〜3000番

ワンポイント

大きくダートする誘いが特徴的なワインド。ロッドなどは専用製品以外でも代用は可能だが、ワイヤリーダー、ワインド専用のジグヘッドとワームは必須アイテムだ。基本的な釣り方はルアーを目的のタナまで沈めたらワインドアクションでタチウオを誘う。ロッドを上下に操作しながらリールを1回巻くだけ。これでルアーは左右へ大きくダートする。

エサ・擬似餌

ルアー（ジグヘッド＋ワーム）。

ジギング

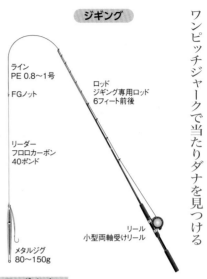

ワンピッチジャークで当たりダナを見つける

ライン
PE 0.8〜1号

FGノット

リーダー
フロロカーボン
40ポンド

メタルジグ
80〜150g

ロッド
ジギング専用ロッド
6フィート前後

リール
小型両軸受けリール

ワンポイント

ジギングではルアーを食い損ねてスレで掛かることが多々あり、ロッドは主に胴調子の柔らかめを使用する。基本の長さは6フィート前後で、小型のベイトリールを組み合わせる。タチウオはフォール中にも食ってくるので落下時のアタリも取れるベイトリールが好適。基本的なアクションはワンピッチジャーク。1シャクリにつきリールをひと巻きする。

エサ・擬似餌

ルアー（メタルジグ）。

食べる

刺し身のピーナッツオイル和え

鮮度の落ちやすいタチウオの刺し身が食べられるのは釣り人の特権。さっぱりとした身質なのでオイルとの相性がよい

アンチョビねぎバター焼き

アンチョビを足すことでより濃厚な味わいに

南蛮漬け

甘酸っぱい南蛮漬けをタチウオで作ると、箸が止まらないおかずに。ご飯のお供にぴったりだ

 ⇒魚のさばき方は 608 頁へ

釣る

テンヤ

掛けていくダイレクト感がたまらない

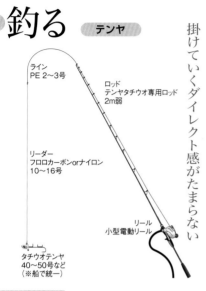

ライン
PE 2〜3号

ロッド
テンヤタチウオ専用ロッド
2m弱

リーダー
フロロカーボンorナイロン
10〜16号

リール
小型電動リール

タチウオテンヤ
40〜50号など
（※船で統一）

沖釣り

鋭い歯に対応した仕掛けが必須

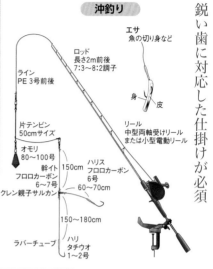

エサ
魚の切り身など

身   皮

ロッド
長さ2m前後
7:3〜8:2調子

ライン
PE 3号前後

リール
中型両軸受けリール
または小型電動リール

片テンビン
50cmサイズ

オモリ
80〜100号
幹イト
フロロカーボン
6〜7号
クレン親子サルカン

150cm

ハリス
フロロカーボン
6号
60〜70cm

150〜180cm

ラバーチューブ

ハリ
タチウオ
1〜2号

ワンポイント

テンヤはドウヅキやテンビン仕掛けなどと異なり、テンヤに巻き付けたエサに食いついた時に合わせて掛けていく。このダイレクト感が何よりの魅力だ。テンヤは数多く販売されているが、まずは「グロー」か「グローなし」かを基準に選んでいくとよいだろう。エサに使うイワシはテンヤに付いているワイヤを使って巻き付けていく。

エサ・擬似餌

テンヤ（イワシ）。

ワンポイント

ジギングの人気が高いが、手堅くねらうならエサ釣りがおすすめ。最近はタックルのライト化が進んでいるが、タチウオは歯が鋭いのでハリスの補強だけはしっかりとしておきたい。船長の指示ダナをねらうのが基本だが、タチウオは群れの移動が早い。アタリがない時は幅広く探ろう。

エサ・擬似餌

魚の切り身。

陸っぱり

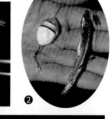

❶岸からのタチウオは回遊次第だが、よい年に当たれば湾奥の海浜公園からでもねらえる
❷飛ばしウキにキビナゴのセットが釣りやすくおすすめ
❸ルアーでねらうならワインド
❹いい日並に当たれば連続ヒットも珍しくない

テンヤ釣り

テンヤ釣りは西日本で盛んな釣り方。ルアー感覚で楽しめる（大阪湾紀淡海峡）

付属のワイヤでイワシを巻き付けた状態。ワイヤの先を最後に上に出すのがコツ

テンビン（沖釣り）

テンビン仕掛けを使った釣りは東京湾で人気。エサはコノシロやサバの切り身をハリに刺す。海中でヒラヒラと動くとタチウオが食いついてくる

シルバーに輝くタチウオは引きが強く食べて美味しいので各地で人気の対象魚だ

タチウオ釣りはその時に釣れている海域に多くの船が集まる（東京湾横須賀沖）

オキナワオオタチ

南洋の巨大タチウオが「オキナワオオタチ」。全長2m近くになって指10本サイズが釣れることも珍しくない。眼も大きく眼隔域がくぼんでいるのが特徴

ダツ

分類	ダツ目トビウオ亜目ダツ科ダツ属
学名	*Strongylura anastomella*
別名	アオサギ

ダツは・・・

体型は細長く、サヨリなどに似ているが、上下の顎が前方に長く伸びる。光に突進する性質があり、夜間にダツのいる海をライトで照らすと人間に向かって飛び出すことがあり、過去には死傷者も出ている。

漢字

駄津

知る

分布

北海道から九州南岸までの日本海・東シナ海・太平洋沿岸、瀬戸内海に分布。

大きさ

最大で1m前後になる。

釣期

ほぼ周年釣れるが、専門にねらう人は少ない。

1	2	3	4	5	6	7	8	9	10	11	12

棲んでいる場所

沿岸部の表層付近を単独または小群で泳ぐ。

生活史

産卵期は4～7月で、アマモ場やホンダワラ藻場に集まって卵膜の糸を海藻に絡みつかせて産卵する。卵は径3.1～3.5mmと大きく、10mmの仔魚は体色が黒くサヨリのように下顎だけが伸びている。同じダツ目のサヨリやトビウオと同様に、水面に近い層で群れをなして生活している。高速で泳ぎ回り、おもに小魚を食べている。

特徴

ダツの仲間は南方に分布の中心をもつものがほとんどだが、本種のみが温帯に適応して北方へと分布域を広げている。体型は細長く、サヨリなどに似ているが、上下の顎が前方に長く伸びる。内側には鋭い歯が生えている。骨格が青い。

エサを捕る際、小魚の鱗が反射するキラメキを目印にするようで、光に突進する性質がある。そのため、夜間にダツのいる海をライトで照らすと人間に向かって飛び出すことがあり、過去には死傷者も出ている。

主な釣り方

ねらって釣ることはほとんどないが、メジナ釣りの外道でよく掛かる。イナダやシーバスねらいのルアー釣りで掛かってくることもあるので、ポッパーなどのトップウオーターでアピールするルアーが効果的かもしれない。

美味しい食べ方

一般的には食用とされないが、夏に味がよくなる。煮つけ、空揚げや塩焼きで食される。大きなものなら身をサクどりできるので、夏場の刺し身を食べてみる価値がある。

フィッシングチャート

磯釣りの外道なので特別な技術はない。ダツのいる場所で夜釣りをする場合は水面をライトで照らしたりしないように注意。

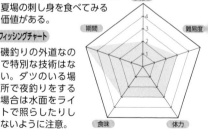

タマガンゾウビラメ

分類	カレイ目ヒラメ科 ガンゾウビラメ属
学名	*Pseudorhombus pentophthalmus*
別名	テビラ、テベラ、フナベタ、ガンゾ

沖

タマガンゾウビラメは・・・
最大でも 25cm どまりの小型のヒラメの仲間。沖釣りのアマダイやホウボウ釣り、ボートのシロギス釣りの外道としてよく顔を出す。

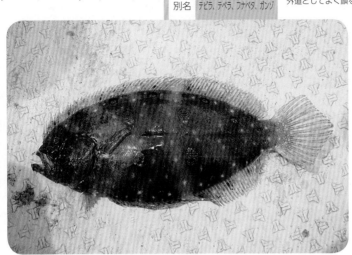

漢字

玉雁瘡平目

知る

分布
北海道から九州南岸までの日本海・東シナ海沿岸、北海道室蘭から九州南岸までの太平洋岸、瀬戸内海、東シナ海大陸棚域に分布。

大きさ
最大で約 25cm になる。

釣期
ねらって釣る魚ではないが、5 ～ 12 月によく釣れる。

1	2	3	4	5	6	7	8	9	10	11	12

棲んでいる場所
水深 40 ～ 80 ｍの砂泥底に棲む。

生活史
産卵期は 3 ～ 8 月で、南の海域ほど早い。アミ類などの小型甲殻類や魚類などを食べる。1 歳で 7 ～ 17cm となって成熟し、2 歳で 14 ～ 23cm となり、寿命は 3 歳と考えられている。

特徴
最大でも 25cm どまりの小型のヒラメの仲間。背ビレ前部の鰭条は短く、糸状に伸びないこと、有眼側の側線の上方に 3 個、下方に 2 個の眼状斑があること、臀ビレは 53 ～ 57 軟条であることから近縁種と区別できる。

主な釣り方
沖釣りのアマダイやホウボウ釣り、ボートのシロギス釣りの外道としてよく顔を出す。片テンビンの 2 ～ 3 本バリ仕掛けで、エサは、イソメ類、オキアミなどを使用する。場所によっては岸からの投げ釣りでも釣れることがある。

美味しい食べ方
身質はヒラメに似るがやや軟らかく、新鮮なものは刺し身が旨い。刺し身をとった後の中骨を干して揚げたり、小型のものは丸揚げにするとよい。カラカラに干した干物は瀬戸内の名産品で、木槌などでよくたたいてから焼いて食べる。

フィッシングチャート
沖釣りの外道なので特別な釣り方や技術はないが、底をねらうとよい。

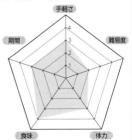

チカ

分類	サケ目キュウリウオ科ワカサギ属
学名	*Hypomesus japonicus*
別名	オオチカ (大型魚)、ツカ

チカは・・・
同属のワカサギに似るが、鱗が細かく体側の縦列鱗数の違いから区別できる。北海道では防波堤の人気ターゲット。

漢字

千魚

知る

分布
北海道全沿岸、津軽海峡から千葉県銚子までの太平洋沿岸に分布。

大きさ
最大で 18cm に達する。

釣期
沿岸に寄っている 3 ～ 11 月が釣期で、産卵期の 4 月が最盛期。

1	2	3	4	5	6	7	8	9	10	11	12

棲んでいる場所
内湾の浅海域に棲む。

生活史
産卵期は北海道南部で 3 月下旬～ 5 月上旬で、産卵群は夜間に河川が流入する水深 1m 以浅の砂底に集まる。産卵には 1 ～ 3 歳魚が参加し、1 歳魚で 4000 粒前後、2 歳魚で 1 万 3000 粒前後、3 歳魚で 2 万粒を産む。卵は直径 1.3mm 前後の沈性粘着卵で、砂にしっかりと付着する。稚魚は 6 月頃に約 3cm となって浅海域や港内に現れ、9 ～ 10 月まで浅海域で成長して 6 ～ 7cm になると沖合に移動する。

特徴
同属のワカサギに似るが、鱗が細かく体側の縦列鱗数が 62 ～ 68 (ワカサギは 60 以下) であることで区別できる。腹ビレが背ビレ基点直下からやや後方 (基点直下またはやや前方) から始まる個体が多いことも参考となる。

主な釣り方
北海道などでは人気が高い釣魚で、手軽に数釣りが楽しめる。寄せエサを撒いて魚を寄せるサビキ釣りが一般的だが、アミをハリにこすりつけるスピード仕掛けは寄せエサを撒かなくても釣れる。大型は 1 本バリのウキ釣りやミャク釣りでねらう。浅い場所ではノベザオを、深い場所ではスピニングリールと磯ザオを用いる。

美味しい食べ方
都会ではワカサギと称して売られていることが多い。味はワカサギと遜色なく、天ぷら、フライのほか小型のものは甘露煮や佃煮で食べられる。子持ちのフライは特に美味しい。

フィッシングチャート
北海道や東北では、防波堤から手軽に数釣りを楽しむことができ、食味もよい人気ターゲットだ。ジャンボチカが釣れたら刺し身も可能。

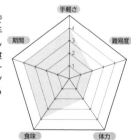

釣る

エサ釣り

手返しよく数を伸ばしたい

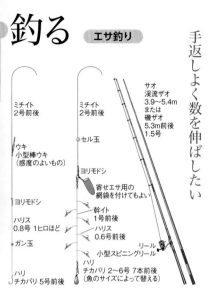

ミチイト
2号前後

ウキ
小型棒ウキ
（感度のよいもの）

ヨリモドシ

ハリス
0.8号 1ヒロほど

ガン玉

ハリ
チカバリ 5号前後

ミチイト
2号前後

セル玉

ヨリモドシ
寄せエサ用の
網袋を付けてもよい

幹イト
1号前後

ハリス
0.6号前後

ハリ
チカバリ 2〜6号 7本前後
（魚のサイズによって替える）

サオ
渓流ザオ
3.9〜5.4m
または
磯ザオ
5.3m前後
1.5号

リール
小型スピニングリール

ワンポイント

主な釣り方の項のとおり。スピード仕掛けは、スピードエサ付け器（下、写真）が必須アイテム。同じく、寄せエサを撒く場合はヒシャクが必需品だ。

エサ・擬似餌

アミエビ。

北海道のチカ釣り

20cmクラスの"オオチカ"。冬の太平洋では、こんな大型がねらえる港もある

三脚にスピードエサ付け器をセットし、そこにアミを入れるのが基本スタイル。仕掛けを通してエサを擦り付ける

北海道でチカは、堤防釣りの入門魚としてよく知られ、釣具店には専用の仕掛けが並んでいる。深さを調整するのに予備のオモリもあるとよい

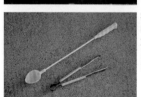

寄せエサを撒くためのヒシャク、それに魚をつかんでバケツに入れるためのトングも必須アイテム

チカ用の寄せエサは、同じキュウリウオ科の魚と共通。海中に撒いて寄せる場合は、切らさないように少量撒くのが基本

チカメキントキ

分類	スズキ目スズキ亜目キントキダイ科チカメキントキ属
学名	*Cookeolus japonicus*
別名	キントキ、カネヒラ、カゲキヨなど

チカメキントキは・・・

キントキダイ科の魚は体が楕円形で側扁し、眼と口が著しく大きく、赤を基調とした体色をもつ。本種の腹ビレは大きく、後ろにたたむとその後端が臀ビレ基部をはるかに超えることで、同科の他種すべてから見分けられる。

漢字

近目金時

チカメキントキは、マダイ（写真）釣りのゲストフィッシュでもある

知る

分布

主に青森県から九州西岸までの日本海・東シナ海沿岸、北海道襟裳岬から屋久島までの太平洋沿岸に分布し、瀬戸内海で稀に見られる。

大きさ

最大で約60cmに達する。

釣期

4～11月ごろ。専門にねらうケースは少ない。

1	2	3	4	5	6	7	8	9	10	11	12

棲んでいる場所

水深30～340mの主に岩礁域に棲み、水深100m付近に多い。

生活史

産卵期は、東シナ海では7～8月。仔稚魚の出現は日本近海では稀で、幼期の生態は解明されていない。海底上数m～10mの近底層に群がりを作って生活している。大型個体ほど深い水深帯に多い傾向がある。夜行性と考えられており、甲殻類やアミ類、軟体類を食べる。

特徴

本種が属するキントキダイ科は、日本に3属11種が分布する。形態は互いによく似ており、いずれも体は楕円形で側扁し、眼と口が著しく大きく、赤を基調とした体色をもっている。本種の腹ビレは大きく、後ろにたたむとその後端が臀ビレ基部をはるかに超えることで、キントキダイ科の他種すべてから見分けられる。腹ビレのほとんどが黒く、尾ビレ、背ビレ並びに臀ビレの縁が黒いことも見分けるポイントである。

主な釣り方

房総半島周辺では、沖釣りでマダイやハナダイ釣りの外道としてよく掛かる。魚の切り身やイカの短冊などをエサに、ドウヅキ仕掛けで釣る。最近は外房方面で専門にねらう乗合船が出ている。

美味しい食べ方

上品な白身で市場価値が高く、大型のものは刺し身にすると美味。ただし、鱗が硬いので調理の際はひと工夫が必要。焼き物にする際には、鱗がついたまま丸ごと焦げるぐらいに焼き、食べる際に鱗と皮を剥いで食べると旨い。揚げ物や煮つけにする際には、鱗ごと皮を引いて調理するとよい。

フィッシングチャート

房総などではキントキ混じりの根魚五目の船も出ており、80～100号のオモリにドウヅキ仕掛けで底付近をねらう。一緒に釣れる魚もマハタなど高級魚揃いで人気がある。

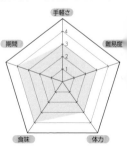

ツムブリ

分類	スズキ目スズキ亜目 アジ科ツムブリ属
学名	*Elagatis bipinnulata*
別名	オキブリ, オモカジ, ヒダリマキ, ウメキチ, ヤマトナガイユ

ツムブリは・・・
背中は暗い青緑や藍色で、側面の中央に水色の縦帯が2本入っている。高速で泳ぐ美しい姿でも知られ、英名を「レインボー・ランナー」という。

漢字

紡錘鰤

知る

分布
全世界の温帯〜熱帯域に分布し。日本では伊豆−小笠原諸島、青森県から九州南岸までの日本海・東シナ海・太平洋沿岸、琉球列島に分布する。

大きさ
全長約1m。最大で1.5mに達する。

釣期
夏から秋にかけて釣れることが多いが、専門にねらう人は少ない。

1	2	3	4	5	6	7	8	9	10	11	12

棲んでいる場所
潮通しのよい浅海の沿岸から沖合に生息。表層を泳いでいることが多い。

生活史
産卵期は春〜秋の長期間におよび、特定の産卵場はもたない。稚幼魚は流れ藻や流木などの漂流物につく。このため、本来の分布域外に流されてしまうこともあり、東京湾の横浜市沿岸で稚魚が採集された記録がある。漂流物につく習性は成魚になっても保持されており、パヤオ（浮き魚礁）には大抵の場合成魚の大群がついている。1mを超える大型個体は群れを作らずに単独行動をとることが多くなり、絶海の離礁やはるか沖合域の中層の水深100mを超える水深帯で単独の老成魚が観察されたり釣られたりする。成長や寿命については明らかにされていない。

特徴
背中は暗い青緑や藍色で、側面の中央に水色の縦帯が2本入っている。ブリやヒラマサ、カンパチなどに似ているが、頭部が小さく、口が細長く尖っている。また、尾ビレの前側に小離鰭（しょうりき）と呼ばれる小さなヒレがある。また、多くのアジ科魚類の体側にみられる稜鱗（ゼイゴ）をもたない。高速で泳ぐ美しい姿でも知られ、英名を「レインボー・ランナー」という。

主な釣り方
パヤオにおける釣りの定番外道で、離島の磯からのメジナ釣りで外道として掛かることもある。ハリに掛かると激しい突進を見せるので、ルアーなどで専門にねらうと面白い。

美味しい食べ方
旬は秋〜冬。食用魚としての認知度は低いが、旬のツムブリは魚類中トップクラスとも評されるほどの隠れた美味魚で、市場での低評価は信じ難い。小型は味がないが、大きいものほど脂が乗っていて美味しい。刺し身、塩焼き、煮付けなどどんな料理にも向き、アラからは旨味が強い出汁が出る。

フィッシングチャート
メインターゲットにならない割に、ハリ掛かりすると素晴らしいファイトをみせる。大型になると食味もよく、磯釣りの隠れた名脇役的存在。

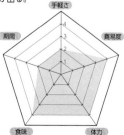

釣る

ウキフカセ釣り

離島仕様の太仕掛けで対応

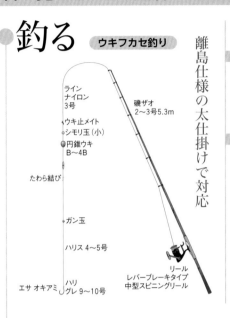

ライン
ナイロン
3号

磯ザオ
2～3号5.3m

ウキ止メイト

シモリ玉（小）

円錐ウキ
B～4B

たわら結び

ガン玉

ハリス 4～5号

エサ オキアミ

ハリ
グレ 9～10号

リール
レバーブレーキタイプ
中型スピニングリール

ワンポイント

沖磯などでメジナをねらっていて掛かることが多い。青もの特有の素早い走りと、強烈な引きを見せる。100cmを超す特大サイズもいる。群れを作って泳ぐその姿は美しく、英語ではレインボー・ランナーと呼ばれる。

エサ・擬似餌

オキアミ。

鮮やかなストライプと体長に比して小さな口が特徴だ

太めのミチイトを使った離島仕様のウキフカセ釣りタックルでねらえるほか、写真のようなカゴ釣り仕掛けでよりダイレクトに沖めをねらってみても面白い

トウゴロウイワシ

分類	トウゴロウイワシ目トウゴロウイワシ科ギンイソイワシ属
学名	*Doboatherina bleekeri*
別名	トンゴロ、ウロコイワシ、イソイワシほか

トウゴロウイワシは・・・

本種を含むグループは、従来はボラやダツに近いと考えられていたが、トウゴロウイワシ目という独立した分類群に位置づけられており、種はこの目の代表種。内湾の浅場の表層を大群で泳いでいるのがみられる。

漢字

藤五郎鰯

知る

分布

新潟県から九州南岸までの日本海・東シナ海沿岸、千葉県館山から屋久島までの太平洋沿岸、小笠原諸島、瀬戸内海に分布。

大きさ

10～15cm 程度。

釣期

専門にねらう人は少ないが、春から秋に釣れ、梅雨時に大きな群れが岸に寄る。

1	2	3	4	5	6	7	8	9	10	11	12

棲んでいる場所

沿岸浅所の表・中層に多く、時には河口部の汽水域にも入ってくる。

生活史

産卵期は春～夏で、水深 2～5m の海底に生える糸状藻類に卵膜の糸を絡みつかせて沈性卵を産みつける。ふ化仔魚は 5mm前後で、卵黄をもたない。15mm前後になるとヒレが完成し鱗の形成も始まり稚魚期に移行する。1 歳で成熟し、寿命は 2～3 歳。内湾に入ってくることも多く、浅場の表層を大群で泳いでいるのがみられる。

特徴

本種を含むグループは、従来はボラやダツに近いと考えられていたが、トウゴロウイワシ目という独立した分類群に位置づけられており、本種はこの目の代表種。日本の沿岸では、本種のほかよく似たギンイソイワシとムギイワシが普通にみられる。本種の肛門は腹ビレの後端より前方にあることで、他 2 種と区別できる。

主な釣り方

ねらって釣ることはほとんどない。堤防でのウキ釣りやサビキ釣りの外道として掛かる。

しかし、サイズや形が手頃でイワシ類よりもハンドリングに強く、高確率でフィッシュイーターが襲いかかる優秀な活きエサである。特に、スズキ、イナダやカンパチに威力を発揮するので、ボート釣りでまずサビキなどで本種を釣って活かしておき、大ものをねらうマニアがいる。

美味しい食べ方

硬くてはがれにくいウロコがあるため、あまり食べられていない。しかし、きめ細やかな白身は干物や寿司ネタにすると意外と美味しい。手間を掛けたくなければ、鱗や内臓を取らずに丸焼きにするとよい。硬い鱗に包まれた蒸し焼きとなって旨味が逃げず、鱗を剥いで食べる。また、小さなものは丸揚げにすれば、頭・内臓ごと食べられる。

フィッシングチャート

フィッシュイーターを釣るための活きエサとしての価値が高い。サビキでまずトウゴロウイワシを釣り、泳がせ釣りで本命をねらう。

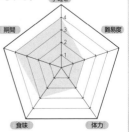

トラギス

分類	スズキ目スズキ亜目トラギス科トラギス属
学名	*Parapercis pulchella*
別名	トラハゼ、オテッカンジイ、イシブエ、イモハゼ、トラゴモ

トラギスは・・・
吻から頭部側面に 5 ～ 6 本の青色横線があり、下顎腹面に多数の黒斑をもつことが特徴。体色は赤褐色で、その中央部に白色の斑列が並ぶ。

漢字

虎鱚

知る

分布

新潟県から九州南岸までの日本海・東シナ海沿岸、千葉県から九州南岸までの太平洋沿岸、伊豆諸島、瀬戸内海に分布。

大きさ

最大で 20cm になる。

釣期

ねらって釣ることはないが、4 ～ 12 月によく釣れる。

1	2	3	4	5	6	7	8	9	10	11	12

棲んでいる場所

浅海の砂礫域に棲む。

生活史

産卵期は夏で、径 0.8㎜前後の分離浮性卵を産む。浮遊期の仔魚は、千葉県沿岸では 8 ～ 9 月に出現する。雄がナワバリの中に雌を招き入れてペア産卵する。雌から雄に性転換する。
貪欲な肉食魚で、海底を泳ぎまわりながら甲殻類やゴカイ類などを食べる。

特徴

吻から頭部側面に 5 ～ 6 本の青色横線があり、下顎腹面に多数の黒斑をもつことが特徴。体色は赤褐色で、その中央部に白色の斑列が並ぶ。背ビレ棘条部と軟条部との間に深い欠刻がある。

主な釣り方

防波堤などからのチョイ投げ釣りでよく釣れ、沖釣りではカワハギやシロギス釣りの定番外道として知られる。片テンビンの 2 ～ 3 本バリ仕掛けで、エサはアオイソメ。

美味しい食べ方

トラギスの仲間は上品な美しい白身をもち、皮目に旨みがあるので特にてんぷらに向いている。焼き物では、塩焼きもいいが干物にするとさらに旨くなる。他には、煮付け、揚げ物などもよい。

フィッシングチャート

基本的にねらって釣る魚ではないが、ヒラメやマゴチを釣るための活きエサとして重宝する。外道として釣れた場合も、美味しく食することができる。

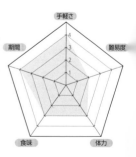

⇒魚のさばき方は 612 頁へ

ナンヨウカイワリ

分類	スズキ目スズキ亜目アジ科フェルダウイア属
学名	*Ferdauia orthogrammus*

ナンヨウカイワリは・・・
いわゆるヒラアジの仲間で、琉球列島などの亜熱帯域にはよく似た種が多くみられる。本種は、体側に暗色横帯がなく、生時には黄色斑が散在するので見分けは容易である。

漢字

南洋貝割

知る

分布

主に相模湾から九州南岸までの太平洋沿岸、伊豆－小笠原諸島、琉球列島に分布し、新潟県佐渡から長崎県までの日本海・東シナ海沿岸に散発的に出現する。

大きさ

20 ～ 30cm 前後で、大型は70cm ほどに成長する。

釣期

4 ～ 12 月ごろ。

1	2	3	4	5	6	7	8	9	10	11	12

棲んでいる場所

サンゴ礁など沿岸部の浅海から、水深 200m 前後までの砂泥地に生息する。

生活史

産卵期は秋口から初冬にかけてで、仔稚魚の形態は知られていない。幼魚は大型魚などについて群泳しているが、成魚は単独行動をするようになる。通常は砂泥地の底層で生活し、甲殻類や小魚を食べている。

特徴

いわゆるヒラアジの仲間で、琉球列島などの亜熱帯域にはよく似た種が多くみられる。2022 年に本種が属していたヨロイアジ属の分類が見直され、属が変更された。本種は、体側に暗色横帯がなく、生時には黄色斑が散在するので見分けは容易である。
ハリに掛かると強い引き味で釣り人を楽しませてくれる。

主な釣り方

専門に釣ることは少ない。片テンビンにコマセカゴをセットした仕掛けを使う。また、磯のメジナ釣りの外道で釣れることも多い。

美味しい食べ方

特に脂の乗った良型は、刺し身にすると濃厚な味わいが楽しめる。ほかに塩焼き、煮付けなど。

フィッシングチャート

メジナ釣りのゲストで釣れることが多いので、仕掛けや釣り方、難易度のいずれもメジナに準じる。食味がよいのもうれしいところ。

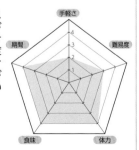

釣る

ウキフカセ釣り

メジナ釣り仕掛けで

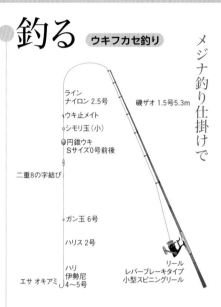

- ライン
  ナイロン 2.5号
- ウキ止メイト
- シモリ玉（小）
- 円錐ウキ
  Sサイズ0号前後
- 二重8の字結び
- ガン玉 6号
- ハリス 2号
- ハリ
  伊勢尼
  4〜5号
- エサ オキアミ
- 磯ザオ 1.5号5.3m
- リール
  レバーブレーキタイプ
  小型スピニングリール

ワンポイント

20〜30cm がアベレージだが、40cm クラスが掛かることもあり、引き味はよい。仕掛け、エサともにメジナと同じでOKだ。

エサ・擬似餌

オキアミ。

ウキフカセ釣りで使うウキ。0号以下の浮力で表層からじんわりと仕掛けを馴染ませていくとナンヨウカイワリもヒットすることが多い

スピーディーでパワフルな引きを楽しませてくれる

高水温期の秋のメジナ釣り（写真）でヒットすることが多い

エサのオキアミは海水で軽く洗ってからエサ箱に移すと保存が効く

ニザダイ

分類	スズキ目ニザダイ亜目 ニザダイ科ニザダイ属
学名	*Prionurus scalprum*
別名	サンノジ、サンタ、オキハゲ、サンハゲ

ニザダイは・・・

卵型で側扁し、口が前方に突き出している。体色は黒褐色で硬い皮膚に覆われている。尾柄部には硬く鋭い骨質板が突き出ているので、無造作につかまないように注意。

磯

漢字

仁座鯛

知る

分布

主に千葉県銚子から屋久島までの太平洋沿岸、伊豆ー小笠原諸島に分布し、青森県から九州西岸までの日本海・東シナ海沿岸、青森県から鹿島灘までの太平洋沿岸、琉球列島に散発的に出現する。

大きさ

成魚は 40cm ほど、最大で約 50cm になる。

釣期

5 ～ 10 月ごろ。

1	2	3	4	5	6	7	8	9	10	11	12

棲んでいる場所

沿岸の岩礁やサンゴ礁域に棲む。幼魚は単独で浅場にいることが多く、成魚は水深 5 ～ 10m 前後を群泳する。

生活史

産卵期は 3 ～ 5 月で、分離浮性卵を産む。3mm 以降の幼期はアクロヌルス期と呼ばれ、体が強く側扁し頭部が大きな特異な形をしており、60mm に達するまで長い浮遊生活期を送る。着底稚魚は夏秋季に浅い岩礁域やタイドプールに出現し、付着藻類を食べて成長する。成魚は雑食性となり、主にサンゴ藻などの石灰藻類を食べているが、イソメやゴカイなどの多毛類、甲殻類なども食べる。

特徴

体は卵型で側扁し、口が前方に突き出している。体色は黒褐色で硬い皮膚に覆われている。若魚のころはさらに体高が高く、尾ビレが白くなっている。また、尾柄部に 4 個の黒い斑紋があり、硬く鋭い骨質板が突き出ているので、無造作につかまないように注意すること。

主な釣り方

専門にねらう魚ではないが、磯のメジナ釣りなどでハリに掛かる。外道ではあるが強い引きが楽しめる。

美味しい食べ方

臭みが出やすいため、釣ったらすぐに内臓を取って血抜きするといい。うまく処理できていれば、刺し身にすると歯ごたえがあって美味しい。濃い味付けにも向き、中華風の煮込みやトマト煮込み、スパイシーな空揚げもおすすめ。

フィッシングチャート

メジナ釣りの外道で、食材としても釣り人には敬遠されがちだが、引き味は強い。特に最初の走りは素晴らしい。

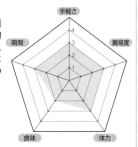

ニベ

分類	スズキ目スズキ亜目ニベ科ニベ属
学名	*Nibea mitsukurii*
別名	イシモチ、グチ、シラグチ、アカグチ

ニベは・・・
体側の側線上方の各鱗には１枚ずつに黒斑があり、黒斑列は後方上から前方下に向かう斜線となって尾柄部まできれいに並ぶ。よく似たシログチとは、エラブタの上にやや大きな黒斑がないことで区別できる。

漢字

鮸

知る

分布
主に仙台湾から九州南岸までの太平洋沿岸に分布し、新潟県から島根県までの日本海沿岸、東北三陸地方、瀬戸内海に散発的に出現する。

大きさ
最大で70cmになる。

釣期
４～12月に釣れ、最盛期は６～９月。

1	2	3	4	5	6	7	8	9	10	11	12

棲んでいる場所
沿岸の砂泥底に棲む。

生活史
産卵期は、土佐湾では４月下旬～６月中旬で、水深30ｍ以浅の砂底で分離浮性卵を産む。稚魚は水深10ｍ以浅の砂底で小型甲殻類やシラスを食べ、10cmを超えると魚食性が強まる。２歳で33cm、３歳で38cm、４歳で41cm、５歳で43cmになる。成熟は２歳魚未満では雌が多く、それ以上では雄が多くなり、４歳魚以上ですべてが成熟する。ウキブクロを使ってグーグーと鳴き、特に繁殖期の雄は盛んに求愛音を発する。

特徴
体側の側線上方の各鱗には１枚ずつに黒斑があり、黒斑列は後方上から前方下に向かう斜線となって尾柄部まできれいに並ぶ。よく似たシログチとは、エラブタの上にやや大きな黒斑がないことで区別することができる。

主な釣り方
外洋に面した砂浜や堤防からドウヅキ仕掛けの投げ釣りでねらう。ポイントは「ヨブ」と呼ばれる波浪によってつくられた海底のくぼみで、離岸流が沖に払い出している流れの筋もよい。濁りを好み、日中よりも夜釣りに分がある。エサはイソメ類で、イワイソメがベスト。

美味しい食べ方
クセのない白身で旬は春から夏、近縁のシログチより水っぽくなく締まっている。皮目に独特の風味があるので、刺し身は皮霜造りがよく、塩焼きは絶品で、ムニエルやフライも旨い。

フィッシングチャート
堤防や砂浜から比較的手軽に釣ることができる。食べても美味しく、ファミリーフィッシング向きの魚だ。

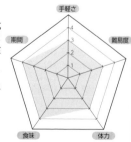

釣る

投げ釣り

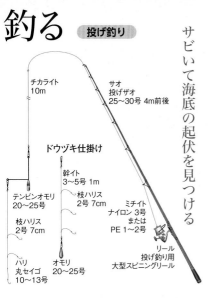

チカライト
10m

サオ
投げザオ
25〜30号 4m前後

ドウヅキ仕掛け

幹イト
3〜5号 1m

テンビンオモリ
20〜25号

枝ハリス
2号 7cm

ミチイト
ナイロン3号
または
PE 1〜2号

枝ハリス
2号 7cm

ハリ
丸セイゴ
10〜13号

オモリ
20〜25号

リール
投げ釣り用
大型スピニングリール

サビいて海底の起伏を見つける

ワンポイント

産卵のために接岸する春から夏が好シーズン。よく似たイシモチは沖釣りも人気。こちらは主な釣り方の項に記したとおり、変化のある場所がポイントで、仕掛けをサビきながら探っていく。濁り時、夜間がよりチャンスだ。

エサ・擬似餌

イワイソメ。

ニベねらいではクロダイも掛かる

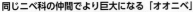

釣り場は広大なサーフ

同じニベ科の仲間でより巨大になる「オオニベ」

60㎝オーバーのオオニベ。投げ釣りではまだまだ開拓の余地が大きい

九州がメインフィールドのオオニベ。ルアーフィッシングの好敵手であるオオニベは投げでもねらえる。150㎝を超える超大ものもいる

ヌマガレイ

砂浜・堤防・沖・汽水湖・下流域

分類	カレイ目カレイ科ヌマガレイ属
学名	*Platichthys stellatus*
別名	ガサガサガレイ、ゴンガレイ、タカノハ、カワガレイ、カタガレイ、ツギリガレイ、アツゲショウ

ヌマガレイは・・・

陸っぱりでねらえるカレイとしては日最大級で、ヒラメ類のように眼が体の側にあり（ただし海外の海域ではこのりではない）、川や湖などの純淡水域も普通に生活する北海の異端児である

漢字

沼鰈

知る

分布

北海道全沿岸、青森県から島根県中海までの日本海沿岸、青森県から千葉県九十九里浜までの太平洋沿岸、神奈川県三崎に分布。

大きさ

最大で 95cm になる。

釣期

周年にわたって釣れるが、6 月が最盛期。

1	2	3	4	5	6	7	8	9	10	11	12

棲んでいる場所

沿岸の浅海域～汽水・淡水域の砂泥底に棲む。

生活史

産卵期は北海道で 2～3 月で、沿岸浅所で直径 1mm 前後の分離浮性卵を産む。ふ化仔魚は 3mm 前後で、7～10mm になると片側への移動が始まる。浮遊生活期の仔稚魚はカイアシ類などの動物プランクトンを食べる。変態後は浅い砂浜域に着底し、小型のものはヨコエビ類や多毛類を好み、成長に伴ってエビ類、貝類、魚類へと食性が変化する。成長には雌雄差があり、雌では 1 歳で 11cm、3 歳で 31cm、5 歳で 44cm、6 歳で 49cm 前後となり、雄はこれよりも成長が遅い。産卵期以外は河川の中下流域や海につながった湖沼で生活するものが多く、北海道では初冬に川や湖から沿岸域への明瞭な移動がみられる。

特徴

陸っぱりでねらえるカレイとしては日本最大級で、ヒラメ類のように眼が体の左側にあり、川や湖などの純淡水域でも普通に生活する北海の異端児。ただし、アラスカ産では 30%、カリフォルニア産では 50% のものが右側に眼をもち、交雑実験から眼のつき方は遺伝によって支配されていることが明らかにされている。体の表面には多数の粗雑な骨板が散在し、特に背ビレ・臀ビレの基底に沿うものは著しく隆起する。地方名のガサガサガレイは、この特徴に由来する。また、背ビレ・臀ビレに並ぶ明瞭な黒色帯列が鷹の羽根を連想することから「タカノハガレイ」、ヒレの紋が明瞭なことから「アツゲショウ」などの別名をもつ。

主な釣り方

浅場、川や湖では投げ釣りでねらう。遠投の必要はない。イソメ類をエサとし、数本の置きザオを並べて待つのが一般的。また近年は、大型魚ねらいのゲーム性が高い船からのルアー釣りが注目されつつある。バス用またはロックフィッシュ用タックルにラバージグとワームの組み合わせでねらい、ミチイトは PE6 ポンド前後でそれに見合ったラインシステムを組む。従来からの船釣りは、両テンビン仕掛けに投げ釣りに準じたハリスとハリ、ホタテのヒモをエサとする。

美味しい食べ方

透明感のある白身は脂が少なく、最も美味しい食べ方は刺し身で、身持ちがよくしっかりとした食感が長く味わえる。そのためには持ち帰るギリギリまで生かして活け締めにするとよい。自然死させると独特の臭みが出ることがある。またカルパッチョにすると淡泊な味わいを補えて飽きが来ない。

フィッシングチャート

投げ釣り、沖釣りのほかに、北海道では氷上ワカサギ釣りのゲストでお目見えすることもある。魚食性が高いことからルアーでもねらえる

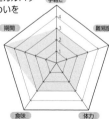

釣る

投げ釣り

置きザオで待ちの釣り

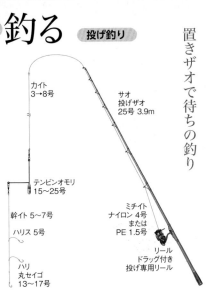

- カイト 3→8号
- サオ 投げザオ 25号 3.9m
- テンビンオモリ 15～25号
- 幹イト 5～7号
- ハリス 5号
- ハリ 丸セイゴ 13～17号
- ミチイト ナイロン 4号 または PE 1.5号
- リール ドラッグ付き 投げ専用リール

ワンポイント

主な釣り方の項のとおり。北海道では沖釣りで、春のマガレイ釣りのゲストとして顔を見せることもある。魚食性が高いので、ルアーにも好反応することも覚えておきたい。

エサ・擬似餌

アオイソメ、イワイソメ、エラコ。

北海道のヌマガレイ釣り

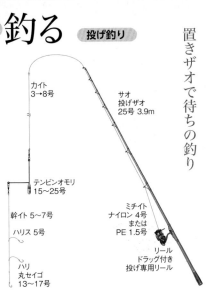

ヌマガレイは魚食性が高く、好奇心旺盛。写真の生分解ワームなどのほか、ハードルアーにヒットすることも珍しくない

春の道央日本海で釣れたヌマガレイ（腹側）。この時季、マガレイの船釣りが人気だが、その際に外道としてあがることもある

網走湖の釣果。左が釣れたヌマガレイ。この日は6尾あがった。ワカサギ用タックルは悲鳴を上げていたのはいうまでもない

冬、北海道の氷上はワカサギ釣りでにぎわうが、汽水域の場合、ゲストとしてヌマガレイが顔を見せることも……

ネンブツダイ

分類	スズキ目スズキ亜目テンジクダイ科スジイシモチ属
学名	*Ostorhinchus semilineatus*
別名	キンギョ、トシゴロ、アカジャコ、シカラ、スジイセジ

ネンブツダイは・・・
体は側扁し、眼と口が大きい。体色は薄いピンクに輝き、吻端から眼を通りエラブタに至る黒色縦線と、眼の上から第2背ビレ基部後端に至る黒色縦線をもち、尾柄中央に丸い黒斑がある。

撮影：工藤孝浩

漢字

念仏鯛

知る

分布
山形県から九州南岸までの日本海・東シナ海沿岸、千葉県から九州南岸までの太平洋沿岸、瀬戸内海、慶良間諸島、宮古島に分布。

大きさ
最大で12cmになる。

釣期
おもに春から晩秋にかけて。

1	2	3	4	5	6	7	8	9	10	11	12

棲んでいる場所
水深2〜100mの岩礁域に群れる。

生活史
産卵期は7〜9月で、この時期には雄と雌がつがいになって生活する。雌が数千〜1万粒の卵塊を産出すると、すぐに雄が受精させて口にくわえこみ、ふ化するまで口の中で保護する。ふ化仔魚は2.3mmで、8mmを超えると各ヒレの条数が定数に達して稚魚期となる。稚魚は秋季に水深5m以浅に大群で現れる。1歳で成熟し、寿命は3〜4歳と考えられている。

特徴
近年まで本科魚類の約6割は旧テンジクダイ属という大きなグループにまとめられ、本種もその中に位置づけられていたが、2015年に分類が再検討されて13属に分かれ、本種はスジイシモチ属に帰属した。体は側扁し、眼と口が大きい。体色は薄いピンクに輝き、吻端から眼を通りエラブタに至る黒色縦線と、眼の上から第2背ビレ基部後端に至る黒色縦線をもち、尾柄中央に丸い黒斑がある。同じ海域に棲む同属のクロホシイシモチに似るが、クロホシイシモチの後頭部には左右1対の黒斑があることで区別できる。

主な釣り方
小魚のくせに大きな口でハリを丸呑みするため、クロダイ釣りやメジナ釣りなどではやっかいなエサ取りとして嫌われている。暖かい地方の海ではウキ釣りやサビキ釣りでよく掛かる。

美味しい食べ方
小骨が多く身が少ないため、練り物以外にはほとんど利用されていない。だが味は悪くないので、頭とワタを取って空揚げや味噌汁の具、ツミレにするといい。

フィッシングチャート
釣りやすい魚だが、本命（クロダイ、メジナ）のエサ取りであり釣り人には嫌われがちである。

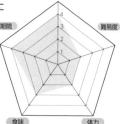

釣る

ウキ釣り

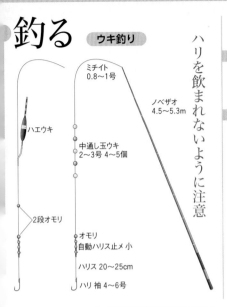

ハリを飲まれないように注意

ミチイト
0.8〜1号

ノベザオ
4.5〜5.3m

ハエウキ

中通し玉ウキ
2〜3号 4〜5個

2段オモリ

オモリ
自動ハリス止メ 小

ハリス 20〜25cm

ハリ 袖 4〜6号

ワンポイント

小さな体のわりに口が大きくエサを丸飲みする。メバルねらいのルアーでもよく釣れる。ねらって釣る場合はウミタナゴと同じ仕掛けで OK だ。

エサ・擬似餌

オキアミ。

川釣り用のハエウキ仕掛けは海の小もの釣りにも使える

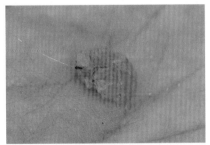

エサは小さめのオキアミなどを使おう。尾の先をカットしてハリを刺し入れたら、最後に頭を取ってこのように付けるとよい

ネンブツダイに瓜二つのクロホシイシモチ。クロホシイシモチの後頭部には左右1対の黒斑があることで見分けがつく

ハオコゼ

分類	スズキ目カサゴ亜目ハオコゼ科ハオコゼ属
学名	*Hypodytes rubripinnis*
別名	オコゼ、ハオコシ、ハチオコゼ

ハオコゼは・・・
体は側扁し額がやや張り出す。堤防釣りなどの外道で釣れるが、背ビレの棘には毒があり、刺されると危険。体色は様々であり赤あるいは茶褐色を基調とする。

漢字

葉臚

知る

分布
青森県から九州南岸までの日本海・東シナ海、太平洋沿岸、瀬戸内海に分布。

大きさ
最大で 10cm になる。

釣期
ねらって釣る魚ではないが、4 ～ 12 月によく釣れる。

1	2	3	4	5	6	7	8	9	10	11	12

棲んでいる場所
浅海のアマモ場や岩礁域に棲み、タイドプールでも普通にみられる。

生活史
産卵期は 6 ～ 8 月で、タマヅメにペア産卵を行う。産卵行動は雌雄が並んで中層に泳ぎ上がって放卵・放精するが、別の複数の雄が乱入して放精することがある。ふ化後 1 ヵ月ほどで稚魚は藻場などに着底し、小型の甲殻類などを食べて成長する。1 歳で成熟して産卵に参加する。夜行性で、昼間は物陰に隠れてじっとしていることが多い。

特徴
体は側扁し額がやや張り出す。背ビレ棘数は 14 ～ 15 で第 2・3 棘が最も長く、第 5 ～ 9 棘の間に黒色斑がある。これらの棘には毒があり、刺されると危険。腹ビレは 1 棘 4 軟条。体色は様々で赤あるいは茶褐色を基調とする。

主な釣り方
ねらって釣る魚ではないが、岸壁や磯からの小ものねらいのウキ釣りやチョイ投げ釣りの定番外道として顔を出す。

美味しい食べ方
食用とみなされていない。

フィッシングチャート
背ビレの毒トゲに刺されると危険であり、釣りの対象魚というよりも、釣れた時に無闇に触ってはいけない魚として知識をもっておきたい。

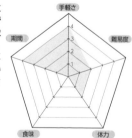

ハガツオ

分類	スズキ目サバ亜目サバ科ハガツオ属
学名	*Sarda orientalis*
別名	ホウサン、スジガツオ、キツネ、キツネガツオ、キバガツオ、トウケン、シマガツオ

ハガツオは・・・
釣りあげた直後の興奮時には体側背部〜中央部に 10 数本の白色横帯が明瞭に浮き出る。歯は円錐形でよく発達し、その名の由来となっている。

漢字

歯鰹

知る

分布
主に伊豆－小笠原諸島、屋久島、東シナ海大陸棚域、琉球列島に分布し、北海道から九州南岸までの日本海・東シナ海沿岸、北海道から九州南岸までの太平洋沿岸に散発的にみられる。

大きさ
最大で 1m を超える。

釣期
南日本では岸近くに現れる夏〜秋が釣期とされるが、回遊魚のため地域や年によって出現状況は異なる。しかし、釣期は南方ほど長く、東北・北海道では晩夏から初秋に限られる。

1	2	3	4	5	6	7	8	9	10	11	12

棲んでいる場所
沿岸の表層を群れで回遊するが、200m 以深から釣られることもある。

生活史
径 1.33 〜 1.40mm の分離浮性卵を産み、産卵期は 5 〜 8 月で、南方ほど早い。仔魚は夏季に本州中部以南の沿岸域に出現するが、採集例は少ない。3mm 台の仔魚は既に両顎に歯を備え、発達した眼をもち、動物プランクトンを食べる。5mm 台では頭部が体長の半分近くを占めて口裂がさらに大きくなり、魚類の仔稚魚を捕食する。生後 1 ヵ月で10cm、3 ヵ月で30cm となり、1 歳までの成長は非常に早い。表層を群れで泳ぎ、しばしばカツオやマグロ類と混群をつくる。春〜秋季に北上し晩秋に南下する季節回遊がみられる。寿命は 5 歳以上。

特徴
紡錘形の体はやや細長く、やや側扁する。第 1 背ビレと第2 背ビレはよく接近する。体はすべて小鱗で覆われる。体側上半部に細かい縦縞模様があり、これが「スジガツオ」などの別名の由来。また、釣りあげた直後の興奮時には体側背部〜中央部に 10 数本の白色横帯が明瞭に浮き出る。円錐形でよく発達した歯が名の由来。

主な釣り方
船からの青もの釣りの外道として顔を出すほか、紀伊半島〜九州南岸の外洋に面したエリアでは、磯や防波堤からねらって釣れる。船ではルアーや活きエサの泳がせ釣りでねらい、どちらもミチイトは PE3 号前後、リーダー 30 〜 60 ポンドのスピニングまたは両軸タックルを用いる。ルアー釣りでは、メタルジグ 100 〜 200g を水深に応じて使い分ける。

美味しい食べ方
カツオに比べて水っぽい身質から一般的な評価は高くないが、鮮度がよいものは美味揃いのサバ科魚類の中でもトップクラス。ぜひとも釣りたてを賞味していただきたい。旬は秋〜冬だが年間を通じて味はよい。刺し身が一番で、身は柔らかくほのかな酸味があり、たたきにすると旨味がさらに凝縮される。血合いはネギ、ショウガ、ニンニクなどと細かく叩き、なめろうにするとよい。火を通すと身は堅く締まるが、焼き物・煮物ともに味わい深い。頭を少量の塩水で煮たマース煮は絶品。

フィッシングチャート
表層を群れで泳ぐ習性があることから、ルアーフィッシングの好ターゲットとなる。ジギングからからトップまであらゆるステージでゲームが成立する。フィッシュイーターであることから活きエサへの反応もよい。

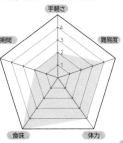

● 釣る ルアーフィッシング

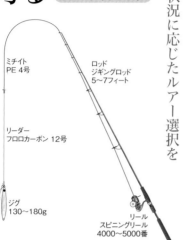

ミチイト
PE 4号

ロッド
ジギングロッド
5〜7フィート

リーダー
フロロカーボン 12号

ジグ
130〜180g

リール
スピニングリール
4000〜5000番

状況に応じたルアー選択を

ワンポイント
主な釣り方の項のとおり。船、陸っぱりの両方からルアーフィッシングでねらえる。

エサ・擬似餌
ルアー（メタルジグ）。

オフショアのジギングでカンパチと一緒に釣れたハガツオ（右／高知県土佐清水沖）

ヒットすれば豪快な引きを味わえるジギング。魅了される釣り人は多い

金属片1つで魚を誘うジギングは、釣り人の腕と根気が試される

磯からルアーでヒットしたハガツオ

ハコフグ

分類	フグ目ハコフグ科 ハコフグ属
学名	*Ostracion immaculatum*
別名	カクフグ、ウミスズメ、 ハコマクラ、マクライオ

ハコフグは・・・

体の大半が六角形の小さな板状体が組み合わさった箱状の甲に覆われる。黄褐色の体に網目模様が入っており、成魚は背部に鮮やかな青色斑が現れる。刺激を受けると体表面から溶結性の毒を含む粘液を分泌する。

漢字

箱河豚

知る

分布

青森県から九州南岸までの日本海・東シナ海沿岸、北海道から屋久島までの太平洋沿岸、伊豆諸島に分布。

大きさ

30cm前後に達する。

釣期

6〜10月ごろ。

1	2	3	4	5	6	7	8	9	10	11	12

棲んでいる場所

沿岸部の岩礁域や内湾浅所に棲む。

生活史

産卵期は5〜8月で、普段は群れを作らずに単独で生活しているがこの時期には雄と雌がペアになる。他の多くのフグの仲間は粘着卵を産むが、本種は長径2mm前後の大きな分離浮性卵を産む。ふ化仔魚は頭胴部と卵黄が透明なカプセルに覆われ、尾部がその外に出ている特異な形態をしている。幼魚の体はサイコロのようなほぼ真立方体をしており、黄色地に小黒斑が散在する。成長に伴って体はやや伸長して直方体に近い形になる。

特徴

体の大半が六角形の小さな板状体が組み合わさった箱状の甲に覆われていて、その断面は四角く、

口、背ビレ、臀ビレ、胸ビレ、尾部のみが可動部となっている。眼上や背部に棘はない。黄褐色の体に網目模様が入っており、成魚では背部、若魚では全身に鮮やかな青色斑が現れる。刺激を受けると体表面から溶血性の毒を含む粘液を分泌する。

主な釣り方

専門にねらうことはほとんどない。磯のウキフカセ釣りなどで寄せエサに集まり、外道として釣れる。サナギをエサにしたクロダイ釣りでもよく掛かってくる。

美味しい食べ方

フグ毒のテトロドトキシンを持たず、外側の骨板を剥がせば食べられるため、地方によっては人気がある。腹の板を剥がして身や肝、味噌などを詰めて焼く「カトッポ」は、五島列島の名物。刺し身でも美味しい。しかし、近年はパリトキシンに似た毒をもつことが知られ、中毒例も見つかったことから、厚生労働省は注意を促している。

フィッシングチャート

近年中毒例も報告されたことから、本チャートでの釣り人の食材としての食味評価は控えさせていただく。

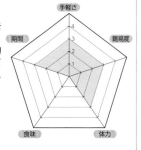

415

ハゼクチ

分類	スズキ目ハゼ亜目 ハゼ科マハゼ属
学名	*Acanthogobius hasta*
別名	ハシクイ、ハゼ

ハゼクチは・・・

釣り人垂涎の国内最大のハゼで、マハゼに似るが体はより細長くはるかに大型になる。環境省レッドリストで絶滅危惧Ⅱ類に指定されている。

漢字

鮲口

知る

分布

有明海、八代海に分布。

大きさ

大ものは 50cm を超える。
最大記録は 64cm。

釣期

8 〜翌 3 月に釣れる
が、大型化する
1 〜 2 月が最盛期。

1	2	3	4	5	6	7	8	9	10	11	12

棲んでいる場所

内湾の砂泥底から河川感潮域に棲む。

生活史

最大干潮線付近に深さ 60㎝の L 字型の産卵巣を掘り、その天井部に卵を産みつける。産卵期の雄は口で巣穴を掘るために顎の筋肉が発達し、頭が幅広に見える。卵は飼育下で 15 日でふ化し、ふ化直後の仔魚は 6mm。約 18 日間の浮遊生活を送り、10mm になると着底する。若魚は河川の感潮域で成長し、12 月までは 10cm 前後だが、1 月以降に急速に成長し、多くが 20 〜 30cm になる。一部はさらに大型化して 3 月には大小すべてが成熟するが、成熟期の雄は尾部の伸長が顕著で雌よりも大型になり、50cm に達するものが現れる。1 年で成熟し、産卵後は死亡する年魚。着底後は多毛類、アミ類やヨコエビ類を食べ、15cm を超えるとカニ類と魚類を多く食べる。

特徴

釣り人垂涎の国内最大のハゼで、マハゼに似るが体はより細長くはるかに大型になる。マハゼとは、尾ビレに点列がなく一様に暗色であること（マハゼは点列がある）、第 2 背ビレの軟条数が 18 〜 20 であること（マハゼは 10 〜 15）で区別できる。国内では有明海と八代海のみに分布するが、国外では朝鮮半島西岸、渤海と黄海・東シナ海にも分布する大陸遺存種（日本が大陸と陸続きだった頃の日本〜大陸の共通分布種）である。福岡・佐賀県では漁獲対象で、若魚は河口付近で操業される潮待ち網（小型の定置網）、成熟魚は河口沖の延縄や筌、干潟の手づかみ漁で獲られ、高値で取引される。
1997 年の諫早湾締め切り以降は激減し、環境省レッドリストで絶滅危惧Ⅱ類に指定されている。

主な釣り方

河口部の突堤などから投げ釣りでねらう。引きは強くないので、タックルに強度は求めなくてよい。口は大きく歯が鋭いので呑まれないよう大きなハリを用いる。大エサに大ものが来るので、イソメ類や二枚貝のむき身などを大きくつける。干潮時にウエーディングでポイントに近づければ、チョイ投げタックルでねらえる。また、大ものねらいでは夜釣りの実績が高い。

美味しい食べ方

透明でしっかりとした身質はマハゼに似ており、同様な深い旨味と味わいがある。刺し身、天ぷら、煮つけなどマハゼに準じた食べ方となるが、格段に食べ応えがある。ただし、鮮度落ちが早いので、現地で釣りたてを食べるのが最も美味しい。

フィッシングチャート

地域性の高い釣りものであることを除けば、普通の投げ釣りスタイルで楽しむことができる。

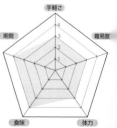

釣る

投げ釣り

エサ付けは大きく

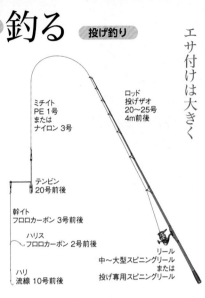

ミチイト
PE 1号
または
ナイロン 3号

ロッド
投げザオ
20〜25号
4m前後

テンビン
20号前後

幹イト
フロロカーボン 3号前後

ハリス
フロロカーボン 2号前後

ハリ
流線 10号前後

リール
中〜大型スピニングリール
または
投げ専用スピニングリール

ワンポイント

主な釣り方の項のとおり。エサはほかにも動物質のものであれば、いろいろなものに食ってくる可能性が考えられる。また仕掛け投入後は、積極的にサビいて誘う必要はあまりなさそうである。

エサ・擬似餌

イソメ類、二枚貝。

有明海などで釣れる大型のハゼの仲間。最大級の個体になると50cm以上になるという。産卵前の超大型をねらう専業の人もいるとか。マハゼ漁で混獲されたものが地元で食されている

有明海といえばムツゴロウ。こちらもハゼの仲間だ

ハナダイ

分類	スズキ目スズキ亜目タイ科チダイ属
学名	*Evynnis tumifrons*
別名	標準和名チダイ チコダイ、チコ、デコダイ、エビスダイ

ハナダイは・・・

マダイに似るが、エラブタの縁が血のような赤色をしていること、尾ビレの後縁が黒くなく、下縁が白くないこと、背ビレの第3・4棘がやや長く伸びることで区別できる。マダイのように大きくはならない。

漢字

血
鯛

（標準和名より）

知る

分布

北海道渡島半島から九州南岸までの日本海・東シナ海・太平洋、瀬戸内海に分布。

大きさ

最大で45cmほど。

釣期

沖釣りでほぼ一年中ねらえる。初夏と秋が最盛期。

1	2	3	4	5	6	7	8	9	10	11	12

棲んでいる場所

水深10〜100mの大陸棚上の岩礁、砂礫底、砂底に棲む。

生活史

産卵期は9〜11月で、水深30〜60ｍの岩礁や人工魚礁で径1mm前後の分離浮性卵を産む。2〜3cmの稚魚は、11〜翌2月に湾奥の砂地やアマモ場に現れる。幼魚期以降は、春〜秋に水深10〜30mの砂泥底で成長し、冬は水深60〜80mに落ちて越冬する。九州では2歳で18cm、3歳で23cm、4歳で26cm、5歳で28cm、6歳で30cmに到達する。雌雄とも18cm前後の2歳で成熟する。稚魚期にはヨコエビ類やアミ類、成長すると底生動物や魚類を食べ、マダイと異なり群泳する習性をもつ。

特徴

マダイによく似るが、エラブタの縁が血のような赤色をしていること、尾ビレの後縁が黒くなく、下縁が白くないこと、背ビレの第3・4棘がやや長く伸びることで区別できる。マダイのように大きくはならず、1kgに達すれば立派な大ものである。雄の成魚は前頭部が張り出すので「デコタイ」とも呼ばれる。

主な釣り方

引き味がよく、沖釣りの人気魚種である。ドウヅキ仕掛けで活きエビを使うエサ釣りと、寄せエサとウイリーを使用するシャクリ釣りが代表的。

美味しい食べ方

マダイの味が落ちるとされる初夏から夏にかけてが旬となる。大型は刺し身、塩焼き、干物など。小さいものは酢締めが有名だ。

フィッシングチャート

沖釣りで人気の釣りものの1つ。数釣りが楽しめるのもうれしい。味はマダイとよく似ており、旬のそれはマダイよりもよいという人も。

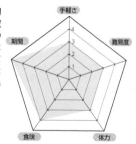

マダイによく似て、数釣りが楽しめるのが魅力

釣る

沖釣り

基本は底ダナねらい

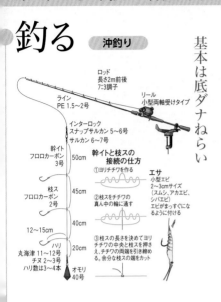

ロッド
長さ2m前後
7:3調子

リール
小型両軸受けタイプ

ライン
PE 1.5～2号

インターロック
スナップサルカン 5～6号
サルカン 6～7号

幹イト
フロロカーボン
3号
50cm

枝ス
フロロカーボン
2号
45cm

12～15cm
40cm

ハリ
丸海津 11～12号
チヌ 2～3号
ハリ数は3～4本
20cm

オモリ
40号

幹イトと枝スの接続の仕方

①ヨリチチワを作る

②枝スをチチワの真ん中の輪に通す

③枝スの長さを決めてヨリチチワの中央と枝スを押え、チチワの両端を引き締め、余分な枝スの端をカット

エサ
小型エビ
2～3cmサイズ
(スムシ、アカエビ、シバエビ)
エビがまっすぐになるように付ける

ワンポイント

沖釣りでねらうのが一般的。ウイリー仕掛けもあるが、オキアミを使ったドウヅキ仕掛けが基本になる。3～4本バリが多いが、ハリ数を多くする時は枝スの間隔を短めに設定するとよい。底ダナねらいになることが多く、仕掛けをたるませて誘うのも有効。

エサ・擬似餌

小型エビ (スムシ、アカエビ、シバエビ)、ウイリー。

ハナダイ用の仕掛け。ドウヅキの3～4本バリが基本

⇒魚のさばき方は 613 頁へ

❶ハナダイの標準和名はチダイ。エラブタ付近が赤く染まっているのが特徴 (❷)マダイをねらう一つテンヤでもハナダイはよく掛かる

① ②

マダイと違ってそれほど大きくはならないので、抜き上げて取り込めばOK

生きたエビをエサに使う船もある

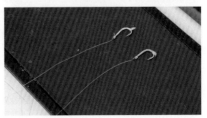

ウイリー仕掛けで釣れることもよくある

ハマフエフキ

分類	スズキ目スズキ亜目フエフキダイ科フエフキダイ属
学名	*Lethrinus nebulosus*
別名	タマン、フエフキ、タマミ、クチビ、キツネイオ、オカメ

ハマフエフキは・・・

その名のとおり笛を吹くように吻を突き出したキツネ面が特徴。タイ類に似て体高が高く側扁する。本種が属するフエフキダイ属（日本産19種）は、頬に鱗がなく、口内が赤いという特徴をもつ。

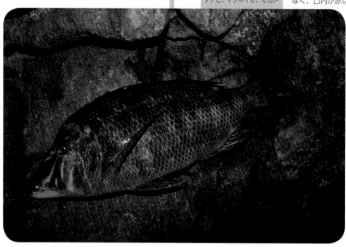

漢字

浜笛吹

知る

分布

主に相模湾から屋久島までの太平洋沿岸、伊豆—小笠原諸島、琉球列島に分布し、新潟北佐渡から九州北西岸までの日本海・東シナ海に散発的にみられる。

大きさ

最大で80cmを超える。

釣期

沖縄や伊豆諸島では通年釣れるが、5～9月によく釣れる。

1	2	3	4	5	6	7	8	9	10	11	12

棲んでいる場所

砂礫・岩礁域、サンゴ礁域の浅海域から水深70mまでに棲む。

生活史

沖縄における産卵期は2～11月と長期にわたり、春と秋に盛期がある。浮遊生活期を経た稚魚は浅く静穏なリーフ内のアマモ場に着底し、葉上の小型甲殻類や底生生物を食べて育ち、成長に伴って徐々に沖合の深みへと移動する。3～4歳で成熟し、雌性先熟の性転換を行なう。成魚は大型甲殻類、貝類、魚類などを食べ、冬季には深場に落ちる季節的な浅深移動がみられる。

特徴

タイ類に似て体高が高く側扁するが、その名のとおり笛を吹くように吻を突き出したキツネ面が特徴。本種が属するフエフキダイ属（日本産19種）は、頬に鱗がなく、口内が赤いという特徴をもつ。地方名の「クチビ」は「口火」または「口美」であり、この口内の特徴にもとづく。体側には暗色斑がなく、体側の各鱗は淡青色に輝き暗色斑はない。尾ビレ両葉の先端は尖り、吻部と頬部に2～3本の淡青色の斜帯があることで同属の他種から見分けられる。

主な釣り方

沖縄では沿岸部のほぼ全域がポイントといってよく、砂浜、磯、堤防からは投げ釣りで、沖合のリーフ周りではボートからルアー釣りでねらう。投げ釣りは大型が浅所に回遊する夜釣りに分があり、専用のタマンザオが市販されているほど人気。大もの用投げザオのほか5号以上の磯ザオやイシダイザオを使い、ミチイトはナイロン8～15号、PE4～6号、砂浜ではテンビン仕掛けでハリス8～16号、磯では捨てオモリのドウヅキ仕掛けでハリス12～15号と使い分ける。エサは、イカタンや小型のタコ、カツオの腹身、ムロアジの切り身、キビナゴや貝類など。ルアー釣りでは、シイラや青もの用のタックルで、ミノー系のハードルアーのほかバグなどのソフトルアーへの反応もよい。

美味しい食べ方

沖縄では重要な食用魚で市場では高値で安定しており、30年以上にわたる栽培漁業の歴史がある。旬は夏で、クセがなくしっかりとした上質な白身。刺身、焼き物をはじめ、和洋のさまざまな料理に合う。

フィッシングチャート

沖縄ではタマンと呼ばれ、専用ザオがあるほど人気の釣りもの。大型の引きは強烈で、パワーのあるタックルで臨む必要がある。

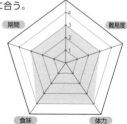

釣る

リーダーは太めに

パワータックルで挑む

ルアーフィッシング

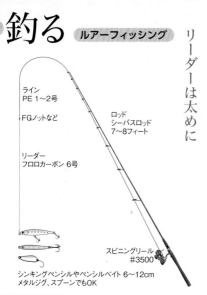

ライン
PE 1〜2号

FGノットなど

リーダー
フロロカーボン 6号

ロッド
シーバスロッド
7〜8フィート

スピニングリール
#3500

シンキングペンシルやペンシルベイト 6〜12cm
メタルジグ、スプーンでもOK

ワンポイント

沖縄ではタマンと呼ばれ、リーフではルアーフィッシングを楽しむ人も少なくない。シンキングペンシルやペンシルベイトでの中層ねらい、時にはポッパーなどのトップウオータープラグでもヒットする。中層・表層でアタリがない時は、メタルジグ、スプーン、バイブレーションなどで底層を探る。引きは非常に強い魚なのでリーダーは6号と太めにする。

エサ・擬似餌

ルアー（シンキングペンシル、メタルジグ、スプーン、バイブレーションなど）。

ブッコミ釣り

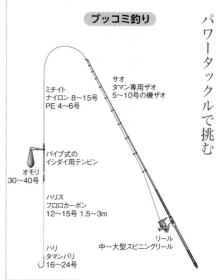

ミチイト
ナイロン 8〜15号
PE 4〜6号

サオ
タマン専用ザオ
5〜10号の磯ザオ

パイプ式の
イシダイ用テンビン

オモリ
30〜40号

ハリス
フロロカーボン
12〜15号 1.5〜3m

ハリ
タマンバリ
16〜24号

リール
中〜大型スピニングリール

ワンポイント

主な釣り方の項のとおり。磯では下オモリ式のドウヅキ仕掛けで、ハリスは 12 〜 20 号とする。

エサ・擬似餌

ユムシ、イカタン、魚の切り身など。

①

②

③

❶ハマフエフキは根が点在する砂浜に潜む❷沖磯での実績も高い。やはり砂地に根が点在するようなポイントがおすすめ❸エサは各種用意しておきたい。エサ取りに強いユムシがあると心強いが、日によって虫エサに食ってくることも。エビも定番エサだ

仕掛けは専用の強
靭なものを用意

磯からエサ釣りで掛けた 60cm オーバーのハマフエフキ

バラハタ

分類	スズキ目スズキ亜目 ハタ科バラハタ属
学名	*Variola louti*
別名	チギ、ナガジュー ミーバイ、スワシン

バラハタは・・・

体と各ヒレは鮮やかな赤色で白点が散在し、尾ビレ、背ビレ、臀ビレの後縁は黄色。しかし、体色の個体変異は大きく、紫、褐色、青黒いものなどさまざま。尾ビレは三日月型。

薔薇羽太

知る

特徴

体と各ヒレは鮮やかな赤色で白点が散在し、尾ビレ、背ビレ、臀ビレの後縁は黄色。しかし、体色の個体変異は大きく、紫、褐色、青黒いものなどさまざま。成長に伴う体色変化もあり、白斑は小型個体ではまばらだが、大型になると密になる。尾ビレは三日月型で、その上下両端、背ビレと臀ビレの後端が細く尖って伸びる。

主な釣り方

ねらって釣ることはほとんどない。南方の沖釣りや磯釣りで外道として釣れることがある。

美味しい食べ方

沖縄や小笠原などでは食べられているが、大型はシガテラ毒をもつことがあるので、注意が必要。

分布

主に琉球列島、伊豆−小笠原諸島に分布し、相模湾から屋久島までの太平洋沿岸に散発的にみられる。

大きさ

全長60cm前後、最大で約80cmになる。

釣期

ほぼ周年にわたって釣れる。

1	2	3	4	5	6	7	8	9	10	11	12

棲んでいる場所

岩礁域やサンゴ礁などに定住し、浅海から水深200m前後まで、広い水深帯に棲む。

生活史

産卵期は4〜10月と長期にわたり、分離浮性卵を産む。本種の仔稚魚は知られていないが、近縁種の生態に照らすと1ヵ月以上の浮遊期をもつと考えられる。着底した幼魚は、水深10m以浅のガレキ状のサンゴ塊の隙間や、テーブル状のサンゴ群落の影などに定位する。若魚になると行動が活発になり、中層を泳いでいることも多い。肉食性で、エビやカニなどの甲殻類、および小魚を食べる。

フィッシングチャート

ルアーフィッシングではハタ類全般が人気だが、バラハタは特にメインターゲットとしてねらわれることは少ない。

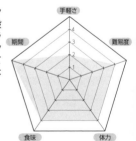

釣る ルアーフィッシング

食性にマッチしたソフトルアーで

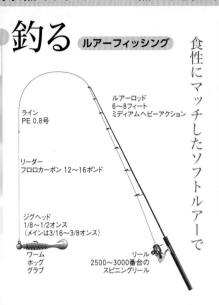

ライン
PE 0.8号

ルアーロッド
6〜8フィート
ミディアムヘビーアクション

リーダー
フロロカーボン 12〜16ポンド

ジグヘッド
1/8〜1/2オンス
（メインは3/16〜3/8オンス）

ワーム
ホッグ
グラブ

リール
2500〜3000番台の
スピニングリール

ワンポイント

ハタ類は種類が多いが、種によってサイズは異なり、見合った強度のタックルを使う。バラハタは専門でねらうことは少なく、沖釣りやロックフィッシュねらいで掛かることが多い。タックルはアイナメやソイねらいのもので OK だ。

エサ・擬似餌

ホッグ、グラブなどのソフトルアー。

オモリとワームを組み合わせたルアーはハタの仲間全般に効果的。基本的には海底を小突くように使うことが多いが、中層に浮いている魚ももちろんねらえる

鮮やかな赤色の魚体と、三日月形のような尾ビレも特徴の1つ

沖釣りでバラハタがヒット。サオが大きく曲がる力強い引き込みは大型のハタならではだ

ヒメコダイ

分類	スズキ目スズキ亜目ハタ科ヒメコダイ亜科ヒメコダイ属
学名	*Chelidoperca hirundinacea*
別名	アカボラ、イワシガンジイ、アカラサ、ナダイトヨリ

ヒメコダイは・・・
体つきは円筒形で全身が赤く、胸ビレ上方の側面に濃い赤色の斑紋がある。背ビレと尾ビレは黄色で、尾ビレの後縁がやや深く湾入しており、上端が伸長する。

姫小鯛

知る

分布
若狭湾から九州南岸までの日本海・東シナ海沿岸、相模湾から九州南岸までの太平洋沿岸の分布。

大きさ
20 〜 30cm 前後。

釣期
専門にねらう人は少ない。

> アマダイ（206 頁）などに準じる

棲んでいる場所
水深 60 〜 150m の大陸棚の砂泥底に棲む。

生活史
産卵期は夏で、分離浮性卵を産む。仔魚は 1 ヵ月前後の浮遊生活期を送り、動物プランクトンを食べて成長する。一般的にハタ科魚類の仔稚魚は、頭部に多数の棘が発達したり、背ビレと腹ビレの棘が著しく伸長したりするが、本種が属するヒメコダイ亜科の仔魚は例外的に伸長棘をもたない。稚魚はおそらく水深 50 m以深に着底すると考えられているが、観察例はない。着底後は小型甲殻類や多毛類を捕食する。成長や寿命についても不明な点が多い。

特徴
体つきは円筒形で全身が赤く、胸ビレ上方の側面に濃い赤色の斑紋がある。背ビレと尾ビレは黄色で、尾ビレの後縁がやや深く湾入しており、上端が伸長する。よく似たホシヒメコダイが同時に釣れることがあるが、ホシヒメコダイは体側に 5 つの黒斑をもち、尾ビレの後縁がほぼまっすぐなので区別できる。

主な釣り方
沖釣りでは相模湾などでよく見られるが、基本的にはアマダイやマダイ釣りの外道扱いであり、専門にねらう人はあまりいない。しかし、生息する水深帯や好む底質がアカアマダイと見事なまでにオーバーラップしているので、本種が釣れたらアマダイはすぐそばにいるので頑張ってみよう。

美味しい食べ方
皮のすぐ下に風味があり、刺し身や天ぷらにすると非常に美味。煮つけ、空揚げ、干物にもする。

フィッシングチャート
アマダイやマダイ釣りの外道なので特別にコツはないが、食味がよいので釣れたらアフターフィッシングを楽しもう。

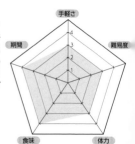

ヒメジ

分類	スズキ目スズキ亜目ヒメジ科ヒメジ属
学名	*Upeneus japonicus*
別名	オジサン、ヒメ、ヒメイチ、ヒメジャコ、ヤヒコサン、キンタロウ

ヒメジは・・・

体は細長く、体色は基本的には赤いが、濃い赤色の横帯が出たり赤白のまだら模様がみられる。下顎に黄色い2本のヒゲがあり、別名（オジサン）の由来になっている。

沖

漢字

比売知

撮影：工藤孝浩

知る

分布

北海道から九州南岸までの日本海・東シナ海・太平洋沿岸、瀬戸内海、東シナ海大陸棚域に分布。

大きさ

20cm前後になる。

釣期

4〜10月ごろ。

1	2	3	4	5	6	7	8	9	10	11	12

棲んでいる場所

水深数m〜160mの砂泥底に棲む。

生活史

産卵期は4〜9月（盛期は7月）で、径0.7mm前後の分離浮性卵を産む。10mmを超える稚魚は表層に現れ、銀白色の体に背は青緑色で、一見するとイワシ類のように見える。稚魚は流れ藻をはじめとする浮遊物につく習性があり、流れによって長距離を分散移動する。40mmを超えると底生生活に移行する。1歳で9〜10cmになり、多くは2歳14cm前後で成熟する。寿命についてはよく分かっていない。

砂底をヒゲで探りながら、小型の甲殻類や多毛類などを食べる。そのため、通常は海底からほとんど離れずに生活しているが、大型のものは魚類も食べる。

特徴

体は細長く、体色は基本的には赤いが、濃い赤色の横帯が出たり赤白のまだら模様がみられる。また、夜と昼とで体色が変化し、夜には死後直後のような濃い赤色の斑紋が現れる。下顎に黄色い2本のヒゲがある。ヒゲには味を感じる細胞があり、エサを探るのに使う。背ビレ棘数は7で、第1棘が最も長い。尾ビレ上葉に赤色の縞模様がある。

主な釣り方

砂底での沖釣り、カワハギ釣りやシロギス釣りなどの外道として掛かる。ねらって釣ることはほとんどない。

美味しい食べ方

淡白な白身で、天ぷらや塩焼き、南蛮漬けなどが美味しい。刺し身も風味があってよい。高級練り物の材料にもなっている。

フィッシングチャート

沖釣りなどのゲストフィッシュとしてときどき顔を見る魚である。

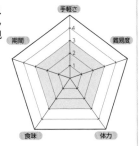

ヒメダイ

分類	スズキ目スズキ亜目フエダイ科ヒメダイ属
学名	*Pristipomoides sieboldii*
別名	オゴ、オゴダイ、チイキ、クルキンマチ

ヒメダイは・・・
体は前後に細長い紡錘形で側扁し、大きな尾ビレは深く二又する。背ビレは棘条と軟条との間でわずかに低くなるがほぼ四角形になる。背ビレと尾ビレの最後の軟条は糸状に伸びる。

漢字

姫鯛

知る

分布

主に伊豆－小笠原諸島、琉球列島に分布し、神奈川県三崎から九州南岸までの太平洋沿岸に散発的にみられる。

大きさ

最大で 60cm になる。

釣期

3 ～ 12 月が釣期。

1	2	3	4	5	6	7	8	9	10	11	12

棲んでいる場所

水深 100 ～ 360m の岩礁域に棲む。若魚は浅場にも現れ、磯釣りで釣れることがある。

生活史

産卵期は春～夏季で、分離浮性卵を産む。漁獲サイズになる前の幼期の知見は乏しい。1 歳で尾叉長 17cm、2 歳で 25cm、3 歳で 29cm、4 歳で 34cm になる。2 ～ 3 歳で成熟し、寿命は 14 歳と推定されている。

特徴

体は前後に細長い紡錘形で側扁し、大きな尾ビレは深く二又する。背ビレは棘条と軟条との間でわずかに低くなるがほぼ四角形になる。背ビレと尾ビレの最後の軟条は糸状に伸びる。生時の体色はマダイのようなピンク色だが、死後は紫褐色になる。舌の上に歯があることで他のヒメダイ属魚類と区別することができる。

主な釣り方

イサキやアジをねらう五目釣りで釣れてくる。沖の中深場釣りで、ドウヅキ仕掛けでねらう。

美味しい食べ方

クセがなくしっかりとした白身。市場の評価は高く高値で安定している。刺し身、焼き物をはじめ、和洋のさまざまな料理に合う。

フィッシングチャート

沖の五目釣りで混じる魚で、釣るための特定の技術やコツはない。高級魚なので釣れたら持ち帰って賞味したい。

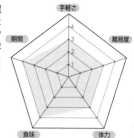

ヒラ

分類	ニシン目ニシン科ヒラ属
学名	*Ilisha elongata*
別名	ヘラ、ヘタレ、有明ターポン

ヒラは・・・
体は著しく側扁して特に腹は薄く、腹縁には中央部が鋭角に曲がった鱗が並ぶ。身は脂の乗りがよく大変に美味。

漢字

曹白魚

知る

分布
主に瀬戸内海、九州北岸から南岸までの日本海・東シナ海沿岸（有明海を含む）に分布し、北海道太平洋沿岸、三浦半島、紀伊水道、土佐湾、豊後水道、新潟県糸魚川、富山湾に散発的にみられる。

大きさ
最大で50cmに達する。

釣期
周年釣れるが、群れが沿岸に回遊する5〜11月が最盛期。

1	2	3	4	5	6	7	8	9	10	11	12

棲んでいる場所
沿岸域の表・中層を群れで遊泳し、汽水域にも入る。

生活史
瀬戸内海や有明海における産卵期は6〜7月で、河口域で径1.9〜2.5mmの分離浮性卵を産む。孵化仔魚は5mm前後で、7mmになると卵黄を吸収してコペポーダのノープリウス幼生など小型動物プランクトンを食べる。仔稚魚は透明で細長いシラス状で、臀ビレ条数が40以上と極端に多いことからシラス期をもつ同科の他種（臀ビレ条数30未満）と容易に区別できる。30mmを超えると鱗やヒレが完成して体が側扁し、ほぼ成魚と同じ体形になる。未成魚期以降は動物プランクトン、アミ類や魚類仔稚魚をエサとして成長し、汽水域にも侵入する。1歳で成熟し、寿命は4歳。

特徴
ヒラ属は日本に本種のみを産するが、世界の熱帯・亜熱帯には16種を産し、ニシン科から独立したヒラ科を認める考えもある。体は著しく側扁して特に腹は薄く、腹縁には稜鱗という中央部が鋭角に曲がった鱗が並ぶ。上顎前縁は丸く欠刻がなく、下顎は上顎より著しく突出する。臀ビレの基底は長く40軟条以上もあることからニシン科の他種とは容易に区別できる。

主な釣り方
有明海や岡山県における地域的な釣りもの。防波堤から手軽にねらえるうえ食味がよく、小型ルアーへの反応がよいことから近年人気が高まっている。アジングのタックルと釣り方をそのまま流用できる。夜釣りに分があり、ラン＆ガンで多くのポイントを回るのもよく、1ヵ所に落ち着いて群れの回遊を待つのもよい。

美味しい食べ方
身が薄くて小骨が多いが、脂の乗りがよく大変に美味。どんな料理にも合うが、揚げ物以外では小骨を断つ骨切りが必須となる。定番は刺し身で独特の旨味が味わえ、酢締めも旨い。塩焼きや煮物はどちらも美味しく、揚げ物は骨切りをしなくても小骨が気にならずに食べられる。

フィッシングチャート
ライトゲーム用のスピニングタックルにワーム等をセットして、堤防などから手軽にねらうことができる。

ヒラスズキ

分類	スズキ目スズキ亜目スズキ科スズキ属
学名	*Lateolabrax latus*

ヒラスズキは・・・

スズキとよく似ているが、体高がさらに高くて平たいことで判別する。体色も、スズキに比べて銀白色の輝きがやや強い。小魚や甲殻類を食べる肉食性の魚である。

漢字

平鱸

知る

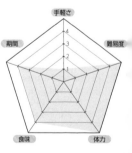

特徴

スズキとよく似ているが、体高がやや高くて平たく、尾柄部が太く短いことで判別できる。体色も、スズキに比べて銀白色の輝きがやや強い。
小魚や甲殻類を食べる肉食性の魚である。

主な釣り方

ルアーフィッシングの対象魚として根強い人気がある。

美味しい食べ方

スズキと同じく白身だが血合いが少なく、タイやイサキのような味わいがある高級魚。旬は夏で、塩焼きも美味しい。

フィッシングチャート

釣り場への行き帰りも含めた安全対策も必須の技術となる。ベテランに同行して経験を積むことが望ましい。大型を無事にランディングした時の満足度・達成感は相当なものがある。

手軽さ
期間
難易度
食味
体力

分布

山口県から九州南岸までの日本海・東シナ海沿岸、茨城県から屋久島・種子島までの太平洋沿岸に分布。

大きさ

最大で全長 1m を超える。

釣期

2 ～ 11 月ごろで、ハイシーズンは夏場。

1	2	3	4	5	6	7	8	9	10	11	12

棲んでいる場所

外洋に面した岩礁域を好む。内湾ではあまり見られないが、外洋に繋がる河口域にも棲む。

生活史

産卵期は 11 月下旬～翌 3 月下旬で、径 1.3mm 前後の分離浮性卵を産む。仔魚は 4mm で卵黄を吸収し、14mm 前後で稚魚期に移行する。仔稚魚は砕波帯やアマモ場に出現するが、スズキよりも外洋側に出現する傾向がある。詳細な生態は未解明だが、標識放流の結果から太平洋沿岸を広く移動していることが明らかになった。寿命は 10 歳前後と考えられている。沖縄や台湾にも生息するといわれている。

釣る　ルアーフィッシング

万全の装備で臨む

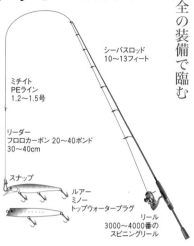

シーバスロッド
10〜13フィート

ミチイト
PEライン
1.2〜1.5号

リーダー
フロロカーボン 20〜40ポンド
30〜40cm

スナップ

ルアー
ミノー
トップウォータープラグ

リール
3000〜4000番の
スピニングリール

ワンポイント

主に外洋に面した磯場からねらう。泳いで磯に渡ったり、波を被ることを想定し、ウエットスーツ着用で臨む人もいる。タックルもスズキと比べるとヘビーなものになる。荒磯で鍛えられたヒラスズキの引きは強烈で、熱狂的なファンが多い。

エサ・擬似餌

ルアー（ミノー、トップウォータープラグ）。

❶多くのアングラーが一生に1尾は手にしてみたいヒラスズキ

❷ヒラスズキはサラシをねらえといわれる。それはサラシの下を捕食スポットとしている意味合いと、ルアーを悟らせないようにするためでもある。サラシに揉まれて漂う弱ったベイトを演出するかのようにスローにリトリーブ、もしくはサラシの中で8の字を描くようにしてルアーを操作する

❸ルアーは 12 〜 14cm のフローティングミノー、白系、チャート系のカラーが基本だ。反応がなければペンシル、それでもダメならジョイント系ミノー、それでもヒットしなければルアーをサイズダウンしたり、ポッパーなどの動きのあるルアーで探ってみる

❹マヅメもしくは曇天のローライト時がチャンス

ヒラソウダ

分類	スズキ目サバ亜目サバ科ソウダガツオ属
学名	*Auxis thazard*

ヒラソウダは・・・
マルソウダと合わせて「ソウダガツオ」と呼ばれることが多い。エラブタ上端の暗色斑が頭部背面の暗色域から離れること、体の断面が楕円形であること（マルソウダは円形）などから区別できる。

漢字

平宗太

知る

分布
全世界の熱帯～温帯の海域に生息。日本各地の沿岸に現われる。

大きさ
30～40cmから、大きいもので約60cm。

釣期
7～12月ごろ。
回遊魚なので年や地域によって異なる。

1	2	3	4	5	6	7	8	9	10	11	12

棲んでいる場所
沿岸から沖合の表層～中層を群れで泳ぐ。

生活史
産卵期は初夏と考えられているが、詳しい産卵生態は不明。大きな群れで泳ぎながらイワシなどの小魚を食べている。

特徴
マルソウダと合わせて「ソウダガツオ」と呼ばれることが多い。エラブタ上端の暗色斑が頭部背面の暗色域から離れること、体の断面が楕円形であること（マルソウダは円形）、ウロコのある箇所が第1・第2背ビレの間で急激に細くなり第2背ビレ起部に達しないこと（マルソウダは第2背ビレ起部を超える）で区別できる。

主な釣り方
堤防や磯からはカゴ釣り、メタルジグなどを使ったルアー釣り、あるいは弓ヅノなどでねらう。いずれも魚の回遊がなければ釣れないため、事前の情報収集が重要だ。沖釣りでもカッタクリ釣りやルアーで釣れる。

美味しい食べ方
一般的には加工してソウダ節の原料にされることが多いが、新鮮なヒラソウダはカツオ以上の美味さ。鮮度抜群の本種を食べられるのは釣り人の特権なので、刺し身やたたき、カルパッチョ、空揚げなどで味わっていただきたい。

フィッシングチャート
釣りが成立するかどうかは回遊の有無にかかっている。釣ったあとの保存が間違いなければ抜群の食味を味わえるだろう。

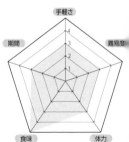

スピード感のあるファイトが魅力

釣る

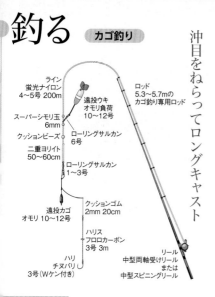

カゴ釣り

沖目をねらってロングキャスト

- ライン 蛍光ナイロン 4〜5号 200m
- スーパーシモリ玉 6mm
- クッションビーズ
- 二重ヨリイト 50〜60cm
- 遠投ウキ オモリ負荷 10〜12号
- ローリングサルカン 6号
- ローリングサルカン 1〜3号
- ロッド 5.3〜5.7mのカゴ釣り専用ロッド
- 遠投カゴ オモリ 10〜12号
- クッションゴム 2mm 20cm
- ハリス フロロカーボン 3号 3m
- ハリ チヌバリ 3号（Wケン付き）
- リール 中型両軸受けリール または 中型スピニングリール

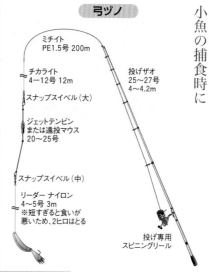

弓ヅノ

小魚の捕食時に

- ミチイト PE1.5号 200m
- チカライト 〜4−12号 12m
- スナップスイベル（大）
- ジェットテンビン または遠投マウス 20〜25号
- スナップスイベル（中）
- リーダー ナイロン 4〜5号 3m ※短すぎると食いが悪いため、2ヒロはとる
- 投げザオ 25〜27号 4〜4.2m
- 投げ専用 スピニングリール

ワンポイント

コマセカゴに寄せエサを詰め、付けエサとともに堤防から遠投してねらうこの釣りはダイナミック。潮上に仕掛けを投入したらロッドをシャクって寄せエサを拡散させて、アタリを待つ。アタリはウキが消し込むので明快。アワセをしっかり入れよう。

エサ・擬似餌

アミエビ。

ワンポイント

メタルジグなどのルアーでもねらえるが、シラスなどの小魚を捕食している時は掛かりにくい。そのような状況下では弓ヅノが強い。弓ヅノ単体では投げられないので、ジェットテンビンや飛ばしウキと一緒に使う。キャスト後は表層から中層を早引きする。

エサ・擬似餌

弓ヅノ。

❶カゴ釣りで手にしたヒラソウダ
❷マヅメ時の秋のサーフは弓ヅノが面白い。正味2、3時間という短時間で楽しめる。投げ釣りタックルを使用
❸弓ヅノはプラスチックやアクリル（中には動物の角製もある）でできている5cm前後の擬似餌だ。長方形のプラスチック片に少しR（アール）をつけただけの非常にシンプルな形状だが、小魚やシラスをイミテートしている。そのアクションは回転するだけ
❹弓ヅノはテンビンオモリにセットして使う。表層を探るならジェットテンビンのほか"ティザー系"というシンカー（写真左）がおすすめ。飛距離は出ないものの、浮き上がり、水しぶきを上げる。この水しぶきのすぐ後ろに弓ヅノがあったほうがよいのでハリス長は1ヒロ（約1.5m）と短くすること
❺ソウダガツオが吐き出したベイトフィッシュ

ヒラマサ

分類	スズキ目スズキ亜目アジ科ブリ属
学名	*Seriola aurevittata*
別名	ヒラ、ヒラス、ヒラソ

ヒラマサは・・・

ブリによく似るが、体が少し平たく、上顎後端上部が丸いこと（ブリは角張る）で区別できる。また、体側の中央を走る黄色の帯がはっきりしていることも識別点となる。時速50km前後の高速で泳ぐことが可能。

漢字

平政

知る

分布

日本列島沿岸と朝鮮半島南岸に固有。近縁種はカリフォルニア沿岸の *S. dorsalis*、南半球温帯域の *S. lalandi*。かつては世界中の温帯から亜熱帯海域に分布すると考えられていた。

大きさ

通常は1m前後だが、最大で2m以上の記録もある。

釣期

4～12月ごろで、夏場が最盛期。

1	2	3	4	5	6	7	8	9	10	11	12

棲んでいる場所

沖合にある岩礁域の中層～底層に棲む。

生活史

産卵期は五島列島や高知県西部で4月上旬～5月中旬。稚魚は流れ藻につき、黒潮や対馬暖流に乗って分散する。また、若魚は流木などにつく習性が強い。1歳で尾叉長40cm前後、2歳で65cm、3歳で83cm、4歳で95cmになり、寿命は10歳以上。回遊魚であり、単独または小規模な群れを形成するが、回遊の実態については不明な点が多い。

特徴

ブリによく似るが、体が少し平たく、上顎後端上部が丸いこと（ブリは角張る）で区別できる。また、体側の中央を走る黄色の帯がはっきりしていることも識別点となる。数cmの稚魚は成魚と斑紋が異なり、体側面に10本程度の横縞が入っている。稚魚はモジャコ（ブリの稚魚）とともに混獲され養殖種苗に用いられる。
時速50km前後の高速で泳ぐことが可能。魚食性で、小魚やアミ類などを食べる。

主な釣り方

沖釣りではオキアミをエサとする寄せエサ釣りや、サンマのミンチと身エサを使うカモシ釣りなどでねらう。回遊があれば磯や堤防からも釣ることができ、泳がせ釣り、カゴ釣りでねらう。ルアー釣りは船でも岸からでも有効。

美味しい食べ方

高級魚であり、まずは刺し身で食べたい。塩焼きや煮付けのほか、フライやムニエルにも合う。

フィッシングチャート

大型は20kg以上にもなり、エサ、ルアー釣りともに憧れのターゲット。ひとたび掛ければ最高時速50kmのファイトが待っている。

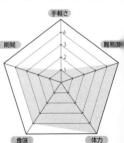

釣る

ルアー

ジグの不規則な動きで誘う

ミチイト
PE 4号

ロッド
ジギングロッド
5〜7フィート

リーダー
フロロカーボン 12号

ジグ
130〜180g

リール
スピニングリール
4000〜5000番

カゴ釣り

岸から回遊を直撃

ライン
蛍光ナイロン
10〜12号 200m

スーパーシモリ玉
6mm

クッションビーズ

遠投ウキ
オモリ負荷
10〜12号

ロッド
5.3〜5.7mの
カゴ釣り専用ロッド

ローリングサルカン
6号

ローリングサルカン
1〜3号

遠投カゴ
オモリ 10〜12号

クッションゴム
2mm 20cm

ハリス
フロロカーボン
10〜14号 3m

リール
中型両軸受けリール
または
中型スピニングリール

ハリ
ヒラマサバリ
11〜15号

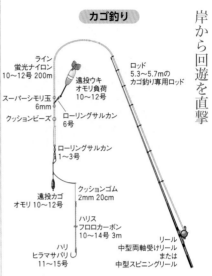

ワンポイント

ジギングは深い釣り場で行なうことが多い。鉛や鉄などの金属製のメタルジグを海底まで沈めたのち、巻き上げながら海中で左右に跳ね上げ、ある程度の層まで探ったら、再び海底に落としてまた跳ね上げながら釣っていく。掛けた後は非常にスリリングなやり取りが待っている。ルアーではほかに、ダイビングペンシルやポッパーを使ったトップウオーターの釣りもある。

エサ・擬似餌

ルアー（メタルジグ）。

ワンポイント

エサ釣りの場合、沖釣りではサンマをエサにしたカモシ釣りなどでねらう。一方、回遊さえあれば、陸っぱりからでも釣りが成立する。図のカゴ釣りのほか、活きエサを使う泳がせ釣りも行われる。

エサ・擬似餌

オキアミ、サンマなど。

隠岐の島に伝わるカゴ仕掛け。寄せエサを入れられるタルウキにオキアミを入れて遠投する。主に表層付近を流し込んでいくカゴ仕掛けだ

タイラバでヒットしたヒラマサ

カゴ釣りでヒラマサを掛ける。海のスプリンターとも呼ばれるだけに豪快な疾走を見せる

磯からのルアーフィッシングでもねらえる

ヒラメ

分類	カレイ目ヒラメ科ヒラメ属
学名	*Paralichthys olivaceus*
別名	エテガレイ、オオガレイ、オオクチカレイ、ソゲ（幼魚）、ヒダリクチ

ヒラメは・・・
日中は海底の砂に潜って顔だけを出していたり、体を海底と同じ色に変化させてじっとしている。海底に棲むが、エサを捕る際には全身を使って中層まで泳ぎ上がったり、小魚を追って長距離を移動することもある。

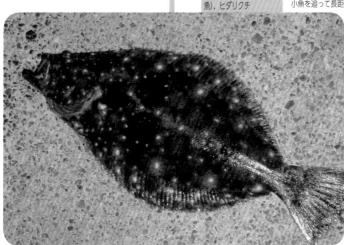

漢字

平目

知る

分布
北海道から九州南岸までの日本海・東シナ海沿岸、青森県から屋久島までの太平洋沿岸、瀬戸内海に分布。

大きさ
最大で1mを超える。

釣期
沖釣りと岸からの釣りを合わせれば、ほぼ周年ねらえる。

1	2	3	4	5	6	7	8	9	10	11	12

棲んでいる場所
水深10～200mの砂底に棲む。

生活史
産卵期は南ほど早く、長崎県で2～3月、鳥取県で4～5月、新潟県で4～7月、北海道石狩湾で6～8月。ふ化仔魚は浮遊生活を送り眼は両側にあるが、8mmで右眼が移動し、14mm前後で頭頂部に達する。眼の移動が完了する直前に着底し、底生生活に移る。雌は雄より成長がよく、雌は1歳で34cm、2歳で46cm、3歳で56cm、4歳で63cm、5歳で68cmになる。一方雄は、1歳で33cm、2歳で42cm、3歳で47cm、4歳で50cm、5歳で52cmになる。雌は約40cm、雄は約35cmから成熟し、50cm以上では雌が多くなり、70cmになるとほとんどが雌となる。寿命は12歳前後。

特徴
口が大きく、上顎後端は眼の後縁下より後方、両顎には鋭くて立派な歯が1列に並ぶ。日中は海底の砂に潜って顔だけを出していたり、体を海底と同じ色に変化させてじっとしている。海底に棲むが、エサを捕る際には全身を使って中層まで泳ぎ上がったり、小魚を追って長距離を移動することもある。
全国各地で放流事業や養殖が行われている。

主な釣り方
沖釣りではカタクチイワシなどの活きエサを使うことが多い。投げ釣りでねらうほか、ルアーにもよく反応する。

美味しい食べ方
旬は冬。高級魚として有名で、やはり刺し身がいちばんだろう。釣ったあとにきちんと締めておきたい。ほかにはムニエル、塩焼きなど。

フィッシングチャート
沖釣りでは「ヒラメ40」の格言のとおり、アワセにコツがいる。かといって待てば必ず掛かるわけでもないのが難しいところ。専門の乗合船が人気だが日並によっては船中ゼロも珍しくない。また近年はルアーも人気だ。

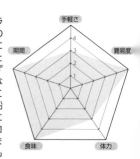

釣る　ルアーフィッシング

払い出しを見つけるのがカギ

- ライン PE 0.8〜1.5号
- ロッド フラットフィッシュ用 シーバスロッドなど 10フィート前後
- リーダー フロロカーボン 20〜30ポンド
- ルアー メタルジグ ジグヘッドなど
- リール 中型スピニングリール

沖釣り

スリル満点泳がせ釣り

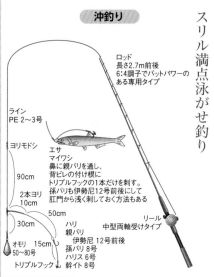

- ロッド 長さ2.7m前後 6:4調子でバットパワーのある専用タイプ
- ライン PE 2〜3号
- ヨリモドシ
- エサ マイワシ 鼻に親バリを通し、背ビレの付け根にトリプルフックの1本だけを刺す。孫バリも伊勢尼12号前後にして肛門から浅く刺しておく方法もある
- 90cm
- 2本ヨリ 10cm
- 50cm
- 30cm
- ハリ 親バリ 伊勢尼 12号前後 孫バリ 8号 ハリス 6号 幹イト 8号
- オモリ 15cm 50〜80号
- トリプルフック
- リール 中型両軸受けタイプ

ワンポイント

広大なサーフではどこにルアーをキャストしていいか迷うところ。最大のポイントは潮が沖に向かって流れる払い出し（カレント）を見つけること。より見つけやすい変化では、小さな流れ込み、波打ち際の障害物周り、波消ブロック周りなど。各種ルアーをローテーションさせてねらっていく。強い日差しを嫌うので、マヅメ時がチャンスだ。

ワンポイント

沖釣りでは生きたイワシの泳がせ釣りでねらう。アワセのタイミングが難しいが、それがまた人気の1つになっている。仕掛けが着底したら1mほど底を切りアタリを待つ。早アワセは禁物だ。アタリがあったら、サオ先を送り込み、“ググッ”と大きな引き込みが来たらゆっくりとサオを起こすように合わせよう。

エサ・擬似餌

ルアー（フローティングミノー、シンキングミノー、バイブレーション）。

エサ・擬似餌

イワシ。

食べる

薄造りのポン酢醤油
旨味、歯応えともにあるヒラメの刺し身は薄造りにするのがいい

昆布締めのオクラ和え
昆布締めとの相性もよい白身のヒラメ。オクラの食感が加わることで酒にぴったりの一品に

ふんわりピカタ
粉チーズと溶いた卵を使って付け焼きにしたのがピカタ。刺し身に飽きたというぜいたくな方はこちらをどうぞ！

⇒魚のさばき方は 614 頁へ

ルアーフィッシング（陸っぱり）

ジグはロッドのルアー負荷に合わせて 30 〜 40g をチョイスするとよいだろう

釣り場は広大なサーフ。手返しよく探っていきたい

沖釣り

❶ 3kgクラスの良型ヒラメ。これくらいのサイズになればロッドも大きく曲がる（千葉県大原沖）
❷高級魚が手軽にねらえるヒラメ釣り。近年は道具が軽量化し、いっそう人気を高めている（千葉県大原沖）
❸置きザオでも釣れるので、ヒラメ釣りの際はロッドキーパーも用意しておきたい
❹船釣り用のヒラメ仕掛け
❺ヒラメは血抜きをしたほうが断然美味しい。船釣りならスタッフが手伝ってくれることも多いので相談してみよう

イワシの付け方

❶イワシはなるべくウロコが剥がれないように頭部をやさしく保持

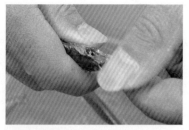

❷まずは口からハリ先を入れる

❸上アゴの目に近い部分（硬い場所がある）の中心線にカエシまでしっかり抜いて刺す。中心を外すと海中でイワシが回転してしまうので注意

❹孫バリを刺す位置はいくつかある。これは肛門近くに1本のハリを刺す例

❺作業はなるべくイワシを水から出さずに行なうとよい

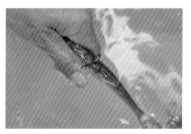

❻根掛かりが起きやすい場所では背ビレのやや後ろに引っかけるのもよい

イワシが付いたらていねいに海に入れることも大切。イワシが元気なほどヒラメが釣れやすいからだ

ブダイ

分類	スズキ目ベラ亜目ブダイ科ブダイ属
学名	*Calotomus japonicus*
別名	イガミ、ゴンタ、トネ、モハン、モバミ、ハチウオ

ブダイは…

雑食性だが、季節によって食性が変化する。夏は甲殻類などを主に食べ、冬は藻類を好む。名前の由来は「武鯛」（ウロコが鎧のよう）のほか、「舞鯛」（舞うように泳ぐ）、「醜鯛」（姿が不恰好）など諸説がある。

漢字

武鯛

知る

分布

千葉県から九州南岸までの太平洋沿岸、伊豆－小笠原諸島、トカラ列島、奄美大島に分布。

大きさ

40cm 前後から、最大で約 60cm になる。

釣期

ほぼ周年。時期によってエサを変える。

1	2	3	4	5	6	7	8	9	10	11	12

棲んでいる場所

浅海の岩礁域。底付近に生息する。

生活史

産卵期は夏。多くのブダイ類と同様に、多くの個体が雌性先熟型（雌から雄へ）の性転換を行い、雌から性転換した雄を「二次雄」と呼ぶ。一方、雌と同じ体色でありながら雄として成熟する「一次雄」も一定数存在する。潮通しのよい沖合に雌が大群で集まり、二次雄が周囲でナワバリを作ってペアで産卵するが、一次雄のストリーキングも観察されている。1 歳で 10cm、2 歳で 20cm、3 歳で 30cm になる。雑食性だが、季節によって食性が変化し、夏は甲殻類などを主に食べ、冬は藻類を好む。

特徴

二次雄は全体的に暗い緑褐色で、腹部と胸ビレの周囲が白っぽく、口から頬と尾ビレが赤い。一方、雌と一次雄は濃淡のある赤褐色である。名前の由来には「武鯛」＝ウロコが鎧のようである、「舞鯛」＝舞うように泳ぐ、「醜鯛」＝姿が不恰好、といった諸説がある。

主な釣り方

磯釣りや岩礁底の堤防からねらう。夏はカニなどをエサにしたブッコミ釣り、冬は専用の「ブダイウキ」とハバノリのエサを使ったウキ釣りが主流。

美味しい食べ方

夏場は臭みがあって不味いとされるが、冬のブダイは刺し身でも美味い。ほかにはちり鍋、干物、煮付けなど。

フィッシングチャート

メジナやクロダイほどの人気はないが、食性を利用したエサの選択、専用ウキ（島ウキ）を使うなど、専門の釣りものとして独自のジャンルを築いている。冬場は食味が増すのもうれしい。

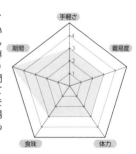

ノリエサに専用の大型棒ウキを使う独特の釣り

釣る

ウキ釣り

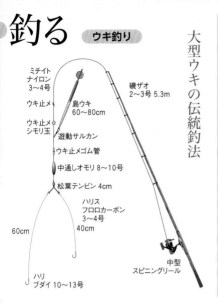

ミチイト
ナイロン
3〜4号

ウキ止メ

ウキ止メ
シモリ玉

島ウキ
60〜80cm

遊動サルカン

ウキ止メゴム管

中通しオモリ 8〜10号

松葉テンビン 4cm

ハリス
フロロカーボン
3〜4号
40cm

磯ザオ
2〜3号 5.3m

60cm

ハリ
ブダイ 10〜13号

中型
スピニングリール

大型ウキの伝統釣法

ワンポイント

大型の「島ウキ」を使ってねらうのが伝統的だ。大型ウキはブダイの繊細なアタリを取るのと、沖のポイントまで遠投するために使う。エサはハバノリかヒジキを使う。エサが根の上ギリギリを漂うようにウキ下をこまめに調整するのがキモ。少しでもウキが変化したら積極的に合わせよう。ブダイは伊豆諸島の「島寿司」のネタとして有名。

エサ・擬似餌

ハバノリ（ハンバノリ）、ヒジキ。

メジナ釣りほどは寄せエサがいらない分、手軽に楽しめる

自作および釣具店で市販されているブダイ用の島ウキ（棒ウキ）

ブダイ釣りは根（海中の岩礁）の頭を釣る。シンプルだからこそ正確なタナ取りが釣果を左右する（静岡県東伊豆）

ブリ

分類	スズキ目スズキ亜目アジ科ブリ属
学名	*Seriola quinqueradiata*
別名	代表的な出世魚。関東では小さい順にワカシ→イナダ→ワラサ→ブリと呼ぶ。関西ではツバス→ハマチ→メジロ→ブリとなる

ブリは…
体は細長い紡錘型で、背中は青緑色。眼から尾ビレにかけて黄色縦帯が走る。稚魚は動物プランクトンなどを食べ、成長に伴って主に小魚やイカ類を食べる。呼び名が変わっていく出世魚として知られる。

漢字

鰤

知る

分布

主に北海道から九州南岸までの日本海・東シナ海・太平洋沿岸、瀬戸内海、屋久島に分布し、小笠原諸島、琉球列島に散発的に分布する。

大きさ

20cm前後（ワカシ）、30～40cm（イナダ）、50～60cm（ワラサ）、最大で1m以上になる。

釣期

沖釣りでは夏から秋にかけてが最盛期。岸からねらう場合は地方によって接岸する時期に差がある。

1	2	3	4	5	6	7	8	9	10	11	12

棲んでいる場所

沿岸からやや沖合の中～底層。

生活史

産卵期は2～7月で、南ほど早い。ふ化から15mmまでの仔魚は浮遊生活をし、稚魚（モジャコ）になると表層で流れ藻などについて成長する。7.5～16cmになると藻を離れ、沿岸の浅所に移動する。1歳で尾叉長40cm前後、2歳で60cm、3歳で70cmを超え、2歳で成熟する。1歳魚以上は対馬暖流や黒潮と密接に関わる回遊を行い、春から夏にはエサを求めて北上し、秋から冬には越冬または産卵のために南下する。

特徴

体は細長い紡錘型で、背中は青緑色。眼から尾ビレにかけて黄色縦帯が走る。稚魚は動物プランクトンなどを食べ、成長に伴って主に小魚やイカ類を食べる。モジャコを採捕してイケスの中で育てる養殖が各地で盛んに行われている。

主な釣り方

岸からねらえるのはワカシ～イナダが多く、まれにワラサクラスも釣れる。カゴ釣りや泳がせ釣り、ルアー釣り、弓ヅノなど。沖釣りではワラサが人気で、寄せエサ釣り、落し込み、カッタクリ釣り、ルアーなどでねらう。

美味しい食べ方

新鮮なものは刺し身が美味しい。脂がくどい時期にはしゃぶしゃぶもよい。ほかにはカルパッチョ、照り焼き、ブリ大根など。

フィッシングチャート

出世（成長）するほどゲーム性、ファイト、難易度が増す。釣法も多彩。近年は北海道でブリ釣りがフィーバー中。

出世するほど引きは強烈、食味も増す！

釣る

船長の指示ダナを守る

コマセ釣り（沖釣り）

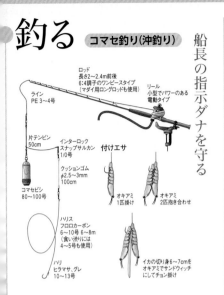

ロッド
長さ2～2.4m前後
6:4調子のワンピースタイプ
（マダイ用ロングロッドも使用）

ライン
PE 3～4号

リール
小型でパワーのある
電動タイプ

片テンビン
50cm

インターロック
スナップサルカン
1/0号

クッションゴム
φ2.5～3mm
100cm

コマセビシ
80～100号

ハリス
フロロカーボン
6～10号 6～8m
（食い渋りには
4～5号も使用）

ハリ
ヒラマサ、グレ
10～13号

付けエサ

オキアミ
1匹掛け

オキアミ
2匹抱き合わせ

イカの切り身6～7cmを
オキアミでサンドウィッチ
にしてチョン掛け

ワンポイント

イラストはワラサねらいの一般的な沖釣り仕掛け。ハリス 10 号はワラサのサイズが 5kg 以上と大きい場合やサメが回遊している時など素早く魚をあげたい時に使用する。船長の指示ダナを正確に守り、コマセワークのあとは置きザオでアタリを待つ。

エサ・擬似餌

オキアミ。

まずはエサのサバやアジを確保

落とし込み釣り

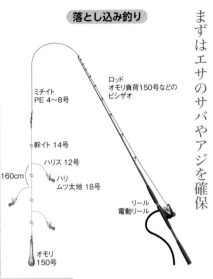

ミチイト
PE 4～8号

幹イト 14号

ハリス 12号

ハリ
ムツ太地 18号

160cm

オモリ
150号

ロッド
オモリ負荷150号などの
ビシザオ

リール
電動リール

ワンポイント

落とし込み釣りはドウヅキ仕掛けを使い、まずはエサになるサバやアジを食わせる。サバやアジが掛かったら、そのまま海底付近や船長の指示ダナまで仕掛けをおろして待っているとハリに掛かったアジやサバに大型魚が食ってくるというもの。サバやアジが暴れてフィッシュイーターであるブリなどが寄ってくる。

エサ・擬似餌

サバ、アジ。

食べる

平造りと叩き造りの刺し身

身が大きな魚だけに、切り分け方を変えて食感の違いを楽しむのもいい

お刺し身サラダ

脂がたっぷり乗ったブリやワラサも野菜と和えることでサクサク箸が進む一品に

ピリ辛煮魚

定番料理の煮魚に、辛みをプラスすることでより味わいに奥行が出てくる

 ⇒魚のさばき方は 619 ページへ

釣る

ルアーフィッシング（ショア）

ライトなタックルからスタート

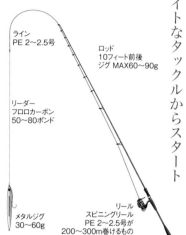

ライン
PE 2〜2.5号

ロッド
10フィート前後
ジグ MAX60〜90g

リーダー
フロロカーボン
50〜80ポンド

メタルジグ
30〜60g

リール
スピニングリール
PE 2〜2.5号が
200〜300m巻けるもの

ワンポイント

ショアからのジギングでは、ロッドは10フィート前後、ルアーMAX60〜90gの範囲内で自分の体力を考慮して選ぼう。ライトなロッドのほうが自重は軽く、身体への負担が軽減される。腕力に自信がない限り、最初はややライトなモデルが適している。ルアーの選択はターゲットまでの距離やターゲットとベイトの大きさによって変わってくる。ジグ、ミノー、ジグミノー、トップウオータープラグの4種類が基本だ。

エサ・擬似餌

ルアー（ジグ、ミノー、ジグミノー、トップウオータープラグ）。

ジギング（オフショア）

トリッキーな動きで誘う

ミチイト
PE 4号

ロッド
ジギングロッド
5〜7フィート

リーダー
フロロカーボン 12号

ジグ
130〜180g

リール
スピニングリール
4000〜5000番

ワンポイント

金属製のメタルジグを沈めたのち、巻き上げながら海中で左右に跳ね上げ、ある程度の層まで探ったら、再び海底に落としてまた跳ね上げながら釣っていく。メタルジグのサイズはブリの主食としているベイトに合わせる。たとえばマイワシやウルメイワシであれば15〜25cm、175〜250gのセミロング、サンマを主食にしているのなら30cmクラスの細長いロングジグ145〜250gも使用する。

エサ・擬似餌

ルアー（メタルジグ）。

北海道のブリ釣り①
オフショアフィッシング

トリヤマが立っていれば、水面で釣ることも可能。水面でアタリがなければ、ジグやジグミノーを使い、表層をねらうのもよい

ペンシルベイトの操作。ロッドを下向きに構え、手前に引く。リールを巻き続けるのではなく、たまにポーズを入れて食わせる間を与える

北海道の場合、ジグのカラーはブルーピンク、アカキン、グロウのゼブラカラーなどが定番として知られる

北海道積丹沖では、日中だけでなく夜に楽しむナイトジギングも人気。日中よりも好釣果に恵まれることが多いようだ

北海道のブリ釣り②
ショアジギング(ショアブリ)

❶岸からねらう"ショアブリ"が北海道で人気。このサイズがヒットするので、ヘビーなショア青もの専用タックルで挑みたい
❷北海道寿都町の弁慶岬は、道内随一のショアブリポイントとして知られ、夏〜秋のハイシーズンには大勢のアングラーが訪れる

落とし込み釣り

❶落とし込み釣り用のサビキ仕掛け
❷深い場所をねらうことも多く、大型のブリを釣りあげるので電動タックルを使用する
❸小さな魚をまずハリに掛け、そのままフィッシュイーターを釣るというユニークな釣り方だ

コマセ釣り(沖釣り)

❶寄せエサをコマセカゴに入れる際は、詰めすぎると出にくくなるので要注意。八分目が基本
❷オキアミは尾羽根をカットして、そこからハリを刺して腹側に抜く。真っ直ぐ装餌するのが基本
❸イカをセットしてもよい

ヘダイ

分類	スズキ目スズキ亜目タイ科ヘダイ属
学名	*Rhabdosargus sarba*
別名	コキダイ、マナジ、マンダイ、ツリゴイ、キンダイ、ヘマイ、シラタイ、ヘラ、ヒョウダイ

ヘダイは・・・

クロダイによく似るが、体側に多くのオリーブ色の縦線があること、若魚は腹ビレと臀ビレが黄色であるなどの特徴をもつ。

漢字
平鯛

知る

分布

北海道日本海沿岸、新潟県から九州南岸までの日本海・東シナ海沿岸、宮城県から屋久島までの太平洋沿岸、瀬戸内海、琉球列島に分布。

大きさ

成魚で 40cm ほど、大きいものは 50cm を超える。

釣期

4 ～ 10 月ごろ。

1	2	3	4	5	6	7	8	9	10	11	12

棲んでいる場所

おもに沿岸部の岩礁域や内湾に棲む。

生活史

産卵期は晩春で、径 1mm 前後の分離浮性卵を産む。仔魚は浮遊生活をし、11mm を超えると稚魚期に移行する。30mm 前後の稚幼魚は、アマモ場、砕波帯や河口付近の汽水域など、かなり浅い場所で見られる。
成魚はクロダイよりもやや沖合に多く、甲殻類や貝類、多毛類、そして小魚などを好んで食べている。

特徴

ヘダイ属魚類は日本に本種のみを産し、臀ビレ軟条数が 10 ～ 12（通常 11）と多いことから、8（稀に 9）であるクロダイ属魚類と区別できる。本種は、体側に多くのオリーブ色の縦線があること、若魚は腹ビレと臀ビレが黄色であるなどの特徴をもつ。
なお、一部は雄性先熟（雄から雌へ）の性転換を行う。

主な釣り方

関東では数が少なく、おもに西日本で釣りの対象となる。磯や堤防からのウキフカセ釣り、イカダ釣りなど。

美味しい食べ方

クロダイよりも臭みが少なく、美味しいとされる。刺し身やカルパッチョ、塩焼き、ムニエルなど幅広い料理に合う。

フィッシングチャート

釣り場や釣り方ともクロダイ釣りに準じる。関東では個体数が少ないためなかなかお目にかかれない。

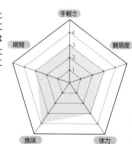

釣る

ウキフカセ釣り

クロダイ、メジナ仕掛けを流用

ウキ止メ

※ウキ止メは軽く動くくらいの締めぐあいに作る
締めすぎるとミチイトを痛める

シモリ玉（小）

ウキ
円錐ウキ B〜3B

潮受けウキゴム

浮力調整用ガン玉
2B〜4B

ハリス
フロロカーボン
1〜1.5号 2〜2.4m

ハリスガン玉
3〜5号

60〜100cm

ハリ
チヌバリ
1〜3号

付けエサのブレを抑えるため
チモト上や15cm上に
3〜4号のガン玉を打つこともある

サオ
クロダイ用
1〜1.5号
または
磯ザオ
1〜1.2号

ミチイト
ナイロン 2号

リール
ドラッグ付き
レバーブレーキタイプ

ワンポイント

磯や堤防からウキフカセ釣りでねらうため、釣り方はクロダイのそれに準じる。数がいれば手軽に釣ることもできる。

エサ・擬似餌

オキアミなど。

クロダイやメジナをねらっているとヒットすることが多いヘダイ。引きはなかなか強烈で美味！

ヘダイの幼魚。写真は手のひらサイズだが最大で50cm超にもなる

小型ヘダイの多い堤防ではワンキャストワンヒットも

ベッコウゾイ

分類 学名	スズキ目カサゴ亜目メバル科メバル属 *Sebastes oblongus* 標準和名タケノコメバル
別名	ボイジョ、タケノコ、コガネ メバル、アカフク、ホテハリ (抱卵雌)

ベッコウゾイは・・・
全体的に黄褐色で、濃い褐 色の斑点がある。この色合 いや模様がタケノコの皮や ベッコウに見えることが名 の由来との説がある。

漢字

鼈甲曹以

知る

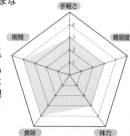

分布
北海道から長崎県までの日 本海・東シナ海沿岸、青森 県から三重県までの太平洋 沿岸、瀬戸内海に分布。

大きさ
最大で 40cm を超え るものがいる。

釣期
3 ～ 11 月に釣れるが、4 ～ 5 月が最盛期。

1	2	3	4	5	6	7	8	9	10	11	12

棲んでいる場所
沿岸部の藻場や岩礁域に棲む。

生活史
晩秋～冬に仔魚を産出する。産出時の仔魚は 6.7 ～ 7.8㎜と近縁種に比べて大きく、10㎜を超えると稚 魚期へ移行する。稚魚は 6 月頃にアマモ場やガラモ 場に出現し、ヨコエビ類などの小型甲殻類を食べて 成長する。また、一部は流れ藻について移動・分散 する。1 歳で 12cm、2 歳で 20cm になるが、成熟 後の成長には雌雄差が現れ、雄は 3 歳で 23cm、4 歳で 25cm、5 歳で 27cm、6 歳で 28cm になる。 一方雌は、3 歳で 25cm、4 歳で 28cm、5 歳で 31cm、6 歳で 34cm、8 歳で 38cm に達し、雄よ りも成長がよく長く生きる。
成魚になっても藻場に強く依存し、ごく浅海域で生 活しているので人為や環境変化の影響を受けやすい。

特徴
全体的に黄褐色で、濃い褐色の斑点がある。この 色合いや模様がタケノコの皮やベッコウに見えるこ とが名の由来との説がある。他のソイ類の多く は両眼の間がくぼむが、本種はくぼまず平坦。ま た、体形がスリムで細長いこと、吻がやや尖って 見えること、頭部の棘がほとんど目立たないこと、 吻から眼を通りエラブタに至る暗色線があること などが識別点になる。
瀬戸内海や三陸沿岸では 1970 年代まで普通にみ られる魚であったが、1990 年代以降は藻場の消 滅に伴って著しく減少し、環境省レッドリストで 準絶滅危惧種に指定されている。香川県では資源 を増やすために人工種苗の放流が行われている。

主な釣り方
磯や堤防からのウキ釣り、探り釣りなどで釣れる。 エサはエビや魚の切り身など。ルアーにもよく反 応し、ワームや小魚型のミノーなどでねらう。

美味しい食べ方
大変に美味で市場価値は高い。刺し身、煮付け、 塩焼きなどさまざまな 料理に使える。

フィッシングチャート
ロックフィッシュ ターゲットの中で も独特の風貌をも つ。根掛かりには 気をつけつつ、根 周りを探っていく。

釣る ルアーフィッシング

根掛かりを恐れず＆注意深く

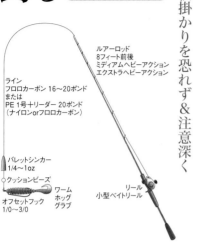

ライン
フロロカーボン 16〜20ポンド
または
PE 1号＋リーダー 20ポンド
（ナイロンorフロロカーボン）

ルアーロッド
8フィート前後
ミディアムヘビーアクション
エクストラヘビーアクション

バレットシンカー
1/4〜1oz

クッションビーズ

オフセットフック
1/0〜3/0

ワーム
ホッグ
グラブ

リール
小型ベイトリール

ワンポイント

クロソイと同様にソルトルアーフィッシングの好敵手。クロソイは夜行性だが、ベッコウゾイは昼行性といわれる。昼夜問わず海底から大きく離れることは少ないようだ。サイズさえ気にしなければ周年ねらえるが、晩春から初夏と晩秋から冬は大型がねらえる。エサ釣りでは、モエビや魚の切り身を使って探り釣りでもねらえる。

エサ・擬似餌

ホッグ、グラブなどのソフトルアー。

❶ロッドの弾力を生かしてベッコウゾイを抜き上げる。岩場の岸から住処のようすが想像できる
❷まさにタケノコの皮を彷彿とさせる模様
❸堤防からヒットした重量感あふれるサイズ

ビフテキリグと呼ばれる遊動タイプのリグ（仕掛け）

三陸のオフショアではアイナメ（下）とベッコウゾイが両方ねらえる

沖	# ホウボウ	分類	スズキ目カサゴ亜目ホウボウ科ホウボウ属
		学名	*Chelidonichthys spinosus*
		別名	カナガシラ、ホコノウオ、キミ、キミウオ、コウボウ、ギス

ホウボウは・・・

大きな胸ビレ上部の内面は鶯色で青色斑が散在し、縁辺は青色。胸ビレ下部の3条条は遊離し、これを指のように動かして底質中に潜むエサを探索する。

漢字

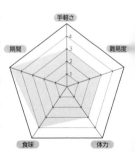

鮄
鯆

知る

特徴

ホウボウ科の代表種にして最大種。大きな胸ビレ上部の内面は鶯色で青色斑が散在し、縁辺は青色。胸ビレ下部の3軟条は遊離し、これを指のように動かして底質中のエサを探索する。遊離軟条には味を感じる細胞が存在する。第1・2背ビレの基底両側に1列の小棘がある骨質板がある。
名前の由来は「ほうぼうを歩き回る」からとも、オスがウキブクロで「ボーボー」と鳴くからとも言われている。

分布

北海道から九州南岸までの日本海・東シナ海・太平洋沿岸、瀬戸内海、東シナ海大陸棚域に分布。

大きさ

最大で50cmに達する。

釣期

ほぼ一年中ねらえる。冬が最盛期。

1	2	3	4	5	6	7	8	9	10	11	12

棲んでいる場所

水深5〜600mの砂泥底に棲む。

生活史

産卵期は、九州近海では12〜翌4月、東シナ海では3〜5月。径1.2〜1.3mmの分離浮性卵を産み、受精卵は4〜5日でふ化する。仔魚は浮遊生活をして動物プランクトンを食べて成長し、20mmを超えると稚魚期となり、底生生活に移る。1歳で13〜14cm、2歳で約20cm、3歳で24〜25cm、4歳で28〜29cm、5歳で30〜31cmになる。主に甲殻類と魚類を食べる。

主な釣り方

沖釣りで、シロギスやマダイ釣りの外道として上がることが多い。しかし近年は食味と引きのよさから人気が上昇し、関東沿岸では専門ねらいの乗合船が出ている。意外にもルアーへの反応がよいので、スロージギングやタイラバが面白い。

美味しい食べ方

味には定評があり、刺し身が美味い。煮付けや空揚げ、鍋、ムニエルなど、いろいろな料理に合う。

フィッシングチャート

もともと美味なゲストフィッシュとして釣り人には喜ばれていた。ルアーへの反応がよいこと、専門の乗合船も出ていることなどから、ゲームフィッシュとしての人気も出てきている。

手軽さ・難易度・期間・体力・食味

釣る タイラバ

タイラバで底ねらい

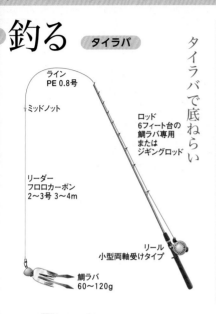

ライン
PE 0.8号

ミッドノット

ロッド
6フィート台の
鯛ラバ専用
または
ジギングロッド

リーダー
フロロカーボン
2〜3号 3〜4m

リール
小型両軸受けタイプ

鯛ラバ
60〜120g

ワンポイント

沖釣りでマダイやシロギスのゲストとして掛かることが多かったホウボウだが、道具立てがシンプルとあってタイラバの人気が高まる近年は、その釣りで掛かることも多くなった。基本的な釣り方は、タイラバを底まで落とし込み、着底したら一定速度で巻き上げ、アタリがなければまた落下させて巻き上げることを繰り返す。

エサ・擬似餌

タイラバ。

タイラバは落として巻くだけのシンプルな釣りなので、船釣りはもちろん、マイボートやカヤックからの釣りなどとも相性がよい

近年人気のタイラバ。ヘッド（オモリ）、ネクタイ（シリコン製のヒラヒラと動くゴム）、ハリを組み合わせたものをリールで巻いて魚に食いつかせる

タイラバにヒットした良型。見た目によらず、活発にルアーに反応する

⇒魚のさばき方は 623 頁へ

ホッケ

分類	スズキ目カジカ亜目 アイナメ科ホッケ属
学名	*Pleurogrammos azonus*
別名	アオボッケ、ロウソクボッケ、ネボッケ、ホッキ

ホッケは・・・

アイナメに近縁だが、背ビレは深く欠刻せず、尾ビレは深く二叉することが特徴。生時には体側に暗色斑が現れる。水深100ｍ前後の大陸棚上に棲むが、産卵期には20ｍ以浅の岩礁域に移動する。

漢字

𩸽

知る

分布

北海道全沿岸、青森県から山口県までの日本海沿岸、青森県から熊野灘までの太平洋沿岸に分布。

大きさ

最大で60cmに達する。

釣期

周年釣れるが、4、5月と9〜12月が最盛期。

1	2	3	4	5	6	7	8	9	10	11	12

棲んでいる場所

水深100ｍ前後の大陸棚上に棲むが、産卵期には20ｍ以浅の岩礁域に移動する。

生活史

産卵期は9〜12月で、水深30ｍ以浅の岩盤に1〜3万粒の沈性粘着卵を産み付ける。仔稚魚は沖合表層に広く分布し、北海道西部に多く日本海中部まで分布する。翌年の夏には13cm前後となり、次第に沿岸域へ移動する。1歳で21cm、2歳で29cm前後、3歳で33cm前後、4歳で35cm前後になり、雄より雌の方が成長が速い。寿命は7歳以上。

特徴

アイナメに近縁だが、背ビレは深く欠刻せず、尾ビレは深く二叉することが特徴。生時には体側に暗色斑が現れる。

主な釣り方

北海道ではポピュラーな釣りもので、沿岸に回遊する秋から初冬の産卵期と春の水温上昇期に陸から釣れ、その他のシーズンは沖釣りのターゲットとなる。水深がある堤防等では撒きエサで魚を寄せて市販のホッケ用サビキやウキ釣りでサオ下をねらい、岸から離れたポイントをねらうにはドウヅキ仕掛けの投げ釣りとなる。また、ルアーへの反応もよく、メタルジグやミノーにアタックする。沖釣りではドウヅキ仕掛けやサビキで数釣りが楽しめる。

美味しい食べ方

何といっても開き干しが定番だが、釣りたての新鮮なものは、塩焼き、煮つけ、フライ、鍋物などどんな料理にも合う。アニサキスなどが寄生していることがあるので、刺し身にする場合はマイナス20℃で凍結したものが安全。

フィッシングチャート

沖のサビキ釣りでは数が期待できる。また根魚に似合わず中層などでもエサを追いかけ回すためルアーにもよく反応する。「ホッケの開き」の庶民的な美味しさは万人が知るところだ。

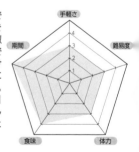

釣る　サビキ釣り

陸っぱりからもねらえる

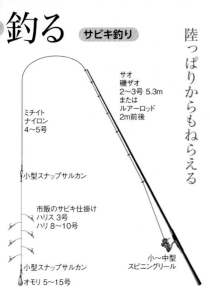

サオ
磯ザオ
2〜3号 5.3m
または
ルアーロッド
2m前後

ミチイト
ナイロン
4〜5号

小型スナップサルカン

市販のサビキ仕掛け
ハリス 3号
ハリ 8〜10号

小型スナップサルカン
オモリ 5〜15号

小〜中型
スピニングリール

ワンポイント

主な釣り方の項のとおり、陸っぱり、沖釣り、サビキにルアーと多彩なスタイルで手軽にねらうことが可能だ。最も手軽なのがこのサビキ釣り。図のトリックサビキのほか、コマセ袋がセットされた通常のサビキ仕掛けでもよい。堤防からサオの真下に仕掛けを下ろし、ホッケのいるタナを探りながらアタリを待つ。

エサ・擬似餌

サビキ、魚の切り身。

北海道のホッケ釣り

冬の日本海では、ホッケねらいで出船する遊漁船もある。写真は北海道の釣りのメッカ・積丹沖。寒さは厳しくても、アタリは止まらない

フラッシャーなどの装飾が付いた 5 〜8 本バリのドウヅキ仕掛けを使うが、ハリの数だけホッケが付いてくることも珍しくない

①

②

③

④

❶❷岸からの釣りは近年、ルアーでねらうのが人気。港と磯がポイントになるが、ルアーのタイプはワームとジグが定番だ
❸春の港や磯では、アミやサケ稚魚が主な捕食物になっている。それらを意識したルアーがあれば、魚からの反応はよくなるだろう
❹北海道日本海側の磯は春、サクラマスねらいのアングラーが並ぶが、ホッケの反応もとても多い

 ⇒魚のさばき方は 625 頁へ

ボラ

分類	ボラ目ボラ科ボラ属
学名	*Mugil cephalus cephalus*
別名	ハク（稚魚）、オボコ、スバシリ、イナッコ（15㎝前後）、イナ（30㎝前後）、トド（老成魚）

ボラは・・・

銀白色の体は紡錘形で後方ほど側扁する。水質汚染に強く、都市部の港湾、運河や都市河川などにも多く生息している。卵巣は珍味「カラスミ」の原料である。

知る

分布

北海道オホーツク沿岸を除く日本各地に分布。

大きさ

50cm 前後までのものが多いが、最大で80cm を超える個体もいる。

釣期

ほぼ周年。夏場から秋口が最盛期。

1	2	3	4	5	6	7	8	9	10	11	12

棲んでいる場所

内湾の浅場や汽水域に多くみられ、幼魚は河川内にも侵入する。

生活史

産卵期は 10 ～翌 1 月で、黒潮または対馬暖流の影響を直接受ける岩礁性海岸に大群をなして産卵する。ふ化仔魚は外洋の表層で動物プランクトンを食べ成長し、23 ～ 31㎜の幼魚は冬から春に大挙して接岸し、さらに汽水域や河川にも侵入する。このころ、エサは付着藻類やデトリタス（海底に沈殿した微細な有機物粒子）へと変化する。1 歳で 20㎝、2 歳で 30㎝、3 歳で 40㎝、4 歳で 48㎝、5 歳で 52㎝となり、3 歳で成熟する。

特徴

ボラ科魚類は互いによく似ており、銀白色の体は紡錘形で後方ほど側扁する。本種は、胸ビレ基底上半に青い斑紋があり、臀ビレ軟条が通常 8 本であることから、本科の他種から区別できる。水質汚染に強いため、都市部の港湾、運河や都市河川などにも多く生息している。

主な釣り方

堤防などからウキ釣りで釣れるほか、伝統釣法の「風船釣り」がある。これは投げ釣り仕掛けのハリ近くにウキを付けたもの。フライフィッシングでもねらえる。

美味しい食べ方

臭くて不味い魚と思われがちだが、水のきれいな海域で釣ったものはかなり美味しい。刺し身や洗い、塩焼きなど。卵巣は珍味「カラスミ」の原料である。また、俗に「ボラのへそ」と呼ばれる胃の出口付近は筋肉質でそろばん玉のような形をしており、塩焼きにするとコリコリとした歯ごたえが楽しめる。

フィッシングチャート

専門にねらわなくても外道でけっこう釣れている。食味はきれいな海で釣った魚を基準にしている。大型の引きは強烈でなかなか手強い。

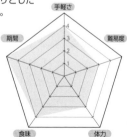

釣る

ウキ釣り

あなどれないパワフルなファイト

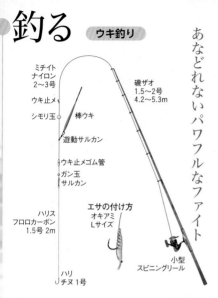

ミチイト
ナイロン
2～3号

ウキ止メ

シモリ玉

棒ウキ

遊動サルカン

ウキ止メゴム管

ガン玉
サルカン

ハリス
フロロカーボン
1.5号 2m

ハリ
チヌ1号

磯ザオ
1.5～2号
4.2～5.3m

エサの付け方
オキアミ
Lサイズ

小型
スピニングリール

ワンポイント

掛けて取り込むとタモに独特の臭いが残るなど、釣り人に嫌われがちなボラだが、外海に面した場所やきれいな海にいるものは食べると美味。50ｃｍを超える大型は引きも強く、油断はできない。仕掛けは、繊細なアタリを考慮して棒ウキを使用する。寄せエサを巻くとボラは表層に集まりやすいので、寄ってくるとすぐに分かる。

エサ・擬似餌

オキアミ、アミエビなど。

ボラとクロダイは切っても切れない間柄

ボラの下にはクロダイがいるという金言があるように、クロダイ釣りの外道として掛かることも多い

堤防で釣れたボラ

引き味は楽しくサオをグイグイと絞る

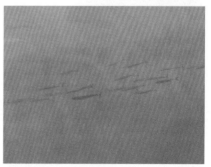

ボラの幼魚「イナ」の群れはベイトフィッシュにもなる

マアジ

分類	スズキ目スズキ亜目アジ科マアジ属
学名	*Trachurus japonicus*
別名	ヒラ、アカアジ、ヒョッコ、アツ、ゼンゴ、ジンタ（小型）

漢字

真鯵

知る

分布

北海道全沿岸から九州南岸までの日本海・東シナ海・太平洋沿岸、瀬戸内海、東シナ海大陸棚域に分布。

大きさ

30cm 前後が多いが、50cm に達するものもいる。

釣期

3 〜 12 月ごろで、夏場が最盛期。

1	2	3	4	5	6	7	8	9	10	11	12

棲んでいる場所

沿岸から大陸棚域を含む沖合の中・底層に棲む。

生活史

日本周辺には、生活圏を異にするいくつかの系群が存在する。最大の対馬暖流系群は、台湾北方の東シナ海から九州北西岸を経て日本海沿岸（富山湾）までの広域で産卵する。太平洋系群は、東シナ海で産卵するものと九州南岸から相模湾に至る太平洋沿岸で産卵するものがある。産卵期は南ほど早く（1 〜 4 月）、北ほど遅い（5 〜 8 月）。卵や稚仔魚は黒潮と対馬暖流によって運ばれ、5 〜 8㎝で着底する。成長は系群ごとに異なるが、平均すると 1 歳で 18㎝、2 歳で 25㎝、3 歳で 29㎝、4 歳で 33㎝、5 歳で 36㎝になり、2 歳で半数が、3 歳で全てが成熟する。1 歳魚以上は、春夏にエサを求めて北上し、秋冬に越冬と産卵のために南下する。

特徴

稜鱗（ゼイゴ）は大きく側線全体にわたって発達し、小離鰭はない。体高が低く背部が黒っぽい沖合回遊群の「クロアジ型」と、体高が高く黄色みが強い瀬つき群の「キアジ型」が知られる。漁獲量は前者が圧倒的に多いが、後者の方が美味。豊後水道の「関アジ」に代表されるキアジ型のブランド化が各地で進められている。
主に動物プランクトンや甲殻類、仔稚魚、多毛類などを食べる。

主な釣り方

群れが接岸している時は、堤防などからサビキ釣り、ウキ釣り、ルアー釣りでねらえる。近年は、小型のワームを使った「アジング」の人気が急上昇中かで、専用のタックルが市販されるようになった。沖釣りでは一年中楽しめる人気魚種で、ビシアジ釣り、ウイリー釣りなどでねらう。

美味しい食べ方

刺し身や塩焼き、干物など、いずれも美味い。その他になめろう、たたき、フライなど。

フィッシングチャート

堤防のサビキ釣りでねらう小アジから、人気のアジング、独特のカゴ釣り、大アジもねらえる沖釣りまで、多彩なスタイルで楽しめる。手軽さからいえばサビキ、ウキフカセ釣り、アジング、カゴ釣り、沖釣りの順になるだろうか。

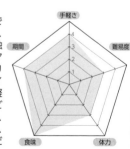

釣って楽しく食べて美味しい身近なターゲット

釣る

回遊を事前にチェック

ウキフカセ釣り／サビキ釣り

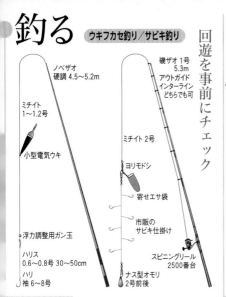

ノベザオ
硬調 4.5〜5.2m

ミチイト
1〜1.2号

小型電気ウキ

浮力調整用ガン玉

ハリス
0.6〜0.8号 30〜50cm

ハリ
袖 6〜8号

磯ザオ 1号
5.3m
アウトガイド
インターライン
どちらでも可

ミチイト 2号

ヨリモドシ

寄せエサ袋

市販の
サビキ仕掛け

スピニングリール
2500番台

ナス型オモリ
2号前後

ワンポイント

釣ってよし、食べてよしのアジは、堤防などで気軽にねらえる魚。ただし回遊魚なので、群れが入っているかどうかは事前にチェックしておくべき。特に、足下をねらうこの釣りでは群れがいないと釣りにならないので注意が必要だ。

エサ・擬似餌

オキアミ、アミエビなど。

カゴ釣り

沖の良型をねらい撃ち

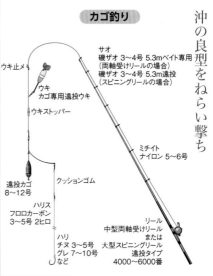

ウキ止メ

ウキ
カゴ専用遠投ウキ

ウキストッパー

遠投カゴ
8〜12号

クッションゴム

ハリス
フロロカーボン
3〜5号 2ヒロ

ハリ
チヌ 3〜5号
グレ 7〜10号
など

サオ
磯ザオ 3〜4号 5.3mベイト専用
（両軸受けリールの場合）
磯ザオ 3〜4号 5.3m遠投
（スピニングリールの場合）

ミチイト
ナイロン 5〜6号

リール
中型両軸受けリール
または
大型スピニングリール
遠投タイプ
4000〜6000番

ワンポイント

沖の根に付いている大ものや、回遊が沖に見られる時におすすめの釣り方。付けエサにはアオイソメを使用したり、エサを使わないバケを用いた仕掛けでねらったりする。イソメタイプの人工エサを使ってもよいだろう。寄せエサはアミをメインに、好みで配合エサを加える。アタリが少ない時はウキ下の調整をまめに行っていくことが大事だ。

エサ・擬似餌

アオイソメ、人工イソメ、バケ。

食べる

刺し身の盛り合わせ
切り分け方＋「叩き」でトリプル食感が楽しめる

なめろう／水なます
アジの定番料理「なめろう」を冷たい汁の具にすると酒との相性がいっそう抜群に

締めアジのちらし寿司
アジも酢締めにして美味しい魚。寿司飯と合わせれば食べ応えのあるメインディッシュに

 ⇒魚のさばき方は 626 頁へ

釣る

「ジグ単」が基本

アジング

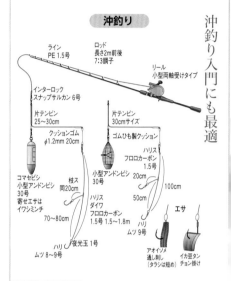

ロッド
アジング専用
7フィート前後

ミチイト
ナイロン
or
フロロカーボン
2〜4ポンド

ワーム
2インチ

ジグヘッド
1〜2g

リール
スピニングリール
1000〜2500番

沖釣り

ライン
PE 1.5号

ロッド
長さ2m前後
7:3調子

リール
小型両軸受けタイプ

インターロック
スナップサルカン 6号

片テンビン
25〜30cm

クッションゴム
φ1.2mm 20cm

コマセビシ
小型アンドンビシ
30号
寄せエサは
イワシミンチ

枝ス
同20cm

ハリ
ムツ 8〜9号

片テンビン
30cmサイズ

ゴムひも製クッション

小型アンドンビシ
30号

ハリス
ダイワ
フロロカーボン
1.5号 1.5〜1.8m

夜光玉 1号

ハリ
ムツ 9号

ハリス
フロロカーボン
1.5号
20cm

50cm

100cm

エサ

アオイソメ
通し刺し
(タラシは短め)

イカ豆タン
チョン掛け

70〜80cm

ワンポイント

まず覚えたいスタイルが"ジグ単"と呼ばれるジグヘッドにワームをセットしたシンプルな釣法。魚の好む自然な動きを演出しやすく、アタリが出やすい。なんといっても扱いやすいというメリットがある。標準的な重さは1〜2g。軽いほうがナチュラルだが、潮が速い時は重くしよう。

エサ・擬似餌

ルアー（ワーム）。

ワンポイント

アジは沖釣りでも人気のターゲット。通常は130号前後という重めのアンドンビシを使うが、最近は図のようなライトタックルでねらうアジ釣りも人気。アジの引きを堪能できるうえに、女性や子どもでも気軽に楽しめる。エサはアオイソメと、赤く染めたイカを小さく切った「豆タン」がメイン。ちなみにアオイソメは、タラシを短くすること。

エサ・擬似餌

アオイソメ、豆タン（イカの切り身）など。

カゴ釣り

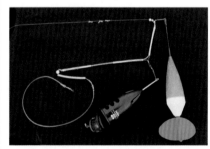

カゴ釣り仕掛け。仕掛けが馴染んでタナに到達するとカゴが開くジェットカゴ

カゴ釣りなら沖目を回遊している良型にも手が届く

カゴ釣りでヒットするアジは大型が多い

サビキ釣り・ウキフカセ釣り

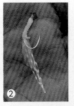

❶鈴なりのアジ。夏はジンタとも呼ばれる小アジが各所に回遊する

❹ウキ釣りで、親子でダブルヒット！ 老若男女楽しめるキングオブ大衆魚

❷フラッシャーやサバ皮、スキン、ウイリーその他カラーもいろいろあるサビキ仕掛け

❸寄せエサをカゴに詰めて海中で撒き、群れを寄せる。常温保存ができて香りのよい加工アミの寄せエサも市販されている

アジング

❶アジング用ワーム。吸い込みやすいように素材がソフトなのが特徴である。ジグヘッド 0.6 ～ 1g と繊細かつシンプルなリグで釣ることも多い

❷アジングをするのは主に夜。ベイトが溜まり、アジも寄ると海面が小雨に打たれたようにピチャピチャと波紋が立つ

❸ベイトフィッシュに合わせたサイズのルアーを選んでほしい

❹家族でも楽しめるアジング

沖釣り

沖釣りでヒットしたアジ

サオをしっかりと振ってコマセを出す

マイワシ

分類	ニシン目ニシン科マイワシ属
学名	*Sardinops melanostictus*
別名	イワシ、ナナツボシ、ヤシ、ヒラゴ (8cm未満)、コバ (8〜12cm)、チュウバ (12〜18cm)、オオバ (20cm以上)

マイワシは・・・

背中が青緑色、側面から腹は銀白色に輝く。体側には黒い点が1列に並び、個体によっては点がないもの、2・3列に並ぶものがある。ウロコは薄くて非常にはがれやすい。

漢字

真鰯

知る

特徴

背中が青緑色、側面から腹は銀白色に輝く。体側には黒い点が1列に並んでいるが、個体によっては点がないものや、2・3列に並ぶものがある。鱗は薄くて非常にはがれやすく、鱗がはがれた状態で黒点が顕著に現れる。資源量は数10年周期で大変動し、1980年代の漁獲量は近年の全国総漁獲量を上回る400万トン台だった。2000年代は数万トン台の低水準が続いたが近年は増加傾向。

分布

北海道から九州南岸までの日本海・東シナ海・太平洋沿岸、瀬戸内海に分布。

大きさ

20cm前後が標準で、最大で30cm。

釣期

ほぼ周年。岸から釣る場合は回遊の有無に左右される。

1	2	3	4	5	6	7	8	9	10	11	12

棲んでいる場所

海岸付近から沖合までの表・中層を群れで回遊している。

主な釣り方

群れが接岸していれば、堤防からのサビキ釣り、ウキ釣りで数釣りができる。沖釣りでもサビキなどでねらう。また、ヒラメやキメジなどの大もの釣りの活きエサとしてもよく利用される。

美味しい食べ方

旬は初夏から秋で、脂が乗っていて非常に美味しい。塩焼き、カルパッチョ、天ぷら、フライなどにも適している。

生活史

産卵期は南ほど早く、日向灘や土佐湾で12〜翌3月、九州北西岸から山口県で1〜4月、北方ほど遅く津軽海峡で5〜6月。仔魚はシラス型で、春シラス漁の主要対象である。3〜4cmで鱗が形成され稚魚期に移行する。1歳で15cm、2歳で20cm、3歳で21cm、4歳で22cmになる。1歳で成熟し、寿命は8歳前後とイワシ類としては長命。春夏にエサを求めて北上、秋冬に越冬と産卵のために南下する。
エサは主に植物プランクトン。口を大きく開けたまま遊泳し、濾しとるように食べる。

フィッシングチャート

手軽で、回遊があれば簡単に数が釣れ、食味も抜群。海のファミリーフィッシングの王様的な釣りものといえる。

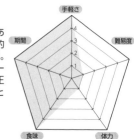

釣る

サビキ釣り

回遊の有無を見極める

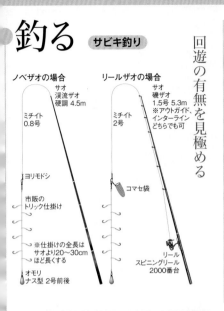

ノベザオの場合
- サオ 渓流ザオ 硬調 4.5m
- ミチイト 0.8号
- ヨリモドシ
- 市販のトリック仕掛け
- ※仕掛けの全長はサオより20〜30cmほど長くする
- オモリ ナス型 2号前後

リールザオの場合
- サオ 磯ザオ 1.5号 5.3m ※アウトガイド、インターラインどちらでも可
- ミチイト 2号
- コマセ袋
- リール スピニングリール 2000番台

ワンポイント

とりあえずなんでもいいから魚を釣りたいという人におすすめ。ただし群れで回遊する魚なので、回遊がなければ釣れない。足もとを回遊することも多く、ノベザオでも釣れる。カゴに解凍したアミコマセを入れ、それが寄せエサになる。時々サオをあおって、アミコマセを振り出して誘うとよい。ウルメイワシも同じ仕掛けでねらえる。

エサ・擬似餌

オキアミ、アミエビ、サビキ。

サオは磯ザオから堤防釣り用の万能ザオまで幅広く使える

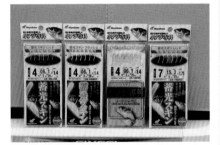

サビキ仕掛けは種類も豊富。ハリには魚の皮や各色の化繊が巻かれている

寄せエサを詰めるカゴは仕掛けの上部に付ける場合と下部に付ける場合がある。写真は左がオモリが一体になった下カゴタイプ。真ん中と右が上カゴタイプ

群れが回ってくればご覧のとおり！

 ⇒魚のさばき方は 631 頁へ

マガレイ

分類	カレイ目カレイ科マガレイ属
学名	*Pseudopleuronectes herzensteini*
別名	カレイ、アカジガレイ、アカジ、アカガシラ、アカガレイ、クチボソ、オタルマガレイ

マガレイは・・・

マコガレイに似るが、吻がやや尖っていること、両眼の間に鱗がなく、生時の無眼側の尾柄部の両脇が黄色いことで区別できる。マコガレイよりも北寄りに分布し、東北地方以北に多い。

漢字

真鰈

知る

分布

北海道の全沿岸、青森県から長崎県までの日本海・東シナ海沿岸、青森県から福島県までの太平洋岸に分布し、瀬戸内海からも記録がある。

大きさ

最大で 50cm 前後になるが、釣れるのは 20cm クラスが多い。

釣期

12〜翌 7 月ごろ。ハイシーズンは 1〜3 月。

1	2	3	4	5	6	7	8	9	10	11	12

棲んでいる場所

水深 100m 以浅の大陸棚の砂底、砂泥底に棲む。

生活史

産卵期は 2〜7 月で南ほど早く、若狭湾で 2〜3 月、仙台湾で 3〜5 月、北海道で 4〜6 月。水深 15〜70m の海底で径 0.84〜0.94mm の分離浮性卵を産む。4.3mm の仔魚はすでに卵黄を吸収し、エサを食べはじめる。1 ヵ月あまりの浮遊生活期の間に左眼が頭頂部へ移動するなどの変態が進む。15.8mm では眼の移動は完了し、稚魚期へ移行している。稚魚は水深 20m 以浅の砂泥底に着底して底生動物を食べて成長する。雌は雄より成長が早く、雌雄とも 2〜3 歳で成熟する。

特徴

同属のマコガレイに似るが、吻がやや尖っていること、両眼の間に鱗がないこと、生時の無眼側の尾柄部の両脇が黄色いことで区別できる。また、体型が少し細長いこと、生時の無眼側の背ビレと臀ビレの基部が透明感のある白色であることも、よく似た種との識別点になる。マコガレイよりも北寄りに分布し、東北地方以北に多い。

主な釣り方

東北地方では沖釣りで人気が高く、数を競う大会も開催されている。片テンビンの吹流し仕掛けでアオイソメをエサに使い、シンカーで海底を小突いて食いを誘う。

美味しい食べ方

新鮮なものは刺し身でもいけるが、定番は煮付け。冬は抱卵していることもあって非常に美味しい。

フィッシングチャート

関東地方では考えられないほど数釣りができるカレイとして人気がある。型も40cmオーバーサイズが出る。北海道では船釣りも人気だ。

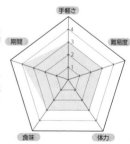

釣る

投げ釣り

複数のサオでねらう

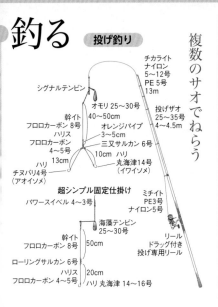

チカライト
ナイロン
5～12号
PE 5号
13m

シグナルテンビン

幹イト
フロロカーボン 8号

オモリ 25～30号
40～50cm
オレンジパイプ
3～5cm

投げザオ
25～35号
4～4.5m

ハリス
フロロカーボン
4～5号
13cm

三又サルカン 6号
10cm ハリ

丸海津14号
（イワイソメ）

ハリ
チヌバリ4号
（アオイソメ）

超シンプル固定仕掛け

パワースイベル 4～3号

ミチイト
PE3号
ナイロン5号

幹イト
フロロカーボン 8号
50cm

海藻テンビン
25～30号

ローリングサルカン 6号

ハリス
フロロカーボン 4～5号
20cm
ハリ 丸海津 14～16号

リール
ドラッグ付き
投げ専用リール

ワンポイント

投げ釣り（陸っぱり）では置きザオで待てるので、2本、3本とサオをだして遠中近のポイントをねらいわけるとよい。ちなみに、沖釣りではオモリで海底を小突き誘いをかける。

エサ・擬似餌

アオイソメ。

北海道のマガレイ釣り

投げ釣り

北海道・積丹半島のマガレイ釣り。磯に釣り座を構え、沖の砂地まで遠投するスタイルが主流。シーズンは3月中旬からGW頃まで

投げ釣りではサオを3本用意して並べ、"遠・中・近"と投げ分けるのが基本。アタリがあれば、そのスポットに仕掛けを合わせる

投げ釣りではフルキャストしても千切れにくい塩イソメが必須。現場で締めることも可能だが、水気を切るキッチンペーパーなどが欠かせない

沖釣り

北海道の道央や東北地方では小突き釣りが主流。専用のライトな両軸タックルが使われる。オモリは30～50号

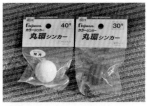

北海道では近年、丸型シンカーが人気。転がりやすいので安定した小突き釣りが可能でアタリを取りやすいといわれる

マコガレイ

分類	カレイ目カレイ科マガレイ属
学名	*Pseudpleuronectes yokohamae*
別名	シロシタガレイ、マコ、アマガレイ、クロガシラ、アカガレイ、オチョボ、クチボソ、ホソグチ

マコガレイは・・・

口は小さく上顎後端は下眼の瞳孔に達しない。両眼の間に鱗をもつ。無眼側の体は一様に白色。大分県日出町沿岸の別府湾産は「城下かれい」ブランドで全国に知られる。

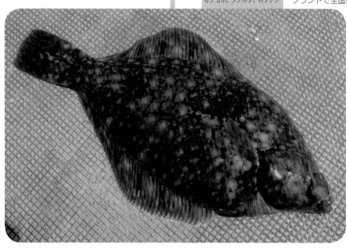

漢字

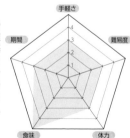

真子鰈

知る

分布

北海道西岸から九州西岸までの日本海・東シナ海、北海道南岸から土佐湾までの太平洋岸、瀬戸内海に分布。

大きさ

30cm 前後が多く、最大で 60cm。

釣期

10 ～翌 5 月ごろ。ハイシーズンは 3 ～ 4 月の「花見ガレイ」。

1	2	3	4	5	6	7	8	9	10	11	12

棲んでいる場所

水深 100m 以内の砂底や砂泥底に棲む。

生活史

産卵期は 12 ～翌 5 月で南ほど早く、東京湾では 12 ～翌 1 月、青森県日本海側では 2 ～ 5 月。近年の温暖化傾向で各内湾の水温低下が遅れ、東京湾では産卵期が 1 ～ 2 月にずれ込みつつある。湾口部や海峡部の水深 10 m 前後のカケアガリの砂礫表面に沈性付着卵を産む。仔稚魚の変態開始は近縁のマガレイよりも早く、7mm 前後で体高が増して左眼が移動、10mm までに眼の移動は完了し稚魚期となる。稚魚は水深 10m 以浅の泥底に着底して底生動物を食べて成長する。雌は雄より成長がよく、雌は 1 歳で 13.9㎝、2 歳で 20.5㎝、

3 歳で 24.8㎝、4 歳で 27.7㎝、5 歳で 29.7㎝になる。主に雌は 3 歳、雄は 2 歳から成熟する。

特徴

体は楕円形で、口は小さく上顎後端は下眼の瞳孔に達しない。両眼の間に鱗をもつ。無眼側の体は一様に白色。よく似たマガレイとの見分け方はその項を参照。

大分県日出町沿岸の別府湾産は「城下かれい」というブランドで全国に知られる。

主な釣り方

シロギスと並んで投げ釣りの代表的なターゲット。初冬の乗っ込みの時期、および「花見ガレイ」と呼ばれる春が最盛期。沖釣りでも秋から春にかけてがシーズンである。

美味しい食べ方

型のいいものは刺し身や煮付けなどで非常に美味しい。小型は空揚げに。

フィッシングチャート

置きザオで待ちの釣りのため特に難しくはないが、基本的に数がたくさん出る釣りものではない。カレイの中では特に食味に優れることから人気が高い。

釣る

投げ釣り

2、3本ザオで投げて待つ

チカライト
ナイロン
5〜12号
PE 5号
13m

シグナルテンビン

オモリ 25〜30号
40〜50cm

幹イト
フロロカーボン 8号
ハリス
フロロカーボン
4〜5号

投げザオ
25〜35号
4〜4.5m

オレンジパイプ
3〜5cm

三又サルカン 6号
10cm ハリ
13cm

ハリ
チヌバリ4号
（アオイソメ）

丸海津14号
（イワイソメ）

ハリ

超シンプル固定仕掛け

パワースイベル 4〜3号

幹イト
フロロカーボン 8号

ローリングサルカン 6号

ハリス
フロロカーボン 4〜5号

ハリ 丸海津 14〜16号

海藻テンビン
25〜30号

50cm

20cm

ミチイト
PE3号
ナイロン5号

リール
ドラッグ付き
投げ専用リール

ワンポイント

仕掛けを投入したら置きザオでアタリを待つ釣りのため、ファミリーフィッシングにも向く。できれば何本かサオを並べてヒットチャンスを上げたい。ちなみに、ボートや沖釣りでは小さめの片テンビンを使い、底を小突いてねらうことが多い。

エサ・擬似餌

アオイソメ、イワイソメ。

⇒魚のさばき方は 633 頁へ

タックルは一般的な投げ用で OK。リールはドラッグ付きを使用する

エサはボリューミーに付けるのがキモ。イワイソメとアオイソメのミックス刺しが効く

遠近を投げ分けて探っていく

投げっ放しにはせず、穂先を注視しながら、定期的に仕掛けを動かす

マゴチ

分類	スズキ目カサゴ亜目コチ科コチ属
学名	*Platycephalus* sp.1
別名	ホンゴチ、クロゴチ、ガラゴチ、ゼニゴチ、ヨゴチ

マゴチは・・・
体は強く縦扁し、頭部と口は大きい。体色は黒っぽく、茶褐色のごく小さい斑点が密に並ぶ。眼は小さく、両眼間隔は広い。夏が釣りの最盛期で「照りゴチ」と称する。

漢字

真鯒

知る

分布

北海道南部、若狭湾から九州南岸までの日本海・東シナ海沿岸、宮城県から種子島までの太平洋岸、瀬戸内海に分布。

大きさ

一般に釣れるものは40cm前後が多い。最大で70cmに達する。

釣期

6～9月ごろ。夏の釣りものとして知られる。

1	2	3	4	5	6	7	8	9	10	11	12

棲んでいる場所

内湾や河口付近などの浅海。水深30m以浅の砂泥底に棲む。

生活史

産卵期は南ほど早く、九州で4～7月、東京湾で6～8月で、径0.9mm前後の分離浮性卵を産む。仔稚魚は浮遊生活をし、6～10月に内湾などごく沿岸域の表層に現れる。仔魚の体ははじめ側扁するが発育に伴って頭部が縦扁、眼が背方に移動し、11mmを超えると着底する。1歳で13cm、2歳で23cm、3歳で32cm、4歳で39cm、5歳で45cmになる。コチ科魚類は成長に伴って雄から雌へ性転換することが知られているが、本種は1歳魚から雌雄ともにみられ、例外的に性転換しない可能性がある。成長は雌の方が早く、最大体長は雌の65cmに対して雄は40cmに満たない。

特徴

体は強く縦扁し、頭部と口は大きく頭部の棘は弱くて細かい。体色は黒っぽく、茶褐色のごく小さい斑点が密に並ぶ。眼は小さく、両眼間隔は広い。非常によく似たヨシノゴチが別種として認められており、体色は白っぽく背面に散在する褐色点はより大きく網目状、眼がやや大きい、胸ビレの褐色点がよく目立つことなどから本種と区別できる。コチ属魚類の分類は混乱しており、どの種にどの学名を適用すべきなのか、十分な研究がなされていない。

主な釣り方

海岸からは生きエサや身エサを使う投げ釣りのほか、ルアー釣りも人気が高い。沖釣りではエビや生きたメゴチ、ハゼなどをエサにしてねらう。

美味しい食べ方

旬は夏。透明感のある白身で刺し身や洗いにするが、鮮度が落ちるのも早い。美味しくたべるには、釣ったあとにきっちりと締めて血抜きをしておきたい。ほかに塩焼きや空揚げなど。

フィッシングチャート

東京湾では夏を代表する釣りものの1つで専門の乗合船が出ている。また、近年は「フラットフィッシュ・ゲーム」と呼ばれてルアーでも人気だ。

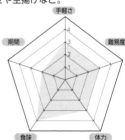

釣る

ルアーフィッシング

底をしっかりキープ

ライン
PE 0.8〜1号

ロッド
9フィートクラスの
ショアジギングロッド
もしくは
シーバスロッド

リーダー
フロロカーボン
20〜30ポンド

ワーム
シャッド系

ジグヘッド
14〜21g

リール
中型スピニングリール

ワンポイント

「照りゴチ」と呼ばれるように夏が旬とされているサーフの定番ターゲットだ。マゴチは底を離れたがらないので、しっかりと底を取ってねらうことが大切。シンキングミノー、バイブレーションプラグ、ジグヘッドリグがおすすめ。サーフだけではなく、サーフに隣接した河口部や港湾でもねらえる。

エサ・擬似餌

ルアー（シンキングミノー、バイブレーションプラグ、ジグヘッドリグ）。

沖釣り

砂地に潜む小魚の天敵!?

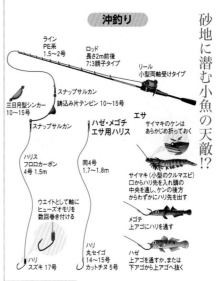

ライン
PE系
1.5〜2号

ロッド
長さ2m前後
7:3調子タイプ

リール
小型両軸受けタイプ

三日月型シンカー
10〜15号

スナップサルカン

鋳込み片テンビン 10〜15号

スナップサルカン

ハゼ・メゴチ
エサ用ハリス

サイマキのケンは
あらかじめ折っておく

ハリス
フロロカーボン
4号 1.5m

同4号
1.7〜1.8m

サイマキ（小型のクルマエビ）
口からハリを入れ頭の
中央を通し、ケンの後方
からわずかにハリ先を出す

ウエイトとして軸に
ヒューズオモリを
数回巻き付ける

メゴチ
上アゴにハリを通す

ハリ
スズキ 17号

ハリ
丸セイゴ
14〜15号
カットウチ 5号

ハゼ
上アゴを通すか、または
下アゴから上アゴへ抜く

ワンポイント

ボートや乗合船の沖釣りでは、生きた小魚やエビを使う。底に棲む魚ゆえ、エサが底付近にあるようにタナを取ることが大切。アタリは意外と小さいが、最初は送り込み、重みが乗ったタイミングで合わせるとよい。

エサ・擬似餌

ハゼ、シロギス、メゴチなどの小魚、エビなど。

食べる

マゴチの刺身。夏は照りゴチの癖のない滋味で暑気払いを

白身のマゴチは空揚げも絶品！

船からルアーでも釣れる。底にへばりつくタイプの多くの魚の例に漏れず、マゴチも美味だ

 ⇒魚のさばき方は 635 頁へ

ルアーフィッシング

広大なサーフも釣り場。離岸流や波立ちの変化を見つけて、ルアーを投入していく

ルアーはロッド負荷に合わせた重さのメタルジグやジグヘッドを使う

こちらは船からのヒット。照りゴチといわれるくらい、マゴチは盛夏がハイシーズン

沖釣り

三日月オモリ15号とエビの浮き上がりを抑えるためのハリに巻くイトオモリ（ヒューズ）

完成仕掛けも充実している

サオは食い込みとアワセやすさを兼備する7：3調子の2m前後。小型両軸受けリールにはPE1.5〜2号を巻いておく

マゴチの生息域は砂地がメイン。砂の中に潜って目だけを出して獲物をねらい、主食は甲殻類や小魚類。エサを待ち伏せし捕食距離に入ったエサをダッシュして捕らえる。口は大きいが一発で吸引せず、ゴリゴリと噛み潰しながら食べる。「ヒラメ40、マゴチ20」といわれるが食い込みを待つのはこの採餌の仕方に合わせてのこと。本アタリを乗せた時が快感である

マゴチが吐き出したのはメゴチ。東京湾の乗合船ではエビエサだけでなく、メゴチやハゼを使う乗合船も出ている

エラには鋭い棘があるのでご注意を

女性でも楽しめるターゲット。このマゴチで4尾目をキャッチ

サイマキエビの付け方

エサのクルマエビ。東京湾の乗合船では「サイマキエビ」といわれる。なお、死んでしまったエビは持ち帰って食べても美味

①ケンをハサミでカットする

②マゴチバリの腰に注目

③写真のようにハリを返して腰をエビの口に当て

④くるりとハリ先を口側に向ける

⑤親指でハリのフトコロの外側を押し込む

⑥ワタをを避けるようにして頭の中心にほんの少しハリ先を抜く

⑦完成

マサバ

分類	スズキ目サバ亜目サバ科サバ属
学名	*Scomber japonicus*
別名	ヒラサバ、ヒラ、サバ、ホンサバ、ヒラス、サワ、ソコサバ

マサバは・・・
体は細長い紡錘形。背部は青緑色で縞状や虫食い状の暗色斑が入る。「関サバ」や「松輪サバ」などの地域ブランドも確立されている。

漢字

真鯖

知る

分布
北海道全沿岸から九州南岸までの近海、東シナ海に分布。

大きさ
最大で約50cmになる。

釣期
ほぼ一年中。脂の乗る冬が最盛期とされる。

1	2	3	4	5	6	7	8	9	10	11	12

棲んでいる場所
沿岸から沖合の表・中層を大群で回遊している。

生活史
日本近海には生活圏を異にする太平洋系群、対馬暖流系群および東シナ海系群が存在し、前2者の資源が大きい。太平洋系群は足摺岬沖から伊豆諸島周辺で2～5月に産卵し、九州南岸から千島列島沖まで回遊する。成長は資源状態によって異なり、1歳で平均尾叉長24cm、2歳で30cm、3歳で34cm、4歳で36cmになる。対馬暖流系群は山陰沖から能登半島周辺で4～7月に産卵し、東シナ海南部から日本海北部、さらに黄海や渤海まで回遊する。成長は太平洋系群とほぼ同じ。
季節的に回遊し、春～夏は北上、秋～冬に南下する。生息水深は冬～春に深く、夏～秋に浅くなる。動物プランクトンや小魚、頭足類などを食べる。

特徴
背部は青緑色で縞状や虫食い状の暗色斑が入り、腹側は銀白色で通常模様はないが、淡く小さな暗色斑や虫食い状の斑紋が現れることがある。
よく似るゴマサバとの見分け方は、その項を参照。
かつての大衆魚イメージを覆す「関サバ」や「松輪サバ」などの地域ブランドが確立されている。

主な釣り方
群れが接岸している時は、堤防などからサビキ釣りで数がねらえる。沖釣りではカゴ釣り、ウイリー釣りなど。ルアーでも簡単に釣れるため、人気が上昇している。

美味しい食べ方
旬は脂が乗った冬。釣ってすぐに締めた新鮮なものは刺し身でも食べられるが、三陸～関西ではアニサキスの寄生を懸念して生食しない。ほかには塩焼き、味噌煮、フライなど。

フィッシングチャート
ゲストフィッシュ扱いされることが多いが、食味のよさは突出している。紹介したカゴ釣りのほかにルアーにもよく反応するので、近年はゲームフィッシュとしての評価も上昇中。

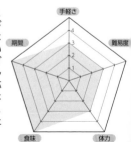

釣る

カゴ釣り

小サバはサビキでもOK

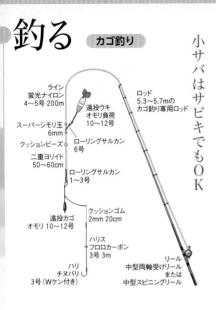

ライン
蛍光ナイロン
4〜5号 200m

遠投ウキ
オモリ負荷
10〜12号

スーパーシモリ玉
6mm

クッションビーズ

二重ヨリトリ
50〜60cm

ローリングサルカン
6号

ローリングサルカン
1〜3号

遠投カゴ
オモリ 10〜12号

クッションゴム
2mm 20cm

ハリス
フロロカーボン
3号 3m

ハリ
チヌバリ
3号（Wケン付き）

ロッド
5.3〜5.7mの
カゴ釣り専用ロッド

リール
中型両軸受けリール
または
中型スピニングリール

ワンポイント

陸っぱりで良型をねらうなら、カゴ釣りやルアーが有効。小サバなら堤防などのサビキでねらえる。普通釣れるサバにはゴマサバとマサバの2種があり、どちらかというとマサバのほうが喜ばれる。沖釣りではリリースする人も多いが、味はよい。よく走るので隣とのオマツリの原因にもなるが、それだけ引き味もよい。

エサ・擬似餌

オキアミ、アミエビ、サビキ（堤防のサビキ釣り）。

爽快なフルスイングもカゴ釣りの魅力

エサのオキアミをカゴに詰める

タナに届くとカゴが開くジェットカゴ

食べる

締めサバ
サバといえば……の定番料理だが、釣りたての新鮮な1尾で作ると、歯応えも味わいも格別

味噌煮
同じく超定番料理の1つ。ご飯、お酒のいずれにも相性ばっちり

船場汁
皮目の美しさで食が進む。意外なほどの上品さに驚く。大根との組み合わせも絶妙だ

⇒魚のさばき方は638頁へ

マダイ

分類	スズキ目スズキ亜目タイ科マダイ属
学名	*Pagurus major*
別名	ホンダイ(大型)、チャリコ(幼魚)、サクラダイ、ハツキ、テー、テ

マダイは・・・
体色は紫褐色を帯びた淡いピンクで、体にはブルーの小斑がある。若いうちは不明瞭な4本の横縞があり成長につれ消える。また、尾ビレの後縁が黒く下縁は白いこで、チダイやキダイと区別できる。

漢字

真鯛

知る

分布

北海道の全沿岸から九州南岸までの日本海・東シナ海・太平洋沿岸、伊豆諸島、瀬戸内海に分布。奄美諸島・沖縄島で稀にみられる。

大きさ

最大で1mを超える。

釣期

ほぼ周年釣ることができるが、3〜6月、9〜11月ごろが最盛期。

1	2	3	4	5	6	7	8	9	10	11	12

棲んでいる場所

成魚は水深30〜200mの岩礁、砂礫底、砂底に棲む。

生活史

産卵期は春〜初夏で、南ほど早い。産卵場は水深25〜100mの起伏の激しい天然礁で、雌を複数の雄が追尾して放卵・放精し分離浮性卵を産む。2〜3cmの稚魚は初夏に内湾のアマモ場や砂底に現れ、約9cmになる秋冬季に湾外に出て水深50〜60mで越冬し、翌春10数cmになって浅場に戻る。こうした季節移動を3歳まで繰り返し、3〜4歳で成熟する。成長は海域により異なり、広島では3歳で27cm、4歳で33cm、5歳で35cm、6歳で43cmになる。寿命については諸説あるが、相模湾では20歳が最高齢記録である。

特徴

体色は紫褐色を帯びた淡いピンクで、体側にはブルーの小斑がある。若いうちは不明瞭な4本の横縞があり成長につれ消える。また、尾ビレの後縁が黒く下縁は白いことで、チダイやキダイと区別できる。

古くから日本人に好まれた最高の魚ゆえに漁獲圧は常に高く、1970年代以降は埋立てや水質汚濁によって稚幼魚が育つアマモ場や内湾浅海域が失われて激減。それを補うために1980年代から放流事業が全国各地で行われている。近年の東京湾や相模湾では、釣られるマダイの5割以上が放流魚という年もある。通常は2つある鼻の孔が、繋がって1つになっていたら放流魚である。釣り人の放流協力金等への積極的な参画が望まれる。

主な釣り方

投げ釣りでねらえる地域もあるが、基本的には沖釣りでねらうことが多い。寄せエサ釣りやテンヤを使うエビエサ釣り、ルアーの一種であるタイラバなどで釣る。

美味しい食べ方

刺し身や塩焼きなどの美味しさは、改めて解説する必要もないだろう。皮に旨みがあるため、ひと手間かけて皮霜造りにするのもいい。アラは潮汁に。ほかにはムニエルやフライ、鯛茶漬け、鯛めしなど。

フィッシングチャート

海の魚の王様ともいえるターゲットだけに、釣りのスタイルは豊富。そのどれも奥が深く、極め甲斐のある釣りといえる。ハリ掛かりしたときのファイトも素晴らしい。上品な食味は万人の知るところ。

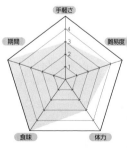

● 釣る

カゴ釣り仕掛け

釣り場選びが重要

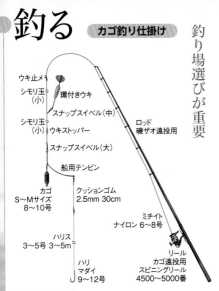

- ウキ止メ
- シモリ玉（小）
- 環付きウキ
- スナップスイベル（中）
- シモリ玉（小）
- ウキストッパー
- スナップスイベル（大）
- 船用テンビン
- カゴ　S～Mサイズ　8～10号
- クッションゴム　2.5mm 30cm
- ミチイト　ナイロン 6～8号
- ロッド　磯ザオ遠投用
- ハリス　3～5号 3～5m
- ハリ　マダイ　9～12号
- リール　カゴ遠投用スピニングリール 4500～5000番

一つテンヤ（沖釣り）

繊細なタックルの醍醐味

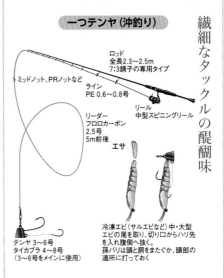

- ミッドノット、PRノットなど
- ロッド　全長2.3～2.5m　7:3調子の専用タイプ
- ライン　PE 0.6～0.8号
- リール　中型スピニングリール
- リーダー　フロロカーボン　2.5号　5m前後
- エサ
- テンヤ 3～6号　タイカブラ 4～8号（3～6号をメインに使用）

冷凍エビ（サルエビなど）中・大型エビの尾を取り、切り口からハリ先を入れ腹側へ抜く。孫バリは頭と胴をまたぐか、頭部の適所に打っておく

ワンポイント

釣りのターゲットとしては船からねらうのが一般的だが、水深のある堤防や磯からカゴ釣りでねらうこともできる。オカッパリから釣れるアベレージサイズは40cm以下の小型が多いが、春から初夏の乗っ込みシーズンには70cmオーバーの良型の可能性がある。オカッパリからマダイがねらえる釣り場は限られているので、最近の釣果や過去の実績を踏まえてポイントを選びたい。

エサ・擬似餌

オキアミ。

ワンポイント

ロングハリスに軽いオモリ（テンヤ・カブラ）、細めのPEラインとライトかつシンプルなタックルなので、マダイのパワーを存分に味わえる。ゲストフィッシュも多彩だ。

エサ・擬似餌

サルエビなど。

 ⇒魚のさばき方は 642 頁へ

● 一つテンヤ

テンヤにエビを付ける方法はいくつかあるが、基本的にはエビの尾羽根をカットして、そこから親バリを入れて腹側に抜く。孫バリは頭に掛けておく

美味しく味わうために、最近は神経締めをして持ち帰る人が増えた

軽いテンヤを使うのでスピニングタックルが基本。最近は小型両軸受けリールを使う人もいる。ライトタックルに良型が掛かった時の引き味は格別

●釣る

タイラバ（沖釣り）

一定の速度で巻き続ける

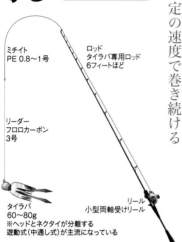

ミチイト
PE 0.8〜1号

ロッド
タイラバ専用ロッド
6フィートほど

リーダー
フロロカーボン
3号

タイラバ
60〜80g
※ヘッドとネクタイが分離する
遊動式（中通し式）が主流になっている

リール
小型両軸受けリール

ワンポイント

タイラバと呼ばれる擬似餌を投入し、着底したら巻き続ける。巻くだけで釣れるシンプルな釣りだからこそ基本をしっかりとマスターしたい。着底後すぐに巻き始めるのがキモ。もたついているとマダイが興味をなくし見切ってしまう。また一定の速度で巻き続けること。"ガツガツ"とアタリがあってもすぐに合わせない。巻き続けて下に突っ込んでから合わせる。あとはドラグを利かせながら浮かせればOK。遊動式が一般的。

エサ・擬似餌

タイラバ。

コマセダイ（沖釣り）

ロングハリスを使いこなす

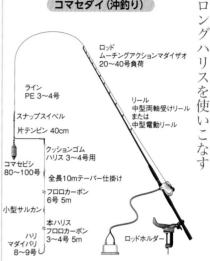

ロッド
ムーチングアクションマダイザオ
20〜40号負荷

ライン
PE 3〜4号

スナップスイベル

片テンビン 40cm

リール
中型両軸受けリール
または
中型電動リール

クッションゴム
ハリス 3〜4号用

コマセビシ
80〜100号

全長10mテーパー仕掛け
≒フロロカーボン
6号 5m

小型サルカン

本ハリス
フロロカーボン
3〜4号 5m

ハリ
マダイバリ
8〜9号

ロッドホルダー

ワンポイント

多彩な釣法でねらえるマダイ。コマセダイは寄せエサ（＝コマセ）と付けエサにどちらもオキアミを使う。警戒心の強いマダイにコマセの煙幕を使って活性を上げさせ、ハリに付いたオキアミを食わせる。コマセマダイ独特の軟調子のムーチングアクションのサオを曲げながら、マダイの引きをいなし釣りあげる。長いハリスの扱いには慣れが必要だが、ロングハリスが水中でどう動くか想像しながら釣るのが面白い。

エサ・擬似餌

オキアミ。

●タイラバ

❶瀬戸内の漁師が使っていた和製漁具から発展したルアーがタイラバだ。ヘッドと呼ぶオモリ部分と、ネクタイなどの装飾部の組み合わせをさまざまに変えてマダイの反応を引き出す
❷エサ要らずのシンプルなタックルで大きなマダイが釣れる。遊動式のためにバレにくい
❸誰でも始めやすいタイラバは、数あるマダイ釣りの中でも全国的に人気を高めている

コマセダイ

コマセ釣り用のカゴ

エサはオキアミ。回転しないように真っ直ぐに刺す

赤い魚体が海面に上ってくる瞬間がたまらない

エビタイ

オモリが付いたビシマイトで釣る伝統的なエビタイの釣りもある

エビタイのテンヤ各種

シャクリ

❶シャクリマダイと呼ばれる、手バネザオを使った釣法もある

❷サオをシャクってエビを躍らせ、マダイのアタリを待つ

❸サオにリールを付けるケースもあるが、いわゆる手バネザオではラインを巻き取ることができない。そのため魚が掛かったら手繰って取り込む。大型が掛かった時のために、サオには尻手を結んでおく。サオを放して尻手でやり取りすることもある

マダコ

分類	八腕形目マダコ科 マダコ属
学名	*Octopus vulgaris*
別名	タコ

マダコは・・・

8本の腕を持ち、体は伸縮性があって非常にしなやか。体表には色素細胞が密集し、数秒で体色を周囲の色に合わせてカモフラージュすることができる。外敵に襲われるとスミを吐いて相手の目をくらます。

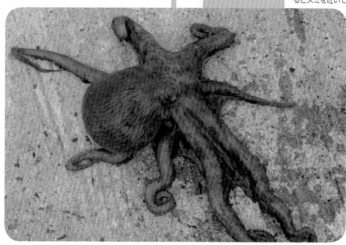

漢字

真蛸

知る

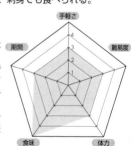

分布

青森県から九州南岸までの日本海・東シナ海・太平洋沿岸、瀬戸内海に分布。

大きさ

最大で70cm前後、4kg以上になる。

釣期

5〜12月に釣れる。夏場が盛期だが、正月用のタコをねらう年末も賑わう。

1	2	3	4	5	6	7	8	9	10	11	12

棲んでいる場所

水深3〜50mの岩礁域や砂礫底に棲む。

生活史

産卵期は5〜10月で、それに先立って交尾を行ない、長径2.5㎜の楕円形の卵を数万〜10万粒産む。房状に綴られた卵はフジの花のように岩棚などから垂下し、海藤花（かいとうげ）と呼ばれる。雌はエサを摂らずにふ化まで世話をする。約1ヵ月で稚ダコが生まれると、ほとんどの雌は死亡する。ふ化直後の稚ダコは2〜3㎜で、3〜4週間の浮遊生活の間、成長に伴って腕の吸盤の数が増える。着底後は底生動物を食べて急成長し、ふ化後7ヵ月で体重1㎏を超える。寿命は1歳。夜行性で、日中は岩の下などに作った巣穴に隠れている。夜になると巣から這い出てエサを探す。

特徴

8本の腕を持ち、体は伸縮性があって非常にしなやか。体表には色素細胞が密集し、数秒で体色を周囲の色に合わせてカモフラージュすることができる。雌の腕には2列の吸盤がきれいに並び、雄は極端に大きな吸盤が混ざって配列が不揃い。また、雄の腕のうち1本は先端に吸盤がなくスプーン状になっている生殖腕（ヘクトコティルス）で、これを使って精子が入ったカプセルを雌の体内に挿入する。ナワバリ意識が強く、優位な個体が条件のよい巣穴を確保する。外敵に襲われるとスミを吐いて相手の目をくらます。

主な釣り方

堤防などでは、岸際にタコテンヤ（オモリにハリが付いたタコ釣りの道具）を落とし込んで探る。沖釣りではやはりタコテンヤにイシガニなどをセットし、手でイトを操作してねらう。

美味しい食べ方

塩をまぶしてよく揉み、それを大きな鍋で丸茹にする。茹でたてがいちばん美味しい。ほかには天ぷらやタコ焼き、刺身でも食べられる。

フィッシングチャート

軟体系の王様的釣りもの。東京湾などでは大発生する年があり、当たり年の沖釣りでは手軽に数が釣れて大人気だ。近年はルアー（タコエギング）も人気上昇中。自分で釣ったタコの美味さはいうまでもない。

手軽さ・難易度・期間・体力・食味

釣る

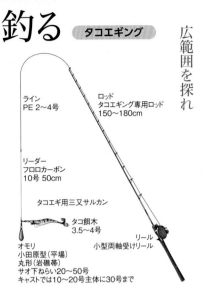

タコエギング

広範囲を探れ

ライン
PE 2〜4号

ロッド
タコエギング専用ロッド
150〜180cm

リーダー
フロロカーボン
10号 50cm

タコエギ用三又サルカン

タコ餌木
3.5〜4号

オモリ
小田原型（平場）
丸形（岩礁帯）
サオ下ねらい20〜50号
キャストでは10〜20号主体に30号まで

リール
小型両軸受けリール

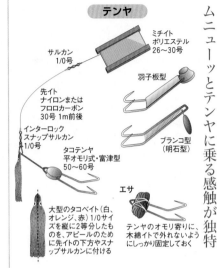

テンヤ

ムニューッとテンヤに乗る感触が独特

ミチイト
ポリエステル
26〜30号

サルカン
1/0号

羽子板型

先イト
ナイロンまたは
フロロカーボン
30号 1m前後

インターロック
スナップサルカン
1/0号

ブランコ型
（明石型）

タコテンヤ
平オモリ式・富津型
50〜60号

エサ

大型のタコベイト（白、オレンジ、赤）1/0サイズを縦に2等分したものを、アピールのために先イトの下方やスナップサルカンに付ける

テンヤのオモリ寄りに、木綿イトで外れないようにしっかり固定しておく

ワンポイント

人気が高まっているタコエギング。潮色やタコの反応を見ながら餌木のカラーをチョイスしたり、餌木をローテーションしたりして釣りを組み立てていく。ベイトタックルを使って、小突きを入れて誘っていくのはテンヤ釣りと同じだが、キャストして広範囲かつ長い距離を誘えるのがアドバンテージ。手釣りのテンヤと異なり、誘いのバリエーションが豊富なのも強みだ。

エサ・擬似餌

餌木。

ワンポイント

夏が盛期。沖釣りでは木枠にポリエステルのイトを巻いただけの手釣りタックルで、テンヤにカニを縛り付けてねらうことが多い。基本的には小幅に小突きを繰り返し、重くなったらマダコが乗ったサイン。魚と違って引きは味わえないが、底に貼り付かれると大変。船宿には道具一式が置いてあることが多く、クーラーボックス1つで釣行可能。

エサ・擬似餌

カニ。

食べる

**生ダコの刺し身炙り
吸盤の盛り合わせ**
吸盤のあるなしで噛み応えや食感のバリエーションが増す

タコマリネ
色合いのよさが食欲をそそる一品。冷やしたお酒との相性もぴったり

スパイシー揚げ
アツアツのマダコの空揚げは、大人から子どもまで誰もが喜ぶ最強のおかず

⇒魚のさばき方は 644 頁へ

テンヤ釣り

マダコは夏の船釣りの人気メニュー。港から近い身近な海で釣れる

渋イト（手前）の先に結んだタコテンヤにエサのカニを縛り付け、手でトントンと海底を小突くようにして釣るのが昔ながらのタコ釣り

カニはこのように付ける

釣ったタコは刺し身にしても煮ても揚げても楽しめる万能食材

タコエギング

タコエギング用の専用ロッド。オモリの付いた仕掛けをスムーズに動かし、力の強いタコを海底から剥がせるように、硬めで張りのあるサオとベイトリールの組み合わせが使われる

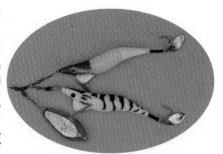

タコ用の餌木。海底を小突くように動かすのでオモリと組み合わせて使う

❶

❷

❸

❶色が識別できないことが科学的に示されたマダコだが、釣りの現場からはそうとは思えない

❷釣ったマダコはあらかじめ用意した洗濯ネットなどに入れてからクーラーにしまう。そのまま入れるとわずかな隙間からあっというまに脱出されるので注意しよう

❸港湾部の海底に捨て石などが入った場所が典型的なマダコ釣り場だ

沖	マダラ	分類	タラ目タラ科マダラ属
		学名	*Gadus macrocephalus*
		別名	タラ、ホンダラ

マダラは・・・
上顎は下顎より突出し、眼径と同じかやや長い口ヒゲをもつ。頭が大きく腹部は肥大し、体側のまだら模様がくっきりしている。

漢字

真鱈

知る

分布
北海道全沿岸、青森県から山口県までの日本海沿岸、青森県から茨城県までの太平洋沿岸に分布。

大きさ
最大で 1.2m を超える。

釣期
冬の釣りもののイメージがあるが、10 ～ 12 月によく釣れるほか、8 月の夏ダラも活性が高く釣りやすい。

1	2	3	4	5	6	7	8	9	10	11	12

棲んでいる場所
水深 1280m 以浅（通常は 150 ～ 250m）の大陸棚から大陸斜面域の海底近くに棲み、生息水深は北へ向かうほど浅くなる。

生活史
産卵は、北海道太平洋岸では 12 月末～翌 1 月の短期間に集中し、砂地の海底で弱い粘着性をもった沈性卵を生む。稚魚は春に沿岸浅所に現れるが、夏以降は水深 30 ～ 50m へ移動する。成長は早く、1 歳で 30cm を超え、2 歳で 40cm、3 歳で 50cm、4 歳で 60cm 前後となり、通常 3 歳で成熟する。寿命は 10 歳以上だが 6 歳を超える高齢魚は極めて少ない。成長と成熟は海域で異なり、ベーリング海など高緯度では低成長率・晩熟・長命で、本州沿岸など低緯度では高成長率・早熟・短命である。稚魚期までは動物プランクトンを食べるが、成長に伴って甲殻類や貝類など底生動物を食べる

ようになり、1 歳魚以上ではそれらに加えて魚類や頭足類など口に入るものは何でも食べる。

特徴
タラ科魚類は日本に 3 種を産し、背ビレを 3 基、臀ビレを 2 基もつことが最大の特徴。本種は 3 種中もっとも大きくなり、上顎が下顎より突出すること、眼径と同じかやや長い口ヒゲをもつこと、頭が大きく腹部は肥大することなどから他種と区別できる。また、体側のまだら模様がくっきりしていることも大きな特徴である。

主な釣り方
5 本前後のハリをつけたドウヅキ仕掛けでねらうのが一般的で、ポイントに当たればタラ釣りの醍醐味ともいえる豪快な多点掛けを堪能できる。また、メタルジグへの反応がよいことからジギングも面白い。

美味しい食べ方
洋の東西を問わず人気の食材で和洋の料理に合うが、やはり鍋物が最高だろう。身はもちろんアラや内臓も旨いが特にクリーミーな白子は絶品で、鮮度がよいものをそのままポン酢で味わえるのは釣り人の特権である。鮮度落ちが早いので刺し身は一般的ではないが、釣ったものならば話は別。水分が多いので昆布じめにするとよい。

フィッシングチャート
近年はかつての重労働的なイメージから脱却し、ライトタックルの釣りが主流になりつつあることでゲーム性が増してきた釣りもの。

釣る　ジギング

底をていねいにねらう

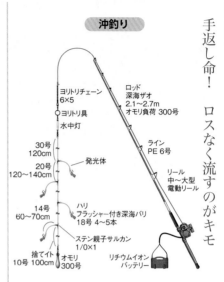

ライン
PE
1.2〜2号

ロッド
スロージギング用ロッド

リーダー
フロロカーボン
20〜30ポンド

リール
小〜中型の両軸受けリール

ルアー
ジグ
100〜180g

ロッド
深海ザオ
2.1〜2.7m
オモリ負荷 300号

ライン
PE 6号

リール
中〜大型
電動リール

ヨリトリチェーン
6×5

ヨリトリ具

水中灯

30号
120cm

20号
120〜140cm

発光体

14号
60〜70cm

ハリ
フラッシャー付き深海バリ
18号 4〜5本

ステン親子サルカン
1/0×1

捨てイト
10号 100cm

オモリ
300号

リチウムイオン
バッテリー

沖釣り

手返し命！ロスなく流すのがキモ

ワンポイント

タックルはスロージギング用が主流になる。釣果を上げるコツは、底付近を丁寧にねらうこと。アクションはフォールで食わせることを意識し、反応がなければいろいろな動きを試していくとよい。根が荒いポイントが少なくないので、ジグが着底したら素早く底を切ることも大事だ。

エサ・擬似餌

ルアー（メタルジグ）。

ワンポイント

食わせのテクニックよりもエサが付いた仕掛けを確実に届けることが重要。深海ビギナーでも充分に楽しめ、海底でオマツリさえしなければ5本バリにパーフェクトも。船べりの磁石板にエサ付けした仕掛けを並べ、船長の合図に従いトモから順番にオモリを前方に軽く投入。トラブルで仕掛けが下りない場合は1回休み。「後から投入」はオマツリにつながり厳禁。

エサ・擬似餌

サンマ、イカタン。

沖釣り

 ⇒魚のさばき方は650頁へ

エサをセットしたら
船べりのマグネット
にくっつける

大型クーラーが
ご覧のとおり

基本的にハリスを持って取り込むが、良型が掛かった時やハリ掛かりが甘い時はギャフを使うとよい

エサはイカタンが基本だが、ワームなどの擬似餌も有効だ

マツカワ

分類	カレイ目カレイ科マツカワ属
学名	*Verasper moseri*
別名	タカノハガレイ、タカバ、タンタカ、クロスジガレイ、タカガレイ、ヤマブキ、アブラガレイ、カワガレイ、ムギガレイ、バカガレイ、キビラメ

マツカワは…
北海道の特に太平洋岸でよく見られる。歯は鈍い円錐形で有眼側でもよく発達し、上顎では2〜3列の歯帯をなす。ホシガレイとは、背ビレと臀ビレに黒色帯（ホシガレイでは黒色斑）があることで見分けられる。

漢字

松皮

知る

分布

北海道全沿岸（太平洋沿岸に多い）、青森県から島根県までの日本海沿岸、青森県から茨城県までの太平洋沿岸に分布。

大きさ

最大で約80cmになる。

釣期

6〜11月に釣れた実績がある。

1	2	3	4	5	6	7	8	9	10	11	12

棲んでいる場所

大陸棚の砂泥域に棲む。

生活史

天然魚は少なく生態の多くは不明だが、放流された人工種苗について知見が蓄積されている。すなわち、雌は雄よりも成長が速く、1歳で30cm、2歳で40cm、3歳で50cmに達する。放流魚に発信機をつけた調査では、放流された北海道から700km以上も離れた東北南部の水深300m前後の大陸棚斜面上部に1〜4月に集群する漁場が発見され、そこが主産卵場であることが判明。北海道南東部の浅海域で天然稚魚が採捕され、資源の増加が伺われている。

特徴

日本産のマツカワ属魚類は、本種とホシガレイの2種で、ともに次の特徴をもつ。有眼側の鰓孔上端は胸ビレ上端よりも上にあり、歯は鈍い円錐形で有眼側でもよく発達し、上顎では2〜3列の歯帯をなす。ホシガレイとは、背ビレと臀ビレに黒色帯（ホ

シガレイでは黒色斑）があることで見分けられる。1970年代に北海道南部で年間10数トンが漁獲されていたが近年資源量は激減した。種苗生産技術が確立された2006年以降、毎年100万尾を超える大規模放流が続けられた。その結果、漁獲量は20トン未満から120トン以上に急増し、世界的にも例をみない栽培漁業の成功事例となった。

主な釣り方

以前はねらって釣れる魚ではなかったが、大規模放流の効果が現れた2010年以降、北海道太平洋岸各地から釣果が聞かれるようになった。サーフや漁港からの投げ釣りで実績があり、複数の置きザオを並べて遠〜近距離を投げ分ける釣り方が主流。船釣りやワーム釣りでも釣果が聞かれるようになってきたが、投げ釣りを含めて釣法はまだ確立されておらず、発展途上の釣りである。

美味しい食べ方

旬は夏〜秋で、透明感のあるしっかりとした白身で鮮度落ちが遅い。刺し身は最上級でヒラメをしのぐ。エンガワや肝も驚くほどの美味で刺し身に添えて食べたい。火を通してももちろん美味で、硬い皮を剥いだ塩焼きや煮つけ、小型のから揚げなどいずれも旨い。

フィッシングチャート

北海道では太平洋側の特定エリアで水揚げされるマツカワを「王蝶（おうちょう）」と称し、ブランド化している。それを岸から釣って賞味できるのはまさに釣り人の特権。道産子の人気ターゲットだ。

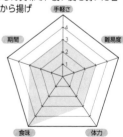

釣る

投げ釣り

大型も想定した仕掛けで臨む

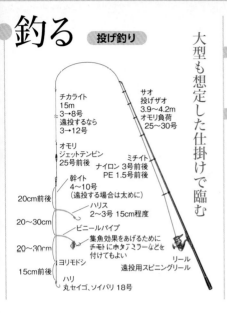

チカライト
15m
3→8号
遠投するなら
3→12号

サオ
投げザオ
3.9～4.2m
オモリ負荷
25～30号

オモリ
ジェットテンビン
25号前後

ミチイト
ナイロン 3号前後
PE 1.5号前後

幹イト
4～10号
(遠投する場合は太めに)

ハリス
2～3号 15cm程度

ビニールパイプ

集魚効果をあげるために
チモトにホタテミラーなどを
付けてもよい

リール
遠投用スピニングリール

ヨリモドシ

ハリ
丸セイゴ、ソイバリ 18号

20cm前後
20～30cm
20～30cm
15cm前後

ワンポイント・

投げ釣りでは置きザオでアタリを待つスタイルのため。数本のサオで遠近を投げ分けて異なるポイントを探るとよい。

エサ・擬似餌

イソメ類、サンマ。

北海道のマツカワ釣り

❶北海道・日高の港で釣れた大型のマツカワ、56㎝。これぞ王蝶というのにふさわしい楕円形の見事な魚体
❷北海道では、主に道央太平洋で実績が高い。港だけでなく砂浜からねらうのも人気。シーズンは 7 ～ 11 月

35㎝未満はリリースを

❸無眼側にシミが見られ、ヒレの黒い縞模様が不鮮明な放流魚と思われる魚。しかし、食味は変わらず旨い
❹函館市からえりも町までの太平洋側では、資源保護のため全長 35㎝未満のマツカワはリリースが義務付けられている
❺船釣りでは稀に見られる程度だが、秋のマガレイ釣りシーズンに外道で釣れることもある。樽前山を望む胆振沖は有望な釣り場の 1 つ

マトウダイ

分類	マトウダイ目マトウダイ科マトウダイ属
学名	*Zeus faber*
別名	マト、マトウ、ウマダイ、スベコ、ヤイトウオ、カネタタキ、ツキノワ、モンツキ、「サンピエール(フランス料理)」

マトウダイは・・・

体は著しく側扁し、体高は高い。口は大きく前方に伸びる。幼魚の体型はほぼ円形。背ビレ棘条部は糸状に伸長する。体側中央部に大きな円形黒斑があり、これを的に見立てたことが名前の由来となっている。

漢字

的
鯛

知る

分布

オホーツク海を除く北海道から九州南岸までの日本海・東シナ海・太平洋沿岸、瀬戸内海、東シナ海大陸棚域に分布する。

大きさ

成魚でおよそ30〜40cm、最大で約50cmになる。

釣期

3〜12月ごろ。春が最盛期。

1	2	3	4	5	6	7	8	9	10	11	12

棲んでいる場所

水深30〜400mの、砂泥底の海底付近に棲む。

生活史

産卵期は東シナ海で2〜4月、外房で5〜6月、径1.9〜2.0mmの分離浮性卵を産む。ふ化仔魚は4mm前後で体形は細長く、成長に伴って体高が増す。7.2mmで体はほぼ丸くなり、稚魚期に移行する。10cm未満の幼魚は不規則な暗色斑をもち、水深30m前後の岩礁域に出現する。雌は31cm(4歳)、雄は32cm(4歳半)で成熟をはじめ、34cm(8歳)ですべての個体が成熟する。
エサにゆっくりと近づいて不意に口を突き出し、吸い込むように食べる。エサは甲殻類や小魚など。

特徴

体は著しく側扁し、体高は高い。口は大きく前方に伸びる。背ビレ軟条部と臀ビレの基底部には骨質棘条板がある。幼魚の体型はほぼ円形。背ビレ棘条部は糸状に伸長する。体側中央部に大きな円形黒斑があり、これを弓などの的(まと)に見立てたのがその名の由来。

主な釣り方

ねらって釣ることはあまりないが、沖釣りのヒラメ釣りの定番外道。

美味しい食べ方

旬は秋から冬にかけてで、刺し身や煮付け、フライなど何にでも合う。肝も美味しい。また、フランス料理では舌ビラメと並んでムニエルの代表的な食材である。近年は市場での評価が急速に高まっており、高級魚の仲間入りをしている。

フィッシングチャート

専門の釣り方はないが、ヒラメねらいなどでよく掛かるので取り立てて釣るのが難しい魚というわけではない。高級魚はゲストも高級魚!? というわけでは必ずしもないが、美味なところもうれしい。

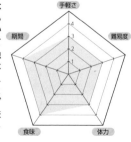

ひと目で分かるユニークな姿のフィッシュイーター

釣る 　沖釣り

ヒラメ仕掛けを流用

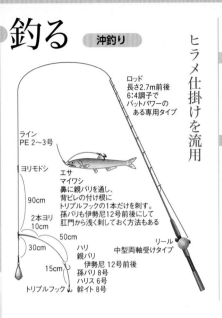

ロッド
長さ2.7m前後
6:4調子で
バットパワーの
ある専用タイプ

ライン
PE 2〜3号

ヨリモドシ

エサ
マイワシ
鼻に親バリを通し、
背ビレの付け根に
トリプルフックの1本だけを刺す。
孫バリも伊勢尼12号前後にして
肛門から浅く刺しておく方法もある

90cm

2本ヨリ
10cm

50cm

30cm

15cm

トリプルフック

ハリ
親バリ
　伊勢尼 12号前後
孫バリ 8号
ハリス 6号
幹イト 8号

リール
中型両軸受けタイプ

ワンポイント

見かけによらずフィッシュイーターであることと、ヒラメ釣りで顔を出すゲストフィッシュであることから、ヒラメ釣りの仕掛けがそのまま使える。釣り方も同じ底付近ねらい。ほかに、タイラバで釣れることもある。

エサ・擬似餌

イワシなどの小魚（活きエサ）。

アジ釣りの仕掛けに食いついてきたマトウダイ

マイボートフィッシングでハリに掛かったヒメコダイ（左端の赤い魚）に食いつき、そのまま釣れたマトウダイ

マトウダイは本命の釣りものになることは少ないが、エサによく反応するため、ヒラメ釣りなどでは本命のゲストフィッシュ。イワシ（活きエサ＝写真）はもちろん、他の釣りで小魚がハリに掛かった時、それに襲い掛かることがよくある

マハゼ

分類	スズキ目ハゼ亜目ハゼ科マハゼ属
学名	*Acanthogobius flavimanus*
別名	ハゼ、カジカ、カズカ、カワギス、ゴズ、デキハゼ(小型)

マハゼは・・・
体は細長い円筒形で頭はやや大きく吻は長い。かつて東京湾では大衆的な釣りもので、汚染や埋立てが進んだ 1970 年代にも釣れ盛っていたが、水質が改善された 1980 年代以降減少が続き貴重な存在。

漢字

真鯊

知る

分布

北海道南部から鹿児島県枕崎までの日本海・東シナ海沿岸(有明海を含む)、津軽海峡から屋久島までの太平洋沿岸、瀬戸内海に分布。

大きさ

20cm 前後までが標準的で、最大で 28cm になる。

釣期

7〜翌1月ごろ。9〜11 月が最盛期。

1	2	3	4	5	6	7	8	9	10	11	12

棲んでいる場所

内湾や河口の汽水域の砂泥底に棲む。場所によっては淡水域にも侵入する。

生活史

産卵期は 1〜5 月で、南ほど早い。産卵期には雄の口幅が広くなり、その口を使って砂泥底に Y 字型の巣穴を掘り、雌を誘い入れて卵を産ませる。長径 2mm 前後の楕円形の卵は巣穴の天井に産みつけられ、雄はふ化まで卵を守る。4mm 前後のふ化仔魚は浮遊生活をし、動物プランクトンを食べて成長して、2cm ほどになると着底する。1 歳で 20cm 前後になり産卵後死亡するが、成長が悪かった個体は越年して 2 歳魚となってから産卵して死亡する。

特徴

体は細長い円筒形で頭はやや大きく吻は長い。第 1 背ビレは 8 棘、第 2 背ビレ軟条数は 10〜15、体側に不規則な暗色斑が並び、背ビレと尾ビレに点列がある。釣りの対象となるマハゼ属魚類には、本種のほかハゼクチがいる。ハゼクチとの見分け方は、その項を参照のこと。
かつて東京湾では大衆的な釣りもので、汚染や埋立てが進んだ 1970 年代にも釣れ盛っていたが、水質が改善された 1980 年代以降減少が続いており、今や貴重な存在になっている。

主な釣り方

夏になるとごく浅い場所で釣れるため、ウキ釣りやミャク釣りで多くの人に楽しまれている。船釣りでは小型のスピニングタックルや中通しの和ザオでねらう。

美味しい食べ方

江戸前の天ぷらには欠かせない食材。佃煮や甘露煮、大型であれば刺し身もいける。デキハゼと呼ばれる小型のハゼは丸ごと空揚げにする。

フィッシングチャート

老若男女が楽しめる小もの釣りの王様。一方で晩秋以降の「落ちハゼ」釣りはグッと釣趣が増して難しくなる。江戸和ザオにこだわるマニアックなファンもいる。近年はハゼクラ(ルアー)も人気。食味はもちろん最高だ。

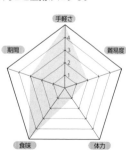

釣る

ハゼクラ

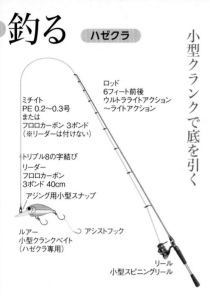

ロッド
6フィート前後
ウルトラライトアクション
〜ライトアクション

ミチイト
PE 0.2〜0.3号
または
フロロカーボン 3ポンド
(※リーダーは付けない)

トリプル8の字結び
リーダー
フロロカーボン
3ポンド 40cm

アジング用小型スナップ

ルアー
小型クランクベイト
(ハゼクラ専用)

アシストフック

リール
小型スピニングリール

小型クランクで底を引く

ミャク釣り

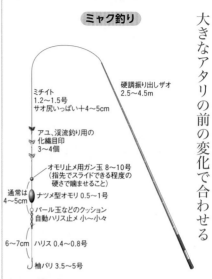

硬調振り出しザオ
2.5〜4.5m

ミチイト
1.2〜1.5号
サオ尻いっぱい+4〜5cm

アユ・渓流釣り用の
化繊目印
3〜4個

オモリ止メ用ガン玉 8〜10号
(指先でスライドできる程度の
硬さで噛ませること)

通常は
4〜5cm

ナツメ型オモリ 0.5〜1号

パール玉などのクッション
自動ハリス止メ 小〜小々

6〜7cm　ハリス 0.4〜0.8号

袖バリ 3.5〜5号

大きなアタリの前の変化で合わせる

近年人気が高まっている小型クランクベイトを使ったルアーフィッシング。このルアーを海底で引くと、頭を底に付け前傾姿勢でブリブリと尻を振る。そのアクションはエサをついばむハゼそのものに見える＝エサを見つけた仲間。そして、自分もエサを食べたいとルアーに誘われ追尾して海底をついばむうちに、ルアー後方のハリにフッキングしてしまう。浅場ではチェイスからヒットシーンが目視でき興奮する。

エサ・擬似餌
ルアー（クランクベイト）。

ワンポイント
ハゼのミャク釣りは、ノベザオで手軽にねらえるので親子での釣りにも最適。目印の代わりにウキを付けてウキ釣りでもいい。初夏に釣れ出す小型の当歳魚は「デキハゼ」と呼ばれる。ハゼがエサを食べるとブルブルと手元にアタリが来るが、実はそれだと遅いことが多い。できればブルブルの前の小さな変化で合わせられるようにしたい。

エサ・擬似餌
アオイソメ。

食べる

昆布締めカラスミ和え（ゆず釜仕立て）
白身のハゼを昆布締めにしてカラスミ、ユズを加えた味覚の三重奏！

ハゼ天ぷら
江戸前天ぷらの高級タネ、マハゼ。ふっくら上品な白身でいくらでも食べられる

ハゼの柳川鍋
柳川といえばドジョウだがハゼにしても美味しい。濃いめの味付けでお酒が進む

⇒魚のさばき方は 652 頁へ

エサ釣り（ミャク釣り、ウキ釣り）

老若男女に親しまれるハゼ。河川の河口域で楽しめる

釣ったハゼは美味しく持ち帰りたい。渓流用のビクを愛用するベテランが多い

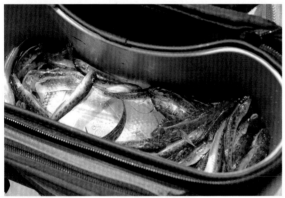

❶３〜４ｍの渓流ザオで長短２〜３本を用意しておくと、さまざまな状況に対応しやすい
❷ミャク釣り仕掛け、シモリ釣り仕掛けなどがある。予備の仕掛けを含めて複数用意しておきたい
❸ハリは袖があればOK。４号を中心に前後を用意しておけば万全
❹エサはアオイソメを使用
❺アオイソメは魚の活性に応じて使う部分を使い分けるとよい。食いがよい時は頭から使ってもよいが、渋い時は頭は使わず、軟らかい部分を使いたい

東京湾奥ではボート釣りも人気
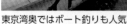

ハゼクラ

ハゼをクランクベイトでねらうハゼクラ。エサを使うことなく手軽に楽しめる

❹

❶ルアーはエリアトラウト用の小型クランクが主流だが、専用品も発売されている
❷エサでハゼ釣りが楽しめるフィールドならハゼクラでも攻略可能。特に浅場がいい
❸タックルはエリアトラウト用がマッチする
❹自分の体よりひと回りほど大きいクランクに食らいついてきたハゼ。食欲よりも闘争本能に火をつけるようだ

マハタ

分類	スズキ目スズキ亜目 ハタ科アカハタ属
学名	*Epinephelus* *septemfasciatus*
別名	ハタ、ホンハタ、アラ、カンナギ

マハタは・・・

浅場から深場まで広く生息する日本を代表するハタ。体側に幅広い濃褐色横帯をもち、横帯の上には不定形の淡色斑が並ぶことが多い。ただし、大型個体では一様に黒褐色になる。

漢字

真羽太

知る

特徴

浅場から深場まで広く生息する日本を代表するハタ。体側に幅広い濃褐色横帯をもち、横帯の上には不定形の淡色斑が並ぶことが多い。ただし、大型個体では一様に黒褐色になる。近縁のマハタモドキに似るが、尾ビレの後縁が狭く白色に縁どられることで区別できる。

主な釣り方

沖釣りのターゲットで、ドウヅキに親孫バリの泳がせ仕掛けでねらうのが一般的。ねらう魚の大きさによりヒラメ仕掛けを強くしたものから巨大カンパチとの両ねらいの超強力仕掛けまで多様。エサも活きイワシからイカ、ムロアジまでさまざま。ほかに、メタルジグを用いたジギングや、小型のものは一つテンヤでもねらえる。

美味しい食べ方

高級魚として知られるハタ類の代表種。旬は夏だが周年味は落ちない。身がしっかりと締まっているので刺し身は薄造りで。また、アラからは素晴らしい出汁が出るので、汁物や鍋物は絶品。他にも煮物やフライなど、どんな料理にも合う。

分布

北海道から九州南岸までの日本海・東シナ海沿岸、仙台湾から屋久島までの太平洋沿岸、瀬戸内海、伊豆一小笠原諸島、石垣島、東シナ海大陸棚縁辺～斜面域に分布。

大きさ

最大で1.8mに達する。

釣期

周年ねらえるが、9～12月に釣れることが多い。

1	2	3	4	5	6	7	8	9	10	11	12

棲んでいる場所

水深300m以浅の岩礁に棲む。

生活史

産卵期は3～5月で、稚魚や幼魚は浅い磯やアマモ場などに現れ、成長に伴って深みに移動する。1歳で約200g、2歳半で約1kgになる。雌性先熟型の性転換を行い、雌は体重4kg前後で成熟し、10kgを超えると雄に性転換する。1mを超える老成魚は100mを超える深海に棲み、釣り人からはカンナギと呼ばれ深海の超大もの釣りのターゲットとなる。魚や甲殻類、イカ・タコ類などを食べる。

フィッシングチャート

マハタは最大1m以上になるので、ねらうサイズによって難易度が上下する。ゲストもヒラメやワラサ、カンパチなど高級魚揃いで、アフターフィッシングも楽しみな釣りものだ。

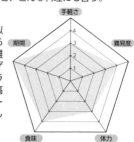

釣る 　沖釣り

根掛かりに注意

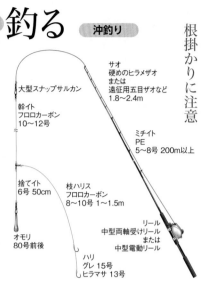

サオ
硬めのヒラメザオ
または
遠征用五目ザオなど
1.8～2.4m

大型スナップサルカン

幹イト
フロロカーボン
10～12号

ミチイト
PE
5～8号 200m以上

捨てイト
6号 50cm

枝ハリス
フロロカーボン
8～10号 1～1.5m

リール
中型両軸受けリール
または
中型電動リール

オモリ
80号前後

ハリ
グレ 15号
ヒラマサ 13号

ワンポイント

主な釣り方の項のとおり。根掛かりに気を付けながら、底から1～3ｍ付近にエサを泳がせてアタリを待つ。ヒラメや青ものなど、混じるゲストも高級魚が多い。

エサ・擬似餌

活きイワシ。そのほかイカ、ムロアジなど。

タイラバにもマハタがヒット！

ハタの代表選手、マハタ

ルアーへの反応のよさは生まれつき？ リリースのベビーサイズ

マルアジ

分類	スズキ目スズキ亜目アジ科ムロアジ属 *Decapterus maruadsi*
学名	
別名	アオアジ、マル、アオコ、ムロアジ

マルアジは・・・
マアジに似るが、体高がやや低くて体の断面が丸くほっそりしており、側線のカーブが緩やかで、ゼイゴ（稜鱗）は体の後半の直走部のみにあり、尾柄部に小離鰭があることで区別することができる。

漢字

丸鯵

知る

特徴
マアジに似るが、体高がやや低くて体の断面が丸くほっそりしており、側線のカーブが緩やかで、ゼイゴ（稜鱗）は体の後半の直走部のみにあり、尾柄部に小離鰭があることで区別することができる。マアジよりも体色が青味がかることからアオアジの別名もある。

分布
主に福井県から九州南岸までの日本海・東シナ海沿岸、千葉県から九州南岸までの太平洋沿岸、瀬戸内海、東シナ海大陸棚縁辺域に分布。石川県・茨城県以北の本州沿岸には散発的に分布し、小笠原諸島、沖縄島から記録がある。

主な釣り方
沖釣りではマアジやイサキの外道扱いで専門にねらう魚ではないが、陸釣りでは群れが回遊すると多くの釣り人が繰り出す人気魚である。堤防からはカゴ釣りでねらうのが一般的だが、ルアー釣りの1ジャンルである小型ワームを投げるアジングでもねらえる。沖釣りでは寄せエサカゴを付けた片テンビン仕掛けやサビキでねらう。エサはいずれもオキアミで、アオイソメが威力を発揮することも。

大きさ
最大で40cmになる。

釣期
4〜12月に釣れ、7、8月が最盛期。

1	2	3	4	5	6	7	8	9	10	11	12

美味しい食べ方
味はマアジに準じ、マアジの味が落ちる冬場に味が落ちないため市場での評価が高くなる。生食では刺し身、たたき、なめろうや酢じめで賞味され、焼き物では塩焼きやさんが焼き、煮付け、揚げ物、汁物とどんな料理にも使える。干物も旨い。

棲んでいる場所
内湾など沿岸域から沖合の中・底層を群れで遊泳する。

生活史
産卵期は4〜8月で、1産卵期中に複数回産卵する。孵化後の成長は速やかで、動物プランクトンや小型の魚類・甲殻類を食べ、1歳で成熟する。寿命は5歳。日本産のムロアジ属魚類の中で最も沿岸性が強く、内湾などごく沿岸域からやや沖合域に生息する。

フィッシングチャート
沖釣りではゲスト扱いの魚だが、食味はよく、群れが回遊してくれば陸っぱりから手軽にねらうことができる。

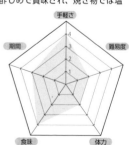

マルソウダ

分類	スズキ目サバ亜目サバ科ソウダガツオ属
学名	*Auxis rochei rochei*
別名	ウズワ、マンダラ、メヂカ、ロウソク

漢字

丸宗太

知る

分布
東太平洋を除く全世界の熱帯〜温帯の海域に分布。日本各地の沿岸を回遊する。

大きさ
標準的なサイズは40cm前後で、50cmに達するものもいる。

釣期
7〜12月ごろ。回遊魚なので年や地域によって異なる。

1	2	3	4	5	6	7	8	9	10	11	12

棲んでいる場所
沿岸から沖合の表層を群れで遊泳する。

生活史
産卵期は6〜7月で、分離浮性卵を産む。1歳で25cm、2歳で33cm、3歳で40cmになり、雌雄とも2歳で成熟する。大きな群れで泳ぎながらイワシなどの小魚を食べる。

特徴
ヒラソウダと合わせて「ソウダガツオ」と呼ばれることが多い。本種の方がやや小型で、より沖合にいる傾向がある。また、エラブタ上端の暗色斑が頭部背面の暗色域につながること、ウロコのある箇所がヒラソウダより長く、第2背ビレ下方を超えることなどからヒラソウダと区別できる。

主な釣り方
堤防や磯からはカゴ釣り、メタルジグなどを使ったルアー釣り、弓ヅノなどでねらう。いずれも魚の回遊がなければ釣れないため、事前の情報収集が重要だ。沖釣りでもカッタクリ釣りやルアーで釣れる。

美味しい食べ方
ヒラソウダよりも血合いが多く、またヒスタミン中毒を起しやすいので生食は避けたほうがいい。煮付けや空揚げなどに適している。

フィッシングチャート
よく似たヒラソウダとは、釣り味そのものに大差はないが、食味の点では水をあけられている。

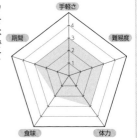

491

小魚の捕食時には和製ルアーが強い

釣る　弓ヅノ

表層〜中層を速引き

- ミチイト
  PE1.5号 200m
- チカライト
  4−12号 12m
- スナップスイベル（大）
- ジェットテンビン
  または遠投マウス
  20〜25号
- スナップスイベル（中）
- リーダー ナイロン
  4〜5号 3m
  ※短すぎると食いが
  悪いため、2ヒロはとる

投げザオ
25〜27号
4〜4.2m

投げ専用
スピニングリール

ワンポイント

ヒラソウダとマルソウダを合わせてソウダガツオと呼ぶことが多い。ソウダガツオはメタルジグなどのルアーでもねらえるが、シラスなどの小魚を捕食している時は掛かりにくい。そのような状況下では弓ヅノが強い。弓ヅノ単体では投げられないので、ジェットテンビンや飛ばしウキと一緒に使う。キャスト後は表層から中層を速引きする。

エサ・擬似餌

弓ヅノ。

弓ヅノにヒットしたマルソウダ

マヅメ時のサーフでフルキャストしてねらう

思い思いの弓ヅノを選ぶ

ナブラが立つ。その進行方向に向かってキャストをするのがキモ

投げては巻く。スピードの調整でレンジが変わるが、マルソウダの場合は主に表層をねらう。つまり早巻きでOK

ガツンとヒットすると同時に左右に横っ走りするマルソウダは痛快な手応え

492

ムロアジ

分類	スズキ目スズキ亜目アジ科ムロアジ属
学名	*Decapterus muroadsi*
別名	ムロ、アカゼ、アカゼムロ、キンムロ、マムロ、アジサバ、ムレシ

ムロアジは・・・

ムロアジ属の代表種。体は細長い紡錘形で側線の直走部にゼイゴがあり、尾柄部には小離鰭がある。クサヤに代表される干物はあまりにも有名。

漢字

室鯵

知る

分布

秋田県から九州南岸までの日本海・東シナ海沿岸、北海道太平洋沿岸、津軽海峡から九州南岸までの太平洋沿岸、伊豆諸島、琉球列島に分布する。瀬戸内海で稀に見られる。

大きさ

最大で60cmになる。

釣期

周年にわたって釣れるが、5〜7月が最盛期。

1	2	3	4	5	6	7	8	9	10	11	12

棲んでいる場所

沿岸や島しょの周辺の表層から中層を群れで遊泳する。

生活史

産卵期は5〜6月で、分離浮性卵を産む。1産卵期中に複数回産卵する。孵化後の成長は速やかで、1歳で成熟する。潮通しのよいエリアを遊泳しながら動物プランクトンや小型の甲殻類を捕食し、大型個体では小魚も食べる。寿命は4〜5歳と考えられている。

特徴

ムロアジ属の代表種。本属の特徴として体は細長い紡錘形で側線の直走部に稜鱗（ゼイゴ）があり、尾柄部には小離鰭がある。同属の他種とは、背ビレ前方の鱗に覆われたエリアが眼の中央よりも前方に張り出し、稜鱗は側線直走部の3/4を覆い、生鮮時は体側中央を走る黄色縦帯が鮮明で尾ビレは上葉が黄色・下葉が灰褐色、口内の下顎側は黒いことで区別することができる。

主な釣り方

伊豆諸島や九州の離島などでは人気の釣りもの。潮通しがよい防波堤や磯などからサビキで釣る。通常はサオ下で釣れ、ポイントが離れている場合にはウキを使って広く流す。いずれも寄せエサは必須で、サビキはピンクや白色のスキンサビキが一般的。大型魚にはオキアミが有効で、型ものねらいではカラバリにオキアミをつける。群れが回ってきたチャンスに寄せエサを切らさず、群れを足止めさせることが数釣りの秘訣。

美味しい食べ方

マアジより脂や旨味が少ないとされるが、旬の冬に脂が乗った刺し身は絶品でマアジを凌ぐ。鮮度落ちが早いので、極上の刺し身を味わえるのは釣り人の特権。脂が少ない時期でも塩と柑橘で締めた刺し身は爽やかで大変に美味。焼き物では、ふり塩をして1時間以上おいてからじっくりと焼き上げた塩焼きがよい。煮物にするとやや堅く締まるが旨味が深まって美味しい。クサヤに代表される干物はあまりにも有名。数が釣れたときには干物づくりに挑戦していただきたい。あぶった開き干しの締まった身とほどよい酸味は食通をうならせる。

フィッシングチャート

ビギナー向けの手軽な対象魚であり、食べても美味しいことをチャートが示している。付け加えるならば泳がせ釣りのエサとしての利用価値も高い。

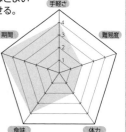

釣る

ウキフカセ釣り・サビキ釣り

「島サビキ」は太軸バリで大ものにも対応

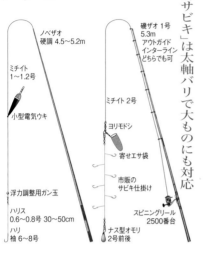

ノベザオ
硬調 4.5～5.2m

ミチイト
1～1.2号

小型電気ウキ

浮力調整用ガン玉

ハリス
0.6～0.8号 30～50cm

ハリ
袖 6～8号

磯ザオ 1号
5.3m
アウトガイド
インターライン
どちらでも可

ミチイト 2号

ヨリモドシ

寄せエサ袋

市販の
サビキ仕掛け

スピニングリール
2500番台

ナス型オモリ
2号前後

ワンポイント

主な釣り方の項のとおり。寄せエサを効果的に利用して魚を集めて釣るるるのがコツだ。

エサ・擬似餌

サビキ、オキアミ。

メジナのウキフカセ釣りではエサ取りとなるが、干物が抜群に美味しいムロアジ

体側に鮮やかな 1 黄色縦帯があるが、死ぬと不鮮明になる。縦帯が青いのはクサヤモロ

ムロアジを泳がせて釣ったカンパチ

小型のムロアジは大型ベイトフィッシュの好物

ナブラが沸き立つにぎやかな秋に回遊しやすい

島サビキは不意の大ものにも対応する太軸バリのサビキ仕掛け。伊豆半島や伊豆諸島の釣具店で目にする

メゴチ

分類	スズキ目ネズッポ亜目ネズッポ科ネズッポ属
学名	*Repomucenus curvicornis*
別名	標準和名ネズミゴチほかガッチョ、テンコチ、ノドクサリ

メゴチは・・・

各種に共通した特徴は、体は縦扁してエラの部分が最も幅広く尾に向かって細くなり、体表がネバネバの粘液に覆われ、前鰓蓋骨には鋸歯をもつ強い棘がある、口は下向きで小さいことなど。

漢字

女鯒

知る

分布

おおむね北海道南部から九州南岸までの日本海・東シナ海・太平洋沿域、瀬戸内海に分布。

大きさ

最大で25cmになる。

釣期

周年釣れるが、4～11月によく釣れる。

1	2	3	4	5	6	7	8	9	10	11	12

棲んでいる場所

内湾から開放性内湾の岸近くの浅い砂底からやや深い泥底に棲む。

生活史

産卵期は春～秋で種ごとに異なるが、いずれも夕マヅメにペア産卵する。産卵行動は、雌雄が寄り添いながら中層へと泳ぎ上がり、放卵・放精する。仔稚魚は1ヵ月ほどの浮遊生活を経て着底する。多毛類や小型の甲殻類・二枚貝類などを食べて成長し、早いもので1歳、通常は2歳で成熟する。好む水深や底質は各種ごとに異なっており、1つの湾の中で複数種が棲み分けていることが多い。

特徴

各種に共通した特徴は、体は縦扁してエラの部分が最も幅広く尾に向かって細くなり、体表がネバネバの粘液に覆われ、前鰓蓋骨には鋸歯をもつ強い棘がある、口は下向きで小さいこと、雌雄で色斑が異なるなど。各種とそれぞれの雌雄に特有の特徴は、第1背ビレ、臀ビレ、尾ビレ、体の斑紋などに現れる。

主な釣り方

シロギスの定番外道であるが、食味の良さから本命視する釣り人が少なからずいる。タックル・ポイントともにシロギスと共通で、サーフからの投げ釣り、防波堤からのチョイ投げ、ボート釣りや沖釣りでねらう。釣り方のコツは、仕掛けをゆっくりサビいて仕掛けが常に海底を這うようにすること。ハリスにガン玉を打つのも一手。

美味しい食べ方

最上級の天ぷらダネとして、漁獲量の減少とも相まって市場の評価は高まる一方。天ぷらにしてこそ価値がある魚だが、鮮度のよいものは糸造りの刺し身がいける。一夜干しや煮付けでも味わいの深さを堪能できる。

フィッシングチャート

投げても船でもシロギス釣りでよく掛かるゲストフィッシュ。引き味も特にないが、小さいながらも食味は抜群である。

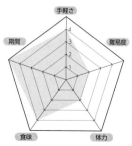

手軽さ / 難易度 / 期間 / 体力 / 食味

メジナ

分類	スズキ目スズキ亜目メジナ科メジナ属
学名	*Girella punctata* 標準和名メジナ
	Girella leonina 標準和名クロメジナ
別名	グレ、クロ、クロイオ、クシロ

メジナは・・・

体は側扁した卵型で、頭部は丸みを帯びる。クロダイと双璧をなす磯釣りの人気魚種。

漢字

眼仁奈

知る

分布

メジナ：新潟県から九州南岸までの日本海・東シナ海沿岸、千葉県外房から九州南岸までの太平洋沿岸、伊豆諸島、瀬戸内海に分布。
クロメジナ：九州北岸から九州西岸までの日本海・東シナ海沿岸、千葉県外房から屋久島までの太平洋沿岸、伊豆諸島に分布。青森県から島根県までの日本海沿岸に散発的に分布。

大きさ

30 〜 40cm がアベレージ。メジナは約 60cm、クロメジナは 70cm 以上になるものもいる。

釣期

ほぼ周年。メジナは晩秋から春、クロメジナは春先から初夏が最盛期。

1	2	3	4	5	6	7	8	9	10	11	12

棲んでいる場所

潮通しのよい沿岸の岩礁域。クロメジナの方が外洋性が強い。

生活史

産卵期は 10 〜翌 6 月で、2 月を境にその前にクロメジナが、その後にメジナが産む。20mm 前後までの稚魚はやや細長く、体側中央部に黒色素縦帯が走る。稚魚はごく沿岸の岩礁、内湾やアマモ場などの表層を泳ぎ、流れ藻にもつく。メジナは 1 歳で14cm、2 歳で 19cm、3 歳で 23cm、4 歳で 27cm、5 歳で 30cm、6 歳で 32cm になり、3 歳で多くは成熟する。クロメジナの成長や成熟については不明。両種とも浅い岩礁域に群がりを作って生活し、主に海藻をついばみ、補助的に小型甲殻類を食べる。海藻が少ない夏場は肉食に偏るが基本的に藻食性に偏った雑食性で、メジナは藻食性が、クロメジナは雑食性が強い。

特徴

体は側扁した卵型で、頭部は丸みを帯びる。メジナはエラブタの縁が黒くないこと（クロメジナは黒い）、側線有孔鱗数は 50 〜 56（クロメジナは 57 〜 65）、尾柄部がやや高いこと（クロメジナはやや低くスマート）、尾ビレの切れ込みは浅いものからやや深いものまでさまざま（クロメジナは常に切れ込みがやや深い）などの点で両種は区別できる。ただし、尾柄部や尾ビレの違いは成魚にならないとはっきりしない。

主な釣り方

クロダイと双璧をなす磯釣りの人気魚種。寄せエサを用いたウキフカセ釣りでねらう。

美味しい食べ方

魚屋ではほとんど見かけないが、実は美味しい魚。特に寒い時期のものは臭みもなく、刺し身や塩焼きに最適。ムニエル、ポワレなどにも合う。ただし夏場や港湾部で釣ったものは臭みが気になることも。

フィッシングチャート

メジナは磯釣りでクロダイと人気を二分するターゲット。全国大会も開催され、選手たちが釣技を競い合う。40cm オーバーともなれば掛けるのも取るのもグッと難しくなり、それがますます釣り人を夢中にさせる。

釣る

ウキフカセ釣り

寄せエサの撒き方も重要な技術

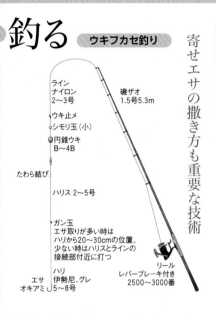

ライン
ナイロン
2〜3号

磯ザオ
1.5号5.3m

ウキ止メ
シモリ玉（小）
円錐ウキ
B〜4B

たわら結び

ハリス 2〜5号

ガン玉
エサ取りが多い時は
ハリから20〜30cmの位置、
少ない時はハリスとラインの
接続部付近に打つ

リール
レバーブレーキ付き
2500〜3000番

エサ
オキアミ

ハリ
伊勢尼、グレ
5〜8号

ワンポイント

ウキフカセ釣りは、寄せエサを撒き、海中で拡散する寄せエサに付けエサを同調させて釣るのが基本。ただし水温が高い時などは小魚のエサ取りがうるさく、それを避けるために寄せエサの撒き方などにテクニックが必要である。その奥深さも、人気の理由だろう。

エサ・擬似餌

オキアミ、ノリ、練りエサなど。

クロメジナ（オナガメジナ）
エラ蓋の後ろが黒くなっているのがクロメジナの象徴である。エラの端が非常に鋭い。尾柄が低く尾の上下がすらりと伸びていることがオナガメジナといわれるゆえん

メジナ（クチブトメジナ）
エラ蓋の後縁が黒くなく、尾柄が高い。尾ビレの上下も伸びていない。雑食性が強く最も身近に釣れるメジナである

食べる

焼き霜造りとそぎ造りの刺し身
もっちりとしたメジナの刺し身。香ばしい焼き目をつけて皮も楽しみたい

べっこう漬けの刺し身（焼き海苔添え）
ご飯に乗せても、酒のおつまみにもぴったりの一品。メジナのべっこう漬けは伊豆諸島の名物料理だ

にぎやかマリネ
マリネ液がメジナと野菜を美味しくマリアージュしてくれる

⇒魚のさばき方は 657 頁へ

ハウ・ツー・ウキフカセ釣り

ウキの上にはウキ止メ、下にはウキ止メゴム管。これがメジナ釣りで最も一般的な半遊動仕掛け

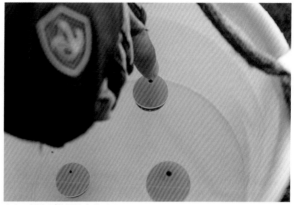

ウキの浮力が釣果を左右する

ウキフカセ釣りはガン玉ひとつで釣果は変わる。ちなみに最も軽い G8 で 0.07 g。この微かな重さで仕掛けの馴染みが変わり、メジナが釣れるきっかけになる

レバーブレーキ付きスピニングリールは瞬時にイトを出せる。サオの弾力が生きる位置に起こしやすくなり、根に突っ込もうとする魚を必要以上に暴れさせない

磯釣りではタモ網も必需品

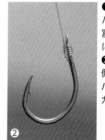

❶人気のターゲットほど、ハリのバリエーションは豊富。グレバリもまたあまりにも多彩な種類がある
❷ハリ先がチモトよりも内側を向いたネムリの入ったハリ。飲まれにくく、オナガメジナねらいで活躍する

❶メジナは配合エサも豊富。オキアミのまとまりをよくして遠投性、拡散性、集魚効果を高める

❷寄せエサと付けエサを同調させることがウキフカセ釣りの大基本

付けエサはオキアミがメイン。ボイルされたものや硬めに加工されたものなど多彩

❶潮の本流が走る沖磯のメジナ釣り。豪快なロケーションも魅力

❷地磯でも大型のメジナは釣れる。すべてが自己完結、自己責任の地磯はメジナの最大の時合である夕マヅメまでサオをだせるのも魅力

❸足もとのよい堤防もハイポテンシャルな釣り場がある

❹激しく引き込み、ハリを飲まれたり、鋭いエラにハリスが当たると一瞬で切れてしまうオナガメジナ。取り込みが難しい魚ゆえ 40㎝オーバーの大型を取れた時は喜びもひとしお

❺メジナ釣りは競技会も盛んだ

沖	メダイ

分類 スズキ目イボダイ亜目
イボダイ科メダイ属
学名 *Hyperoglyphe japonica*
別名 アカメダイ、アオメダ
イ、ダルマ、クロマツ

メダイは・・・
体はやや細長くて側偏し、尾ビレは
深く二叉する。その名のとおり眼が
大きいことが特徴で、頭部がやや出っ
張っている。体表から大量の粘液を
分泌する。

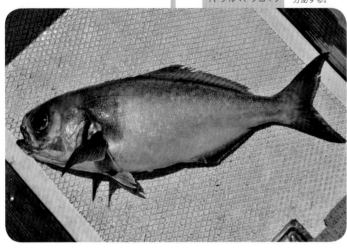

漢字

目鯛

知る

分布
北海道から九州南岸まで
での日本海・東シナ海・
太平洋沿岸、伊豆－小
笠原諸島、瀬戸内海、
東シナ海大陸棚縁辺か
ら斜面域
に分布。

大きさ
最大で1mに達する。

釣期
周年釣れるが、冬場の釣りものとされている。

1	2	3	4	5	6	7	8	9	10	11	12

棲んでいる場所
幼魚は流れ藻、成魚は水深100m以深の底層に
棲む。

生活史
産卵期は12～翌2月で、産卵場は伊豆諸島、四
国沖、九州南部沖などと推定されている。卵は径
1.4mmの分離浮性卵で、仔稚魚は表層で生活し、
流れ藻について成長する。普段は海底の岩礁域に
生息し、マヅメ時には中層に浮上することがあ
る。肉食性で、ハダカイワシ類、イカ類、遊泳性
甲殻類などを食べる。成長は非常に早く、1歳で
30cm、2歳で40cm、3歳で50cmになる。

特徴
体はやや細長くて側扁し、尾ビレは深く二叉する。
幼魚の体には虫食い状の褐色斑があり、若魚では
青みがかり（別名アオメダイ）、成魚では黒っぽ
く、老成魚では赤味がかるもの（別名アカメダイ）
がある。その名のとおり眼が大きいことが特徴で、
頭部がやや出っ張っている。体表から大量の粘液
を分泌する。

主な釣り方
かつては沖の深場釣りの外道扱いだったが、引き
が強くて食味がよいことから専門の乗合船が出る
ようになった。主にドウヅキ仕掛けが用いられる
が、マダイ仕掛けを大振りにした片テンビンの吹
き流し仕掛けも用いられる。エサは身エサやイカ
タンのほか、オキアミコマセにオキアミエサを用
いることもある。

美味しい食べ方
比較的淡白で上品な白身魚。刺し身や寿司種にす
るときは、軽く塩をして一晩置くと旨味が増す。
塩焼き、照り焼き、煮付け、粕漬け、味噌漬け、
揚げ物、鍋物など何の
料理にも向く。

フィッシングチャート
深場釣りの外道か
ら専門の乗合船が
出るようになり対
象魚として昇格
中。引きが強烈な
ことと、食味のよ
さがこの釣りもの
の身上だ。

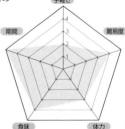

釣る

沖釣り

ドウヅキまたは片テン仕掛けで

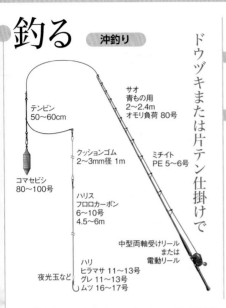

テンビン
50〜60cm

サオ
青もの用
2〜2.4m
オモリ負荷 80号

クッションゴム
2〜3mm径 1m

ミチイト
PE 5〜6号

コマセビシ
80〜100号

ハリス
フロロカーボン
6〜10号
4.5〜6m

中型両軸受けリール
または
電動リール

ハリ
ヒラマサ 11〜13号
グレ 11〜13号
ムツ 16〜17号

夜光玉など

ワンポイント

大きな目玉とヌルヌルとした体表のぬめりが特徴のメダイ。釣法は、主な釣り方の項のとおり。条件がよければある程度数も出る。

エサ・擬似餌

サバの切り身、イカタン、オキアミ。

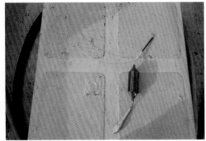

メダイ釣りの仕掛け。普段は深海にいるが、春の濁り潮が入る時期は浅場に上がってくるため、五目ねらいの比較的ライトなタックルで釣ることができる

寄せエサにはオキアミなどを使い、ハリには魚の身エサを付けることが多い

ヒットすれば力強い引きを見せ、食べても美味しい魚。釣りの対象魚としても徐々に人気が出てきている

メバル

分類	スズキ目カサゴ亜目メバル科メバル属
学名	*Sebastes inermis* 標準和名アカメバル
	S. ventricosus 標準和名クロメバル
	S. cheni 標準和名シロメバル
別名	クロメバル、ソイ、ハチメ

メバルは・・・
夜行性が強く、日中は斜め上を向いて中層で休息していることが多い。

漢字

眼張

知る

分布

アカメバル：北海道積丹半島から長崎県までの日本海・東シナ海沿岸、津軽海峡から紀伊水道までの太平洋沿岸、瀬戸内海、宮崎県に分布。
クロメバル：津軽海峡から長崎県までの日本海・東シナ海沿岸、津軽海峡から紀伊水道までの太平洋沿岸、瀬戸内海、高知県以北に分布。
シロメバル：津軽海峡から九州北西岸（有明海を含む）までの日本海・東シナ海沿岸、津軽海峡から三重県までの太平洋沿岸、瀬戸内海に分布。

大きさ

釣れるものは20cm前後が多く、最大で35cmを超えるものもいる。

釣期

周年釣れるが、11〜翌4月ごろがハイシーズン。

1	2	3	4	5	6	7	8	9	10	11	12

棲んでいる場所

通常水深50m以浅の浅海域でみられるが、種によって好む環境が異なる。アカメバルはガラモ場やアマモ場を好み、クロメバルはやや外洋に面した岩礁を好み、シロメバルはやや内湾的な環境に好んで棲む。

生活史

これは従来"メバル"として報告された生活史で、各種の詳しい知見については今後の研究が待たれる。
晩秋に交尾をし、冬〜早春に4.9〜5.7mmの仔魚を数千尾産む。仔魚は14〜20mmで稚魚期へと移行する。稚魚はアマモ場で成長し、6〜7月には流れ藻につくものもいる。1歳で8cm、2歳で12cm、3歳で15cmに成長し、3歳までにほとんどの個体が成熟する。成長は遅く、5歳でようやく20cm台に到達する。寿命は10数歳と考えられている。
夜行性が強く、日中は斜め上を向いて中層で休息していることが多い。肉食性で、多毛類や甲殻類のほか、小魚なども食べる。

特徴

100年以上にもわたって議論が続いていた"メバル"の分類が、2008年にようやく決着し3種に分けられた。
アカメバルは、体型が最もスマートで、各ヒレが黄・橙色を帯びて明るく派手。クロメバルは、体色が最も黒っぽく背側が緑〜青味がかり、ヒレは黒っぽく、体型は後方まで体高があるため四角い感じに見える。シロメバルは、体色は背側が茶色で腹側は白から金色、ヒレは薄茶〜濃い茶色だが、色彩は変異に富む。胸ビレ条数は、アカメバル15本、クロメバル16本、シロメバル17本が多いが、それぞれオーバーラップする。

主な釣り方

岸からは、電気ウキにエビやイソメのエサでねらう夜釣りのほか、ルアー釣りが大人気。沖釣りではドウヅキ仕掛けで活きエビや活きイワシをエサにして釣る。

美味しい食べ方

定番の煮付けがやはり美味しい。型のいいものは刺し身にもできる。塩焼きや干物のほか、小型は空揚げにするといい。

フィッシングチャート

エサ釣りからルアーまで多彩な釣法で多くの釣り人に親しまれ、近年は特にメバリングと呼ばれるルアーのライトゲームでアジングと人気を二分する。

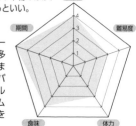

アカ、クロ、シロ、あなたが釣ったメバルはどのメバル？

釣る

ウキ釣り

ノベザオでのんびり

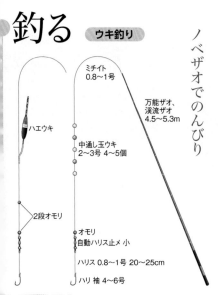

- ミチイト 0.8～1号
- ハエウキ
- 中通し玉ウキ 2～3号 4～5個
- 万能ザオ、渓流ザオ 4.5～5.3m
- 2段オモリ
- オモリ
- 自動ハリス止メ 小
- ハリス 0.8～1号 20～25cm
- ハリ 袖 4～6号

ワンポイント

ノベザオでねらうと小型のメバルでも小気味よい引きが楽しめる。小磯や堤防など、エントリーしやすいフィールドでねらえるためビギナーやファミリーにおすすめだ。サオは万能ザオや渓流ザオの4.5～5.3mがあればたいていのフィールドで事足りるはず。エサはオキアミやアオイソメなど。人工イソメを使ってもよいだろう。

エサ・擬似餌

オキアミ、アオイソメ。

ルアーフィッシング

"メバリング"にチャレンジ

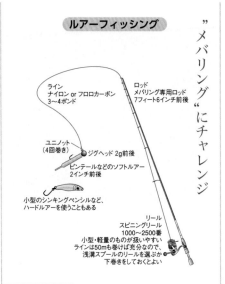

- ライン ナイロン or フロロカーボン 3～4ポンド
- ロッド メバリング専用ロッド 7フィート6インチ前後
- ユニノット（4回巻き）
- ジグヘッド 2g前後
- ピンテールなどのソフトルアー 2インチ前後
- 小型のシンキングペンシルなど、ハードルアーを使うこともある
- リール スピニングリール 1000～2500番 小型・軽量のものが扱いやすい ラインを50mも巻けば充分なので、浅溝スプールのリールを選ぶか 下巻きをしておくとよい

ワンポイント

沖では昼間もねらうが、夜行性のため岸からは夜釣りが多い。ルアーでねらうことをメバリングなどと呼び、2インチ前後のソフトルアーにジグヘッドの組み合わせがポピュラー。小型のミノーやメタルジグでも釣れる。

エサ・擬似餌

ソフトルアー、小型ミノー、メタルジグなど。

沖釣り

追い食いで数を伸ばす

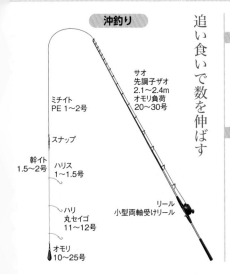

- ミチイト PE 1～2号
- スナップ
- 幹イト 1.5～2号
- ハリス 1～1.5号
- ハリ 丸セイゴ 11～12号
- オモリ 10～25号
- サオ 先調子ザオ 2.1～2.4m オモリ負荷 20～30号
- リール 小型両軸受けリール

ワンポイント

沖釣りではもともとメバル専門の乗合船が出るほど人気があり、使うエサによって「エビメバル」「イワシメバル」などと呼ばれている。数釣りも楽しめ、アタリがあったらサオを引き込むタイミングでオモリを底から離し、2尾、3尾目の追い食いを待つ。

エサ・擬似餌

モエビ、カタクチイワシなど。

⇒魚のさばき方は 661 頁へ

ウキ釣り

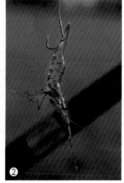

❶シンプルな玉ウキ仕掛けでもメバルは釣れる。春先の海藻周りで実績が高い
❷エサはモエビが好適
❸ノベザオのウキ釣りで釣れたメバル。引きが小気味よく釣趣がある

メバリング（ルアー釣り）

メバルのルアー釣りはメバリングとも呼ばれる。多彩な重さや形状のジグヘッドがあり、水深や潮流、メバルの泳ぐレンジに合わせて重さを選ぶ

ジグヘッドに合わせるワーム。写真はテールがストレートのピンテールタイプ。蓄光するグローはアピール度が高い

プラグでもメバルは釣れる。よりアピール度の高いルアーである

メバルは冬～春のナイトフィッシングの好敵手

ジグヘッドワームで良型メバルをキャッチ

瀬戸内海はメバリングが大人気。中でもブルーバックと呼ばれる個体は引きも強く価値があるとされる

沖釣り

メバルの多点掛け。船は根の上を流し、根周りをタイトにねらう

沖釣りのエビメバルではモエビを使用

フライフィッシング

メバルはフライフィッシングでもねらえる。尺上は1つのステータス

メバル3種の見分け方

アカメバル
背から体側は暗赤色からオレンジ色で腹はやや白っぽい。胸ビレは暗赤色からオレンジ色で、その長さは3種中で最も長く先端は肛門の上方を超える。
（撮影：工藤孝浩）

クロメバル
背から体側は緑がかった黒色で腹は暗い銀色。胸ビレは黒い。3種の中で最も眼が小さく、吻が丸く、体高がある。

シロメバル
背から体側は暗い金褐色で腹は淡褐色からやや白っぽい。胸ビレは赤褐色から淡褐色。3種の中で腹ビレが最も長く、その先端は肛門を超える。また、3種の中では最も内湾的な環境を好むようだ。

沖	# ヤナギノマイ	分類	スズキ目カサゴ亜目メバル科メバル属
		学名	*Sebastes steindachneri*
		別名	ハチメ、アカバチメ、キバチメ、ヤナギ、ヤナギノメ、キゾイ、モイ、モヨ、モンキ

ヤナギノマイは・・・
側線が白っぽく抜けることが特徴の北方系のメバル類で、この特徴により容易に近縁種から区別できる。新潟では赤っぽいものを「アカバチメ」、黄色っぽいものを「キバチメ」と呼び分けている。

漢字

柳の舞

知る

分布
主に北海道オホーツク海沿岸、北海道から新潟県までの日本海沿岸、北海道から岩手県までの太平洋沿岸に分布し、神奈川県三崎、石川県能登半島、鳥取県から記録がある。

大きさ
最大で45cmになる。

釣期
周年釣れるが、卵が成熟する春にはやや食いが落ちる。

1	2	3	4	5	6	7	8	9	10	11	12

棲んでいる場所
通常は30～200mの岩礁地帯や砂泥地帯に群れている。水深355mから獲れた記録もある。

生活史
12月頃に交尾し、卵が成熟する3～5月に雌の体内で受精し、4～7月に産仔する。比較的ポピュラーな魚でありながら、仔稚魚の形態や生態、成長や寿命についてはほとんど知られていない。岩礁域や砂底域の底層に群れて生活し、潮流の加減によっては中層にも泳ぎあがる。魚類、アミ類、イカ類などを食べる。

特徴
側線が白っぽく抜けることが特徴の北方系のメバル類で、この特徴により容易に近縁種から区別できる。背ビレは通常13棘13～15軟条で、体形はやや細長く、尾ビレの後縁がわずかにへこむ。体色は個体差が激しく、体側の背側には不定形で不明瞭な暗色斑紋をもつ。新潟

では赤っぽいものを「アカバチメ」、黄色っぽいものを「キバチメ」と呼び分けている。底びき網、刺網、延縄で漁獲される水産上の重要種。

主な釣り方
北海道の沖釣りでは一般的な釣りもので、主に日本海沿岸から乗合船が出ている。マダラと同所的に釣れるので両ねらい、または沖五目として出船するパターンが多い。中深場用ロッドに中型電動リールの組み合わせで、ミチイトはPE4～8号、オモリ150～250号を水深に応じて使い分ける。専用のフラッシャー仕掛けが各種市販されているので、ネムリ系16～18号の5～10本バリからチョイスする。状況によってイカやサンマなどのエサをつけるとよい。ルアー釣りでは、小柄な魚体に見合わぬ小気味よい引きが楽しめ人気上昇中。ライトなジギングロッドに小型両軸リールの組み合せで、PE0.6号前後にそれに見合うラインシステムを組む。60g前後のメタルジグに果敢にアタックしてファイターぶりを発揮する。時にマダラが掛かってハラハラさせられるのも一興である。

美味しい食べ方
旬は冬で、他のメバル類と同様にクセのない白身で美味。北海道ではポピュラーな総菜魚だが鮮度落ちが早く、高鮮度のものは産地外に出回らない。釣り人の特権として、まずは活け締めした刺し身を味わってほしい。脂の乗りは少ないが締まった身は味わいが深い。煮つけ、アクアパッツァ、バター焼き、塩焼き、から揚げ、蒸し物、汁物などさまざまな料理で美味しくいただける。

フィッシングチャート
数釣りも楽しめるが、電動リールを使う深場の釣りだけに、最初は経験者と同船したほうがよいだろう。

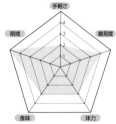

ヤリイカ

分類	ツツイカ目ヤリイカ科ヤリイカ属
学名	*Loligo bleekeri*
別名	サヤナガ、シャクハチ、ササイカ、テッポウ、テナシ

ヤリイカは・・・
菱形の大きなヒレが胴長の 60％ほどにわたってつく。雄は雌よりも大型となり、成長した雄の胴の先が槍のように鋭く尖ることがその名の由来となっている。

漢字

槍烏賊

知る

分布
北海道南部から九州南岸までの日本海・東シナ海・太平洋沿岸に分布。

大きさ
雄は胴長 50cm、雌は胴長 30cm になる。

釣期
10 ～翌 5 月ごろ。

1	2	3	4	5	6	7	8	9	10	11	12

棲んでいる場所
水深 30 ～ 200m の砂泥底や岩礁域に棲む。

生活史
産卵期は 12 ～翌 6 月で、島根・福島 1 ～ 3 月、新潟 2 ～ 3 月、北海道 4 ～ 6 月など海域により異なる。卵は長径 2.5mm の楕円形で、長さ 5 ～ 8 cmの房状に綴られて水深 3 ～ 30 mの岩棚や転石の下面、人工魚礁などに産みつけられる。ふ化後、稚イカは胴長 5 ～ 8mmまで分散浮遊し、その後着底する。未成体期（8 ～ 12 月）は、水深 60 ～ 200 mに生息し、昼間は海底近くに沈下・集合し、夜間に浮上して甲殻類、魚類、小型イカ類等を食べて成長する。寿命は 1 歳。

特徴
菱形の大きなヒレ（エンペラ）が胴長の 60％ほどにわたってつく。雄は雌よりも大型となり、成長した雄の胴の先が槍のように鋭く尖ることがその名の由来となっている。中〜小型は同サイズのケンサキイカによく似るが、胴が細く、腕は短くて細く、触腕も短いことで区別できる。

主な釣り方
冬の沖釣りの人気ターゲット。ドウヅキ仕掛けに小魚を模したプラヅノを数個セットして、海底付近でシャクリながら誘う。どう猛なスルメイカに比べて行動が穏やかなので、プラヅノはアピール系よりもナチュラル系で、スルメイカ用よりも小型がよい。また、シャクリはソフトで丁寧なアクションを心がける。時期によっては夜間に浅い海域に回遊してきたものを岸からねらえ、電気ウキを使ってエサ巻き餌木（サメの身や鶏肉を巻きつけた餌木）を投げて釣る。

美味しい食べ方
身質が柔らかくて甘みがあり、極上の刺し身になる。焼き物、干物も美味しく、エンペラと皮を剥いで乾燥させたスルメは、ケンサキイカとともに「一番スルメ」として珍重される。子持ちのメスは煮付けがおすすめ。

フィッシングチャート
専門の乗合船が出る人気の釣りもの。仕掛けの投入や取り込みなどに慣れを要するので、最初は経験者と同行するとよい。胴長 40cm を超えるサイズはパラソルと呼ばれる。

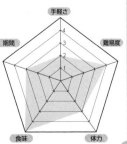

釣る

沖釣り

取り込み時に注意

ライン
PE 3〜4号

ロッド
長さ2m前後
先調子のヤリイカ専用タイプ

インターロック
スナップサルカン 1号

リール
中小型電動タイプ

1.2m 幹イト
フロロカーボン 5号

1.3〜1.4m

8〜10cm

ツノ置きマット
あると便利

枝ス
フロロカーボン
3号

イカヅノ投入機

1.3〜1.4m

中間に
浮きスッテ
赤白7cmを
1本セット

1.2m

ヨリチチワ

プラヅノ
11cmダブルカンナ
5〜7本（ピンク、ケイムラ、ブルーなど）

シンカー
120〜150号

ワンポイント

陸っぱりでねらえることもあるが、沖釣りが主。水深100m以深に仕掛けを下ろすので、電動リールを使う。プラヅノのカラーリングは迷うところだが、水色や日並によって工夫するのがまた楽しい。プラヅノやスッテのハリはカンナと呼ばれ、カエシがない。よって取り込み時にはラインを緩めず、一連の動作で船内に収めることが肝心。

エサ・擬似餌

プラヅノ、スッテ。

⇒魚のさばき方は 663 頁へ

多点掛けこそイカ
釣りの魅力！

ヤリイカ・バーチャル沖釣り

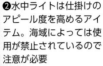

❶ヤリイカ釣りで使用するプラヅノは主に11cm。サバが多い時は幹イトにツノを直接結ぶ直結仕掛け、乗りが渋くバラシが多発する時は枝スを出したブランコ仕掛けが好適だ

❷水中ライトは仕掛けのアピール度を高めるアイテム。海域によっては使用が禁止されているので注意が必要

❸穂先の変化で乗りを察知する

❹常にパワーレバーに指をかけて乗りを察知したらこのレバーを前に押し出し巻きアワセをする

ブランコ仕掛けはヨレを取ってから投入器に入れる

枝スが付いたブランコ仕掛けは回収時に必ず幹イトに絡まる

このヨレをつまんで戻してから

この状態で投入器に再セットする

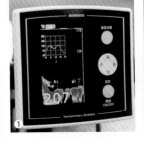

❶ヤリイカの反応は基本的に底付近に出る。着底直後がチャンス!

❷最初の投入が肝心。船長の合図が出たら迅速に正面よりやや風上に向かってオモリを投げる

乗りが活発になると忙しない一面もある釣り。一方で静かに会話を楽しむようにヤリイカと対峙するベテランもいる

3点掛けで乗ってきた。琥珀色のヤリイカは美しい

直結仕掛けの取り込みは仕掛けを緩めることなく船内にイカを投げ込むのがキモ

大型のヤリイカはパラソルと呼ばれる

口から水鉄砲を吹きながら躍り上がるヤリイカ。ツノにスッテを混ぜるのはとても効果的

釣り船によっては「生かしパック」で持ち帰りができるサービスもある

ユメカサゴ

分類	スズキ目カサゴ亜目メバル科ユメカサゴ属
学名	*Helicolenus hilgendorfii*
別名	ノドグロ、ノドグロカサゴ

ユメカサゴは・・・
胸ビレ上半部の後縁と尾ビレ後縁は浅く湾入し、側線の上下に暗色線がなく、鰓蓋には不明瞭な大暗色斑があり、体側には不明瞭な赤いまだら模様がある。口内が黒いことからノドグロとも呼ばれる。

沖

漢字

夢笠子

知る

分布
若狭湾から九州北西岸までの日本海・東シナ海沿岸、青森県から薩摩半島までの太平洋沿岸、東シナ海大陸棚縁辺域に分布。秋田県、山形県、富山県、伊豆諸島からも記録がある。

大きさ
最大で35cmになる。

釣期
周年釣れるが、冬場によく釣れる傾向がある。

1	2	3	4	5	6	7	8	9	10	11	12

棲んでいる場所
水深130～980m（通常150～200m）の砂泥底に棲む。

生活史
産卵期は冬で、従来は卵胎生とされていたが、2014年に飼育下でゼラチン質に包まれた卵塊の産出が確認され、定説が覆された。本種は、交尾後に胚が生み出される魚類としては珍しい「受精卵生」である。ふ化後40日以上の浮遊生活期をもち、着底後は甲殻類、多毛類、小型のイカ類や魚類を食べる。25cm以上に達するまでに10年以上かかると考えられ、大型のものほど魚食性が強まる。

特徴
胸ビレ上半部の後縁と尾ビレ後縁は浅く湾入し、側線の上下に暗色線がなく、鰓蓋には不明瞭な大暗色斑があり、体側には不明瞭な赤いまだら模様がある。また口内が黒いことからノドグロとも呼ばれる。

主な釣り方
沖釣り専門のターゲットで、片テンビンの吹き流し仕掛けとドウヅキ仕掛けのどちらでもねらえる。平坦なポイントでは吹き流し、起伏が激しいポイントではドウヅキと使い分けるとよく、いずれもハリ数は3～5本で海底スレスレを流すのがコツ。エサはイカタンやサバなどの身エサ。

美味しい食べ方
カサゴ類はいずれも高級魚だが、本種の市場価値も高い。旬は冬場で、白身にはまんべんなく脂が乗る。刺し身（霜皮造り。焼霜造り）、焼き物、煮物、揚げ物、鍋物などどのような料理にしても旨い。

フィッシングチャート
深場の沖釣りになるためやや専門的になるが、基本的にはゲスト的な魚であり、底をしっかりとねらえば特別に難しい技術はない。

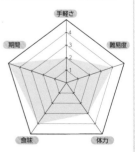

手軽さ / 難易度 / 体力 / 食味 / 期間

●釣る

沖釣り

仕掛けはシンプルでOK！

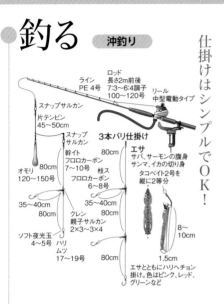

ライン
PE 4号

ロッド
長さ2m前後
7:3〜6:4調子
100〜120号

リール
中型電動タイプ

スナップサルカン

片テンビン
45〜50cm

スナップ
サルカン

3本バリ仕掛け

幹イト
フロロカーボン
7〜10号

枝ス
フロロカーボン
6〜8号

オモリ
120〜150号

80cm

80cm

エサ
サバ、サーモンの腹身
サンマ、イカの切り身
タコベイト2号を
縦に2等分

35〜40cm

35〜40cm

80cm

80cm

クレン
親子サルカン
2×3〜3×4

ソフト夜光玉
4〜5号

ハリ
ムツ
17〜19号

80cm

8〜
10cm

1.5cm

エサとともにハリヘチョン
掛け。色はピンク、レッド、
グリーンなど

ワンポイント

「カサゴ」といってもこちらは砂泥底に棲む魚。「主な釣り方」の項のスタイルで底をねらえば、アカムツ、クロムツ、オニカサゴなどのゲストとしてよく顔を出す。

エサ・擬似餌

イカタン、サバなどの身エサ。

ユメカサゴは深海釣りの定番ゲスト。大きな口でアグレッシブにエサに食いついてくる

タックルは重いオモリを背負える、深海釣り用のものが一般的だ

ヨコシマサワラ

分類	スズキ目サバ亜目サバ科サワラ属
学名	*Scomberomorus commerson*
別名	イノーサーラ、ヒラサーラ、クロザワラ、サワラ

ヨコシマサワラは・・・
サワラに似るが体高があり、体側に多くの横縞があること、側線が第2背ビレ後方で急に下方に曲がることで区別できる。魚食性が強く、表層を群れで泳ぎトビウオ類、イワシ類やイカ類を食べる。

漢字

横縞鰆

知る

分布
主に琉球列島に分布し、新潟県佐渡から鹿児島県笠沙までの日本海・東シナ海に散発的に分布する。

大きさ
最大で2m以上に達する。

釣期
本州や九州沿岸では夏から秋に釣れ、琉球列島では周年釣れる。

1	2	3	4	5	6	7	8	9	10	11	12

棲んでいる場所
外洋の表層を広く群泳する。

生活史
魚食性が強く、表層を群れで泳いで、トビウオ類、イワシ類やイカ類を食べる。釣れるのはなぜか1mを超える大型個体ばかりで、職漁で漁獲されて魚市場へ水揚げされるものも同様である。産卵や成長などの生活史には不明な点が多い。

特徴
サワラに似るが体高があり、体側に多くの横縞があること、側線が第2背ビレ後方で急に下方に曲がることで区別することができる。

主な釣り方
ルアー釣りやトロウリングでねらう。

美味しい食べ方
旬は秋から春で、味はサワラに準じなかなかに旨い。刺し身をはじめ焼き物やフライで賞味される。

フィッシングチャート
基本的にはゲストフィッシュであり、頻繁に釣れる魚でもないが、掛かると大型であることが多い。

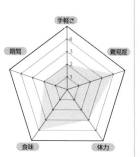

ヨソギ

分類	フグ目カワハギ科 ヨソギ属
学名	*Paramonacanthus oblongus*
別名	コオクリ、ヤマモ、ハゲ

ヨソギは・・・
カワハギに似るが、最大でも20cmに満たない小型種で、雌雄で体形が異なる。かつて雄はナガハギと名づけられていた。

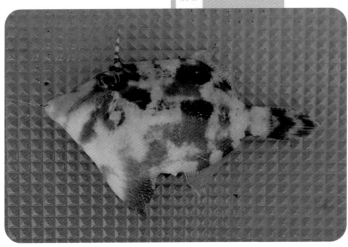

漢字

漢字は無い

知る

分布
主に富山湾から九州南岸までの日本海・東シナ海沿岸、千葉県館山から屋久島までの太平洋沿岸に分布し、青森県、岩手県、新潟県、瀬戸内海、伊江島、西表島から記録がある。

大きさ
最大で20cmになる。

釣期
ねらって釣ることはないが、4～12月に釣れることが多い。

1	2	3	4	5	6	7	8	9	10	11	12

棲んでいる場所
浅海の砂地に棲む。

生活史
産卵期は夏～秋で、雄は水深10m前後の砂底にナワバリをつくり、ペア産卵する。産卵は日没前に行われ、雄が雌の腹をつついて産卵を促すと、雌は腹を海底にすりつけて底質に卵を産みつける。産卵中、雄はピッタリと雌に寄り添い、腹を合わせて放精する。本種の繁殖は一夫一婦制を指摘する観察事例があり、今後の研究が待たれる。ふ化した仔魚は浮遊生活を経て浅い砂底、藻場や転石帯に着底し、底生動物や海藻の葉上生物を食べて成長する。稚魚の一部は、流れ藻について漂流し分布を広げる。多くは1歳で成熟すると考えられるが、成長や寿命については不明。

特徴
カワハギに似るが、最大でも20cmに満たない小型種で、雌雄で体形が異なる（写真は雌）。カワハギとは、体がやや細長いこと（雄ではより顕著）、腹ビレが変化した鞘条鱗の可動部が細長いこと、雄の尾ビレは先端が糸状に伸長することで区別することができる。雌雄とも体側に2本の濃褐色縦帯をもつことも区別点となるが、不規則なまだら模様をもつ個体では不明瞭。かつて雄はナガハギと名づけられていた。

主な釣り方
岸壁のチョイ投げや磯の小メジナ・ウミタナゴ釣りのゲストとして顔を出す。美味しいが数は少なく、ねらって釣ることは難しい。釣り方は、投げ釣りとウキ釣りに大別される。投げ釣りは、コンパクトロッドやライトクラスのルアーロッドを用い、片テンビンにオモリ10号まで。ウキ釣りでは磯ザオ1号までに遊動ウキ仕掛けを用いる。いずれもハリスはフロロカーボン0.8号前後、ハリは袖や海タナゴバリ5号前後を使用。ポイントは岩場と砂地が交わり、波や流れは強すぎず水深がある場所。

美味しい食べ方
カワハギと同様に、まず棘を落とし皮を剥いてから料理する。しっかりとした白身で透明感があり、クセがなくてどんな料理にも合う。体の割に肝が大きいので、これを利用したい。刺し身では肝和えが一番で、肝を残した揚げ物や煮つけも美味。肝を入れた味噌汁は上品で、鍋はどれほど旨いかと期待させる。しかし、そのわりには数が必要で、ボリュームに欠けるのが欠点である。

フィッシングチャート
防波堤などからの手軽な釣りのゲストフィッシュだが、数が少なくて、なかなかお目にかかれない。

ヨロイメバル

分類	スズキ目カサゴ亜目メバル科メバル属
学名	*Sebastes hubbsi*
別名	モヨ、ゴマカサゴ、フジメバル、モアラカブ、モバチメ

ヨロイメバルは・・・

小型で沿岸性が強いメバル属魚類類で、眼隔域がくぼむこと、背ビレ棘が通常14本であることで近縁種から区別できる。大きくても20cm程度で、メバル属のなかでは体長が比較的短い。

漢字

鎧眼張

知る

分布

青森県から九州北部の日本海・東シナ海沿岸、青森県から三重県（福島県を除く）の太平洋岸、瀬戸内海に分布。

大きさ

最大で20cm前後。

釣期

周年にわたって釣れるが、専門にねらう人は少ない。

1	2	3	4	5	6	7	8	9	10	11	12

棲んでいる場所

岩礁域や藻場の海底付近に棲む。

生活史

10～翌1月に仔魚を産む。産出時の仔魚は5～6mmで、ごく沿岸部の表層で浮遊生活をし、一部は流れ藻につく。13mmまでに稚魚期へ移行し、着底する。成長や寿命については詳しく分かっていない。
肉食性で、甲殻類や多毛類を食べる。

特徴

小型で沿岸性が強いメバル属魚類類で、眼隔域がくぼむこと、背ビレ棘が通常14本であることで近縁種から区別することができる。特にコウライヨロイメバルに似るが、尾ビレに白色横帯がなく、各ヒレに暗色の小斑点が散ることで見分けられる。大きくても20cm程度で、メバル属のなかでは比較的小型の種である。

主な釣り方

エサ釣りとルアー釣りに大別され、近年はルアーの人気が高い。堤防の際や消波ブロック、起伏に富んだ磯、ゴロタ場などがポイントで、水深は問わずむしろ浅い方がよい。
エサ釣りは、ドウヅキ仕掛けのブッコミ釣りと、オモリの下に短ハリスの1本バリ、またはブラクリ仕掛けを用いた探り釣りを地形に応じて使い分ける。
ルアー釣りは、ロックフィッシュ用またはバス用のタックルを用い、軽いジグヘッドにストレート系のワームを取りつけてねらう。

美味しい食べ方

旬は秋～春で、透明感のある白身。煮付けや塩焼き、みそ汁で旨い。刺し身でも食べられるが、小型なので三枚におろすと歩留まりが悪くなる。

フィッシングチャート

カサゴやムラソイを穴釣りでねらうとゲストフィッシュで混じってくるので、特に難しさはない。

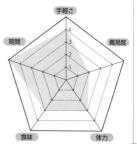

釣る　穴釣り

ワームを隙間に落とし込む

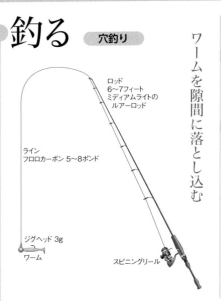

ワンポイント

ゴロタ場などで、ヨロイメバルが潜んでいそうな石の隙間にワームを落とし込んでアタリを待つ。なおルアーのほか、ブッコミ釣りなどでも釣れるようだ。

エサ・擬似餌

ワーム。

ロッド
6〜7フィート
ミディアムライトの
ルアーロッド

ライン
フロロカーボン 5〜8ポンド

ジグヘッド 3g
ワーム

スピニングリール

ゴロタ地帯や根周りがヨロイメバルの住処

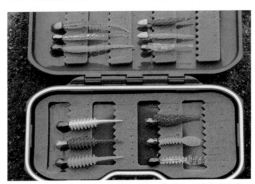

穴釣りはジグヘッドワームを使用する。深く暗い穴に穂先を突っ込んで手もとのイトをつまみ小刻みに引っ張るようにしてルアーをアクションさせる

こちらは堤防でテキサスリグ＆ホッグ系のワームにヒットしたヨロイメバル

ロウニンアジ

分類	スズキ目スズキ亜目アジ科ギンガメアジ属
学名	*Caranx ignobilis*
別名	GT（ジャイアント・トレバリー）、カマジーガーラ、マルエバ、メッキ（幼魚）

ロウニンアジは・・・

体は側扁して体高が高く、頭部が張り出している。眼の位置は高く、吻端よりはるか上にある。成魚は内湾やサンゴ礁などの沿岸に単独で棲み、幼魚は湾奥の港湾、河口域や河川感潮域でみられる。

沖

漢字

浪人鰺

知る

分布

主に屋久島、琉球列島、伊豆－小笠原諸島に分布し、茨城県から九州南岸までの太平洋沿岸と九州西岸では幼魚が多く、瀬戸内海で記録がある。

大きさ

最大で 1.5m になる。

釣期

成魚をねらう琉球列島や小笠原では通年、幼魚をねらう九州以北では 8 〜 11 月。

1	2	3	4	5	6	7	8	9	10	11	12

棲んでいる場所

成魚は内湾やサンゴ礁などの沿岸に単独で棲み、幼魚は湾奥の港湾、河口域や河川感潮域でみられる。

生活史

産卵期は春で、体長 1 〜 2cm の稚魚は初夏に河口のマングローブ帯や塩分が薄い沿岸浅所に現れる。20cm までの幼魚は九州以北の湾奥の港湾や河口域などにも現れ、小規模な群れで遊泳し、河川感潮域にも侵入する。九州以北の幼魚は越冬することなく死滅するが、温排水の周辺で越冬するものがいる。成魚はサンゴ礁のドロップオフなどに沿って単独で遊泳し、魚類や頭足類などを食べる。

特徴

体は側扁して体高が高く、頭部が張り出している。眼の位置は高く、吻端よりはるか上にある。第 2 背ビレ軟条は 18 〜 20 で前部は高く鎌状となる。幼魚は体高がより高く、腹ビレ、臀ビレ、尾ビレ下葉が黄色い。また、体側には不明瞭な 4 本の暗色横帯が現れることがある。

主な釣り方

ルアー釣りの人気ターゲット。成魚はルアー対象魚の最高峰の 1 つで、専用の強靭なタックルで磯や船上からキャスティングでねらう。幼魚はライトタックルで岸壁などから手軽にねらえ、「メッキ釣り」として人気がある。

美味しい食べ方

白身で冬場に脂が乗る。沖縄では刺し身、焼き物、あら煮や汁汁などでよく食べられる。熱帯域の大型のものはシガテラ毒をもつことがあり注意が必要。

フィッシングチャート

幼魚ねらいの場合はより手軽で、難易度も下がる。ルアーフィッシングで成魚をねらう場合はキャッチ・アンド・リリースが基本となる。

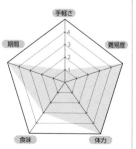

釣る ルアーフィッシング

トップウオーターで誘う

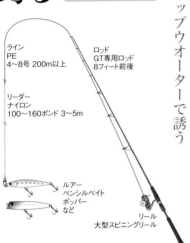

ライン
PE
4〜8号 200m以上

ロッド
GT専用ロッド
8フィート前後

リーダー
ナイロン
100〜160ポンド 3〜5m

ルアー
ペンシルベイト
ポッパー
など

リール
大型スピニングリール

ワンポイント

サイズと引きの強さでルアーファンから大人気のターゲット。ルアーファンの間では英名のジャイアント・トレバリー（GT）で親しまれている。沖縄や奄美諸島でチャーター船を利用するのが主流。小魚のナブラやリーフのエッジ、海中の根周りをポッパーなどのトップウオータープラグでねらう。

エサ・擬似餌

ルアー（ペンシルベイト、ポッパーなどのトップウオータープラグ）。

大型のトップウオータープラグでねらう GT フィッシングはオフショアルアーゲームの花形

ヒットさせたあとは力強いファイトを存分に味わう

釣りはキャッチ＆リリースが基本。手早く撮影をすませたら元気なうちに海に帰す

魚のさばき方・レシピ 編

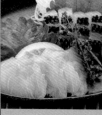

アイナメ

3枚おろし

ウロコ引きでウロコを引き落とす。ヒレ際は残りやすいのでていねいに。身が軟らかい魚なので力の入れ過ぎには注意する。

胸ビレ下と腹ビレ下に沿って、両側からたすきに包丁を入れて頭を切り落とす。

腹を割って内臓を取り出す。

中骨主骨に付着している血ワタを竹製のササラか歯ブラシで掃除する。水洗いをして水気をふき取ると下処理の終了。

ここからは3枚おろしの手順。最初に背ビレに沿って中骨主骨に届くまで背身に切れ込みを入れる。

魚を返して尻ビレに沿って腹身を切り開く。

最後に尾の付け根から包丁を差し入れ、半身を切り取る。

同じ要領で残りの半身を切り取ると3枚おろしの完成。

刺し身用の節にする時はさらに腹骨をすき取る。

続いて背身と腹身に切り分ける。

尾の付け根を押さえ、頭の切り口に向かって皮を引き取る。なお、皮引きは節身に切り分けた後でもよい。

背身と腹身の接合部に並ぶ血合骨を薄くすき取ると節身に仕上がる。

骨切り
椀種や焼き物にする場合はハモと同じく、身が縮むのを防ぐのと小骨が当たらないように"骨切り"を行なうとよい。腹骨をすき取った半身を用意し、まな板に皮目をピタッと押し当てて、皮1枚を残しながら、数ミリ間隔で身を刻んでいく。

アオリイカ

アオリイカを寝かせて置いたら、まず外皮が覆っている胴の中心線に包丁を入れる。この時、包丁の刃先は中にある甲まで入れる。

切り口を両手で開き、透明な甲を取り除く。

取り出した甲の下には内臓が隠れているので、頭とゲソ（足の部分）をつかんで内臓とともにはがし取る。この際、墨袋を破らないように注意。内臓が取れたら一度全体を水洗いし、ペーパータオルなどで水気をふき取る。

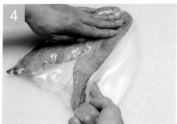

胴の皮をはぐ。下準備として、まず爪先と指先を胴とエンペラ（胴の外縁にあるヒラヒラとした板状の部分）の接合部に潜り込ませ、胴からエンペラをある程度引きはがす。

はがしたエンペラを最後は包丁で切り取る。

左右のエンペラと胴身に切り分けた状態。

次に胴身の内側（裏身）を表にし、包丁の先で下縁に沿い切れ目を入れる。この際、下の外皮まで切らないように注意する。

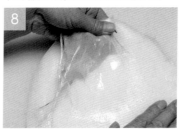

裏身を下に向けて置き直したら、7で切れ目を入れた下縁をつかみ、ひっくり返すようにして外皮とその下の薄皮を一緒にはがす。一度に全部をはがそうとせず、力を入れながら少しずつはがしていく。

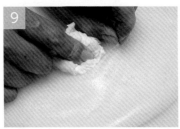

途中で薄皮が切れてしまった場合は、乾いたペーパータオルで切れた部分をこすり上げてやり直す。

刺し身で食べる場合は、裏身に付着している薄皮も乾いたペーパータオルでこすって取る。

表身の外皮と薄皮がむけたら、胴の両側にある硬い部分をそぎ取る。

アオリイカの薄皮は胴体に対して縦方向に繊維が走っているので、めくり上げる時は横方向に作業するとまとめてはがしやすい。

エンペラの外皮をはぐ場合も、切り口から横に向けて動かすと簡単にはぐことができる

刺し身の盛り合わせ
（鳴門巻き／格子の湯霜造り／糸造り）

3種の切り方で華やかさと食感を演出！

上品な甘みとねっとりした食感で「高級イカ」とされるアオリイカ。刺し身は切り分け方にバリエーションを持たせることで、さまざまな口当たりを楽しむことができる。

材料（4～5人分）

・アオリイカの身（1kgサイズの胴体）・焼き海苔（大1枚）
・つま、けん（大葉、ニンジン、ミョウガ、スダチ、オゴノリなど適宜）

表身と裏身の薄皮を処理したアオリイカの胴体を、先端から末端に向かって縦2～3枚の節身に切り分ける。なお、イカの仲間は胴体に対して横向きに繊維が通っていて、縦方向に包丁を入れると繊維が切断され食べやすくなる性質がある。

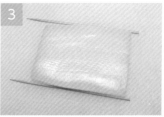

切り分けた節身の表身を上にして、その両端に竹串を置く。

【鳴門巻き】鳴門海峡の渦潮をイメージしたお造り。切れ目が多く入ることで食べやすく、見た目も美しくなる。最初に節身を8cmほどの幅に切り分ける。

竹串をストッパーに利用しながら、身厚の3分の1、刻み幅5～6mm程度に包丁が入るように切れ込みを入れていく。要領が掴めたら、竹串なしで作業しても問題ない。

このような状態になる。刻み幅は多少ランダムになっても問題ない。

切れ込みを入れた表身を下にし、身の大きさに合わせた焼き海苔を乗せる。

端からきっちりと巻き込む。

巻き込んだ状態。

ラップフィルムに包んで冷蔵庫で10分ほど寝かせる。これにより、最後に切り分ける時に型崩れしにくくなる。

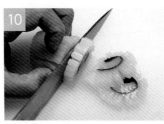

冷蔵庫から取り出し、端から厚さ1〜1.5cmの小口切りに切り分ける。この作業で胴体の繊維を切断することになり、歯触りも軟らかい鳴門巻きが出来上がる。

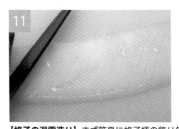

【格子の湯霜造り】まず節身に格子柄の飾り包丁を刻んでいく。最初に表身を上にした状態で、刃を若干傾けて当て、刻み幅5〜6mmで身に対してやや斜めに切れ込みを入れていく。

続いて最初の切れ込みと交差するように同じ間隔で切れ込みを入れていく。慣れないうちは鳴門巻きと同じく、2本の竹串をあてがうと簡単。

裏身にも浅く切れ込みを追加してもよい。

鍋に湯を沸かし、菜箸でつまんだ身を素早くくぐらせ、表面が白っぽく変わる程度に湯ぶりをする。

湯ぶりをしたら、すぐに用意した氷水の中で冷やす。すると立体的な模様が浮かび上がり、これにより独特の食感も出せる。

ペーパータオルなどで余分な水気を吸い取る。

最後の切り方は短冊や薄切りなど好みでよい。ここでは正方形に近い色紙切りとし、まず幅2〜3cmに切り分ける。

さらに四角く2つに切り分ける。なお、格子の湯霜造りは、湯ぶりの処理をする過程で熱が入り薄皮も食べやすくなるため、さばきの段階で表身の薄皮を落とさなくても気にならない。

【糸造り】最初に薄くスライスすることで、食べやすさや醤油との絡みがよくなる簡単な切り方。身が厚いアオリイカが向いており、まず薄く大きめのそぎ切りにしていく。

そぎ切りにした身を、少し重なるくらいにまな板の上に並べ、最後は端から細く切り分けていけば糸造りになる。

キモゲソのアヒージョ

釣りたての新鮮なキモを生かす！

ブツ切りした素材をオリーブオイルとニンニクで煮込み、素材の旨さをシンプルに引き出す「アヒージョ」。アオリイカのゲソやエンペラにもぴったりの調理法で、キモを生かすひと工夫を加えれば釣り人ならではの一品になる。

材料（3〜4人分）

・アオリイカのゲソ、エンペラ、キモ（1kgサイズの胴体以外）・マッシュルーム（1/2パック）・ニンニク（1片）・オリーブオイル（400ml）・イタリアンパセリ（適量）・糸切りトウガラシ（適量）・塩、コショウ（適量）

外から少し切れ目を入れ、中に見えている薄茶色のキモを手で取り出す。

キモを取り出したら（写真下）、残りのゲソやエンペラをすべてひと口大に切る。

墨袋など余分な内臓を取り除いたキモ付きのゲソとエンペラを用意。エンペラは皮が付いたままでよい。

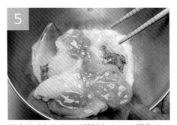

アオリイカのキモは淡泊なので1杯分すべてを使う。ボウルの中にキモを絞り出し、ゲソやエンペラと混ぜ合わせる。

最初に頭部からキモの部分を切り離す。

マッシュルームは半割りにし、ニンニクは薄切り、イタリアンパセリは粗みじん切りにしておく。糸切りトウガラシもひとつまみ用意。

焼き味噌なめろう

スキレットなどの小鍋に容量の4分の1くらいオリーブオイルを注ぐ。弱火にしてニンニクの薄切りを入れ、香りが立ってきたらキモを絡めたゲソなどを加える。

さらにマッシュルームを入れてざっくりと混ぜたら、小鍋の容量の3分の1から半分近くまでオイルを継ぎ足す。

クツクツとひと煮立ちさせたら塩コショウで調味し、イタリアンパセリを散らす。少し濃いめの味付けがおすすめ。食卓に乗せる時に糸切りトウガラシと追加のイタリアンパセリの葉を飾る。具を食べたあとは、小鍋に残ったオイルにフランスパンなどのバケットを浸して食べると美味しい。

お酒のアテにもごはんの友にもぴったり!

ねっとりしたアオリイカの身質を生かした一品。多彩な薬味の野菜と一緒に細かく叩いて作る「なめろう」は、ビールや冷酒のアテとして絶品なほか、温かいご飯に乗せてもお代わりが進む。

材料(2〜3人分)

・アオリイカの身(200g)・味噌(大さじ1.5〜2)・醤油(小さじ1/2)
【薬味の野菜】・大葉のみじん切り(3枚分)・青ネギのみじん切り(大さじ2)・オクラ(下ゆで済みの小口切り2〜3本分)・ショウガのみじん切り(大さじ1)・練りワサビ(小さじ1弱)・紅タデ(少々)

最初に「焼き味噌」を作る。まず使い古した木じゃくしなどに味噌を5〜6mm厚に塗りガスレンジの直火であぶる。

焦げ目が付き香りが立てばOK。

薬味の野菜をすべて小口切りやみじん切りで細かく刻んでおく。

ある程度細かく叩いたら焼いた味噌と薬味の野菜、練りワサビを加える。

アオリイカの身はまず薄くそぎ切りにする。

身の細かさはお好みで。途中、味をチェックして薄味なら醤油を足す。小鉢に盛り込んだら紅たでを飾って完成。

次に細切りから粗みじん切りに刻んでいく。

さらに出刃包丁で叩く。

アカムツ

3枚おろし

3枚おろしを始める前の下処理は、まずウロコ取りでウロコを引き、胸ビレと腹ビレに沿って頭を切り落としたら、内臓を取り外すとともに中骨主骨に付着する血ワタを歯ブラシなどでよく掃除する。最後に水洗いして水気をふき取る。

ここから3枚おろし。まず、背ビレ側から中骨に沿って中骨主骨に続くまで切れ込みを入れる。

魚の向きを変えたら、腹と尻ビレ側からも中骨に沿って切れ込みを入れる。

腹の切り口をめくり上げ、腹骨と中骨主骨の接合部の軟骨を包丁の切っ先で切り離す。

尾の付け根から包丁の先を差し入れ、中骨主骨に沿って包丁を手前に動かし半身を切り取る

同じ要領で反対側の身も切り取ると、半身2枚と中骨に切り分けた3枚おろしの完成。

刺し身にする場合は、続いて半身の腹骨を包丁でそぎ取る。

次に背身と腹身に切り分けて2つの節身にしたら、どちらかに付いてくる血合骨の並ぶ部分を指で確認し薄くそぎ取る。

焼き霜造り

アカムツは皮が旨い。そこで皮を生かす「焼き霜造り」の方法を紹介。ステンレス製のバットなどを用意し、皮目を上にして節身を乗せ、調理用バーナーで焦げ目が付くまであぶる

熱が身に入りすぎないよう、あぶった節身は手早く氷水の中へ浸し、一気に粗熱をとる。

ペーパータオルなどで充分に水気を取り除いたら、冷蔵庫で 20 ～ 30 分寝かせると身が締まる。

切り分ければ「焼き霜造り」の完成。バーナーであぶる代わりに、ふきんを被せた上から熱湯をかける「霜皮造り」にする方法もある。

アナゴ

生きているアナゴは首根っこの中骨まで切って生き締めにする。

背を手前にして、目の下にメ打ちを打ちしっかり固定したら背ビレ下から包丁の切っ先を刺し入れる。

腹の皮を残しつつ、中骨に沿って包丁を引く。この際、アナゴの腹の部分だけは三角骨になっているので、刃の角度はやや斜め上に向けたほうが骨に身が残りにくい。

アナゴが回らないように左手を添えながら包丁を進め、最後は尾の先端まできれいに引き落とす。

アナゴの背開きになったら……

手で内臓を取り除く。

逆さ包丁に持ち替え、中骨の際に沿って切れ込みの筋を入れていく。

この時は尾の先端までしっかりと筋を入れること。

次に頭の切り口から包丁を入れ、中骨をそぎ取る。

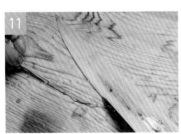

この時は包丁の腹で中骨を浮かしつつ、スッスッと小骨を切っていくのがコツ。

中骨をそぎ取ったら、尾の先端から包丁を入れてヒレを引き落とす。

12

最後に首をはねればアナゴ割きの完了。

ヌメリ取り（白焼き・蒲焼き・揚げ物の場合）

割いたアナゴはヌメリを処理する。白焼きや蒲焼き、揚げ物にする時は包丁の刃をスライドさせてヌメリをこそぎ落とし、粗塩を振って手早く塩もみした後、流水で充分に洗い流す。

ヌメリ取り（佃煮・煮アナゴの場合）

佃煮や煮アナゴの場合は、傾けたまな板に皮を上にして並べ、熱湯を手早く回したら……

氷水の中で粗熱を取り除く。

最後に包丁の峰で皮の上をこすると白濁したヌメリが大量に取り除ける。

アマダイ

$$\boxed{\text{3 枚おろし}}$$

身が軟らかいアマダイは、よく切れる包丁を使って「すき引き」でウロコを取るのがおすすめ。包丁は柳刃包丁が使いやすい。尾の付け根から頭に向かってテープ状にウロコを引く。

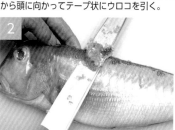

ヒレの際など包丁の入りにくいところは、下から身を少し持ち上げて作業するとやりやすい。

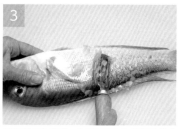

すき引きをせず、ウロコ落としを使う場合は、強く動かし過ぎると身が崩れてしまうので注意する。

取り残したウロコは、包丁の切っ先でていねいにこそぎ落とす。

頭を切り落とし、腹を割ったら内臓を取り出す。

中骨主骨に付着している血ワタを竹製のササラや歯ブラシでこすり落とし、水洗いすると下処理の終了。

3枚おろしは背ビレと尻ビレの両側から切れ込みを入れたら（写真は背ビレに包丁を入れた状態）、尾の付け根に包丁を入れ、中骨に沿って半身を切り取るように行なう。

表身（魚の左側面）、裏身（右側面）、中骨の3枚におろした状態。

背開き

アマダイの干物を作る時は背開きにする。背開きはウロコを残したままさばくため、包丁を入れる前に粗塩でこすって体表のヌメリを取り除く。

最初に頭の付け根に包丁の切っ先を差し入れる。

そのまま中骨に沿って包丁を入れ、写真のように背身を切り開く。

アマダイを立て、中骨主骨を避けるようにして頭を割る。

エラブタの内側にあるエラと、その他の内臓を手でちぎり取り、中骨主骨に付着している血ワタも掃除する。

仕上げに全体を水洗いしてから手早く水気をふきとれば背開きの出来上がり。

アユ

アユは川の苔を食べているので、最初に肛門から食べ残り（フン）を絞り出す。腹ビレ下から肛門に向かって、腹を2～3回軽くしごく。力が強過ぎると内臓が出てしまうので注意する。

金串を刺す時は、まずアユを写真のように保持し、下身（右側面の身）の目の後ろに金串を刺し入れる。そのままアユを折り曲げ、中骨に絡めるようにして先を一度背ビレの下付近で外に抜いたら、再び尻ビレに向かって刺し入れる（写真の状態）。金串の先は、このあと上身（左側面の身）には出さずに、最後は尻ビレ付近で尾を立てるようにして外に出す。

下身側から見た金串を刺し終わった状態。きれいに踊り串を打つにはやはり練習を重ねるのが一番。

上身側から見るとこのようになる。

塩焼きにする場合、飾り塩は頭とアブラビレを含む各ヒレに施す。この際、焦げ落ちないように塩はしっかりと押し付けること。

その後、アユ全体にまんべんなく塩を振る。30cmほどの高い位置から塩を振るとよく、"尺塩"という。

腹開き

アユの姿寿司や開き干しを作る時は腹開きにする。最初にアユの腹に包丁を入れて内臓を取り出したら、腹側から頭を半分に割る。

中骨に沿って尾の付け根まで全体に包丁を入れ、身を開いてエラを取り除くと開き干し用になる。

さらに開いた状態で中骨をそぎ落とせばアユの姿寿司用になる。

釣ったアユの美味しい持ち帰り方

釣りおえたアユは生きているうちに砕いた氷と水を入れたクーラーボックスに入れて蓋を閉じる。アユははじめ大暴れするが、15〜20分間放置すると、内臓の芯までしっかり冷えた生き締めの状態になる。

生き締めにしたアユを冷水から取り出し、氷水が直接当たらないように食品用の保冷袋に入れ替える。

再びクーラーボックスに戻し、氷を補充すれば鮮度のよいアユを持ち帰ることができる。

串打ち塩焼き

アユ飯

踊り串を打って形よく焼き上げる

アユは串を打って焼くと、途中で引っ繰り返しやすいのでまんべんなく焼け、形もよい。食卓に出す時は串を抜いたものを皿に乗せて提供。

材料（2人分）

・アユ（2尾）・粗塩（適宜）

アユの身の旨みがご飯とマッチング

アユは炊き込みご飯にしても美味しい。上品な白身とだしで炊くご飯の組み合わせにアユの香りが加わり、食欲が刺激されついお代わりしたくなる。

材料（3～4人分）

・アユ（5～6尾）
・白米（2合）
・昆布
【炊き込み用調味料（米2合に対して）】
・醤油（小さじ2）
・塩（小さじ1）
・日本酒（大さじ2）
・ショウガの絞り汁（小さじ1）
・青ネギ（2本）

1

串打ちと塩をしたアユを焼く。伝統的な焼き方は焼き網の上にステンレス製の鉄弓を乗せ、もう1本の金串をクロスにあてがい安定させて焼く。

2

鉄弓の代わりに2枚のレンガ材を使う方法もある。

3

火力は"強火の遠火"が基本。全体によい焼き色が付いたら出来上がり。串打ちをせずより手軽にアユの塩焼きを味わうには、耐熱皿や耐熱鍋タイプの魚焼き器とオーブンレンジの組み合わせを使う手もある。また、家庭のコンロに付属している魚焼きグリルを使う場合は、串を打ったうえで強すぎない火加減でじっくり焼き、途中で裏返してできるだけまんべんなく焼く。

1

アユはフンを絞り出した後、腹を割って内臓を取り除き、水洗いして水気をふき取る。

2

魚焼き器などを使って塩を振らず、両面に薄く焼き目が付く程度の素焼きにする。

炊飯器に水研ぎした白米、その上に素焼きのアユ、5cm角の昆布を入れたら、炊き込み用調味料を加えて指定の位置まで水を張る。この際、アユの本数は米1合に対して17〜18cmのもの2〜3尾を目安とし、アユが小さい場合は本数を増やす。

炊飯器の指定に合わせて炊き上げたら蓋を開けず、10分ほど蒸らしてからアユを取り出す。

背ビレ、胸ビレ、腹ビレ、尻ビレを手で取り外す。

頭をちぎり取ったら、菜箸の先を使って、頭の切り口から尾の付け根まで、中骨をはさむようにして背と腹の上下を軽く揉む。

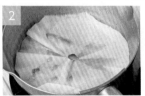

すると身から中骨が抜ける。若アユや小さなアユは小骨が柔らかく腹骨も気にならないのでそのままでもよいが、シーズン後半のアユや大きなアユの場合は骨が硬くなるので腹骨を取り除いたほうがよい。さらに適度な大きさにほぐした身は、炊飯器に戻して約5分間温め、青ネギの小口切りを散らしてざっくりと混ぜ合わせれば炊き込みご飯の出来上がり。

アユの塩煮

通好みの味わいは晩酌にもぴったり

アユなどの川魚といえば塩焼きや甘露煮が定番だが、特にアユは塩煮にしても美味しい。さらにぴりりとした実山椒を加えることでお酒との相性もぴったり。

材料（2人分）

・アユ（4尾）・約5%の塩水（水500ccに対して自然海塩25g、日本酒50cc）・実山椒（適量）

アユの下処理は粗塩を振って体表のヌメリをさっと取り除き、そのあと軽く水洗いする。次に大きめの鍋の中で身全体が浸るくらいに約5%の塩水を注ぎ入れる。

落とし蓋をして中火で煮始め、煮立ってきたら弱火に落とす。途中で内臓が溶け出して汁が濁っても気にしなくてよい。煮汁が少なくなってきたら水を少量追加。落とし蓋はクッキングシートやアルミホイルの使い捨てタイプが便利。

約15分煮含めたら火を止めて潰した実山椒を少量入れ、再び落とし蓋をして30分間置く。煮汁の中に出たアユのだしをもう一度身に含ませるのがポイント。常温のほか冷蔵庫で冷やしてから食べても美味しい。

イイダコ

ヌメリを取る洗い方・下茹で

最初に目玉の裏側にある胴体と頭の接合部をハサミで切り離す。

内臓を取り終わったら、指を入れて胴体を元の形に戻す

次に胴を裏返す。まず割り箸や菜箸で胴体の頂点を押し込むようにする。

ここからイイダコのヌメリと汚れを取り除く作業に移る。ここでは2つの方法をご紹介。まず"塩もみ"の場合は、イイダコ20杯前後に対して粗塩大さじ1杯強を加える。

そのままクルリと裏返すと胴の内側が表になる。大型のイイダコなら指先でもこの作業ができる。

ギュッギュッと指先でもみ込むようにヌメリや汚れを取り除く。

胴体の内部に付着している内臓を手でちぎり取る。

1〜2分間もみ込んでネズミ色の泡が出てくればOK。

流水下で水洗いを繰り返して汚れを洗い流し、イイダコの肌がざらついた感じになれば下処理は終了。なお、もみ込んだイイダコはすぐに洗わないと塩辛くなるので注意する。

作業は塩もみと同じく、1〜2分間もみ込んで灰色の粘っこい汚れが出たら、何回も洗濯するように洗い流す。

処理の段階でイイダコに塩味を付けたくない場合は"片栗粉もみ"でもよい。この場合もイイダコ20杯前後に対して片栗粉は大さじ1杯強が目安になる。

ヌメリと汚れを取り終えたイイダコは多くの料理の前に下茹でする。その際、イイダコは火の通りが早く、茹で過ぎると硬くなるので、面倒でも沸騰した熱湯で4〜5杯ずつ小分けにして茹でる。

茹で時間は中小型サイズで10秒、ピンポン玉大の良型イイダコでも20秒が目安。茹で上げたら流水に通して粗熱を取り、ザルに上げておく。

イサキ

ウロコを隅々まで取り除いたら、胸ビレと腹ビレに沿って両側から包丁を入れて頭を切り落とす（イサキのウロコは硬く飛び散りやすい。ウロコ取りの作業は、水を張ったボックスやシンクの中で行なうとよい）

腹を割り、包丁の切っ先で内臓を引き出す。

竹製のササラや歯ブラシを使い、中骨主骨に付着している血ワタを掃除する。この後はきれいに水洗いをし、水気をしっかり拭き取っておく。

背ビレに沿って中骨主骨まで切れ込みを入れる。

向きを変えて尾の付け根から切っ先を差し入れ、尻ビレに沿って中骨主骨まで切れ込みを入れる。

ここで中骨主骨と腹骨の接合部の軟骨を切り離す。

7 尾の付け根をつまんで包丁を差し入れ、片身を切り取る。

同じ手順でもう片方の身を切り取ると3枚おろしになる。

刺し身の盛り合わせ
（皮霜造り／焼き霜造り／そぎ切り）

身も皮も美味しいイサキの味を引き出す

きれいな薄ピンクの身でクセがなく、多くの人に好まれるイサキ。食べやすいそぎ切りが定番だが、イサキは皮も美味しい。その皮を楽しむ「皮霜造り」と「焼き霜造り」も作れば、味わいのバリエーションが増す。

材料（1〜2人分）
・イサキ（中型2尾／300g）
・つま、けん（大葉、ダイコン、花穂、オゴノリなど適宜）

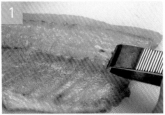

【皮霜造り】松皮造りとも呼び、皮のうまみを生かすお造り。3枚におろして腹骨をすいたあと、背身と腹身の間に並ぶ血合骨を残さず抜き取る（写真）。大型（40cmくらい）の場合は、背身と腹身に分けたあとに血合骨部分を包丁で切り取るとよく、皮霜造りには身の高さがある背身のほうを使う。

血合骨を抜く時は、頭の切り口側面の骨を残しやすいので忘れずに。

皮目に横1〜2本の飾り包丁を入れる。

少し傾けたまな板に、皮目を上にした半身を置く。ペーパータオルかさらしを被せ、皮目が反り返る程度に手早く熱湯を注ぐ。

熱が身に入りすぎないように急いで氷水に浸す。

身の芯まで冷えたら、ペーパータオルなどで水気を
ふき取る。

この状態で身をペーパータオルなどに包み、数分ほ
ど冷蔵庫で寝かせると、このあと切り分ける時に皮
が崩れにくいのでおすすめ。

皮霜造りにする場合の切り方は平造り。刃先は若干
左に傾け、身幅1〜1.5cmを目安にして大きく引き
切りを行なう（写真）。切り取った身はひと切れずつ、
刃の側面で右手に移していく。

【焼き霜造り】熱湯の代わりにバーナーの火で皮目を
あぶる。台座に燃えないステンレスのトレーなどを
敷き、皮目を上にして半身を置く。調理用やアウト
ドア用に市販されているカセット式バーナーで、皮
目に薄い焼き色が付く程度にあぶる。

早く氷水に浸して冷やし、余分な水分をふき取った
ら、皮霜造りと同じように少し冷蔵庫で寝かせたあ
と、平造りで切り分ける。

【そぎ切り】皮を引いてから薄く切り分ける基本的な
刺し身。皮引きは尾の付け根を指先で押さえて刃先
を入れたら、刃先を引きつつ身を切り離していく。

左手から薄くそぎ取りながら身を切り分ける。つま、
けんをあしらいながら、そぎ切り、皮霜造り、焼き
霜造りのそれぞれを皿に盛れば完成。

脱水シートの冷蔵庫干し

家庭でも失敗しない美味しい簡単干物！

簡単なひと手間で、脂が乗った旬のイサキを美味しく食べられるのが「干物」作り。その時、高温多湿な季節でも、家庭で失敗なく作る裏技として、脱水シートと冷蔵庫を利用する。

材料（1～2人分）

・イサキ（中型 2 尾／ 300g）・約 8％の塩水（水 1L に対し粗塩 80g、日本酒 50cc を溶かしたもの）
・食品用の脱水シート

ここで刃先の向きを戻し、頭の付け根から尾に向かって背身を切り開く。

皮を切ってしまわないように、慣れないうちは背の皮に当たる切っ先を指先で確認しながら皮一枚を残して切り開くとよい。

ウロコを引き落として腹を割り、内臓と血ワタを掃除しておいたイサキを、開き干しの基本である腹開きにする。頭を右に向けて肛門から包丁を差し入れ、そのまま尾の付け根まで腹身を切り開く。

胴体を切り開けたら腹を上にして、中骨の主骨を避けて頭の中心線に包丁を突き立て（写真）、少し力を入れて半分に割る。

次に刃先の向きを変え、逆さ包丁で中骨と腹骨の接合部の軟骨を頭の付け根まで離していく。

腹開きの状態。

エラ蓋内側にある左右のエラをちぎり取る。

洗ったイサキはペーパータオルで水気をふき取り、空気を抜きながら密封する感じで、食品用の脱水シートで包む（写真）。この後、冷蔵庫で12～15時間干す。

歯ブラシなどで中骨や頭に付着する血ワタを掃除。きれいに水洗いをすると干物に適した腹開きに仕上がる。

シートに水分を吸い取られ、ウエット感が残りつつも弾力が増していれば冷蔵庫干しの出来上がり。

約8％の塩水を作り、25cm程度の中型イサキなら約40分間浸けるのが目安。脂の乗り具合がよい場合や大型イサキの場合は、塩水漬けを1時間前後に伸ばすのがコツ。

ガスコンロの魚焼き器やオーブンレンジの魚焼き機能で焼き上げる。

塩水漬けが終わったら、表面の塩分をさっと水洗いする。

レモンなどの柑橘類を添え、好みで醤油を垂らして食べる。

韓国風・香味野菜和え姿造り

サラダ感覚の刺し身がおつまみ向き！

クセのないイサキの身は、カルパッチョなどサラダ風に調味しても、おつまみやおかずにぴったり。たっぷりの香味野菜と合わせてから、辛み味噌を効かせて味わう韓国風の姿造りもおすすめの一品だ。

材料(1人分)

・イサキ（中型1尾／150g）
・ニンジンまたは大根の切れ端（2片）
・水菜（1/2株）・サンチェ（1～2枚）・エゴマの葉（1枚）・ニンニク（1片）・ショウガ（適量）
・青ネギ（大さじ2）・ゴマ油（小さじ1～1.5）
【チョジャン＝辛み酢味噌の付けだれ】
・コチュジャン（大さじ1～2）・味噌（大さじ1）
・米酢（大さじ5～6）・砂糖（大さじ1～1.5）
・ミリン（大さじ1）・韓国産粉トウガラシ（小さじ0.5～1）・おろしニンニク（小さじ2）
・ショウガの絞り汁（小さじ0.5）・煎りゴマ（少々）

台座を隠すため、水菜（写真）や海藻を盛る。

中骨にサンチェを被せ、付けだれのチョジャンを入れる小皿を置く。

皮を引いた身を薄めのそぎ切りに切り分ける。

姿造りを作る時は、まず頭と尾を固定する2つの台座を置く。ニンジン（写真）や大根の切れ端に爪楊枝を突き立てて作る。

イサキは3枚におろす時に頭と尾を残しておき、写真のように台座に乗せる。

エゴマの葉・ニンニク・ショウガは千切り、青ネギは小口切りに切っておく。

イサキのそぎ切りに上記の香味野菜をざっくりと合わせ、最後にゴマ油小さじ1～1.5を絡めて器に盛り込み、チョジャンでいただく。

イシガレイ

イシガレイの体表を覆うヌメリには独特の臭いがある。下処理の第1段階はタワシと粗塩を使ってヌメリをこすり落とす。

背ビレ、尻ビレ、尾ビレは特にヌメリが溜まっているので、しっかりとヌメリ落としを行なう。

イシガレイにはウロコらしいウロコがないが、背・側線・腹に沿った3ヵ所に硬い石があるので包丁でそぎ落とす。

体表の石をそぎ終わった状態。なお、石ができる位置はイシガレイによって個体差がある。

胸ビレと腹ビレに沿って頭を切り落として内臓を取り出す。

中骨主骨に付着する血ワタは歯ブラシなどで掃除。水洗いをして水気をふき取っておく。

5枚おろし

ここからは5枚おろしの手順。まずは尾の付け根に横1本、そして側線に沿ってT字になるように切れ込みを入れる。

続いて、背ビレと尻ビレ際に沿って筋目を入れておくと背身、腹身に分かれる節身が切り取りやすい。

節身をそぎ取るには側線の切り口から切っ先を差し入れ、身を少し持ち上げつつ切り進めていくとよい。

この際、中骨の上面を刃先でなでてザッ、ザッと小気味よい音が出るくらいだと身が残らない。

裏表4枚の節身と中骨に切り分けたイシガレイの5枚おろしの出来上がり。

刺し身に造るにはエンガワを切り離す。

その後、節身、エンガワともに皮を引けばよい。

イシモチ

3枚おろし

ウロコ落としを使って、まず全体のウロコを引き落とす。

さらに中骨主骨に付着している血ワタを歯ブラシで掃除する。このあと一度水洗いをして、キッチンペーパーなどで水気をふき取ると下処理は終了。

ヒレの際やヒレの下はウロコを取り残しやすいので、全体のあとにもう一度各部をこそげ落として水洗いする。

ここから3枚おろし。まず背ビレの上下から中骨に沿って切れ込みを入れる。

胸ビレの下と腹ビレの下に沿って、両側からたすきに包丁を入れて頭を切り落とす。

次に向きを変えて尻ビレの上下にも中骨に沿って一度切れ込みを入れたら、尾の付け根から包丁を差し入れ、そのまま中骨に沿って半身を切り取る。

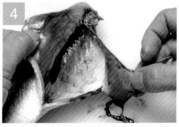

腹を割って内臓を取り除いたら、腹骨に付着している薄い身の付いた腹膜は指先ではがし取る。

下身も同じ要領で中骨から切り取ると基本的な3枚おろしの完成。

イトヨリダイ

3枚おろし

全体のウロコを隅々まで引き落としたら、胸ビレと腹ビレに沿って両側から包丁を入れて頭を切り落とす。

腹を割って内臓を出し、血ワタを掃除するのに邪魔な腹膜を切り開く。この後、ササラや歯ブラシで中骨主骨に付着する血ワタを掃除し、きれいに水洗いをして水気をふき取る。

最初に背ビレに沿って中骨主骨まで切れ込みを入れたら……

向きを変えて尾の付け根から切っ先を差し入れ、尻ビレに沿って中骨主骨まで切れ込みを入れる。

このあとの作業をスムーズにするワンポイントとして、中骨主骨と腹骨の接合部にある軟骨を包丁の切っ先で切り離す。

尾の付け根をつまんで包丁を差し入れ、半身を切り取る。

同じ要領で残った半片身を切り取ると3枚おろしの完成。

刺し身用などの節身に造るには腹骨をすき取り、背身と腹身に切り分けたら接合部に並ぶ血合骨を薄くそぎ取ると、半身から2節の身を取れる。イトヨリダイは皮も美味しく、節身は皮側を上にまな板に乗せ、ふきんをかぶせて熱湯をかけすばやく氷水に移し、水分をふき取って切り分ける「皮霜造り」がおすすめ。

ウスメバル

3枚おろし

ウロコ引きを使ってウロコをていねいにこそげ落としたら、背ビレと腹ビレに沿って、たすきに頭を切り落とす。

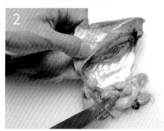

肛門から頭の切り口に向かって腹を割り、包丁の切っ先でかき出すように内臓を取り出す。

中骨主骨に付着している血ワタを掃除する。水洗いして水気をふき取ると下処理の終了。

3枚おろしは背ビレに沿って背身の中骨主骨まで切れ込みを入れる。

魚を反転させ、尻ビレに沿って腹身に切れ込みを入れたら尾の付け根に包丁を差し入れ、頭の切り口に向かって半身を切り取ると中骨付きの2枚おろしになる。

同じ要領で、もう1枚の半身を切り取ると基本通りの3枚おろしの出来上がり。

頭の処理（だし用）

頭をあらだしに使う時は頭を半分に割る。

エラをちぎり取り、中骨とともに血ワタなどの汚れを掃除したら、水から煮てだしを取る。

ウナギ

背開き（関東風）

写真は関東式背開き用のウナギ包丁（上）と目打ち。一般家庭では出刃包丁と千枚通しを流用するが、ウナギは全長60cmにも達するので、まな板に限っては厚手の板材に目打ち用の穴を開けたものを準備する必要がある。

大暴れするウナギは事前に冷凍庫で仮死状態にしておく。最初、胸ビレを胴に残して包丁を首筋に当てる。

素早く押し刺すようにして、中骨に届くまで切る。

目打ちはウナギの背を手前に向け、目の下のアゴの部分に突き刺す。

まな板に開けてある目打ち用の穴をねらって、包丁で打ちつけて固定する。

ここからがウナギの背開き本番。頭の切り口から切っ先を差し入れ、中骨上面の胴を割き始める。

切り進む最中は支える左手の人差し指を腹側の皮に当て、切っ先の感触を常に意識しつつ皮までは貫通させない。

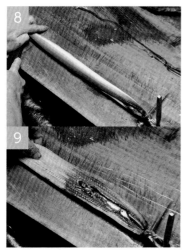

そのまま尾の先端部まで一気に切ったら開く。

刃先を生かして中骨をそぎ取る。

尾の付け根まで進めたら、そのまま中骨をそぎ落とす。

背開きになったところで内臓を取り除く。

ここで頭と胴体を切り離す。

次に中骨を処理する。開いたウナギをなでて真っすぐに延ばしたあと、中骨の付け根に包丁を差し入れる。

腹部に残っている血ワタなどの汚れを包丁でこすり落とす。

続いて中骨と腹骨の接合部の残り骨を取り除くため、腹部上に浅く切れ込みを入れる。

包丁をしごくように動かして残り骨をそぎ取る。

最後は背ビレを取り除く。尾の先端部を少し残して切り口を入れたら……

尾の先端部をつまみ、切っ先を胴体に添わせるようにしてヒレを引き取る。これで関東式の背開きの出来上がり。

ウナギのヌメリ熱湯処理法

蒲焼きや白焼きにせず、佃煮など他の料理にウナギを使う場合は熱湯処理でヌメリを取り除く。まな板は台所のシンクに向かって少し傾け、皮目を上にして開いたウナギを並べる。

沸騰した湯を用意し、傾けたまな板の上から下に向かって皮目のヌメリが白濁するまで熱湯をかけたら……

氷水に浸して粗熱を冷ます。

皮目を上にしてまな板に並べ直し、包丁の峰を動かすと白濁したヌメリをきれいにすっきりとこそげ落とすことができる。

ウミタナゴ

最初にウロコを引き落とす。胸ビレなどヒレの際はウロコが残りやすいので特にていねいに。次に胸ビレと腹ビレに沿って頭を切り落とす。

腹を割って内臓を取り出す。

中骨主骨に付着している血ワタや汚れを歯ブラシでこすって落とし、水洗いしたら水気をふき取っておく。

フライなどの揚げ料理用には3枚におろす。まず背ビレと尻ビレに沿って中骨主骨まで切り開く。

続いて尾の付け根から包丁を入れて半身をそぎ取る。

両側とも作業すれば3枚おろしの出来上がり（反対側をする時は頭側を上にして作業する）。

甘辛煮や塩焼きの場合

甘辛煮や塩焼きの場合は右頭にして腹に小さく包丁を入れ、そこから内臓を取り出す（左頭にして皿に飾った時に切り口が見えないので見栄えがよくなる）。

さらに表身（左頭にした時の表面）に1～2本の飾り包丁を入れると、煮汁がしみこみやすく、焼き魚にした時の見栄えもよくなる。

オオモンハタ

2枚おろし

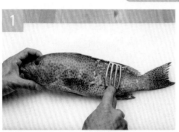

最初に隅々まで全体のウロコをきれいに引き落とす。

続いて腹を割って内臓を引き出し、血ワタを掃除するのに邪魔な腹膜を切り開く。

大中型魚や中骨が硬い魚の場合、頭を切り落とす際はまず、胸ビレと腹ビレに沿って包丁を入れたら……

竹製のササラなどで、中骨主骨に付着している血ワタを掃除。きれいに水洗いをして水気をふき取っておく。

反対側から同じく胸ビレと腹ビレに沿って包丁を入れ……

骨の硬い根魚を3枚におろす時は、まず食べにくい小骨付きの背ビレと尻ビレを取り除く。最初に背ビレの両側からVの字に切れ込みを入れたら…

最後に腹を上にして、胸ビレと腹ビレの間から包丁を差し入れ、三方から中骨主骨を落とす。

背ビレの端を包丁で押さえ、身を静かに引っ張ると小骨ごと剥がし取れる。

腹ビレも同じ要領で取り除く。

中骨主骨と腹骨の接合部にある軟骨を包丁の切っ先で切り離す。

このように本体と背ビレ、尻ビレに分けることができる。

半身を持ち上げつつ中骨主骨から切り離す。また、尾の付け根をつまんで包丁を差し入れ、半身を切り取ってもよい。

ここから2枚におろしていく。まず背ビレに沿って中骨主骨まで切れ込みを入れる。

ここまでで基本的な2枚おろしの出来上がり。焼き物などにはこの状態が好適だ。

向きを変えて尾の付け根から尻ビレに沿って中骨主骨まで切れ込みを入れる。

ブツ切り

中骨の付いていない側の身を、骨を取り除いた皮付きの身にするには腹骨と血合骨の接合部を逆さ包丁で切り離し……

腹骨をそぎ落とす。

続いて背身と腹身に切り分け、接合部にある血合骨を薄くそぎ取る。

適当な大きさの切り身に分ける。

中骨が付いた側の身も切り分ける。その際は太い中骨の中から筋状の軟骨をねらって包丁を当てることがキーポイント。

軟骨に切っ先を当てたら、片方の手を添えて腹骨と一緒に押し切る。

もう一度包丁を当て直して切り身にすると簡単だ。

カブト割り

根魚の頭は割って煮るとよいダシが出る。まずは目と目の間の中心をねらって、口の中に包丁の切っ先から滑り込ませるように押し切りで開く。

切り開いた頭はエラや血ワタなどを取り除き……

左右半分に切り分ける。

カマの部分を外すなど頭の解体にはキッチンバサミを使うと安全だ。

ブツ切りにした身と合わせれば鍋料理用の美味しい切り身になる。

オニカサゴ

　3枚おろし　

オニカサゴにはエラブタの突起やヒレの先端部に毒がある。釣り上げた直後に切り落としたほうが安全だが、調理前には必ず処理する。まずエラブタの左右にある鋭い突起を切り落とす。

次に背ビレ前方のヒレ先端部を数本カットする。カットした部位にはくれぐれも触らないこと。

危険な突起部を処理したら、ウロコ引きを使って隅々までウロコを引き落とす。ヒレ際に残りやすいのでていねいに。

続いて胸ビレと腹ビレに沿って頭を切り落とし、腹を割って内臓を取り出して水洗いを行なうと下処理終了。

3枚おろしの手順はまず、背ビレに沿って中骨主骨まで切れ込みを入れる。

同じ要領で尾の付け根から尻ビレに沿って中骨主骨まで切れ込みを入れる。

尾の付け根に切っ先を差し入れ、頭の切り口に向かって半身を引き落とす。

この段階は半身に中骨が付いたままの2枚おろし。

さらに半身2枚と中骨に切り分けると基本通りの3枚おろしの完成。

刺身用の節身は腹骨をすき取った（写真）後、背身と腹身に切り分けて接合部に並ぶ血合骨をそぎ落とす。

あら・内臓の処理

次はだしに使うあらのおろし方。オニカサゴは突起物でケガをしやすいので、キッチンバサミを多用。頭はノドの接合部を切ってエラ周りにハサミを入れる。

頭の上部をカットしてカマの部分を切り離す。

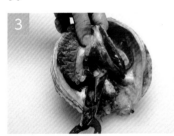

ここで頭の中からエラを取り除き……

カマは左右半分に割った後、適当な大きさに切り分ける。

頭も左右半分に割ると、写真のように頭を切り分けることができる。

胃袋と肝臓を取り分けた状態。

オニカサゴの中骨を切る際は、まず太く硬い中骨主骨の接合部に当たる軟骨（白い部分）にハサミを当てると……

胃袋は縦半分に割ってまず内部をきれいに洗い流す。

力を入れなくても簡単に切り離せる。

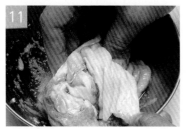

塩を振ってもみ込み、ヌメリと汚れを掃除。あとは肝臓とともに茹でて調理する。

オニカサゴの胃袋と肝臓（キモ）は珍味。頭の付け根から内臓ごと切り取る。

カサゴ

3枚おろし

ウロコ落としで胸ビレの下などまで念入りにウロコを落としたら、胸ビレ下と腹ビレ下に沿って、両側からたすきに包丁を入れて頭を切り落とす。

腹を割って内臓を取り出す。この後、中骨主骨に付着している血ワタを歯ブラシか竹のササラで落とし、水洗いをして水気をふき取れば下処理が終了。

背ビレに沿って中骨主骨まで切れ込みを入れる。

腹側も尻ビレに沿って同じように切れ込みを入れ、次に中骨主骨と腹骨の接合部の軟骨に切っ先を当てて1本ずつ切り離しておく。

尾の付け根から包丁を差し入れ、頭の切り口に向かって半身を切り離す。

同じ要領でもう片方の身を切り取ると3枚おろしの完成。

皮霜造り

皮霜造りの刺し身にする場合、まな板を傾け、皮目を上に身を並べたらペーパータオルを被せ、沸騰した湯を手早く回し掛ける。

熱湯を掛けたらすぐに氷水に身を浸して冷やす。水気をふき取って、ペーパータオルなどで包んで冷蔵庫で寝かせ、食べる直前に切り分ける。

カタクチイワシ

内臓を取る下処理

カタクチイワシのウロコは、ボールに溜めた水の中で尾から頭に向かってなでる感じでこすり落とす。その後、まず胸ビレと腹ビレに沿ってたすきに頭を切り落とす。

カタクチイワシの小さく柔らかな内臓を取り除くには、梱包用の「PP バンド」を輪にして根もとをホチキスで留めたものを利用するのがおすすめ。

まず頭の切り口の内臓部分にバンドの輪を当てたら……

そのまま腹身もろとも内臓をそぎ落とす。

この作業は中途半端で手を止めず、少し力を入れて肛門まで一気に引き抜くのがコツ。

最後に腹内に残った血ワタなどの汚れを歯ブラシで優しく掃除するが、この時、イワシの身が温まらないように冷たい氷水の中で作業する。水気を拭き取れば下処理は終了。

手開き

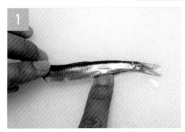

下処理を終えたカタクチイワシの頭の切り口付近を軽く押さえ、人差し指の爪先を包丁代わりにして、中骨に沿って腹身と背身を切り開く。

するとこのような中骨付きの腹開きになる。天ぷらや空揚げならこれで OK。

さらに中骨を取り除く場合は、まず指先で尾の付け根部分の中骨を折る。

そのまま中骨の端を持ち、頭の切り口に向かって引けばよい。

中骨を外した手開きの状態。

刺し身で食べる時は、背ビレをつまみ、頭の切り口に向かって引っ張って外す。

切り口から片身2枚に割けば刺し身の完成。なお、細く軟らかいカタクチイワシの腹骨はそのまま刺し身で食べられる。

カツオ

3枚おろし

処理の第1段階は背ビレから胸ビレにかけて覆う硬いウロコを引き落とす。この際、包丁は寝かせて身に押しつけるように前後に動かすことがコツ。

頭を切り落とす方法は"たすき切り"。まずは胸ビレ下から腹ビレ下に向かって切り込んだら…

腹を上にして腹ビレ下から斜めに切れ込みを入れる。

反対側からも同じ要領で頭を切り落とす。

次に腹を割って内臓を取り除き、流水下で腹の中をきれいに掃除し水気をふき取る。ここまでやると下処理は終了。

カツオの3枚おろしは特殊。まず3枚おろしがやりやすいように、背ビレの両側から深めに切れ目を入れる。

尾を握って吊るして持ち、背ビレの付け根から包丁で叩いて背ビレを引き取る。

続いて背ビレと尻ビレの上下から中骨に沿って切れ込みを入れる（写真は尻ビレから切れ込みを入れているところ）。

上身と下身の両側とも作業し、半身2枚と中骨に切り分けると3枚おろしの完成。

ホンガツオは自重で身割れしやすいため、即座に背身と腹身に分けて腹身の腹骨はそぎ取る。

血合いの部分は刺し身用なら厚めにそぎ取り、角煮などの場合は余分に残しておいてよい。

カマス

3枚おろし

ヒレ際など隠れた細部までウロコをしっかりと取ったら、胸ビレと腹ビレに沿って頭を切り落とす。

逆さ包丁に持ち替えて肛門から腹を切り開き、包丁の切っ先で内臓をかき出す。この後、中骨主骨に付着する血ワタをササラや歯ブラシで掃除し、きれいに水洗いして水気を拭き取る。

背ビレに沿って尾の付け根まで背身を切り開く。

次に尾の付け根から尻ビレに向かって腹身を切り開く。

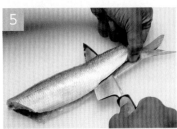

尾の付け根に包丁を差し入れ、頭の切り口に向かって半身腹骨を切り取る。

同じ要領でもう片方も切り取ると、半身2枚と中骨の基本的な3枚おろしの出来上がり。

焼き霜造り

水分が多く身が軟らかいカマスを刺し身で食べる場合は、「焼き霜造り」がおすすめ。まず腹骨をすき取る。

次に背身と腹身の接合部に並ぶ血合骨を骨抜きで1本ずつ抜き取る。

半身を皮を上にしてステンレスのバットなどに置き、調理用バーナーを使って皮目をあぶってうっすらと焦げ目を付ける。

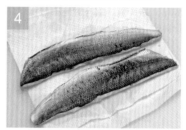

そのまま手早く氷水に入れて冷まし、粗熱が取れたら水気をよく拭き取る。この際、乾いたペーパータオルに包んで20分ほど冷蔵庫で寝かせておくと身が締まって味もよくなる。その後、食べやすい大きさに切り分ければ美味しい「焼き霜造り」になる。

片袖開き

カマスは干物も美味しい。干物にするための開き方は頭の形を残した「片袖開き」が基本。まず頭を左に向け、エラ蓋に沿って肩口の中骨に届くまで切れ込みを入れる。

次に背ビレ際を中骨主骨まで切り開いたら、写真のように逆さ包丁に持ち替え、腹骨と中骨主骨の接合部を切り離す。

尻ビレがある腹身を切り開くと、片袖開きになる

さらにエラ蓋の中にある赤いエラを内臓とともにちぎり取る。

中骨主骨に付着している血ワタや腹膜は歯ブラシで掃除し、きれいに水洗いする。なお、見栄えを気にしなければ、頭は最初の段階で落としてしまってもよい。

干す前に約8％の塩水に20〜30分間浸し、ペーパータオルなどで水気を拭き取る。その後、釣具店などで売っている網製の干物器を利用し、風通しのよい場所で数時間干すと美味しい生干しが出来上がる。

カワハギ

5枚おろし

頭の硬い所を外して突起部の後ろから包丁を入れる。胸ビレ下まで切り進め、中骨主骨に刃が当たったら止める（写真）。

一旦包丁を置き、両手で頭と胴をつかんで左右に引きちぎる。

胴を覆っている硬くざらついた皮を頭側の切り口からめくり上げる。この時、背ビレと尻ビレに沿って引っ張ると簡単にはがしやすい。

頭側に付いているキモを潰さないように下から支えながら取り外す（他の内臓は捨てる）。

一度水洗いする。ここまでで皮付きの頭、キモ、皮をむいた胴の3つの部位に分けられる。

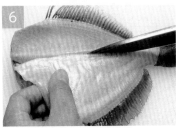

胴をカワハギ独特の血合骨を残した5枚おろしにする。まず背身と腹身の接合部に並ぶ血合骨の両脇から、中骨に届くまで切れ込みを入れる。

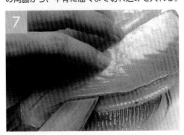

次に背ビレに沿って血合骨の筋を残すように背身を切り取る。

腹身も血合骨の筋を残すように尻ビレ際からそぎ取る。

同じ手順で反対側の身もそぎ取ると、4枚の節身と血合骨が付いた中骨に分かれる5枚おろしの出来上がり。

煮付け用の下処理

煮付けする時は、最初に頭の突起部をキッチンバサミで切り落とす。

続いて、頭下部の突起部にもキッチンバサミで切れ込みを入れる。

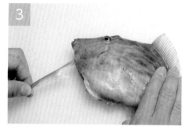

頭下部の突起をつまんで口に向かって引っ張る。するとテープ状にはがれ、切り口ができる。

その切り口から指先を入れ、頭から胴までの全身の皮をはぐ。

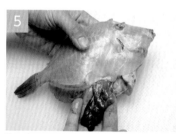

腹の中にあるキモ以外の内臓を取り出し、水洗いすれば煮付け用の下処理の完了。

キモ醤油の刺し身

カワハギの刺し身といえばこれ

釣ったばかりの新鮮なカワハギだからこそ作れる、濃厚なキモ醤油で食べる刺し身は、まさに釣り人の特権といえる味。生臭さが出ないようにしっかり裏漉しするのがコツ。

材料（1 〜・2 人分）

・カワハギ（25cm ほど 1 尾）
・醤油（適量）
・練りワサビ（適量）
・芽ネギ（適宜

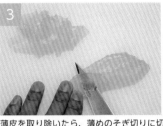

薄皮を取り除いたら、薄めのそぎ切りに切り分けておく。

内部に小型ボールをセットした裏漉し器を用意し、キモを網に置いて木じゃくしで端から少しずつ軽く圧迫して濾す。

カワハギを基本の5枚おろしにした節身から、まず腹骨を薄くそぎ取る。

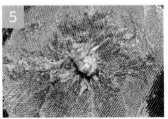

網の上には生臭さの元になる薄皮、筋、毛細血管などが残る。

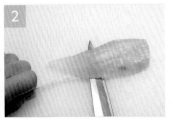

次に尾の付け根から頭の切り口に向かって薄皮を引く。

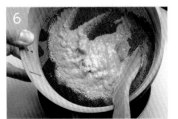

濾したキモ1個に対して、醤油大さじ1弱を目安にキモ醤油を作る。隠し味として、おろしワサビ少々を加えると味が締まる。よく混ぜ合わせておけばキモ醤油の完成。

生のキモが苦手な人の場合は、日本酒少々を垂らした熱湯で火が通る程度にキモを湯通しするとよい。

湯通ししたキモは氷水で冷やして水気をふき取る。

同じように裏ごし器で濾してから醤油と合わせれば、滑らかなキモ醤油に仕上がる

カブト干し

無駄なく食べられおつまみにぴったり

カワハギの頭は捨ててしまうことも少なくないが、しっかりとした身が付いており、干すひと手間を掛けてから焼けば、お酒が進む一品に変身！

材料（1 人分）

・カワハギの頭（中 2 尾分）
・約 8% の塩水（水 1ℓ に対して粗塩 80g、日本酒 50cc）

ざっくりと切り落としたカワハギの頭には筋肉質の美味しい身が詰まっている。まず頭の切断部から包丁を入れて……。

2 つの目玉の中心にある硬い骨を押し割って観音開きにする。

最後に目玉とエラを取り除く。

約 8% の塩水を作り、20 〜 30 分浸したら水気を軽くふき取る。

カワハギの身はひと口大に切り分け、下味として塩少々を振っておく。次に春雨をキッチンバサミなどで 1 〜 1.5cm の長さに切る。

切り身に片栗粉を薄くまぶしたら溶いた卵白に通す。

釣具店などで売っているナイロン網製の干物器を使い、風通しのよい場所で 3 〜 5 時間干す。身の表面に少し湿り気が残るくらいでよい。

最後に刻んだ春雨を軽く押し当てるように絡める。

あとはガスコンロの魚焼き器や魚焼き網でこんがりと焼いていただく。調味は塩や醤油などお好みで。

菊花揚げ

揚げ油は低めの 165℃ くらいに熱し、焦がさないように注意して揚げる。抹茶塩はすり鉢で軽く当たっておくと（すっておくと）舌触りがよい。

春雨を使って見た目も味もアップ！
火を通しても美味しいカワハギはシンプルな焼きも定番だが、春雨を使った「菊花揚げ」にすれば、見た目も食感もグレードアップ！

材料（2 〜 3 人分）
・カワハギ（中 2 〜 3 尾）
【揚げ衣】
・片栗粉（大さじ 2）・卵白（1 個）・春雨（適量）・揚げ油・抹茶塩（抹茶 1 〜 2：塩 10 の割合）

カンパチ

2枚おろし

1

はじめはウロコ引き。専用のウロコ落としを使って隅々まで引き落とす。

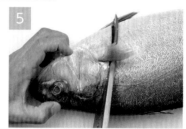

5

次に反対側からも同じように切れ込みを入れ、中骨主骨を断つ。

2

細かなウロコは残りやすいので出刃包丁に持ち替え、背ビレ際などのウロコを落とす。

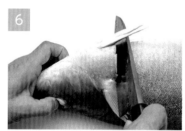

6

最後に腹を上に向け、腹ビレ下からざっくりと包丁を入れた後……

3

さらに胸ビレや腹ビレの下もていねいに引き落としておく。

7

頭と胴体をつかんで内臓ごと引き離す

4

ここでは頭を他の料理用に残せる三方から切り落とす方法を紹介。まずは背ビレと腹ビレに沿って包丁を入れる。

8

続いて腹を割る。

残っている内臓を外に出した後……

尾の付け根に向かって中骨主骨に届くまで切れ込みを入れる。

中骨主骨に付着している血ワタに切れ目を入れる。

続いて、腹身は尾の付け根から尻ビレに沿って切り開く。

竹製のササラなどで血ワタをかき出し、きれいに水洗いをして水気をふき取っておく。

切っ先で中骨主骨と腹骨の接合部の軟骨を1本ずつカットした後……

ここからは2枚おろしの手順。まず頭の切り口から背ビレに沿って包丁を引き入れる。

半身をそっと持ち上げながら、尾の付け根に向かって刃先を当てて切り取る。

焼き物や煮物に適している中骨付きの半身
に切り分けた2枚おろしの状態。ここから
中骨付きの半身のほうも⑫〜⑯の手順を繰
り返すと3枚おろしに仕上がる。

次に背身と腹身に切り分けた後……

血合骨を薄くそぎ落とす。

刺し身用の節身の作り方

刺し身に造るには、まず腹骨と血合骨の接
合部の軟骨を切り離す。

最後に尾側から包丁を差し入れて皮を引く

続いて腹骨を薄くそぎ落とす。

すると刺し身用の節身に仕上がる。

焼き魚・煮魚用の下処理

中骨付きの半身を焼き物や煮物用の切り身にする時は、切っ先を中骨主骨の軟骨に当てることがキーポイント。

カンパチの中骨は硬いが、軟骨部分を確認することで力を入れず簡単に切り離すことができる。

かぶと焼きやかぶと煮などに用いる頭の処理は、まな板に頭を押さえつけて上口の中央をねらって切っ先を突っ込み……

口の奥深くまで滑り込ませるようにして押し切るとよい。

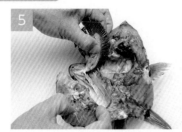

切り開いた頭はエラや血ワタを処理して水洗いする。

料理に応じ、半割りなどにして使う。

キンメダイ

下処理

キンメダイのウロコは柔らかくて引きやすいが、ヒレ下など細部に残りやすいので、専用のウロコ引きを使ってていねいに落とす。

次に背ビレと腹ビレに沿って頭をたすきに切り落とす。

腹を割って内臓を取り出す。血ワタや黒い腹膜を掃除すると下処理は終了。

3枚おろし

3枚おろしの手順はまず、背ビレに沿って背身の中骨主骨まで切れ込みを入れる。

魚を反転させ、腹骨に沿って同じ要領で腹身に切れ込みを入れる。

続いて、中骨主骨と腹骨の接合部の軟骨に切っ先を当てて切り離す。

尾の付け根から包丁を差し入れ、頭の切り口に向かって半身を切り取ると中骨付きの2枚おろし。

さらに残る半身を切り取ると3枚おろしの出来上がり。

刺し身に造るには腹骨をすき取る。

続いて背身と腹身に切り分けつつ、その接合部に並ぶ血合骨を薄くすき取ると刺し身用の節身になる。

2枚おろし

煮魚などの切り身用は中骨付きの2枚おろしがよい。その際は背ビレに沿って切れ込みを入れ……

背ビレの端を切っ先で押さえつつ、半身を引き離して背ビレを取り除くと食べやすくなる。

頭の処理

頭の割り方は口の中に包丁を差し入れ、しっかりと頭を押さえたら、上クチビルの中央部をねらって縦半分に割る。

エラや血ワタを掃除した後、下クチビル側を切り離す。

左右2枚に割ることができる。

クロシビカマス

最初に下処理として頭を切り落とし、腹に包丁を入れて内臓と血ワタをよく掃除しておく。タチウオと同じで口の中に触れると指が切れる鋭い歯があるので注意する。その後、3枚におろすには背ビレに沿って背身に切れ込みを入れる。

同じように尻ビレ側からも切れ込みを入れる。

尾の付け根から包丁を差し入れて半身を切り取る。

基本どおりの3枚おろしの出来上がり。

続いて腹骨をそぎ取る。

皮裏にはビッシリと鋭い骨が張り付いている。漁師料理のなめろうやすり身を作るには大型のスプーンを使って、骨の上をなでるように身をそぎ取っていく。

頭を切り落とした付け根数センチ間には尖った血合骨が残っているので注意すること。

鋭いトゲ状の背ビレと尻ビレを処理すると食べやすい。まずヒレの両側から深めに切れ込みを入れる。

半身の中心部に走る血合骨を境にして背身と腹身をそぎ終わると、写真のように骨が皮に残る。

ヒレの端を包丁で押さえつつ胴体を引くと、背ビレと尻ビレをきれいに取り除くことができる。

塩焼き用の下準備

塩焼き用の切り身は腹の内部に付着している黒い腹膜をペーパータオルなどでふき落とした後……

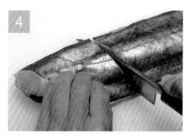

適当な大きさの筒切りに切り分ければ塩焼きの準備完了。

クロダイ

2枚おろし・3枚おろし

専用のウロコ引きで胴体全体のウロコを引き落とす。ヒレ際などはウロコが残りやすいので、包丁の切っ先でもう一度こそげ落とす。

次に、胸ビレと腹ビレに沿って両側からたすきに包丁を入れて頭を切り落とす。

腹を割って内臓を取り出す。

中骨主骨には多量の血ワタが付着しているので、包丁の切っ先でまず筋目を入れる。

さらに竹製のササラや歯ブラシでこすって掃除し、水洗いした後に水気をふき取ると下処理は完了。

3枚おろしの手順は背ビレと尻ビレの両側から中骨主骨に届くまで切り開く。

同時に、中骨主骨と腹骨の接合部は1本ずつ軟骨を切り離しておく。

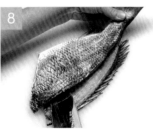

尾の付け根から包丁を差し入れ、頭の切り口に向かって半身を切り離す。

すると中骨付きと中骨なしの半身に切り分けた2枚おろしになる。塩焼きなどの切り身で使う場合に多用される。

さらに中骨を切り離すと3枚おろしの完成。

節身に作るには続けて腹骨をすき取る。

背身と腹身に切り分けつつ、その接合部に並ぶ血合骨を薄くそぎ取る。

さらに尾の付け根を押さえ皮を引く。

クロダイ1尾を4本の節身に切り分けることができる。

頭の処理

カマ付きの頭をあら煮や酒蒸しに調理する場合は2本の前歯の間から口の中へ出刃包丁を差し入れて半分に割り、エラや血ワタを掃除する。

クロムツ

2枚おろし

クロムツの粗いウロコは飛び散りやすいので、注意しながら全体のウロコをきれいに引き落とす。

根魚や大中型魚の場合、頭を切り落とす時は胸ビレと腹ビレに沿って包丁を入れたら……

反対側から同じく胸ビレと腹ビレに沿って包丁を入れる。

さらに腹を上にして、胸ビレと腹ビレの間から包丁を差し入れたら、三方から中骨主骨を落とす。

次に腹を割って内臓を引き出す。

血ワタを掃除するのに邪魔な腹膜は切っ先で筋目をつけておく

竹製のササラなどで、中骨主骨に付着している血ワタを掃除。きれいに水洗いをして水気をふき取っておく。

頭の切り口から包丁を入れたら……

背ビレに沿って尾の付け根まで背身を切り開く。

そのまま尾の付け根に向かい半身を切り取る。

向きを変えて、今度は尾の付け根から尻ビレに沿って中骨主骨まで腹身を切り開く。

ここまでで基本的な2枚おろしの出来上がり。焼き魚にはこの状態でよい。

ここで中骨主骨と腹骨の接合部にある軟骨を切り離したら……

中骨から切り離した側の身を刺し身にする場合は、まず腹骨と血合骨の接合部を逆さ包丁で切り離し……

半身を持ち上げつつ、中骨主骨とつながる身に刃を当てる。

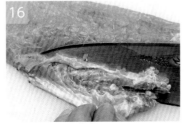

腹骨をそぎ落とす。

続いて背身と腹身に切り分け、接合部にある血合骨を薄くそぎ取って節身に造る。

皮の引き方はまず尾の付け根を指先で押さえ、すぐ近くに包丁を差し入れたら……

頭の切り口に向かって節身をそぎ進める。皮付きのまま、皮霜造りや焼き霜造りも美味しい

ブツ切り

中骨付きの半身は焼き魚のほか切り分けて（ブツ切りにして）煮付けなどにすると美味しい。その場合は中骨主骨にある筋状の軟骨に包丁を当てると簡単に切り分けられる。

軟骨を意識して好みの大きさの切り身にカット。

仕上げに皮の表面に×印などの飾り包丁を入れておくと、火の通りとともに見栄えもよくなる。

ケンサキイカ

基本のさばき方

エンペラを上にして胴中へ指先を突っ込み、甲と内臓の接合部を切り離す。

頭付きのゲソをつかんで、ゆっくりと引き抜く。

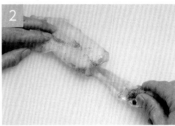

エンペラの反対側から包丁を差し入れ、端から剣先に向かって胴体を切り開く。

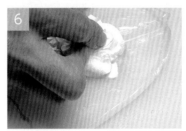

続いて、エンペラをつかんで剣先から皮をはぎ取る。

薄く透明な甲を取り除く。皮をはぐ作業と甲を取り除く作業の順番は逆でもよい。

胴体の内側に残っている内臓や汚れを掃除した後、乾いたペーパータオルなどを使って胴体内側の薄皮をこすり取る。

ハサミでの開き方 (船上干し用)

釣った直後、船内で開き干しを作る場合には、安全を考慮しキッチンバサミかフィッシングバサミを使うとよい。その時は最初にエンペラを下にして胴の中心からハサミを入れる。

剣先まで胴体を切り開く。

破れて周囲が汚れないよう、まず内臓に付着している墨袋を取り除く。

続いて、残りの内臓をちぎり取る。

次に頭の目と目の間にハサミを入れて切り開く。

2つの目玉とくちばしを取り除く。

最後に海水の中で内臓やヌメリを掃除すれば終了。なお、船上で干す際は船長に承諾を得るのがマナー

ゴマサバ

下処理

細かなウロコをウロコ落としや包丁の刃で
落としたら、胸ビレと腹ビレに沿って頭を
切り落とす。

腹を割って内臓を取り除き、水洗いしなが
ら血ワタを掃除したら、最後に水気をよく
ふき取る。

3 枚おろし

3 枚おろしは背身と腹身の両側から切れ込
みを入れ……

尾の付け根から包丁を差し入れて半身を切
り落とす。

同じ要領でもう片方の半身を切り取ると 3
枚おろしの完成

酢締め

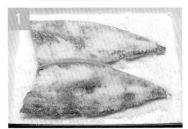

締めサバの作り方は、まず身と皮の両面にたっぷりと粗塩を振って塩締めにする。時間は1〜1時間半。その後、流水で塩を落としたら、水っぽくならないようにさらに酢で洗う。

1時間前から昆布を浸しておいた酢の中にサバを並べて冷蔵庫に入れる。酢の量はサバの身が浸る程度。時間は30〜40分間が目安。

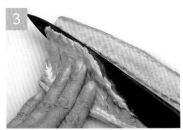

酢を軽くふき取った後、腹骨をすき取る。

続いて背身と腹身の接合部に並ぶ血合骨を抜き取る。

頭の切り口から皮をめくり、身を押えながらていねいに皮をはぎ取る。腹身の部分は千切れやすいので慎重に作業する。

八重造り

締めサバを盛り付ける時は見た目がよく醤油もなじみやすい「八重造り」がおすすめ。まず背身の部分に1〜2本の飾り包丁を入れる。

3〜4mm幅で浅めの切れ目を入れたら……

同じ幅分ずらして引き切りにすると、締めサバでよく用いられる「八重造り」に切り分けられる。

サヨリ

大名おろし

包丁が当たらないように、左右2枚の小さな腹ビレを抜き取る。爪先でつまんでもよいが、骨抜きを使って引っ張るときれいに抜ける。

続いて包丁の切っ先でウロコを引き落とす。

背ビレ際からたすきに包丁を入れて頭を切り落とす。

頭の切り口から肛門まで腹を切り開いて内臓を取り出す。

歯ブラシを使って黒い腹膜と中骨主骨に付着している血ワタを掃除し、きれいに水洗いしたら水気をふき取る。

サヨリは3枚おろしの簡易法である大名おろしが基本。まず頭の切り口に包丁を当てたら……

サヨリの三角骨を意識しながら背ビレ側に少し刃を傾けて切り進める。

尾の付け根で半身を切り取り、同じ要領で残った半身も引き落とす。写真は両側の作業を終える直前の状態。

昆布締めの糸造り

サヨリの身を味わう刺し身の定番

細身ながら身にはしっかり旨味があるサヨリ。昆布締めにすることで、さらに旨味を引き出し、食べやすい糸造りにする。

材料（1 人分）

・サヨリ（2 尾）
・昆布（小 2 枚）
・立て塩（水カップ 1 に、塩小さじ 1 を溶かしたもの）
・ワサビ（適量）
・スダチまたはゆず（1 個）

1

サヨリは 3 枚におろして皮付きのまま腹骨をすき取り、立て塩（3% 前後の塩水）にくぐらせる。

2

続いて軽く汚れをふき取った昆布 2 枚でサンドイッチにし、ラップフィルムで包む。

3

冷蔵庫で 3 〜 4 時間寝かせると、身が透き通った昆布締めが出来上がる。

4

次に皮を剥く。頭側の切り口で皮の端をつまんだら……。

5

尾の付け根に向かって皮を引き取る。

6

サヨリの血合骨は細く柔らかいので抜かなくても OK。斜めに細く糸造りに切り分け、食べる際は柑橘類を軽く絞ってワサビ醤油でいただく。

骨せんべい

サクサク食べられておつまみにぴったり

小魚の中骨で作る骨せんべいは、釣った魚をムダにせず、何より手軽に作れて食べて美味しい。お酒の友はもちろん、子どものおやつにもぴったりだ。

材料（3人分）

- サヨリの中骨（3～5尾分）
- 約8%の塩水（水500ccに対し粗塩40g、日本酒25ccを溶かしたもの）
- 揚げ油

刺し身用などにさばいたあと、残った中骨を約8%の塩水に30～40分浸し、ナイロン網製の干物器を使って3～5時間天日干しにして水を抜く。写真はサヨリの干物と同時に中骨を干しているようす。

干し上がった中骨は6～7cmに切り、165～170℃の中低温に熱した油で焦げないように注意しながら揚げる。

キツネ色くらいに揚がったら、ペーパータオルに上げて油をよく切る。そのままでも軽く塩を振っても美味しい。

変わり味フライ

子どもも喜ぶほくほく食感！

大人には刺し身、干物、焼き魚などが人気のサヨリ。洋風の味付けフライにしても非常に美味しい。特に子どもに喜ばれること間違いなし。

材料（2人分）

- 小麦粉（1カップ）・溶き卵（1個）・白ゴマのパン粉（適量 パン粉5：白ゴマ1の割合）・粉チーズのパン粉（適量 パン粉5：粉チーズ1の割合）・塩（適量）・コショウ（適量）・揚げ油

サヨリの半身（腹身をすき取らなくてもよい）は適当な大きさに切り分け、下味として塩、コショウを軽く振る。揚げ衣を付ける順番は、小麦粉→溶き卵→パン粉＋白ゴマ or パン粉＋粉チーズ。

170～175℃に熱した揚げ油で揚げ始める。サヨリはものの数10秒で身の芯まで火が通るので油断は禁物。薄いキツネ色に変わったら揚げバットに上げて油を切る。ポテトサラダやミニトマト、レモンなどとともに盛り付け、お好みでウスターソースや塩でいただく。

シマアジ

3枚おろし

隅々までウロコを引き落としたら、胸ビレと腹ビレに沿って頭を切り落とす。

続いて腹身も尻ビレに沿って中骨主骨まで切れ込みを入れる。

肛門から頭の切り口まで腹を割る。

ここで中骨主骨と腹骨の接合部にある軟骨に切っ先を当てて切り離し…

包丁の先や手で内臓を取り除き、写真のように腹内部の中骨主骨に付着している血ワタに切れ込みを入れる。この後、ササラなどで掃除し、水洗いして水気をふき取ると下処理の終了。

最後に尾の付け根に向かって中骨主骨に包丁を当てて、半身を切り離す。

背身は背ビレに沿って中骨主骨に届くまで切れ込みを入れる

同じ手順で残った半身を切り取ると、半身2枚と中骨の3枚おろしの完成。

シロギス

下処理

目の細かいシロギスのウロコは小出刃の切っ先で引き落とすとよい。

頭を切り落として内臓を取り出したら、腹の中の血ワタなど汚れを水洗いすると下処理は終了。

3枚おろし

基本の3枚おろしは背ビレに沿って背身、続いて尻ビレに沿って腹身に切れ込みを入れたら……

尾の付け根に切っ先を差し入れ、頭の切り口に向かって半身を切り取る。

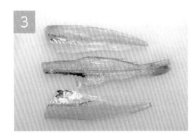

両側とも作業したら3枚おろしの出来上がり。

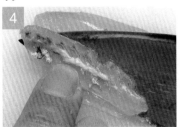

刺し身にするには腹骨をすき取る。

また、背身と腹身の接合部に並ぶ血合い骨を骨抜きで抜き取る。

背開き

背開きにする場合は、頭を落としたあと、まず背身の頭の切り口から切っ先を差し入れて、中骨主骨に沿って包丁を入れる。

597

さらに中骨主骨と腹骨の接合部がきれいに離れるように、切っ先を入れ直して接合部を切っておく。

尾の付け根までしっかり包丁を入れたら……

開くと干物用の背開きになる。

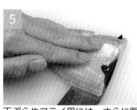

天ぷらやフライ用には、さらに胴体の内側をまな板に当てて、頭の切り口から中骨を引き落とす。

これが中骨のない状態。

揚げれば気にならないが、料理店のように腹骨も処理したい場合は包丁ですき落とす。

中骨も腹骨もすき落とした天ぷらやフライ用の背開き。

大名おろし・松葉おろし

澄まし汁の身にする時や、家庭用の天ぷら＆フライ用であれば、より簡単な「大名おろし」でもよい。その場合は、頭の切り口から一気に半身を引き、尾の付け根で止めるだけ。中骨・腹骨は残るがしっかり揚げればこれでも充分に食べられる。

大名おろしにしたあと、中骨と腹骨を削ぎ取ったものは「松葉おろし」と呼ばれる。

昆布締め

上品なシロギスの身をひと手間加えた刺し身で

白く上品な身のシロギス。旨みを膨らませる昆布締めの下仕事をし、さらに食感を楽しめる糸造りにする。

材料（1〜2人分）
- シロギス（22〜23cm・2尾）
- 昆布
- 立て塩（3%前後の塩水のこと。水100cc：塩3gが目安）
- 酢（適量）
- 粗塩（適量）

骨と血合骨を取り除いた皮付きの身を手早く立て塩にくぐらせたら、昆布で挟んでラップフィルムに包む。このあと冷蔵庫で1〜2時間寝かせる。

冷蔵庫から取り出したら酢にくぐらせ、頭の切り口から皮をつまんで引き取ると昆布締めの出来上がり。最後は細長く切る糸造りにする。食べる時はわさび醤油がおすすめ。

香味フライ

子どもも喜ぶサクサク食感

シロギスは天ぷらもよいが、タルタルソースやチリトマトソースなどで洋風に楽しむフライも美味しい。特に子どもたちには大人気だ。

材料（1人分）
- シロギス（4尾）
【フライ衣】
- 小麦粉（1/2カップ）・溶き卵（1個分）
- パン粉（1カップ＋乾燥バジル大さじ1）
- 塩・コショウ（適量）
- タルタルソース（市販のもの）
- 揚げ油

フライ衣は小麦粉、溶き卵、最後にバジル入りパン粉を用意。パン粉とバジルはあらかじめよく混ぜておく。

フライ用のシロギスは背開きにして腹骨をすき取り、揚げる前に薄く塩コショウを振っておく。それに（1）のうちの小麦粉を振ったら、溶き卵を絡め、最後にバジル入りパン粉を被せて、手のひらでしっかり圧着しておく。

シロギスは3枚におろして腹骨をすき取る。15～17cmまでなら半身のまま、20cm以上の良型は半分に切る。揚げる直前に小麦粉をまぶして余分な粉を払い落としたら、170～175℃の揚げ油に入れる。

油の中に入れた直後はシロギスの身が沈むが揚げ上がりは早い。表面に浮いてきたら火が通った目安。シロギスの身を返して揚げ色を見ながらカラリと揚げる。

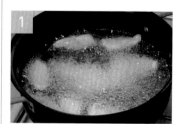

揚げ油は170～175℃くらい。白身魚のシロギスは揚げ時間が早いので、揚げ過ぎに注意したい。タルタルソース、ウスターソース、トマトチリソースなどで食べると美味しい。

南蛮漬け(焼きネギ添え)

ネギとの相性も抜群でお酒も進む一品

衣をまとって味のしみ込んだシロギスの南蛮漬けはあとを引く美味しさ。長ネギも合わせることで抜群のお酒のおつまみになる。

材料(1人分)

・シロギス（小10尾）
・焼きネギ用長ネギ（1本）
【南蛮だれ】
・米酢（1カップ）
・醤油（大さじ1.5）
・砂糖（大さじ5～6）
・水（3/4カップ）
・乾燥赤トウガラシの輪切り（1本分）
・小麦粉（適量）
・揚げ油

南蛮だれはシロギスを揚げる前に作っておく。指定の調味料をひと煮立ちさせたら、火を止めて赤トウガラシと4～5cmの筒切りにした焼きネギを入れ、揚げたそばから南蛮だれに漬け込む。数時間後から2～3日間が食べごろ。

スズキ

3枚おろし

ウロコ引きを使って胴体のウロコをくまなく引き落とす。ヒレ際などの細部は包丁の切っ先できれいにこそげ落とす。

中骨主骨に付着している血ワタを竹製のササラや歯ブラシで掃除する。水洗いをして水気をふき取ると下処理は終了。

胸ビレと腹ビレに沿ってたすきに頭を切り落とす。

3枚おろしは包丁の刃で中骨の上をなでるように、背身と腹身の上下から中骨主骨に届くまで深く切れ込みを入れる。

腹を割って内臓を手で引っ張り出す。

その際、中骨主骨と腹骨の接合部は軟骨を1本ずつ切り離しておくと半身が切り取りやすい。

さらに続けて白っぽい浮袋を指先や包丁ではがし取る。

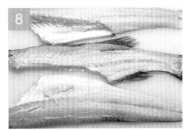

尾の付け根に包丁を差し入れ、頭の切り口に向かって2枚の半身を切り取ると3枚おろしの完成。

炙り刺しの土佐造り

皮が美味しいスズキにぴったり

スズキの白身はあっさりとした中に旨味がある。そして皮も美味しい。カツオのタタキと同じ炙り刺しにし、たっぷりの薬味を添えることで味わいが膨らむ。

材料（2人分）

・スズキ（半身の 1/2）・大根おろし（適量）・青ネギの小口切り（適量）・ミョウガの千切り（1個）・ショウガの針切り（1個）・ニンニクの針切り（1片）・市販のポン酢醤油（適量）・スダチまたはカボス（1個）

刺し身用の節身にしたスズキは皮目を上にして、調理用バーナーで香ばしい焦げ目が付くようにしっかりと炙る。

焼き霜造りのように氷水で冷やす必要はなく、そのまま食べ応えが得られるよう、5〜6mm厚のそぎ切りに切り分ける。

汁気を適度に絞った大根おろしのほか、薬味になる青ネギ、ミョウガ、ショウガ、ニンニクを用意し、大根おろしを敷いた上に刺し身を並べる。半分に切った柑橘類を添え、薬味を散らしたらポン酢醤油でいただく。

チコリボートのポン酢ジュレ添え

いつもの刺し身を洋風にアレンジ

お酒と楽しむ前菜にぴったりの一品。薄切りにした身をシャキシャキしたチコリに乗せ、さらにポン酢のジュレで味わうことで、さまざまな食感も生まれる。

材料（2人分）

・スズキ（半身の 1/2）
・チコリ（1/2個）
・白髪ネギ（少々）
・ゆずコショウ（少々）・カボス（1個）
【ポン酢ジュレ】
・市販のポン酢醤油（適量）
・市販のゼリーの素（適量）

3枚におろしたスズキを背身と腹身に切り分けて皮を引いたものを、3〜4mm厚の薄いそぎ切りにする。

皮付きのスズキの節身に、格子状に飾り包丁を入れ、食べやすい大きさの切り身に分ける。

ポン酢ジュレを作る。ポン酢醤油は固まりにくいので、ゼリーの素を指定量の約2倍溶かし入れるのが目安。小型バットなどに流し込んで数時間冷蔵庫で固める。

せいろにクッキングシートを敷き、スズキとキノコ類を並べて薄く塩を振る。その後、調理酒を「1人前＝大さじ1.5〜2」を目安に振りかける。

出来上がったポン酢ジュレをスプーンなどでバットから取り出し、包丁で細かな粗みじん切りにする。

蒸し器の水を沸騰させたら、中火で8〜10分蒸し上げる。

チコリを1枚ずつ剥がして器にし、そぎ切りにしたスズキの身、ポン酢ジュレ、白髪ネギとともに盛り付け、さらにゆずコショウとカボスのスライスを飾る。

せいろ蒸しエスニック風

蒸し上げるひと手間でごちそうに

スズキの白身は生食以外ならムニエルも美味しいが、もう1つ旨味を引き出すおすすめ調理法が「蒸し」。濃い味のたれとの組み合わせでさらに味が膨らむ。

材料(1人分)

・スズキ(半身の1/2)・エリンギ(1本)・シイタケ(2本)
・蒸し用調理酒(大さじ1.5〜2 紹興酒1：日本酒2の割合)
【エスニックだれ】
・醤油(大さじ2)・酢(大さじ2)・コチュジャン(小さじ1.5〜2)
・砂糖(小さじ1/4)・おろしショウガ(小さじ1)・ニンニク(小さじ1)
・ゴマ油(大さじ1)・長ネギのみじん切り(大さじ2)・香菜(少量)

指定のエスニックだれを混ぜ合わせておく。蒸し上がったら香菜を飾り、熱々をエスニックだれに付けていただく。

スミイカ

胴部とゲソの下処理

まず甲が入っている胴の中心に先端から末尾まで切れ目を入れる。

末尾から硬い甲を押し出すようにして取り外す。

甲を包んでいた表皮と胴体をていねいに引き剥がし、ゲソの部分を取り出す。

刺し身でいただく際は胴体内側に張っている薄皮を剥がす。先端部近くで取り掛かりとなる個所をつんだら、下部の縁に向かって急がずにじんわりと引き剥がす（写真）。途中で薄皮が破れてしまった時は、竹串や爪楊枝で引っかけるようにして取り掛かり個所を作ると作業がしやすい。

また、胴体外側を覆う表皮はエンペラと一緒に先端部をつかみ、表皮の下にある薄皮とともに引き剥がす。薄皮が切れて残った場合はここでも尖った甲を利用する。なお、表皮と内側の薄皮を引き剥がす順番は逆でもよい。

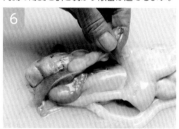

一方、ゲソの下処理はキモに付着している墨袋（左奥）を破らないように取り外してから、その他の内臓を取り除く。

さらに目玉と目玉の間から頭を切り開き……

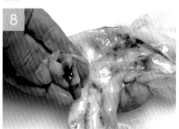

クチバシ（写真）と目玉を取り出し、汚れとヌメリを洗い流すとスミイカの解体が完了する。

スルメイカ

下処理と糸作り

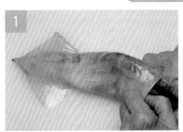

エンペラを上にして胴の奥まで指先を突っ込んだら、頭と胴の接続部を外す。

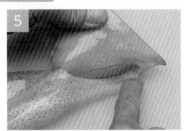

皮を剥くには、まず胴体とエンペラの接合部を爪先で切り開く。

頭をつかんで内臓とゲソを引き抜く。

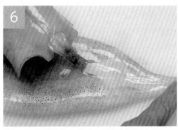

次にエンペラをつかんで引き下ろしつつ、皮引きをするための筋目（切れ目）を作る。

この時、キモに付着している墨袋は破かないうちに取り除いておく。

その切れ目から指先を入れ、皮と胴体の間を押すようにして大きく開いたら……

続いて胴体の中から軟骨を抜き取る。

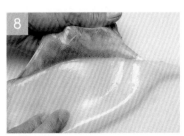

外皮と薄皮を一緒につかみ直し、ゆっくりとはぎ取る。

続けて軟骨が付着していた筋目に包丁を当てて切り開いたら、残っている内臓などの汚れを水洗いし、最後に水気をふき取っておく。

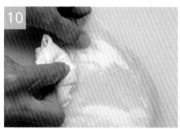

刺し身用は胴体の内側にある薄皮を処理する。乾いたペーパータオルを使って薄皮を押し上げ、その口からゆっくりと剥ぎ取る。

途中で薄皮が切れた場合は竹串などで薄皮をめくり上げるとよい。

イカソーメンなどの糸造りはイカの身にある繊維を切るか切らないかで食感が変わる。繊維を切断するには身に対して横向きに切っていく。

繊維を切断しない食感を味わうには縦方向に切って行く。

どちらの場合もある程度の大きさに切り分けてから、最後は食べやすい大きさに糸造りにする。

タカベ

3枚おろし

ヒレ際を残さないように隅々までウロコを引いたら、胸ビレと腹ビレに沿って頭を切り落とす。

向きを変えて尾の付け根から尻ビレに沿って切れ込みを入れる。

腹を割り、包丁の切っ先で内臓を引き出した後……

もう一度、尾の付け根から包丁を差し入れて頭の切り口に向かって包丁を進めたら……

歯ブラシで中骨主骨に付着している血ワタを掃除。きれいに水洗いをして水気をふき取る。

半身を切り取る。

背ビレに沿って中骨主骨まで切れ込みを入れる。

同じ手順でもう片方の半身をそぎ取ると3枚おろしになる。

タチウオ

小骨を処理する筒切り

表を覆う銀色のウロコは落とさなくてもよい。気になる場合はタワシで軽くこすって洗い流しておく。次に胸ビレ下から頭を切り落とす。

肛門から逆さ包丁を入れて腹を割ったら……

そのまま刃先で掻きだすようにして内臓を取り出す。

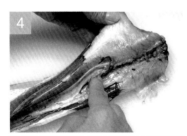

中骨主骨に付着している血合いを爪先で取る。簡単にできるが歯ブラシを使ってもよい。

さらに腹の中を覆う黒い腹膜をペーパータオルで取り除いたら、水洗いして水気をふき取ると下処理が終了。

作る料理に適した大きさの筒切りに切り分ける。

背ビレの際に並ぶ小骨を取り除くには、まず片側の背ビレに沿って深めに包丁で切れ込みを入れる（写真）。次に反対側も同じ要領で包丁を入れる。

そのまま背ビレの端を包丁で押さえ、身を静かに引っ張ると小骨がきれいに剥がれる。

刺し身のピーナッツオイル和え

タチウオの刺し身は釣り人の特権

タチウオは刺し身で楽しめるが、鮮度が落ちやすいので、味わえるのは釣り人の特権。生の身は意外にさっぱりしており、オイルを合わせると相性がよい。

材料（2～3人分）

・タチウオ（中1尾）・長ネギの白髪ネギ（適量）
・ショウガの千切り（適量）・ミョウガの千切り（適量）・白ゴマ（適量）・糸切り唐辛子（適量）

【合わせ調味料】
・ピーナッツオイル（大さじ1）・塩（小さじ0.5が目安）・醤油（小さじ0.5が目安）

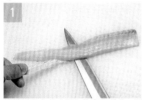

舌触りをよくするため皮を引く。タチウオの皮は薄いので、よく切れる刺し身包丁を使うこと。

皮を引いた身は細切り（写真）、または薄いそぎ切りでもよい。長ネギ、ミョウガ、ショウガの香味野菜は千切りにして氷水にさらし、水気をふき取っておく。

食べる直前、刺し身に3つの香味野菜と、ピーナッツオイルの合わせ調味料、白ゴマひとつまみをざっくりと合わせる。小鉢に盛って、糸切り唐辛子を散らす。

アンチョビねぎバター焼き

ほっこりした身を洋風に楽しむ

タチウオは、焼くと美味しい脂が出る。シンプルな塩焼きも美味しいが、アンチョビのコクを足すことで、より濃厚な味わいになり、ワインなどお酒の友にもぴったり。

材料（1人分）

・タチウオ（中半身）
・小麦粉（適量）
・塩（適量）
・コショウ（適量）
・サラダ油（適量）
・バター（適量）
・ニンニクの薄切り（数枚）

【アンチョビソース】
・アンチョビの粗みじん切り（2～3切れ）
・バター（大さじ2）
・万能ネギの小口切り（大さじ2～3）

タチウオは小骨ごと背ビレを取り除き、筒切りにして、皮目に格子模様の飾り包丁を入れる。塩コショウをして、小麦粉をまぶす。

まずは、サラダ油大さじ2に、ニンニクの薄切りを入れ、弱火で香りを移して取り出す。

南蛮漬け

箸が止まらないさっぱりした甘さ

タチウオの身は食べ応えがあるが、甘酸っぱい南蛮漬けにするといくつも食べられ、大人も子どもも食べやすい。ご飯のおかずにもぴったり。

材料（1〜2人分）

・タチウオ（中1〜2尾）・小麦粉（適量）・揚げ油（適量）
【南蛮酢】
・米酢（180cc）・水（100cc）・醤油（大さじ1）・砂糖（大さじ2）・塩（小さじ1）・玉ネギの薄切り（中玉1/4）・万能ネギの小口切り（4〜5本）・赤唐辛子の小口切り（2本）

小骨ごと背ビレを処理したタチウオは、適当な大きさの筒切りにし、水気をふき取って小麦粉をまぶす。

揚げ油は170℃前後に熱し、淡いキツネ色になるくらいに揚げ、余分な油をよく切る。

揚げ立ての熱々を作っておいた南蛮酢に漬け込む。20〜30分味を馴染ませればよく、冷蔵庫で保存すると2〜3日間おいしくいただける。

切り身を両面焼き、こんがりとした焼き目が付いたら、ペーパータオルなどで古い油をふき取ってしまう。

次に、ごく弱火に落としてバターを溶かし、アンチョビを加えて手早く絡める。火を止めて、万能ネギをバターの中で馴染ませれば出来上がり。

テナガエビ

釣り場での泥抜き

釣りあげたテナガエビは、釣りをしている間、水を張ったバケツの中で生かしておく。時々水換えを行なうが、弱って体の色が変わり始めてしまった場合は、早めにクーラーボックスに移し替える。

バケツは釣具店で販売しているフタ付きのものが使いやすい。エアポンプも取り付けやすくなっている。

釣りを終えたら水を切り、まずジップバッグなどのビニール袋に収納する。テナガエビの体にある突起で破けることがあるので、気になる場合はビニール袋の上から手拭きタオルで包むとよい。

市販の氷や凍らせたペットボトルに当て、しっかりと保冷した状態でクーラーに入れて持ち帰る。

下処理

持ち帰ったテナガエビにたっぷりと粗塩を振りかけ、ざっくりとかき混ぜて体に付いているヌメリや汚れを取り除く。

この時、テナガエビの突起でケガをしないようにザルの中で振るとよい。そのまま流水下で汚れと塩気をきれいに洗い流す。

ザルの水を切った後、ペーパータオルに包んで軽く叩く感じで水気を拭き取る。特に素揚げや空揚げにする時は、水分が残っていると油が跳ねるのでしっかり水気を取る。

トラギス

ウロコ落としか小出刃を使ってウロコを隅々まで引き落とす。

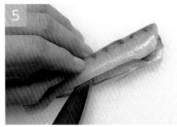

続けて背身と腹身を一緒に尾の付け根までを切り開く。この際、背に当たる切っ先を指先で確認しつつ包丁を進めるとやりやすい。

続いて頭を切り落とす。

身を開けば干物用の腹開きの出来上がり。

腹を割って内臓と中骨に付着している血ワタを掃除し水洗いすれば下処理は終了。

ここでは手軽な「魚醤干し」のやり方を紹介。魚醤（しょっつる・いしるなど）50cc、水 200cc、日本酒 25cc を混ぜた漬け汁に 20 分前後トラギスの身を浸す。

ここから干物用の腹開きの手順。頭の切り口を右に向け、中骨と腹骨の接合部を逆さ包丁で切り離す。

市販のナイロン網製干物器を使って、風通しのよい場所で 4 〜 5 時間干せば美味しく食べられる。

ハナダイ

3枚おろしのやり方

ウロコ取りで全体のウロコを引き落としたら、まず胸ビレおよび腹ビレの後ろ側と腹に包丁で切れ目を入れ、内臓と血ワタを取り除いて腹部は水洗いする。その後、水気をふいたら尾の付け根に切れ込みを入れる。

背ビレから中骨に沿って包丁を入れ、尾の付け根まで上身を切り開く。

次に尻ビレ側からも包丁を入れたら、中骨主骨に沿って包丁の先を動かし半身を切り取る。

同じ要領で反対側の半身も処理すると、頭を残した姿造り用の3枚おろしの完了。

姿造りにしない場合は、最初に頭を落としてしまい、このような一般的な3枚おろしにすればよい。

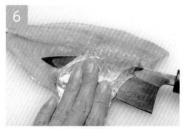

切り出した半身から腹骨を包丁ですき取る。

さらに背身と腹身に切り分けたら、接合部に並んでいる血合骨を写真のように薄くそぎ取る。

尾の付け根から身と皮の間に包丁を差し入れ、皮を手でしっかり押さえたら、頭の切り口に向かって包丁を引いて皮をはがす。出来上がった節を切り分けて頭付きの中骨にきれいに乗せれば「姿造り」が作れる。

ヒラメ

ウロコの取り方

ヒラメのウロコを取る方法には、包丁を使うやり方と金ダワシを使うやり方の2つがある。より簡単なのは金ダワシを使う方法。ステンレス製の金ダワシが使いやすく、尾の付け根から頭に向かってゴシゴシとこするとウロコが取れる。

また、包丁を使った「すき引き」もある。柳刃包丁が使いやすく、ヒラメをまな板に置いたら、ウロコと皮の間に寝かせた包丁の刃を入れて、テープ状にウロコをすき取っていく。

ウロコが引きにくいヒレの際や腹側は下から手を添えて身を持ち上げると作業がやりやすい。

表身のすき引きが終わった状態。

続いて白い裏身も同じ要領でウロコのすき引きを行なう。

ウロコを引き終えたヒラメは頭を落とし、内臓を取り除いたら、腹の中にある血ワタを掃除して水洗いする。最後に水気をふき取れば5枚おろしをするための下処理が完了。

5枚おろし

5枚おろしにする。まず背身と腹身の境目の側線に切れ目を入れ、さらに尾の付け根にも縦に切れ目を入れる。

次に背ビレに沿って包丁を入れる。

向きを変えたら、今度は側線の切れ込みから包丁を入れ、中骨の上を刃先でなでるような気持ちで少しずつ切り開いていく。

身をしっかりめくり上げながら切り進めるのがコツ。

一連のやり方で表身の上下、裏身の上下の計4節をすき取ると、中骨と合わせた5枚おろしになる。

5枚におろした節身からは、まず包丁の切っ先を使ってエンガワ（ヒレに近いコリコリとした部分）を引くようにして切り取る。

続けて皮を引く。やり方は尾の付け根側の身と皮の間に包丁の先を入れ、皮をしっかり押さえたら、あとは包丁を起こさないように寝かせた状態で引く。すると節身から皮をはがし取れる。

エンガワに付いた皮も同様に引く。なお、皮を引く時に包丁を動かす向きは、【手順7】のように手前に引いても、このように奥に向かって包丁を進めても、自分のやりやすいほうでよい。

薄造りのポン酢醤油

見た目も華やかなヒラメの刺し身の王道

旨味と歯応えのある新鮮なヒラメは、薄造りが定番。付けダレはポン酢が合う。きれいな薄造りをするには、柳刃包丁がやはり便利。1本あると、さまざまな刺し身に使える。

材料（3〜4人分）
・ヒラメ（背身2本）
・あさつき（適量）
・ポン酢醤油（適量）
・紅葉おろし（適量）

薄造りに使う身は、厚みがある背身が扱いやすい。節身は皮目を上にして、柳刃を使って、斜めの引き切りで薄く切り分ける。

皿には外側から時計の反対回りで、1枚ずつていねいに並べていく。最後に、ひと口大に切ったエンガワとともにあさつき、紅葉おろし、ポン酢醤油を添える。

昆布締めのオクラ和え

粘り気のアクセントで酒のつまみにぴったり

白身のヒラメは、昆布締めとの相性がよい。コツは昆布に包む前に、一度立て塩にくぐらせること。オクラの食感も加えることで、酒にぴったりの大人の味になる。

材料（1人分）
・ヒラメ（1節〜適量）・昆布（小2枚）・オクラ（2本）
・立て塩（3%前後の塩水のこと。水100cc：塩3gが目安）・ワサビ醤油（適量）・ゆず（1/2個）

ヒラメの身は、薄めのそぎ切りに切り分ける。立て塩にくぐらせ、ペーパータオルに乗せて軽く水分を吸い取っておく

昆布締めは、濡れふきんで汚れを拭いた昆布に切り身を並べ……。

ふんわりピカタ

もう1枚の昆布でサンドイッチにしたら、ラップフィルムで包む。

冷蔵庫で2〜3時間寝かせると、身がより透きとおり食べごろ。一晩寝かせると、濃厚な風味の昆布締めになるが、少しエグミも出てしまう。

オクラは、塩を振ったまな板の上で転がして板ずりした後、さっと湯通しする。冷水で粗熱を冷まし、小口切りに切り分ける。小鉢に盛り込み、すり下ろしたゆずの皮を散らす。ワサビ醤油を垂らして、オクラのネバネバが出るくらいにかき回していただく。

上品な白身が美味しいおやつに

粉チーズと一緒に溶いた卵を使って、付け焼きにするピカタ。ヒラメの身は、熱を入れるとふんわりとし、刺し身にちょっと飽きた時にもぴったり。

材料（2人分）

- ヒラメ（1節〜適量）
- 塩、コショウ（適量）
- 小麦粉（大さじ2）

【ピカタ衣】
- 溶き卵（1個）
- 粉チーズ（大さじ2）
- 乾燥パセリ（大さじ1）
- オリーブオイル（大さじ2）

ヒラメの身は、厚めのそぎ切りに切り分ける。刺し身などで残った切れ端を利用すると、無駄がない。

ソテーする直前に、軽く塩コショウを振る。

全体に小麦粉をまぶす。

切り身にピカタ衣をたっぷり絡める。

ピカタ衣は溶き卵と粉チーズ、乾燥パセリをよく混ぜ合わせておく。

フライパンにオリーブオイルを入れたら、中弱火で熱し、衣を付けた身を焼き始める。

火の通りは早く、片面に少し焼き色がついたら裏返し、1〜2分焼けば出来上がり。子どもにはトマトケチャップ、大人向けには辛みを足したサルサソースがおすすめ。

ブリ（ワラサ）

3枚おろし

ウロコ落としでウロコを引き落とす。ヒレ際など取り残しやすい所は特にていねいに作業する。

大中型魚はまずエラ蓋をこじ開け、切っ先を突っ込んで両側からエラの外周を回して切り離す。

そのままアゴ下から肛門まで腹を割ったら、エラをつかんで内臓ごと取り除く。血ワタなどの汚れを掃除して水洗いをし、余分な水気をふき取っておく。

続いて、エラ蓋に沿うように両側から中骨主骨を切って頭を落とす。胴体にカマ（胸ビレに付いた可食部分）を残すこのようなさばき方を"素頭落とし"と呼ぶ。

ここからは3枚おろしの手順。背ビレと尻ビレに沿って背身と腹身の上下から中骨主骨に届くまで切れ込みを入れる（写真は背ビレ側の作業）。

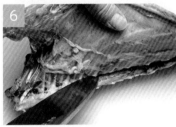

さらに中骨主骨と腹骨の接合部の軟骨は切っ先を当てて1本1本切り離していく。

最後に尾の付け根から頭の切り口に向かって半身をそぎ落とす。

カマが付いた3枚おろしの完成。

カマの部分は胸ビレと腹ビレに沿って切り取っておく。

写真のようにして腹骨をすき取る。

刺し身用の節に取るには腹身の内腹を触って腹骨が途切れる個所（写真）を確かめ……

続いて背身と腹身に切り分けつつ、接合部にある血合骨を薄くそぎ落とすと節身になる。

その下部に当たるハラモを肛門に向かって三角形に切り取ったあと……

最後に尾の付け根から皮を引き取れば刺し身用の節が出来上がる。

平造りと叩き造りの刺し身

食べ応えのある赤身を2つの食感で楽しむ

身が大きく食べ応えのあるブリやワラサ。形がそろいやすい背身は、大きさに合わせて、そぎ切りや平造りに切り分ける。余った身や腹身は、叩きにすると無駄がない。

材料(1人分)

・ブリ/ワラサ(1節～適量)
・大葉(1枚)
・ショウガ(1/2片)
・万能ネギ(2本)

節身は脂がよく乗ったブリの背身なら厚み1cm以下のそぎ切り、適度に脂があるワラサの背身なら厚めに切った平造り(写真)にする。

尾に近い部位や腹身は、ざっくりと刻んだ叩き造りにも適し、アジの叩き造りと同じ要領で、細切りや小口切りにし、大葉、ショウガ、万能ネギと合わせると美味しい。

お刺し身サラダ

さっぱりとして箸が止まらずつまみにも最適

食べ応えのあるブリやワラサの切り身は、たれを絡めた、たっぷりの野菜と和えると、食欲も進む一品に変身。野菜はいろいろな種類を多く入れるほど美味しくなる。

材料(2人分)

・ブリ/ワラサ(1節～適量)・アボカド(1個)・トマト(中2個)・セロリ(1/4本)・パプリカ(1/2個)・グリーンアスパラガス(1本)・玉ネギ(1/4個)・イタリアンパセリ(適量)
【漬けだれ】
・醤油(大さじ1)・おろしショウガ(小さじ1/2)
【ゴマ醤油ドレッシング】
・醤油(大さじ2)・ゴマ油(大さじ2)・白ゴマ(大さじ2)・酢(大さじ3)・ゆずコショウ(小さじ1)・塩(適宜)

そぎ切りにした切り身は、漬けだれに5分ほど浸して、表面だけ薄く下味を付けておく。

ゴマ醤油ドレッシングをよく混ぜ合わせる。

ピリ辛煮魚

アボカドやトマトはざく切り、下ゆで済みのアスパラガスは長さ4〜5cmに切り、他の野菜はスライスしておく。

野菜から水分が出ないように、全部の材料とドレッシングを絡めるのは、食事の直前がよい。

いつもの煮魚に唐辛子のアクセント

身のしっかりしたブリやワラサの切り身は、煮魚も定番。その際、唐辛子味噌であるコチュジャンを加えてやると、辛みと旨味が同時に膨らみ一味違う一品になる。

材料（2人分）

・ブリ／ワラサ（1節〜適量）・ズッキーニ（1/3本）
【煮汁】
・水カップ（200〜250cc）・10cm角の昆布（1枚）・コチュジャン（大さじ1〜1.5）・醤油（大さじ3）・砂糖（大さじ1）・ショウガのみじん切り（小さじ1）・ニンニクのみじん切り（小さじ1）・ゴマ油（大さじ1）・赤唐辛子の輪切り（1本）・糸切りの赤唐辛子（適量）・白ゴマ（適量）

煮汁の材料を合わせたらひと煮立ちさせる。

切り身を煮始める。全長50〜60cm級のワラサ級は背身と腹身が付いたままの切り身、80cm以上のブリは背身と腹身に切り分けて使うとよい。

輪切りにしたズッキーニを加え、落とし蓋をして煮含めていく。汁が半分くらいまで煮詰まったら出来上がり。辛さを増すには、赤唐辛子を増量すればよい。

ホウボウ

3枚おろし

ホウボウ特有のウロコをまずはウロコ落としで隅々まで引き落とす。

次に頭を落とすが、2本の腹ビレが長いホウボウの場合、三方から包丁を入れるとよい。最初に腹側から切れ目を入れたら……

さらに羽根のように長い胸ビレの下から切れ込みを入れる。

最後に反対側からも包丁を入れて中骨主骨を切断すると頭を外せる。

続いて腹を割り内臓を取り出す。

中骨主骨に付着している血ワタを歯ブラシや竹製のササラで掃除して水洗い。煮魚や空揚げなどに調理する時には、この状態から皮付きのまま切り身にすればよい。

刺し身でいただく際は基本通りの3枚おろし。まず背ビレに沿って中骨主骨まで背身に切れ込みを入れる。

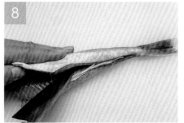

続いて尻ビレに沿って腹身にも切れ込みを入れたら……

尾の付け根から包丁を差し入れ、中骨に沿って半身を切り取る。

同じ手順でもう片方の半身を切り取ると3枚おろしの出来上がり。

刺し身用の節身の作り方

刺し身にするには、まず3枚におろした身から腹骨をすき取る。

ホウボウは筒形の細長い体をしているので、背身と腹身には切り分けず、骨抜きで背身と腹身の接合部に並ぶ硬い血合骨をていねいに抜く。

ただし、ホウボウは鋭くて硬い血合骨が奥深くまで食い込んでいるため、慣れないうちは取りづらい。その際は血合骨が並ぶ腹身の部分をざっくりと切り落としたほうが簡単。

最後に尾の付け根から頭の切り口に向かって皮を引く。

ホッケ

2枚おろし

まずはウロコ引きを使って隅々まで
ウロコを引き落とす。ホッケの皮は
硬いが身は軟らかめなので、ウロコ
引きは強く当て過ぎないようにする。

続いて、胸ビレと腹ビレに沿って両
側から包丁を入れて頭を切り落とす。

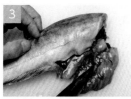

腹を割って包丁の切っ先で内臓を
引き出す。

竹製のササラや歯ブラシを使って、
中骨主骨に付着している血ワタを
掃除。きれいに水洗いをして水気
をふき取る。

背ビレに沿って中骨主骨に届くま
で切れ込みを入れつつ……

尾の付け根まで切り進める。

向きを変えて尾の付け根から尻ビレ
に沿って切れ込みを入れたら……

尾の付け根をつまんで包丁を差し入
れ、半身を切り取る。

ここまでが2枚おろし。中骨付きの
半身は塩焼きに好適だ。

3枚おろしと皮の引き方

3枚おろしにして刺し身などに使う節
身を作る場合は、まず中骨の残って
いる側の身を2枚おろしの⑤〜⑧の
手順で同じように中骨なしの半身に
する。その後、まずは腹骨をすき取る。

血合い骨のあるラインに沿って背
身と腹身に切り分ける。

さらに背身と腹身にある血合骨を
薄くそぎ取って……

最後に尾の側から包丁を寝かせて
身と皮の間に入れ、しっかりと皮
を指でもって引くと刺し身でいた
だける節身にできる。

マアジ

3枚おろし

ウロコをきれいに引き落とし、胸ビレと腹ビレに沿って頭を切り落とす。

頭の切り口から肛門まで腹を割り、内臓を取り出す（写真）。その後、中骨に付着する血ワタを指や歯ブラシできれいに掃除したら、水洗いをして水気をふき取る。

ここから3枚おろしの手順。まず頭の切り口から背ビレに沿って尾の付け根まで背身を切り開く。

続いて同じ要領で尾の付け根から尻ビレに沿って腹身を切り開く。

背と腹の両側から切れ目を入れた状態になったら、尾の付け根に包丁を差し入れ、頭の切り口に向かって中骨主骨から剥がすように片身を切り取る。

反対側の片身も同じ要領で切り取ると、半身2枚と中骨の3枚おろしの出来上がり。

刺し身などにする場合、アジの皮の引き方は"手むき"が基本。頭の切り口付近で皮の端をつかみ、尾の付け根に向かって、反対の指先で身を押さえながら皮を引く。

腹身の下部は皮が千切れやすいので注意する。

刺し身の盛り合わせ(そぎ切り／飾り包丁の二つ折り／叩き)

うまみの多いアジを複数の食感で!

味がよいからその名が付いたといわれるほど、適度に脂が乗ってうまみがあり、万人に好まれるアジ(マアジ)。オーソドックスな「そぎ切り」のほか、「飾り包丁の二つ折り」と「叩き」の2つの切り方も加えて、食感のバラエティーを楽しむ。

材料(1~2人分)
・アジ(中型2尾／300g)
・葉ネギ(2本)
・つま、けん(大葉、ニンジン、花穂、ミョウガなど適宜)

まずは身厚の3分の1、刻み幅5mmを目安にして斜めに切れ込みを入れる。

切れ込みを入れた身を、幅2~3cmの短冊に切り分ける。

【飾り包丁の二つ折り】アジの身のボリュームも楽しみながら、醤油の乗りや食べやすさもよくする切り方。まず皮を引き、腹骨をすき取って、血合骨を処理した半身を用意する。ここでは血合骨を骨抜きで抜き取った中型アジの半身を使用。

盛り付ける際はひと切れをつまみ取り、切れ込みが外側に開くように二つ折りにする。

皮目を上にして、使わない尾に近い部分を切り落としておく。

【そぎ切り】アジの刺し身を作る時の最もオーソドックスな切り方。皮目を上にして大きめに身をそいでいくことで、皮目の美しさ、食べやすさ、醤油の馴染みのいずれもよくなる。

締めアジのちらし寿司

そぐ身の厚さによって食感は変わるが、基本は5〜6mm厚くらいが食べやすい。

【叩き】脂の乗ったマアジと、葉ネギなどの薬味の相性のよさを楽しむ切り方。最初に半身を上半分の背身と下半分の腹身に分けておく。

刺し身で楽しむ場合、実際は叩くように切るのではなく、写真のようにひと粒ずつ細かく刻んで、食感が楽しめるようにする。

酢締めの相性のよさを生かす

酢締めする魚といえばサバがおなじみだが、実はアジも向いている。寿司飯と合わせれば、食べ応えもたっぷりのメインディッシュの出来上がり。さっぱりした味わいは、量があっても食べ飽きない。

材料(3〜4人分)

・炊き立てご飯3合＋寿司飯の素・中アジ(4〜5尾／750g)

【具材】
・万能ネギのみじん切り(3本)・大葉の千切り(3枚)・酢漬けショウガの千切り(3個)・白ゴマ(大さじ1)・焼き海苔(中1枚)・錦糸卵(卵1個分

酢締め用のアジは3枚におろした皮付きの半身を用意。まずバットなどに並べ、両面にまんべんなく塩を振って15〜20分後、身の表面にうっすらと汗をかいたように水が出てくるまで置く。

塩を洗い流してキッチンペーパーなどで水気をふき取ったら、浸る程度に酢を注いで酢締めにする。途中で裏返して10〜15分後、表面が乳白色に変わってきたらOK。

酢をさっとふき取り、まず腹骨をすき取る。

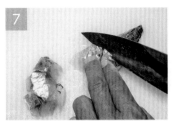

それからひと口大のそぎ切りにそろえる。

次に背身と腹身の間に並ぶ血合骨を骨抜きでていねいに抜き取る。

寿司飯は炊き立てご飯に指定分量の寿司飯の素を回しかけ、飯を切るようにして混ぜ合わせる。飯の表面が乾かないよう濡れふきんを被せて粗熱を冷ましたら、切り分けた締めアジとともに全部の具材を散らして食卓へ。

最後に皮を引く。包丁を使わずに、頭の切り口の端から尾の付け根に向かって手剥きで行なう。

切り方は、最初に身の中ほどに斜めに飾り包丁を入れる。

なめろう／水なます

細かく切ったアジの身になめろうの具材を合わせ、出刃包丁でトントンと叩く。

ひんやりが美味しい冷酒の友

アジの定番料理の1つが、各種の薬味と身を一緒に細かく包丁で叩く「なめろう」。そのままでも美味しいご飯のおかずだが、冷たい汁の具にする「水なます」も、冷酒との相性が特に抜群の一品になる。

材料（1～2人分）

【なめろう】
・中アジ（1尾／150g）・青ネギのみじん切り（大さじ2）・大葉のみじん切り（2～3枚）・ショウガのみじん切り（小さじ1）・味噌（大さじ2/3）・醤油（小さじ1/3）・練りワサビ（少々）

【冷たい味噌汁】
・だし（3カップ）・味噌（大さじ3～4）・おろしショウガ（小さじ1）・醤油（少々）・白ゴマ（小さじ2）・氷（3～4個）

【香味野菜】
・長ネギ（1/5本）・大葉（1枚）

【彩り野菜】
・キュウリ（1/3本）・ラディッシュ（1個）

刻む細かさは好みだが、味はこのあと冷たい味噌汁と合わせるので、そのまま食べる時よりも少し薄めにしておくとよい。

指定の材料を混ぜ合わせた冷たい味噌汁は冷蔵庫で冷やしておき、さらに氷を入れて冷やす。

冷たい味噌汁に、スプーンでひと口大にまとめたなめろうを入れ、さらに千切りにした香味野菜と輪切りにした彩り野菜をたっぷりと散らせば完成。好みで酢を垂らしても美味しい。

マイワシ

手開き

マイワシのウロコはボールに溜めた水の中で、尾の付け根から頭に向かって逆なですると簡単に落とせる。

胸ビレと腹ビレに沿って、たすきに頭を切り落とす。

まず包丁で腹を割り……

包丁の切っ先で内臓を掻き出す。

歯ブラシなどで血ワタを掃除する。マイワシの身は軟らかいので、やさしくこすること。

この先は手を使う。マイワシを軽く押さえたら人差し指の爪先を包丁代わりにし、まずは腹の切り口から爪先を入れ……

尻ビレに沿って尾の付け根まで腹身を切り開く。

続いて背身を切り開く。頭の切り口に爪先を当てて……

尾の付け根に向かって切り進める。

これで中骨を外した手開きの出来上がり。

中骨を取り除くには指先で尾の付け根で中骨を折る。

刺し身でいただく時は半身に切り分け、腹骨をすき取る。

そのまま中骨の端を持ち、柔らかい身を軽く押さえつつ……

頭の切り口に向かって引く。

マコガレイ

煮魚用の下処理

まずはウロコ落としで表面、裏面ともウロコを引き、水洗いをする。

胸ビレと腹ビレの後ろから包丁を入れて頭を切り落とす。

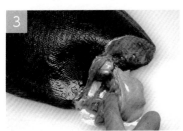

頭を落とした切り口から内臓を取り出す。

歯ブラシや竹製のササラで中骨主骨に付着している血ワタを掃除し、一度全体を水洗いしたら下処理は終了。

5枚おろし

まずは表身の側線に沿い、尾の付け根から頭の切り口に向かって刃先を中骨主骨に当てながら切れ込みを入れる。

次に尾の付け根に写真のように十字の切れ込みを入れる。

さらに背ビレと尻ビレのヒレ際すれすれにも包丁で切れ目を入れる。

まず背身をそぎ取る。側線に引いた切れ込みから包丁を入れたら、中骨の上をなでるように刃先を進め少しずつ身をはがしていく。

そのまま背ビレ際にあるエンガワとともに背身を切り取る。写真の下側に残っている腹身も同じ要領で切り取る。

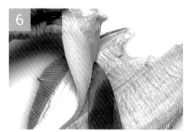

白い裏身側も同じようにさばく。

表身と裏身の両側をさばくと、節身4枚と中骨の計5枚におろし終わる。

刺し身にする時は、節身から細長いエンガワをまず引き取る。

続けて皮を引く。皮をまな板にぴったりくっつけたら、尾の付け根だった側から身と皮の間に包丁を入れ、そのまま包丁が起きないように寝かせたまま手で皮を強く引っ張る。

エンガワも同じように皮を引く。皮を引いたものを切り分ければ刺し身が作れる。

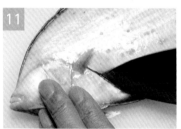

煮魚にする場合は、ウロコを引いた後、全体の形をなるべく崩さないように裏身の胸ビレ下に切り口を入れてそこから内臓を取り出す。

さらにマコガレイは尾ビレに泥臭さが残っていることが多いので、刃先で尾ビレ付近のヌメリをよくとっておくとよい。

マゴチ

下処理

マゴチの下処理は、まず危険部位を取り除くことから始める。最初に調理バサミを使って、背ビレを根元から切り落とす。

続いて魚体を裏返し尻ビレも同様にカットする。

さらにエラ蓋両脇から突き出た鋭い突起も切り落とす。

ここまでしたら、ウロコを引き落として水洗いする。その際、マゴチは体表のヌメリが多いので、軍手をはめて作業するとよい。

ウロコを落としたら、魚体を立て気味にし、胸ビレと腹ビレに沿って両脇から包丁を入れる。

頭を落としたら続いて腹を上にし、肛門から逆さ包丁で切っ先を入れ腹を割る。

腹を開いたら内臓を取り出す。夏場は写真のような子持ちも多く、卵はきれいに取り出したあと煮付けにすると美味しい。

中骨主骨に付着する血ワタを掃除し、きれいに水洗いをして水気を拭き取ったら下処理の完了。

3枚おろし

3枚おろしの手順は、まず頭の切り口から尾の付け根まで背ビレの中骨に沿って背身を切り開く。

尾の付け根から包丁を入れ、中骨に沿って半身を切り取る（反対側の身も同じように切り取る）。

続いて尾の付け根から腹の切り口まで、尻ビレの中骨に沿って切り開く。

次に腹骨をすき落とすが、マゴチの血合骨は身に深く食い込んでいる「巻き骨」なので、一般的な3枚おろしのようにあとから血合骨を抜き取ることは難しい。

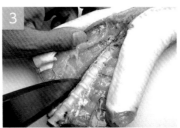

次に中骨主骨と腹骨の接合部にある軟骨を包丁の先で1本ずつ切る。

そこで腹骨の切り口から包丁を入れたら、刃先で腹骨の外周を意識しながら血合骨も含めて大きく切り取るようにする。

これくらいざっくりと切り取ってしまって
よい。なお、腹骨付きの腹身はぶつ切りに
して空揚げにすると美味。

尾ビレに近い腹身は背身から切り離し、背
身とともに節身として使う。

刺し身にする時は、尾の付け根から包丁を
差し入れて皮を引く。

あらの処理

マゴチのあらからは非常に美味しいダシが取れる。
まずはキッチンバサミで大きな頭を割る。太
くて硬い中骨主骨を避け、その両脇にハサミを
入れ、適当な大きさに切り分ける。その後、エ
ラは捨て、血ワタは流水できれいに掃除する。

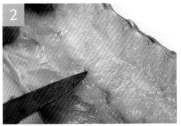

中骨も適当な大きさに切り分ける。その際
は竹の節のようになっている軟骨部分に包
丁の刃を当てる。

そのまま手を添えてトンッと押し切る。

処理の終わったあら。ダシを取るのに使っ
てもよいが、頭や中骨のあらは潮汁やあら
煮でも美味しく食べられる。

マサバ

3枚おろし

3枚おろしにする場合は、まずウロコを取り、次に胸ビレと腹ビレの後ろに沿って頭を切り落としたら、内臓と中骨主骨に付着している血ワタを掃除して一度水洗いする。その後、水気はすぐにふきとっておく。

背ビレと尻ビレの両側から中骨に沿って包丁で切れ込みを入れたら、最後にもう一度、写真のように尾の付け根から包丁を入れ、中骨主骨に沿って半身を切り取る。

上身（魚の左側面）と下身（右側面）の両側で同じ作業をすれば3枚おろしの出来上がり。

素頭落とし

一方、寒サバの味噌煮などを作る際、脂が乗ったカマ（胸ビレの周囲にある可食部分）を生かしてさばきたい時は、胸にカマを残す「素頭落とし」が好まれる。その際は頭を落とす時に胸ビレの前に包丁を入れる。

素頭落としししたものを味噌煮にする場合は、3枚おろしにせず、半身に中骨を付けたままの2枚おろしがよい。

腹開き

また、干物にする場合は腹開きにする。腹を割って内臓を取り除いたあと、頭を右にして作業。最初に中骨主骨まで腹身を切り開いたら、そのまま腹の中に入れた包丁の切っ先で中骨主骨と腹骨の接合部の軟骨を切り離し、さらに背中近くまで背身も切り開く。その際、写真のように指先を外から当てて作業し、包丁が皮の下で止まるようにする。

頭を半分に割る。その際は腹を上に向け、中骨主骨を避けるようにアゴに包丁を当てたらやや力を入れて割る。

エラをちぎり取り、内臓の残りや血ワタを掃除したら、最後に水洗いして手早く水気をふきとれば腹開きの出来上がり。血ワタの掃除には竹製のササラや歯ブラシを使うとよい。見映えは頭付き（写真）のほうがよいが、干す時間を短縮したい場合は頭を切り落としてもよい。

締めサバ

釣りたてで作れば美味しさも格別

マサバといえば「締めサバ」というくらいの人気
&定番料理だが、釣りたての新鮮な1尾で作ると、
歯応えも味わいも格別。手順は簡単なので、ぜひ
チャレンジしてみたい。

材料（1～2人分）

・サバ（半身）
・米酢（適量）
・粗塩（適量）
・昆布（5cm角1枚）

酢締めしたサバは酢を軽くふき取った後、腹骨をす
き取る。

続いて、背身と腹身の接合部に並ぶ血合骨を抜き取
る。この時、頭の切り口にある血合骨を残さないこと。

基本どおり3枚におろしたサバは、皮と身の両面を
覆い隠すように、たっぷりと粗塩を振り、1時間～1
時間半締める。

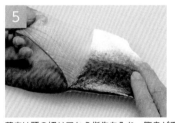

薄皮は頭の切り口から指先を入れ、腹身が千切れな
いように注意しながら、尾に向かって剥がしていく。

塩締めを終えたサバは、流水で塩を洗い、さらに水
臭くならないように酢洗いを行なう。サバの身をバッ
トに移し替え、米酢を半分浸るくらいに注ぎ、5cm
角程度の昆布を足す。途中で裏返して約1時間、酢
締めにする。

平造りにするには3～4mm幅に浅く切れ込みを入
れ、同じくらいの幅を残して、厚さ8～10mmに切
り分ける。これを八重造りという。

味噌煮

おかずはもちろんお酒の友にも

サバの味噌煮といえば、超定番の煮魚料理の1つ。ごはんとの相性がよいのはもちろん、こっくりとした深い味わいは日本酒や赤ワインのお供にもぴったり。

材料(2人分)

・サバ（1尾）

【煮汁】

・水（1カップ）・八丁味噌などの赤味噌（大さじ3〜4）・日本酒（大さじ4）・砂糖（大さじ2〜3）・醤油（大さじ1）・ミリン（大さじ2〜3）・ショウガの薄切り（3〜4枚）・5cm角の昆布（1枚）

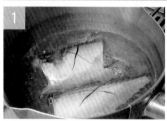

サバのおろし方は3枚おろし、または中骨付きの2枚おろしのどちらでもよい。適当な大きさの切り身にして、バツ印の飾り包丁を入れる。煮始めは、まず鍋に水、砂糖、日本酒、ショウガ、昆布を入れ、ひと煮立ちさせたところで、サバの切り身を加える。

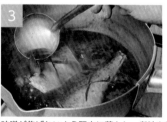

味噌が焦げないよう弱火に落とし、煮汁を回しかけながら12〜13分煮含ませ、とろみが付けば出来上がり。

途中でアクが出るようならすくい取り、4〜5分煮て、サバに火が通ったところで味噌を溶き入れてミリン、醤油で味を決める。

船場汁

皮目も美しい食欲増進の一品

サバをたっぷり使った汁物は、意外なほどの上品さと、食欲を引き立てる彩りのよさを楽しめる一品。昆布とサバのだしがしみ込む、大根との組み合わせも絶妙だ。

材料(2人分)

・サバ(1～2尾)・大根(1/3本)・昆布(10cm角1枚)・水(1～1.5L)・日本酒(50cc)・醤油(適量)・塩(適量)・ショウガ(適量)・ゆず(適量)・青ネギ(適量)

サバは3枚におろし腹骨をすき取り、数切れに切り分ける。あらはエラを取り除き、血合ワタも掃除し、適当な大きさに切って水洗い。身とあらには強めに塩を振って、約1時間後、塩をよく洗い流しておく。

下ゆでしておいた短冊切りの大根をだしの中に入れ、醤油少々と塩で調味してから、身を加えてひと煮立ち。最後に、ショウガの絞り汁を多めに絞り込み、椀に盛り付けて、ゆずの皮と青ネギを飾る。

あらには熱湯を回しかけて臭みを消し、昆布と日本酒を入れた水からだしを取る。アクを充分にすくい取った後、身を加える。火が通ったところで身だけを取り出し、だしを濾し取る。

マダイ

3枚おろし

ウロコ落としを使って隅々までウロコを引き落とす（ヒレの脇などには細かなウロコが残ってしまうので、包丁に持ち替えて切っ先でこそげ落とす）。

ウロコを洗い流したら、胸ビレと腹ビレに沿って頭を切り落とす。

次に頭の切り口から肛門まで腹を割って内臓を取り除く。

腹内部の中骨主骨には血ワタがあるので、竹製ササラなどでしっかり掃除して水洗いする。最後に水気をふき取って下処理は終了。

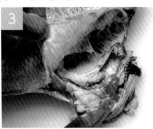

ここからが3枚おろしの手順。背身は背ビレに沿って中骨主骨に届くまで切れ込みを入れる。

続いて腹身も尻ビレに沿って中骨主骨まで切れ込みを入れるが……

マダイの骨は硬いので、腹骨は中骨主骨とつなぐ軟骨を探り当て、切っ先で1本ずつ切り離すとよい。

これで片身が外れている状態だが、中骨主骨に再度包丁を当てながら身を切り離す。

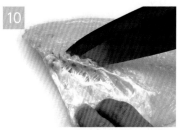

同じ手順でもう1枚の片身を切り取ると、基本形の3枚おろしの完成。

刺し身に造るには逆さ包丁で腹骨と血合骨をつなぐ軟骨を切り離し（写真）、続けて腹骨をすき取る。

さらに背身と腹身に切り分けてから、接合部に並んでいる血合骨を薄くすき取る。

最後に尾の付け根を押さえ、皮を引けば刺し身用の節の出来上がり。

カブト割り

カブトを割るにはまな板にカマの部分を当ててしっかりと押さえ、包丁の切っ先を前歯2本の間に差し入れたら……

切っ先をそのまま口の中に滑り込ませるようにしてがっちりとかち割る。

続いて頭を左右半分に切り分け……

エラ（写真）や血ワタを取りのぞき汚れを掃除したら水洗いをする。

マダコ

マダコのヌメリを取るための下処理は、足を裏返して中心部にあるクチバシ周りに包丁で切れ込みを入れ、まずクチバシを取り除く。

汚れとヌメリを取り除く塩もみは1kg級のマダコに対し粗塩スプーン大盛1杯が目安。

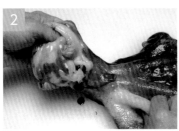

次に目玉を下にし、頭と胴体の付け根を指先で切ったら胴体を裏返す。

まずは両手を使ってゴシゴシと入念にもみ込み続ける。すると泡が立ち、次第にネズミ色に汚れてくる。

胴体に付着している内臓を手で引っ張りながらていねいに外したら、胴体を元に戻す。

足も1本ずつしごくようにもむ。数分間続け、充分に水洗いを行なったあと、ヌメリが取れてタコの肌がさらっとすればOK。

最後に 500ml ペットボトルに水を入れ、根気よく叩くとマダコの身がさらに軟らかくなる。

ヌメリを取ったマダコは、たっぷりのお湯を沸かした大鍋に足の先端から入れていく。足が丸まるのを確認しながら徐々に沈めること。

ゆで上げる時間は 1kg 級のマダコで 1 分間が目安。マダコ全体が沈み切らない場合は菜箸で押さえ、均等に火を通す。

ゆで上げたら流水下でマダコに付着しているアクをさっと洗い流す。

ザルなどに乗せて粗熱を冷した後、冷蔵庫で保冷しておく。

645

生ダコの刺し身と炙り吸盤の盛り合わせ

1杯のタコで楽しむバリエーション

自宅でゆでたフレッシュなタコの身を味わえるのは、釣り人の特権。吸盤のあるなしで大きく変わる、噛み応えや食感のバリエーションを楽しみたい。

材料（2人分）

- 生ダコ（中以上の脚2〜3本）
- 醤油（適量）
- 生ワサビ（適量）

生ダコの刺し身には、1.5kg以上の良型マダコが適している。塩もみしてヌメリを取ったマダコの、クチバシのあった個所から、足を1本ずつ外して使う。

慣れないうちは、足の付け根に近い太い部分を、10〜15cmだけカットして使うほうが調理しやすい。

まずは吸盤をまな板に密着させ、吸盤の付け根に沿って平行に切れ込みを入れる。

包丁の平で皮をまな板に押し当てながら……

皮の内側の白い身を転がすように引き取る。

ステンレス製バットの裏側などに吸盤を乗せ、調理用バーナーで少し焦げ目が付いた半生に焼き上げる。

刺し身用の白い身と、吸盤付きの皮に分かれた状態。

ひと口大に切り分け、生ダコの刺し身と盛り合わせる。ワサビ醤油、またはスダチなどを絞ったワサビポン酢も、爽やかで美味しい。

刺し身用の白い身は、薄めのそぎ切りに切り分ける。

一方、炙りに仕上げる吸盤は、余分な皮を切り落とす。

タコマリネ

ボウルの中でマリネ液を作り、ホイッパーで撹拌して味を整えておく。

心地よい噛み応えでお酒のお供にも

色とりどりの野菜と混ぜ合わせるマリネは、タコの身もきゅっと締まって、食感、見た目ともにアップ。キリッと冷やした日本酒との相性も抜群だ。

材料（2人分）

・ゆでダコ（小1杯以上）・ミニトマト（5個）・グリーンアスパラガス（3本）・黄赤パプリカ（2個）
【マリネ液】
・オリーブオイル（100cc）・白ワインビネガー（70〜80cc）・スイートバジルのみじん切り（大さじ2〜3）・岩塩（小さじ0.5が目安）・コショウ（小さじ0.5が目安）

アスパラガスとパプリカは、下ゆでしてひと口大。ミニトマトは、半割りにしてもよい。

ゆでダコは、ひと口大の乱切りに切り分ける。

密閉容器の中で材料とマリネ液を合わせ、数時間後から2〜3日間が食べごろ。酸味が足りない時はレモンなどの絞り汁少々を加えるのがコツ。

胴や頭も、同じくらいひと口大にカットする。

スパイシー揚げ

味見でなくなる（！？）人気メニュー

アツアツのマダコの空揚げは、お酒が好きなお父さんも、お腹を空かせた子どもも、誰もが喜ぶ最強のおかず。もちろん、ごはんと一緒に食べても箸が進む。

材料(1人分)

・ゆでダコ（小1杯以上）・揚げ油（適量）・片栗粉（適量）・レモン（適量）

【漬けだれ】
・醤油（大さじ1）・ミリン（小さじ1）・おろしニンニク（小さじ1）・おろしショウガ（小さじ1）・オールスパイス（小さじ半分が目安）

オールスパイスなど漬けだれの調味料を合わせ、ゆでダコにもみ込んで、10〜15分味を馴染ませておく。

揚げる直前、少し多めに片栗粉をまぶす。

ゆでダコは、ひと口大の乱切りにする。

揚げ油は、170〜175℃に熱する。揚げ始めは水分を含んだ大きな泡が立つが、芯まで火が通ると身が浮き上がってきて、泡も小さく少なくなる。

ニンニクとショウガをすりおろし……

身の表面をカリッと揚げる。余分な油を切り、器に盛ってレモンを添える。

マダラ

3枚おろし

マダラをさばく際は、粘りのある独特のヌメリで滑らないように、軍手をはめて目玉の外周を押さえる。その際、鋭い歯が並ぶ口の中へは指を入れないこと。

下処理の第一歩は包丁でウロコと一緒にヌメリをこそげ落とす。ヒレ際などの細部は特に作業をていねいに行ない、きれいに水洗い。

続いてカマ上で中骨主骨を切ったら……

肛門からカマ下まで腹を開く。

続いてノド下をカット。

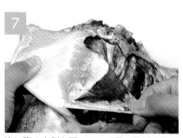

頭をつかんで、内臓を一緒に引っ張り出してしまう。

次に腹の内側を覆っている黒い腹膜を取り除く。

竹製のササラなどで中骨主骨周りの血ワタをかき出し、水洗いをして水気をふき取ると下処理は終了。

3枚おろしの手順。まず背ビレに沿って中骨に届くまで背身を切り開く。

慣れないうちは身を保持しやすいように、指掛け用の小さな切れ目を入れるとよい。

魚を返して、同じ要領で尻ビレに沿って尾の付け根から肛門まで腹身に切れ込みを入れる。

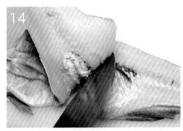

この切れ目に指先を掛けるか、尾の付け根を握って少しずつ持ち上げながら、中骨主骨に付着している身を刃先で切り離して半身を切り取る。

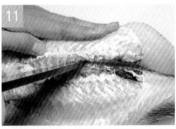

さらに中骨主骨と腹骨の接合部の軟骨を切り離しておく。

半身と中骨付き半身の2つの状態が2枚おろしになる。

次に尾の付け根を切り離し、その端を握るがここでコツがある。

さらに中骨と半身2枚に切り分けると3枚おろしの完成。

マハゼ

3枚おろし、大名おろし

体全体のウロコを引き落としたら、胸ビレと腹ビレに沿って包丁を当てて頭を切り落とす。

腹を割って内臓を取り除く。ウロコと腹の中を洗い流すと、空揚げや南蛮漬け用のハゼとして使える。

ここからは3枚おろしの手順。まずは背ビレに沿って頭の切り口から尾の付け根まで切れ込みを入れる。

続いて尻ビレに沿って同じように切れ込みを入れる。

そして尾の付け根から切っ先を差し入れて片身を切り取り、反対側も同様におろすと基本的な3枚おろしが出来上がる。

また、小魚によく用いる3枚おろしの簡易法"大名おろし"もある。この場合は②まで処理したら、次に頭の切り口から尾の付け根に向かって一気に半身をおろす。反対側も同じように処理。この時、中骨に身が残りやすいので注意する。

3枚おろしも大名おろしも、刺し身に造るには腹骨をすき取る。

さらに背身と腹身の接合部に並ぶ血合骨を、骨抜きでていねいに抜き取る。

最後に皮を引く。尾の付け根から切っ先を差し入れ、まな板にぴたっと当てるように包丁を引くとよい。

天ぷら用背開き

一方、天ぷら用のハゼの背開きは、ウロコを引き落として頭を切り落としたあと、親指で腹を押して内臓を絞り出し、水洗いをして水気をふき取っておく。

次に背ビレに沿って頭の切り口から尾の付け根に向かって、中骨主骨まで切れ込みを入れる。

包丁の向きを変えて逆さ包丁に持ち替え、中骨主骨と腹骨の接合点を切り離す。

ここで包丁を元に戻し、皮1枚を残して腹身を切り開く。この際、切っ先を指先で確かめながら動かすと分かりやすい。

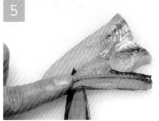

背開き状態になったところで頭の切り口から中骨をそぎ始め……

尾の付け根で止めたら、包丁を立てて中骨を切り落とす。

プロの調理人は最後に腹骨を両側からすき取るが、家庭での天ぷらならペーパータオルなどで黒っぽい腹膜をふき取るだけでもOK。

昆布締めカラスミ和え（ゆず釜仕立て）

昆布とカラスミをプラスし旨みを重ねる

旨みもありながらクセのない白身のハゼは昆布締め
との相性がよい。さらにカラスミで旨みと食感をプ
ラスし、ゆずの香りも加えてぜいたくに味わう。

材料（1〜2人分）

・ハゼ（4尾）
・市販のフレーク・カラスミ（1袋）
・昆布
・立て塩（粗塩小さじ2/3、水100cc）
・米酢（適宜）
・ゆず（1個）

酢に通すと、このように頭の切り口から簡単に皮を
むくことができる。

ゆず釜は蓋にする上部を切り取り、中身をくり抜い
て器を作る。

ハゼは3枚におろし、皮付きのまま腹骨をすき取っ
たら、血合骨を骨抜きで抜き取る。身に薄く塩味を
含ませるため立て塩にくぐらせ、軽く水気をふき取っ
て昆布2枚で挟んだら冷蔵庫へ。

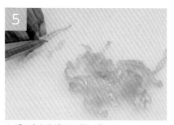

ハゼの身を糸造りに切り分ける。

2〜3時間ほど昆布締めにした後、さっと酢で洗っ
て水気をふき取る

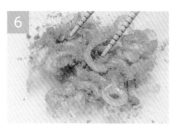

食べる直前にフレーク状のカラスミをたっぷりめに
かけ、ざっくりと混ぜ合わせて盛り付ければ完成。

天ぷら

天ぷら用のハゼは中骨をそぎ取った背開きが基本（写真上）。

揚げる直前に小麦粉を振ったら、一度余分な粉を払う。

いくらでも食べられるマハゼ料理の定番

マハゼといえば江戸前天ぷらの高級タネ。上品な白身は衣で覆って熱を通すことで味わいが増し、ふっくらとした食感もプラスされいくらでも食べられる。

材料（1人分）

- ハゼ（4～5尾）
- 市販の天ぷら粉（適量）
- 小麦粉（適量）
- 揚げ油

指定の水量で溶いた天ぷら粉（天ぷら粉1カップ・100gに対し水3/4カップ・150mlほどの場合が多い）にくぐらせたら、180℃の高温にしておいた油の中に滑り込ませる。すると最初は沈み加減になる。

薄い白身のハゼはすぐに油の表面に浮かび上がってきて、あっという間に火が通る。カラッと揚げるコツは高温の油での短時間勝負。揚げ過ぎないうちに取り出す。

ハゼの柳川鍋

濃い目の味付けがお酒にもご飯にも合う

通常はドジョウを材料にする柳川鍋だが、旨みのしっかりしたハゼで作っても美味しい。天ぷらなどとも違った味わいが楽しめる。

材料（2〜3人分）

・小型のハゼ（20〜25尾）・小麦粉（適量）・揚げ油・ゴボウ（1/2本）・青ネギ（1本）・溶き卵（2個分）

【割り下】

・カツオだしの素（カップ1）・醤油（大さじ3）・日本酒（大さじ3）・ミリン（大さじ2）・砂糖（大さじ3〜4）

柳川鍋用のハゼには空揚げを使う。ウロコと内臓を処理したハゼに小麦粉を振り、170〜175℃の中高温に熱した油で揚げる。最初は油の中に沈み、水蒸気を含む泡も大きい。

そのうち油の表面に浮いてきて、細かな泡に変わったら……。

揚げバットに取り上げて油を切り、5分ほど置いたら、今度は180℃くらいの高温で1分間ほど二度揚げを行なう。すると頭や中骨まで柔らかく揚がる。

ささがきゴボウはピーラーを使うと簡単。ゴボウには縦4〜6本の切れ目を入れ、ピーラーでエンピツを削るように薄く細長くそぎ取る。この際、アクで黒ずまないように酢水を入れたボールを用意し、ゴボウをそぎ落とすとよい。

柳川用の鍋には蓋付きの浅い小鍋がよく、まずはささがきゴボウを敷き詰め、浸るくらいに割り下を注いで3〜4分間下煮をする。

ゴボウに味が染み込んだら、ハゼの空揚げを並べてひと煮立ちさせる。最後は強火にして溶き卵を回し入れ（写真）、上蓋をして火を止めて卵を蒸らすように仕上げる。青ネギの小口切りを散らし、好みで七味唐辛子や粉山椒を振っても美味しい。

メジナ

3枚おろし

メジナのウロコは粗く飛び散りやすいので、大型のゴミ袋の中でウロコを落とすと後片付けが楽。流し台のシンクに水を張って作業してもよい。

3枚おろしは、まず背ビレに沿って包丁を入れ、中骨主骨に届くまで切れ込みを入れる。

胸ビレと腹ビレの後ろから包丁を入れ、頭を切り落とす。

次に腹ビレに沿って同じように切れ込みを入れる。

続いて腹に切れ目を入れ内臓を取り出す。

さらに中骨主骨と腹骨の接合部の軟骨を包丁の切っ先を使って切り離す。

竹製のササラや歯ブラシで中骨主骨に付着している血ワタをかき出し、きれいに水洗いして水気をふき取る。ここまでで3枚おろしのための下処理が完了。

5〜7の3つの下処理を終えたところで、尾の付け根から包丁を差し入れると、中骨主骨に沿ってきれいに半身を切り離せる。

焼き霜造りとそぎ造りの刺し身

香ばしい焼き目がアクセント

もっちりとして旨味もあるメジナは、皮も美味しい。バーナーを使う焼き霜造りは、中途半端に炙ると皮に硬さが残るので、意識してしっかり焼くのがコツ。

材料（2人分）
・メジナ（半身）
・大葉（適量）
・大根のつま（適量）

9

これは片側の半身だけを切り離した2枚おろしの状態。焼き魚や煮魚に向く。

10

反対側の半身も切り離し、表身（魚の左側の身）、裏身（右側の身）、中骨に分けると基本の3枚おろしになる。

1

焼き霜造りは皮と皮下脂肪のうまみを生かす調理法。見栄えを考慮して、皮下まで横2本の飾り包丁を入れる。

2

料理バーナーを使って、皮目を香ばしく焼く。火の通しすぎはよくないが、皮自体はしっかり焼くのがコツ。

べっこう漬けの刺し身
（焼き海苔添え）

用意しておいた氷水に浸し、冷えたら水気をふき取って、ペーパータオルなどで包んで保冷する。

焼き霜造りは平造りが基本。節身の右側から、幅1〜1.5cmの切り身に切り分けていく。

そぎ造りは平造りとは反対に、節身の左側からそぎ切りにする。切り身の厚みはお好みで。

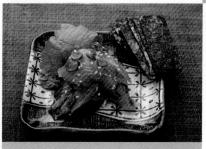

ごはんに乗せても、酒のつまみにもぴったり

メジナのべっこう漬けは、伊豆諸島の名物料理。さわやかな香りと辛みがある青唐辛子を使うと、より本格的な味になる。相性のよい焼き海苔を合わせると、さらに美味しい

材料（1人分）
・メジナ（1節〜適量）
【漬けだれ】
・醤油（50cc）
・日本酒（100cc）
・青唐辛子の薄切り（1本）
・焼き海苔（適量）
・白ゴマ（適量）

メジナの身はそぎ切りに切り分ける。

漬けだれは醤油と日本酒をひと煮立ちさせて、アルコール分を飛ばしてから使う。冷ましてから種をとった青唐辛子の小口切りを加え、切り身を漬け込む。2時間ほど漬け込むと、べっこう色に染まり食べごろ。一夜寝かせると透明感が出て、ヌメッとした食感になり、どちらも美味しい。

にぎやかマリネ

洋風の味付けで食欲倍増

さっぱりしたマリネ液が、メジナと盛りだくさんの野菜を一体化。子どもたちも喜ぶ一品だが、香草のディルを多めにすれば、エスニックな味わいでより大人の一品に。

材料（1人分）

・メジナ（1節～適量）・小麦粉（大さじ3）・ミニトマト（5個）・セロリ（1/3本）・玉ネギ（1/2個）・各色のピーマン（1/2個）・グリーンアスパラガス（2本）・ディル（適量）・月桂樹の葉（1枚）・レモン（1/2個）

【マリネ液】
・エクストラバージンオリーブオイル（100cc）・白ワインビネガー（60～70cc）・砂糖（大さじ1弱）・塩（適量）・コショウ（適量）・揚げ油

セロリと下ゆでしたアスパラガスは斜め切り、各野菜はスライスする。

揚げ油は175℃前後の中温に熱して、揚げ始める。

白身魚は火の通りが早く、泡が細かくなって油の表面に浮いてくる。

うっすらと色が付くくらいに揚げ、揚げバットで余分な油を切る。

節身は少し厚めのそぎ切りにする。

軽く塩コショウを振って、全体に小麦粉をまぶす。

全ての材料を密封容器に盛り込み、香草のディルや月桂樹の葉、レモンを散らしてマリネ液をかける。味がしみる2時間後から2日間が食べごろ。

メバル

3枚おろし

まずはウロコ落としで全体のウロコを引き落とす。

腹を割いて内臓を取り除く。

ヒレ際やヒレ下のウロコは包丁の切っ先でていねいにこそげ落とす。

中骨主骨に付着している血ワタを歯ブラシなどで掃除して水洗いする。最後に水気をふき取れば下処理の終了。

続いて胸ビレ下と腹ビレ下に沿って、両側からたすきに包丁を入れて頭を切り落とす。

3枚おろしは背ビレと尻ビレの両側から切れ込みを入れたら……

尾の付け根から包丁を差し入れ、半身を切り取る。同じ要領でもう片方の身を切り取ると基本の3枚おろしの完成。

大型メバルの場合は腹骨をすき取った段階で背身と腹身に切り分け、血合骨の部分を薄く取ってもよい。こうすると骨抜きを使う手間が省ける。

おろした身を刺し身にするには、まず腹骨をすき取る。

最後に尾の付け根を押さえながら皮を引き取ると刺し身用の節身になる。

次に背身と腹身の接合部に並んでいる血合骨を骨抜きで1本1本抜き取る。

中骨を挟んで、右は骨抜きを使って血合骨を抜き取った半身の状態。左は背身と腹身に切り分けてから血合骨を取った状態。メバルの大きさに合わせてどちらで処理してもよい。

ヤリイカ

刺し身もできる下処理

まずはエンペラを表にしてまな板にヤリイカを置く。次に胴の中に指先を滑り込ませ、胴と内臓の接合部をさぐり当てたら手で切り離す。

続いて皮をむく作業。エンペラと胴の接合部に爪先を差し入れたら、胴の先端部に向かって皮と薄皮ごと切り開く。

そのままゲソ（足）をゆっくり引っ張ると内臓ごと抜き取れる。

エンペラと皮をつかみ、胴の先端部でクルリと裏返す。

次にエンペラを下にし、胴の内側に付着している透明な軟骨を引き抜く。

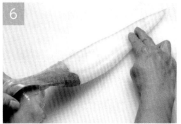

そのままゆっくり引っ張ってくると皮がむき取れる。

胴身を切り開く。この時は軟骨が付着していた筋に逆さ包丁を入れて、先端に向かって切るようにする。

内側に残っている汚れを掃除したあと、乾いたキッチンペーパーなどで薄皮をこすり取れば胴身の下処理が完了。切り分ければ刺し身になる。

頭と内臓の付いたゲソは、最初に内臓に付着している墨袋を外す。

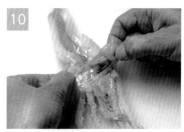

続いて目玉と目玉の間を切り開き、目玉とクチバシを取り除いたら、キモや汚れを洗い流す。これでゲソの下処理が完了。

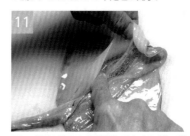

エンペラはそのまま料理してもよいが、刺し身にする場合は写真のように身と皮の間に指先を入れて皮をはがすとよい。

学名索引

50音索引